SELIGES **LÄCHELN** UND **HÖLLISCHES** GELÄCHTER

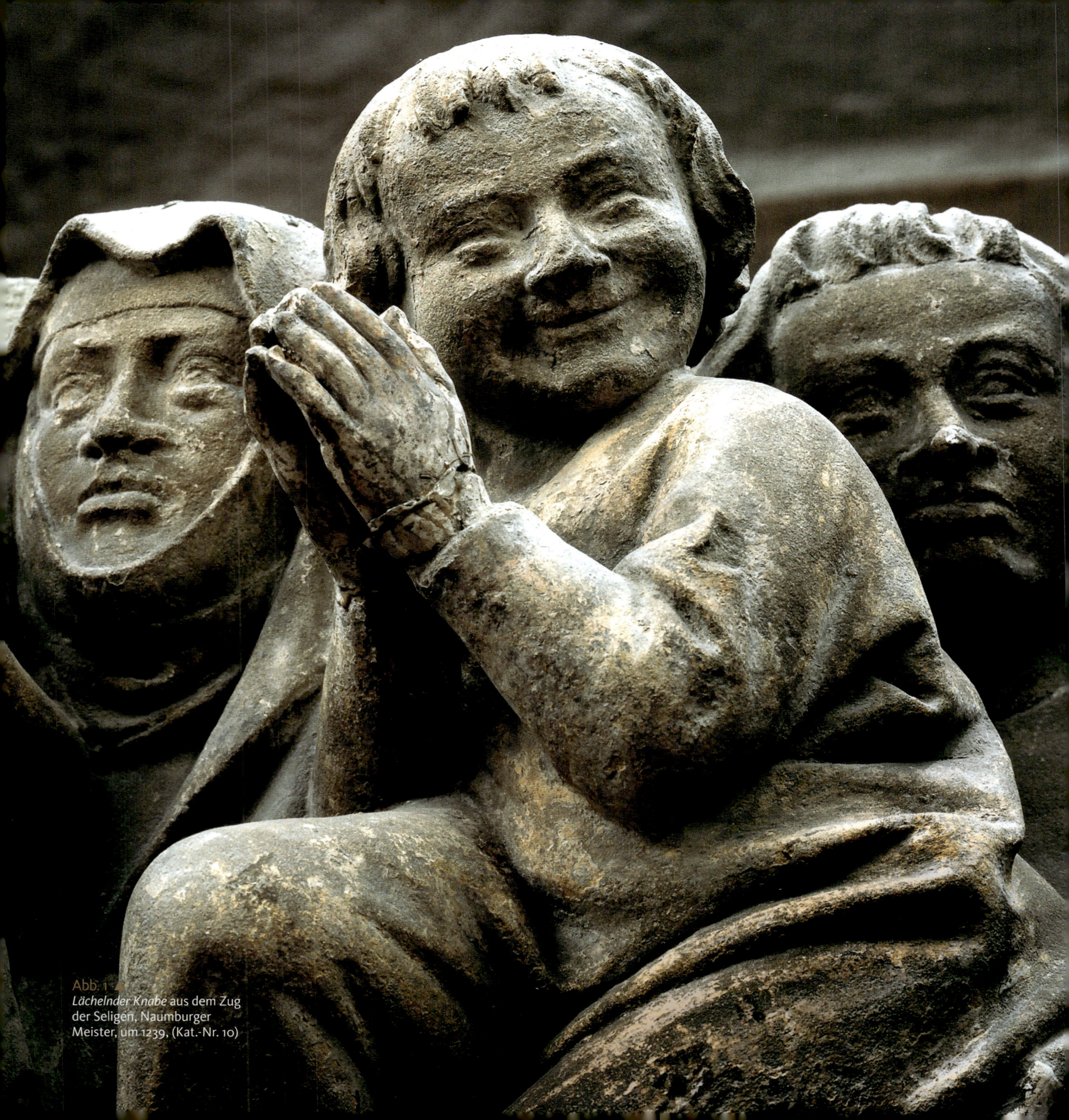

Abb. 1 ▲
Lächelnder Knabe aus dem Zug der Seligen, Naumburger Meister, um 1239, (Kat.-Nr. 10)

Winfried Wilhelmy (Hrsg.)

SELIGES LÄCHELN UND HÖLLISCHES GELÄCHTER

DAS LACHEN IN KUNST UND KULTUR DES MITTELALTERS

Publikationen des Bischöflichen Dom- und Diözesanmuseums Mainz, Bd. 1

DOM MUSEUM DOMSCHATZ MAINZ

IMPRESSUM

AUSSTELLUNG Diese Publikation erscheint anlässlich der Ausstellung
„Seliges Lächeln – höllisches Gelächter. Das Lachen in Kunst und Kultur des Mittelalters"
im Bischöflichen Dom- und Diözesanmuseum Mainz
vom 27. April 2012 bis 16. September 2012

Konzeption, Leihverkehr und Organisation: Dr. Winfried Wilhelmy

Ausstellungsaufbau: Paul Engelmann unter Mithilfe von Karl-Günter Rohr

Restauratorische Betreuung: Paul Engelmann

Museumspädagogik: Dr. des. Bettina Schmitt

Rahmenprogramm: Dipl.-Ök. Anja Coffeng M.A.

Kommunikation und Werbung: Esther Klippel M.A.

Sekretariat und Führungen: Mechthild Reinelt-Weber

Grafische Gestaltung in der Ausstellung: Druckerei Ess, Bad Kreuznach

Homepage: gutegründe GbR (Frankfurt)

KATALOG Herausgeber: Dr. Winfried Wilhelmy

Katalogredaktion: Dipl.-Ök. Anja Coffeng M.A.,
Dr. des. Anja Lempges, Dr. des. Bettina Schmitt, Dr. Winfried Wilhelmy

Bildredaktion: Dipl.-Ök. Anja Coffeng M.A.

Fotoarbeiten: Bernd Schermuly, Damian-Emanuel Moisa

Literaturverzeichnis: Dipl.-Ök. Anja Coffeng M.A.

Verlagslektorat: Elisabet Petersen M.A.

Satz, Graphik und Layout: gutegründe GbR (Frankfurt)

Repro: OMK Kreativ Dienst, Olaf Müller-Knapp

Der Katalog erscheint im Verlag Schnell und Steiner, Regensburg

ISBN 978-3-7954-2583-8

AUTOREN DER AUFSÄTZE

Dr. habil Ralph N. Köhnen, Ruhr-Universität, Bochum
Dr. Monika E. Müller, Herzog Anton Ulrich-Bibliothek, Wolffenbüttel
Prof. Dr. Marius Reiser, Heidesheim
Jörg Widmaier M.A., Eberhard Karls Universität, Tübingen
Dr. Winfried Wilhelmy, Bischöfliches Dom- und Diözesanmuseum, Mainz

AUTOREN DER KATALOGNUMMERN

Dr. habil. Ralph N. Köhnen, Bochum	RK
Dr. des. Anja Lempges, Mainz	AL
Dr. des. Bettina Schmitt, Mainz	BS
Dr. Patrick Schollmeyer, Mainz	PS
Dr. Winfried Wilhelmy, Mainz	WW

WIR DANKEN UNSEREN LEIHGEBERN

Bonn, Akademisches Kunstmuseum der
Rheinischen Friedrich-Wilhelms-Universität
Dr. Wilfred Geonimy

Bonn, Kunstsammlungen des Kunsthistorischen
Institutes der Rheinischen Friedrich-Wilhelms-Universität
Prof. Dr. Harald Wolter-von dem Knesebeck

Mainz, Gutenberg-Museum
Direktorin Dr. Annette Ludwig
Dr. Cornelia Schneider
Annette Lang-Edwards

Mainz, Landesmuseum – Generaldirektion Kulturelles Erbe
Generaldirektor Thomas Metz, GDKE
Direktorin Dr. Andrea Stockhammer
Dr. Sabine Mertens
Dr. Eva Brachert

Mainz, Martinus-Bibliothek
Bibliotheksdirektor Dr. Helmut Hinkel

Neuwied, Roentgenmuseum
Museumsleiter Bernd Willscheid

Trier, Landesmuseum – Generaldirektion Kulturelles Erbe
Generaldirekor Thomas Metz, GDKE
Direktor Dr. Eckart Köhne (bis 1.11.2011)

Unkel, St. Sebastianus-Bürgerverein Heister e. V.
Barbara Kretschmer

IN BESONDERER WEISE HABEN ZUM GELINGEN DER AUSSTELLUNG BEIGETRAGEN

Dr. Eva Brachert, Mainz
Nicole Barth, Mainz
Tobias Blum, Mainz
Dipl.-Ök. Anja Coffeng M.A., Bodenheim
Marina Dabo, Mainz
Dombauhütte, Mainz
Paul Engelmann, Alzey
Sandra Ess, Bad Kreuznach
Heike Frank-Ostarhild, Tübingen
Dr. Wilfred Geonimy, Bonn
Else-Anna Gerlach, Mainz
Peter Göller, Bingen
Helge-Horst Hagen, Frankfurt
Dr. Gabriel Hefele, Limburg
Dr. Helmut Hinkel, Mainz
Thomas Hutsch, Frankfurt
Thomas Jahn M.A., Marburg
Christian Klein, Wiesbaden
Esther Klippel M.A., Mainz
Dr. Eckart Köhne, Trier/Speyer
Dr. habil. Ralph N. Köhnen, Bochum
Dipl. -Ing. Johannes Krämer
Barbara Kretschmer, Unkel
Annette Lang-Edwards, Mainz
Dr. des. Anja Lempges, Frankfurt
Irmgard Lojewski, Windesheim
Dr. Annette Ludwig, Mainz
Dr. Sabine Mertens, Mainz
Sylvia Merz, Mainz
Dipl. -Ing. Thomas Metz, GDKE
Daniel-Emanuel Moisa, Mainz
Dr. Monika E. Müller, Wolffenbüttel
Martin Neubacher M.A., Bonn
Dejan Pantić, Frankfurt
Martina Pauly, Mainz
Dr. Franz Stephan Pelgen, Mainz
Elisabet Petersen M.A., Regensburg
Svetlana Pfeiffer, Mainz
Mechthild Reinelt-Weber, Mainz
Juliane Reinhardt, Rüdesheim
Prof. Marius Reiser, Heidesheim
Karl-Günter Rohr, Alzey
Bernd Schermuly, Wiesbaden
Dr. des. Bettina Schmitt, Frankfurt
Dr. Cornelia Schneider, Mainz
Theo Schué, Mainz
Esther-Luisa Schuster M.A., Bonn
Dr. Andrea Stockhammer, Mainz
Jörg Walter, Mainz
Dr. Albrecht Weiland, Regensburg
Jörg Widmaier M.A., Tübingen
Bernd Willscheid, Neuwied
Andrea Wörner, Schiltach
Prof. Dr. Harald Wolter-von dem Knesebeck, Bonn

Ihnen gilt mein großer Dank.
Den Katalog widme ich in Dankbarkeit meiner Mutter zum 85. Geburtstag.

Dr. Winfried Wilhelmy

INHALTSVERZEICHNIS

GRUSSWORT FÜR DEN AUSSTELLUNGSKATALOG „SELIGES LÄCHELN – HÖLLISCHES GELÄCHTER. DAS LACHEN IN KUNST UND KULTUR DES MITTELALTERS“

Zum menschlichen Leben gehören das Lachen und der Ernst, die überschwängliche Heiterkeit und der Tiefgang. So kann Kohelet im Alten Testament schreiben: „Alles hat seine Stunde. Für jedes Geschehen unter dem Himmel gibt es eine bestimmte Zeit: eine Zeit zum Gebären und eine Zeit zum Sterben, eine Zeit zum Pflanzen und eine Zeit zum Abernten der Pflanzen, (...) eine Zeit zum Weinen und eine Zeit zum Lachen, eine Zeit für die Klage und eine Zeit für den Tanz.“ (Koh 3,1.2.4)

Lachen gehört zum Menschen, ist Ausdruck von Gelöstheit und Heiterkeit, gehört so eng mit Fröhlichsein zusammen, aber es gibt auch ein dämonisches, teuflisches Lachen, das Verachtung und Schadenfreude zum Ausdruck bringt. Traurigkeit darf bei allem berechtigten Schmerz kein Letztes sein. Denn wenn man diese Welt ernst, aber nicht todernst nimmt, und wenn man weiß, dass es noch eine andere Dimension gibt, ist man eher in der Lage, das Vorläufige auch als Vorläufiges zu verstehen und nicht als Endgültiges. Das führt dazu, dass man über manche Dinge lachen kann und gelassener ist. Lachen hat ja etwas mit der Unterbrechung unseres ernsten Alltags zu tun. Auch in der Bibel gibt es einen sehr subtilen Humor. Wenn etwa Jesus seine Gleichnisse erzählt, dann ist da immer etwas Schalkhaftes mit dabei. Der Beitrag von Marius Reiser (s. S. 26–35) geht diesem Aspekt tiefer nach. Es liegt mir am Herzen, dass der christliche Glaube gegen alle Verbissenheit und Sturheit steht. Entschiedenheit gehört zwar zum Glauben. Aber das ist etwas anderes, als nicht mehr ansprechbar oder diskussionswillig zu sein.
Im Angesicht Gottes – oder sagen wir bescheidener: im Licht der Transzendenz – wird man bei aller Vieldeutigkeit der Wirklichkeit nicht todernst. Man verkrallt sich weniger in sie, sind sie doch kein Letztes. Man kann spielerisch damit umgehen. Gerade deshalb hat auch derjenige, der wirklich an Gott glaubt, viel Sinn für das Spielerische des Lebens, für die Heiterkeit und für die Leichtigkeit des Seins.

Nur so kann ich es mir übrigens erklären, dass wir in der Geschichte des Glaubens vieles ausgeprägt haben, was zum Menschen gehört, aber vielleicht im Licht des Glaubens tatsächlich markanter wird: die Kritik als Gabe der Unterscheidung, die Satire, den Humor, die Formen vom Witz bis zu den Sprichwörtern. Man schaue einmal in manche Bücher der Bibel, besonders des Alten Testamentes, hinein (vgl. z. B. Sprichwörter,

Kohelet, aber auch die Propheten). Der Glaube möchte die täuschende Mehrdeutigkeit entlarven, besonders wenn sie mit Heuchelei zu tun hätte. In einem solchen Sinn passen Glaube und Humor, auch Kirche und Karneval, in dieser Form zusammen. Fastnacht und Karneval sind im Schatten unserer Dome entstanden. Wer viel glaubt, der hat, glaube ich, mehr zu lachen, als jemand, der alles tierisch ernst nimmt.

In Mainz sind wir in der glücklichen Lage, wirklich einzigartige Schätze zu diesem Thema „Lächeln" unser eigen nennen zu dürfen. Im Zug der Seligen, der vom Naumburger Meister stammt, lächelt uns ein Knabe an – er ziert die Einladungen wie auch den Katalog als Titel. So recht weiß man nicht, ist es ein seliges Lächeln, ein versonnenes, mischt sich ein zufriedenes verschmitztes Schmunzeln mit hinein? Vermutlich ist der lachende Knabe eines derjenigen „unschuldigen Kindlein", die Jesus in seiner Rede segnet und für das Paradies bestimmt hat. Jedenfalls legt die Komposition des Zugs, der die damaligen Stände versammelt, diese Deutung nahe.

Mein Dank gilt allen, die bei der Konzeption, Organisation und Durchführung der Ausstellung beteiligt sind. An erster Stelle nenne ich den Direktor des Dom- und Diözesanmuseums, Herrn Dr. Winfried Wilhelmy, der hiermit seine erste Ausstellung als verantwortlicher Direktor präsentiert. Dabei durfte er auf die Mitarbeit von bewährten Kräften – Frau Mechthild Reinelt-Weber, Herrn Paul Engelmann, Herr Jörg Walter und die übrigen Mitarbeiter der Dombauhütte – wie auch ebenfalls auf den Einsatz von neuen Mitarbeiterinnen – Frau Anja Coffeng M.A., Frau Dr. des. Anja Lempges, Frau Dr. des. Bettina Schmitt M.A. – vertrauen.

Der Ausstellung wünsche ich zahlreiche Besucher und uns allen einen Zugang zu einer recht verstandenen gelassenen Heiterkeit.

Ihr Bischof

+ Karl Kard. Lehmann

VORWORT ZUR AUSSTELLUNG

Hat Christus gelacht? Diese Frage wurde im Mittelalter ebenso ausführlich wie kontrovers diskutiert. Denn die Bibel schweigt dazu, auch wenn im Alten und im Neuen Testament in anderem Zusammenhang immer wieder vom Lachen die Rede ist. Da gibt es das triumphierende Lachen Gottes, das ungläubige Lachen der Sara, das ignorante Lachen der Toren oder das selige Jubel-Lachen der für das Paradies Erwählten.

Eine Ausstellung zum Lachen im Mittelalter ist daher in einem Museum in kirchlicher Trägerschaft gut aufgehoben. Das Mainzer Dommuseum ist besonders für ein solches Thema prädestiniert. Nicht nur, dass es sich im Herzen einer der Hochburgen der deutschen Fastnacht befindet und einen bischöflichen Hausherrn hat, der Träger des Ordens wider den tierischen Ernst und darüber hinaus bekannt für sein herzhaftes Lachen ist. Vor allem nennt es mit dem lachenden Knaben aus dem Zug der Seligen des Naumburger Meisters (Abb. 1) sowie dem lächelnden Jesusknaben der Fuststraßenmadonna (Kat.-Nr. 8) zwei Hauptwerke des Lachens aus gotischer Zeit sein eigen. In den überaus reichen Beständen des Hauses fanden sich bei der Vorbereitung der Ausstellung weitere, teils bislang unpublizierte Lachende und Lächelnde; desgleichen in der mehrhundertjährigen bistumseigenen Martinus-Bibliothek, die überaus großzügig wertvolle Handschriften und Inkunabeln für diese Ausstellung zur Verfügung stellt. Hierfür sei an erster Stelle und ganz besonders herzlich Herrn Bibliotheksdirektor Dr. Helmut Hinkel gedankt, der meinem Wunsch nach Leihgaben mit immer neuen Trouvaillen zu erfüllen wusste und so alle wesentlichen „Lach"-Themen illustrieren half. Auch seinen unermüdlichen Mitarbeiterinnen und Mitarbeitern, Herrn Daniel-Emanuel Moisa, Frau Martina Pauly und Frau Nicole Barth sei für Fotografie, Recherche, Literaturbeschaffung und Hilfestellung aller Art herzlich gedankt.

Seit Umberto Ecos Roman *Der Name der Rose* ist bekannt, dass das Lachen im Mittelalter eine heikle, ja eine „brandgefährliche" Sache sein konnte. Die Diskussion zwischen den beiden zentralen Romanfiguren, dem Benediktiner Jorge von Burgos und dem Franziskaner William von Baskerville, führt daher mittels einer Hörstation in die Ausstellung ein. Bereits aus diesem Dialog wird klar, dass man im Mittelalter durchaus zwischen einem „guten" und einem „schlechten" Lachen, zwischen einem Lächeln, einem Kichern oder einem Hohngelächter zu unterscheiden wusste – vielleicht sogar besser als wir heutzutage? Die Hinführung zum Thema im ersten Ausstellungsbereich versucht gerade deshalb, diesen besonderen Aspekt möglichst eindringlich zu visualisieren. Vor bleischwarzer Wand wird ein sardonisch grinsender Teufel mit einem von Gold umgebenen lächelnden Engel kontrastiert (Kat.-Nr. 4 und 5)– „seliges Lächeln" und „höllisches Gelächter" prallen so unvermittelt aufeinander. Das Landesmuseum Trier hat sich von diesem bezaubernden Engelskopf des 13. Jahrhunderts, der bereits 2011 für ein halbes Jahr auf einer großen Sonderausstellung in Naumburg zu sehen war, großzügigerweise für weitere fünf Monate getrennt. Mein besonderer Dank gilt daher den Trierer Kollegen, insbesondere dem ehemaligen Direktor Dr. Eckart Köhne sowie dem Generaldirektor des Kulturellen Erbes des Landes Rheinland-Pfalz, Herrn Thomas Metz, deren Leihbereitschaft diese prägnante inhaltliche Gegenüberstellung ermöglicht hat.

Obwohl kulturhistorische Themen in den letzten Jahren hoch im Kurs stehen, gab es bislang noch keine Ausstellung zum Lachen im Mittelalter. Dies erstaunt um so mehr als das Thema seit der Erstveröffentlichung des Romans *Der Name der Rose* (deutsche Übersetzung 1982) und seiner Verfilmung im Jahre 1986 das große und vor allem bis heute anhaltende Interesse einer breiten Öffentlichkeit gefunden hat. Ein Grund für die museale Absenz könnte darin liegen, dass das Lachen in der mittelalterlichen Kunst vor allem in der Bauplastik visualisiert wird. Da diese naturgemäß nicht ausleihbar ist, muss hierbei – wie im Falle des Fürstenportals des Bamberger Domes, das in einzigartiger Weise selig lächelnde Erlöste und verzweifelt auflachende Verdammte zeigt –, auf Abgüsse zurückgegriffen werden. Dank der Großzügigkeit der hervorragenden (und hervorragend gepflegten!) Abguss-Sammlung des Kunsthistorischen Institutes der Universität Bonn können das Fürstenportal und andere (Bau-)Plastik in der Ausstellung in einer originalgroßen Kopie gezeigt werden. Für die unkomplizierte Zusammenarbeit bei dieser Ausleihe möchte ich mich sehr herzlich bei Herrn Prof. Dr. Harald Wolter-von dem Knesebeck, Bonn sowie seinen wissenschaftlichen Hilfskräften, Herrn Martin Neubacher M.A. sowie Frau Esther-Luisa Schuster M.A. bedanken. Andere Bauplastiken werden als großformatige Bildtafeln wiedergegeben, deren Gestaltung in gewohnt guter Qualität von der Druckerei Ess realisiert wurde; für die überaus angenehme Zusammenarbeit sei Frau Sandra Ess und ihren Mitarbeiterinnen sehr herzlich gedankt. Ohne die Bereitstellung der Druckvorlagen wäre aber auch dies nicht möglich gewesen; mein ganz besonderer Dank gilt daher Herrn Thomas Jahn M.A. vom Bildarchiv Foto Marburg, der sich von Anfang an für das Projekt stark gemacht hat und aus dem reichen Fundus des Institutes eine Fülle von hervorragenden historischen Abbildungen zur Verfügung stellte. Nur deshalb konnte der vorliegende Katalog derart üppig bebildert werden – auch dies ein Novum in der Forschungsliteratur zum mittelalterlichen Lachen. Auch dem Verlag Schnell & Steiner und seinem Leiter, Herrn Dr. Albrecht Weiland, gebührt mein Dank: er hat sich von Anfang an ebenso für das Thema zu begeistern gewusst wie die Lektorin des Kataloges, Frau Elisabet Petersen M.A.

Vor allem aber das neue, starke Museumsteam hat Ausstellung und Katalog erst ermöglicht: Ohne Herrn Paul Engelmann, dem mein ganz besonderer Dank gilt, sowie Herrn Karl-Günter Rohr wäre die Ausstellung nicht aufgebaut worden; ohne Frau Dipl.-Ök. Anja Coffeng-Bergmannshoff M.A., Frau Dr. des. Anja Lempges und Frau Dr. des. Bettina Schmitt gäbe es weder Katalog noch Rahmenprogramm. Ihnen allen gilt mein herzlichster (Superlativ!) Dank für Leistung und Durchhaltevermögen an Wochenenden und manch langem Abend. Frau Esther Klippel M.A. sorgt für die öffentliche Resonanz und Frau Mechthild Reinelt-Weber vom Sekretariat hielt und hält alles zusammen, auch dafür ein besonderes Dankeschön.

Am 1. 11. 2011 habe ich mein neues Amt als Direktor des Dommuseums angetreten – für das Vertrauen, das mit dieser Berufung verbunden ist, danke ich der Bistumsleitung sehr herzlich. Seit zwanzig Jahren als wissenschaftlicher Mitarbeiter im Dommuseum tätig, ist mir das Haus ans Herz gewachsen und ich möchte es mit Schwung im 21. Jahrhundert und als eine – weitere (!) – Perle innerhalb der Mainzer Museumslandschaft positionieren. Hierzu soll als Auftakt die Präsentation zum mittelalterlichen Lachen dienen, ein Thema, das ich bewusst für meine Antrittsausstellung gewählt habe. Sie ist mein ganz persönliches „Geschenk" an eine Stadt der Lebensfreude und an ein Bistum, das, „Gott und der Welt" zugewandt, in und mit dieser Lebensfreude agiert.

DR. WINFRIED WILHELMY
Direktor des Bischöflichen Dom- und Diözesanmuseums

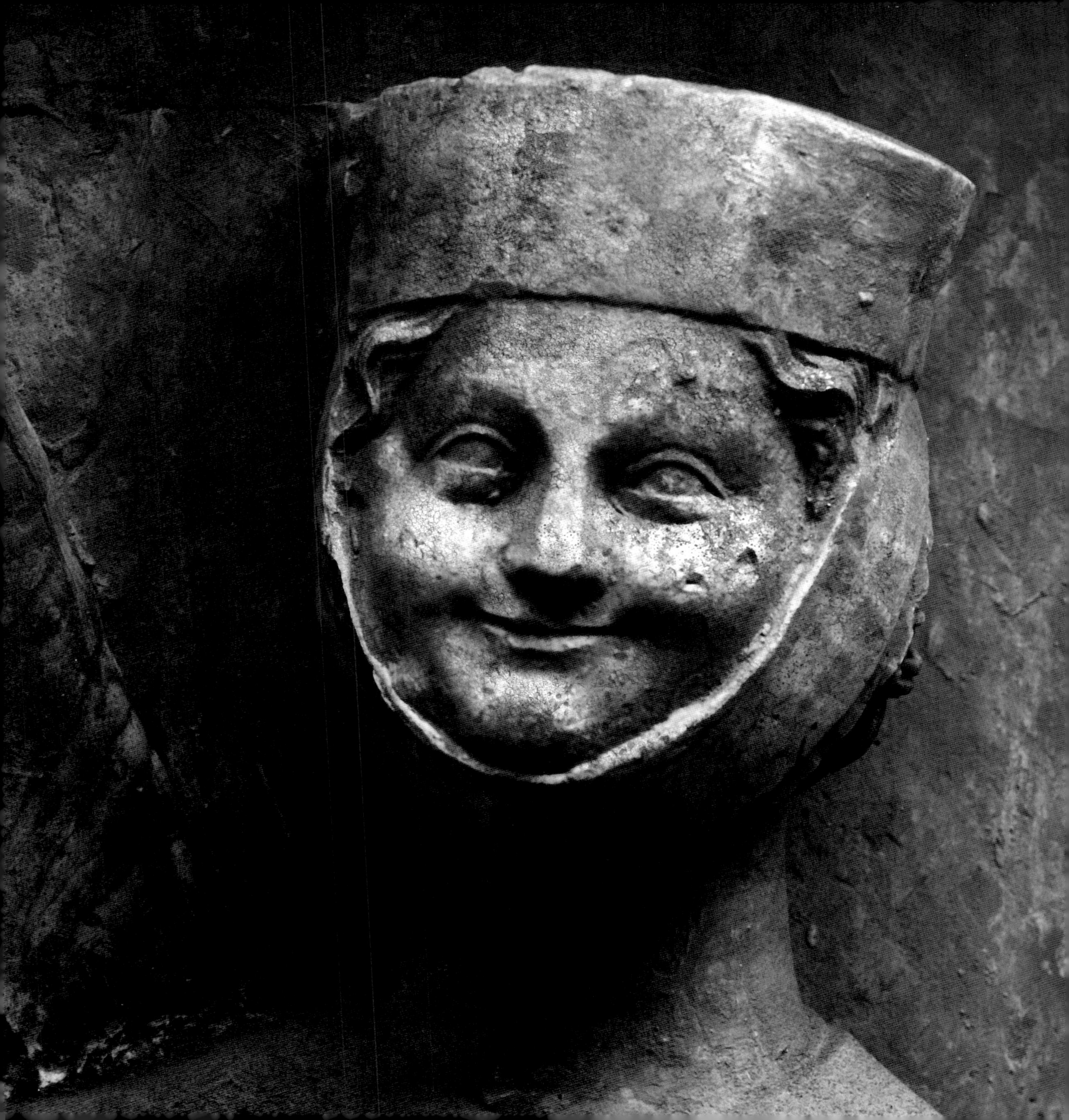

SELIG LÄCHELNDE
Bourges, Kathedrale Saint-Étienne,
mittleres Westportal, Tympanon (Detail),
1. Hälfte 13. Jh.

AUFSÄTZE

VON ALLEN LEBEWESEN LACHT NUR DER MENSCH – DIE GRIECHISCH-RÖMISCHE LACHKULTUR

DAS MENSCHLICHE LACHEN: FORM UND WIRKUNG

Das Lachen ist eine Fähigkeit, mit deren Hilfe der Mensch ein breites Spektrum von Empfindungen zum Ausdruck bringen und auf andere Menschen einwirken kann. Um einen Überblick zu gewinnen, sei eine Liste von heute gängigen Ausdruckswerten des Lachens zusammengestellt. Lachen kann man auf verschiedene Arten:

1. fröhlich, natürlich, herzlich, heiter, unbefangen, breit, unbändig, unbeschwert, befreit, ungezwungen, lustig, zufrieden, freudig, glücklich, überglücklich, selig;
2. freundlich, gutmütig, liebevoll, harmlos, überrascht, unverfänglich, befriedigt, humorvoll, pfiffig, diebisch, durchtrieben, keck, unbekümmert, verwegen, erfreut, erleichtert, befreit, gelöst, amüsiert, belustigt, behaglich, vergnügt, verständnisvoll, beifällig, anerkennend, höflich;
3. schüchtern, verlegen, ungläubig, unsicher, betreten, nervös, affektiert, krampfhaft, hohl, gezwungen, gequält, bitter, grimmig, dreckig, unanständig, obszön, vulgär, unnatürlich, albern, töricht, dümmlich, irr;
4. überlegen, triumphierend, hochmütig, spöttisch, höhnisch, verächtlich, kalt, gemein, schadenfroh, verschlagen, boshaft, giftig, grausam, gehässig, maliziös, hämisch, sarkastisch, sardonisch (d. h. hintergründig-unheilverkündend).

Die beiden ersten Gruppen sind Ausdruck einer arglosen und fröhlichen, die beiden letzten einer leidigen und zum Verletzen aufgelegten Gemütsstimmung. In der *Göttlichen Komödie* von Dante (Abb. 2) hört man in Purgatorium und Paradies nur das Lachen der beiden ersten, in seiner Hölle nur das Lachen der beiden letzten Kategorien. Das Lachen der ersten und der dritten Gruppe charakterisiert allein das Gemüt des Lachenden, das der zweiten und vierten Gruppe ist mit einer gezielten Wirkung verbunden. Wer als Gegenstand und Zielscheibe das leidige und verletzende Lachen der bei-

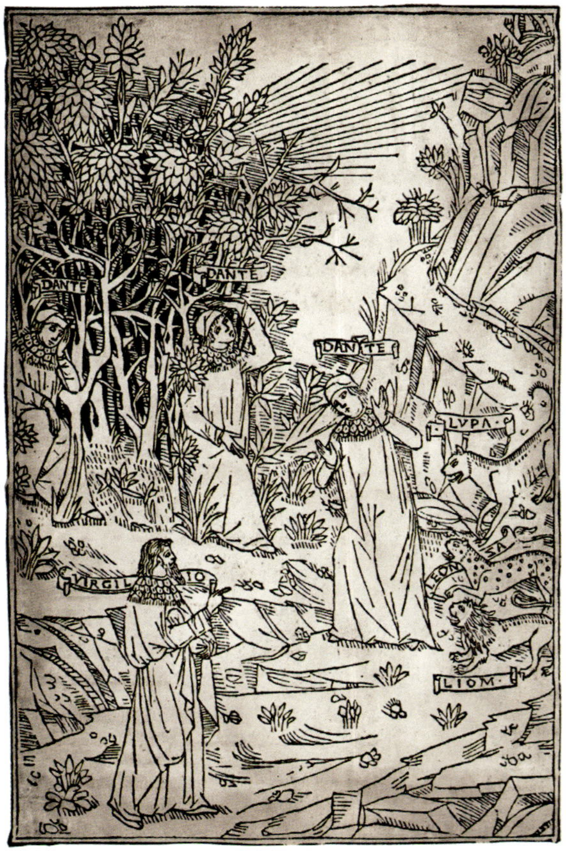

Abb. 2 ▶
Dante trifft zwischen wildem Wald und Läuterungsberg auf Vergil (Inferno, I. Gesang), Dante, Divina Commedia, Venedig 1507, Mainz, Martinus-Bibliothek, Inc. 57, Titelblatt

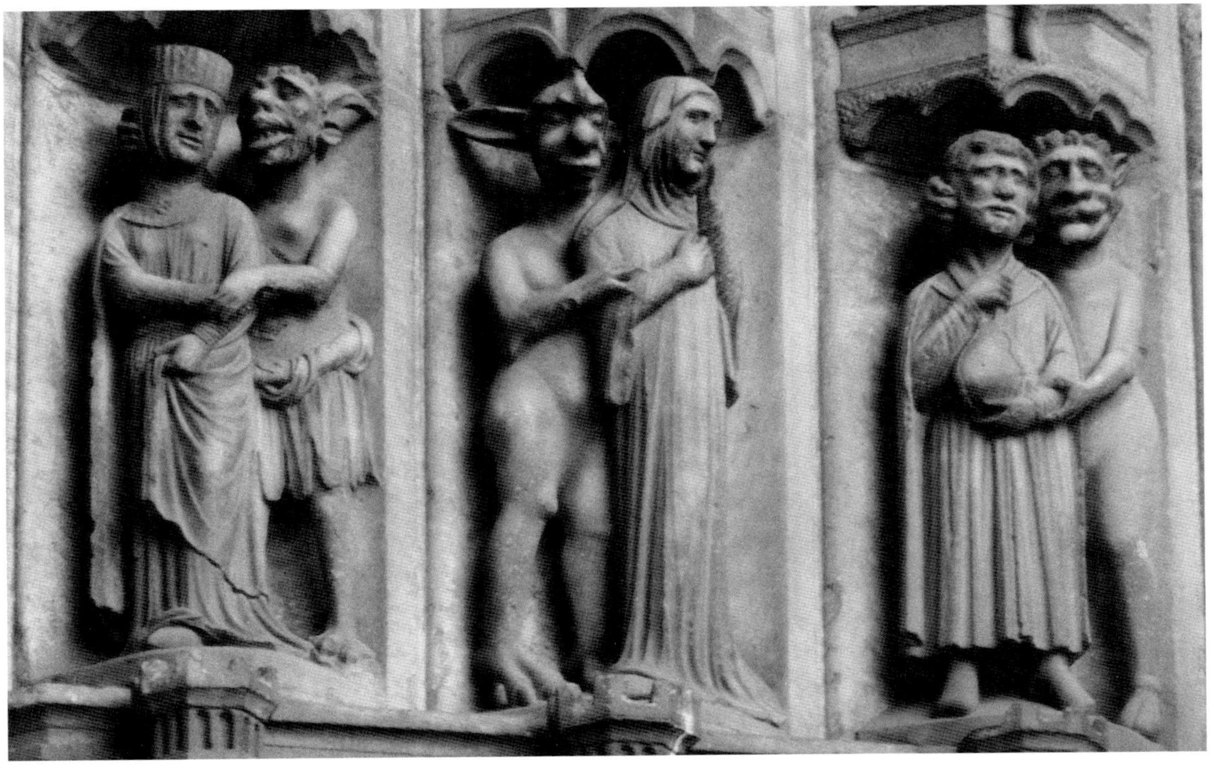

Abb. 3 ◄
Überlegen grinsende Teufel mit Verdammten, Chartres, Kathedrale Notre-Dame, Mittelportal, südliche Vorhalle, Archivolten (Detail), nach 1204

den letzten Gruppen ungekränkt oder gar mit einem Lächeln hinnimmt, beweist Demut, Humor und eine Überlegenheit, die dem Lachenden abgeht. Im Hinblick auf die Lautstärke kann das Lachen heimlich, versteckt, leise, laut, schallend, ausgelassen, zwerchfellerschütternd, wiehernd sein. Ich verzichte auf eine Beschreibung der Klangformen des Lachens. Die Liste für die moderate Form des Lachens, das Lächeln, fällt ganz ähnlich aus. Doch finden sich beim Lächeln auch Attribute und Ausdruckswerte, die man mit dem Lachen weniger oder gar nicht verbindet:

1. anmutig, heiter, unbefangen, breit, offen, liebenswürdig, zauberhaft, froh, zufrieden, still, hold, versonnen, glücklich, überglücklich, selig;
2. freundlich, bescheiden, gütig, gutmütig, liebevoll, zärtlich, leise, harmlos, sanft, unverfänglich, verträumt, befriedigt, erfreut, amüsiert, vergnügt, vergnüglich, verzückt, verschmitzt, schalkhaft, spitzbübisch, verstohlen, vertraulich, verständnisvoll, wissend, diskret, höflich, routiniert, versöhnlich, bedauernd, mitleidig, nachsichtig, bittend, beruhigend, begütigend, gewinnend, verführerisch, aufmunternd, vielsagend, herausfordernd;
3. schüchtern, scheu, verlegen, vorsichtig, ungläubig, unsicher, hilflos, zögernd, müde, säuerlich, schmerzlich, wehmütig, bitter, tapfer, betreten, nervös, gequält, gezwungen, blöde;
4. rätselhaft, zweideutig, kühl, ironisch, devot, überlegen, stolz, siegesgewiss, anmaßend, triumphierend, gnädig, herablassend, geringschätzig, hochmütig, spöttisch, sarkastisch, tückisch, boshaft, giftig, grausam, sardonisch.

Das Spektrum ist beim Lächeln ebenso breit wie beim Lachen, die leidigen Formen sind allerdings weniger ausgeprägt und bunt. Wisława Szymborska hat ein Gedicht über das obligate, „rigorose“ Lächeln der Staatsmänner geschrieben, die liebenswert sein müssen.[1] Asfa-Wossen Asserate spricht von dem *„berühmten herzli-*

chen Kongreßlächeln" und meint: *„Das ewige bombenfeste Gelächel hat etwas die Seele Prostituierendes"*.[2] Aufs Ganze gesehen aber überwiegen beim Lächeln die positiven Konnotationen.

Im konkreten Fall sind viele Kombinationen und Schattierungen möglich, aber fast allen Weisen des Lachens und Lächelns liegt ein gewisses Überlegenheitsgefühl zugrunde (Abb. 3). Es ist selbst im schüchternen Lachen und im gequälten Lächeln noch vorhanden. Der Lachende fühlt sich über jemanden oder etwas erhaben, das als Anfechtung auftritt. Das Lachen kann bewusst eingesetzt und dosiert werden, das natürliche Lachen jedoch überkommt uns unwillkürlich. Das ist immer dort der Fall, wo man im Deutschen vom *„Auflachen"* spricht, das zumeist ein vergnügtes Lachen der beiden ersten Gruppen bezeichnet. Es entspringt im Allgemeinen einer plötzlich erkannten Inkongruenz, einem unversehens zutage tretenden Missverhältnis.

Abb. 4 ▶
Engel, ein Kind tragend, Bourges, Kathedrale Saint-Étienne, mittleres Westportal, Tympanon (Detail), 1. Hälfte 13. Jh.

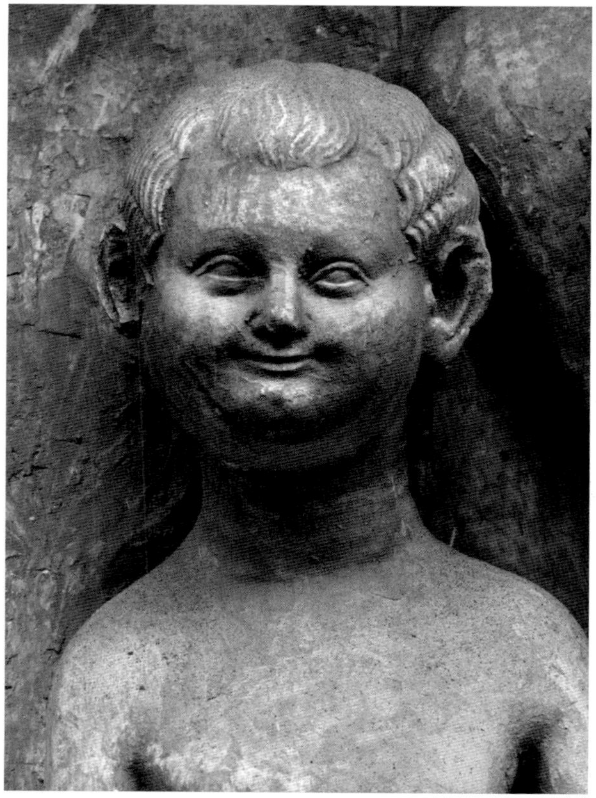

Man ist vielleicht mit einer bestimmten Vorstellung an eine Sache herangegangen, die sich auf einmal als grotesk verfehlt erweist, oder man begegnet bei anderen einer Vorstellung, die man im Hinblick auf den Sachverhalt als grotesk unzutreffend empfindet. Das zum Lachen Reizende beim menschlichen Verhalten ist oft die Diskrepanz zwischen Anspruch und Wirklichkeit. Das aufbrechende Lachen oder Lächeln kann freilich auch auf einer falschen Einschätzung beruhen und ist dann Ausdruck von Dummheit, Verblendung oder einfach Unkenntnis des Sachverhalts.

Unter den aufgeführten Gruppen des Lachens und Lächelns sind die beiden letzten erfahrungsgemäß die häufigsten; Lachen wird gewöhnlich mit Spott verbunden. Am seltensten ist die jeweils an erster Stelle angeführte Gruppe, das unbefangene Lachen oder Lächeln. Dieser Befund sagt viel über die Welt, in der wir tatsächlich leben, auch wenn wir es gern anders sehen. In der Welt von Eichendorffs *Taugenichts* jedoch erklingt ausschließlich das harmlose Lachen der beiden ersten Gruppen. Da lacht gegen Ende ein geistlicher Herr *„so herzlich, dass er ganz blau im Gesicht wurde, und ihm Tränen aus den Augen rollten"*, ja *„bis er sich endlich ganz verhustete"*. Im letzten Kapitel bricht eine junge Dame *„in ein unmäßiges Lachen aus"* und kann sich *„vor Lachen gar nicht zu Gute geben"*, während dem Helden *„ordentlich das Herz im Leibe"* lacht. Im Schlusssatz der Erzählung lächelt die Geliebte *„still"*, sieht den Geliebten *„recht vergnügt und freundlich an"* – und es ist *„alles, alles gut!"*[3]

Bereits dieses eine Beispiel zeigt: Nicht jede Art des Lachens oder Lächelns ist durch ein Überlegenheitsgefühl und die überraschende Erkenntnis eines Missverhältnisses bedingt. Es gibt, obgleich sehr selten, auch ein Lachen oder Lächeln, das spontan aus einem glücklichen Herzen fließt, aus der Gewissheit heraus, dass die Welt, wenigstens für einen Moment, heil und in Ordnung ist, so wie sie war, als Gott sie schuf: gut, ja sehr gut. Diese Gewissheit ist die ursprüngliche Quelle des rituellen Osterlachens, das für die Ostkirche schon früh bezeugt ist, für den Westen dagegen erst im Mittelalter.[4] Es war vorgesehen nach der Verkündigung des Priesters, dass Christus wahrhaft auferstanden ist, und müsste eigentlich spontan entspringen, wenn wir die Osterbotschaft ernst nehmen. Dieses Lachen hat etwas Kindliches, und aus der Kinderwelt heraus gestaltet es Joseph von Eichendorff einmal in einem Gedicht, das *Gottes-Segen* überschrieben ist:

Das Kind ruht aus vom Spielen,
Am Fenster rauscht die Nacht,
Die Engel Gott's im Kühlen
Getreulich halten Wacht.

Am Bettlein still sie stehen,
Der Morgen graut noch kaum,
Sie küssen's, eh' sie gehen,
Das Kindlein lacht im Traum.[5]

Das kindliche Lächeln (Abb. 4) beginnt aufgrund eines angeborenen Instinktes spontan in den ersten drei Lebenswochen. Es sucht Kontakt und Erwiderung. Aus dem Lächeln entwickelt sich später das Lachen. Das kindliche Lachen beschränkt sich zunächst als *„uneingeschränkt sozio-positive Reaktion"* auf unsere beiden ersten Kategorien. Nur wenigen Menschen gelingt es, dieses kindliche Lächeln bis ins Erwachsenenalter zu bewahren. *„Die hungernden Kinder der Dritten Welt lachen nicht, auch das von den Eltern verlassene und einsame Kind ist zu keinem Lächeln und schon gar nicht zum Lachen fähig"*.[6]

LACHEN UND LÄCHELN IN DEN EPEN HOMERS

Kein literarisches Werk hat die griechische Kultur so stark geprägt wie die Epen Homers. Im lateinischen Mittelalter war Homer zwar als Name geläufig, aber seine Werke wurden erst um 1360 ins Lateinische übersetzt. In diesen Epen wird viel gelacht, von Göttern wie von Menschen.[7] Aber nie lachen die Götter über Menschen, dafür stehen sie ihnen zu nahe. Schon am Ende des 1. Gesanges der *Ilias* brechen die Götter in ein *„unauslöschliches Lachen (ásbestos gélos)"* aus, freilich nur hier in der *Ilias* und unter bemerkenswerten Umständen. Zwischen dem Göttervater Zeus und seiner Gattin Hera herrscht dicke Luft. Der Grund dafür sind die Ereignisse vor Troja, in die Zeus und die Götter hineingezogen werden. Aber Heras Sohn Hephaistos bringt seine Mutter durch freundliche Worte zum Lächeln, und als er dann für die Götter den Mundschenk macht und keuchend um den Tisch humpelt, schütteln sich die Götter vor Lachen. Genau das hatte Hephaistos erreichen wollen: Der Sterblichen wegen werden wir Götter doch nicht zanken! Dieses *„homerische Lachen"* der Götter hat freilich etwas Bedenkenloses an sich, denn damit erinnern sie sich daran, dass ihnen Freud und Leid der Menschen nichts anhaben können. Als Ares und Aphrodite beim Schäferstündchen ertappt und festgehalten werden, brechen die Götter wieder in dieses *„unauslöschliche Lachen"* aus; immerhin findet es Poseidon in diesem Fall gar nicht lustig und lacht nicht mit.[8] Einmal taucht dieses bedenkenlose Lachen sogar im Mund von Menschen auf. In diesem Fall ist es Athene, die dafür sorgt, dass die unverschämten Freier der Penelope in dieses Lachen ausbrechen. Bei ihnen wirkt es allerdings unheimlich und abstoßend und grenzt ans Irre; sie lachen *„mit verzerrten Wangen"* und Tränen in den Augen. Als ihnen ein Seher daraufhin ihren nahen Tod prophezeit, lachen sie ihn aus und nennen ihn verrückt.[9]

Im 2. Gesang der *Ilias* tritt ein gewisser Thersites auf, der als lauter, streitsüchtiger Schwätzer charakterisiert wird. Er will alles ins Lächerliche ziehen und ist deshalb bei den edlen Helden unbeliebt. Sie lachen befriedigt und schadenfroh, als ihm Odysseus eins überzieht.[10] Thersites bleibt in der griechischen Tradition der Inbegriff des gehässig-dümmlichen Lachens auf Kosten anderer; Aristoteles – und ihm folgend die Schriftsteller des Mittelalters – wird genau diese Art des Lachens in seiner Lehre der *Eutrapelie* als negatives Beispiel analysieren und beanstanden.

Eine zu Recht berühmte Szene ist die letzte Begegnung Hektors mit Frau und Kind.[11] Sie beginnt damit, dass Hektor eine Weile still lächelnd auf den Knaben im Arm der Amme schaut. Als dieser vor dem nickenden Helmbusch erschrickt, lachen Vater und Mutter hell auf, herzlich und amüsiert, und natürlich nimmt Hektor sofort den Helm ab und das Kind auf seinen Arm. *„Unter*

Tränen lachend" übergibt er es Andromache. Ihr Lachen ist Liebe; die Tränen fließen, weil sie das über Hektor schwebende Verhängnis ahnt. Nur in dieser Szene begegnen bei Homer ein Lachen und Lächeln reiner Liebe. Lautes Lachen kann ein Zeichen von Verachtung sein, aber auch einer durchaus arglosen Schadenfreude. So lachen die Achaier bei den Wettspielen, die Achill veranstaltet, vergnügt über einen schlechten Diskuswurf und über den Helden Aias, als dieser in den Mist fällt.[12] Zeus „*lacht das Herz vor Freude*" über das Spektakel, das die gegeneinander kämpfenden Götter bieten, er lacht aber auch begütigend und ein wenig amüsiert-spöttisch über seine Tochter Artemis, die sich Trost suchend auf seine Knie geflüchtet hat, nachdem ihr Hera – „*lächelnd*" – Bogen und Köcher um die Ohren geschlagen hat.[13] In der Schlacht der Menschen wie der Götter ertönt ein triumphierendes Lachen.[14]

Die Weisen des Lachens in der homerischen Odyssee bewegen sich ganz im Rahmen des in der *Ilias* Gefundenen. Wir finden die ganze Palette menschlichen Lachens vom heiteren Vor-sich-hin-Lachen bis hin zum rohen „*Sterben vor Lachen*" der pöbelhaften Freier, bei dem sie wild mit den Armen fuchteln. Und natürlich weiß Homer, dass der Wein nicht nur zu unbedachten Worten, sondern auch zu ausgelassenem Lachen führt. Nur einmal kommt der Fall vor, dass jemand auf eigene Kosten lacht.[15]

Das Lächeln kann bei Homer gutmütig amüsiert sein, versöhnlich, beruhigend, aber auch hinterlistig, spöttisch und schadenfroh. Odysseus lächelt einen Gefangenen, um ihn zum Reden zu bringen, aufmunternd an und tötet ihn anschließend erbarmungslos. Aias lächelt an einer Stelle finster drohend. Von ganz ähnlicher Natur ist das „*sardonische Lächeln*" des Odysseus, ein furchtbares, der baldigen Rache gewisses Lächeln.[16]

In kaum einer Hinsicht erscheinen uns die Menschen Homers so nahe und vertraut, wie in ihrem Lachen. Nicht, dass uns nicht manches Gelächter befremdlich und unangebracht vorkäme; aber das ist auch bei Zeitgenossen der Fall. Wir finden eine breite Palette von Ausdruckswerten, wobei zwischen Menschen und Göttern kein Unterschied besteht. Alle vier Kategorien des Lachens und Lächelns, die wir eingangs unterschieden haben, sind vertreten. Im Allgemeinen ist das Lachen spöttisch-verächtlich oder spöttisch-vergnügt; ungetrübt gutmütig ist es selten, und nur in der genannten Begegnung zwischen Hektor und Andromache ist es rein liebevoll. Der spöttische Unterton fehlt zwar auch beim Lächeln nicht, aber dieses ist doch überwiegend gutmütig, freundlich oder amüsiert. Am meisten und lautesten lachen die unverschämten Freier der Penelope in der Odyssee. Ihr Lachen verbindet sie, aber es hat kaum Gutmütiges an sich und verzerrt ihr Gesicht zur Grimasse. Das Lächeln scheinen sie gar nicht zu kennen. Ihr lautes, fratzenhaftes Hohngelächter gilt dem Dichter nicht nur als Ausdruck ihres schlechten Charakters, sondern auch ihrer Verblendung. Die Menschen zur Zeit Homers scheinen nicht viel anders gelacht zu haben als die heutigen und aus ähnlichen Gründen.

ANTIKE LACHKULTUR

In den Epen Homers deutet sich bereits eine Ethik des Maßes an. Nicht von ungefähr ist das Thema der *Ilias* der maßlose Zorn des Achill, der gerade nicht zur Nachahmung empfohlen wird. Im Lachen sind es Thersites und die Freier der Penelope, die kein Maß halten können. Diese Ansätze werden bei den Philosophen und Rhetoriklehrern zu einer in klare Regeln gefassten Lachkultur entfaltet. Eine Kultur des Lachens kann es ja nur dort geben, wo nicht jedes Lachen positiv bewertet wird. Unkontrollierte Lachlust gehört sich nicht für Vernunftwesen, meint der Philosoph Platon (429–347 v. Chr.), denn sie tendiert zu radikalen Umschwüngen. Von diesem Grundsatz her verurteilt er das „*unauslöschliche Lachen*" der Götter in der *Ilias* ebenso wie die grobe Spaßmacherei in Mimen und Komödien, insbesondere das Lächerlichmachen von Mitbürgern.[17] In seinem Alterswerk über die *Gesetze* formuliert er als Grundsatz: „*Man soll sich nicht gehen lassen in maßlosem Lachen oder Weinen*"; in allem gilt es, den Anstand zu wahren, indem man übermäßige Freude ebenso verbirgt wie übermäßigen Schmerz.[18] Wie der Weise lacht, zeigt

Platon am Beispiel des Sokrates. Als dieser beim letzten Zusammensein mit den Freunden von Kriton gefragt wird, wie sie ihn begraben sollen, antwortet er: *„Wie ihr wollt, wenn ihr mich dann noch habt und ich nicht entwischt bin."* Dann *„lacht er leise"* und fügt hinzu: Wenn er den Giftbecher getrunken habe, sei er weg im Land der Seligen.[19] So zeigt er mit einem kleinen Scherz seine innere Überlegenheit und Gefasstheit im Angesicht des Todes, prägt noch einmal seine philosophische Überzeugung ein, dass das Wesentliche an einem Menschen seine unsterbliche Seele ist, und mokiert sich zugleich ein wenig über den Schüler, der das immer noch nicht begriffen hat.

In Umberto Ecos Roman *Der Name der Rose* spielt die Lehre des Philosophen Aristoteles (384–322 v. Chr.) über unser Thema eine zentrale Rolle. Den Plot seiner Geschichte gewinnt Eco aus dem verloren gegangenen zweiten Buch der *Poetik*, in dem Aristoteles das Wesen der Komödie und die Arten des Lächerlichen behandelt hat. Das fiktive Kloster der Romanhandlung besitzt ein Exemplar dieses Buches – wahrscheinlich das letzte –, das allerdings streng geheim gehalten wird. Der Hüter der Handschrift ist ein alter Mönch, Jorge von Burgos, für den das Lachen nicht nur ein Zeichen der Dummheit ist, sondern auch eine Gefahr für die höchsten Werte. Jorge meint, diese Gefahr bestehe vor allem dann, wenn man sich an das Buch des Aristoteles halte. Denn darin werde das Lachen und Lächerlichmachen zur Kunst erhoben, die man auch gegen die christlichen Wahrheiten verwenden könne. Was wäre, *„wenn eines Tages jemand sagen könnte (und dafür Gehör fände): Ich lache über die Inkarnation [...]?"*[20] Das ist nun freilich genau das, was der Held des Romans und Gegenspieler des alten Mönchs, William von Baskerville, für wünschenswert hält: die Menschen *„über die Wahrheit zum Lachen zu bringen"* und *„sich von der krankhaften Leidenschaft für die Wahrheit zu befreien"*.[21] Mit der wirklichen Lehre des Aristoteles (und, wie wir sehen werden, auch des Mittelalters, s. Beitrag Wilhelmy) über das Lachen hat das freilich wenig zu tun. Die Idee, dass man das Lachen gegen die Wahrheit und zur Umwertung aller Werte benützen kann, stammt nicht von Aristoteles, sondern von Friedrich Nietzsche.[22] Ecos William von Baskerville ist ein postmoderner Philosoph im mittelalterlichen Gewand, und sein Gegenspieler Jorge von Burgos ist der Typus des fanatischen Fundamentalisten, der für irgendwelche „Wahrheiten" sogar über Leichen geht. Was also sagt der wirkliche Aristoteles über das Lachen?

Aristoteles hat in all seinen Ausführungen über das Lachen vor allem ein Ziel: es zu kultivieren und freizuhalten von verletzendem Spott und Schadenfreude. Das war zweifellos auch die Hauptabsicht seiner Ausführungen in dem nicht überlieferten zweiten Buch der *Poetik*. Das zeigt schon die Inhaltsangabe, die er selbst in einer seiner anderen Schriften, der *Rhetorik*, gibt: *„Über die Arten des Lächerlichen habe ich in der Poetik gesprochen, nämlich welche von ihnen einem freien Menschen anstehen und welche nicht"*.[23] Aristoteles geht also von der Ambivalenz des Lachens aus und sucht nach Richtlinien, wie man die negativen Formen des Lachens meiden kann. Unter dieser Maßgabe muss man auch den unmittelbar vorausgehenden Satz lesen, in dem er ein Prinzip des Sophisten Gorgias zustimmend zitiert. Danach muss der Redner den Ernst des Gegners mit Lachen bekämpfen und sein Lachen mit Ernst. Aber selbst das Lächerlichmachen des Gegners darf ein gewisses Maß nicht überschreiten. Es gibt eine viel besprochene Stelle in der *Poetik* des Aristoteles, die man als eine Definition verstehen kann: *„Das Lächerliche ist eine Art Verfehlung oder Misslichkeit, die nicht verletzend oder vernichtend ist"*.[24] Was Lachen auslöst, ist demnach das irgendwie als „daneben" Empfundene und im ästhetischen oder moralischen Sinn Missfällige; es muss jedoch harmlos bleiben, um belacht zu werden. Dass es in Wirklichkeit oft anders ist, beweist das nicht unbedingt harmlose Lachen der ungehobelten Freier in Homers *Odyssee*.

Besondere Bedeutung für das (hohe) Mittelalter hatten die Ausführungen, die Aristoteles (Abb. 5) in seiner *Nikomachischen Ethik* über das taktvolle, dem Weisen angemessene Lachen in intellektueller Gesellschaft macht (s. auch Beitrag Wilhelmy, S. 46f.). Aristoteles geht hier

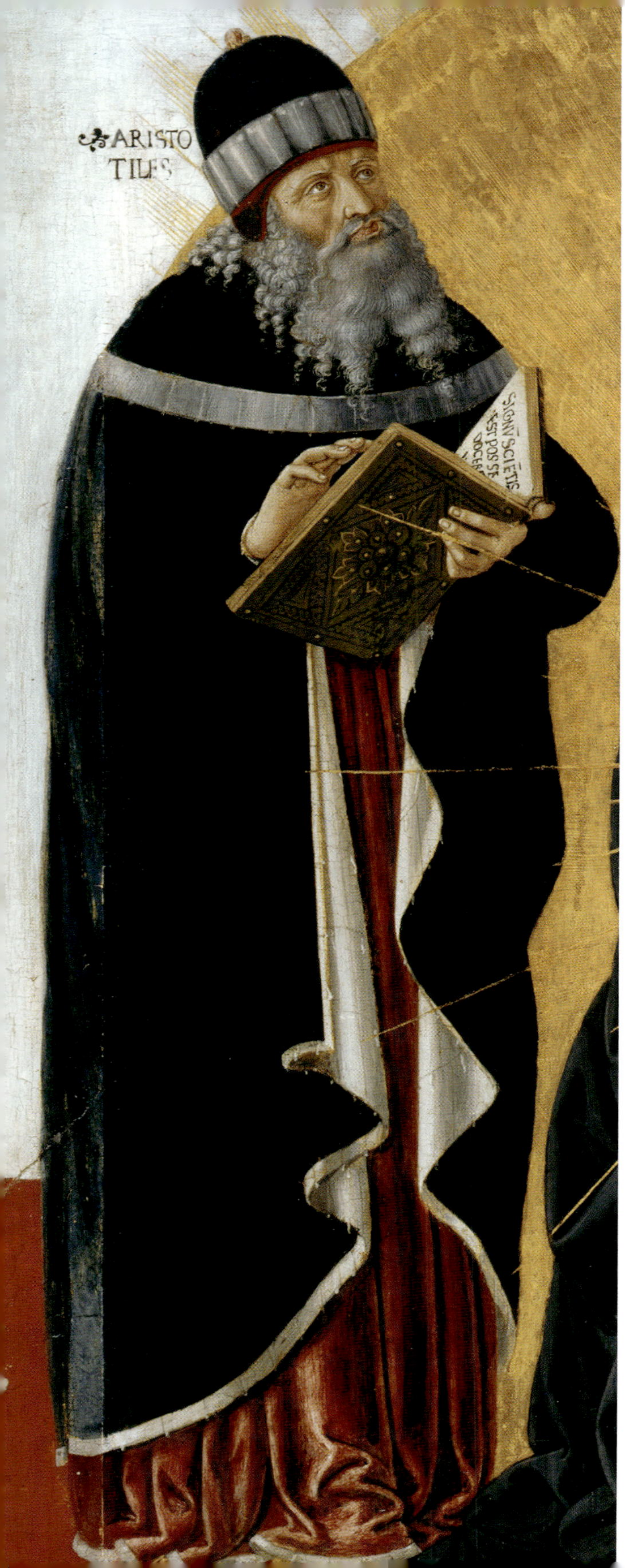

Abb. 5 ◄
Aristoteles, Benozzo Gozzoli, Triumph des hl. Thomas von Aquin (Detail), um 1470/75, Paris, Musée du Louvre, Inv.-Nr. 104

davon aus, dass alle menschliche Tätigkeit auf Glück zielt. Das Glück sei aber nicht in Spiel und Scherz zu finden, denn Spiel und Scherz könnten niemals Ziel und Zweck sein, sondern nur zur Erholung und Entspannung von Tätigkeit, besonders geistiger Tätigkeit, dienen; in geistiger Tätigkeit sieht Aristoteles das höchste menschliche Glück. Dazu kommt, *„dass ernste Dinge wertvoller sind als spielerische und zum Lachen reizende"* und deshalb auch mehr Glück mit sich bringen.[25] Eine originelle Leistung des Aristoteles besteht nun darin, dass er auch die Beschäftigung mit den spielerischen und zum Lachen reizenden Dingen zu einer Tugend, man könnte auch sagen, zu einer Kunst, erklärt hat. Eine Tugend aber ist nach seiner Lehre immer dadurch definiert, dass sie die rechte Mitte zwischen zwei Extremen hält. Das gilt auch für die Lustigkeit, das Lachen und das Lächerlichmachen. Das eine Extrem auf diesem Feld ist der Possenreißer, der die Leute um jeden Preis zum Lachen bringen will, ohne Rücksicht auf die Betroffenen. Das andere Extrem ist der Holzklotz, der keinen Scherz versteht. Die rechte Mitte bezeichnet Aristoteles als *Eutrapelie* (Gewandtheit). Darunter versteht er die Fähigkeit zur zwanglos-scherzhaften Unterhaltung, die immer den Takt wahrt. In realistischer Einschätzung fügt er freilich hinzu: *„Da Stoff zum Lachen immer vorhanden ist und die meisten Leute an Scherz und Spott ihre Freude haben – mehr als gut ist! –, gilt auch der Possenreißer als angenehmer Unterhalter – leider!"*[26] Kurz und bündig rät darum der Stoiker Epiktet (ca. 50–120 n. Chr.): *„Lache nicht viel, nicht über vieles und nicht hemmungslos"*.[27] Das wurde zur normativen Maxime für das Lachen auch im Mittelalter, nicht seine unbedingte Verurteilung.

Eine große Wirkungsgeschichte ging von einer beiläufigen Bemerkung aus, die Aristoteles in einem seiner zoologischen Werke machte. Bei der Behandlung des Zwerchfells schreibt er: *„Von allen Lebewesen lacht nur der Mensch"*.[28] Diese Bemerkung dient im Zusammenhang eigentlich nur zur Erklärung des durch Kitzeln erregbaren Lachens. Sie wurde in der Antike und im Christentum jedoch vielfach aufgegriffen und als Aussage über das Wesen des Menschen interpretiert. Damit wird die Fähigkeit zu lachen zu einer Auszeichnung des Menschen, die ihn von der Tierwelt abhebt. *„Wegen des Mangels an Vernunft, also an Allgemeinbegriffen, ist das Tier, wie der Sprache, so auch des Lachens unfähig. Dieses ist daher ein Vorrecht und charakteristisches Merkmal des Menschen"*, meint zum Beispiel Arthur Schopenhauer.[29] Aber wie jede menschliche Fähigkeit, so kann auch diese missbraucht werden.

Der wichtigste Schulautor und Vermittler antiker Bildung im Abendland war im Mittelalter und weit darüber hinaus der Rhetor und Politiker Cicero (106–43 v. Chr.). In seiner Schrift *Über die Pflichten* widmet er Spiel und Scherz einen eigenen Abschnitt. Zunächst bemerkt er, darin ganz Aristoteles folgend, der Mensch sei nicht zu Spiel und Scherz geboren, sondern eher zu Ernst und höheren Aufgaben. Wenn das Höhere erledigt ist, darf man zur Erholung auch scherzen, aber nicht ausgelassen und zügellos, sondern vornehm und witzig, zur rechten Zeit und ohne Zoten oder unanständige Wörter.[30] Das führt er in seinem Buch *„Über den Redner"* noch näher aus und fügt eine längere Erörterung über das Lachen hinzu.[31] Die Frage, was das Lachen ist, wie es entsteht und warum wir manchmal unwiderstehlich in Lachen ausbrechen, überlässt er, weil es ihm ja nur um den Redner auf dem Forum geht, dem lachenden Philosophen Demokrit (Abb. 6). Demokrit (ca. 460–370 v. Chr.), der vor allem als Atomist bekannt ist, bildet in der Antike als *„der lachende Philosoph"* ein Paar mit dem tiefgründigen Heraklit (ca. 550–480 v. Chr.) als *„dem weinenden Philosophen"*, weil dem einen die Betrachtung des Lebens angeblich mehr Anlass zum Lachen, dem anderen mehr Grund zum Weinen gab.[32] Wichtiger ist Cicero die Frage, wie weit man beim Erregen von Lachen gehen darf und was dabei unbedingt zu meiden ist. Weder schwere Verbrechen noch großes menschliches Elend dürfen lächerlich gemacht werden. Der Witz muss sparsam eingesetzt werden, er darf nicht billig oder schmutzig sein und muss alles Possenhafte (*scurrilia*) meiden. Der Redner muss persönliche Rücksichten nehmen und gegebenenfalls auf einen Witz verzichten können (Cicero selbst konnte es nicht).

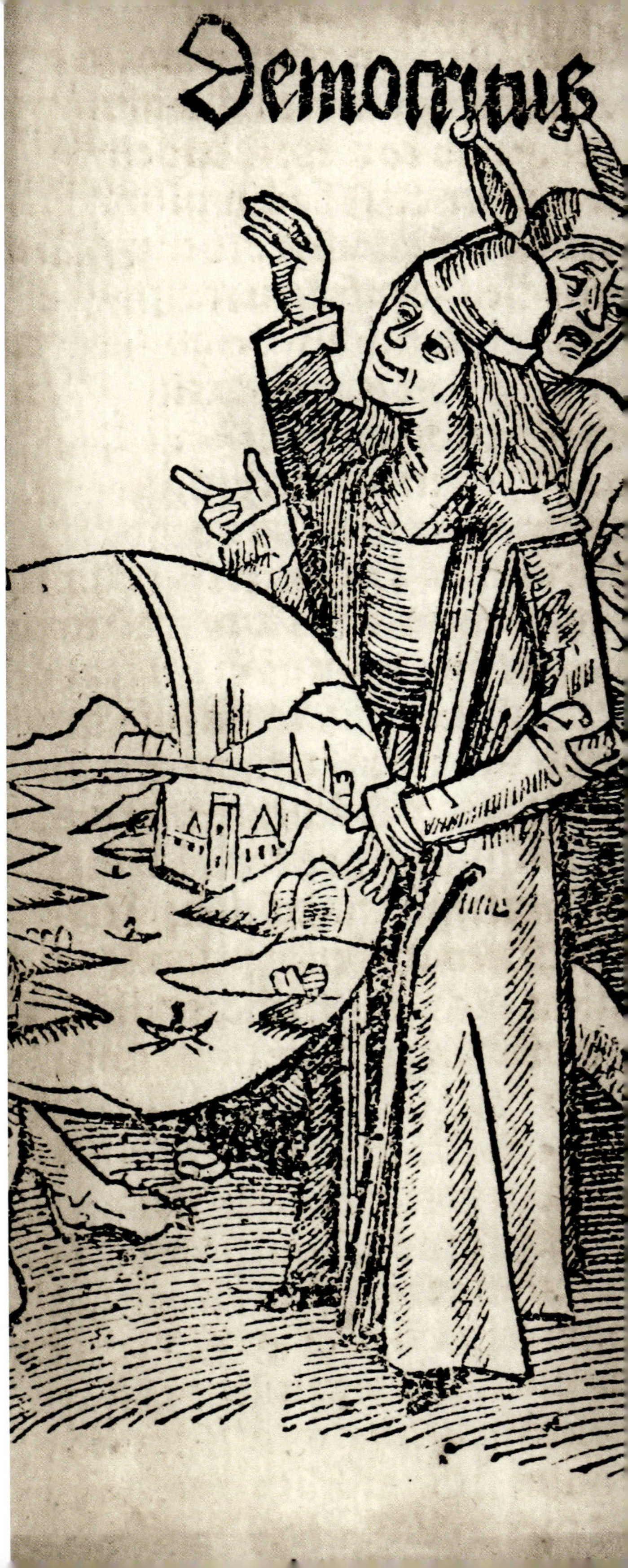

Abb. 6 ►
Demokrit (Detail), Johann Geiler von Kaysersberg, Navicula sive speculum fatuorum, Straßburg 1510, Mainz, Martinus-Bibliothek, Inc. 509, Kap. 35

Abb. 7 ▶ Verdammte und sardonisch grinsende Teufel, Bourges, Kathedrale Saint-Étienne, mittleres Westportal, Tympanon (Detail), 1. Hälfte 13. Jh.

Er darf nicht zum Clown werden, Grimassen schneiden ist unwürdig. Cicero stellt auch zusammen, was zum Lachen reizt: Ungereimtes (*subabsurda*) und Missstimmiges (*discrepantia*), am meisten aber Unerwartetes (*quod est praeter expectationem*). Das Lächerliche ist in einer gewissen Unschönheit (*turpitudo*) und Entstellung (*deformitas*) begründet, das ist Ciceros Version der aristotelischen Formel. Diese Bemerkung nimmt Quintilian (30–96 n. Chr.) in sein Lehrbuch der Rhetorik auf und fügt hinzu, dass diese beiden Eigenschaften, wenn sie an anderen aufgezeigt werden, als humorvolle Bemerkung (*urbanitas*) bezeichnet werden, wenn aber an uns selbst, als Dummheit (*stultitia*). Er weist in diesem Zusammenhang ausdrücklich auf die Ambivalenz des Lachens hin.[33] Bemerkenswert ist Ciceros Beobachtung, dass die Stoffe des Witzes so ziemlich dieselben sind wie die des Ernstes, eben weil das lächerlich Wirkende auf Entstellung beruht.[34] Einer guten Satire liegt ein ernstes Anliegen zugrunde. Cicero folgt mit seinen Richtlinien für eine Lachkultur bis in die Einzelheiten hinein griechischen Vorbildern. Demgemäß geht es ihm vor allem darum, unpassendes Lachen einzudämmen. Einen ausgewogenen Grundsatz hat schon der griechische Rhetoriker Isokrates (436–338 v. Chr.) formuliert: „*Man soll nicht ernst bleiben, wo Lachen angebracht ist, aber auch nicht lachen, wo Ernst angebracht ist. Denn das Unzeitige ist immer misslich.*“[35] Im Mittelalter werden alle wesentlichen Elemente der antiken Lehre vom Lachen ohne größere Abstriche ins Christentum übernommen, je nach Rezipient und Epoche allerdings unterschiedlich gewertet. Ein bezeichnendes Beispiel für diese Kontinuität ist die Missbilligung des Grimassenschneidens. Bei Homer sind es nur die ungehobelten Freier der Penelope, die „*mit verzerrten* [wörtlich: *verfremdeten*] *Wangen*“ lachen; im Mittelalter sind es die Antipoden der Heiligen (s. Beitrag Widmaier) und die Herren der Hölle, die grimassierend ihrer sardonischen Freude Ausdruck geben (Abb. 7).[36] Erst in unseren Tagen scheinen diese Formen des Lachens gesellschaftsfähig zu werden.

1 Szymborska 1995, S. 63. **2** Asserate 2003, S. 85, 221. **3** Eichendorff 1985, S. 549–561. **4** Luck 1994, Sp. 767. **5** Eichendorff 1987, S. 339. **6** Lempp 1992, S. 89–91. **7** Levine 1982; Halliwell 2008, S. 51–99. **8** Homer, *Odyssee* 8,343f., zit. nach Weiher 1967, S. 212. **9** Homer, *Odyssee* 20,348f. bzw. 358, zit. nach Weiher 1967, S. 562. **10** Homer, *Ilias* 2,211–216 bzw. 270, zit. nach Rupé 1961, S. 50, 54. **11** Homer, *Ilias* 6,392–496, zit. nach Rupé 1961, S. 214–220. **12** Homer, *Ilias* 3,43, 23,784 bzw. 840, zit. nach Rupé 1961, S. 90, 810, 814. **13** Homer, *Ilias* 21,389f., 491, 508, zit. nach Rupé 1961, S. 728, 734. **14** Homer, *Ilias* 11,378 bzw. 21,408, zit. nach Rupé 1961, S. 368, 728. **15** Homer, *Odyssee* 18,99f., 14,465 bzw.16,345, zit. nach Weiher 1967, S. 492, 394, 448. **16** Homer, *Ilias* 10,400 bzw. 7,212, zit. nach Rupé 1961, S. 336, 232; *Odyssee* 20,301, zit. nach Weiher S. 560. **17** Platon, *Staat* 388 d–389 a bzw. 606 c, zit. nach Burnet 1902. *Leges* XI 935 d/e, zit. nach Burnet 1907. **18** Platon, *Leges* V 732 c, zit. nach Burnet 1907. **19** Platon, *Phaidon* 115 c, zit. nach Burnet 1900. **20** Eco 1982, S. 606. **21** Eco 1982, S. 624. **22** Nietzsche, *Jenseits von Gut und Böse*, Abschnitt 223 und 294, zit. nach Schlechta 1955, S. 686, 753f. **23** Aristoteles, *Rhetorik* 3,18 (1419 b), zit. nach Tovar 1953, S. 228. **24** Aristoteles, *Poetik* 5,2 (1449 a), zit. nach Fyfe 1932, S. 18, 20. **25** Aristoteles, *Nikomachische Ethik* 10,6 (1177 a), zit. nach Rackham 1934, S. 610. **26** Aristoteles, *Nikomachische Ethik* 4,8 (14) (1128 a), zit. nach Rackham 1934, S. 244, 246. **27** Epiktet, *Encheiridion* 33, zit. nach Steinmann 1992, S. 54. **28** Aristoteles, *De partibus animalium* 3,10 (673 a), zit. nach Halliwell 2008, S. 1–3, 315f. **29** Schopenhauer 1988, S. 116 **30** Cicero, *De officiis* 1,103f., zit. nach Gunermann 1976, S. 90–93. **31** Cicero, *De oratore* 2,216–290, zit. nach Merklin 1976, S. 344–395. **32** Halliwell 2008, S. 332–371. **33** Quintilian, *Institutio oratoria* VI 3,7f, zit. nach Winterbottom 1970, S. 337f. **34** Cicero, *De oratore* 2,248, zit. nach Merklin 1976, S. 366. **35** Isokrates, *Ad Demonicum* 31, zit. nach Norlin 1928, S. 22. **36** Homer, *Odyssee* 20,348f., zit. nach Weiher 1967, S. 562.

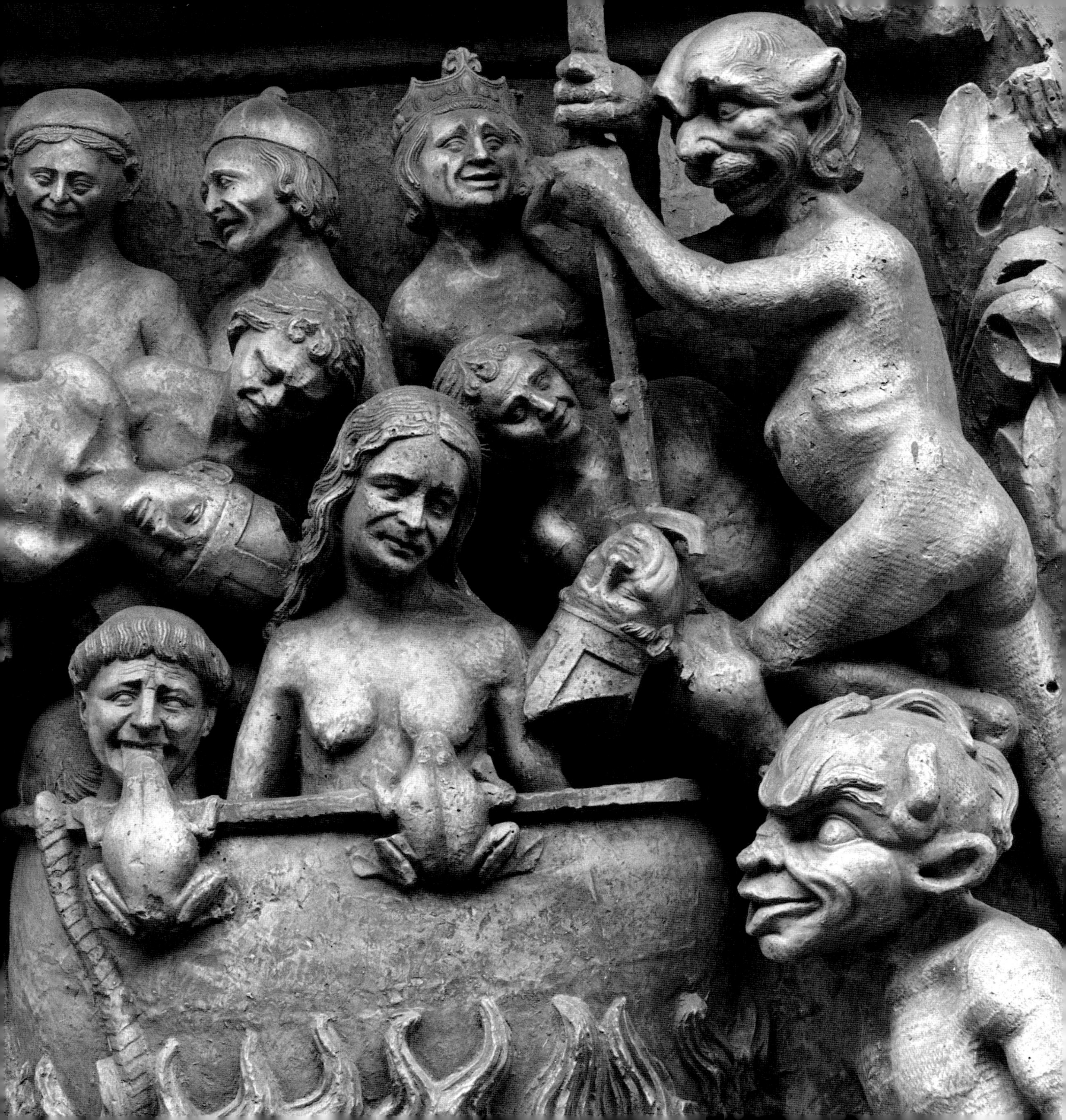

MARIUS REISER

DAS LACHEN IN DER BIBEL UND **DIE CHRISTLICHE LACHKULTUR**

„Gelacht wird in der Bibel, ja, gelächelt aber nie“, stellt der Bibelübersetzer Fridolin Stier fest.[1] Die bibelfeste Pastorentochter Dorothy L. Sayers bemerkt: *„Ich denke, ich habe recht, wenn ich sage, dass es in der Bibel wenig Lachen gibt außer verächtlichem Lachen“.*[2] Und im *„Neuen Bibel-Lexikon“ erhalten wir die Auskunft: „Menschen lachen [im Alten Testament] nie aus frommer Freude, sondern als Toren“.*[3] Der presbyterianische Pastor und Romancier Frederick Buechner hingegen meint: *„Quantitativ gesehen findet man nicht allzu viel Lachen in der Bibel, aber was die Qualität angeht, ist nirgends etwas auch nur annähernd Vergleichbares zu finden“.*[4] Stimmt das?

DER BIBLISCHE BEFUND

Schauen wir in die Konkordanz, so finden wir immerhin mehr als fünfzig Belege für das Lachen in der Bibel, aber nur vier davon im Neuen Testament. Vom Lächeln gar ist in der gesamten Bibel explizit nur an einer Stelle die Rede (Sir 21,20). Sieben der Belege stehen allein im Buch Genesis und kreisen um die Geburt Isaaks, dessen Name *der Lachende* bedeutet. Die Sache beginnt damit, dass Gott dem neunundneunzigjährigen Abraham erscheint und ihm einen Sohn von der neunzigjährigen Sara verspricht. *„Da fiel Abraham auf sein Angesicht nieder und lachte“* (Gen 17,17). Mit dem Niederfallen auf sein Gesicht bezeugt er seine Ehrfurcht, mit dem Lachen – ja, was bezeugt er mit seinem Lachen? Der biblische Text erläutert, Abraham habe überlegt: *„Können einem Hundertjährigen noch Kinder geboren werden, und kann Sara als Neunzigjährige noch gebären?“* Das ist sehr menschlich gedacht, aber sollte der Vater des Glaubens hier an Gottes Wort zweifeln? Der große Alttestamentler Gerhard von Rad meint: *„Dieses Lachen Abrahams führt uns jedenfalls an den äußersten Rand des psychologisch Möglichen. Verbunden mit dem pathetischen Gestus der Anbetung ist es ein geradezu schauerliches Lachen, todernst und jenseits jeden Spaßes, Glaube und Unglaube hart aneinanderstellend“.*[5] Paulus kann sich einen Zweifel Abrahams an Gottes Wort ebensowenig vorstellen (Röm 4,19) wie die jüdische Tradition; sie ersetzt Abrahams Lachen kurzerhand durch *„und er freute sich“* oder *„und er wunderte sich“.*[6] Diese Deutung griffen auch die Kirchenväter auf. Nach Augustinus hat Abraham lediglich *„aus freudiger Verwunderung“* gelacht.[7] Ein *schauer-*

liches und *todernstes* Lachen jedenfalls muss man darin nicht sehen. Abraham lacht ganz natürlich, weil ihm die Vorstellung, dass er und Sara jetzt noch Nachwuchs bekommen sollen, im ersten Moment allzu grotesk erscheint. Man kann es als eine Art Entlastungslachen deuten. „*Nichts wird mehr belacht als das Unerwartete*", bemerkt schon Cicero.[8] Ein Zweifel an Gottes Allmacht ist in diesem überraschten Lachen kaum impliziert. Denn dass Gott (oder ein Gott) Wunder tun kann, war für den antiken Menschen selbstverständlich.

In Genesis 18 wird die berühmte Gotteserscheinung bei den Eichen von Mamre erzählt. Jetzt wird Abraham der Sohn verheißen, während Sara am Zelteingang hinter seinem Rücken horcht (Abb. 8). Sie reagiert nicht anders als Abraham: „*Und Sara lachte in sich hinein: ‚Nun, da ich runzelig bin, soll ich Liebeslust empfinden? Und auch mein Herr ist alt!' Da sprach der Herr zu Abraham: ‚Warum lacht Sara und sagt: ‚Sollte ich wirklich noch gebären können, da ich schon alt bin?' Ist denn beim Herrn etwas unmöglich? Übers Jahr um diese Zeit werde ich wieder zu dir kommen, dann hat Sara einen Sohn.' Sara aber leugnete: ‚Ich habe nicht gelacht!' Denn sie fürchtete sich. Er aber sprach: ‚Doch, du hast gelacht!'*" (Gen 18,12-15). Auch Saras Lachen wird in der jüdisch-christlichen Tradition gern abgemildert – und interessanterweise in der christlichen Ikonographie des Mittelalters nie dargestellt! –, um ihm das Element des Zweifels zu nehmen, allerdings nicht so entschieden und einmütig wie im Fall Abrahams. Nach Augustinus ist es bei Sara nicht „*freudige Verwunderung*" wie bei Abraham, sondern „*freudiger Zweifel*".[9] Auch ihre Reaktion ist wohl nicht anders zu deuten als die Abrahams: als Ausdruck der Überraschung angesichts einer grotesken Inkongruenz. Bemerkenswert ist allerdings, dass sie das Lachen abstreitet. Das weist auf ein schlechtes Gewissen hin. Aber vielleicht fürchtet sie auch nur das Missverständnis ihres Lachens im spöttischen Sinn und streitet es deshalb ab. Die Ambivalenz und Vieldeutigkeit des Lachens hat in dieser Szene jedenfalls ihren unübertrefflichen Ausdruck gefunden. Den kurzen Dialog: „*Ich habe nicht gelacht!*" – „*Doch, du hast gelacht!*" kann man noch heute im lebendigen Alltag hören. Bemerkenswert ist schließlich Saras Kommentar nach der Geburt Isaaks: „*Ein Lachen hat mir Gott bereitet. Jeder, der davon hört, wird über mich lachen*" (Gen 21,6). Statt *über mich* könnte man ebenso gut *mit mir* übersetzen; der hebräische Text ist doppeldeutig. Wir müssen wohl beides heraushören. Saras Lachen ist jetzt ein triumphierendes Lachen darüber, dass sie doch noch Mutter geworden ist. Ihre Bekanntschaft aber wird zweideutig lachen, freundlich und ein wenig spöttisch, denn sie kann die Absurdität einer neunzigjährigen Kindsmutter nicht übersehen. Die griechische Übersetzung des Alten Testaments allerdings, die sogenannte Septuaginta, versteht das Lachen der Bekannten ganz klar im Sinn einer puren Mitfreude: „*Wer davon hört, wird sich mit mir freuen.*" Dieser Übersetzung folgt die Vulgata, und so versteht es auch die jüdische und christliche Tradition der Folgezeit.

Wenn man die 49 Belege für Lachen im Alten Testament auf die zu Beginn des ersten Beitrags (vgl. Reiser, Antike, S. 16) unterschiedenen vier Gruppen verteilt, so ergibt sich folgender Befund:

Abb. 8 ▼
Sara lauscht hinter Abrahams Rücken (Detail), aus: Gott erscheint Abraham bei den Eichen von Mamre, Stephan Fridolin, Schatzbehalter, Nürnberg 1491, Mainz, Martinus-Bibliothek, Inc. 62, 17. Fig.

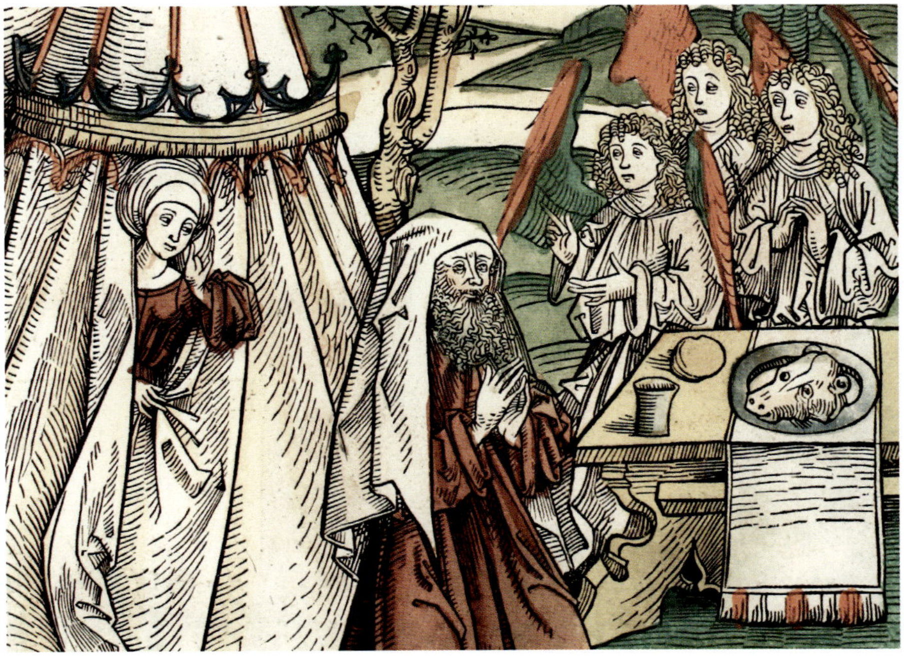

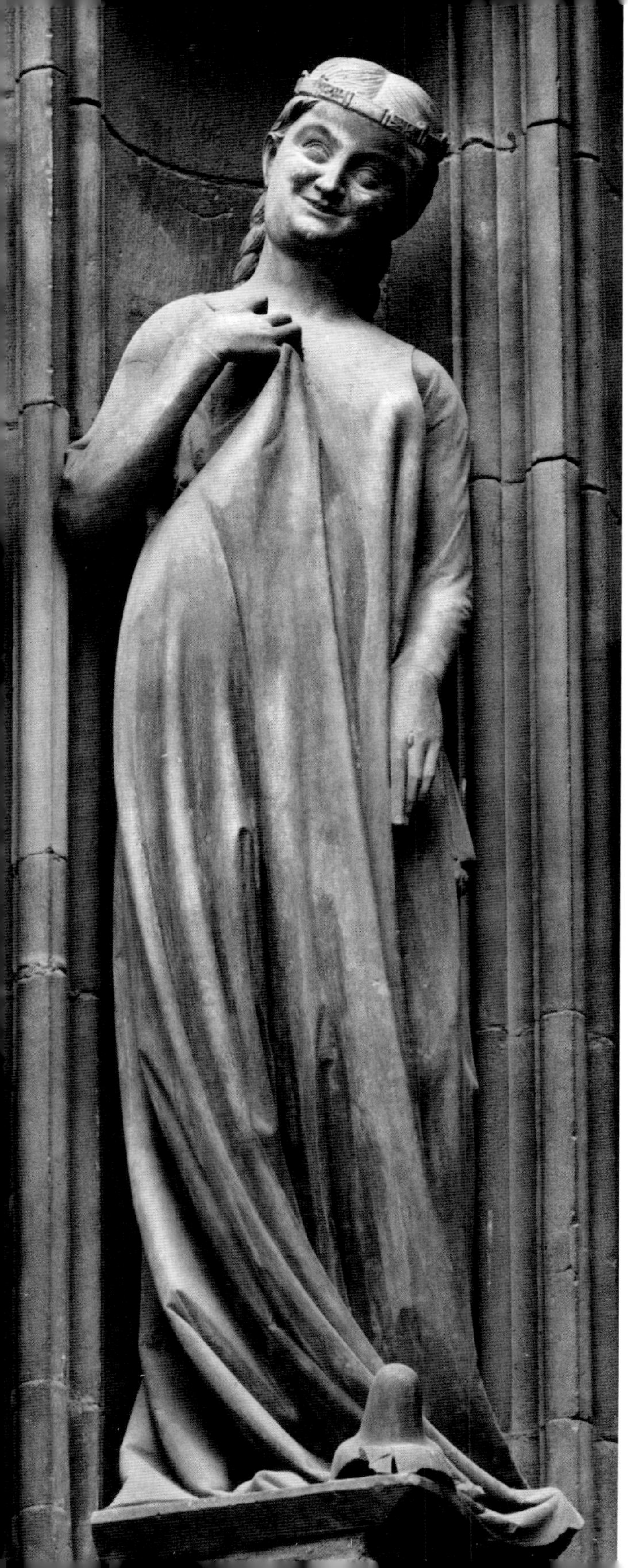

Abb. 9 ◄
Törichte Jungfrau, Straßburg, Münster, südliches Westportal, um 1280

1. Gruppe (fröhlich-seliges Lachen): 6 Belege (Gen 21,6 [2]; Ijob 8,21; Ps 126,2; Spr 14,13; Koh 3,4)
2. Gruppe (freundlich-überraschtes Lachen): 11 Belege (Gen 17,17; 18,12.13.15; Ijob 29,24; Spr 10,23; 31,25; Koh 10,19; Sir 13,6.11)
3. Gruppe (unsicher-törichtes Lachen): 5 Belege (Spr 29,9; Koh 2,2; 7,6; Sir 21,15; 27,13)
4. Gruppe (überlegen-verächtliches Lachen): 27 Belege (2 Chr 30,10; Tob 2,8; Jdt 12,12; 1 Makk 7,34; Ijob 5,22; 9,23; 12,4 [2]; 39,7.18.22; 41,21; Ps 2,4; 37,13; 52,8; 59,9; Spr 1,26; Jer 20,7; 48,26.27.39; Ez 23,32; Klgl 1,7; 3,14; Hab 1,10; Weish 4,18; 5,4)

Von der Sache her müsste man eigentlich alle Stellen hinzunehmen, an denen von Spott oder Jubel die Rede ist, da diese gewöhnlich von Lachen begleitet sind. Aber die Beschränkung auf die Textstellen, an denen explizit vom Lachen die Rede ist, hat den Vorteil der Genauigkeit. Es zeigt sich, dass die vierte Gruppe am stärksten vertreten ist. Hier handelt es sich meistens um ein überlegen-verächtliches Lachen und Auslachen, so wenn Gott im Himmel lacht und spottet, weil irdische Könige Pläne gegen ihn schmieden (Ps 2,4). Von diesem überlegenen Lachen Gottes ist noch weitere dreimal die Rede (Ps 37,13; 59,9; Spr 1,26). Hier finden wir also jenes Lachen, das man bei den Göttern Homers vermisst hat (vgl. Beitrag Reiser, Antike, S. 19f.). Der biblische Gott hat genug Distanz, um über alle menschliche Verachtung oder Leugnung seiner Existenz lachen zu können. Ein schadenfrohes Element mischt sich in das Lachen von Jerusalems Feinden, die sich über seinen Untergang freuen (Klgl 1,7). Holofernes meint, eine Frau wie Judit würde ihn auslachen, wenn er sie unberührt gehen ließe (Jdt 12,12). Über Tobits Begraben von Toten, die ihn nichts angehen, lachen die Nachbarn hämisch (Tob 2,8). Das Lachen der dritten Gruppe ist das leichtfertige Lachen der ungebildeten Toren (Abb. 9), das einmal verglichen wird mit dem Prasseln der Dornen unter dem Kochkessel (Koh 7,6). *„Denn nichts ist dümmer als das dumme Lachen“*, wie Catull schreibt (39,16).[10] In die zweite Gruppe habe ich das Lachen Abrahams und Saras eingeordnet, das wir schon besprochen haben. Hierher gehört aber auch ein ganz ungewöhnliches Lachen, von dem im Loblied auf die tüchtige Frau die Rede ist. Von ihr heißt es: „*Kraft und Hoheit sind ihr Gewand, / und dem kommenden Tag lacht sie entgegen*" (Spr 31,25). Das ist, selbst wenn man es im übertragenen Sinn versteht, ein mutiges Lachen voll Tatenlust. Der weltgewandte und illusionslose *Prediger* bemerkt: „*Man schlemmt und will dabei lachen, / der Wein erfreut die Lebenden, / das Geld macht alles möglich*" (Koh 10,19). Ein Ausdruck von Dummheit ist das vergnügliche Lachen des Toren beim Böses tun (Spr 10,23). Zwiespältig und heuchlerisch ist das Lachen des Reichen, der anderen in eigennütziger Weise schön tut: „*Hat er dich nötig, schmeichelt er dir, / er lacht dich an und macht dir Hoffnung, [...] er lacht dich an und forscht dich aus*" (Sir 13,6.11). Die aufrichtige Variante dieses Anlachens – oder ist es nur ein Anlächeln? – begegnet bei Ijob 29,24. Hier sei noch eine Stelle aus einem apokryphen biblischen Buch angeführt, dem sogenannten 3. Esra. Dort wird ein Redewettkampf geschildert, der entscheiden soll, was das Mächtigste sei auf Erden: der Wein, der König oder die Frauen? Natürlich trägt der Befürworter der Frauen den Sieg davon, unter anderem mit folgendem Argument: Selbst der König lässt sich von seiner Geliebten alles gefallen; „*wenn sie ihn anlacht, lacht er; wenn sie ihm grollt, schmeichelt er ihr, um sie versöhnlich zu stimmen*".[11]

Die interessantesten Belege neben denen aus Gen 17/18 bilden die selig Lachenden der ersten Gruppe. In Ps 126 blickt der Psalmist zurück auf die glückliche Heimkehr des Volkes aus dem babylonischen Exil: „*Als der Herr das Geschick Zions wendete, / waren wir wie Träumende. / Da war unser Mund voll Lachen / und unsere Zunge voll Jubel*" (Ps 126,1f.). Das ist das glückliche Lachen der Befreiten, die sich wie Träumende vorkommen. Von diesem Lachen ist auch in Ijob 8,21 die Rede: „*Er [Gott] wird deinen Mund noch mit Lachen füllen / und deine Lippen mit Jubel*". Im Buch des Predigers Kohelet finden wir die berühmte Aufzählung der Dinge, die alle ihre Zeit und Stunde haben. So gibt es auch „*eine Zeit zum Weinen und eine Zeit zum Lachen*" (Koh 3,4). Das Lachen ist hier der Inbegriff von Heiterkeit und Glück wie das Weinen von Trauer und Unglück. Dass man Freude und Schmerz aber nicht einfach zeitlich trennen kann, stellt der Weise im Buch der Sprüche fest: „*Auch beim Lachen kann das Herz voller Schmerzen sein, / und am Ende wird aus Freude Bitterkeit*" (Spr 14,13). Eine eigene Betrachtung verdient jene Stelle im Buch Jesus Sirach, die als einzige in der Bibel vom Lächeln spricht. Es ist zugleich die einzige Stelle, die einen Grundsatz für das Lachen selbst formuliert: Wie soll man es damit halten? „*Der Tor lacht mit lauter Stimme, / der Weise dagegen lächelt nur still vor sich hin*" (Sir 21,20). Der Tor lacht laut hinaus, der Weise – nach einer anderen Lesart heißt es: der Mann von Welt – beherrscht sich und hält in allem Maß, so auch im Lachen. Dieser Grundsatz gilt, wie wir schon gesehen haben, in der gesamten Antike. Im Mittelalter machte man daraus einen lateinischen Vers: *Per risum multum debes cognoscere stultum*. Daraus wurde unser Sprichwort: *Am vielen Lachen erkennt man den Narren* (Abb. 10).

Damit kommen wir zu den wenigen Stellen im Neuen Testament, an denen explizit vom Lachen die Rede ist. Nur bei einer Gelegenheit wird in den Evangelien

Abb. 10 ▼
Narrenschiff, Johann Geiler von Kaysersberg, Navicula sive speculum fatuorum, Straßburg 1510, Mainz, Martinus-Bibliothek, Inc. 509, Titelseite

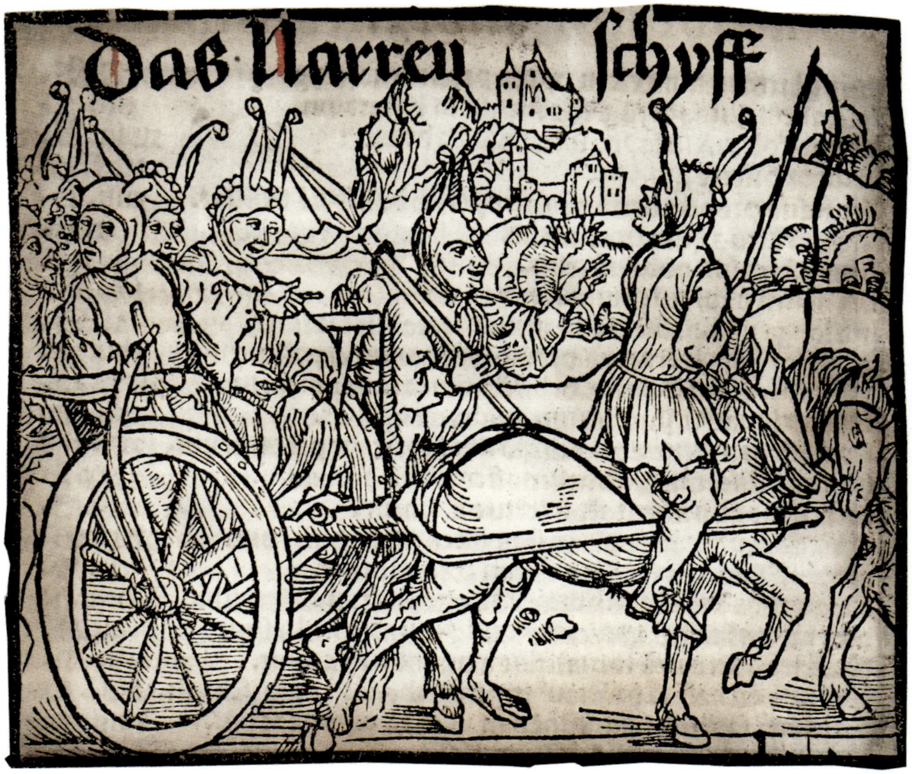

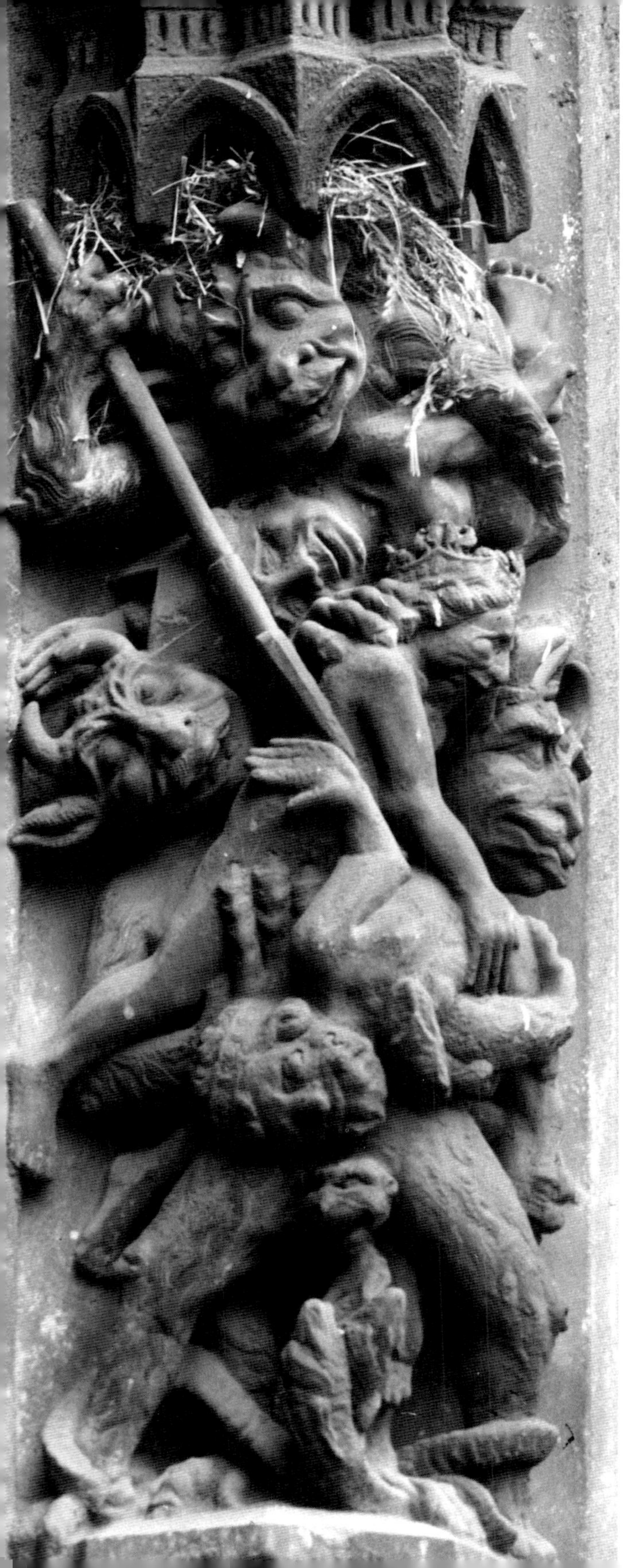

Abb. 11 ◀
Höhnisch grinsende Teufel und Verdammte, Paris, Kathedrale Notre-Dame, Weltgerichtsportal, Archivolten, um 1220/30

– und im Neuen Testament überhaupt – tatsächlich gelacht: in einem Trauerhaus. Als Jesus angesichts der in vollem Gang befindlichen Totenklage über die Tochter des Jairus bemerkt, das Mädchen sei doch gar nicht tot, es schlafe nur, wird er von der Trauergesellschaft ausgelacht (Mk 5,40). Aber er geht seelenruhig hin und weckt das Mädchen auf: Voilà! Diesen Scherz mit dem Tod kann sich natürlich nur der Herr über Leben und Tod leisten. Er ist noch besser als der oben angeführte des Sokrates (vgl. Beitrag Reiser, Antike, S. 21). Es ist ein Scherz, bei dem das vorhergehende Gelächter in ein trockenes Schlucken übergehen muss, um, falls das möglich ist, einem unbefangenen, fröhlichen Lachen Platz zu machen.

Der Reihe von vier Seligpreisungen Jesu lässt der Evangelist Lukas vier genau analog formulierte Weherufe folgen (Lk 6,20-26). An dritter Stelle steht das Paar über das Lachen und Weinen: *„Selig, die ihr jetzt weint, denn ihr werdet lachen!"* – *„Wehe, die ihr jetzt lacht, denn ihr werdet weinen und wehklagen!"* Das für das kommende Gottesreich verheißene Lachen der Seligpreisung ist von ganz anderer Art als das verurteilte Lachen des Weherufs. Ersteres ist das befreite, selige Lachen unserer beiden ersten Kategorien, letzteres das leichtfertige, verletzende Lachen der dritten und vierten Kategorie. Entsprechendes gilt für das Weinen. Die jetzt Weinenden sind die Trauernden, Gequälten und Unrecht Leidenden; die nach der großen Wende Weinenden werden jene sein, die jetzt anderen Leid zufügen und dazu noch lachen. Und so wie die Tränen der einen ein Ausdruck ihres unschuldigen Leidens sind, so werden die Tränen der anderen ein Ausdruck von Selbsterkenntnis und Reue sein. Besser wehklagen und weinen als dumm und gehässig lachen, wie der Jakobusbrief, gleichsam als Kommentar zu unserer Stelle, formuliert (Jak 4,8-10). In diesem Sinn deutet es auch der große mittelalterliche Lehrer Albertus Magnus im 13. Jahrhundert: *„Das Lachen an sich ist keine Sünde, denn auch Sara hat gelacht, die Heiligen haben in sich hinein gelacht und jeder Erlöste wird am Jüngsten Tag lachen."* (vgl. Beitrag Wilhelmy, S. 46f.) Ein schönes Argument: Wenn Sara lachen durfte, dürfen wir es auch. Das Wehe Jesu ergeht nach Albertus nur deshalb über die Unterdrücker, weil sie über das Leid der Unterdrückten lachen, und es ergeht über alle, die sich an Abscheulichkeiten teuflisch freuen (Abb. 11) oder durch Missbrauch von Hab und Gut ein Vergnügen machen. Im Übrigen soll man das laute, verletzende, sündige und fratzenhafte Lachen meiden. Das alles ist gemeinantike und jüdisch-christliche Tradition und wird von Albertus mit Hilfe alttestamentlicher Beispiele reichlich illustriert.[12]

Was das Lachen angeht, braucht die Bibel den Vergleich mit Homer nicht zu scheuen. In den erzählenden Büchern der Bibel wird allerdings vergleichsweise wenig gelacht; es wird zumindest selten eigens erwähnt. Da sind die sieben Stellen im Buch Genesis sehr auffällig. Sie zeugen von Menschenkenntnis und feiner Psychologie. Nimmt man alle Aussagen zum Lachen zusammen, ergibt sich eine breite Palette von berücksichtigten Weisen und Nuancen des Lachens. Jesus Sirach formuliert einen Grundsatz, der in der ganzen Antike gilt. Abgelehnt werden eigentlich nur jene Weisen des Lachens, die wir, zumindest theoretisch, bis heute ablehnen.[13]

HAT JESUS GELACHT?

In einer Kultur, deren höchste Autorität und Vorbild Jesus ist, hat die Frage, ob er gelacht hat, eine gewisse Brisanz. Der Rhetorikprofessor Gert Ueding stellt mit Bedauern fest, Jesus sei *„ein ausgesprochen ernster Religionsstifter“* gewesen, der, falls man den Evangelien trauen könne, niemals gelacht und die Lachenden *„höchst wirkungsvoll gescholten“* habe. Er verweist auf den schon behandelten Weheruf Jesu in Lk 6,25 und spricht von *„der christlichen Lach- und Scherzfeindlichkeit“*.[14] Der Theologieprofessor Helmut Thielicke, der ein Büchlein über *Das Lachen der Heiligen und Narren* geschrieben hat, zitiert als Beispiel dafür einen pietistischen Theologen, der kurz und bündig erklärte: *„Ein Christ soll nicht lachen, Jesus hat auch nicht gelacht“*.[15] Mit der Behauptung, Jesus habe nie gelacht, steht der Autor in einer langen Tradition der vor allem monastisch geprägten Lachfeindlichkeit, und nicht von ungefähr beruft sich auch Umberto Ecos Jorge von Burgos darauf.[16] Erstmals belegt ist sie im 4. Jahrhundert. Johannes Chrysostomos (um 345–407), der vielleicht bedeutendste Kirchenvater des Ostens, erklärt seiner Gemeinde in Antiochien, Jesus habe oft geweint, aber kein Evangelist berichte, dass er einmal gelacht oder auch nur gelächelt habe. Das sei vorbildlich. Er fügt jedoch ausdrücklich hinzu, dass nur das hemmungslose Lachen zu meiden sei.[17] Dasselbe wiederholt er als Bischof von Konstantinopel in einem längeren polemischen Teil, der sich gegen das Lachen in der Kirche wendet, wo es selbst während des vom Zelebranten gesprochenen Gebets vorkomme. Den lachenden Männern, besonders den Mönchen, stellt er den weinenden Jesus am Grab des Lazarus als Beispiel vor und zitiert Jesu Wehe über die Lachenden, das sie beim Stundengebet doch täglich auf den Lippen hätten. Dann wendet er sich den Frauen zu. In Anwesenheit ihrer Männer würden sie sich nicht so ohne Weiteres zu lachen trauen, in der Kirche dagegen immer. Sogar beim Beichten könnten sie es nicht lassen. Aber die Frauen wehren sich, und eine ruft ihm zu: *„Was ist denn schlimm am Lachen?“* (Solche Zwischenrufe waren damals möglich und wurden sogar von den Stenographen notiert!) Der Prediger antwortet: *„Das Lachen ist nicht schlimm, wohl aber das maßlose und unzeitige Lachen.“* Wenn man Freunde nach langer Zeit wiedersehe, dann sei das Lachen in Ordnung, auch zur Erholung des Gemüts, im Übrigen aber sei es besser, Gott mit Tränen zu dienen. Das reine, ungetrübte Lachen ohne schlechte Hintergedanken sei in dieser Welt ohnehin nicht zu finden.[18] Diese abschließende Bemerkung ist nicht ganz richtig, wie wir im vorigen Beitrag schon am Beispiel Homers und Eichendorffs gesehen haben, aber sie macht endgültig deutlich, dass Chrysostomos nur die dritte und vierte unserer Kategorien des Lachens (vgl. Beitrag Reiser, Antike, S. 16) verurteilen will. Im übrigen wird in der neueren Forschungsliteratur meistens übersehen, dass es dem Kirchenvater ganz konkret um das Lachen während des Gottesdienstes geht, nicht um das Lachen überhaupt.
Basilius der Große (ca. 330–379) erlaubt in seiner Mönchsregel zwar das Lächeln, aber das laute, unbe-

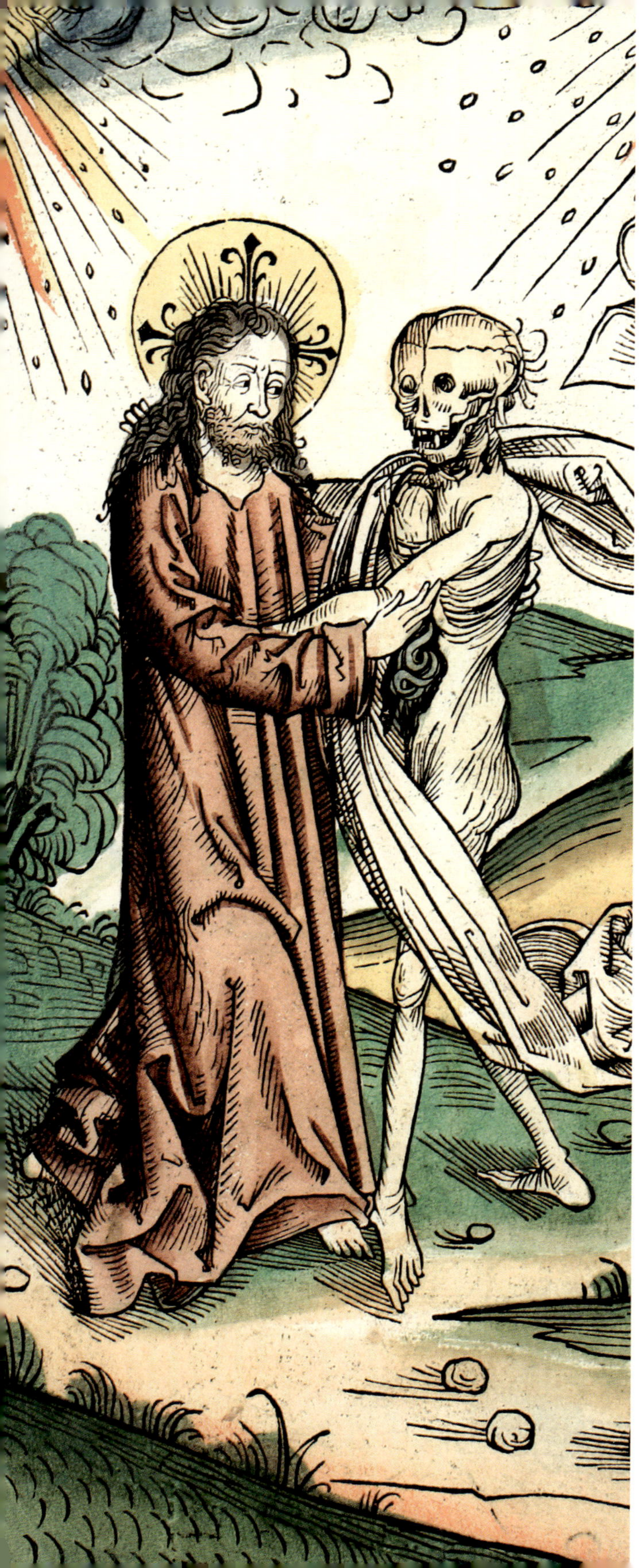

Abb. 12 ◄
Christus umarmt den Tod, Stephan Fridolin, Schatzbehalter, Nürnberg 1491, Mainz, Martinus-Bibliothek, Inc. 62, 45. Fig.

herrschte Lachen verbietet er uneingeschränkt, zunächst mit Hinweis auf die einschlägigen Stellen bei Kohelet (2,2; 7,6[7]) – die Textstelle mit den prasselnden Dornen unter dem Kochtopf wird zitiert, mit einem zufriedenen Lächeln, wie man annehmen darf –, vor allem aber wiederum mit dem Hinweis darauf, dass von einem Lachen Jesu in den Evangelien keine Rede sei. Immerhin hält er ausdrücklich fest, dass auch die Heilige Schrift ein Lachen als Ausdruck der Freude und Heiterkeit kenne, und zitiert entsprechende Stellen.[19] Aber das fröhliche Lachen ist nach dieser Mönchstradition dem Christen erst für die künftige Welt verheißen, was regelmäßig mit der entsprechenden Seligpreisung Jesu belegt wird.

Petrus Cantor (ca. 1135–1204) war am Ende des 12. Jahrhunderts Leiter der Pariser Domschule von Notre-Dame. Er kommt auf unsere Frage in einem Kapitel über das Maß zu sprechen, das in allen Dingen zu halten sei, so auch im Lachen. Sein Hauptargument dafür ist, dass Christus dreimal geweint habe, aber nie gelacht, und dass er über die auf Erden Lachenden sein Wehe gerufen habe. Das dreimalige Weinen bezieht sich auf das Weinen über Jerusalem (Lk 19,41), das Weinen am Grab seines Freundes Lazarus (Joh 11,35) und bei der Passion (nach Hebr 5,7). Darauf macht sich der Lehrer selbst einen Einwand: Warum sollte Jesus niemals gutmütig gelacht haben, wo er doch alle menschlichen Schwächen angenommen hat außer der Sünde? Und ist die Fähigkeit zu lachen nicht eine spezifisch menschliche Fähigkeit, die zu seiner Natur gehört? Warum sollte Jesus nie davon Gebrauch gemacht haben? Seine Antwort lautet: *„Er hätte vielleicht gekonnt, aber nirgends steht, dass er es getan hat“*.[20] So wird aus dem *nicht berichtet* ein *nicht geschehen*.

Im 14. Jahrhundert lebte der Kartäusermönch Ludolf von Sachsen. In seiner Mainzer Zeit schrieb er ein großes, einflussreiches Werk über das Leben Christi. Es enthält exegetische Informationen, geistliche Auslegungen und am Ende jedes Kapitels ein zusammenfassendes Gebet. Natürlich greift Ludolf auch die Tradition von Christus auf, der zwar öfter geweint, aber nie gelacht habe. Er kennt nicht nur die drei schon genannten Gelegenheiten, bei denen Jesus geweint hat, sondern noch eine vierte: bei seiner Geburt wie jedes Kind. Das Gebet am Ende des Kapitels, das vom Weinen Jesu über Jerusalem handelt, fasst zusammen, worum es der entsprechenden Mönchstradition ging: *„Herr Jesus Christus, der du uns durch Wort und Beispiel gelehrt hast, eher zu weinen als zu lachen, ich bitte dich durch deine allerseligsten Tränen und all deine Erbarmungen: Lehre mich meine Sünden und die drohenden Gefahren immer sehen und erkennen, damit meine Feinde, nämlich die Einflüsterungen der bösen Geister* (Abb. 12), *die Reize der zeitlichen Güter und die fleischlichen Gelüste mich nicht umzingeln, mir die Luft nehmen und mich zu Boden drükken, und ihre Kinder, nämlich die Sinne, nicht meine Gedanken und Handlungen und die Ordnung der Tugenden zerstören, so dass ich dich loben und deinen Namen, du Höchster, preisen kann. Amen“.*[21]

Wer sich in diese Haltung und ihre Gründe hineindenkt, kann sie gut verstehen. In dieser Welt überwiegen tatsächlich die Gründe zum Weinen, zumindest für den Christen, und das reine, unbeschwerte Lachen gehört ohne Zweifel dem Himmelreich an (Abb. 13). Aber das Himmelreich ist ja nicht einfach eine Sache der Zukunft, sondern seit der Auferstehung Christi auch eine reale Dimension dieser Welt. Die Tatsache, dass in den Evangelien nichts von einem Lachen Jesu steht, ist zwar nicht zu leugnen, aber darf man daraus schließen, dass er es nie getan hat? Dann müssten wir ja auch annehmen, dass von allen im Neuen Testament erwähnten Menschen nur die Klageweiber im Haus des Jairus gelacht haben, als Jesus behauptete, die Tote schlafe nur (Mk 5,40). Wir müssen den Einwand, den Petrus Cantor sich selbst gemacht hat, ernster nehmen, als er es selbst getan hat. Zur Menschlichkeit Jesu gehört nicht nur das Lachenkönnen, sondern auch das wirkliche Lachen. Nicht von ungefähr gilt das Nichtlachenkönnen im Märchen als schwere Krankheit, die durch Anreize zum Lachen geheilt werden muss.[22] Selbst der gestrenge Don Quijote des Cervantes lacht einmal (II 58). Stellen wir also die Frage: Was ist vom Befund in den Evangelien her wahrscheinlicher: Dass Jesus sich bewusst des Lachens enthalten hat, oder dass er immer wieder gelacht und gelächelt hat, auch wenn die Evangelisten diese menschliche Regung in keinem Fall notieren?

Umberto Ecos William von Baskerville führt gegen Jorge von Burgos eine Reihe von Indizien ins Feld, die für den Witz Jesu sprechen, zum Beispiel die Art, wie er seine Gegner in der Frage der Kaisersteuer verblüffte (Mk 12,13-17).[23] Aber es lassen sich weit mehr Hinweise finden. Der bereits zitierte Fridolin Stier schreibt: *„Mich reizt es, Jesus lächelnd zu sehen – als er Kinder um sich hatte und sie in die Arme schloss; als die Jünger ihm törichte Fragen stellten; als die Mutter der Zebedaiden ihn bat, ihre beiden Söhne, wenn's einmal soweit wäre, zur Rechten und zur Linken seines Thrones, sozusagen als Thronassistenten, sitzen zu lassen; als Petrus ihm stürmisch beteuerte, er werde ihn nie verleugnen (es wäre wohl ein schmerzliches Lächeln gewesen)“.*[24] Die ebenfalls schon zitierte Dorothy L. Sayers, die in Deutschland vor allem als Krimi-Autorin bekannt ist, lässt Jesus in ihrem zwölfteiligen Hörspielzyklus *The Man Born to Be King* zweimal

Abb. 13 ▼
Selig lächelnde Auferstehende beim Jüngsten Gericht, Bamberg, Dom St. Peter und Georg, Fürstenportal, Tympanon (Detail), um 1230

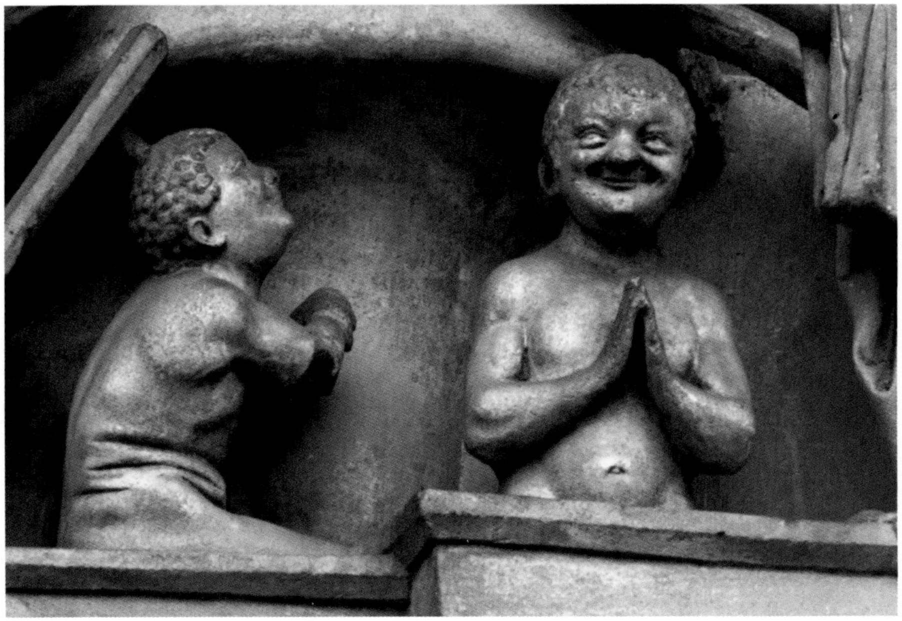

lachen und einmal amüsiert lächeln.[25] Und sie begründet diese Entscheidung für den lachenden Jesus mit einem interessanten Argument: *„Seine Autorität war angeboren und nicht erworben; folglich kann er sich einen Sinn für Humor leisten“*.[26]

Aber hatte Jesus denn Sinn für Humor? Helmut Thielikke sagt in seinem schon zitierten Büchlein nichts darüber und findet lediglich ein paar Verfremdungseffekte in Jesu Gleichnissen und bei der Wahl seines Reittiers zum Einzug in Jerusalem.[27] Kritische Exegeten wie Rudolf Bultmann oder Hans Freiherr von Campenhausen streiten es glatt ab.[28] Dagegen veröffentlichte der Griechisch- und Lateinlehrer Louis Kretz 1981 ein Büchlein mit dem Titel: *Witz, Humor und Ironie bei Jesus*, und bereits einige Jahre zuvor erschien in Amerika ein Buch von Elton Trueblood mit dem schlichten Titel: *The Humor of Christ* (1964). Es wurde zum Klassiker, aber leider nur in Amerika. Der Autor meint zu Recht: *„Jeder, der die synoptischen Evangelien mit relativer Unvoreingenommenheit liest, sollte eigentlich erkennen, dass Jesus gelacht hat und von anderen erwartet hat, dass sie lachen, aber unsere Fähigkeit, diesen Aspekt seines Lebens zu übersehen, ist phänomenal“*.[29] Und 1994 meinte der klassische Philologe Georg Luck: *„Dass Jesus Sinn für Humor hatte, darf nicht bezweifelt werden“*.[30] In der Tat: Wie kann man das grotesk überzogene Bild von jenem Krittler übersehen, der mit einem Balken im eigenen Auge den Splitter aus dem Auge eines anderen ziehen will (Mt 7,4f.)? Oder das von den ausgesiebten Mücken und verschluckten Kamelen (Mt 23,24)? Oder das von dem blinden Blindenführer, der mit seinem Schützling im Graben landet (Lk 6,39)? Oder das vom Kamel und dem Nadelöhr (Mk 10,25)? Letzteres ist noch heute ein beliebtes Motiv des Karikaturisten Horst Haitzinger. Oder wer muss, wenn er das Gleichnis vom großen Festmahl (Lk 14,15-24) hört, nicht lachen bei den fadenscheinigen Ausreden der Gäste, die keine Lust haben zu kommen: *„Ich habe einen Acker gekauft und muss ihn unbedingt anschauen!“ „Ich habe fünf Joch Ochsen gekauft und bin auf dem Weg, sie auszuprobieren!“ „Ich habe eine Frau geheiratet und kann deshalb nicht kommen!“* Wer kennt solche Ausreden nicht aus eigener Erfahrung? Auch sonst kann man in den Erzählungen der Evangelien immer wieder Elemente von Komik finden, die mit einem nie lachenden oder das Lachen provozierenden Jesus schwer zu vereinbaren sind. Sollte sich Jesus die absurde Geschichte der Sadduzäer von der Frau, die nacheinander sieben Brüder heiratet und kinderlos stirbt (Mk 12,18-23), ohne Lachen angehört haben? Sollte er nicht wenigstens gelächelt haben, als Marta ihn zur Rede stellte und mit verhaltenem Ärger fragte: *„Macht es dir nichts aus, dass meine Schwester das Aufwarten mir allein überlässt?“* (Lk 10,40). Und wie stellt man sich die Szene mit den beiden Emmausjüngern vor, in der Jesus – jetzt schon als Auferstandener – ganz ahnungslos tut und sich von den Jüngern berichten lässt, wie die Frauen das leere Grab gefunden und entgeistert von ihren Erlebnissen erzählt hätten; wie dann einige hingegangen seien und alles wie behauptet gefunden, *„ihn selber“* aber nicht gesehen hätten – ihn, dem die beiden das gerade erzählen (Lk 24,13-24)? Historisch gesehen spricht doch sehr viel mehr dafür, dass Jesus bei Gelegenheit gelacht oder gelächelt hat, als dafür, dass er es nie getan hat. Es kann zwar nur ein Indizienbeweis geführt werden, aber der Indizienbefund ist ziemlich eindeutig.

DER ERSTE CHRISTLICHE KNIGGE UND DIE GESITTETE FRÖHLICHKEIT

Um das Jahr 200 n. Chr. hat der gelehrte Klemens von Alexandrien ein Benimmbuch für junge Christen aus gutem Hause verfasst mit dem Titel: *Der Pädagoge*. Es enthält auch ein Kapitel *„Über das Lachen“* (II 5).[31] Es ist der älteste christliche Entwurf für Richtlinien einer Lachkultur. Demnach kommt berufsmäßige Spaßmacherei – wir würden heute sagen: das satirische Kabarett – für einen Christen nicht in Frage. Niemand hat etwas gegen liebenswürdige Scherze, aber wer alles ins Lächerliche zieht und vor Nichts Achtung hat, beweist nur seine Unvernunft und seinen schlechten Charakter. Der Mensch ist, wie Aristoteles sagt, im Unterschied zum Tier ein Wesen, das lachen kann. Aber so wenig wie ein Pferd ständig wiehert, soll ein Mensch ständig lachen. Er muss sich beherrschen und in allem

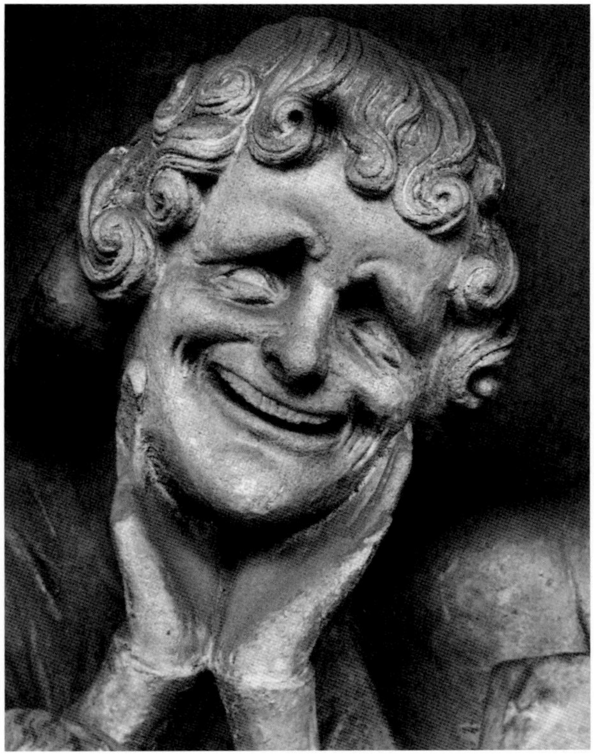

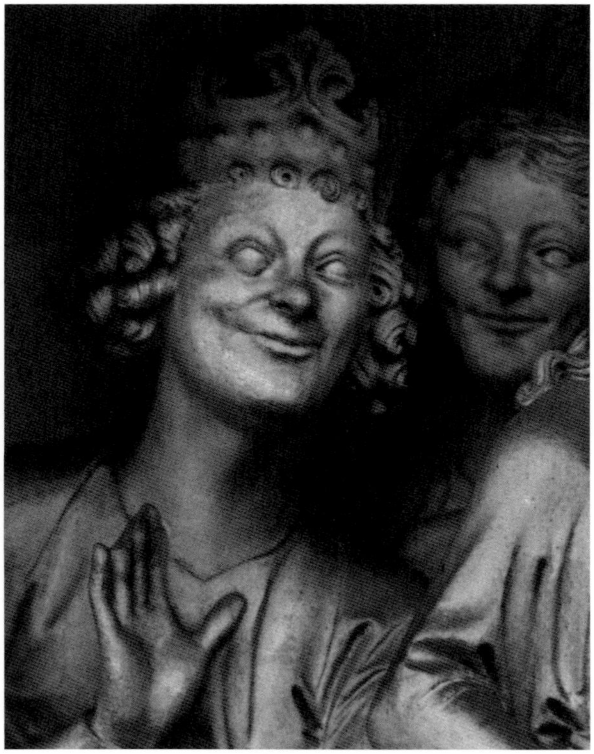

Abb. 14 ◀◀
Verzweifelt lachender Verdammter beim Jüngsten Gericht, Bamberg, Dom St. Peter und Georg, Fürstenportal, Tympanon (Detail), um 1230

Abb. 15 ◀
Lächelnder Seliger beim Jüngsten Gericht, Bamberg, Dom St. Peter und Georg, Fürstenportal, Tympanon (Detail), um 1230

Maß halten. Keine Grimassen! (Abb. 14) Ein harmonisches Lächeln (Abb. 15) ziert das Gesicht. Das laute Kichern der Frauen erinnert an Dirnen, das dröhnende Gelächter der Männer an die unverschämten Freier aus der Odyssee. Wie es der kluge Mann von Welt macht, kann man bei Jesus Sirach nachlesen (Sir 21,20). Niemand soll eine finstere Miene zur Schau tragen, sondern nur eine ernste. Ein wenig lachen zur Auflockerung darf der Mensch ab und zu, aber nicht überall und nicht über alles und nie über Unanständiges oder in Anwesenheit von Respektspersonen, es sei denn, diese belieben selbst zu scherzen. Besonders bei Frauen und jungen Männern verführt das Lachen allzu leicht zu übler Nachrede. Erhöhte Vorsicht ist unter dem Einfluss von Alkohol geboten, denn dieser lässt Freimut leicht zu Schlüpfrigkeiten und Obszönitäten auswachsen, und am Ende verliert der Mensch jede Selbstbeherrschung.

Das sind in der Hauptsache die Standards aus der vorchristlichen Antike, die, wenn man von der Beliebtheit der Possenreißerei absieht, im Grunde bis heute gelten. Wenn man freilich an die im vorigen Abschnitt referierte spätere Tradition denkt, fällt das völlige Fehlen der einschlägigen Belegstellen aus dem Neuen Testament auf. Klemens beruft sich weder auf das angebliche Nichtlachen Jesu, von dem er wohl noch nichts wusste, noch auf sein Wehe über die jetzt Lachenden, das ihm in einem Benimmbuch wohl unpassend schien. Doch im übernächsten Kapitel zitiert er ein Apostelwort zustimmend und verurteilt damit jene allgemein akzeptierte Tugend der Antike, die Aristoteles als *Eutrapelie* bezeichnet hatte (vgl. Beitrag Reiser, Antike, S. 22).[32] Sie wurde vor allem beim Symposion, der geistreich-fröhlichen Trinkrunde, gepflegt. Der Freiherr von Knigge, bei dem man im Übrigen fast alle antiken Standards zu unserem Thema wiederfinden kann, bezeichnet diese Form der Geselligkeit einmal als *„gesittete Fröhlichkeit"* und rät, ihr *„wenigstens ein paar Stunden in der Woche"* zu widmen (I 3,24). Im Neuen Testament wird sie nur an einer Stelle erwähnt, nämlich im Epheserbrief (5,4),

Abb. 16 ▶
Selig Lächelnde beim Jüngsten Gericht, Bamberg, Dom St. Peter und Georg, Fürstenportal, Tympanon (Detail), um 1230

und dort auf eine Stufe mit dem dummen Geschwätz gestellt. Die Vulgata übersetzt das griechische Wort an dieser Stelle mit *scurrilitas* (Narretei, dummer Spaß). Das ist der Grund, warum Benedikt seine Mönche davor warnt (vgl. Beitrag Wilhelmy, S. 42). Auch Chrysostomos zieht diese Stelle heran. Vor allem die östliche Mönchstradition ging dann teilweise so weit, dass sie nicht nur die Eutrapelie verurteilte, sondern manchmal sogar jedes Lächeln.[33] Ein großer Mönchsvater des Ostens, Johannes Klimakos, der im 7. Jahrhundert lebte, meint: Nichts steht der Demut so im Weg wie das Lachen.[34] Wir dürfen vielleicht einschränkend hinzufügen: wie ein Lachen unserer dritten und vierten Kategorie. Im Westen waren es dann vor allem Albertus Magnus und Thomas von Aquin, die die Eutrapelie rehabilitiert haben (vgl. Beitrag Wilhelmy, S. 46f.).

Es gibt in der neueren Forschung eine Tendenz, der kirchlichen Tradition ein gestörtes Verhältnis zum menschlichen Lachen nachzuweisen. Man behauptet, bis ins Mittelalter hinein habe das Lachen im Christentum nicht als positiver Wert, sondern geradezu als Unwert gegolten; man habe zwar eine Theologie der Tränen gekannt, aber keine Theologie des Lachens.[35] Betrachtet man die Texte jedoch im Zusammenhang, so ergibt sich ein anderer Befund. Selbst die extreme Mönchstradition des Ostens will nur das verletzende und unangebrachte Lachen verhindern. Das harmlose, fröhliche Lachen kann keinen stärkeren Verteidiger haben als das Christentum, gerade weil der Gläubige weiß, dass dieses Lachen nur ein blasser Vorschein himmlischer Wirklichkeit ist (Abb. 16).

In einem Film von Marcel Pagnol, *Le Schpountz*, erreicht ein ziemlich einfältiger Schauspieler mit seinem aufrichtig gespielten Gefühl genau das Gegenteil von dem, was er erwartet hatte: Die Leute weinen nicht, sie lachen und halten ihn für einen großartigen Komiker. Er aber findet es entwürdigend und gemein, die Menschen zum Lachen zu bringen, das Lachen sei doch *„eine Art von absurder, vulgärer Konvulsion"*. Darauf antwortet seine Freundin: *„Nein, nein, rede nicht schlecht über das Lachen. In der Natur gibt es das nicht, die Bäume lachen nicht und die Tiere verstehen nicht zu lachen, die Berge haben nie gelacht, nur die Menschen lachen – die Menschen und sogar die ganz kleinen Kinder, die noch gar nicht sprechen können. Das Lachen ist eine menschliche Sache, eine Tugend, die allein den Menschen eigen ist und die ihnen Gott vielleicht nur zum Trost dafür gegeben hat, dass sie intelligent sind …"*.[36]

1 Stier 1981, S. 11. **2** Sayers 1998, S. 69. **3** Krinetzki 1995. **4** Buechner 1992, S. 206. **5** Von Rad 1987, S. 158f. **6** Drazin/Wagner 2006, S. 94f. **7** Augustinus, *De civitate Dei* 16,31, zit. nach Perl 1979, Bd. 2, S. 170. **8** Cicero, *De oratore* 2,284, zit. nach Merklin 1976, S. 390. **9** Augustinus, *De civitate Dei* 16,31, zit. nach Perl 1979, Bd. 2, S. 170; Heither/Reemts 2005, S. 128–130. **10** *„Nam risu inepto res ineptior nulla est"*, Catull 39,16, zit. nach Weinreich 1974, S. 46. **11** 3 Esra (Septuaginta: 1 Esdras) 4,31, zit. nach Rahlfs 1935, Bd. 1, S. 882. **12** Albertus Magnus 1651, S. 208–210. **13** So rät Adolph Freiherr von Knigge in seinem berühmten Benimmbuch, man solle im Umgang mit *„sehr satirischen Leuten"* auf der Hut sein, damit man von ihnen nicht zum verletzenden Lästern verführt werde. *„Man zeige daher satirischen Leuten keinen zu lauten Beifall, bestärke sie nicht in der Gewohnheit, ihren Witz auf andrer Menschen Unkosten spielen zu lassen, und lache nicht mit, wenn sie lästern und schmähen!"*, zit. nach Knigge 1977, S. 123. Dieser Rat wird heute allerdings wenig befolgt. **14** Ueding 1992, S. 37f. **15** Thielicke 1974, S. 65. **16** Eco 1982, S. 169, 171. **17** Chrysostomos, *Homilia* in Mt 6,6 (PG 57,69). **18** Chrysostomos, *Homilia* in Hebr. 15,4 (PG 63,121–123). **19** Basilius, *Große Regel* (PG 31,961). **20** *„Forte potuit, sed non legitur eo usus fuisse"*, so Petrus Cantor, *Verbum abbreviatum* 67 (PL 205, 203). **21** Ludolphus de Saxonia, *Vita Jesu Christi*, Bd. 2, 17,5 bzw. 28,5 mit der Oratio, zit. nach Rigollot 1870, Bd. 3, S. 140, 217, 221. **22** Wienker-Piepho 1996, Sp. 697; Kawan 1996, Sp. 704f. **23** Eco 1982, S. 171. **24** Stier 1981, S. 11. **25** Sayers 1959, S. 78 (Stück 2, 1. Szene), S. 85 (Stück 2, 2. Szene), S. 214 (Stück 8, 1. Szene). **26** Sayers 1959, S. 68 in den „Notes" zum 2. Stück. **27** Thielicke 1974, S. 118–120. **28** Reiser 2009, S. 71. **29** Kretz 1981; Trueblood 1964, S. 15. **30** Luck 1994, Sp. 766. **31** Halliwell 2008, S. 483–495. **32** Luck 1994, Sp. 755; Rahner 1954, Rahner 1960. **33** Rahner 1960, Sp. 1727f. **34** Johannes Klimakos, *Paradiesleiter* 7,63, zit. nach Trevisan 1941, Bd. 1, S. 257. **35** Kuschel 1992, S. 109; Schmitz 1992, S. 129f. **36** Pagnol 1970, S. 121. Den Hinweis auf dieses Werk verdanke ich meinem Kollegen Leonhard Hell.

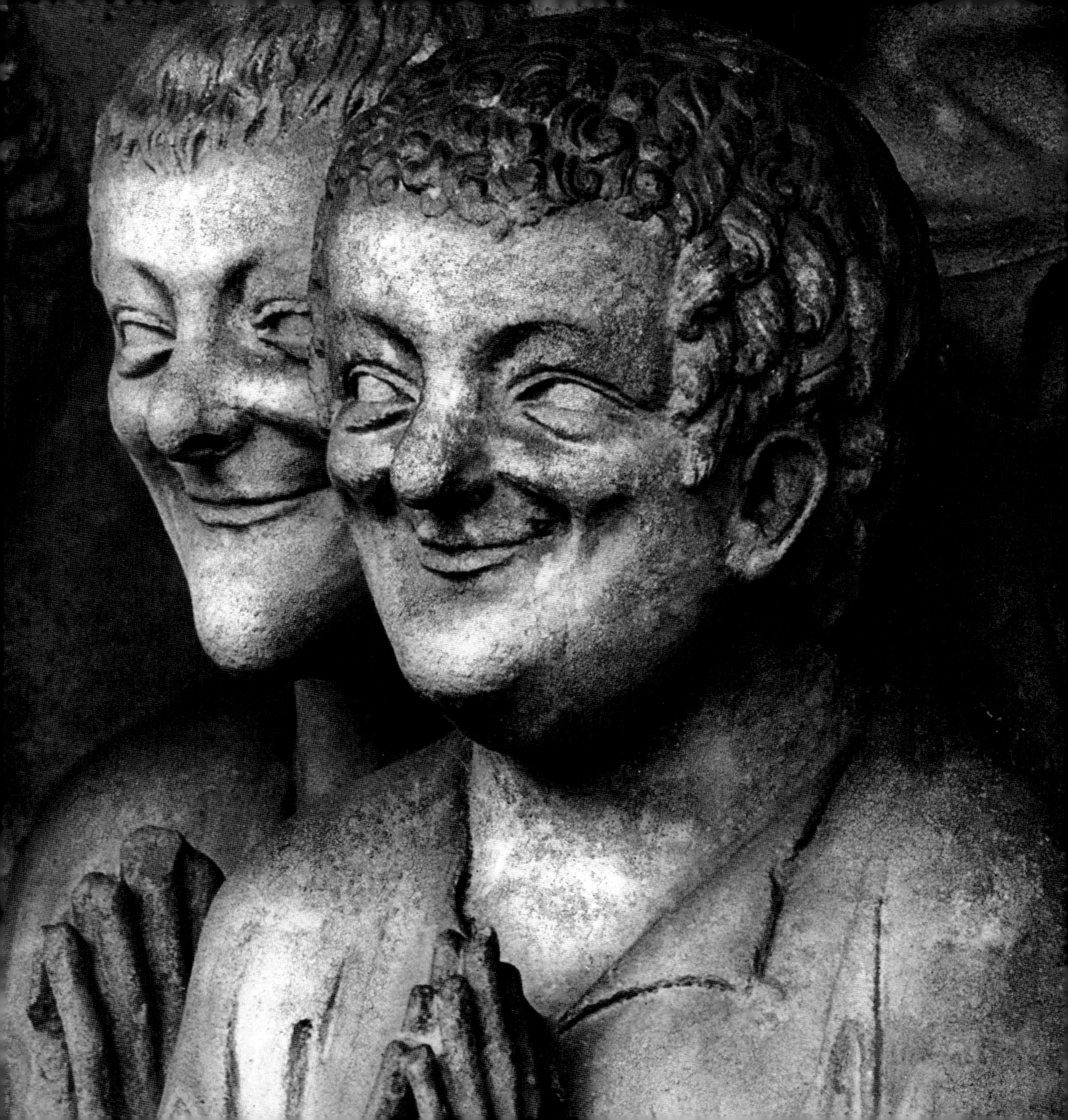

DAS LEISE LACHEN DES MITTELALTERS –
LÄCHELN, LACHEN UND GELÄCHTER IN DEN SCHRIFTEN CHRISTLICHER GELEHRTER (300–1500)

In Umberto Ecos Roman *Der Name der Rose* streiten der Franziskaner Wilhelm von Baskerville und der Benediktinermönch Jorge von Burgos über das Lachen. Von Jorge wird es als subversiver Akt verurteilt, da es missbräuchlich dazu führen könnte, nicht nur über die kirchlichen Autoritäten, sondern letztendlich auch über Gott selbst zu lachen oder gar, wie der lachende Narr (Abb. 17), zu sagen: „*Deus non est*".[1] Wilhelm hingegen bewertet das Lachen positiv: Es unterscheide den Menschen vom Tier und sei ein Zeichen seiner Vernunft, befreie Geist und Seele und sei darüber hinaus „*ein gutes Heilmittel, um die schlechten Säfte und andere Leiden des Körpers zu kurieren, insbesondere die Melancholie*".[2]

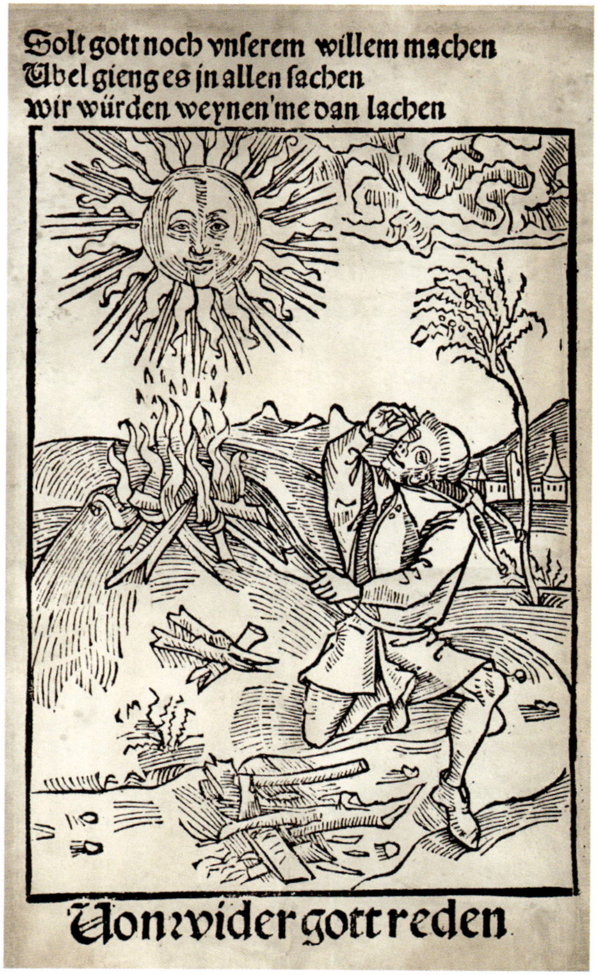

Abb. 17 ▶
Der XXVIII. Narr: Von wider Gott reden, Sebastian Brant, Das Narrenschiff, Basel 1509, Mainz, Martinus-Bibliothek, Inc. 484

So konträr diese beiden Meinungen auch sein mögen, so besaßen sie doch **beide** im Mittelalter Gültigkeit. Ausgehend von den unterschiedlichen antiken Lehrmeinungen (vgl. Beitrag Reiser, Antike) entwickelten die christlichen Schriftsteller eine hochdifferenzierte Theorie des Lachens, in die biologische, ethische und natürlich vor allem theologische Gesichtspunkte einflossen. Dabei resultierten die unterschiedlichen Bewertungen des Lachens vor allem aus dem heterogenen Adressatenkreis, an den sich die jeweiligen Autoren wandten. So bewerten ein spätantiker Gnostiker des Vorderen Orients oder ein frühmittelalterlicher Mönch des mittelmeerischen Kulturkreises das Lachen naturgemäß anders als ein an einer nordalpinen Universität des Spätmittelalters lehrender Theologe. Sie alle sollen im Folgenden mit ihren höchst unterschiedlichen Lehrmeinungen über das Lachen zu Wort kommen.

DER LACHENDE GOTT DER SPÄTANTIKEN GNOSTIKER

„Mein Tod, von dem sie nur dachten, dass er passiert sei, passierte ihnen in ihrem Irrtum und ihrer Blindheit, da sie ihren Mann ans Kreuz nagelten bis zu ihrem Tod. Denn ihre Einsicht hat mich nicht erkannt, denn sie waren taub

und blind. [...]. Ich aber freute mich in der Höhe [und] ich lachte über ihre Ignoranz".[3] Christus selbst spricht hier in der sogenannten *Zweiten Lehre des großen Seth*, einer gnostischen Schrift des dritten nachchristlichen Jahrhunderts. Dieses *„wahre Wissen"* (auf griechisch: *gnosis*) über einen triumphierenden, lachenden Erlöser am Kreuz (Abb. 18) findet sich in zahlreichen Schriften, die in den ersten Jahrhunderten des noch jungen Christentums entstanden, aber aufgrund ihrer eingeschränkten Christussicht nicht in den Kanon des Neuen Testaments aufgenommen wurden.[4] Für die Gnostiker war Christus ganz der göttliche, vom Leiden am Kreuz unberührte Erlöser, und weitestgehend ohne menschliche Natur. Dass gerade dieser vergöttlichte Jesus bei den Gnostikern immer wieder lachend vorgestellt wird, verwundert zunächst, da der antiken Theorie zufolge das Lachen doch gerade **das** spezifische Kennzeichen (*Proprium*, vgl. unten) des Menschen ist. Das Lachen Christi in den gnostischen Schriften steht aber in der Tradition des überlegen-höhnischen Lachens des Gottes des Alten Testaments (vgl. Beitrag Reiser, Bibel, S. 28f.) und ist hier nicht als menschliches, sondern als göttliches Merkmal zu interpretieren. Es ist Kennzeichen des göttlichen Christus, der über seine Peiniger spöttisch lacht, da sie an seiner statt nur eine leere Körperhülle kreuzigen. So lässt er nach gnostischer Tradition Petrus vorab eine Vision der Kreuzigung zukommen, die in der wohl im 4. Jahrhundert entstandenen Petrus-Apokalypse überliefert ist: *„Was sehe ich, Herr: Bist Du es, nach dem sie greifen, und bin ich es, nach dem Du greifst? Oder wer ist der, der neben dem Holz [stehend] heiter ist und lacht? Und einem anderen schlagen sie auf die Füße und Hände! Der Erlöser sagte zu mir: ‚Der den Du neben dem Holz [stehend] heiter sein und lachen siehst, das ist der lebendige Jesus. Der aber, in dessen Hände und Füße sie Nägel schlagen, das ist sein fleischliches [Abbild]'"*.[5] Es ist gerade und vor allem dieses Lachen, das die menschliche Natur Christi negiert und die Allmacht des vom Leiden unberührten Gottes demonstriert.[6] Aber dieses Lachen ist kein seliges oder gar der Liebe zum Menschen angedientes Lachen, sondern ein Aus-Lachen der Dummheit aller Menschen, seien es die Schergen der Passion oder die mitfühlenden, jedoch gegenüber seiner Gottheit blinden Zuschauer seiner Kreuzigung. So gibt Irenäus von Lyon in seiner um 185 verfassten Schrift *Adversus Haereses* die von ihm bekämpften gnostischen Strömungen seiner Zeit wieder, wenn er schreibt: *„Er [Jesus] erschien auch ihren Völkern auf Erden als Mensch und vollendete die Kräfte. Aber er hat nicht gelitten, sondern ein gewisser Simon von Cyrene, den man zwang, für ihn das Kreuz zu tragen. Dieser wurde irrtümlich und unwissentlich gekreuzigt, nachdem er von ihm verwandelt war, so dass er für Jesus gehalten wurde. Jesus aber nahm die Gestalt des Simon an und lachte sie aus, indem er dabeistand"*.[7]

Dieser letztendlich im Alten Testament begründete allmächtige und deshalb aus-lachende Gott findet bei den christlichen Autoren der kommenden Jahrhunderte aber keine Resonanz – im Gegenteil: Die Übermacht des spöttisch-lachenden Gottes der häretischen gnostischen Schriften ist eine **der** Wurzeln der Lachfeindlichkeit des Frühmittelalters. Röcke fasst den Sachverhalt knapp und

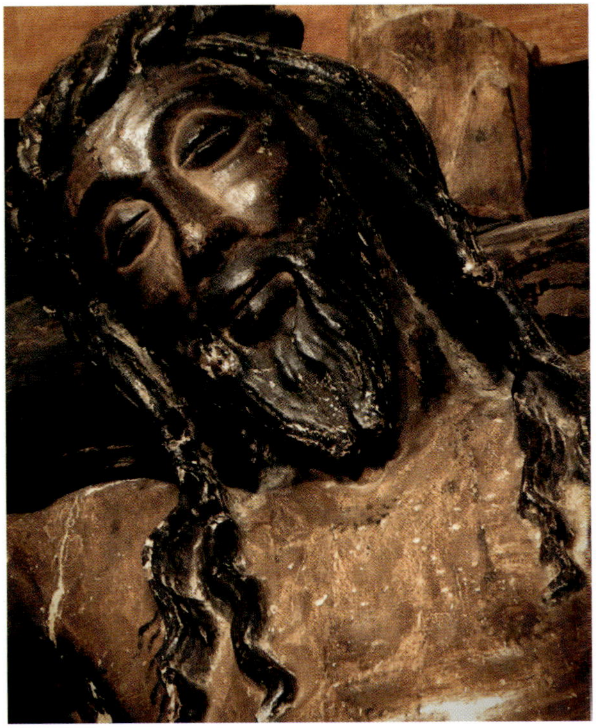

Abb. 18 ◀
Lächelnder Christus am Kreuz (Detail), 14. Jh. (?), Castillo de Javier, Navarra

treffsicher zusammen: *„Dieser Spott ist Häresie, ist Irrlehre, die es auszugrenzen und zu verurteilen gilt. Irenäus von Lyon und andere Feinde der Häresie haben ihre Aufgabe eben darin gesehen und damit zweifellos dazu beigetragen, dass der heilige Spott, dann aber auch Lachen und Komik im Allgemeinen in Kirche und Mönchtum zunehmend negativiert und schließlich auch verteufelt worden sind“*.[8]

In Opposition zu diesen gnostischen Schriften, aber auch zur griechisch-römischen Theorie des (positiven) Lachens entwickelt sich im Frühmittelalter, ausgehend von einschlägigen (negativen) Stellen des Neuen Testaments, eine „Gebrauchsanweisung“ des (Nicht-)Lachens. Auf der Grundlage der aristotelischen Schriften waren sich die christlichen Gelehrten zwar im Wesentlichen einig, dass das Lachen eines der Kennzeichen des Mensch-Seins ist; über den Gebrauch dieses Wesensmerkmales hingegen sollten sich je nach Adressatenkreis in den kommenden Jahrhunderten sehr unterschiedliche Vorstellungen entwickeln.

DER MENSCH, DAS LACHENDE WESEN

Der Mensch, so Aristoteles, zeichnet sich durch die Fähigkeit, lachen zu können, aus; dies unterscheidet ihn vom Tier. Diese Lehrmeinung des griechischen Philosophen, die sogenannte *risibilitas* des Menschen, überliefert uns ausführlich der spätantike Schriftsteller Porphyrios von Tyrus (234 – ca. 305 n. Chr.) in seiner *Isagoge*, der sogenannten *Einleitung in die Kategorien*. Hier heißt es bei der Definition des Menschen und der ihn bestimmenden Eigentümlichkeiten (*proprium*): *„Das Proprium aber teilt man vierfach ein […]. Und endlich viertens in das, bei dem ‚allein‘, der ‚ganzen‘, und ‚immer‘ zusammentrifft, wie beim Menschen, dass er lachen kann. Denn wenn er auch nicht immer lacht, so gilt er doch als potentiell lachend, nicht weil er immer lacht, sondern es von Natur kann, und dieses ist ihm immer eingepflanzt, wie dem Pferd, dass es wiehern kann. […] Art und Proprium haben gemein, dass sie sich wechselseitig beigelegt werden: wo Mensch, da des Lachens fähig, und wo des Lachens fähig, da Mensch“*.[9] Porphyrios – und ihm weitgehend wörtlich folgend Boethius (475/80–524) in verschiedenen seiner Schriften[10] – bildet mit seinen Ausführungen zum Lachen die Grundlage für das antik geprägte frühmittelalterliche Wissen um dieses Thema. Cassiodor (um 485–580)[11] greift deren Sentenzen ebenso auf wie z. B. Martianus Capella (4./5. Jh. n. Chr.): *„Eine Eigenschaft ist etwas, das derselben Gestalt genau so immer zukommt, so dass es diese eine Sache von der Menge aller anderen unterscheidet, wie beim Menschen das Lachen. Denn einerseits kann niemand außer dem Menschen lachen, andererseits kann ein Mensch, selbst wenn er es wollte, zumindest soweit es in seiner Natur liegt, nicht Nichtlachen“*.[12] Über die im Mittelalter gepflegten *artes liberales*, zu denen auch die Logik gehörte, werden diese antik geprägten Gedanken zum Lachen den unmittelbaren Eingang in den Bildungskanon des hohen Mittelalters finden.

DIE VERURTEILUNG DES LACHENS IN DEN MONASTISCHEN KREISEN DES FRÜHEN UND HOHEN MITTELALTERS

Lachen-*Können* heißt im Mittelalter aber noch nicht Lachen-*Dürfen*! Im frühen Mönchtum und insbesondere in dessen östlich-byzantinischer Ausprägung wurde das Lachen weitgehend verurteilt. Insbesondere die Verdikte des Lachens durch Basilius den Großen (um 330–379) und Johannes Chrysostomos (um 345–407) wurden hier prägend. Beide Autoren verweisen auf die Vorbildlichkeit Christi: Da dieser nie gelacht habe, so habe auch der Gläubige und insbesondere der Mönch dem zu folgen. Basilius hebt dabei ausdrücklich hervor, dass Christus nicht nur nicht gelacht,[13] sondern Lachende auch getadelt habe: *„Aber, soweit es die Evangelien belegen, hat er [Christus] das Lachen niemals benutzt, ja vielmehr nennt er diejenigen, die hemmungslos lachen, armselig“*.[14] Dies hat einschneidende Folgen für das Lachen im monastischen Alltag. Auf die 17. Frage seiner sogenannten *Längeren Regel*: *„Man muß auch im Lachen enthaltsam sein?“* antwortet Basilius eindeutig: *„Diejenigen, die asketisch leben, müssen auf etwas besonders achten, was von den meisten übersehen wird. Sich unbeherrschtem und zügellosem Lachen hinzugeben, ist ein Zeichen von Unenthaltsamkeit. Es beweist den Mangel an Selbstbeherrschung und zeigt, dass die Fähigkeit der Seele nicht von der Vernunft streng beherrscht wird. […] Laut heraus-*

zulachen, dass sich der ganze Mensch unfreiwillig schüttelt (Abb. 19), *geziemt sich nicht für ein ruhiges Gemüt, nicht für den Besonnenen und Selbstbeherrschten. Solche Art von Lachen tadelt auch der Prediger, weil es die Festigkeit der Seele zum Wanken bringt, indem er sagt: ‚Lachen ist nur Verrücktheit'*" (Koh 2,2).[15] Allerdings, so fügt Basilius hinzu, sei das Lachen (*risus*) immer auch zweideutig: So könne man durchaus auch über ein sündiges Treiben lachen (und solches ist naturgemäß zu verurteilen); man könne aber auch – und hierfür biete die Bibel viele Beispiele – aus einer fröhlichen Stimmung heraus lachen, und dies sei, sofern das Lachen leicht und gemäßigt ausfalle, durchaus statthaft: „*Durch ein mildes und heiteres Lachen seine gelöste Stimmung auszudrücken, das ist nicht unanständig, aber dabei ist es natürlich nötig, dass man dies nur soweit ausdrückt, wie die Schrift sagt: ‚Bei einem fröhlichen Herzen blüht das Gesicht'*".[16]
Der Patriarch von Konstantinopel, Johannes Chrysostomos, äußert sich ähnlich. Jesus hat zwar seiner Meinung nach nicht gelacht, aber dennoch darf der Mensch – und damit auch der Mönch – im Rahmen des Schicklichen lachen: „*Weinen sehen kann man ihn [Jesus] oft, lachen niemals, nicht einmal stille lächeln. [...] Das alles aber sage ich nicht, um das Lachen zu verpönen, sondern nur, um Ausgelassenheit zu verhindern*".[17]

Noch unnachgiebiger dem Lachen gegenüber ist die im frühen 7. Jahrhundert entstandene sogenannte *Regula magistri* eines unbekannten Autors. Die Magisterregel, ist eine der ältesten Mönchsregeln überhaupt und fand auch im Abendland weithin Beachtung. Sie fordert zunächst, andere nicht zum Lachen zu reizen: „*Leichtfertige Späße (scurrilitates) aber, albernes und zum Lachen reizendes Geschwätz stellen wir unter ewigen Verschluss und erlauben nicht, dass der Schüler zu solchen Reden den Mund auftun darf*". Und weiter wird lapidar festgestellt, der Mönch solle „*lautes und schallendes Gelächter nicht lieben*".[18] Aber auch das leise, heitere Lachen ist unter allen Umständen zu meiden, denn es verhindert das erstrebenswerte Eingehen in die vollkommene Demut, das die Regel in das Bild der Himmelsleiter kleidet: „*Die elfte Stufe der Demut auf der Leiter zum Himmel ersteigt*

Abb. 19 ▶
Verdammter König beim Jüngsten Gericht, Bamberg, Dom St. Peter und Georg, Fürstenportal, Tympanon (Detail), um 1230

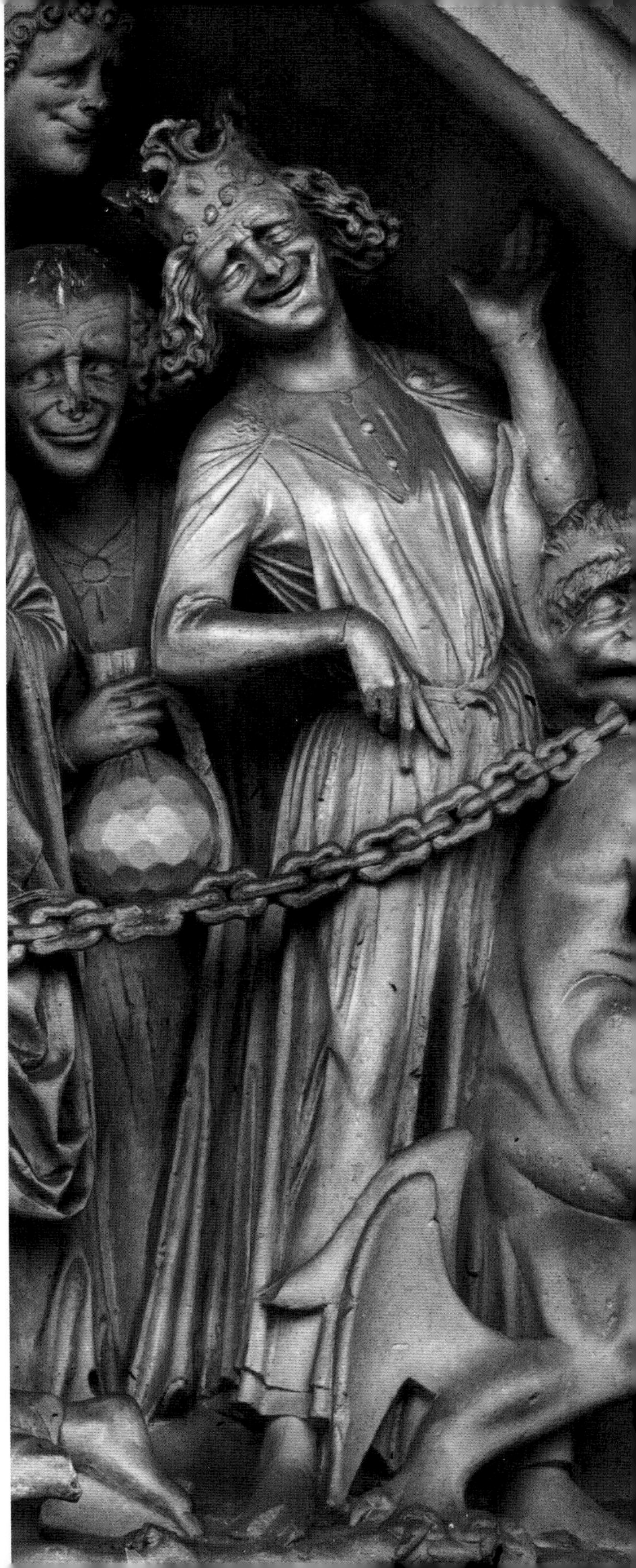

Abb. 20 ▶
Lächelnder Mönch (sogenannter Atzmann, Detail), Fritzlar, St. Peter, letztes Viertel 13. Jh.

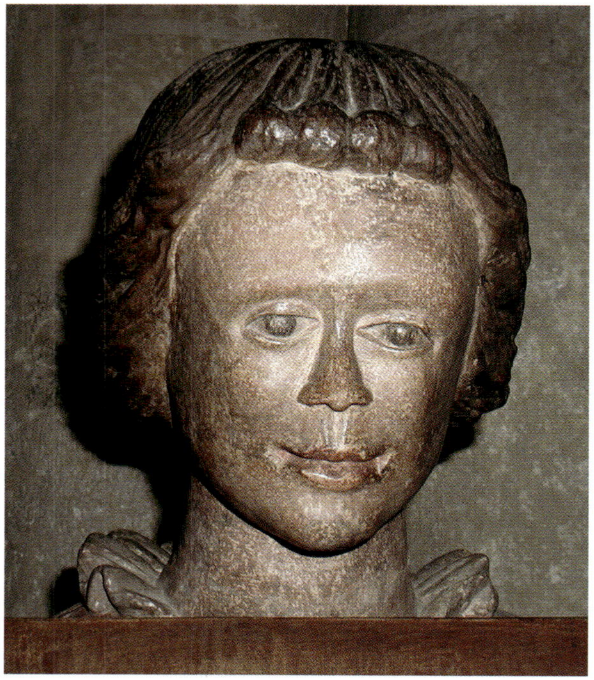

der Schüler dann, wenn er beim Sprechen leise, ohne Lachen, bescheiden und gesetzt redet", denn: *„Den Weisen erkennt man an seinen wenigen Worten"*.[19] Es ist daher die Aufgabe der Klosteroberen, einen (noch) der Fröhlichkeit anhängenden Mitbruder im eigenen Interesse aufs Strengste zu tadeln und zur weinenden Buße anzuhalten: *„Wenn er aber einen Bruder sieht, der recht leicht zum Lachen neigt, dann soll ihn der anwesende Dekan ermahnen und zu ihm sagen: ‚Was machst du, Bruder? Mit Ernst sollst Du tun, denn die Zeit unserer Bekehrung ist keine Zeit der Freude zum Lachen, sondern eine Zeit der Buße zum Beweinen der Sünde'"*.[20]

Der Gründervater des abendländischen Mönchtums hingegen, Benedikt von Nursia (um 480 – um 560), steht dem Lachen zwar kritisch, aber nicht völlig ablehnend gegenüber. Zwar fordert auch er seine Mitbrüder auf: *„Sprich keine leeren oder zum Lachen reizenden Worte aus"*[21] und betont: *„Alberne Scherze aber, oder nutzlose Worte und solche, die zum Lachen reizen, verdammen wir auf immer und ewig und überall und erlauben nicht, dass ein Schüler seinen Mund zu solchen Reden öffnet"*.[22] Sofern der benediktinische Mönch aber – und hierin folgt Benedikt wortwörtlich Cassian – *„nicht leichtfertig und bereitwillig in Lachen"* ausbricht und *„häufiges und hemmungsloses Lachen nicht liebt"*, kann es erlaubt werden.[23] Es kommt stets darauf an, wie oft, wie und worüber man lacht. So heißt es in der vom hl. Ferreolus von Uzès († 581) aufgestellten Mönchsregel ausdrücklich *„dass der Mönch selten lache"*, d.h. hin und wieder kann es durchaus statthaft sein (Abb. 20).[24] Und sofern das Lachen gemäßigt ausfällt, und es sich um keinen *risus immoderatus*, also ein ungezügeltes oder hemmungsloses Lachen, mithin kein laut schallendes Gelächter handelt, das im Mittelalter mit dem Begriff *cachinnum* umschrieben wird,[25] ist das Lachen auch in den abendländischen Klöstern erlaubt. Es ist, wie alle Dinge des monastischen Lebens, dem Diktat des rechten Maßes zu unterwerfen und stets mit *temperantia*, also in Mäßigung auszuüben. Auch wenn dies Jorge von Burgos sicherlich missbilligt hätte: Es ist auch in den monastischen Kreisen des Mittelalters statthaft, verhalten und still zu lachen (*vix tacite ridere*); das leise Lachen darf also durchaus auch innerhalb von Skriptorien und anderen Klosterräumen ertönen. Im Übrigen, so hält es Smaragdus von Saint-Mihiel (9. Jh.) in seinem Kommentar zur Benediktsregel fest, *„[...] leben wir in einem Tal der Tränen und deshalb dürfen wir nicht lachen, sondern müssen trauern. Tränen müssen wir vergießen für unsere Sünden, Tränen wegen der Schwäche des Körpers, Tränen aus Sehnsucht nach unserem Schöpfer und der Gemeinschaft mit den Engeln und Heiligen, Tränen, damit wir vor den Strafen der Hölle und den Fallstricken des Teufels bewahrt bleiben"*.[26] Aber: Solange der Mönch Lachen und Weinen in einem angemessenen Verhältnis handhabt, so darf er, wenn er genug über die Sündhaftigkeit der Welt geweint hat, hin und wieder auch wieder lachen: *„Es sollen nämlich die Mönche mehr weinen als lachen"*.[27] Denn wenn das Weinen dem Mönch auch näher sein sollte und dem irdischen Jammertal entspricht, so stellt der an antikem Wissen geschulte Smaragdus doch fest, dass *„es nämlich in der Natur des Menschen [liegt], zu lachen und deshalb kann es auch nicht völlig verhindert werden. Deshalb sollte es zugestanden* *werden, dass man unterdrückt, vorsichtig und ehrenhaft lache. Denn was die Natur erzwingt, das kann der Mensch nicht völlig hinter sich lassen".*[28]

Die Zisterzienser handhaben das Lachen gleichfalls differenziert, aber nicht weniger streng. So lobt Bernhard von Clairvaux (um 1090–1153) an seinem verstorbenen Mitbruder Humbert ausdrücklich dessen Verzicht auf ein Lachen, denn Humbert habe stets nach dem biblischen Wort *„Wehe euch, die ihr jetzt lacht, denn ihr werdet klagen und weinen"* (Lk 6,25) gelebt: *„Hat etwa irgendeiner von euch ihn jemals lachend, gar in Gesellschaft lachend angetroffen? Eine heitere Miene trug er oft, um seiner Mitmenschen willen, damit er nicht bedrückt wirkte; aber ein vollständiges Lachen, wenn ihr euch recht erinnert, hat er nie zugelassen".* [29] Das Lachen selbst muss nicht unbedingt sündhaft sein, aber wer zu viel oder zu laut lacht, begibt sich bereits auf den steil abfallenden Pfad der Lasterhaftigkeit. Bernhard führt dies ausdrücklich in seinem Traktat *Über die Stufen der Demut und des Hochmutes* (*De gradibus humilitatis et superbiae*) aus. Der Mönch, der zu häufig oder ungebührlich lacht, fällt nur allzu oft der Freude anheim und vergisst darüber die Trauer ob der eigenen Sündhaftigkeit und der Eitelkeit der Welt. Darüber zu seufzen, vergisst jener allzu heitere Mitbruder – ein untrügliches Zeichen der inneren Leere: *„In den Anzeichen ein alberner Scherz, im Gesicht Heiterkeit, machen bei ihrem Auftreten die innere Leere und Eitelkeit offenkundig. Zum Scherzen geneigt, leichtfertig und bereitwillig beim Lachen [...]. Schon kann er das Lachen nicht mehr zurückhalten, die ungehörige Freude nicht mehr verbergen".*[30] Das Herz jenes Bruders Leichtfuß, so Bernhard, sei wie eine prall gefüllte Blase: Einmal durchstochen, pfeife der darin durch das Schweigegebot eingesperrte Wind der *vanitas „durch die Engpässe der Kehle in lautem Gelächter"* heraus. [31] Witze und Possen sind die auslösenden Momente dieser „Winde", sie sind daher unter allen Umständen zu vermeiden. Wer dies nicht tut, ist des Mönchseins unwürdig und eine Gefahr nicht nur für sich selbst und die eigene Seele, sondern auch für die klösterliche Gemeinschaft: *„Ein albernes Wort, dass sie mit dem Begriff ‚geistreich' und ‚weltgewandt' zu schmücken suchen, darf nicht aus dem Mund treten: weit weg vom Ohr muss es verbannt werden. Grässlich lässt Du Dich zu lautem Gelächter verleiten, noch grässlicher verleitest Du andere".*[32]

Den Mund zu öffnen, ist aber *per se* gefährlich: Nur für den monastischen Gesang (Abb. 21) ist dies statthaft, für die Rede lediglich bedingt, für ein Lachen hingegen gar nicht, denn mit seinem Gelächter bricht der Mönch nicht nur das Schweigegebot und verhält sich unmäßig: das Lachen verstößt zudem gegen das biblische Gebot im Diesseits zu trauern (Mt 5,5; Lk 6,25; Joh 16,20) und erweist sich damit als ein Baustein im Gebäude der *superbia*: Lachen als Vehikel einer der Sieben Todsünden!

Bernhard steht mit dieser Meinung nicht allein. Einer seiner monastischen Zeitgenossen bringt das Lachen als Ausdruck einer sündhaften Geisteshaltung (nicht nur) von Mönchen und Nonnen auf den Punkt: *„Das Antlitz ist der Spiegel des Herzens. Durch Lachen kann ein Mensch das Herz einer Nonne erkennen. Nutzlose Nonnen zeigen eine eitle Kenntnis von Lachen und Scherzen: wie das Herz einer Nonne beschaffen ist, belegt meistens ein schändliches Lachen oder Scherzen. Jene würde nämlich nicht zügellos lachen, wenn sie ein reines Herz hätte: niemals lacht jemand zügellos, wenn er die Zügellosigkeit nicht schon in seiner Gesinnung trüge".*[33]

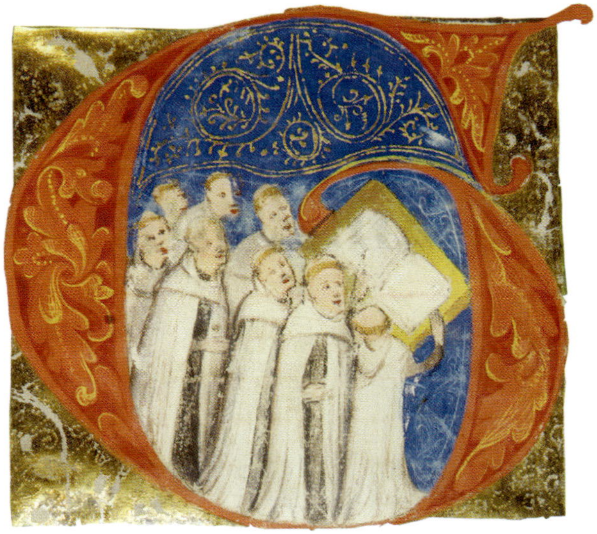

Abb. 21 ◀
Singende Mönche, Initiale, Karmeliter-Chorbuch, Mainz 1436, Mainz, Bischöfliches Dom- und Diözesanmuseum, Inv.-Nr. B 331, pag. 485

Gautier de Châtillon (12. Jh.) fasst den Sachverhalt kurz und bündig in einem Gedicht zusammen, dass das Lachen aus dem Bereich der Mönche und Kleriker ausschließt. Es ist der signifikante Ausdruck des niederen Wesens und damit allein dem Laien zu eigen, der als Zeichen seiner Unwissenheit über die niedersten Dinge zu Unzeiten in tosendes Gelächter ausbricht:

Zu uns'rer Sitte zählt gewöhnlich
wenn Festtage nach Trubel riechen,
ganz wie ein Kleriker zu sprechen.
Damit wir nicht, durch uns're Rede
uns in das Lachen rein verkriechen,
und Laien ins Gelächt(er) ausbrechen.[34]

ARISTOTELES UND DIE FOLGEN: DAS JAHRHUNDERT DES BEFREITEN LACHENS

Ab der zweiten Hälfte des 12., vor allem aber im 13. Jahrhundert begegnet man jenseits der monastischen Kreise einer strukturell positiveren Bewertung des Lachens. Mit der Entwicklung der Städte in dieser Epoche verlieren die Klöster ihre zentrale Stellung; die entstehenden Universitäten entwickeln neue Formen von Unterricht und Bildung; die Kreuzzüge beschleunigen den Wissenstransfer zwischen Orient und Okzident und setzen damit eine intensive und fruchtbare Auseinandersetzung mit dem Erbe der antiken Schriftsteller in Gang. Nach und nach wird dem Abendland – zumeist über arabische Übersetzungen – das gesamte Schriftgut des Aristoteles bekannt. Ab der ersten Hälfte des 13. Jahrhunderts liegen alle seine wesentlichen Arbeiten in lateinischen Übersetzungen vor, und vor allem ab ca. 1230 setzt eine kritische Aristoteles-Rezeption ein, die mit verantwortlich ist für ein neues Bild vom Menschen.[35] Das Diktum des Aristoteles, dass allein dem Menschen das Lachen eigen sei, wird nun auf breiter Basis bekannt und ebenso rezipiert wie seine Lehre vom entspannenden Lachen. Infolgedessen wird das Lachen nun noch differenzierter betrachtet als in den monastischen Kreisen der vergangenen Jahrhunderte. Nach wie vor wird das übermäßige oder das höhnische Lachen verurteilt. Die Welt als solche wird aber in vergleichsweise positivem Licht gesehen und nicht mehr nur als stetes Jammertal begriffen. Damit ist die Übermacht des Weinens zunächst gebrochen – sie wird erst im 14. Jahrhundert wieder neu aufleben – und die Wirkmächtigkeit des freudigen und seligen Lachens wird überaus positiv bewertet.

Zunächst einmal wird bejaht, dass Christus habe lachen **können**, woraus sich die Frage nach der Qualität dieses Lachens ergibt. Diesem Themenkomplex geht um 1187 der Pariser Theologe Petrus Cantor unter der Überschrift *Aber konnte Gott etwa gut gelacht haben* in seiner Schrift *Verbum abbreviatum* nach.[36] Zunächst stellt er fest, dass Christus als wahrer Mensch auch alle menschlichen Fehler und Mängel besessen habe; deshalb habe der Herr selbstverständlich auch lachen können: *„Es scheint [bei Christus] eine gute innere Freude gegeben zu haben, so dass er diese auch äußerlich im Vollzug des Lachens zeigen konnte, vor allem, da er alle unsere Schwächen außer der Sünde angenommen hat; und auch, weil die Fähigkeit des Lachens eine Eigenschaft des Menschen und ihm von Natur aus gegeben ist“.*[37] Jedoch, so Cantors auf den einschlägigen (negativen) biblischen Quellen beruhende Schlussfolgerung, er habe von dieser Fähigkeit keinen Gebrauch gemacht: *„Wie also konnte er von dieser Fähigkeit keinen Gebrauch machen? Vielleicht konnte er, aber es steht nirgends zu lesen, dass er sie genutzt habe“.*[38]

Ein wichtiger Wegbereiter für die Neubewertung des Lachens um 1200 ist der Zisterziensermönch Alanus ab Insulis (um 1125/30–1203). Gegenstand seiner Lehrschrift *Anticlaudian* ist der tugendhaft-vollkommene Mensch, dessen zunächst noch unbelebten, aber bereits idealschönen Körper die *natura* aus den vier Elementen Erde, Wasser, Feuer und Luft formt (Abb. 22). *Naturas* Schwestern helfen bei der Belebung des Vollkommenen: *prudentia* (die Klugheit) bringt die von Gott geschaffene Seele, die von *concordia* (der Eintracht) untrennbar mit dem Körper verbunden wird. Aber erst durch die Geschenke der weiteren Begleiterinnen wird dieses Geschöpf tatsächlich zum Mensch. Zu diesen den Men-

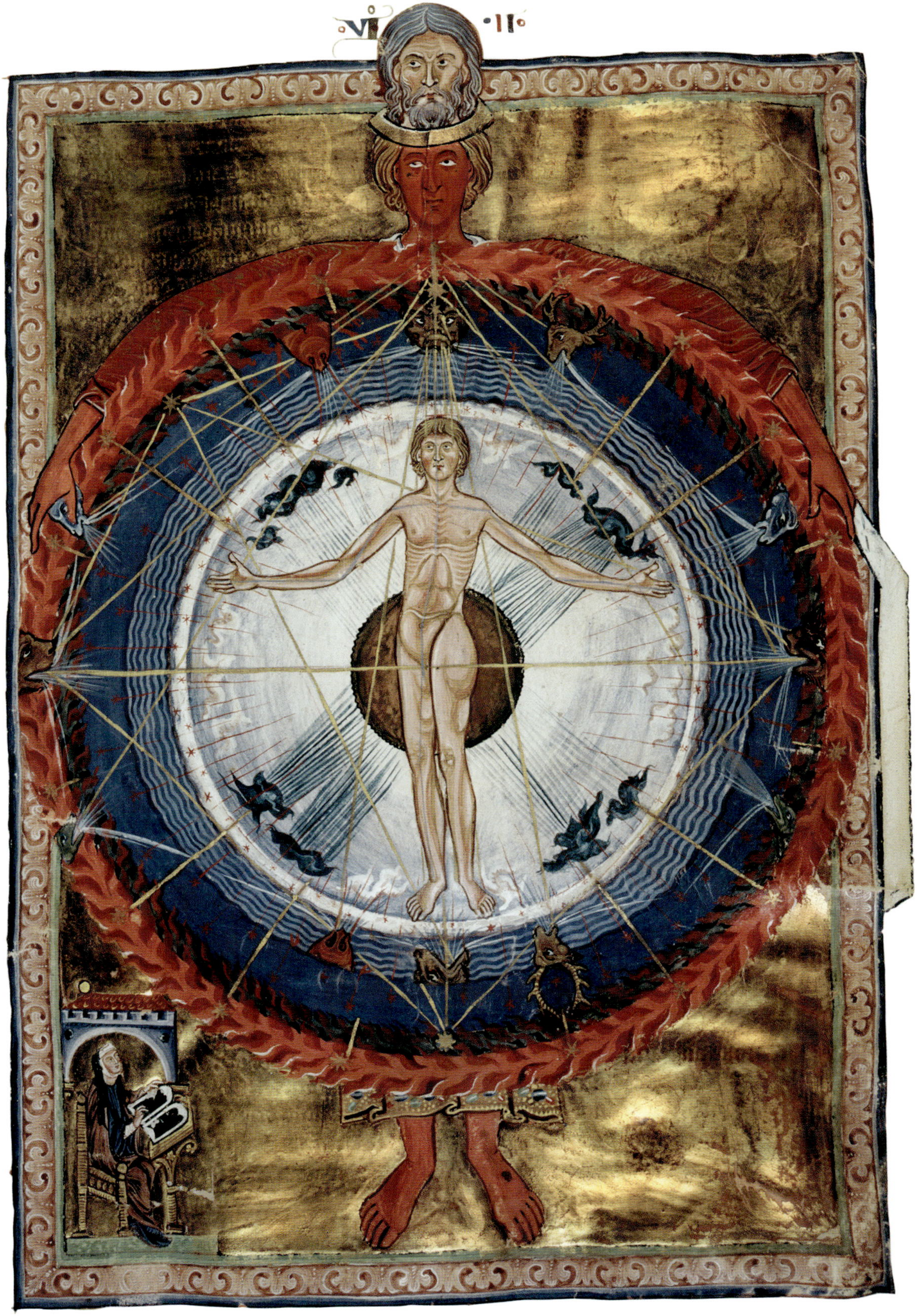

Abb. 22 ◀
Der Kosmosmensch, Hildegard von Bingen, Liber divinorum operum, 1. Hälfte 13. Jh., Lucca, Biblioteca Statale, Ms 1942

schen definierenden Eigenschaften gehört für Alanis auch das Lachen, das ebenfalls personifiziert auftritt und als Spiegel einer positiv-heiteren Grundstimmung des vollkommenen (!) Menschen zu interpretieren ist.[39] Eindeutig handelt es sich bei diesem Lachen um eine gemäßigte, leise Äußerung, die die Gesichtszüge nicht verzerrt. Vor allem aber ist dieses Lachen ein Mittel gegen Trübsal und Melancholie, die den Körper lähmen und den Menschen zu den Untugenden von Selbstmitleid und Passivität verleiten. Dies geht klar aus dem 9. Buch seiner Schrift hervor, in dem die Tugenden und Untugenden zum Kampf gegeneinander antreten: *risus* ist hier der strahlende, aber stets der *moderatio* (der Mäßigung) verpflichtete Held, der über *fletus* (das Weinen) und dessen Anhang *gemitus* (das Seufzen), *luctus* (die Trauer), *planctus* (die Wehklage), *dolor* (den Schmerz), *pressura* (den Druck), *lamenta* (die Wehklage), *lacrimae* (die Tränen) und *ruinae* (den Untergang) siegt. Mit dieser Charakterisierung des *risus* geht Alanus weit über die Wertschätzung des Lachens in der Antike hinaus: Die Fähigkeit zu lachen ist nicht nur eine unabdingbare menschliche Eigenschaft; ihr aktiver Einsatz führt den Menschen darüber hinaus zur Vollkommenheit, indem Trägheit, selbstzerstörender Schmerz oder Selbstmitleid einfach „niedergelacht" werden. Lachen als semi-göttliche Eigenschaft!

Bahnbrechend für die positive Neubewertung des Lachens ist aber die Auseinandersetzung der Theologen des 13. Jahrhunderts mit den Schriften des Aristoteles. Insbesondere dessen *Nikomachische Ethik*, in der die positive Wirkung des entspannenden Lachens auf den Menschen dargestellt wird (vgl. Beitrag Reiser, Antike) veranlasst Albertus Magnus (um 1200–1280) und Thomas von Aquin (1224/25–1274), das Lachen als für die Entspannung des menschlichen Geistes notwendige Tätigkeit aktiv zu empfehlen.

Albertus Magnus stand dem Lachen, vor allem unter Berufung auf das biblische Beispiel der lachenden Sara, grundsätzlich sehr positiv gegenüber. Für ihn lachen gleichermaßen die Heiligen (zwar nur in sich hinein, aber immerhin) wie die Erlösten am Tag des Jüngsten Gerichts (vgl. Beitrag Reiser, Bibel, S. 30). Aber nicht nur aus seiner Beschäftigung mit der Bibel, sondern vor allem in seiner Auseinandersetzung mit der *Nikomachischen Ethik* gewinnt er seine entscheidenden Argumente für eine positive Bewertung des Lachens an sich. Sie wird von Albertus als einziges Werk des Aristoteles gleich zweimal kommentiert, einmal um 1250/52 in seiner Schrift *Super Ethica*, ein weiteres Mal wohl um 1265/70 in der *Ethica*.[40] In diesem Werk gibt er Aristoteles' Lehre zur sogenannten *Eutrapelie* wieder, die den Takt wahrende Fähigkeit zur zwanglos-scherzenden Unterhaltung (vgl. Beitrag Reiser, Antike, S. 22): *„Was jedoch die Unterhaltung zumindest auf dem Feld des Humors angeht, so wird der Normalveranlagte auf Griechisch ‚eutrapolés' genannt, und die zugrunde liegende Veranlagung ‚eutrapelía' - von ‚eu', was ‚gut' heißt, und von ‚tropó, tropás', was übersetzt ‚ich wende, du wendest' heißt -, wenn man also einem Gespräch und den eigenen Handlungen einen für seine Mitmenschen gefälligen und angenehmen Verlauf geben kann. Ihr Übermaß in allen Gesprächen und Handlungen jedoch gebiert Possenreißer und widert die Leute an. [...] Und ganz genauso ist auch ihr Humor in Worten und Handlungen, weil sie nämlich dreckige Witze und Zoten reißen. Wer jedoch einen Mangel an Humor in Wort und Tat hat, wird Tölpel genannt, die dazugehörige Veranlagung ‚agrochia' - wenn man also mit seinen Mitmenschen im Grunde ohne den mindesten Charme und Esprit verkehrt"*.[41] Albertus fasst hier die wesentlichen Ausführungen des griechischen Philosophen zum Thema zusammen, doch in einem weiteren Kapitel seines Werkes greift er unter der Kapitelüberschrift *De eutrapelia, circa quid sit* die Lehre vom taktvoll-geselligen Humor noch einmal auf und spricht nun dezidiert von den verschiedenen Arten des übertriebenen Lachens, die es zu vermeiden gelte: *„Es ist jedoch ganz offenbar, dass es auch bezüglich der ‚eutrapelía' sowohl ein gewisses Übermaß als auch einen gewissen Mangel gegenüber der Normalveranlagung gibt. Diejenigen nämlich, die es mit dem Lachen und dem Ausleben ihres Frohsinns übertreiben, scheinen immer nur witzig sein zu wollen - sowohl im ungezwungenen Zeitvertreib als auch in ernsteren Angelegenheiten. Sie sind* *gewissermaßen ‚Spaßvögel' und überhaupt lästig, weil sie in allen Aktivitäten nur dem Gelächter nachjagen. Und sie glauben immer, eher einen Witz machen zu müssen, als einmal etwas anständig und pointiert zu erledigen bzw. auszudrücken – eine grässliche Unsitte! –, und immer glauben sie, noch einen Witz mehr machen zu müssen, weil sie ja ihre Mitmenschen durch Weglassung eines Witzes womöglich betrüben könnten. [...] Andere hingegen, die selbst weder etwas Witziges oder im Scherz sagen oder machen, und darüber hinaus noch denjenigen, die sehr wohl mit Humor ausgestattet sind, die Laune verderben und lästig sind, nennt man griechisch ‚ágrii', lateinisch aber ‚Dickschädel' oder ‚Miesepeter', weil an ihnen nichts angenehm Erfreuliches ist".*[42] Für den Scholastiker geht es hier nicht allein um den geselligen Humor; ausdrücklich spricht er immer wieder von *risus*, dem Lachen, das der direkte Ausfluss des Humors ist, und ohne das ein entspanntes geselliges Beisammensein unter Gleichen nicht möglich ist. Albert argumentiert hier noch ausschließlich ethisch-„soziologisch". Erst Thomas von Aquin wird es, gleichfalls von Aristoteles ausgehend, vorbehalten bleiben, Humor und Lachen in das christliche Tugendsystem zu integrieren. Kein mittelalterlicher Theologe nach ihm wird das Lachen derart positiv bewerten.

Thomas von Aquin (Abb. 23) beschäftigt sich im zweiten Teil seiner *Summa theologiae* mit einer Anleitung für ein gutes und erfülltes Leben des Menschen. Hierzu gehören u.a. auch die Tugend der *temperantia*, des richtigen Maßes, sowie die *modestia*, die Gemessenheit, die bei der Findung des Ausgewogenen zu befragen ist. Im Rahmen dessen lässt sich auch das dem tugendhaften Menschen eigene Lachen verorten.[43] Zunächst stellt Thomas in Anlehnung an den Kirchenvater Ambrosius fest, dass das Scherzen – und damit wohl auch dessen Folge, das Lachen – für den Kleriker grundsätzlich nicht angemessen seien, wohl aber für den Laien: *„Er [Ambrosius] hat den Scherz nicht generell aus der Rede des Menschen ausgeschlossen, wohl aber aus dem geistlichen Bereich".*[44] Weiter erörtert Thomas, gleich Petrus Cantor, die Frage, ob Christus die (passive) Fähigkeit des Lachens besessen habe. Da Jesus die vollkommene

Abb. 23 ▶
Thomas von Aquin, Benozzo Gozzoli, Triumph des hl. Thomas von Aquin (Detail), um 1470/75, Paris, Musée du Louvre, Inv.-Nr. 104

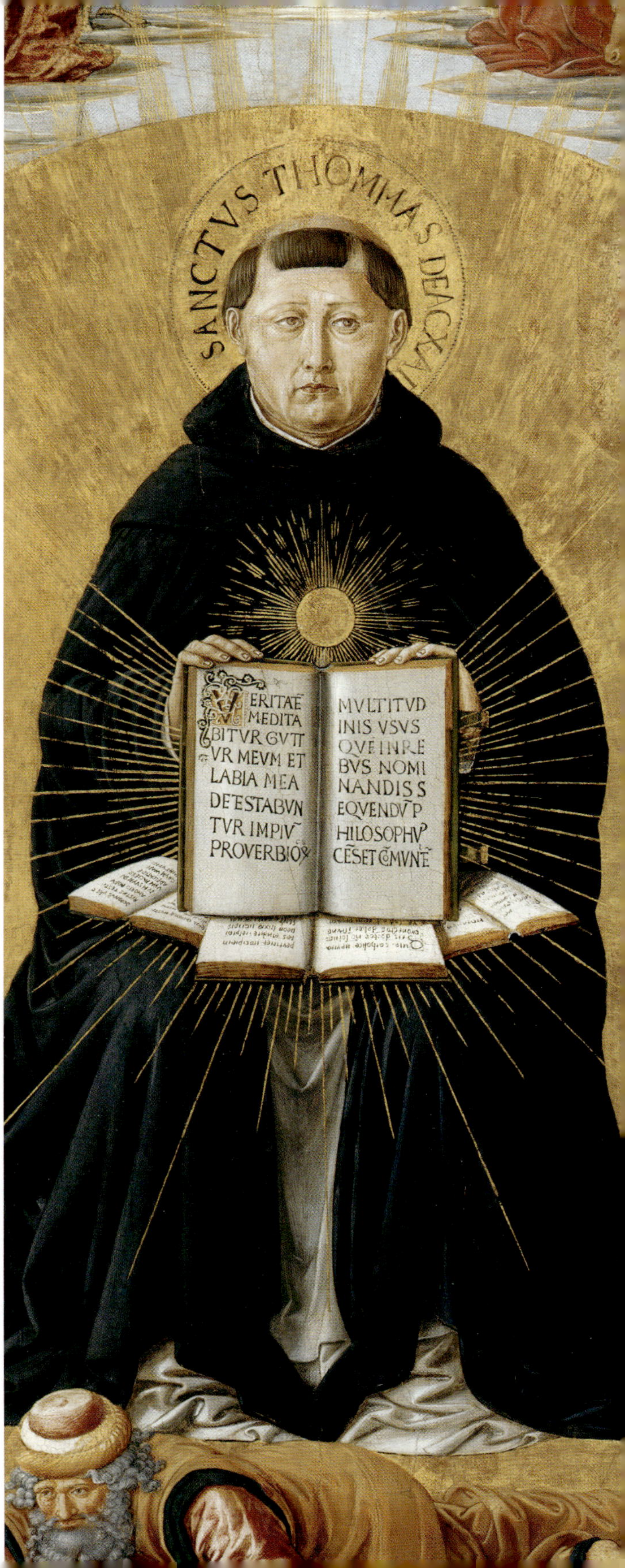

menschliche Natur mit allen Schwächen und Fehlern besaß, so Thomas, so habe er selbstverständlich auch lachen können, denn schließlich waren ihm – allerdings nur aus freiem Willen! – auch die Schwächen des Körpers wie Hunger und Schmerz, aber auch die *defectus animae*, die Mängel der Seele, wie z. B. Trauer und Furcht zu eigen. Anders als Albertus Magnus, der immer wieder von den unterschiedlichen Arten des *risus* spricht, nennt Thomas an gerade dieser Stelle nicht eigens die *risibilitas* als eine der menschlichen Fähigkeiten Jesu. Aber nur wenige Zeilen zuvor betont er ausdrücklich, dass *„das Lachen-Können zu niemandem gehört außer dem Menschen“*.[45] Doch Thomas bleibt hierbei nicht stehen, sondern beschäftigt sich mit den quasi-therapeutischen Eigenschaften des Lachens. Im Rahmen seiner Erörterungen zu Spiel, Geselligkeit und der daraus resultierenden Heiterkeit stellt er zunächst fest, dass der menschliche Geist zur Erhaltung seiner Stabilität hin und wieder in eine Ruhephase versetzt werden sollte. So wie der Körper regelmäßig im Schlaf regeneriert werden muss, so sollte auch dem Verstand hin und wieder eine Ablenkung in Form von witzigen Sentenzen, Scherzen oder kurzweiliger Unterhaltung geboten werden, denn: *„Die Ruhe der Seele ist die Freude“*.[46] Thomas sammelt hierzu die Gesichtspunkte pro und contra; dabei überwiegen in der Anzahl die positiven Argumente antiker Schriftsteller – darunter vor allem von Aristoteles, Cicero und in geringerem Maße auch Seneca –, während die negativen Stimmen von christlichen Autoren in der Minderheit bleiben. Unterhaltung, Witz und Lachen sind demnach für den Aquinaten erlaubt. Aber nicht nur das: Sofern die mit diesen humorigen Äußerungen verbundenen Körperbewegungen auch maßvoll ausgeführt und von der Vernunft kontrolliert werden, sind sie auch tugendhaft.

Hier folgt Thomas, gleich Albertus, ebenfalls der aristotelischen Lehre der Eutrapelie, die die gewandte, aber stets dem rechten Maß unterworfene hohe Kunst der scherzhaften Rede und Geselligkeit umschreibt (vgl. Beitrag Reiser, Antike, S. 22). Thomas führt diese aristotelische Lehre unter dem lateinischen Begriff *iocunditas* ein und definiert den *eutrapelus* als einen Menschen, der seine *„Worte und Taten gut zu lenken weiß und auf das Trösten ausrichtet“*.[47] Hierbei hilft das Scherzen (und damit auch das Lachen, das allerdings nicht explizit genannt wird) in geselliger Runde, das den Trübsinn vertreibt. Selbstverständlich muss die scherzhafte Rede in Thema, Wortwahl und Umfang moderat bleiben: Ein Zuviel mündet in Hohn, Spott und Sittenverfall; ein Zuwenig wiederum kennzeichnet die Missachtung des gottgegebenen Verstandes und lässt den Menschen als tumben und ungeselligen Tor erscheinen.[48] In dieser Argumentation schließt sich Thomas ganz dem aristotelischen Gedankengang an. Vor allem aber werden nun Humor und Lachen aus dem Bereich der Sündhaftigkeit entlassen und damit eine nahezu tausend Jahre alte Verurteilung des Scherzens *"nutzlose Worte"* (*verba otiosa*) überwunden: *„So ist ein albernes Wort eine lässliche Sünde, wenn es ohne Nutzen gesagt wird. Wenn es aber aus einem vernünftigen Grund ausgesprochen wird, ist es nicht albern und keine Sünde“*.[49] Und was könnte vernünftiger sein als die Gewinnung der inneren Ruhe oder gar der Trost eines Mitmenschen? Witz und Scherz (und damit auch Lachen) als sozial-caritative Tugend – um diese geradezu revolutionären und auf der *auctoritas* des Aristoteles basierenden Ansichten zu unterdrükken, hätte Jorge von Burgos aus dem *Namen der Rose* nicht nur das zweite Buch der Poetik des antiken Philosophen, sondern besser auch dessen ethische Schriften gleich mit vernichtet…

Mit dieser positiven Neubewertung ist die Basis dafür gelegt, dass Witz und Humor selbst den letzten, ihnen bis dahin – zumindest in der Theorie – verschlossenen Bereich erobern, nämlich den der kirchlichen Predigt. Noch für den die *risibilitas Christi* bejahenden Petrus Cantor (s. o.) ist es selbstverständlich, dass das Lachen nichts in der Kirche zu suchen habe. Eine vorbildliche Predigt an die Gläubigen habe einfach und klar zu sein und müsse ohne rhetorische ‚Spielereien‘, vor allem aber ohne Lachen zu erregen gestaltet werden: *„So muss die Predigt eines Weisen geschaffen sein wie sein Leben: nicht auf Hochglanz poliert, nicht voller falscher Schminke,* *nicht Beifall heischend und auf billige Lacher und derartiges aus, sondern nur ihren Sinngehalt ohne Wortgeklingel in einfacher Sprache erklärend"*.[50] Und obwohl selbst Thomas von Aquin das Lachen-Erregende aus der *doctrina sacra* und fern der Kanzel verbannt sehen wollte, sieht Robert von Basevorn in seiner im 14. Jahrhundert niedergeschriebenen *Forma praedicandi* in Anlehnung an Cicero den positiven Wert des Humoristischen in der Predigt, um sich die Aufmerksamkeit des Zuhörers auch über einen längeren Zeitraum hinweg zu erhalten und den Gegenstand der Predigt um so eindringlicher wirken zu lassen: *„Ein Scherz zur rechten Zeit ist es, Cicero zufolge, wenn die Zuhörer sich mächtig langweilen, irgendetwas Lustiges anzubringen, was Freude macht, sei es über irgendeine Posse, die zum Lachen reizt, sei es über irgendeine Erzählung, sei es über irgendetwas Unbekanntes. Dies muss man besonders dann machen, wenn sie anfangen zu schlafen. Weil aber das Kirchenrecht* [= *Decretum Gratiani*] *es verworfen hat, Fabeln zu benutzen, muss man über die moralisch zweifelhaften Bescheid wissen, wie etwa die Fabeln über die Verbrechen Jupiters sind oder ähnliche. Muss dieser Schmuck benutzt werden, dann sieh davon ab, ihn mehr als dreimal in einer Predigt zu verwenden"*.[51] Jakob von Vitry (1160/70–1240), Bischof von Akkon, bejahte als einer der ersten den Humor und das Lachen in der Predigt. Seine Kritiker hielten ihm entgegen, dass die Zuhörer eben nicht zum Lachen, sondern zur Trauer bewegt werden müssten, worauf der erfahrene Prediger der Kreuzzugsbewegung entgegnete: *„Wer zweifelt daran, dass die Zuhörer zur Trauer angeregt werden müssen? Damit aber diejenigen, die von allzu großer Erschöpfung müde zu werden beginnen, nicht von allzu großer Wehmut übermannt werden, müssen sie bisweilen durch gewisse lustige Beispiele wieder munter gemacht werden, und man bietet ihnen das, was behandelt wird, mit einem spannenden Rahmen an, damit sie danach wieder aufwachen, um ernsthafte und nützliche Worte zu hören. Der hat allgemeinen Beifall, der das Nützliche mit dem Süßen mischt"* (vgl. Horaz, *Ars poetica* 343).[52] Doch die Argumente seiner Gegner werden in den kommenden Jahrhunderten an Gewicht gewinnen, und – mentalitätsgeschichtlich – wird die Trauer erneut über das Lachen obsiegen.

DAS GRINSEN DER PEINIGER UND DAS LÄCHELN DER MADONNA: DER RÜCKZUG DES LACHENS IM SPÄTMITTELALTER

Im Zuge der positiven (Neu-) Bewertung des Lachens im 13. Jahrhundert kommt es in der Kunst zu einem bis dahin unbekannten Aufschwung in der Darstellung von Lachenden, der noch zu Beginn des 14. Jahrhunderts eine nicht zu unterschätzende Nachblüte erlebt (vgl. Kat.-Nrn. 11, 29, 32). Im weiteren Verlauf des Jahrhunderts – und vor allem ab 1348/49 – verändert sich jedoch das Bild: Gewalt und extremes Leid gewinnen in der von der Mystik dominierten theologischen Literatur der Zeit die Oberhand und werden zunehmend darstellungswürdig. Die hoheitsvolle Madonna mit Kind wird für mehrere Generationen verdrängt von der schmerzensreichen Mutter, die als *Pietà* ihren toten Sohn beweint (Abb. 24) und der majestätische hochmittelalterliche Christus am Kreuz wird abgelöst vom geschundenen *Crucifixus dolorosus* (Abb. 25). Vor allem das für die Bevölkerung traumatische Erleben der katastrophalen Pestepedemien, die Europa seit 1348/49 heimsuchen und weite Landstriche entvölkern, trägt zu diesem einschneidenden Mentalitätswechsel bei. Ab 1378 beginnt das vier Jahrzehnte währende Große abendländische Schisma, in dessen Verlauf zeitweilig bis zu drei Päpste regieren; es verunsichert die Menschen und läßt sie um ihr Seelenheil bangen. Waldenser, Bogomilen, Hussiten und andere ‚Ketzer' strapazieren die Bevölkerung ebenso wie deren Bekämpfung durch die Amtskirche. Kriege wie der sogenannte Hundertjährige Krieg zwischen England und Frankreich erschüttern den Kontinent, und auch im Heiligen Römischen Reich Deutscher Nation liefern sich Fürsten, Landgrafen, Ritter, aber auch Bischöfe immer wieder blutige Schlachten. Die scholastische Welt der Vernunft des 13. Jahrhunderts wird zugunsten mystischer Spekulationen aufgegeben. Kleriker wie Laien meditieren über die Wunden Christi und versenken sich visionär in jede Phase seiner Passion. Wahrlich kein Jahrhundert des Lachens!

Ein typisches Beispiel hierfür sind die Schriften des Straßburger Dominikaners Johannes Tauler (um 1300–

Abb. 24 ►
Pietà aus St. Michael in Appenheim, um 1350, Mainz, Bischöfliches Dom- und Diözesanmuseum, Inv.-Nr. PH 00440 (Dauerleihgabe)

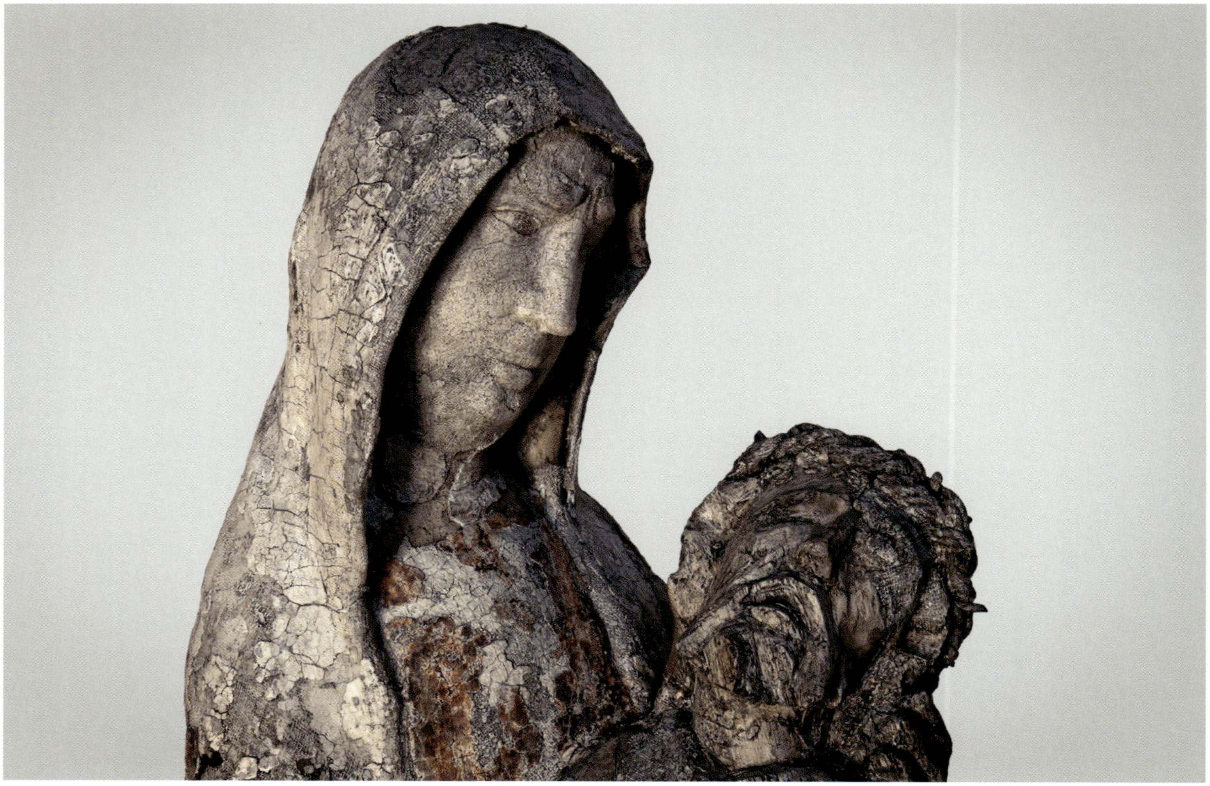

1361), einem der prominentesten deutschen Mystiker. Für Tauler besteht der Mensch aus *„unsauberem, faulem, bösem, unreinem Stoff, widerlich und ekelerregend in sich selbst und für alle [Mit-] Menschen, [...] ein unreines übelriechendes Behältnis voll des Unrates"*.[53] Solch ein Geschöpf hat weder Grund noch Berechtigung zu lachen, zumal sein Leben bestimmt ist von *„kranckheit, angest, ellent"* und *„quâl; riuwe, bitterkeit, vorchte, getrenge"* und *„lidunge"*.[54] In seinen Predigten an ein gleichermaßen klösterliches wie bürgerliches Publikum geht Tauler daher – bezeichnenderweise – am häufigsten vom biblischen Buch Hiob aus. Hierauf basierend werden Schmerz, Leid und Klage unter allen nur denkbaren Facetten betrachtet und dem sündigen, aber dennoch Gott suchenden Menschen auf dem *„gar wilden weg"* zum Heil als beständige Begleiter anempfohlen. Nur so erhält der Reuige – vielleicht! – die Möglichkeit, in Gott, dem *ungeschaffen nút* (Nichts) einzugehen und zu vergessen: *„Dem Menschen, der Gott so folgsam ist und ihm in dieser Drangsal treu geblieben, dem wird Gott dadurch vergelten, dass er sich ihm selber gibt und ihn so unergründlich in sich selbst und seine eigene Seligkeit hineinzieht. Dahinein wird der menschliche Geist in so köstlicher Weise gezogen, so ganz von der Gottheit durchflossen und überströmt und so in die Gottheit entrückt, dass er in der göttlichen Einheit alle menschliche Vielfalt verliert"*.[55] Das Lachen hat auf **diesem** Weg zu Gott keinen Platz; während das Weinen vieldutzendfach in Taulers Predigten bemüht wird, findet das Lachen nur wenige Male überhaupt Erwähnung, und das auch nur im bereits bekannten früh- und hochmittelalterlichen Kontext von Spott und Triumph. Über falsche Demütige, die ihre Askese eitel vor sich hertragen, kann es *„einen verständigen Menschen jammern, oder man mag auch vor Verwunderung lachen oder spotten, dass diese Leute sich selbst so sehr betrügen"*.[56] Und von den die Welt verachtenden Märtyrern heißt es: *„Früher weinten die Heiligen, wenn sie essen sollten und lachten, wenn es in den Tod ging"* (Kat.-Nr. 34–37).[57]

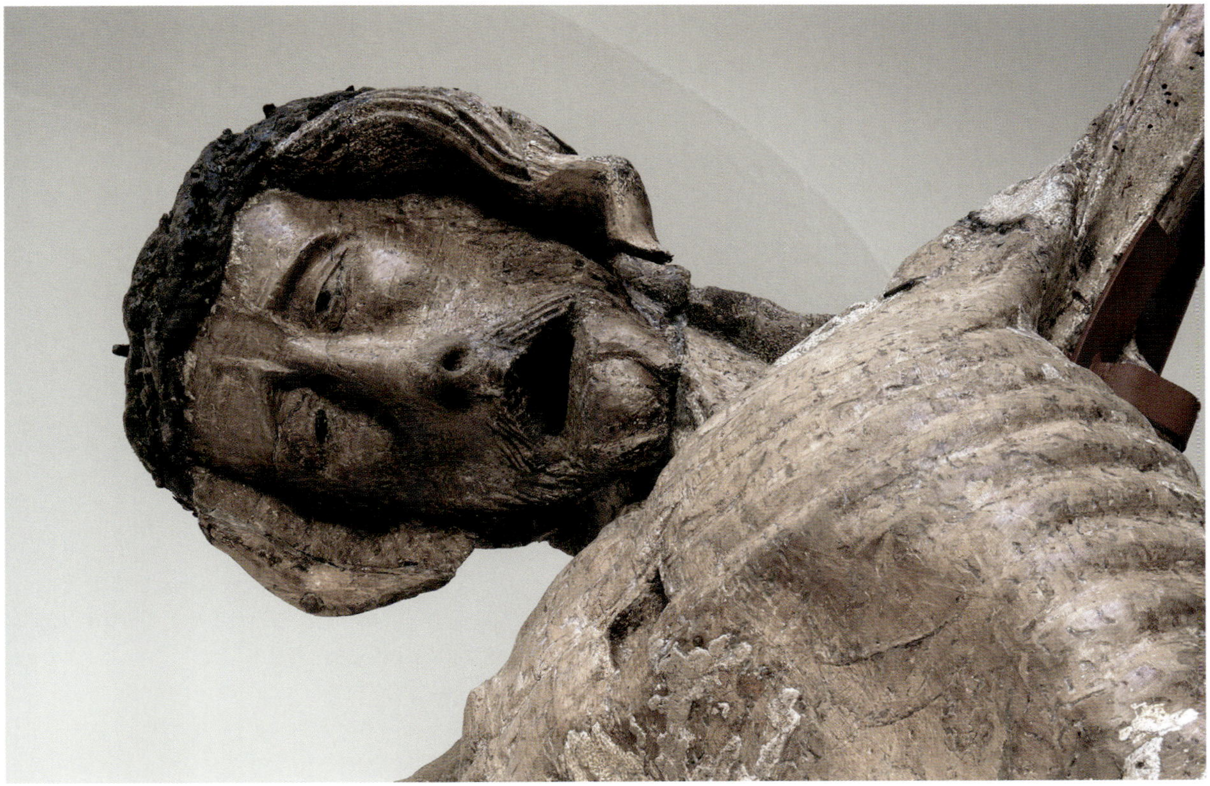

Abb. 25 ◀
Crucifixus Dolorosus aus St. Michael in Ingelheim, um 1350, Mainz, Bischöfliches Dom- und Diözesanmuseum, Inv.-Nr. PH 06058 (Dauerleihgabe)

Ganz wie im frühen Mittelalter wird hier Christus als „Bollwerk" des Nicht-Lachens herangezogen. Dass der Herr gelacht haben **könnte**, liegt jenseits von Taulers Christusverständnis; diese Frage stellt sich für ihn überhaupt nicht. Ob der Sündhaftigkeit des Menschen kann Christus nur heiße Tränen vergießen: Er weint über die Stadt Jerusalem, der schwere Tage bevorstehen, er weint über *„die heilige Kirche, die heilige Christenheit. Sodann hat unser Herr über die weltlich gesinnten Menschen geweint, und in der Tat ist hierzu aller Grund. Alle Menschen könnten und vermöchten nicht genug über diese weltlichen Menschen weinen; diese nämlich kennen nicht den Tag ihrer Heimsuchung […]. Christus hat nicht ohne trifftigen Grund geweint; es war und ist Grund zu weinen, zu klagen, dass sie ihren Zustand nicht erkennen […]"*.[58]

Taulers Zeitgenosse, der Konstanzer Mystiker Heinrich Seuse (1295/97–1366) geht noch einen Schritt weiter. Er fordert (und erlebt) in drastischer Weise die unmittelbar nachzuvollziehende Passion, die das Erleiden aller Qualen Christi, seien sie körperlicher oder mentaler Natur, am eigenen Körper verlangt. In seiner um 1362 entstandenen, von ihm selbst verfassten Vita beschreibt er die äußersten Formen der *compassio*, die von der Selbstgeißelung über härene, mit Dornen besetzte Bußkleidung bis zu Ritzungen der Haut reichen. Ein Lachen der Freude hat bei ihm keinen Platz; statt dessen verquicken sich Freude und Schmerz, Lächeln (für ein Lachen ist in diesem Zusammenhang kein Platz) und Weinen. So beschreibt Seuse – in der dritten Person und in der Selbstbezeichnung als *„Diener"* –, wie er über Monate aus asketischen Gründen die Aufnahme von Flüssigkeit auf ein absolutes Minimum reduzierte, aber, während er *„unter bitteren Tränen"* in einer Kapelle betete, von Maria selbst aus seinen Qualen erlöst wurde: *„Während er so klagte [über seinen Durst], da war ihm, als ob in seinem Inneren eine Stimme zu seiner Seele spräche: ‚Sei guten Mutes. Gott wird dich bald erfreuen und trösten!*

Weine nicht mehr, wackerer Ritter'. [...] Er hielt an mit Weinen und hätte nun am liebsten gar nicht mehr weinen mögen; vor Schmerz konnte er aber auch nicht ganz heiter sein. Während ihm die Tränen noch flossen, nötigte ihn etwas in seinem Inneren zu lächeln" – und alsbald bekommt er von der Jungfrau Maria persönlich *„ein Krüglein frischen Wassers"* gereicht.[59] In einer Vision wird Seuse von Gott dieses Übermaß an körperlichen Leiden untersagt, da es sein Leben zu gefährden droht. Da *„wurde er so froh, dass er Freudentränen vergoß"*. Ein Lachen hingegen ist ihm selbst hier nicht möglich, diesen Part übernimmt der himmlische Bote, welcher *„sich ein wenig zur Seite [kehrte und] lachte"*.[60]

In einer weiteren Vision befindet sich Seuse offensichtlich in einer Menschenmenge, der Gottes Wort unmittelbar zuteil wird. Doch während um ihn herum alle in Jubel ausbrechen, scheint Seuse selbst ein **Mit**-Lachen ob dieser göttlichen Botschaft unmöglich zu sein: *„Das geschah alles in Wahrheit so genau, dass mancher Mensch vor Freuden lachte und Gott lobte, dessen Augen zuvor mitleidige Tränen geweint hatten"*.[61] Körperlicher Ausdruck von Freude und damit ein herzhaft-jublierendes Lachen ist Seuse – und darin darf er als stellvertretend für die Epoche gesehen werden – zuwider. Selbst im höchsten Glück, wie es ihm bei einer weiteren Marienerscheinung zuteil wird, hat das Lachen im Inneren zu verbleiben und darf lediglich als matter Abglanz im Gesicht ablesbar sein: *„Unter solcher Betrachtung [der Jungfrau Maria] erhellte sich sein Antlitz, seine Augen leuchteten von Güte, sein Herz jubelte und all sein Inneres sang"*.[62] Als er zu sterben glaubt, betont er diesen „korrekten" inwendigen Gebrauch des Lachens: *„Ach ihr lieben Engel, denkt daran, dass mein Herz alle Tage lachte, wenn ich euch nur nennen hörte"*.[63] Ein einziges Mal, so ist seiner Vita zu entnehmen, hat Seuse lauthals unter Beteiligung des ganzen Körpers im öffentlichen Raum gelacht. Dies geschah an Ostern, als ihm Gott enthüllte, welche Belohnung diejenigen dereinst erhalten werden, die um Christi willen gelitten haben. So werden Seuse freie Wunschgewalt im Himmel, göttlicher Friede und Liebe und Einheit in Gott versprochen und *„über diese frohe Nachricht freute der Diener sich sehr, und als er zu sich selbst kam, sprang er auf und lachte so von Herzen, dass es in der Kapelle, in der er sich befand, laut widerhallte"*.[64] Am Ende von Seuses geistlicher Wanderschaft bestätigt ihm Gott selbst, dass das (öffentliche) Weinen nicht opportun ist – was allerdings nicht heißt, dass es das Lachen sei: *„Jener [Gottes Stimme] sagte: ‚Weh dir. Willst du weinen wie ein Weib! Du bringst dich am himmlischen Hofe selbst in Schande! Wasch deine Augen und zeige dich fröhlich, dass weder Gott noch Menschen merken, du habest vor Leid geweint'. Der Diener begann zu lachen, und doch fielen ihm dabei die Tränen über die Wangen, und er gelobte Gott, er wolle nie wieder weinen [...]"*.[65] Still (!) leiden und lediglich inwendig lachen oder bestenfalls lächeln bleibt das Gebot einer Epoche, in deren Zentrum die Betrachtung der Passion des Herrn steht.

Abb. 26 ▼
Sadistisch grinsender Scherge, Petrusaltar, rechter Flügel (Detail), um 1500, Aachen, Suermondt-Ludwig-Museum, Inv.-Nr. 250

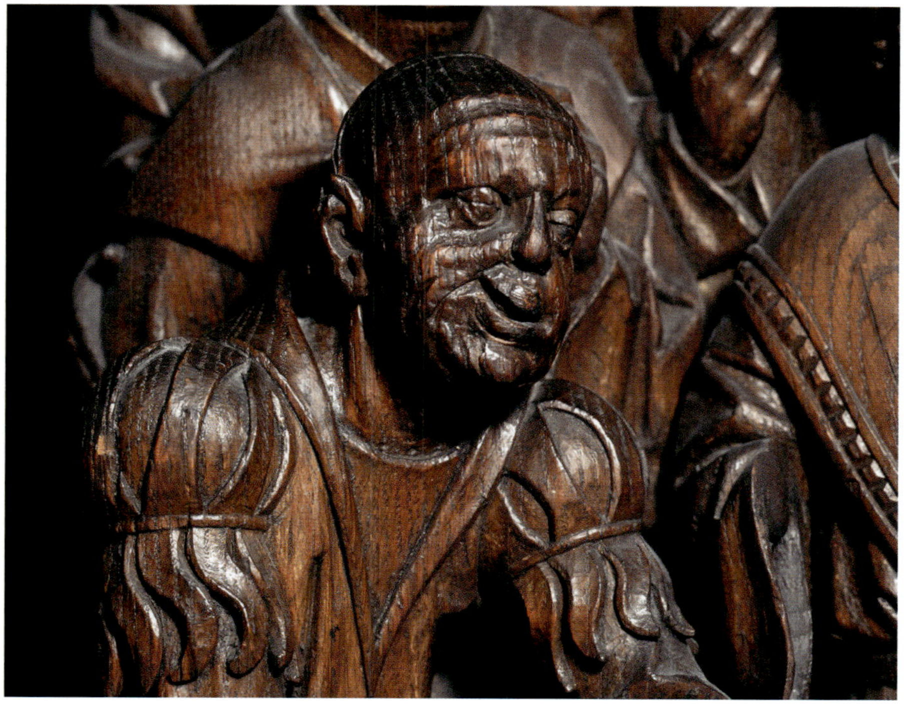

Mit dieser zunehmenden Passionsfrömmigkeit geraten vor allem die einzelnen Stationen des Leidensweges Christi immer mehr in den Fokus der Betrachtung. Hier spielt das spöttische Lachen der Schergen eine herausgehobene Rolle. Die Evangelien berichten, dass Jesus bei der Dornenkrönung verspottet wurde; Lukas nennt darüber *„viele andere Lästerungen“* (Lk 22,65) ohne diese im Einzelnen zu konkretisieren. Unter Rückgriff auf Augustinus oder hochmittelalterliche Exegeten wie Godefridus Admontensis beschreibt der Mystiker Thomas a Kempis (um 1379/80–1471) in seinen dem Leiden Christi gewidmeten Schriften das Geschehen mit immer neuen Details. So findet sich in seinen *Predigten über das Leben und Leiden unseres Herrn* (*Sermones de vita et passione Domine*) das tierische Lachen der Schergen, die den gequälten Christus mit aufgerissenem Mund sadistisch lächelnd (Abb. 26) oder gar mit gefletschten Zähnen verhöhnen: *„Denn einige verlachten Christus öffentlich wie einen Narren; andere, noch verdorbenere, fügten Beleidigungen hinzu; wieder andere, grausamer als die wilden Tiere, fletschten die Zähne und fügten ihm nicht wenige Schmerzen zu“*.[66] Und in seiner Schrift *Allerdemütigste Meditationen über das Leben und die Gnadengaben unseres Erlösers Jesus Christus* (*De vita et beneficiis salvatoris Jesu Christi devotissimae meditationes*) führt er das Geschehen fort: *„Mit ihren Lippen lästern sie, mit ihrem Antlitz lachen sie, mit ihren Händen klatschen sie, mit den Füßen trampeln sie [...]“*.[67] Dieses Lachen der Soldaten ist nicht nur Hohn, sondern auch das Zeichen ihrer Torheit, da sie nicht in der Lage sind, Jesus als Gottes Sohn zu erkennen. Im Spätmittelalter, dem Zeitalter der *compassio*, dem geistigen wie körperlichen Nachvollziehen der Passion, kann derartiges Lachen nicht gestattet sein, da man sich andernfalls mit den Schergen gemein und in ihrem Unglauben auf eine Stufe stellen würde: *„Zu Weinen ziemt sich für euch mehr [...] als Lachen angesichts des Gekreuzigten“*.[68] Angesichts dieser Qualen, die Christus ausgestanden habe, so fasst es Thomas a Kempis zusammen, sei es dem Christen nicht gestattet, oft oder gar sinnlos zu lachen, denn, so lautet sein Selbstvorwurf: *„Ich lache oft unnütz und Du wirst schändlich verspottet“*.[69] Wie kann ein wahrer Christ, der sich innerlich in diese Qualen hineinversetzen sollte, überhaupt nur den Gedanken an ein Lachen fassen? Mit dieser rhetorischen Frage wendet sich Thomas direkt an seinen Leser: *„Wenn Du auch nur einen spitzen Dorn aus der Krone Jesu in Deinem Haupt oder in Deinem Rücken stecken hättest, würdest Du etwa lachen? Keineswegs! Sondern vor Schmerz würde ich eher weinen und laut schreien“*. So bleibt für Thomas nur eine – logische – Konsequenz: *„Leichtfertige und alberne Worte nämlich und häufiges Lachen passen nicht zum heiligen Leiden Christi und seinen allerbittersten Wunden!“*[70]

Die oben genannten gefletschten Zähne sind das Zerrbild des Lachens. Sie werden in der bildenden Kunst des Spätmittelalters entweder bewusst als Zeichen des ungezügelten und triebhaften Menschen eingesetzt oder aber bei dienenden Figuren – die allerdings in der Regel im Maßstab so klein oder so entlegen platziert sind, dass sie kein „normaler“ Betrachter zu Gesicht bekam (Kat.-Nr. 27). Im bewussten Kontrast zu diesem triebhaft Bösen steht das Lächeln der Madonna (Abb. 27). Es wird zum Signum einer Epoche, die die Extreme sucht: hier das Böse, Hässliche und Monströse, dessen Gesichtszüge vom ungezügelten Lachen entstellt werden. Auf der anderen Seite steht die überirdisch-liebliche Schönheit der Madonna, die im 14. und 15. Jahrhundert voll entwickelt wird (Kat.-Nr. 28–33). Sie darf als Zeichen ihrer maß- und huldvollen Güte bestenfalls lächeln – ein befreites Lachen steht der dank der Gnade Gottes in höchste Sphären entrückten Jungfrau im wahrsten Sinne des Wortes nicht „zu Gesicht“. Erst die Neuzeit wird das Lachen wieder auf die Wangen vor allem der barocken Madonnen zaubern und, nach der allzu kurzen Blüte im Hochmittelalter, in die Gesichter der Menschen zurückholen (Kat.-Nr. 53).

1 Eco 1987, S. 170. 2 Eco 1987, S. 168. 3 Zit. nach Kuschel 1998, S. 108. 4 Vgl. als grundlegende neuere Literatur Röcke 2009. 5 Zit. nach Schneemelcher 1989, S. 642. 6 Vgl. hierzu Kuschel 1998, S. 105–109. 7 Zit. nach Kuschel 1998, S. 107. 8 Röcke 2009, S. 41. 9 Zit. nach Erfen 1994, S. 74f. 10 Boethius, *In Porphyrium dialogus* I (PL 64, 12ff., 17, 29) bzw. Boethius, *Commentaria in Porphyrium dialogus*. 11 Cassiodor, *Institutiones divinarum ac saecularium litterarum*, Buch II, Kap. 3, (*De dialectica*). 12 *„Proprium est, quod et eidem formae et ita semper accidit, ut unamquamque rem ab omnium communione discriminet, ut in homine risus. Nam nec ridere quisquam nisi homo potest, nec homo, cum voluerit, quantum in eius natura est, ridere non potest“*, so Martianus Capella in *De nuptiis Philologiae et Mercurii*, Buch

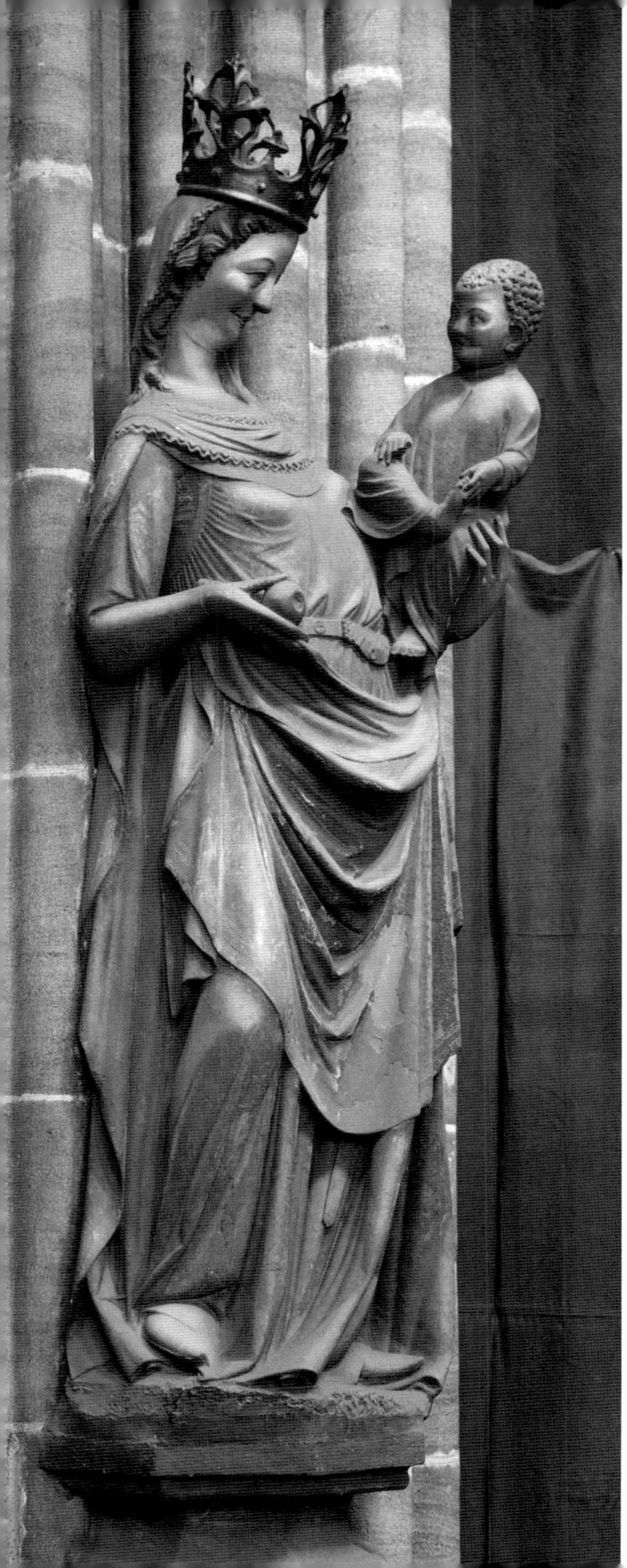

Abb. 27 ◀
Maria mit Kind, Werkstatt des Erminoldmeisters, Nürnberg, St. Lorenz, um 1280/90

IV, 348, zit. nach Suchomski 1975, S. 10. **13** Nach Resnick 1987, S. 96f. bringt Salvian von Marseille (um 400 – um 480) die Vorstellung, dass Christus nicht gelacht habe, in das abendländische Denken ein. Durch dessen Schriften wird dieser Denkansatz verbreitet, und von Ferreolus von Uzès, Benedikt von Aniane, Petrus Cantor oder Thomas a Kempis aufgegriffen, um nur einige zu nennen. **14** *„Sed quantum ex Evangeliorum historia constat, risu nunquam usus est, imo vero eos qui risu tenentur, miseros pronuntiat“*, zit. nach Kemper 2005, S. 20. **15** Zit. nach Richert 2009, S. 82. **16** *„Risu quidem leni et hilari effusionem animi detegere indecorum non est, quantum scilicet necesse fuerit ut solum indicetur quod scriptum est ‚Cordis laeti facies floret‘“*, zit. nach Kemper 2005, S. 20. **17** Zit. nach Thiede 2011, S. 112. **18** Richert 2009, S. 85f. **19** Richert 2009, S. 87 **20** Richert 2009, S. 87f. **21** *„Verba vana aut risui apta“*, zit. nach Suchomski 1975, S. 23. **22** *„Scurrilitates vero, vel verba otiosa et risum moventia, aeterna clusura in omnibus locis damnamus, et ad talia eloquia discipulum aperire os non permittimus“*, zit. nach Suchomski 1975, S. 23. **23** *„Non facilis ac promtus in risu [...] risum multum aut excussum non amare“*, zit. nach Suchomski 1975, S. 259, Anm. 35 bzw. S. 15. **24** Zit. nach Kemper 2005, S. 20. **25** Vgl. Suchomski 1975, S. 15. **26** *„In valle lacrimarum sumus, et ideo non ridere sed lugere debemus. Lacrimas enim pro peccatis nostris, lacrimas pro dissolutione corporis, lacrimas pro desiderio nostri creatoris et societate omnium angelorum et omnium debemus habere sanctorum, lacrimas ut a poenis inferni et a laqueis liberemur diaboli“*, zit. nach Schmitz 1980, S. 9. **27** *„Oportet enim monachos amplius flere quam ridere“*, zit. nach Kemper 2005, S. 21. **28** *„Naturaliter est enim homini ridere et ideo non potest hoc illi penitus prohibere, sed ut subpresse, caute fiat et honeste, licet illi concedere quod et natura compellente penitus non potest homo relinquere“*, zit. nach Schmitz 1980, S. 9. **29** *„Numquid aliquis vestrum eum ridentem, etiam inter multos ridentes, invenit? Serenabat, quidem vultum suum assidentium gratia, ne fieret onerosus; sed risum integrum, si bene recolitis, non admisit“*, zit. nach Suchomski 1975, S. 15. **30** *„In signis scurrilitas, in fronte hilaritas, vanitas apparet in incessu. Pronus ad iocum, facilis ac promptus in risu [...] iam risum tenere, iam ineptam laetitiam dissimulare non valet“*, zit. nach Suchomski 1975, S. 18. **31** *„Inter angustias faucium per cachinnos“*, zit. nach Suchomski 1975, S. 18. **32** *„Verbum scurrile quod faceti urbanive nomine colorant, non sufficit peregrinare ab ore: procul et ab aure relegandum. Foede ad cachinnos moveris, foedius moves“*, Berhard von Clairvaux, De Consideratione, Buch 2, Kap. 13 (PL 182, S. 425). **33** *„Facies hominis est speculum cordis. Per risum potest homo cognoscere cor sanctimonialis feminae. Risus et joci inutiles conscientiam vanam ostendunt sanctimonialis feminae: plerumque quale sit cor feminae sanctimonialis, demonstrat risus et jocus turpis. Non enim illa imprudenter rideret, si cor castum haberet: nunquam rideret lascive, si lasciviam non haberet in mente“*, zit. nach Suchomski 1975, S. 19. **34** Freie deutsche Übersetzung. Im lateinischen Original heißt es: *„Nostri moris esse solet, / Quando festum turbas olet, / Loqui lingua clerici, / Ne, si forte quid dicamus, / Unde risum moveamus, / Cachinnentur laici“*, zit. nach Curtius 1948, S. 424. **35** So Honnefelder 2005, bes. S. 15. **36** *„Sed numquid potuit Deus bene risisse“*, zit. nach Kemper 2005, S. 30, Anm. 85. **37** *„Videtur quidem quod habita causa interiore laetitia bona, quod eam exterius in opere ridendi monstrare possit, maxime cum omnes defectus nostros praeterquam culpae assumpserit; etiam cum risibile, vel risibilitas, proprium sit hominis a natura datum“*, zit. nach Kemper 2005, S. 30, Anm. 85. **38** *„Quomodo ergo eo uti non potuit? Forte potuit, sed non* *legitur eo usus fuisse"*, zit. nach Kemper 2005, S. 30, Anm. 85. **39** Alanus spricht hier vom *„risus nostre proscribens nubia mentis"*, was wörtlich als das *„Lachen, das die Wolken unserer Gesinnung anzeigt"* zu übersetzen wäre, vgl. Suchomski 1975, S. 54. **40** Vgl. Stammkötter 2007, S. 308. **41** *„Circa autem delectabile quod quidem in ludo est, medius quidem vocatur Graecae eutrapoles: et dispositio qua disponitur Eutrapoleia ab eu quod est bene, et tropo tropas quod est verto, vertis, quasi bene vertes sermonem et opera ad placentia et ad iucunditatem conuiuentium. Superabundantia autem in omnibus sermonibus et operibus lustua, etiam ad conuiuentium fastidium (...). Ita et isti intantum delectantur in ludis verborum et operum, quod etiam immundos tanquam delectabiles rapiunt ludos. Qui autem in ludis deficit verborum et operum, vocatur agroicus et habitus quo disponitur, vocatur agrochia, quasi agrestis quidem in nulla iucunditate cum conuiuentibus conueniens"*, zit. nach Albertus Magnus 1651, S. 107. **42** *„Manifestum autem est, quod etaim circa hoc est tam superabundantia quaedam quam defectus quidam a medio. Qui enim in derisione iucunditatis risum facientis superabundant, in omnibus risum facere intendentes tam in liberalibus ludis quam non liberalibus, bomolochi quidam videntur esse, et sunt onerosi omnino in omnibus factis desiderantes risum, et magis coniectantes risum facere quam decora in iucunditate facere vel dicere quod turpe est, et magis coniectant risum facere quam quod subtrahendo contristent conuiuentem sine conuitaneum.(...) Alii autem qui neque ipsi utique dicunt vel faciunt aliquod ridicolosum vel iocosum, et aliis dicentibus vel facientibus talia, molesti essent, agrii Graece, Latine autem duti vel austeri vocati sunt, in quibus nihil est iucundae delectationis"*, zit. nach Albertus Magnus 1651, S. 183. **43** Vgl. Zimmermann 1991, bes. S. 202. **44** *„Non excludit universaliter iocum a conversatione humana, sed a doctrina sacra"*, zit. nach Suchomski 1975, S. 37 mit Anm. 122. **45** *„Sicut risibile non convenit nisi ei quod est homo"*, zit. nach Zimmermann 1991, S. 201. **46** *„Quies autem animae est delectatio"*, zit. nach Zimmermann 1991, S. 205, Anm. 14. **47** *„Bene convertit aliqua dicta vel facta in solatium"*, zit. nach Suchomski 1975, S. 57. **48** Zimmermann 1991, S. 208. **49** *„Sicut verbum iocosum est peccatum veniale quando absque utilitate dicitur; si autem ex causa rationabili proferatur, non est otiosum neque peccatum"*, zit. nach Suchomski 1975, S. 58. **50** *„Talis debet esse oratio sapientis, qualis et vita ejus, non polita, non fucata, non plausibilis movens homines ad risum, et ad hujusmodi, sed tantum sensus sine ornatibus verborum explicans simplici sermone"*, zit. nach Suchomski 1975, S. 76. **51** *„Opportuna iocatio, secundum Tullium, est, quando auditores fastidiunt, aliquid iocundum adducere quod delectet, sive de aliqua burda quae risum provocet, sive de aliqua fabula, sive de aliquo ignoto. Hoc praecipue faciendum est quando dormire incipiunt. Quod autem Decretum reprobat uti fabulis, intelligendum est de inhonestis, cujusmodi sunt fabulae de sceleribus Iovis et consimiles. Isto ornamento utendum est parce, ad plus ter in uno sermone"*, zit. nach Suchomski 1975, S. 75. **52** *„Quis dubitat quin ad luctum incitandi sint auditores? Qui tamen ne nimio merore confundantur, vel nimia fatigatione torpere incipiant, aliquando sunt quibusdam iocundis exemplis recreandi et expedit quod eis proponatur fabulosa, ut postmodum evigilent ad audiendum seria et utilia verba. Omne tulit punctum qui miscuit utile dulci"*, zit. nach Suchomski 1975, S. 77. **53** Johannes Tauler, *Predigten*, hier 51. Predigt, zit. nach Tauler 1979, S. 391. **54** Johannes Tauler, *Predigten*, zit. nach Hofmann 1979, S. X. **55** Johannes Tauler, *Predigten*, hier 43. Predigt, zit. nach Tauler 1979, S. 323. **56** Johannes Tauler, *Predigten*, hier 77. Predigt, zit. nach Tauler 1979, S. 595. **57** Johannes Tauler, *Predigten*, hier 51. Predigt, zit. nach Tauler 1979, S. 391. **58** Johannes Tauler, *Predigten*, hier 46. Predigt, zit. nach Tauler 1979, S. 354f. **59** Seuse 1966, S. 59. **60** Seuse 1966, S. 65. **61** Seuse 1966, S. 133. **62** Seuse 1966, S. 26. **63** Seuse 1966, S. 97. **64** Seuse 1966, S. 102. Im mitteldeutschen Original, das hier ob der Bedeutung der Stelle wiedergegeben sei, heißt es: *„Dieser froelichen meren waz der diener fro, und do er zu im selber kom, do sprang er uf und ward inneklich lachende, daz es in der kapell, da er inne waz, lute erhal"*, zit. nach Seuse 1907, S. 93. **65** Seuse 1966, S. 158. Im mittelhochdeutschen Original heißt es: *„Er sprach: ‚we dir, wilt du wainen als ein wip? Du geschendest dich selb in dem himelschen hove! Wúsch dinú ogen und gebar froelich, daz es weder got noch mensch innan werde, daz du von lidens wegen habest geweinet!' Er vie an ze lachene und vielen im doch dur mite die treben úber die wangen abe, und enthiess gote, daz er nit me weinen woelte [...]"*, zit. nach Seuse 1907, S. 152. **66** *„Nam aliqui velut insipientem, Christum aperte deridebant; alii perversiores contumeliosa verba addiderunt: alii bestiis crudeliores dentibus stridebant, et plagas non paucas sibi intulerunt"*, zit. nach Kemper 2005, S. 24. **67** *„Labiis maledicebant, facie ridebant, manibus plaudebant, pedibus saltabant [...]"*, zit. nach Kemper 2005, S. 24. **68** *„Flere vos magis deceret [...] quam ridere coram Crucifixo"*, zit. nach Kemper 2005, S. 24. **69** *„Ego inaniter saepe rideo, et tu turpiter derideris"*, zit. nach Kemper 2005, S. 26. **70** *„Si enim haberes unam acutam spinam de corona Iesu in capite tuo aut in dorso tuo transfixam; numquid rideres. Minime. Sed prae dolore magis flerem et alte clamarem."* Ferner: *„Levia enim et iocosa verba et frequens risus non congruunt sacrae passione Christi et amarissimis vulneribus eius"*, zit. nach Kemper 2005, S. 26.

Abb. 28 ▶
Der Zauderer [Cras, Cras, Cras = morgen, morgen, morgen], Johann Geiler von Kaysersberg, Navicula sive speculum fatuorum, Straßburg 1510, Mainz, Martinus-Bibliothek, Inc. 509, Kap. 11

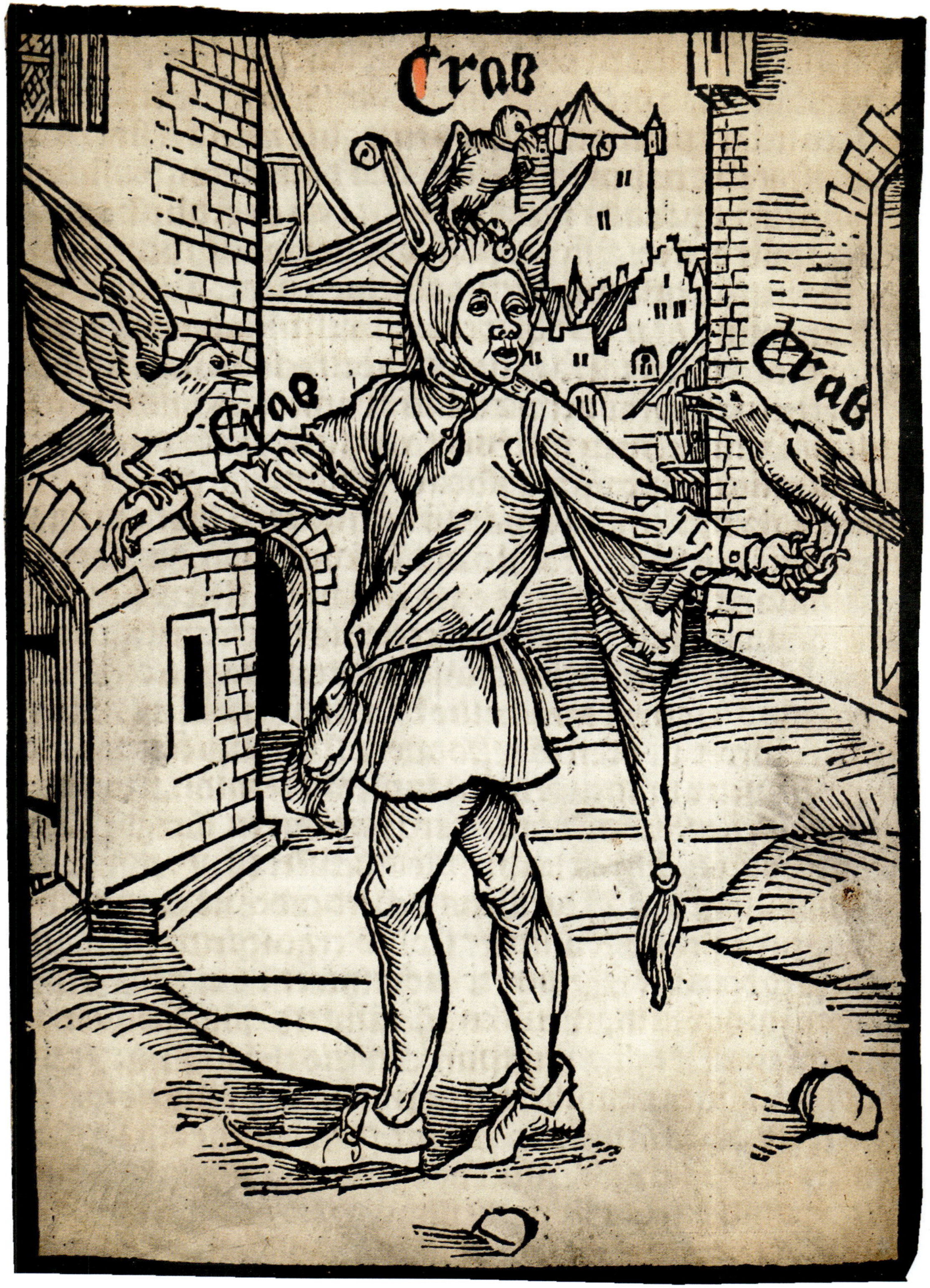

DAS LACHEN IN DEN **GESICHTERN DER LITERATUR** – MITTELALTER UND HUMANISMUS

VON NARREN UND SPÖTTERN: ZEIT, ORT UND GATTUNG DES LITERARISCHEN LACHENS

So wie es viele Formen und Motive des Lachens gibt, lässt sich auch ‚das' Mittelalter nicht polychrom-dunkel, mono-religiös oder flach zeichnen. Gerade die Zeugnisse des Lachens zeigen, dass es sich um eine vielstimmige, neben allem Hang zum Aberglauben auch rational denkende Epoche handelt, vor allem in der Blüte der Scholastik im 13. Jahrhundert. Allerdings sind die Aktionsfelder des Lachens unterschiedlich ausgeprägt: Das Lachen in der offiziellen höfischen Kultur hat maßvoll zu sein, in der hohen Literatur spielt es eine Nebenrolle, in monastischen Kreisen wird es bisweilen auf die Verbotsliste gesetzt – andererseits gibt es eine karnevaleske Volkskultur und heidnische Feierlichkeiten, die das groteske, das provokante und ausgelassene Lachen ins Extrem treiben. Dazwischen nimmt die Literatur eine Mittelstellung ein. In Boccaccios *Decamerone* oder schließlich in Erasmus von Rotterdams *Lob der Torheit* (Kat.-Nr. 51) werden Denk- und Seinsmöglichkeiten eröffnet, mit denen der Mensch sich selbst ins Zentrum der Welt stellt.

Eine Kulturgeschichte des Lachens aus der Sicht des Volkes hätte zu berücksichtigen, dass man sich in den größeren Städten des Spätmittelalters wie Rom, Venedig, Köln, Mainz oder Paris drei Monate des Jahres eine Auszeit vom ansonsten streng regulierten Leben nahm: Gelächter erscholl auf den von König Pippin eingerichteten frühmittelalterlichen Wochen- und Jahrmärkten, in den hochmittelalterlichen Mirakelspielen sowie in heidnischen Theaterformen spätmittelalterlicher Fastnachtsspiele. Im Karneval mit seinen Obszönitäten und Fäkalienwürfen (auch der Klerus wurde hierin tätig), in Spott-Turnieren, in volkssprachlich gehaltenen Passions- und Osterspielen artikulierte sich die städtische Öffentlichkeit auf durchaus subversive Weise. Diese Lebensformen einschließlich der Rede des Marktplatzes mit dem ganzen Register von Umgangssprache, Reklameschreien oder Flüchen fanden schließlich sublimierten Eingang in die kultivierteren Lebensweisen und literarischen Formen.[1] Figurationen dieses Lachens sind der Narr (Abb. 28) und der Possenreißer, die aber ganz ohne Rampe auskommen, vielmehr reale Lebensformen darstellen – geraten sie aber in die Nähe der Literatur, stehen sie für die Verkehrung und Erneuerung der Welten, indem sie ein *„Bewußtsein der heiteren Relativität der herrschenden Wahrheiten und Mächte“* zeigen.[2] Mit solchen Spielformen wird nicht nur eine Gegenwelt zu Höfen, Ämtern, Kirchen und Privathäusern gebildet,

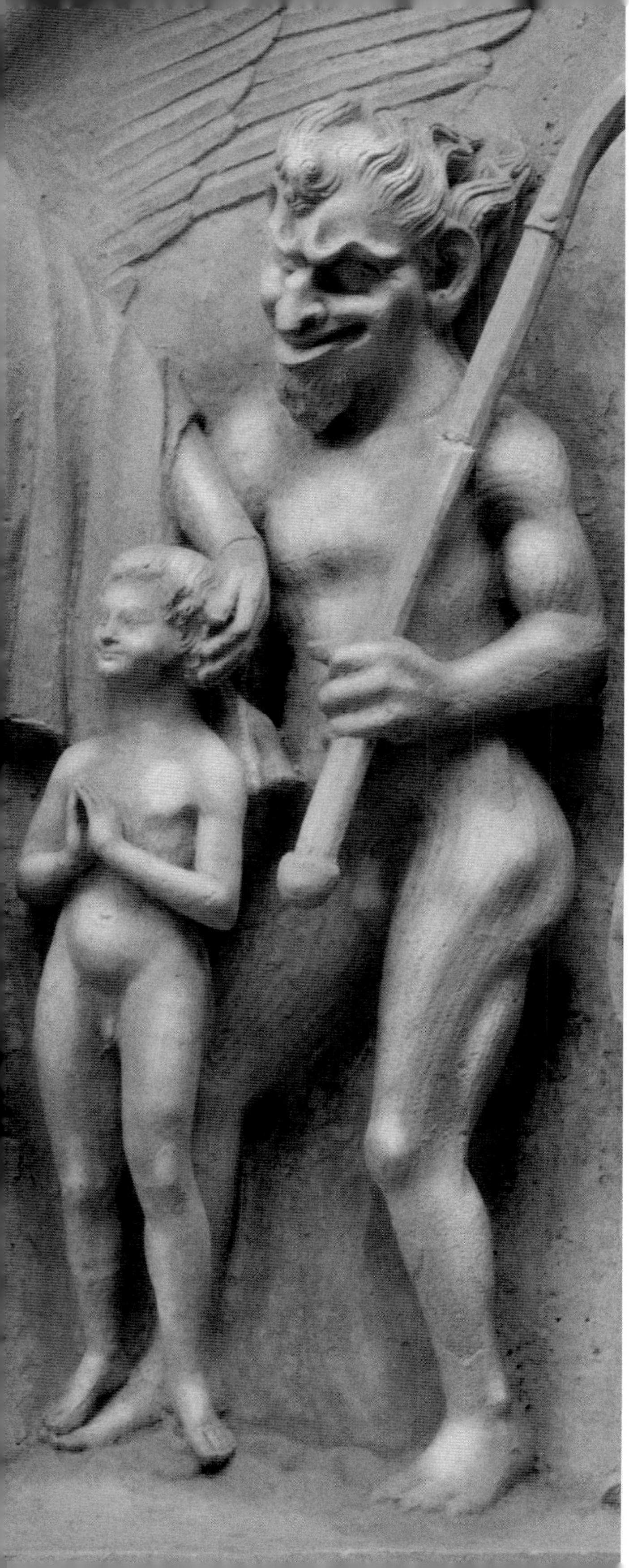

Abb. 29 ◀
Lachender Teufel mit Seele, Bourges, Kathedrale Saint-Étienne, mittleres Westportal, Tympanon (Detail), 1. Hälfte 13. Jh.

vielmehr verbinden sie sich schließlich über die Karnevalsfeste mit der Hochkultur und der Literatur.[3] Sakrales und Komisches schließen sich in mancher Theorie, keineswegs aber in der kirchlichen bzw. liturgischen Praxis aus. Das Lachen und die Feier verkehrter Unsinnswelten bildeten eine geläufige Erfahrung, etwa beim Narren- oder Eselfest (*festum stultorum* oder *follorum*), bei dem Ministranten eimerweise mit Wasser übergossen, liturgische Formeln mit Tiermasken oder unzüchtige Lieder mit animalischen Lauten vorgetragen wurden. Auch wenn solche freigelassenen oder eruptiven Körperäußerungen gegen das Selbstbeherrschungs- oder gar Schweigegebot verstießen, haben diese Feste doch zum kirchlichen Bestand gehört, weil man sie offenbar als Heilmittel pflegte gegen die Melancholie, eine Art Berufskrankheit der Mönche.[4] Auch in das geistliche Spiel hält das Komische Einzug; dort können Wächter, Juden, Apostel und selbst der Teufel (Abb. 29) zur komischen Figur werden. Dementsprechend waren die Vorbehalte der Kirche gegen das Lachen nie vollends wirksam – und wie als Gegengift entstanden schon im frühen und hohen Mittelalter die mittellateinischen *joca monachorum*, die ihre Herkunft vor allem in Südfrankreich hatten, dann aber insbesondere aus Irland beeinflusst waren: Rätselbücher, die mit ihren Dialogen einen oft amüsanten Katechismus bildeten und wenigstens heiteres Lernen über paradoxe Fragen des Typs *„Wer ist gestorben und nicht geboren? Adam!"* ermöglichten.[5] Und so ist das Lachen in der Literatur nach durchaus eigenen Regeln entwickelt und stark von der jeweiligen Gattung, aber nicht von den kirchlichen Geboten abhängig. In den Versepen kommt es höchstens in angedeuteter Form etwa des Scherzens, des entspannten Feierns, aber auch des Spottlachens vor, in dem sich im *Nibelungenlied* etwa Volker und Hagen am Hofe Etzels üben, um sich und die Gefährten in Kampflaune zu bringen. Im *Parzival* lacht der König durchaus nicht, allerdings ist die Gralsszene am Schluss voller Humor, mit dem die Taufe des Heiden Fairefis und die Konfrontation der Wertsphären seitens der Figuren (und wohl auch der Zuhörer) lächelnd begleitet wird. Das Einarbeiten komischer Züge in das prinzipiell gedämpft-ernste Epos ließ sich theoretisch durchaus rechtfertigen und war nicht nur dem Pathetischen und Erhabenen verpflichtet.[6] In den kleineren Verserzählungen, wozu die Schwankmäre, die Fabel oder die allegorisch-moralische Erzählung gehören, ist die Darstellungshürde, die das Lachen nehmen muss, niedriger; auf Seiten der Figuren wird gelegentlich gelacht, vor allem aber von den Lesenden oder Zuhörenden. Dabei wird die zunehmende Kunstfähigkeit des Lachens von mehreren Seiten begünstigt.

So kann im Wissenschaftsdiskurs des Hochmittelalters das Lachen selbst zum Thema werden: An der Pariser Universität wurde im 13. Jahrhundert ein jährliches *Quodlibet* eingerichtet, bei dem eine Art witzige Konferenz mit Anspielungen und Kalauern zu einem verabredeten Thema gehalten wurde. Auch die scholastische Literatur beschäftigt sich mit dem Thema, so Albertus Magnus und Thomas von Aquin (vgl. Beitrag Wilhelmy, S. 46f.).[7] Dort wird das *vultus hilaris*, das heitere Gesicht erwähnt, und bereits in Urkunden des späten 11. Jahrhunderts taucht das Motiv des *hilaris dator*, des lächelnden Schenkers auf, der aus vollem Herzen Gaben verteilt (Kat.-Nr. 24).[8] Schon vorher hatte sich – vor allem in englischen Dokumenten und in der Person Heinrichs II. erkennbar – der neue Königstypus des *rex facetus* etabliert, der sich heiter, witzig und frohgemut gibt, heilsgewiss ist und im Bewusstsein der vollendeten Seligkeit Frohsinn erzeugt (Abb. 30). Insofern die Heiterkeit zum Herrschaftsattribut avancieren kann, findet das Lachen Eingang in die höfische Kultur, was in der Folge auch dadurch gestützt wird, dass der König Narren und Possenreißer engagiert, um Spaß zu kultivieren und zur Stärkung der Machtansprüche einzusetzen.[9] Zunehmend wird die Festkultur der Höfe mit Gesang, Musik, Gauklertricks, Turnieren und Unterhaltung vielfältigster Art auch von fahrenden Spielleuten bzw. Spaßmachern (*joculatores*) geprägt. Diese erfreuten sich der Wertschätzung des weltlichen Adels, während die Kirche diese Aktivitäten ablehnte.[10]

Im höfischen Kontext tritt um 1200 auch die Figur des Spötters auf den Plan und bildet als hochmütiger, nörgelnder oder sogar handgreiflicher Truchsess bzw.

Abb. 30 ▶
Heiterer Herrscher *(rex facetus)*, Charroux (Département Vienne), Abbaye Saint-Sauveur, ehemaliges Portal der Abteikirche, Archivoltenfigur, Mitte 13. Jh.

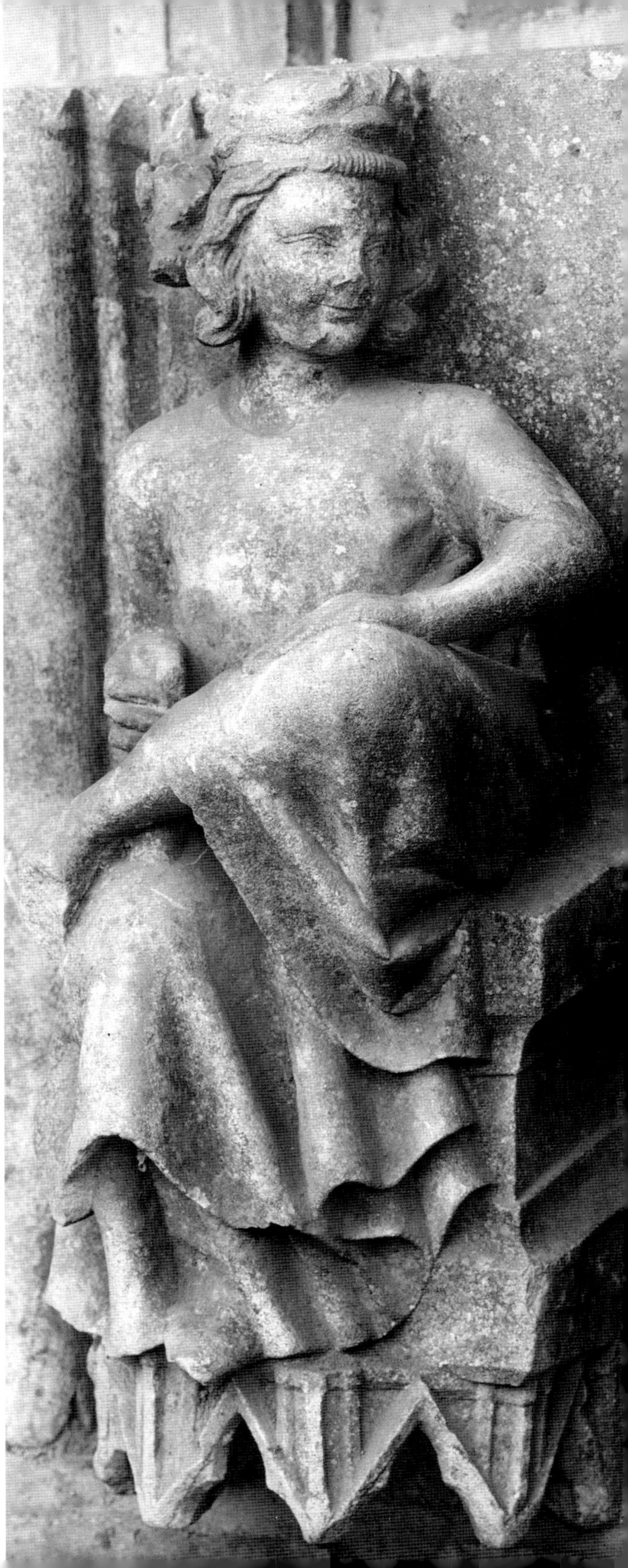

Abb. 31 ▶
Theatrum, Terenz, Komödien, Straßburg 1496, Mainz, Martinus-Bibliothek, Inc. 69, Titelblatt

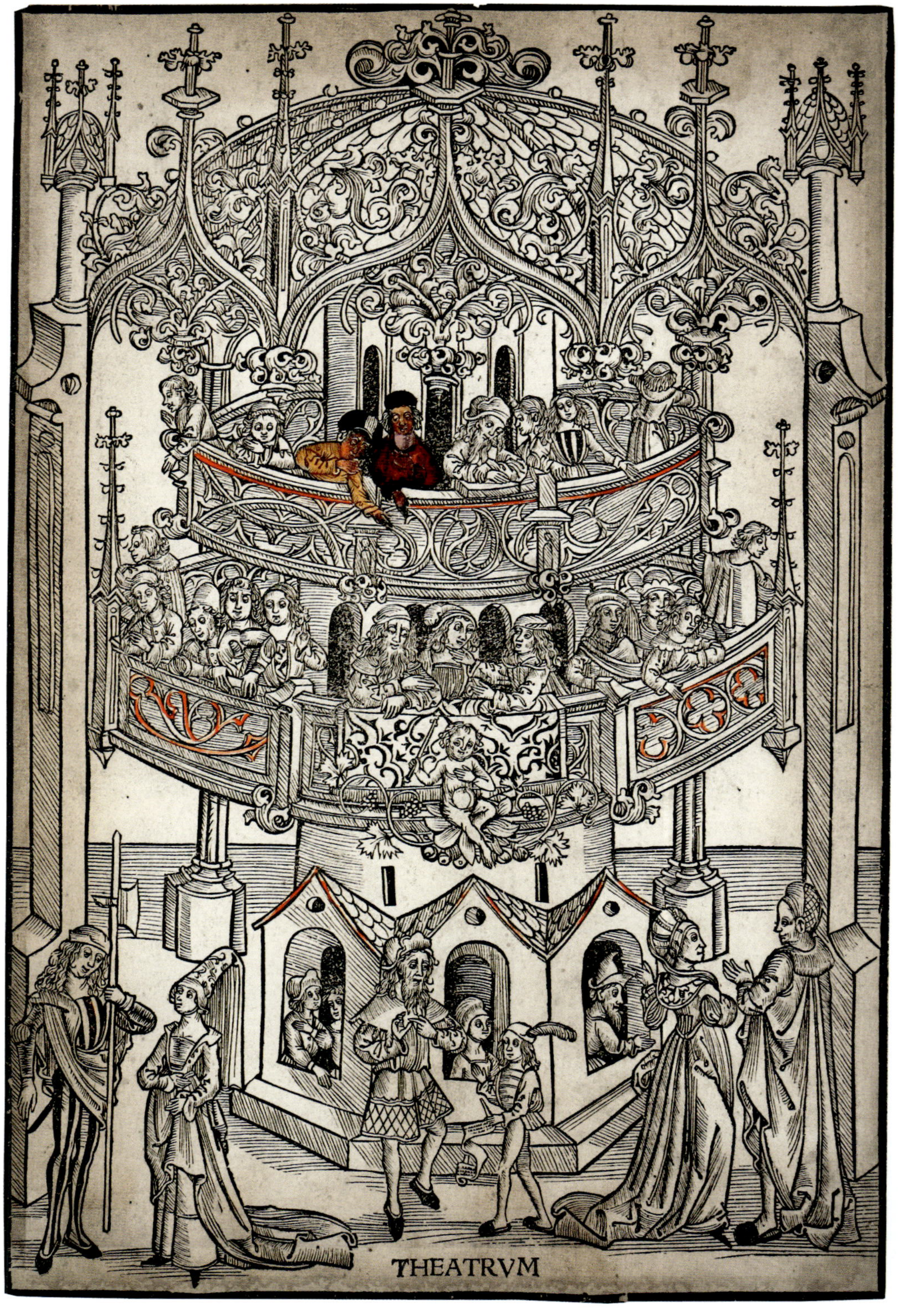

oberster Hofhalter, als Prahlhans und Lästermaul eine Vorläuferrolle des Narren und der Schwankfigur. Ein Beispiel ist der *arcspreche* Keie (etwa in Ulrich von Zatzikhovens *Lanzelet*, im *Parzival* Wolframs oder in Hartmanns *Iwein*). Zwar ist er zunächst noch eine Außenseiterfigur, doch ist er geeignet, im Stück Gelächter hervorzurufen und den damit aufgezeigten, jedoch nicht aufgelösten Konflikten beim Publikum eine höhere Aufmerksamkeit zu sichern, Dynamik in die Wert- und Gedankenwelten mithin des Rezipienten zu bringen und Anti- oder Sympathien zu erzeugen.[11] Über den Spötter kann nämlich vereinzelt, wie im *Parzival*, der Erzähler spöttelnd triumphieren, diesen damit eingrenzen und dem Gelächter des Publikums preisgeben, das seinerseits spöttisch kommentieren kann. Der Spott wird subtilisiert – und damit wird eine seit Cicero bekannte Trennlinie gezogen, die zwischen dem feinen, in einer Situation angebrachten und bereichernden Humor und der spöttischen Stichelei unterscheidet, welche je nach Härtegrad oder gar Obszönität der Würde des Redners, des Gemeinten oder der Sache erheblichen Abbruch tun kann (vgl. Beitrag Reiser, Antike, S. 23f.). Engelbert von Admont wird dies um 1300 aufgreifen und den feinen Witz und die angemessene Ironie als Konversationsideal hoffähig machen, was sich dann in Castigliones *Hofmann* (1528) wiederfindet.[12]

Die wohl absonderlichste, dem Lachen verpflichtete Literaturgattung des Mittelalters stellen die jüngst von Dutli vollständig editierten *Fatrasien*-Gedichte dar (wahrscheinlich von *farsura/farce*, also *Füllung*, griech. *phantasia* und dem Ortsnamen *Arras*), die in ihrer Einzigartigkeit von Form und Inhalt allein mit Gedichten des Surrealismus zu vergleichen sind.[13] Sie entstehen um 1290 im nordfranzösischen Arras und liegen heute nur noch in zwei Sammelhandschriften weniger Autoren vor. Doch kann man aus der dünnen Überlieferungslage nur bedingt den Schluss ziehen, dass es sich um Außenseitertexte handelt. Denn die abstrusen, grotesken und bizarren Inhalte passen zu gut in die karnevaleske Volkskultur, und das folgende Beispiel – es gäbe extremere – mag die Bizarrerien, Merkwürdigkeiten und Obszönitäten, absurden Verknüpfungen der Elemente und die Verspieltheiten der Fatrasien zeigen: *„Ein Käse aus Wolle / trägt eine Woche / hin zum Sankt-Remigius-Tag, / und eine Strohpuppe / rannte über die Seine / auf anderthalb Fürzen; / die Welt spaltete sich mittendurch. / Eine Käsemade mit angezapfter Vene / sagte zu ihnen: ‚Bei meiner Seele, / ich habe einen Scheffel Hafer / in den Arsch einer Ameise gesteckt'"*.[14] Der Originaltext macht deutlich, dass es hier die Lautqualität der Wörter ist und ihre Reimmechanik, aus deren spielerischer Willkür sich neue Bedeutungen ergeben. Damit eigneten sich die Texte vorzüglich für die Darbietung und sind im Zusammenhang mit der bereits früheren, bisweilen absurden Gelegenheits-, Troubadours- und Vagantenlyrik in Südfrankreich zu sehen, die wiederum noch François Villon mit seiner Poetik des Widersinns im 15. Jahrhundert aufgreifen wird.[15]

In der Dramengattung ist es vor allem die italienisch-humanistische Komödie, deren Karriere auf Terenz (Abb. 31) (Kat.-Nr. 48) sowie Plautus fußt und mit Petrarcas *Philologia* von 1336 beginnt und in der italienisch-humanistischen Komödie des Quattrocento fortgesetzt wird. Zu nennen wären hier Pier Paolo Vergerio (1498–1565), Enea Silvio Piccolomini (1405–64), namentlich aber auch ein Jugendstück von Leon Battista Alberti, der *Philodoxeos Fabula* (1424). Dort lachen nicht nur die Figuren gelegentlich lauthals, führen manche Verbalattacke und zetteln Spontanintrigen an, sondern auch der Rezipient konnte manches zu schmunzeln finden – so wird jedenfalls schon mit dem Eingangsmotto – *Lege feliciter (Lies fröhlich)* – die Lizenz zum Frohsinn erteilt.[16] Nebenbei wird damit angedeutet, dass diese Stücke anders als die vormaligen religiösen Dramen (*sacre rappresentazioni*), die auf öffentlichen Plätzen dargeboten wurden, nun eigentlich zum Lesen oder Rezitieren gedacht waren.[17] Die mythologisch benannten Figuren finden sich in sehr alltäglichen Situationen wieder: Es geht um eine Konkurrenzliebe und insgesamt um den rechten Gebrauch von Sitten, Geschick und Weisheit beim Ruhmstreben des Philodoxus; auf der anderen Seite wird mit Fortunius ein höchst selbstbewusster, moderner Mensch präsentiert, der sich das, was er wünscht, selbst sucht und erfüllt – dies sei auch die Bedingung, die die Götter für alle Menschen geschaffen hätten, und so wähnt er sich gottgleich: *„Sum deus, cum nihil desit"*.[18] Auch Albertis Tischgespräche weisen pointierte Sentenzen und witzige Kurztexte auf, die dieser als Arznei betrachtete, im Versuch *„mit meinen Schriften die Krankheiten des Gemüts durch Lachen und durch Heiterkeit zu heilen"*.[19] Solcherlei Fazetien brachte dann vor allem Gianfranceso Bracciolino zu Beginn des Quattrocento in den Humanismus ein, um 1500 wurden sie im deutschsprachigen Raum durch Heinrich Bebel und Johannes Pauli verbreitet. Letzterer wiederum veröffentlichte 1522 in Auseinandersetzung mit Sebastian Brants *Narrenschiff* seine *Schimpfexempel*, etwa 700 Kurzprosa- und Spruchtexte, die durch ihre Drastik und Lehrhaftigkeit wiederum die nachfolgende Schwankliteratur anregten.[20]

DAS LACHEN IM SCHWANK

Es sind vor allem die stark verbreiteten, deutschsprachigen und spätmittelalterlichen Schwankmären, versepische Kleinformen also, die durch dörflich-bäuerliches Personal gekennzeichnet sind und mit typischer Besetzung aufwarten: der lüsternen Ehefrau, dem Hahnrei, dem im Hintergrund lauernden Pfarrer, dem Betrüger oder dem Tolpatsch. Einbezogen werden dabei Elemente von Nacktheit und Entblößung, Versatzstücke des Alltags- und Küchenhumors, aber auch derbe Streiche, die Körperaktivitäten umfassen können wie Prügelszenen, Ehebruch oder Spott gegen Benachteiligte.[21] So werden bisweilen körperliche Schwächen traktiert, etwa im Motiv des betrogenen Blinden. Dieser liegt mit seiner jungen Frau im Ehebett und bemerkt, dass sie die Unschuld bereits eingebüßt hat. Als er dies als „Schaden" bezeichnet, kontert die Frau schlagfertig mit dem Vorwurf, sie nehme ja auch sein Handicap in Kauf. Wenn solche Geschichten nun zunehmend von einem sich einmischenden Erzähler kommentiert werden, bilden die Rezipienten eine ‚Lachgemeinschaft', die mit den Standardsituationen unterhalten und moralisch unterwiesen werden sollen.[22] Und zwar nicht im schlichten Sinn, sondern fintenreich, in fast mäandernden Konstruktionen. Dies zeigt sich etwa in Heinrich Kaufringers *Chorherr und Schusterin* Ende des 14. Jahrhunderts mit einer Handlung, die zwischen Anbahnung, Täuschung, vermeintlicher Aufdeckung, Revanche und gutem Ausgang pendelt und die den Leser schließlich aus der hübschen Dramaturgie des Hintergehens, Verbergens und Andeutens über das Lachen zu der Einsicht bringt, dass Betrug öfter vorkommt als man denkt – worin sich auch die Angst vor dem untergeschobenen Kind und einer erschlichenen Alimentierungspflicht zeigt.

Gut lachen hat auch der *Pfaffe Amis*, die Titelfigur im Schwankroman eines zwischen 1220 und 1250 schreibenden Dichters, des sogenannten *Strickers* – und mit ihm der Zuhörende oder der Leser. Dieser höchst ambivalent geschilderte Geistliche wird zunächst als Prototyp des Lügners vorgestellt, zugleich aber als einer, der seinen Gewinn nicht für sich behält, sondern sich durch Freigebigkeit auszeichnet. Mit dieser Eigenschaft wie auch dadurch, dass er im ganzen Roman die Leitperspektive behält, gewinnt er die Sympathien der Zuhörer, auch wenn sich die Täuschungsmanöver und vermeintlichen sehr weltlich erklärbaren Wunder gegen Ende steigern und dem jeweiligen Opfer gewaltigen Schaden zufügen. Jede Raffinesse deckt auf der Kehrseite einen Mangel des Opfers auf: Der Bischof, der ihn wegen zu großer Ausgaben belangt, lässt sich trotz seiner arglistigen Forderung, Amis müsse einen Esel das Lesen lehren, doch leichtgläubig aufs Eis führen. Die Struktur ist immer die gleiche: Der Pfaffe täuscht dem Gegenüber eine Machtposition vor, die er nicht innehat oder streut Nachrichten bzw. Gerüchte, die ihn in eine starke Position bringen. Mit dieser fälschlich geglaubten Voraussetzung kann er seinen Betrug inszenieren und zieht stets reicher davon. So fordert Amis zur Kollekte auf mit der Begründung, wer Geld zurückhalte, weise sich als Ehebrüchiger aus – und aus dem Umkehrschluss, dass der Spendende in der Ehe treu sei, wird er dann weit über Land ein stattliches Vermögen einnehmen. Die Macht des beschwörend eingesetzten Wortes, das die Betrogenen, die immer auch Opfer ihrer festen Denkmuster werden, gegen allen Augenschein leichtfertig zu glauben bereit sind, nutzt der Pfaffe für sich. Denn für all diese Dinge kassiert Amis reichlich Lohn, und sein

Geldstreben, das den kostspieligen eigenen Haushalt stützen soll, weist ihn als veritablen Wirtschaftsmagnaten und frühen ‚global player' aus, der seine Aktivitäten über England, Frankreich, Griechenland bzw. Konstantinopel ausdehnt. Dort macht er ein Vermögen, das schließlich durch gesteigerte Dreistigkeit noch zunimmt, was allerdings auch mit Sympathiesignalen einhergeht. Nicht nur seine entlarvenden Listen, sondern auch seine Bekehrung am Ende wendet die Anfangsankündigung ins Positive: Der Pfaffe zieht in ein Zisterzienserkloster und stiftet sein gesamtes Vermögen. Mit dieser tugendhaften Geste der *milte* söhnt er sich auch mit der Kirche aus, deren Amtspraktiken er vordem stets bloßgestellt und ausgenutzt hatte. Schließlich wird er gar zum Abt gewählt und hat beste Aussichten auf das ewige Leben. Die Moral besteht mehr aus einer Bitte als aus einer möglichen Handlungsweise: Gott möge alle erlösen, die Leichtgläubigen, Heuchler, Geizigen (Abb. 32), Macht- und Gewinnstrebenden aus allen Ständen, denen der Pfaffe nur den Spiegel vorgehalten hat in einer Bildungsgeschichte, die das biblische Muster von Sünde, Bekehrung und Erlösung ins Weltlich-Spaßhafte verkehrt.

Dieser Vorfahre des Till Eulenspiegel nimmt nicht nur dessen Ambivalenz vorweg, sondern zeigt, wie dieser später die Untugenden seiner Umgebung aufdeckt und schonungslos für sich nutzt. Fünf Episoden des *Pfaffen Amis* werden später im *Eulenspiegel* aufgegriffen,[23] doch haben die Einzelschwänke isolierte Geltung und zielen weniger auf den großen Erzählbogen, der noch den *Amis* kennzeichnete. In diesem Episodencharakter zeigt sich auch eine mediale Bedingung des Lachens, nämlich die junge Konjunktur des Flugblatts. Der Narr im Spiegel ist bildlich vorgeprägt, z. B. durch Brants *Narrenschiff*,[24] und auch das moralisierende Grundmotiv, dem Volk insgesamt den Spiegel vorzuhalten, kann in diesem Vorlauf gesehen werden.

VOM SPÄTMITTELALTER ZUM HUMANISMUS – DAS LACHEN ALS MENSCHLICHE SENDUNG

Unterhaltung, Vergnügen und Lachen hat auch im *Decamerone* des Giovanni Boccaccio eine wichtige Erzählfunktion. Das Ungewöhnliche, Heitere, die überraschende Wendung einer Handlung, die unvorhersehbar wechselnden heiteren und ernsten Liebesneigungen – all dies zeugt von einem selbstbewussten Menschen, der seinen Beschäftigungen und Belustigungen nachgeht. Dies wird nicht nur als Programm in der Vorrede angekündigt, sondern auch in den zehn Tagen in jeweils zehn Geschichten durchgeführt. Und so lässt sich Bachtins Leitthese, dass die Karnevalsbräuche langsam in die Literatur Eingang fanden, bereits durch diesen Text von 1350 bestätigen: Das *Decamerone* macht die Ausnahmesituation zum Gegenstand, wenn dort sieben Damen und drei Männer aus dem jammervollen, von der Pest heimgesuchten Florenz in einen ländlich-freien Konversationsraum fliehen, um dort gleichsam ein Erzählfestival zu veranstalten.

Die ersten drei Geschichten nehmen Sondierungen des Glaubens vor, bei denen schwierige Situationen heiter

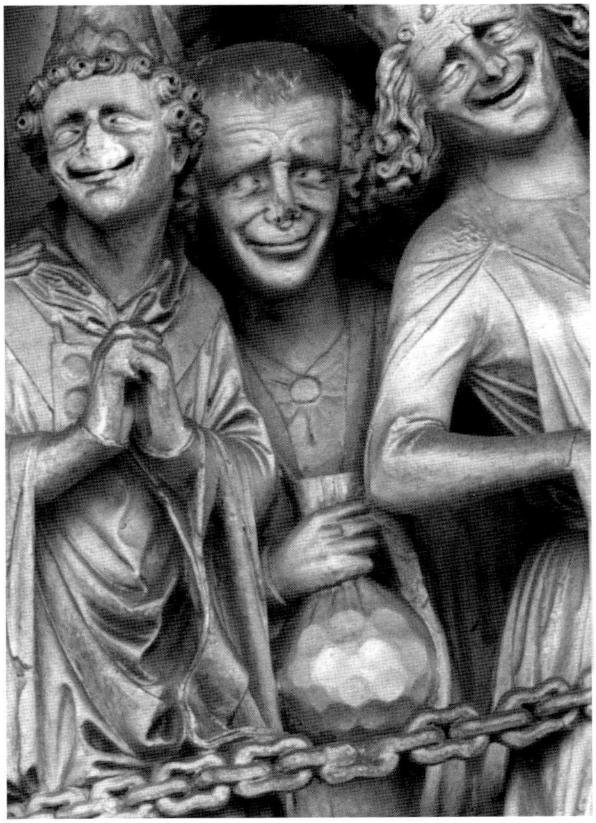

Abb. 32 ◀
Geiziger beim Jüngsten Gericht, Bamberg, Dom St. Peter und Georg, Fürstenportal, Tympanon (Detail), um 1230

Abb. 33 ▶
Dante und Beatrice vor der Himmelspforte (Paradies, XXXVII. Gesang), Dante, Divina Commedia, Venedig 1507, Mainz, Martinus-Bibliothek, Inc. 57, fol. 282v

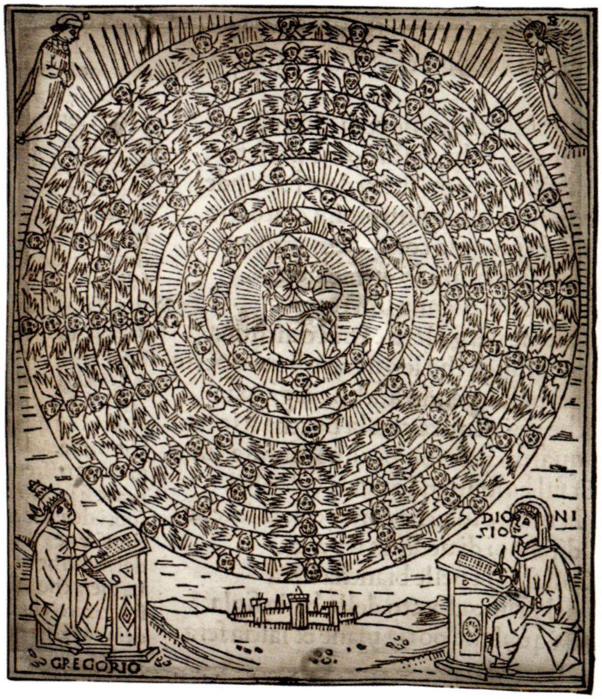

bewältigt werden. Zunächst ist es Ser Ciappelletto, der sich auf dem Sterbebett von einem Mönch eine völlig erlogene Beichte abnehmen lässt und sich durch dessen leichtgläubige Überlieferung vom üblen Betrüger in einen Heiligen verwandelt, dessen Reliquien verehrt werden. Es folgt die Episode vom Juden Abraham, der den christlichen Glauben an der Lebenspraxis der Kurie messen will und zum Christentum übertritt, gerade weil der Glaube gegen die schlimmen Taten seiner maßgeblichen Vertreter resistent scheint und sich weiter verbreitet. Sodann wird die Frage nach der Wahrheit der Religionen bzw. Gesetze am Gleichnis von den nachgemachten Ringen entwickelt: Drei Söhne erben vom Vater drei völlig gleich aussehende Ringe, und niemand ist mehr in der Lage, den ersten Ring zu erkennen.

Auch wenn in diesem Eingangstrio nur die erste Geschichte von den Zuhörern ausdrücklich belacht wird, sind damit wichtige Perspektiven gesetzt: Während Dante seine *Divina Commedia* noch mit einem göttlichen Transzendenzgrund umschließt und, sich dem Himmel (Abb. 33) nähernd, ein *„riso dell'universo"* zu vernehmen ist (*Paradiso* 27, V. 4f.), sind solche Jenseitsgewissheiten bei Boccaccio nicht mehr zu erkennen.[25] Er lässt zumindest Skeptiker des Monotheismus auftreten, die sich vor allem für die *conditio humana* interessieren und Alltagsfragen erörtern, aber auch dem Kirchenalltag von Täuschungen, Willkür und Aberglauben neue, reflektierte Lebensperspektiven gegenüberstellen. Man könnte diese Novellen (ital. *novella*, Neuigkeit) auch als hypothetische Fallbeispiele bezeichnen – denn als gelernter Jurist war Boccaccio damit ebenso vertraut wie mit den Techniken des gedrechselten, deduzierenden Argumentierens, die er selbst aber für lebensfern hielt. Dies zeigt seine Figur des Messer Ricciardo, der in seiner trockenen Gelehrsamkeit und seinem Paragraphen- und Kalenderdenken vergisst, dass seine junge Frau sich damit allein nicht zufriedengeben wird. Er muss sie schließlich dem Seeräuber Paganino überlassen, der sie zwar entführt hat, dessen Manneskraft sie aber so überzeugt, dass sie nach dem Tod Ricciardos gern in eine neue Eheschließung einwilligt (II, 10). Dies bringt das Auditorium in derartiges Gelächter, dass *„niemand war, dem nicht die Kinnbacken weh getan hätten"* (224) – so wie auch sonst alle heiteren Geschichten mit Lachen quittiert werden und mitunter die Figuren in den Erzählungen selbst lachen. Ziemlich frivole Dinge sind dabei möglich, unter anderem in der Geschichte von Peronella, die mit schlauen Winkelzügen ihren Mann in seinem Beisein betrügt (VII 2). Die in allen Körperdetails geschilderte Raffinesse obsiegt, während die Tolpatschigkeit des Mannes sowie seine Leichtgläubigkeit hier bestraft werden. Das Lachen der Zuhörerinnen bezieht sich auf diesen sexuellen Vorgang – ausdrücklich kommt das Körperlachen zu seinem Recht.

Solcherart sind die Liebesgeschichten Lehrstücke, haben aber auch den Selbstzweck des gehobenen Amüsements. Mehr noch: Die List ermöglicht eine grundsätzliche Wahlfreiheit des Ehepartners oder des Liebhabers, aber auch gegenteilig deren Ablehnung. So kommt es, die Tradition der Liebesprobe aufnehmend, zu einer echten Karnevalsszene in der Geschichte von Madonna Francesca, die nervtötende Liebhaber durch eine List abweist (IX, 1): Der eine Bewerber soll in das Grab eines

Gewalttäters steigen, seine Kleider anziehen und warten, der andere soll den vermeintlichen Gewalttäter, der aber sein Rivale ist, ins Haus der Francesca bringen – eine doppelte Zumutung, der sich die von Liebe vernebelten Männer unterwerfen, um nach einem „Slapstick" zum Stadtgespräch zu werden – worüber Francesca „*herzlich lacht*".[26]
Die Botschaft des Lachens lautet: Herkömmliche Tugenden lohnen sich nicht immer, Nachdenken ist gefordert, Vorurteile müssen bedacht werden, alte Konzepte und theologische Begriffe werden als nützliche Instrumente demaskiert. Umgekehrt werden Untugenden oder gar Todsünden aufgewertet – das eigenständige Urteil eines Verstandes jenseits der Kirche ist gefordert; das umsichtige Urteil im verhältnismäßigen Alltagshandeln. Und nicht nur das Lachen, sondern auch die Sexualität wird literaturfähig, noch gesteigert durch den Ehebruch, der Erfüllung garantiert und prinzipiell die Wahlfreiheit der emanzipierten Ehefrau signalisiert. Begriffe und Lebensweisen werden gleichsam zur Aufführung gebracht und in kleinen Szenen verhandelbar gemacht. Liebe, die im *Decamerone* von der Freundschaft und der geistigen Zuneigung bis zum körperlichen Vergnügen reicht, ist hier nicht mehr augustinisch als christliche Ethik formuliert, sondern als „*säkulare Religion*" entworfen.[27] Dies wird äußerst vergnüglich durchgeführt: Das kommunikative Gelächter der zehn Exilanten kündet von einer Souveränität der Urteils- und Verhaltensklugheit, die allerdings einem düsteren zeitgenössischen Horizont gegenübersteht: Die Rückkehr ins pestgeplagte Florenz steht bevor.

VOM NARRENSCHIFF ZUM LOB DER TORHEIT

1494 veröffentlicht (und zwar zur Fastnacht!), handelt es sich beim *Narrenschiff* nicht nur um einen Text, der die Narrenfigur erstmals ins Zentrum einer religionsdidaktischen Abhandlung bzw. eines Zyklus' stellt (Kat.-Nr. 49). In jedem Kapitel werden ein Bild und ein zugehöriger Text vereint. Damit wird von einer vorrangig mündlichen oder an Körperzeichen gebundenen Kultur des Mittelalters zu einer visuellen, literalen Kultur der Neuzeit gewechselt. Zudem stellt das *Narrenschiff* ein Hybrid von Flugblatt und Buch dar, das die neuen Möglichkeiten von Gutenbergs Buchdruck mit beweglichen Lettern nutzt. Die Illustrationen sind vor allem für Leseunkundige gedacht, die das Buch dadurch gleichsam in einem „Privatgottesdienst" lesen können. Auch wenn verschiedene Leserschichten geschmunzelt haben mögen, so kommt doch eigentlich niemand ungeschoren davon, denn die Schuldsprüche decken ein breites Spektrum von Fehlverhalten ab: Ungehorsam gegen Gott (Kap. 28), Sorglosigkeit (Kap. 23), alltägliche justiziable Dinge wie Betrug oder Fundunterschlagung (Kap. 53); Hochmut (Kap. 92) und Übermut (Kap. 45); Geldgier (Kap. 83); Spielsucht (Kap. 77); Selbstvergessenheit (Kap. 58); körperliche Liebe im Übermaß (Kap. 50, 62), übertriebenes Liebeswerben (Kap. 13) sowie Ehebruch (Kap. 33); grobe Tischsitten (Kap. 110), Völlerei und Prasserei (Kap. 16), Zwietracht sähen (Kap. 7) und derlei große und kleine Untugenden mehr. Bei allen großen und kleinen Sünden läuft im Hintergrund der Todsündenkatalog mit, wird aber in den zeitgenössischen Alltag hinein erweitert und entschärft. Denn was passiert mit den Narren? Sie werden ins Zelt geladen oder aufs Schiff zitiert, mit dem sie dann Narragonien, das auch als das *Schlauraffen landt* bezeichnet wird, ansteuern werden. Gelegenheit zur Besserung wird ihnen schon durch die Buchlektüre gegeben, die zur „*erfolgung der wyßheit / vernunfft / und gueter sytten*"[28], also zur Selbsterkenntnis durch den Spiegelblick anhalten soll. Das Ende ist keinesfalls schlimm, wie man der nachgetragenen ‚Verwahrung' entnehmen kann: Das Schiff fährt im Namen Gottes (vielleicht eine neue Arche als Rettungsboot), und Brant rechnet sich schlicht selbst unter die Narren (Z. 40) – was der umfassenden Geste des Erasmus von Rotterdam, das Narrentum als *conditio humana* zu nehmen, schon nahekommt. Dessen 1509 geschriebenes, 1511 veröffentlichtes und danach vielfach überarbeitetes *Lob der Torheit* (*Moriae encomium,* Kat.-Nr. 51) bildet Höhe- und Schlusspunkt des säkularen Lachens im Mittelalters, oder, was mit gleichem Recht zu sagen wäre, dessen neuzeitlichen Beginn. Denn Erasmus überwindet, ganz im Geist des *Decamerone*, die noch christlich-moralische Grundhaltung von

Abb. 34 ►
Von vil schwetzen, Sebastian Brant, Das Narrenschiff, Basel 1509, Mainz, Martinus-Bibliothek, Inc. 484, fol. 26

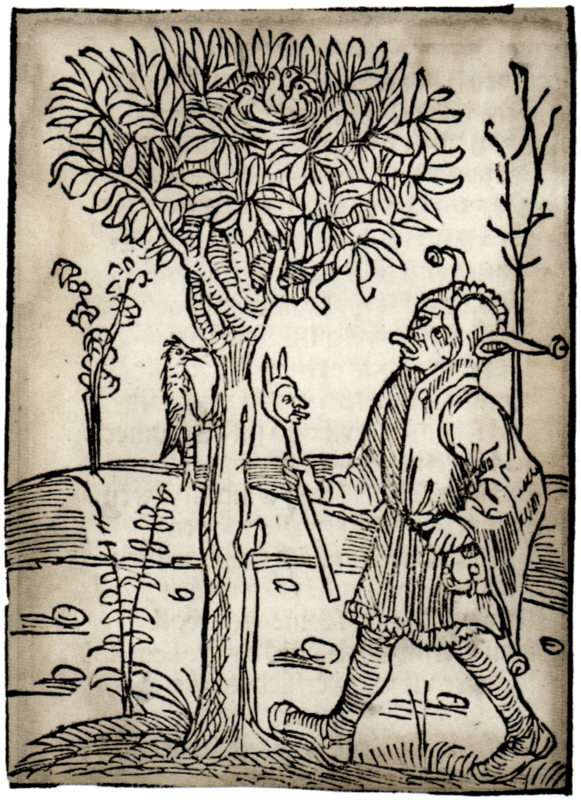

Brants spätmittelalterlichem *Narrenschiff.* Endgültig wird mit dem *Lob der Torheit* eine Wende vollzogen: Bisher war der Narr, am Hof und bei Festen gern gesehen, ansonsten aber nur ausnahmsweise geduldet. Nun wird er vollständig gesellschaftsfähig. Karnevalesk ist bereits die Redesituation des Textes: Der Autor schickt die personifizierte Torheit (*Stultitia/Moria*) als Ich-Erzähler auf die Rampe und nutzt die theatrale Maskierung zum Aufbau aller nur denkbaren Spielräume des Menschen, ganz im Sinne einer modernen Anthropologie. Denn anders als Brant bezeichnet Erasmus die Narrheit geradewegs als *conditio humana.* Er verwendet allen argumentativen Scharfsinn darauf, Eigenliebe, Schmeichelei, Vergessen, Trägheit, Vergnügen, Wahnsinn, Ergötzen oder Ausgelassenheit angenehm zu machen, und letztlich ist dabei ein sehr grundlegendes Argument hilfreich: Alle Narreneigenschaften werden dem Leben selbst zugeschrieben, zu diesem gehöre das Vergnügen, dem nicht einmal die Stoiker entsagt hätten.

Ein Ideal des goldenen, wissenschafts- und kunstlosen Zeitalters wird ebenso beschworen wie dasjenige der Kindlichkeit, das der von Sebastian Brant beschworenen Geschwätzigkeit (Abb. 34) der Alten in seiner Ziellosigkeit entspricht und zugleich als Anti-Aging-Programm gegen jede Griesgrämigkeit des Alterns empfohlen wird (16f.)[29]. Auch sei der Narr erfolgreicher: Er *„greift einfach zu, schlägt sich mit den Dingen herum und gewinnt dabei die – wenn ich mich nicht täusche – wahre Klugheit“* (33). Narrheit ist geradezu ein Gegengift zur verstaubten Gelehrtheit und Lebensferne. Daraus ergibt sich ein Katalog von Tugenden, die der Narrheit zugewiesen werden: Sie sei wahrhaftig und frei von Verstellung (9), und die Lebenseinstellung der ‚Blöden‘ ist hier (wie noch weit bis ins 18. Jahrhundert) positiv gemeint: *„Rechne dazu, daß sie selbst nicht nur ständig froh sind, scherzen, singen und lachen, sondern auch, wo sie nur auftauchen, Vergnügen, Scherz, Spielen und Lachen verbreiten. Sie scheinen von der Gnade der Götter eigens dazu bestimmt, die Trübseligkeit des menschlichen Daseins zu verklären“* (44).

In folgenden Figurationen kann die Narrheit statthaben: Kaufleute, Schauspieler, Sänger, Redner, Professoren, Philosophen, Würfelspieler, Liebhaber und Liebestolle, Adelstitelerwerber, Ablasskäufer und andere Abergläubische – wie überhaupt das ganze Leben *„auf Schritt und Tritt von solchem Aberwitz“* wimmelt (53). Allerdings wird das Narrenkonzept auch als kritischer Spiegel genutzt. In scharfen Pointen werden die nur Gelehrsamen, die Schriftgelehrten, die selbstgenügsamen Wissenschaftler und die Dogmatiker jeder Couleur vorgeführt, all jene trockenen Pedanten einer abstrakten Richtigkeit des turmhohen Überblicks, der jedoch lebensfern wird. Und in Erasmus' Staats- und Fürstenschelte findet sich der scharf formulierte Vorwurf, dass die persönliche Vorteilssuche das öffentliche Wohl beherrscht, wofür auch die servilen Höflinge als Negativbeispiel einstehen. Und über die Ungeheuerlichkeit der Kriegsführung gelangt Erasmus bis zum Papsttum, dessen Tun sich hierin erschöpfe (90). Am Ende reiht Erasmus selbst Christus hier ein: Jesus selbst habe sich den Narren, die ja als Menschen identifiziert werden, gleichgemacht, oder sich metaphorisch als ‚Lamm' bezeichnen lassen. Höhepunkt der Argumentation ist denn auch ein Bibelschluss, wonach Christi Menschwerdung eine Art Torheit sei (104).

Dass die Aufnahme des *Lobes der Torheit* nicht ungeteilt war, lässt sich denken: In Paris wurde das Buch indiziert, Gegner fanden sich in etlichen Fraktionen der religiösen Orthodoxie. Zweifellos ist das auch der Grund dafür, dass Erasmus seinen Text im theatralen Gewand und unter dem Rollenschutz der *Stultitia/Moria* inszeniert und sie erst zum Schluss wieder abtreten lässt – dieser Kunstgriff des karnevalesken Deckmantels ermöglicht es, die Narrheit diskursfähig zu machen und wie nebenher ein Manifest zu schreiben, ohne selbst anklagbar zu sein. Die Komposition der Argumente – ihrerseits den Anfängen des bildkünstlerischen Manierismus verwandt – nötigen in ihrer Heterogenität, der hundertfach zitierten antiken Mythologie sowie der Schilderung der krudesten Alltagserscheinungen auch dem heutigen Leser zumindest ein Schmunzeln ab, womit die aristotelisch ausgeglichene Mitte der Regungen angestrebt (108) und das unbeständige Rad der Fortuna, das auch vor dem Narren nicht halt macht, domestiziert wird (Abb. 35). Torheit, Narrheit und Spiel werden im Vergleich zu anderen literarischen Zeugnissen neu bewertet, womit auch das Lachen vollends literatur-, wissenschafts- und hoffähig gemacht wird. Die Folgen dessen können nicht hoch genug angesetzt werden, sowohl in der komischen oder grotesken Literatur des Manierismus (etwa bei Shakespeare, in Ariosts *Orlando Furioso* oder in Cervantes *Don Quijote*) als auch in Thomas Morus' *Utopia* (1516) mit ihrem Mut zur Erfindung und phantasiereichen Gestaltung sozialer Gegenwelten. Dies aber wäre eine weitere Geschichte.

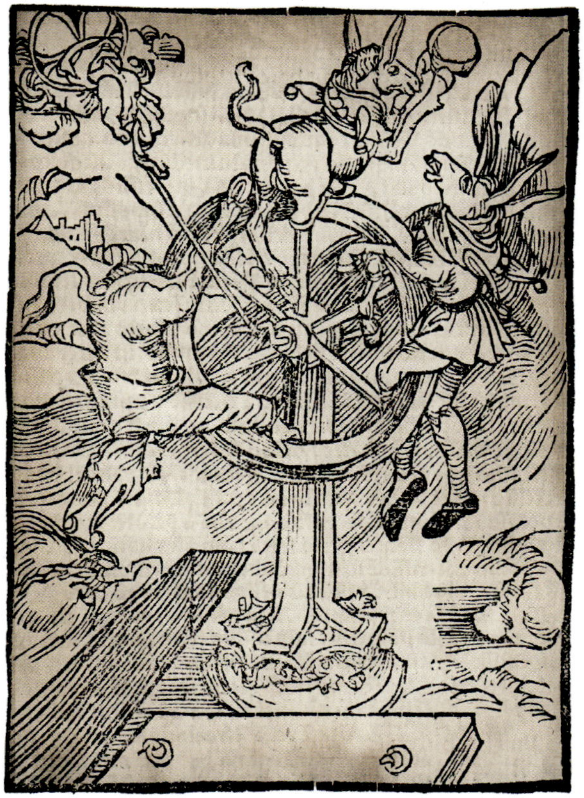

Abb. 35 ◀ Närrisches Rad der Fortuna, Geiler von Kaysersberg, Navicula sive speculum fatuorum, Straßburg 1510, Mainz, Martinus-Bibliothek, Inc. 509, Kap. 12

1 Bachtin 1987, S. 52. 2 Bachtin 1987, S. 59. 3 So das große, aber auch späte Beispiel von Bachtin 1987, S. 194 bzw. S. 53, nämlich Rabelais' *Gargantua und Pantagruel* (Bd. 1–5, 1532–64). 4 So führt Grebe 2005, S. 9ff. das „*Argument eines therapeutischen Nutzens der Zügellosigkeit*" an. 5 Zur Geschichte der *joca monachorum* vgl. Brunhölzl 1975, S. 147ff., 527ff. 6 Curtius 1948, S. 430. 7 Vgl. Le Goff 2004, S. 18ff. 8 Vgl. Le Goff 2004, S. 40. 9 Vgl. Le Goff 2004, S. 21. 10 Vgl. Bumke 1986, Bd. 1, S. 301–317 (bes. S. 315f.), Bd. 2, S. 691ff. 11 Vgl. Seeber 2010. 12 Mit ausführlichen Hinweisen Schnell 2010. 13 Dutli 2010. 14 „*Fourmage de laine / Porte une semaine / A la Saint Remi, / et une quintaine / Couroit parmi Saine / Sor pet et demi; / Li siecles parti parmi. / Uns suirons sainiez de vaine / Leur dit: ‚Par l'ame de mi, / J'ai repost un mui d'avaine / Dedenz le cul d'une fremi*'", zit. nach Dutli 2010, S. 8. 15 Vgl. Dutli 2010, S. 125, 132f., der geradezu auf Rap- und Slam-Poetry-Qualitäten der Fatrasien hinweist und ihre geschichtliche Entwicklung nachzeichnet. 16 Grund 2005, S. 70. 17 Grund 2005, S. VIIIf., XI. 18 Grund 2005, S. 128. 19 Widmung an Toscanelli, zit. nach Alberti 1993, S. XI. 20 Vgl. Röcke 1999. 21 Schnell 2010, S. 48. 22 Röcke/Velten 2005. 23 Vgl. die Erzählungen 17, 27, 28, 29 und 31. 24 Brant, *Das Narren Schyff*, Kap. 60, zit. nach Lemmer 2004, S. 147. 25 Dazu ausführlich Flasch 2004, S. 205. 26 Boccaccio 1999, S. 776. 27 Flasch 2004, S. 184, vgl. auch S. 169 u. passim. 28 *Vorrede*; Brant, *Das Narren Schyff*, zit. nach Lemmer 2004, S. 3. 29 Diese und die nachfolgenden Zahlen verweisen auf die entsprechenden Seiten in Erasmus 2010.

MONIKA E. MÜLLER

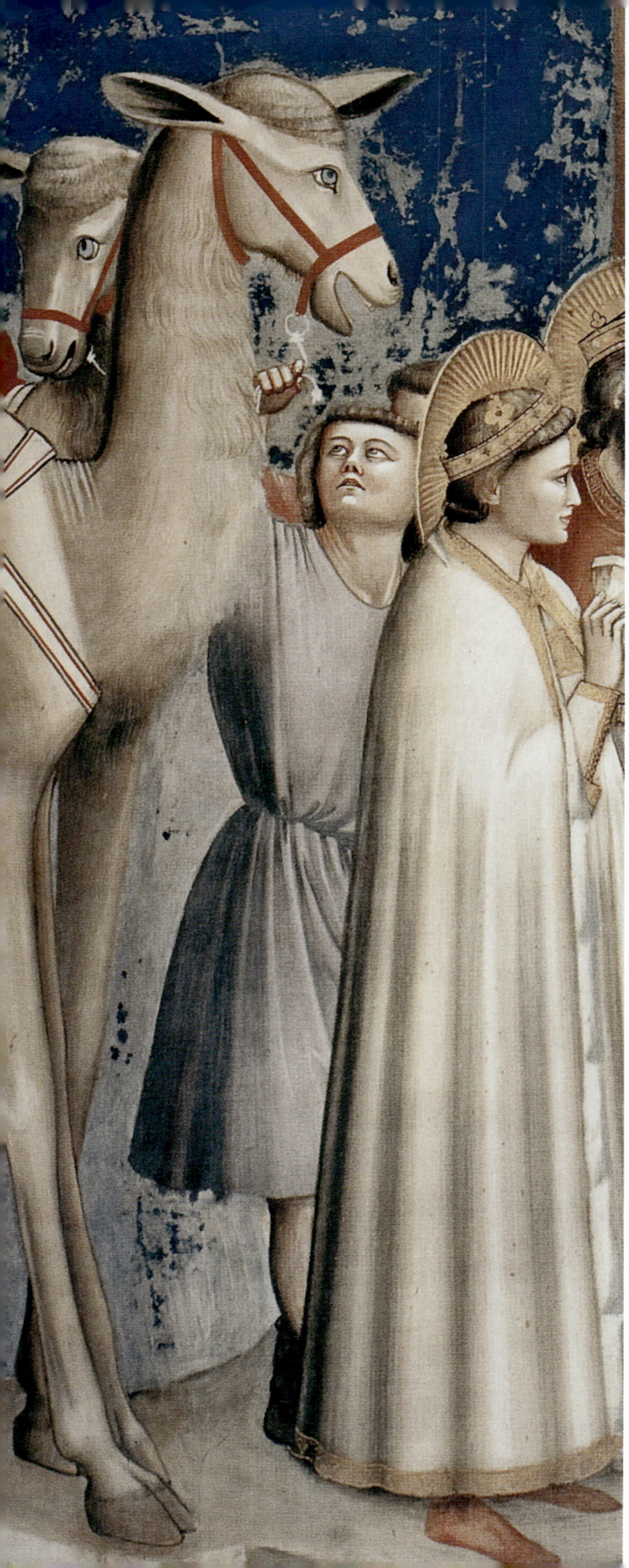

DAS LACHEN IST DEM MENSCHEN EIGEN ...
SEINE DARSTELLUNG IN DER KUNST DES MITTELALTERS

Abb. 36 ◄
Lachendes Kamel, Giotto di Bondone, Die Anbetung der heiligen drei Könige (Detail), Padua, Cappella degli Scrovegni, Südwand, um 1303/07

Ein lachendes Kamel, das zusammen mit den Magiern aus dem Morgenland freudig dem neugeborenen Christkind huldigt (Abb. 36)?[1] Hatte nicht Aristoteles, der große Philosoph der Antike, der auch für mittelalterliche Gelehrte maßgeblich war, das Lachen als Proprium und Eigenart des Menschen bezeichnet?[2] Bereits der Kirchenvater Laktanz (um 250–320) schränkte dieses Diktum durch seine Beschreibung der tierischen Heiterkeit ein: *„[...] und dennoch sehen wir bei Tieren bestimmte Zeichen der Freude, wenn sie mit den Ohren spielen, das Maul spitzen, die Augen schäkernd aufreißen und eine heiter-glatte Stirn zeigen [...]“*.[3] Auch in der Bibel, bei den Kirchenvätern, in der Spiritualität der Franziskaner oder in der Volksfrömmigkeit war die Vorstellung von der Auffassungsgabe und Fähigkeit der Tiere zur Gotterkenntnis greifbar.[4] Ganz in diesem Sinne dienen Ochs und Esel in der Geburtsszene Jesu seit dem 12. Jahrhundert häufig dem bildlichen Ausdruck der Freude über die Ankunft des Messias.[5] Giotto di Bondone (1266–1337), der toskanische Maler und famose Schöpfer des Kamels, konterkarierte demnach zu Beginn des 14. Jahrhunderts in den Fresken der Familien- und Grabkapelle der Paduaner Kaufmannsfamilie Scrovegni nur bedingt diese maßgeblich gewordene Auffassung des Aristoteles. In Kunst, Theologie und Religiosität war sie bereits vor seiner Zeit so manches Mal hintangestellt worden. Und dennoch – die Darstellung lachender Tiere war im Mittelalter keineswegs üblich. Generell zauberten Künstler ihren Figuren das Lachen in jener Zeit nicht nur nach Lust und Laune oder gar passend zur heiteren Erzählung auf die Gesichter. Giotto verlieh seinen biblischen Figuren und Madonnen zwar individuell anmutende Gesichter. Jedoch eignet ihnen ähnlich wie in der Kunst seiner Vorgänger noch ein deutlich typenhafter Zug.[6] Lachen ließ Giotto seine Figuren kaum, selbst nicht die zuweilen anekdotenhaft ins Bild aufgenommenen Kinder. Die Darstellung von Emotionen wie Freude, Trauer und Angst[7] mit Hilfe der Mimik ist ein Verdienst der hellenistischen Plastik – die Laokoon-Gruppe des Vatikans, eine römische Kopie des im 2. Jahrhundert v. Chr. gefertigten griechischen Originals,[8] gibt auf überragende Weise Zeugnis davon (Abb. 37). Auch die Lehre von einem Zusammenhang zwischen den Gesichtszügen und dem Wesen eines Menschen ist eine Errungenschaft der griechischen Antike und des arabischen Kulturraumes. Physiognomie ist nach Aristoteles nur möglich, wenn man akzeptiert, dass Gefühle sowohl Körper als auch Seele verändern und wenn man weiter zugibt, dass jedes Gefühl durch besondere Zeichen auf dem Gesicht widergespiegelt wird.[9] Beides war im lateinischen Westen vor dem 12. Jahrhundert weitgehend unbekannt bzw. keinesfalls Gegenstand ausgedehnter Reflexionen. Welche Figuren wurden im Mittelalter überhaupt lachend dargestellt?

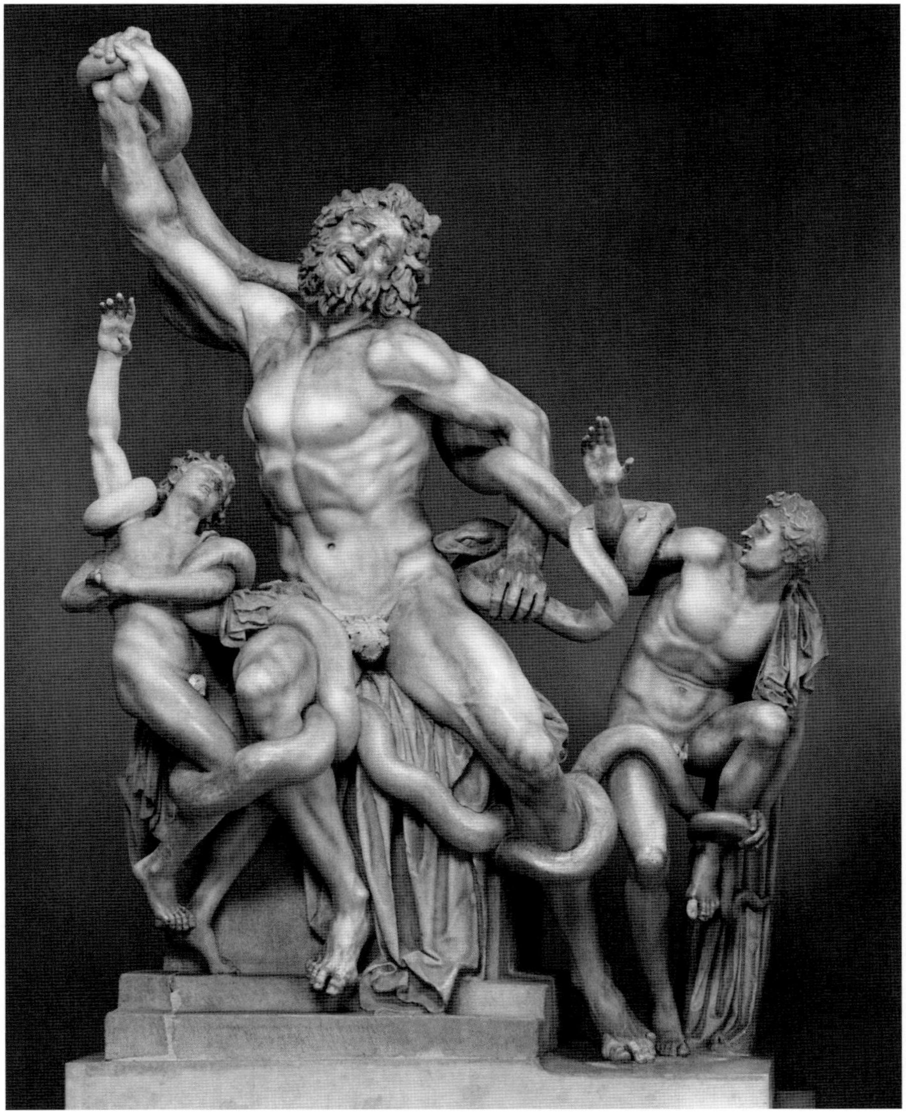

Abb. 37 ▲
Laokoon-Gruppe, römische Kopie des 1. Jh. n. Chr. nach einer hellenistischen Skulptur des 2. Jh. v. Chr., Rom, Vatikanische Sammlungen

KAUM EINE REGUNG IM GESICHT

Ein Blick auf die Miniatur des Weltgerichts in der sog. Bamberger Apokalypse (Abb. 38) – einer kostbar illuminierten Handschrift, die um 1001/2 in einem Skriptorium des Bodenseeklosters Reichenau vollendet wurde[10] und hier als Beispiel für die Kunst des früheren Mittelalters dient – könnte zu dem Schluss führen: Gelacht wurde damals nicht. Im unteren Bildregister der Bamberger Miniatur, in dem die vom Tod Auferstandenen angesichts des Weltenrichters in Auserwählte und Verdammte geschieden und ins Paradies bzw. die Hölle geführt werden, zeichnet sich kaum eine Gefühlsregung auf den Gesichtern ab. Kein Anflug von beseeltem Lächeln und auch kein Weinen und Wehklagen, sieht man einmal von der kaum sichtbaren, im Gestus von Verzweiflung und Trauer[11] an die Wange gelegten Hand eines der Verdammten ab. In den vor allem in Handschriften des 9.–11. Jahrhunderts illustrierten Komödien des römischen Dichters Terenz haben sich zwar keine Zeichnungen erhalten, in denen

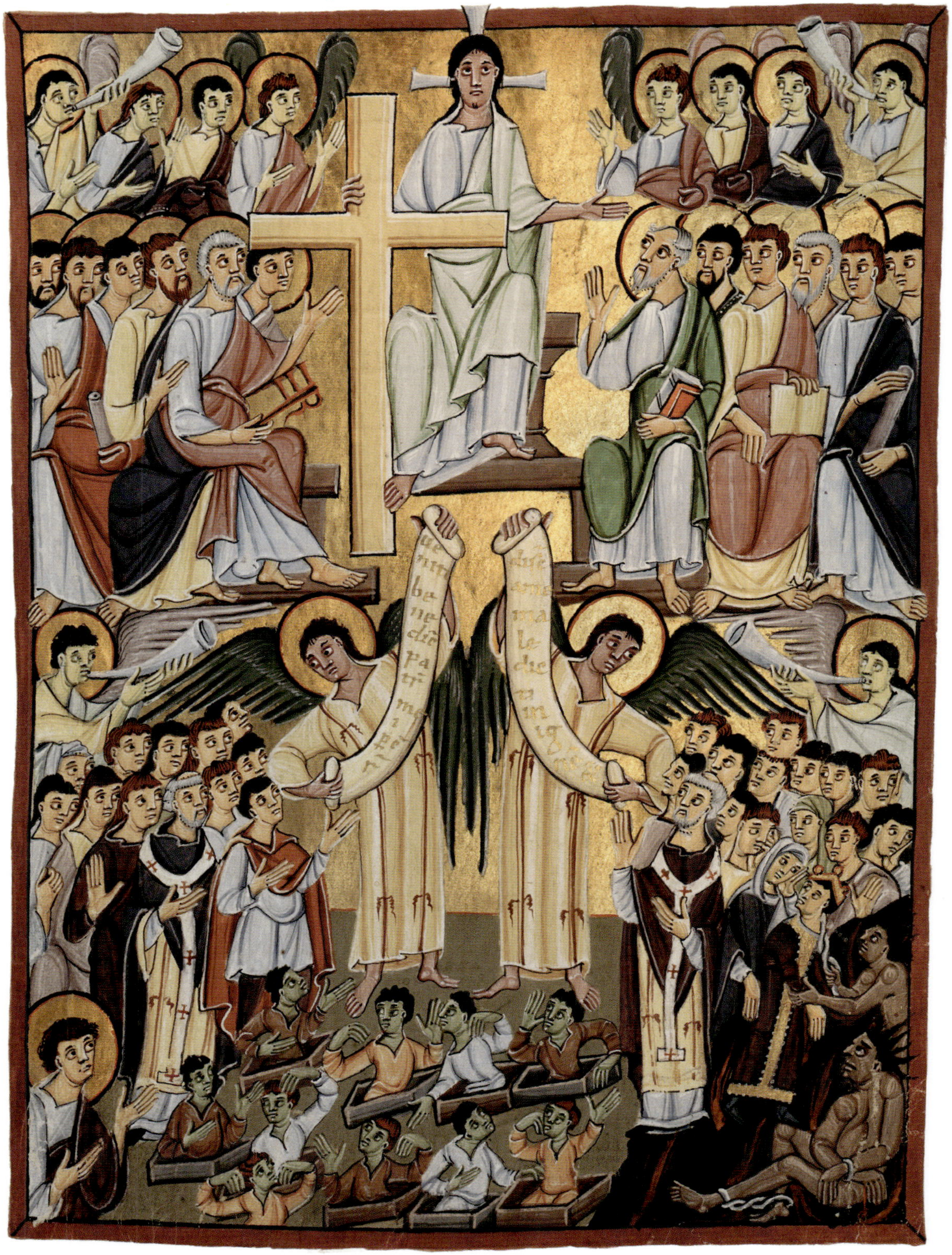

Abb. 38 ►
Das Jüngste Gericht,
Bamberger Apokalypse,
um 1000, Bamberg,
Staatsbibliothek,
Msc. bibl. 140, fol. 53r

Figuren eindeutig lachen würden (Abb. 39). Doch stellen sie ein treffliches Beispiel für die Vermittlung antiker Formen und Ausdrucksweisen in der mittelalterlichen Kunst dar. Die Komödianten tragen in allen Szenen römische Masken. Durch ihre unterschiedlich große Mundöffnung und die differenzierten Gesichtszüge wurden über größere Distanzen Emotionen, aber auch das Alter und der soziale Status der Akteure verdeutlicht.[12] Frauen trugen durchweg Masken mit feineren Gesichtszügen, Sklaven, Diener und Angehörige niederer gesellschaftlicher Schichten solche mit großen und wulstigen Mundöffnungen. Gefühlsregungen wie Erregung, Trauer, Erschrecken oder Wut wurden vor allem durch Gestik und Körperhaltung zum Ausdruck gebracht. Art und Intensität des Gestikulierens lassen auf den sozialen Status der Figur schließen.[13]

Mit Hilfe dieser nach antiken Vorbildern illustrierten Komödien lässt sich unschwer nachvollziehen, dass die Masken als Vorlage für die Veranschaulichung von Freude und Verzweiflung auch unter Bildhauern des frühen 12. Jahrhunderts bekannt gewesen sein müssen – sei es durch direkte Anschauung antiker Originale, nicht erhaltene Musterbücher oder die Kenntnis buchmalerischer Vorlagen. Anders kann man sich die Gestaltung der Verdammten und auch der zaghaft lächelnden Auferstandenen in der von antiken Vorlagen beeinflussten Portalskulptur von Saint-Lazare in Autun (um 1130–1145) (Abb. 40)[14] nicht vorstellen. Sie gehören in diesem Zusammenhang zu den frühesten Darstellungen des Lächelns in der mittelalterlichen Kunst überhaupt. Auch die Verdammten und die Teufel im Weltgerichtstympanon der Pilgerkirche Sainte-Foy in Conques-en-Rouergue (um 1130–1140) (Abb. 41)[15] verraten durch ihre maskenhaft verzerrte Mimik und die wulstigen Lippen die Aufnahme solcher Maskenmotive. Ungeachtet dieser ersten Versuche ist grundsätzlich vor dem 12. Jahrhundert kaum einmal mit der Illustration von Gefühlsregungen in mimischer Form zu rechnen. Auszunehmen sind Motive wie die Teufel und Monster oder Bildthemen wie die Verzweiflung der Verdammten und die biblische Klage der Mütter über die Ermordung ihrer unschuldigen Kinder. In diesem Zusammenhang zeigen Figuren häufig auf der Grundlage antiker Modelle emotionalisierte Gesichtszüge oder mittels Pathosformeln und Gesten eine entsprechende Körpersprache.[16]

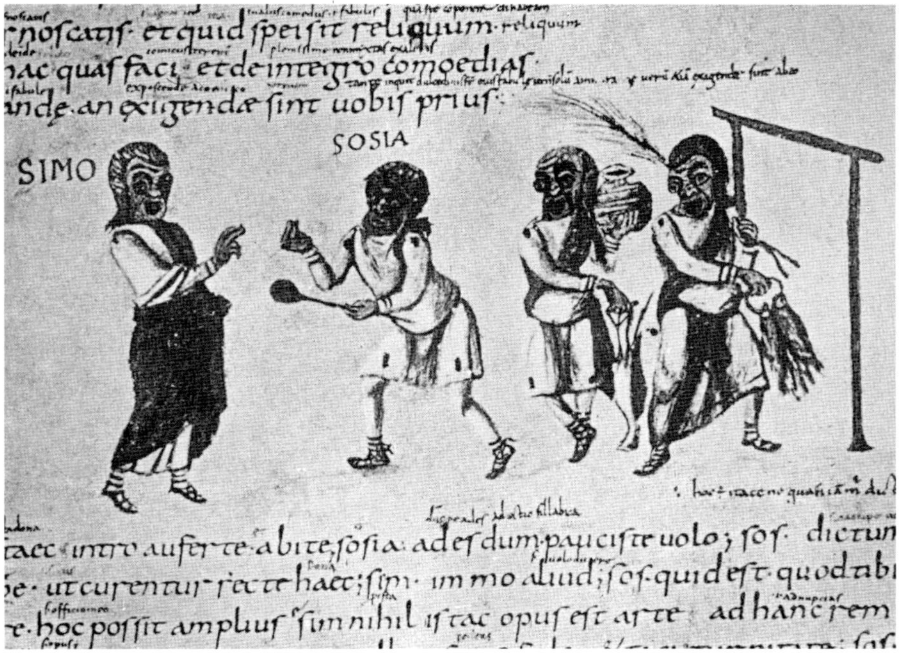

Abb. 39 ▲
Komödienschauspieler, Illustration zum Prolog der Komödie Andria des Terenz, um 825, Città del Vaticano, Biblioteca Apostolica Vaticana, Cod. Vat. Lat. 3868, fol. 4v

GEISTESGESCHICHTLICHER HINTERGRUND

Ein möglicher Ansatz zur Erklärung dieses Phänomens findet sich bei der im Laufe der Jahrhunderte unterschiedlich ausfallenden kulturgeschichtlichen Bewertung des Lachens. Im frühen Mittelalter, d.h. in der Zeit vom 4. bis zum 10. Jahrhundert, wurde das Lachen sehr negativ gesehen und weitgehend unterdrückt.[17] Zahlreiche Äußerungen griechischer und lateinischer Kirchenväter sind in diesem Sinne überliefert, darunter von Clemens von Alexandrien, Basilius dem Großen, Hieronymus, Augustinus oder Papst Gregor dem Großen. Ihre Ansichten wurden über Jahrhunderte hinweg als Richtschnur für die Bewertung des Lachens in intellektuellen Kreisen und der Kirche angesehen. Auch in den Ordensregeln jener Zeit, der Magisterregel und der Benediktsregel und den zugehörigen Kommentarwerken, ist nicht nur die Aufforderung zur Zurückhaltung und zum Maßhalten beim Lachen oder seine Geringschätzung vorherrschend, sondern zudem ausdrücklich das Verbot von albernem, zum Lachen reizenden Geschwätz. In der christlich-intellektuellen Kultur herrschte in frühmittelalterlicher Zeit eine positive Bewertung desjenigen Menschen und vor allem des Mönchs vor, der weint und auf Erden mit zerknirschtem und demütigem Herzen Gott dient.[18] Auch die Darstellung des Weinens war allerdings auf die wenigen besagten Bildthemen und auf die Wiedergabe von maskenartig verzweifelten Gesichtszügen oder Trauergestik beschränkt. Häufig genug – dies sei hier nochmals betont – fehlt jegliche äußerlich sichtbare Andeutung der inneren Verfasstheit. Die Lächelnden von Autun stellen offensichtlich eine Ausnahme bzw. eine Neuerung dar. Sie gehören zur Gruppe der eben erst Auferstandenen und lächeln dennoch bereits vor dem Gericht. Im mindesten Fall handelt es sich deshalb um eine vom Johannesevangelium (Joh 5,24-28) beeinflusste Gestaltung, demzufolge die Guten zum Leben, die Bösen jedoch zum Weltgericht auferstehen. Auch Gregor der Gregor unterschied in seinen *Moralia in Iob* vier Gruppen beim Weltgericht, darunter zwei, die nicht gerichtet, sondern von vornherein entweder auserwählt oder bereits gerichtet sind. Otto Karl Werckmeister zufolge ist jedoch bei dieser neuartigen Gestaltung wahrscheinlich auch von einem Einfluss der Totenliturgie auszugehen, in der um die Auferstehung mit den Auserwählten gebetet und das

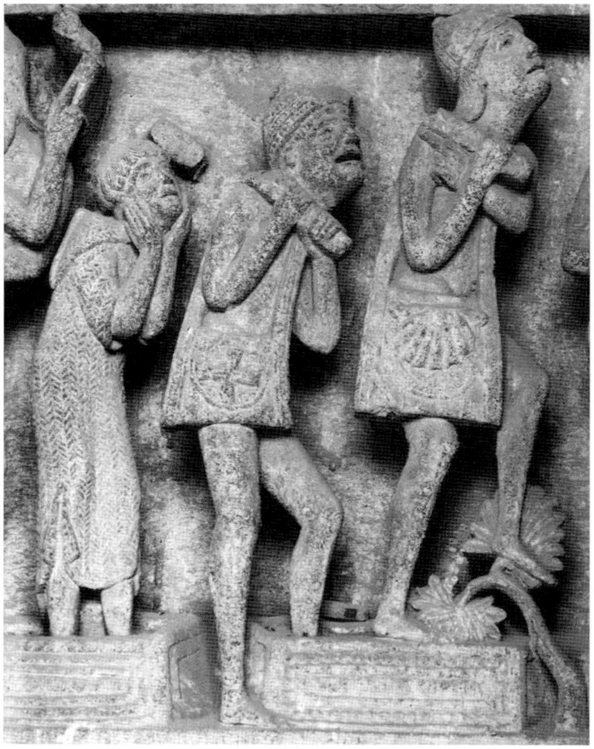

Abb. 40 ►
Gisbertus, Auferstehender Mönch und zwei Pilger beim Jüngsten Gericht, Autun, St. Lazare, Westportal, 1130/45

Frohlocken über das zukünftige Heil ausgesprochen wurde.[19] Wichtige Gründe für das Nichtdarstellen des Lachens sind vor allem in der allgemeinen kultur- und geistesgeschichtlichen Situation der Zeit zu suchen. Eine theoretische Auseinandersetzung, wie sie für das späte 12. und vor allem das 13. Jahrhundert bekannt ist, fand zur Ausführungszeit der Weltgerichtsportale von Autun und Conques kaum statt. Hugo von St. Viktor († 1141) gilt als einer der ersten, der das in diesem Zusammenhang relevante Wissen und die Normen seiner Zeit in seinem vor 1141 geschriebenen „Leitfaden“ zur Ausbildung der Novizen (*De institutione novitiorum*) bündelte. Ihm zufolge kommen am Körperäußeren die Bewegungen der Seele zum Ausdruck, die Zucht von Körper und Körpergliedern ersticke die zügellosen Bewegungen der Seele und unerlaubten Gelüste. In allem, auch bei den Gesten, gelte es Maß zu halten und die Gesichtszüge zu kontrollieren. Ausführlicher als der karolingische Gelehrte Alkuin fordert Hugo, dass zu starke Verzerrungen der Augenbrauen oder des Mundes

Abb. 41 ▼
Grinsender Teufel und Engel Michael als Seelenwäger, Conques, Klosterkirche Sainte-Foy, Weltgerichtsportal, um 1130/40

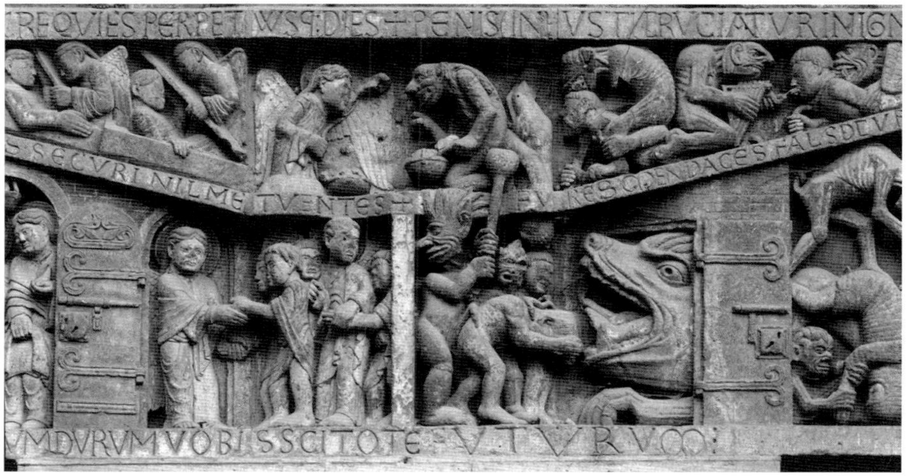

oder gar das Zeigen der Zähne zu meiden seien. Die Einhaltung der Verhaltensnormen sind für ihn Teil des Weges zur ewigen Glückseligkeit.[20] Dass bis zum frühen 12. Jahrhundert die Veranschaulichung emotionaler Befindlichkeit in der Kunst kaum eine Rolle spielte, verwundert deshalb kaum.

BELEBTE UND LACHENDE GESICHTER

Anfang des 13. Jahrhunderts traten deutliche Veränderungen bei der künstlerischen Wiedergabe des Gesichts auf. Ein prominentes Beispiel sind hierzulande die Propheten der nördlichen Chorschranke des Bamberger Doms (Abb. 42). Wie Robert Suckale trefflich bemerkte, wurde nun zum ersten Mal das Besondere religiöser Erfahrung und ihrer Wirkung auf Psyche und Charakter des Menschen gestaltet, das Seherische, das bis zur Verbohrtheit Grüblerische, die Verzückung, der heilige Zorn.[21] Die Bildhauer bewerkstelligten dies keineswegs nur mit Hilfe stark aus der Mittelachse verdrehter, fast schon verrenkter Körper oder mit Hilfe der voller Pathos geschwungenen Stoffbahnen der Kleidung. Vielmehr zeigen die Propheten Jonas (links) und Hosea (rechts) auf ihren Gesichtern eine Spannung und eine lebhafte Mimik, welche der dargestellten Situation eines regen Dialogs entspricht. Möglicherweise ist bereits hier die Quelle für die in der Skulptur des deutschen Kulturraums innovative Darstellungsweise nicht nur in der süddeutschen Buchmalerei, sondern auch bei antiken Vorlagen zu suchen.[22]

Generell diente die antike Skulptur tatsächlich als Inspirationsquelle für diese neuen künstlerischen Ausdrucksformen, durch die Figuren mit individuell anmutenden oder auch lächelnden Gesichtszügen auszustatten waren. Aufgenommen wurden sie in der figürlichen Plastik des 12. und besonders des frühen 13. Jahrhunderts zunächst vor allem von den Meistern, welche den Skulpturenschmuck der Kathedralen in Chartres, Reims, Amiens und Paris ausführten.[23] Dies muss auch aus eigener Anschauung antiker Kunstwerke möglich gewesen sein.[24] Anders sind zum Beispiel die engen stilistischen Bezüge der Reimser Bauplastik, darunter auch die sogenannten Reimser Masken, zum vermeintlichen Sarkophag des christlichen Märtyrers Jovinus kaum zu erklären, bei dem es sich tatsächlich um einen stadtrömischen Sarkophag des 3. Jahrhunderts handelt.[25]

Auch die um 1225 am Fürstenportal des Bamberger Doms verwirklichten Figuren sind von der französischen Kathedralplastik in Reims geprägt.[26] Unschwer lässt sich erkennen, dass jetzt der Stellenwert des Lachens ein anderer geworden ist. Die beim Weltgericht Auserwählten, denen der Einzug ins Paradies bevorsteht, und auch die Auferstehenden, die eigentlich noch gar nicht wissen können, welches Urteil sie erwartet, strahlen ohne Unterschied glückselig. Die Bamberger Figuren mit ihrem heiteren Schmunzeln

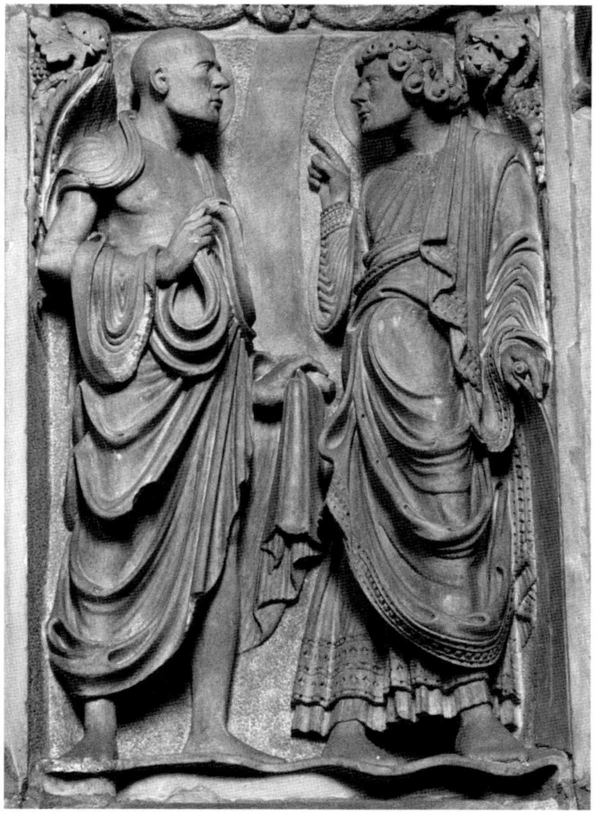

Abb. 42 ◄
Zwei Propheten (Jonas und Hosea), Bamberg, Dom, St. Peter und Georg, Ostchor, Georgenchorschranke, östlicher Teil (sog. Jonasreihe), mittlere Platte, um 1230

gehen um einige wenige Jahre den Skulpturen voraus, die der Naumburger Meister schuf. Dieser als Individuum nicht fassbare Bildhauer-Architekt und seine Equipe führten auf brillante Weise eine ganze Reihe

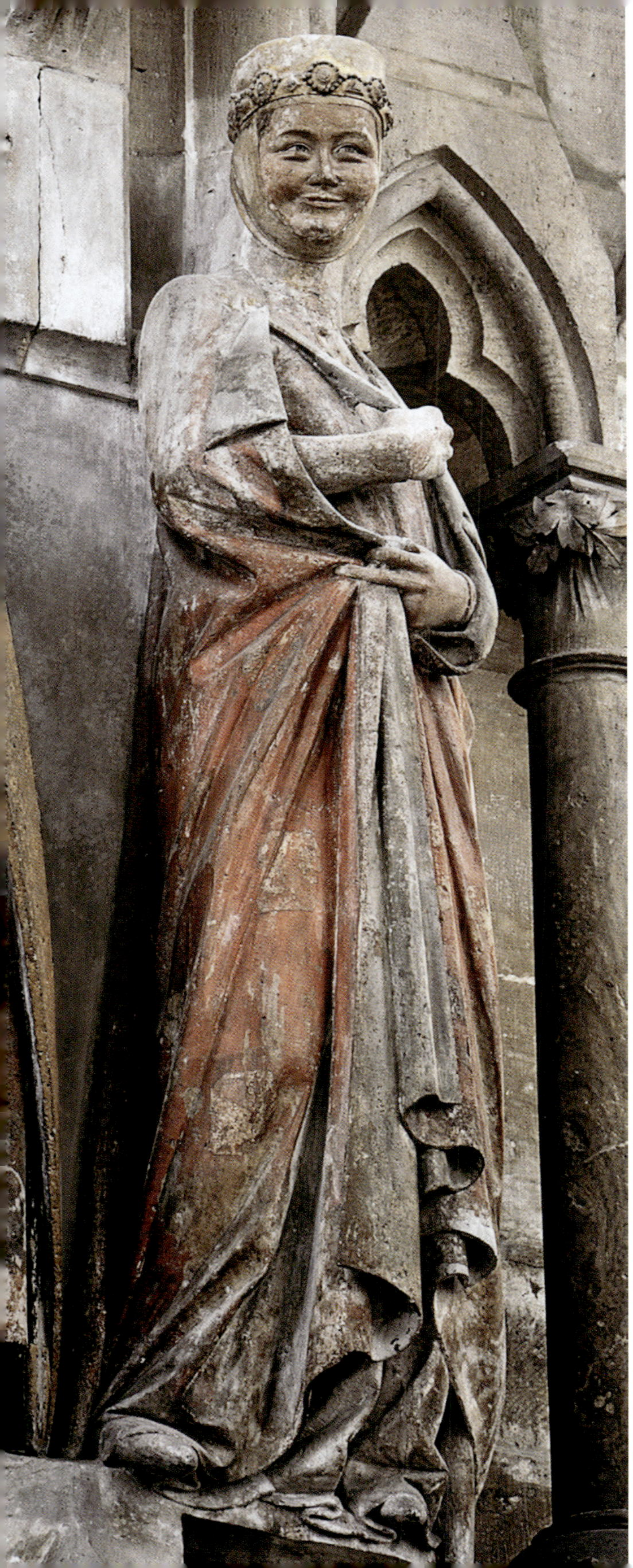

Abb. 43 ◀
Reglindis, Naumburger Meister, Naumburg, Dom, Westchor, um 1250

von Skulpturengruppen aus, die jeweils im engsten Verbund mit der Architektur stehen. Lachende haben sich vor allem unter den Auserwählten an dem nur fragmentarisch erhaltenen Westlettner des Mainzer Doms (um 1239; Kat.-Nr. 10) sowie unter den Stifterfiguren des Naumburger Westchors (zwischen 1243 und 1249; Abb. 43, 62) und im Hohen Chor des Meissner Doms (um 1249/50) erhalten. Offensichtlich ist die Schulung des Meisters und seiner Werkstatt an der in Reims, Metz und wahrscheinlich auch an der Kathedrale von Noyon und der Burg von Coucy wenige Jahre zuvor geschaffenen Bauplastik.[27] Wie aus dem Leben gegriffen wirkt nun das verschmitzte Lächeln des Mainzer Jungen, der so keck den Zug der Auserwählten in Richtung Paradies flankiert (Abb. 76). Markgräfin Reglindis (um 989–1016) wurde über 200 Jahre nach ihrem Tod unter den berühmten Stifterfiguren des Naumburger Domes mit einem Lächeln dargestellt (Abb. 43), das zwar stereotyp-unverbindliche Züge aufweist, jedoch den geltenden höfischen Normen entsprach. Nicht nur die Kleidung und das sogenannte Gebende bzw. die Stoffbinde um Wangen und Kinn verweisen hierauf, sondern auch der geschlossene Mund. Das Rot ihrer Lippen wurde keineswegs in asymmetrischen Linien wie das Grinsen der Teufel verzogen, sondern in harmonischen Schwüngen zu einem Lächeln geformt. Ihr Lächeln ist einzigartig unter den Naumburger Stifterfiguren und den Gefühlslagen, die in diesem Ensemble der posthum geehrten Stifterfiguren reihum zur Darstellung kamen. Höfische Tugenden – Heiterkeit, Frömmigkeit, Mut, gerechter Zorn – die je nach Geschlecht den Damen oder Herren des Adels zugestanden und anempfohlen wurden, sind einem Fürstenspiegel gleich in Stein gemeißelt worden.[28] Dass der Meister darüber hinaus auch wie sein Reimser Vorbild (Abb. 47, 57) eine gewisse Freude am Experimentieren und an der Ausarbeitung der Gesichter mit verschiedenen emotionalen Zuständen gehabt haben muss, darf man angesichts dieser Vielfalt und der Glanzleistung gerne vermuten. Was war geschehen, dass es in der Kunst der ersten Hälfte des 13. Jahrhunderts generell zur Darstellung von Emotionen und fast schon zu einem „Siegeszug“ des Lachens kam?

GEISTESGESCHICHTLICHER HINTERGRUND

Das Aufkommen und die mannigfaltige Aufnahme dieser neuen Darstellungsformen fallen in die Hochzeit der Scholastik, als man in den intellektuellen Zentren des französischen Kronlands und besonders in Paris wichtige geistesgeschichtliche Konzepte intensiv diskutierte. Insgesamt haben Neuerungen in Gesellschaft und Wissenschaft, in religiöser Kultur und zum Teil auch in der Auffassung von der Funktion der Bilder diese künstlerische Entwicklung begünstigt bzw. überhaupt erst ermöglicht. Die Wege des Wissenstransfers und des Austauschs zwischen Gelehrten und Bildhauern, Malern und Miniatoren sind dabei meist nicht konkret bekannt. In Musterbüchern hat sich die gesteigerte Aufmerksamkeit gegenüber dem Lachen jedenfalls nicht niedergeschlagen. Gleichwohl gibt es im pragmatisch-künstlerischen Bereich erste Anzeichen für einen Umbruch und die Erweiterung des Ausdrucksrepertoires. Im ersten Viertel des 12. Jahrhunderts behandelte ein unter dem Pseudonym Theophilus Presbyter bekannter Benediktinermönch, der vielfach mit Roger von Helmarshausen gleichgesetzt wird, die Ausführung des Inkarnats und damit der farblichen Modellierung des Gesichts zum ersten Mal in der kunsttechnischen Literatur des Mittelalters.[29] In dem um 1230 entstandenen Bauhüttenbuch des Villard de Honnecourt haben sich nicht nur Architekturzeichnungen und Muster für Ornamentmotive erhalten, sondern auch mehrere Detailzeichnungen mit der geometrischen Konstruktion von menschlichen Gesichtern (Abb. 56).[30] In Gelehrtenkreisen wurde seit dem 12. und besonders dem 13. Jahrhundert verstärkt über die Würde und die Fähigkeit des Menschen zur Selbsterkenntnis sowie über den Begriff und das Wesen des Individuums und der Person nachgedacht. Vor allem bei den beiden letzten Aspekten handelt es sich um Themenbereiche, die den antiken Philosophen fremd waren.[31] Angesichts der neuartigen Gestaltung der Adamsfigur, die sich aus dem Südquerhaus der Kathedrale Notre-Dame in Paris aus der Zeit um 1260 erhalten hat (Abb. 44),[32] ist kaum vorstellbar, dass ihr Schöpfer nicht von diesen Vorstellungen beeinflusst wurde. Er schuf Adam

Abb. 44 ►
Adam, Paris, ehemals Kathedrale Notre-Dame, Südquerhaus, nach 1260, jetzt Musée National du Moyen Âge – Thermes de Cluny, Inv.-Nr. 11657

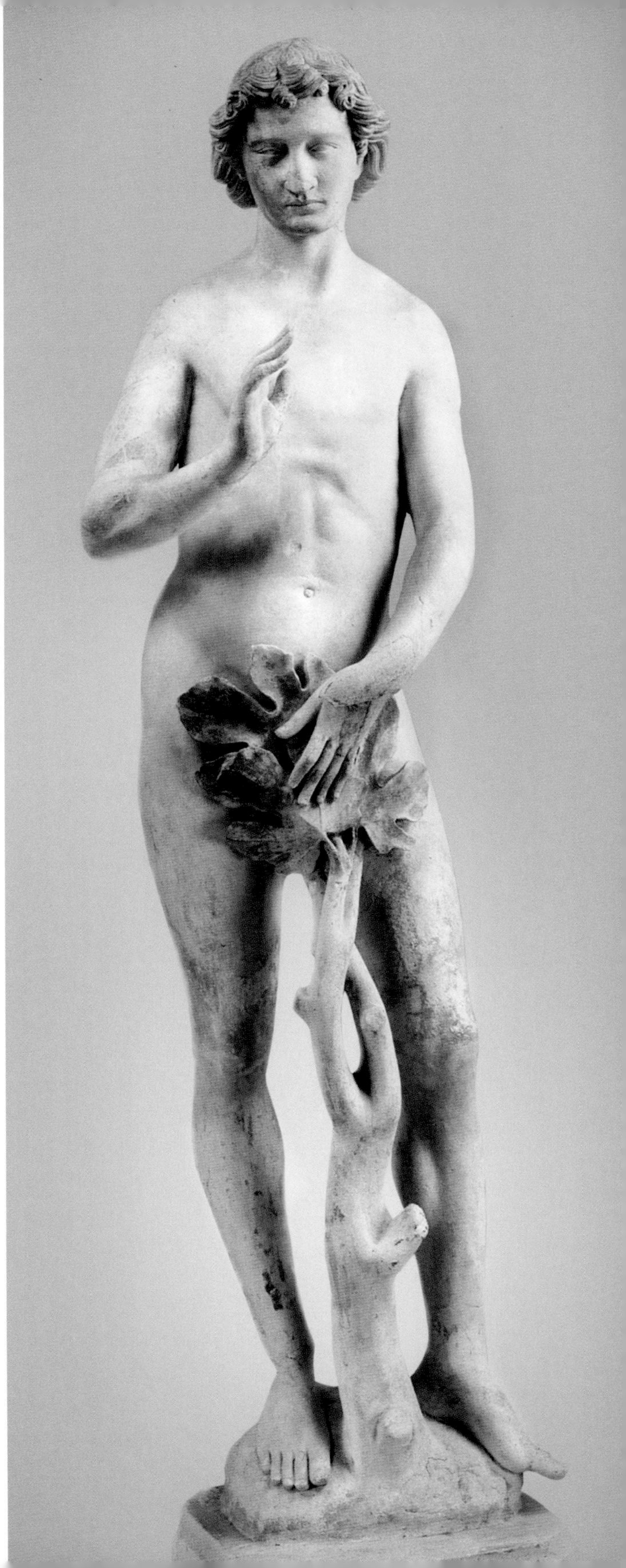

nackt, mit individuell anmutenden Gesichtszügen und im Kontrapost stehend. Allerdings war eine solche Darstellungsweise im 13. Jahrhundert beileibe nicht frei von Typisierung oder etwa mit Porträthaftigkeit gleichzusetzen,[33] selbst wenn die Gesichter nun wie auch bei den in Naumburg dargestellten Markgräfinnen Uta und Reglindis überaus lebensnah wirken. Wichtige Impulse gingen im lateinischsprachigen Westen von den im 12. Jahrhundert neu ausführten Übersetzungen philosophischer, theologischer und medizinischer Schriften aus dem griechischen und arabischen Raum aus. Darunter war eine ganze Reihe von Traktaten, die besonders im 13. Jahrhundert, d.h. zur Ausführungszeit der Mainzer und Naumburger Figuren, für die Psychologie und Seelenlehre maßgeblich wurden. Erst jetzt setzte man sich im Westen mit bedeutenden Werken auseinander wie *De anima* von Aristoteles (384–324 v. Chr.) und der gleichnamigen Schrift des persischen Gelehrten Avicenna (um 980–1037), außerdem den Arbeiten des griechischen Philosophen Nemesius von Emesa (4./5. Jahrhundert) über die Natur des Menschen (*De natura hominis*) und den theologischen Schriften des Johannes Damascenus (um 650–754) wie *De fide orthodoxa*. Auf diese Weise war im 13. Jahrhundert die Reflexion über Emotionen und das psychische Engagement des Menschen bei seinen Handlungen nicht mehr nur wie in den Jahrhunderten zuvor Nebenprodukt der Auseinandersetzung über die verschiedenen Grade der Sünde. Albertus Magnus interessierte sich nun auch ohne Rücksicht auf moraltheologische Wertungen für das Wesen der Emotionen an sich. Thomas von Aquin ging in seiner *Summa theologiae* detailliert auf die „*passiones animae*" und das Wechselspiel zwischen Emotionen und ihren Auswirkungen auf den Körper ein.[34]

Überhaupt wurde in den Kreisen der Theologen und Philosophen jener Zeit über Körper und Seele, ihr Wesen, ihre Eigenschaften und ihr Vermögen reflektiert.[35] Im 12. Jahrhundert und in den Schriften des Hugo von St. Viktor hatte noch ein platonischer Dualismus vorgeherrscht, demzufolge der Körper als Werkzeug oder Gefängnis für die Seele gesehen wurde. Hingegen rezipierten die Gelehrten des 13. Jahrhunderts vor allem die Adaption der aristotelischen Definition der Seele als Form des Körpers. Nun wurden vor allem die Einheit von Leib und Seele betont und an Bewegungen des Körpers (*motus corporis*) Bewegungen der Seele abgelesen. Man fasste das Gesicht als Spiegel des Herzens und die Haltung des Körpers (*gestus corporis*) als Zeichen innerer Gesinnung (*signum mentis*) auf. Bei Thomas von Aquin ist die Seele zudem nicht mehr immaterielle individuelle Substanz, wie das an der Universität von Paris von den zeitgenössischen Gelehrten meist vertreten wurde, sondern eine substanzielle Form des Körpers.[36]

Die Grundlage für die Darstellung von Emotionen allgemein bildete nicht nur das um diese Facetten erweiterte bzw. veränderte Menschenbild. Die Rezeption des bereits im 12. Jahrhundert entstandenen theologischen Schrifttums der Zisterziensermönche Bernhard von Clairvaux, Caesarius von Heisterbach oder des Benediktiners Rupert von Deutz bedingte jetzt auch eine affektbetonte Nachempfindung des Leidens Christi, die weit über die bereits von Benedikt von Nursia (um 480 – um 560) eingeforderte Teilnahme an der Passion hinausging und auch Laien – Männer wie Frauen – erfasste.[37] Bilder sollten nun nach den Worten Bonaventuras (1221–1274) oder des Predigers Jacques de Vitry (1160/70–1240) den Gläubigen zu einer tieferen Frömmigkeit verhelfen. Prediger sollten sich für die Erbauung und Belehrung der Laien körperhafter und greifbarer Gegenstände bedienen, um so das Volk stärker innerlich zu bewegen – Intentionen und Wechselwirkungen, die auch bei den in jener Zeit zunehmend aufkommenden geistlichen Spiele zu berücksichtigen sind.[38]

Dass auch das Lachen auf eindrucksvolle Weise die Gesichter der Figuren in der Kunst des 13. Jahrhunderts überziehen konnte, liegt – wie bereits angeklungen – an einer differenzierten Bewertung des Lachens selbst. In den Jahrhunderten zuvor basierte die vorwiegend negative Haltung gegenüber dem Lachen vor allem auf dem Normensystem monastischer Kreise. Verbreitet waren negativ zu verstehende Vokabeln wie *cachinnus* zur Bezeichnung des schlechten oder schallenden

Lachens oder auch der Vergleich des Lachens mit den *nugae*, den unnützen Dingen, durch Bernhard von Clairvaux. Lachverbote sind in der Benediktsregel, in monastischen Brauchtexten oder anderen normgebenden Texten aus frühchristlicher und frühmittelalterlicher Zeit zahlreich überliefert.[39] Eigentlich wurde lange Zeit nur das Lachen biblischer Figuren wie Abraham, Isaak und Sara positiv gedeutet,[40] das man jedoch bezeichnenderweise nicht darstellte.

Mit dem 12. und besonders dem 13. Jahrhundert und den Argumentationsstrukturen der Scholastik wurde wesentlich genauer zwischen den Arten des Lachens, zwischen dem verbotenen, dem erlaubten und dem positiv bewerteten Lachen unterschieden.[41] So führt Thomas von Aquin zum Beispiel in seiner Schrift *Über das Seiende und das Wesen* aus, dass es zum Lachen aufgrund einer Verständnisfähigkeit der menschlichen Seele komme.[42] In seiner Abhandlung *Über das Übel* verwendet er ein Zitat des Johannes Chrysostomos über das Lachen als lässliche Sünde,[43] um zwischen zeitlichen und Todsünden zu unterscheiden. In der *Summa theologiae* stellt Thomas entweder Lachen und Weinen neutral gegenüber, die entsprechend weder die Freude (*laetitia*) noch die Traurigkeit (*tristitia*) minderten,[44] oder er bezeichnet das Lachen an anderer Stelle als lässliche Sünde.[45] Generell – die folgenden Ausführungen über verschiedene Darstellungsformen des Lachens vom 13. bis 16. Jahrhundert werden es zeigen – wich die völlige Ablehnung des Lachens in Gesellschaft, Kirche und Wissenschaft einer toleranteren Haltung.

DAS LACHEN DER SCHURKEN UND ANDERER ZWEIFELHAFTER GESTALTEN

Finstere Teufel grimassieren nicht nur in den Weltgerichtstympana des 12. und 13. Jahrhunderts (Abb. 7, 11, 41) oder in spätmittelalterlichen Kreuzigungsgruppen (Kat.-Nr. 13), wo sie mit weit geöffnetem Mund und gut sichtbaren Zähnen ein höhnisches oder schallendes Gelächter auszustoßen scheinen. Auch die Schergen und Folterknechte in Bildern der Passion oder der Kreuzigung Christi (Abb. 45) wurden oft mit hohnlachenden, fast schon karikaturesk verzerrten Gesichtern und noch dazu in dem für negative Figuren typischen Seitenprofil dargestellt.[46] Diese lachenden Bösewichte sind Teil der offiziellen sakralen Kunst. Jedoch wurden häufig auch menschliche Figuren, Tiere und Monster „laut“ lachend dargestellt, welche die Ränder künstlerisch gestalteter Bereiche bevölkern. Hierzu können die Randbereiche illuminierter Pergamentseiten in Handschriften genauso gehören wie die Randzonen von Kirchenportalen, die Konsolfriese und Wasserspeier an den Dächern von Kirchen und Kathedralen. Schlusssteine von Kreuzrippengewölben (Kat.-Nr. 46) zeigen wie Miserikordien (Kat.-Nr. 20) bzw. Sitzkonsolen am Chorgestühl lachende Figuren, und zwar keineswegs nur milde lächelnde Engel und Heilige, sondern oft genug tierhafte Masken, Narren, Angehörige unterer sozialer Schichten und unehrlicher Berufe wie Gaukler oder nackte Figuren in ob-

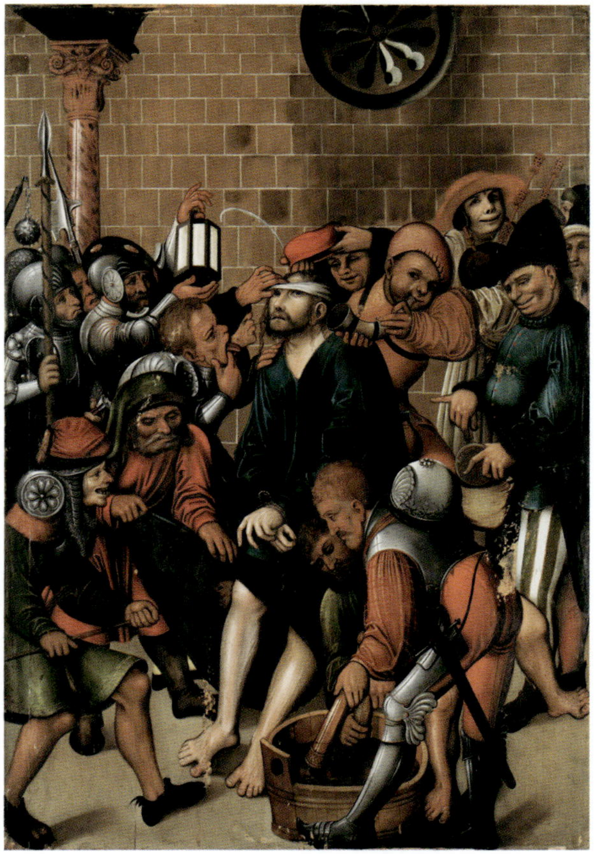

Abb. 45 ◄
Lucas Cranach d. Ä. (Werkstatt), Die Verspottung Christi, um 1540, Karlsruhe, Kunsthalle, Inv.-Nr. 1139

Abb. 46 ▶
Lesender mit Maske am Gesäß, Brevier des Metzer Bischofs Renaud de Bar, vor 1314, Verdun, Bibliothèque Municipale, MS 107, fol. 4r

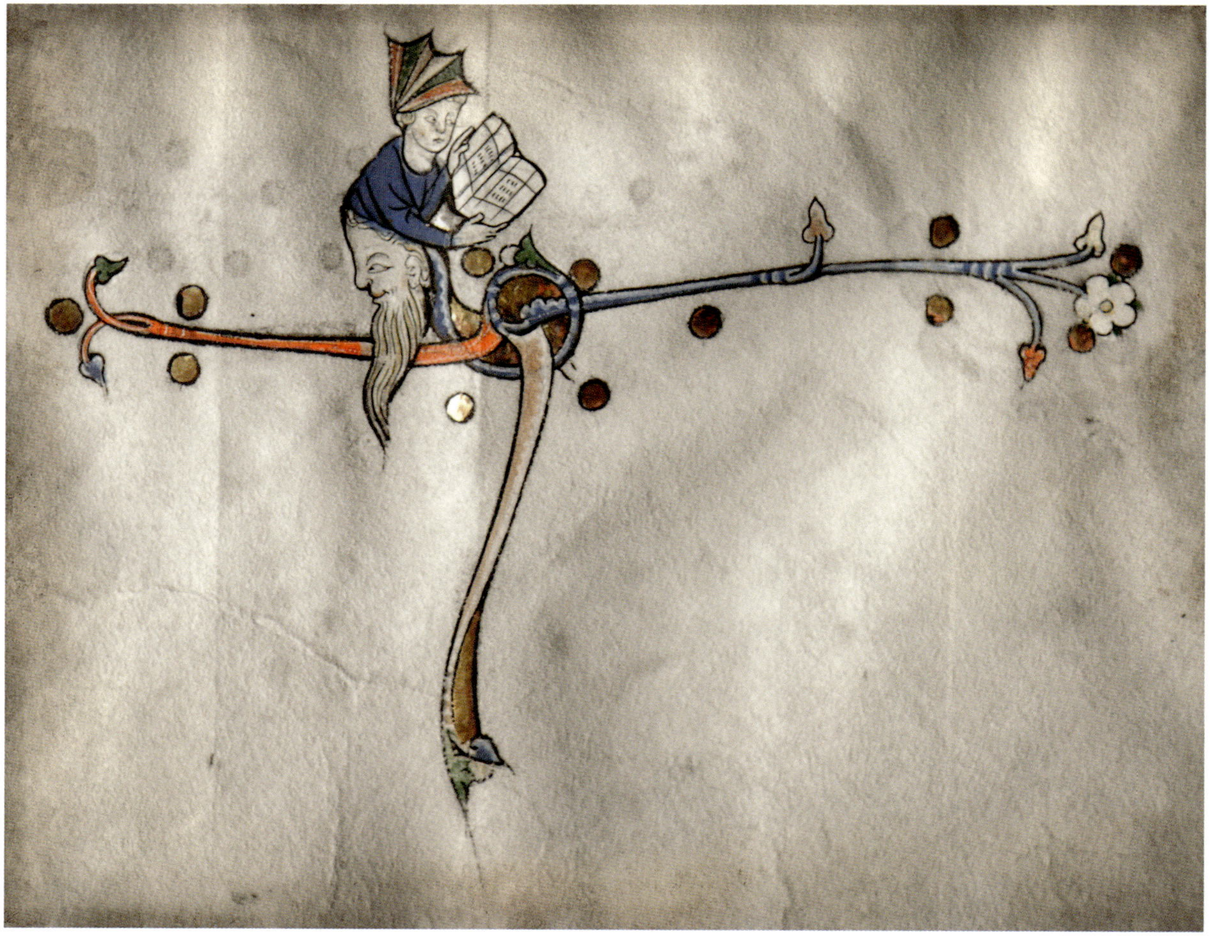

szönem Zusammenhang.[47] Zu diesem Bereich der ambivalent oder negativ bewerteten Figuren sind auch Darstellungen zu rechnen, die gerne als Drolerien bzw. „als grotesk, auf das Spielerische, Scherzhafte gerichtet"[48] bezeichnet werden. Im Brevier des Metzer Bischofs Renaud de Bar (Amtszeit 1302–1316) vom Anfang des 14. Jahrhunderts, d. h. in einem Buch für das tägliche Chor- und Stundengebet, ist am Blattrand von Ps 10,7 ein nach heutigen Maßstäben bemerkenswert sympathisches Mischwesen dargestellt (Abb. 46).[49] Die jugendlich bartlose Figur liest in einem Buch, das sie dem Betrachter augenfällig zudreht, und trägt eine phantasievolle Kopfbedeckung, bei der fast schon an die Persiflage einer Klerikerkopfbedeckung zu denken ist. Sie ist Teil einer Ranke und thront auf einer großen lächelnden, bärtigen Maske, die den Platz ihres Gesäßes einnimmt. Der Buchmaler gestaltete den rückwärtigen Teil des Lesenden mit Hilfe einer Körpermaske, die auch in anderen liturgischen Handschriften, in der Wandmalerei oder der Bauplastik seit dem 12. und besonders dem 13. Jahrhundert vorkommt. Ein Buch lesen die meist diabolisch anmutenden, lachenden oder feixenden Träger solcher Masken allerdings nicht. Im Metzer Brevier sind es vor allem Tiere wie Hund, Affe und Maus, die unverkennbar als Repräsentanten einer karnevalesken Gegenwelt lesend gezeigt werden.[50] Kaum einmal weisen Masken dieser Art solche Ausmaße auf. Handelt es sich etwa mit dieser geradezu janusköpfigen Figur um eine Anspielung auf den Benutzer und um sein Gegenbild? Besteht ein Zusammenhang zwischen

dem betont dargestellten Lesen und der Gesäßmaske – etwa im Sinne einer für den Geist und Körper eines Klerikers „gefährlichen" Lektüre, die in der grinsenden Maske widergespiegelt wird?
Beweisen lassen sich Überlegungen dieser Art mangels Beischriften oder konkret identifizierbarer Textquellen nicht. Jedoch gibt es in der Bildtradition deutliche Hinweise dafür, dass es sich hier nicht nur um eine reizende Bilderfindung handelt. Die im Profil dargestellten vergröberten Gesichtszüge, die dicke Nase und der überlange Bart der Gesäßmaske stehen im krassen Gegensatz zum jugendlichen Oberbau der Figur und sind typisch für zeitgenössische Darstellungen von Sarazenen, Teufeln und menschengesichtigen Monstern.[51] Diese Merkmale gelten nach einem Traktat der Physiognomie arabischen Ursprungs, den zeitgenössisch in lateinischer Übersetzung verfügbaren *secreta secretorum* des Pseudo-Aristoteles, als Zeichen der Unmäßigkeit und der sexuellen Gier.[52] Ihre Verbindung mit der ambivalenten Körperregion eines Gesäßes und die Ausstattung des Lesenden mit einem zweiten Gesicht[53] charakterisieren die Figur als bildlichen Ausdruck einer „weltfreudigen, negativ bewerteten Leiblichkeit"[54] mit diabolischen Zügen.
Laut einer inzwischen etablierten Bezeichnung handelt es sich bei den Kopfkonsolen um sogenannte Masken, die sich in großer Anzahl und hoher künstlerischer Qualität an der Kathedrale von Reims, aber auch an zahlreichen anderen Monumentalbauten des 13. Jahrhunderts im lateinischen Westen erhalten haben.[55] Einige der Reimser Masken, die auch der Naumburger Meister und seine Equipe gekannt haben müssen, lachen frohgemut, unverhohlen oder verschmitzt, lassen gar beim Lachen die Zähne sehen (Abb. 47). Andere zeigen eher Unmut, Hohngesten oder ein nachdenkliches Gesicht, so dass sie insgesamt auch als „plastisches Musterbuch von wechselndem Aussehen und Ausdruck des Menschen" oder als physiognomische Studien und Schule der Mimik bezeichnet wurden.[56]
In Kunst und Gesellschaft wurden solche mimischen Ausdrucksformen entsprechend etablierter Verhaltensnormen, die Gelehrte und Theologen wie Hugo von St. Viktor, Vincenz von Beauvais (um 1184–1264) oder auch weltliche Dichter wie Thomasin von Zirklaere (um 1186–1238) im *Welschen Gast* überlieferten, als ungeziemend und dadurch als Kennzeichen für die Zugehörigkeit zu einer niederen sozialen Schicht oder für die moralische Verwerflichkeit und den diabolischen Charakter der dargestellten Figur verstanden.[57]
Der Randbereich von mittelalterlichen Kunstwerken war jedoch traditionell der Ort, an dem man in profan-weltlicher Bildsprache nicht nur das künstlerisch Mögliche und das kultur- und geistesgeschichtlich Relevante darstellen konnte, sondern im Dienste einer übergeordneten gesellschaftlichen und moraltheologischen Werteordnung auch soziale Randgruppen, Tabubrüche und Verletzungen von Normen[58] – das heißt im positiven Fall menschliche Individualität und Natur, im anderen Fall eher negativ bewertete Gesichtsausdrücke, mögliche oder auch unangemessene

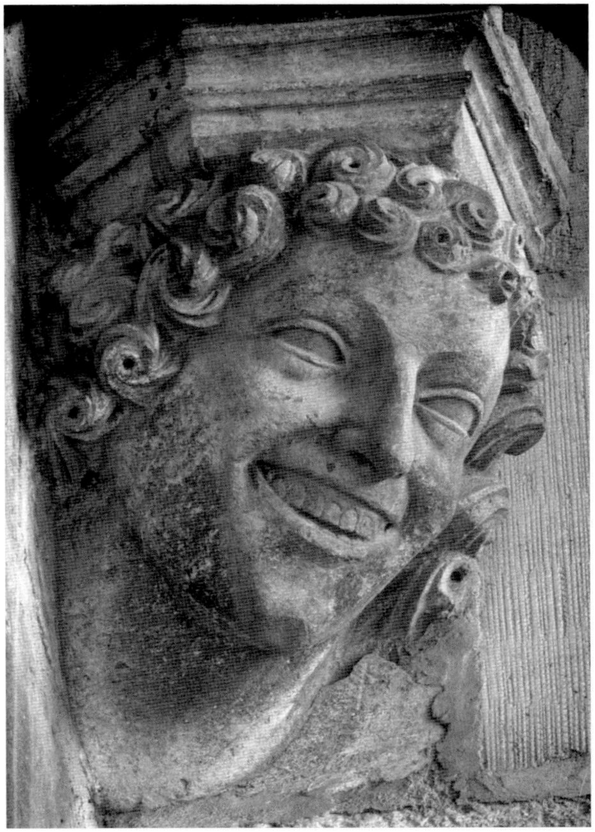

Abb. 47 ◄
Kopf eines lachenden jungen Mannes mit lockigem Haar (Kopfkonsole), Reims, Kathedrale Notre-Dame, südliches Querhaus, Südostturm, 1252/75

Abb. 48 ►
Äthiopier und Höllenschlund, Luttrell Psalter, um 1325/35, London, British Library, Add. Ms 42130, fol. 157v

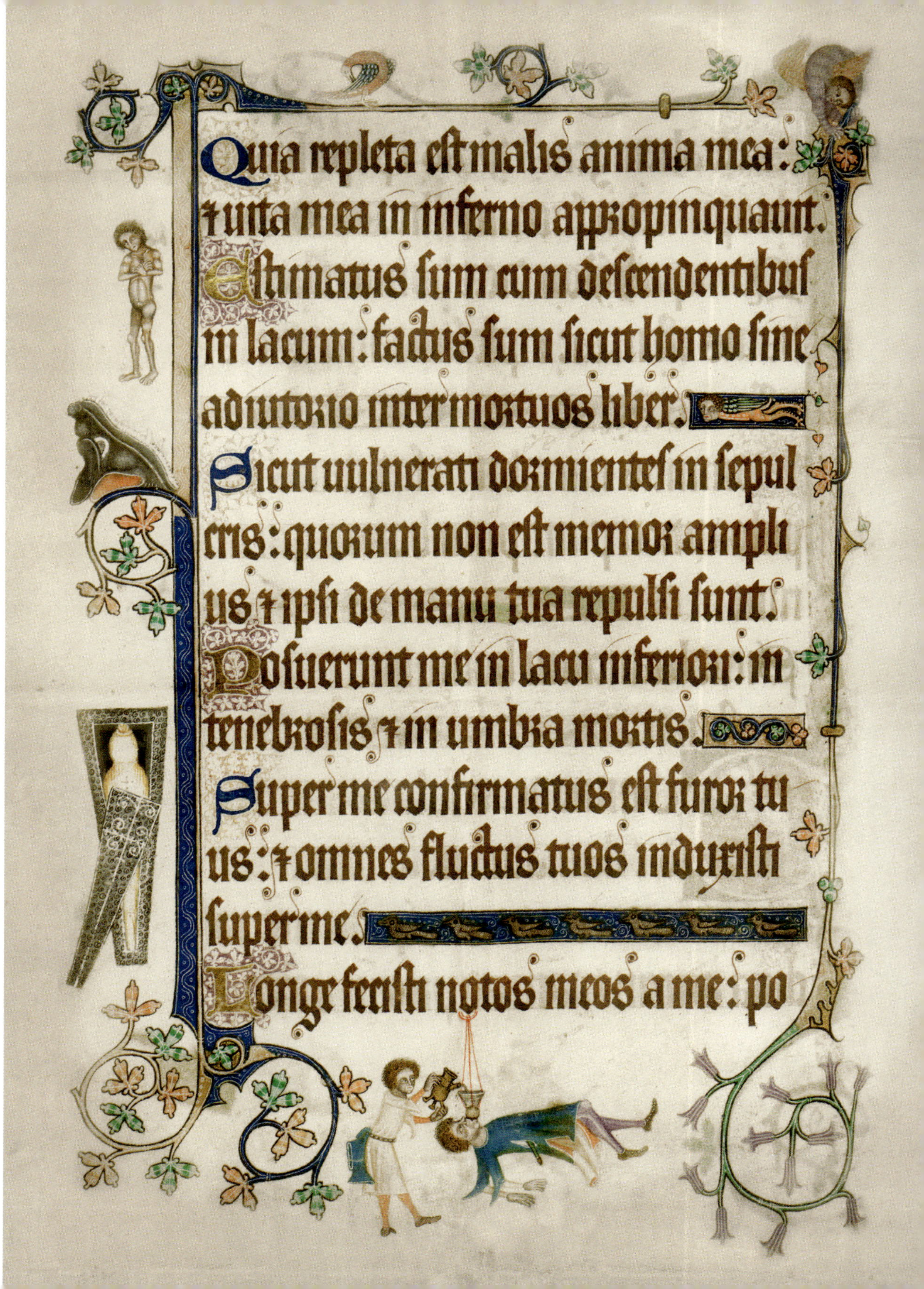
Quia repleta est malis anima mea:
⁊ uita mea in inferno appropinquauit.
Estimatus sum cum descendentibus
in lacum: factus sum sicut homo sine
adiutorio inter mortuos liber.
Sicut uulnerati dormientes in sepul
cris: quorum non est memor ampli
us ⁊ ipsi de manu tua repulsi sunt.
Posuerunt me in lacu inferiori: in
tenebrosis ⁊ in umbra mortis.
Super me confirmatus est furor tu
us: ⁊ omnes fluctus tuos induxisti
super me.
Longe fecisti notos meos a me: po

Emotionen und Phantastisches. Nicht um Randbilder, für die häufig kein konkreter Textbezug auszumachen ist, sondern um Wortillustrationen handelt es sich bei zwei Szenerien in englischen Handschriften, die am Rand der Pergamentseiten illustriert wurden. In der vom Benediktinermönch Matthew Paris zwischen 1236 und 1259 verfassten *Chronica majora* wird das Volk der Tartaren barbarisch als fremdländische Kannibalen vor Augen geführt (Abb. 49). Die lateinische Beischrift benennt das Unheil: „Die frevelhaften Tartaren bzw. Tataren nähren sich von Menschenfleisch". Nun leitete man das Wort *tartari* damals tatsächlich von *tartarus*, d.h. Hölle oder Unterwelt ab. Der Text spart zwar die Schilderung der Opferauswahl und der abgeschnittenen Körperglieder nicht aus. Doch ließ es sich der Zeichner, wahrscheinlich Matthew Paris selbst, nicht nehmen, das Ganze mit geschickten Strichen noch weit ausführlicher zu veranschaulichen. Er stellte den am Menschengrill tätigen Fremdling als Übeltäter, gierig mit offenem Mund grinsend, im Profil und mit Hakennase dar – traditionelle künstlerische Mittel, um Figuren als Angehörige fremder Völker oder – wie auch aus Kreuzigungsszenen jener Zeit zunehmend bekannt – vor allem als negativ zu markieren.

In dem zwischen 1325 und 1335 entstandenen Psalter des Sir Geoffrey Luttrell († 1345) – einer Handschrift, die berühmt ist für ihre besonderen Alltags- und Arbeitsszenen – finden sich zahlreiche phantastisch anmutende, am Rand platzierte Szenerien (Abb. 48). Bei Psalm 87 ist ein nackter Mann vor einem Höllenschlund, ein Sarg mit einem wahrscheinlich auf die Kreuzfahrertradition des Hauses Luttrell anspielenden Kreuz sowie im unteren Querstreifen eine rätselhafte Szene zu sehen. Dort zwingt ein durch seine Haartracht und Gesichtsfarbe als Äthiopier[59] gekennzeichnete, maskenhaft und höhnisch grinsende Figur einem Henkersknecht gleich seinem Opfer Flüssigkeit auf, vielleicht Wein. Der Psalm handelt von der Hölle, von den Schatten des Todes und von den Fluten, von denen der Psalmist erfüllt werde, und gibt durch die Übereinstimmungen mit den Bildmotiven den Deutungsrahmen vor. Deshalb kann es sich bei

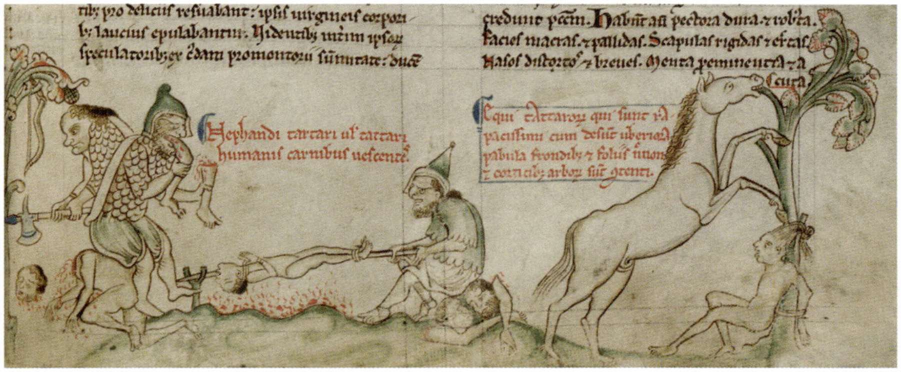

Abb. 49 ▲
Kannibalische Tartaren, Bas de Page, Matthew Paris, Chronica majora, um 1236/59, Cambridge, Corpus Christi College, Parker Library, Ms 16, fol. 167r

der am unteren Blattrand gezeigten Szene auch nicht nur wie zuweilen vorgeschlagen[60] um ein nicht identifiziertes Geschicklichkeitsspiel handeln, sondern vor allem um eine Wortillustration mit Bezug zur Höllen- und Todesthematik des zugehörigen Psalms: Äthiopier wurden in der mittelalterlichen Bildsprache gerne als Äquivalent für Teufel verwendet. Zudem dürften der Äthiopier und sein Opfer eher Teilnehmer einer Folterszene sein und auf das Laster der Völlerei anspielen[61] – eine Vermutung, die mit der Bildtradition im weiteren Sinne übereinstimmt: In dem um 1260 in Frankreich entstandenen *Livre de Nostre Seigneur* bestrafen grinsende Teufel die der Völlerei Verurteilten ganz ähnlich wie hier. Ihre Folter besteht darin, dass sie ihr Opfer mit Hilfe von Schalen und großen Löffeln mit Flüssigkeit abfüllen.[62]

LACHEN ÜBER KOMISCH-GROTESKES?

Wie nahm nun eigentlich der zeitgenössische Betrachter solch monströs-grinsende Figuren oder auch harmlos aussehende Mischwesen wie den Lesenden mit der lächelnden Körpermaske wahr – waren sie für ihn nur diabolisch abschreckende und warnende Exempla oder reizten sie ihn auch zum Lachen? Die Frage rührt an komplexe Bereichen der Philosophie und Anthropologie, außerdem der Literatur- und Theatergeschichte, d.h. an der Kulturgeschichte im weitesten Sinne. Eine Antwort kann hier deshalb nur angedeutet werden. Katrin Kröll geht in ihrer Studie über Darstellungen grotesk-komischer Körperlichkeit wie hohnlachende Masken und Figuren oder Angehörige sozialer Randgruppen

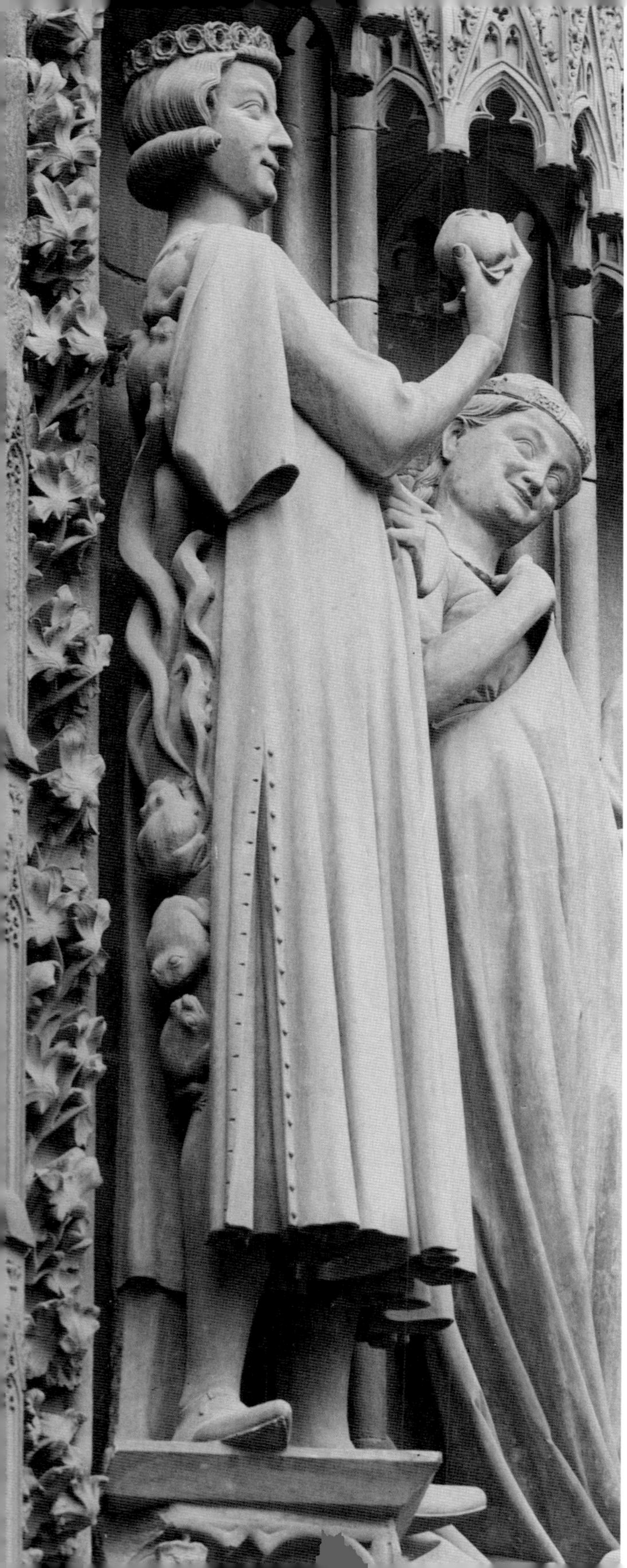

Abb. 50 ◀
Fürst der Welt und Törichte Jungfrau, Straßburg, Münster, südliches Westportal, um 1280

davon aus, dass über Drolerien gelacht wurde.[63] Der Randzone, in der Motive dieser Art vor allem möglich waren, sei die Funktion eines Freiraums zur lachenden Bewältigung der von positiver Ordnung ausgegrenzten Lebensbereiche zugekommen. Parallel zur Herausbildung der grotesk-komischen Bildpraxis seien zunehmend das Lachen, die Komik und das Monströs-Hässliche als ästhetische Prinzipien und als kohärente Bestandteile des christlichen Weltbildes akzeptiert worden. Roland Kanz geht hingegen mit Blick auf die Kunst des 15. und 16. Jahrhunderts von einer grotesken Hässlichkeit als Zeichen der Mahnung und Warnung aus. Etwas Hässliches, das auch Ausdruck des Bösen und Dämonischen sein kann, ins Lächerliche zu ziehen, sei eine Form der Abwehr, um Distanz zu markieren.[64]
Lässt man die wenigen, hierzu aussagekräftigen mittelalterlichen Quellen zu Wort kommen, dann fällt in jedem Fall die ambivalente Haltung gegenüber Drolerien und Monsterwesen auf: Ablehnung und Faszination sind die beiden Extreme, zwischen denen die Äußerungen meist oszillieren. Bernhard von Clairvaux klagte mit seiner berühmten Schmährede gegen die Mönche von Cluny und den Luxus in Kirchen und Klöstern die „lächerliche Monstrosität, die ungestalte Schönheit und die schöne Ungestalt" an, welche die Mönche vom Lesen in den Kreuzgängen abhalte.[65]
Die Zisterzienser Alexander Neckam (1157–1217) und Adam von Dore (gest. nach 1216) bezeichneten die Drolerien als Narrheiten. Letzterer nannte sie in der ihm meist zugeschriebenen Beispielsammlung typologischer Bibelstellen *Pictor in Carmine* polemisierend einen Gegenstand eitler und schändlicher Wollust für die Augen der Zeitgenossen. Wohlwollender berichtete Richard von St. Viktor (um 1110–1173) von ergötzenden und neckischen Reliefs und meinte damit wahrscheinlich grotesk-komische Darstellungen. Gleichwohl zürnte auch noch der Erzbischof von Florenz um 1450 den Dichtern und Malern, die in Heiligenlegenden und Kirchen Merkwürdigkeiten abbildeten und dadurch nicht fromme Andacht, sondern Lachen und Eitelkeit förderten.[66] Über welche Motive und Bildthemen zeitgenössisch tatsächlich gelacht wurde, entzieht sich häu-

fig genauso unserer Kenntnis wie die Bedeutung vieler grotesk-komischer Bildformeln, die aufgrund veränderter kultureller Codes bei weitem noch nicht umfassend erforscht sind. Die künstlerische Veranschaulichung von hässlichen Monstern und Höllenwesen – mögen sie auch im Sinne des Aristoteles oder Bernhard von Clairvaux noch so komisch oder grotesk verstanden worden sein[67] – rief sicher auch die Furcht vor dem Tod, dem Jenseits und der drohenden Verderbnis für die Seele wach.

DAS ANGEMESSENE, DAS UNVERBINDLICHE UND DAS FALSCHE LÄCHELN BEI HOFE

Dass man gegenüber dem Lachen und vor allem dem dezenten Lächeln allmählich toleranter eingestellt war, zeigt nicht nur der Umstand, dass in der Kunst des 13. Jahrhunderts – wie nachfolgend aufgezeigt – die Gottesmutter und die Erlösten im Weltgericht, d. h. von Natur aus positiv bewertete Figuren, lächeln durften. Ein sicherer Beleg sind vielmehr Präsenz und Status des gesellschaftlich geziemenden Lächelns im höfischen Bereich. Hierfür berühmt ist die bereits erwähnte überlebensgroße Statue der Markgräfin Reglindis, die sich unter den Stifterfiguren des Naumburger Westchors erhalten hat (Abb. 43). Ihr Lächeln, das mit geschlossenem Mund und ohne starke Verzerrung der Gesichtszüge einhergeht, wird nicht nur durch das unter ihrem Kinn angebrachte Stoffband des Gebendes in Zaum gehalten. Es zeigt in seiner Verhaltenheit den Einfluss zeitgenössisch weit verbreiteter höfischer Normen, welche Hugo von St. Viktor und vor allem der Dominikaner Vincenz von Beauvais in seiner Schrift über die Erziehung adliger Kinder (*De eruditione filiorum nobilium*) schriftlich festhielten. Das Lachen der Mädchen sollte Vincenz zufolge keinesfalls laut, schallend roh oder fordernd und damit dem einer Hure gleich, sondern nur Ausdruck der Freude sein. Trotz einer verhaltenen Toleranz gegenüber dem maßvollen Lachen warnte Vincenz allerdings auch vor den Gefahren des höfischen Lebens für die Tugendhaftigkeit junger Frauen. Das städtische und höfische Leben ruiniere ihre Bescheidenheit und Schamhaftigkeit, es provoziere laszives und maßloses Verhalten und das besagte laute Gelächter.[68] Die zunehmende Prägung der Gesellschaft des 13. Jahrhunderts durch höfische Kultur und Verhaltensformen ist besonders an einer allegorischen Figur erkennbar, welche eindeutig negativ aufzufassen war. Der sogenannte Fürst der Welt (Abb. 50), der um 1280 für das Weltgerichtsportal des Straßburger Münsters mit kinnlangem Haar, Krone und dem langen Gewand eines Herrschers geschaffen wurde, lässt zunächst nur seine glatte und schöne Vorderseite sehen. Auf seinem Antlitz steht ein subtil verführerisches Lächeln mit Grübchen in den Wangen. Verdächtig ist sein vielsagender, nach unten auf den Apfel in seiner Hand gerichteter Blick, der als Anspielung auf den Sündenfall und als eitel-sündhafte Verkehrung eines herrschaftlichen Reichsapfels gelten muss. Erst die Rückseite enthüllt das „wahre Gesicht" des Fürsten, der als Widerpart Christi das böse Prinzip und die Vergänglichkeit alles Irdischen versinnbildlicht:[69] Schlangen, Eidechsen und Kröten winden sich im Fleisch seines unbedeckten Rückens. Zu seinem Hofstaat gehören die fünf Törichten Jungfrauen der biblischen Parabel (Mt 25,1-13), die den Betrachter ermahnen soll, die Zeit bis zum Weltgericht richtig zu nutzen. Nur die fünf Klugen der insgesamt zehn Jungfrauen wissen ihr Öl einzuteilen und sind deshalb zum Hochzeitsmahl mit Christus zugelassen.[70] Christus als Anführer dieser tüchtigen Jungfrauen steht ernsten Blickes mit seinen von bezaubernder Schönheit und natürlich anmutendem Lächeln gekennzeichneten Jungfrauen dem verführerischen Fürst der Welt gegenüber. Die Jungfrau an der Seite des unheilvollen Fürsten lächelt als einzige unter den Törichten. Ihre vier Schicksalsgenossinnen lassen hingegen ähnlich wie die um einiges früher ausgeführten Jungfrauen in der Paradiesvorhalle des Magdeburger Doms (um 1240)[71] oder die davon künstlerisch abhängigen Damen am Triangelportal des Erfurter Doms (um 1330) tiefe Verzweiflung und Zerknirschung erkennen. Eine Törichte Jungfrau, die lächelt, hat sich sonst kein weiteres Mal erhalten. Die Straßburger Törichte hebt sich von allen in Mimik und Körperhaltung weitgehend neutralen Darstellungen des 12. Jahrhunderts oder Beispielen späterer Jahrhunderte ab.[72] Lächelt sie, weil sie unmittelbar neben ihrem Fürsten stehend höfischem Verhalten verpflichtet ist? Im Kontrast zur zurückhaltenden Heiterkeit der Klugen Jungfrauen wirkt ihr Lächeln offen oder gar töricht-kokett. Ihre ungewohnte Kopfhaltung, der zu einem Bogen gespannte Körper und die erregt in die Gewandfalten greifende rechte Hand unterstreichen diesen Eindruck. Es ist nicht nur ihre Umgebung, der diabolische Fürst und die verzweifelten Jungfrauen, sondern vor allem die Gestaltung ihres Körpers und das am Boden liegende leere Ölgefäß, die ihre zweifelhafte moralische Position zu erkennen geben.

Lachende Gesichtszüge und eine nach zeitgenössischen Vorstellungen anstößige Körperhaltung könnten in ihrer negativen Bewertung kaum augenfälliger zusammentreffen als im Bildthema der biblischen Salome. Im Nonnenchor der Klosterkirche Wienhausen zieht eine tanzende Salome den Betrachter in ihren Bann. Des Wandmalereizyklus ist um 1335 ausgeführt und zeigt Szenen aus dem Alten Testament, aus dem Leben und der Passion Christi sowie zahlreiche Heiligen- und Märtyrerszenen (Abb. 51).[73] Salome vollführt ihren Tanz mit einem deutlich lächelnden, geöffneten Mund und in der akrobatischen Haltung eines Gauklers – d. h. eines Angehörigen des fahrenden Volkes, dessen Arbeit zu den unehrlichen Berufen und zu den untersten sozialen Schichten gezählt wurde.[74] Aufgegriffen wurde in der Zisterzienserinnenkirche Wienhausen damit ein seit dem 11. Jahrhundert sehr beliebtes Bildschema, das die Maler wahrscheinlich aus unmittelbarer Anschauung in der Stiftskirche St. Blasius in Braunschweig kannten.[75] Zwar war der Tanz im 14. Jahrhundert Bestandteil des Lebens bei Hofe und gehörte zur Ausbildung einer in diese Kreise hineingeborenen Frau. Doch waren die Stimmen der frühchristlichen Kirchenväter, die vor solchen gaukler- und schauspielähnlichen Bewegungen und auch den unziemlich offenen Blicken warnten, keineswegs verstummt. Vincenz von Beauvais rückte diese Art des Tanzes mit den Worten des Kirchenvaters Ambrosius von Mailand (340–397) sehr deutlich in die Nähe von verdammenswertem Teufelswerk.[76] Nur der

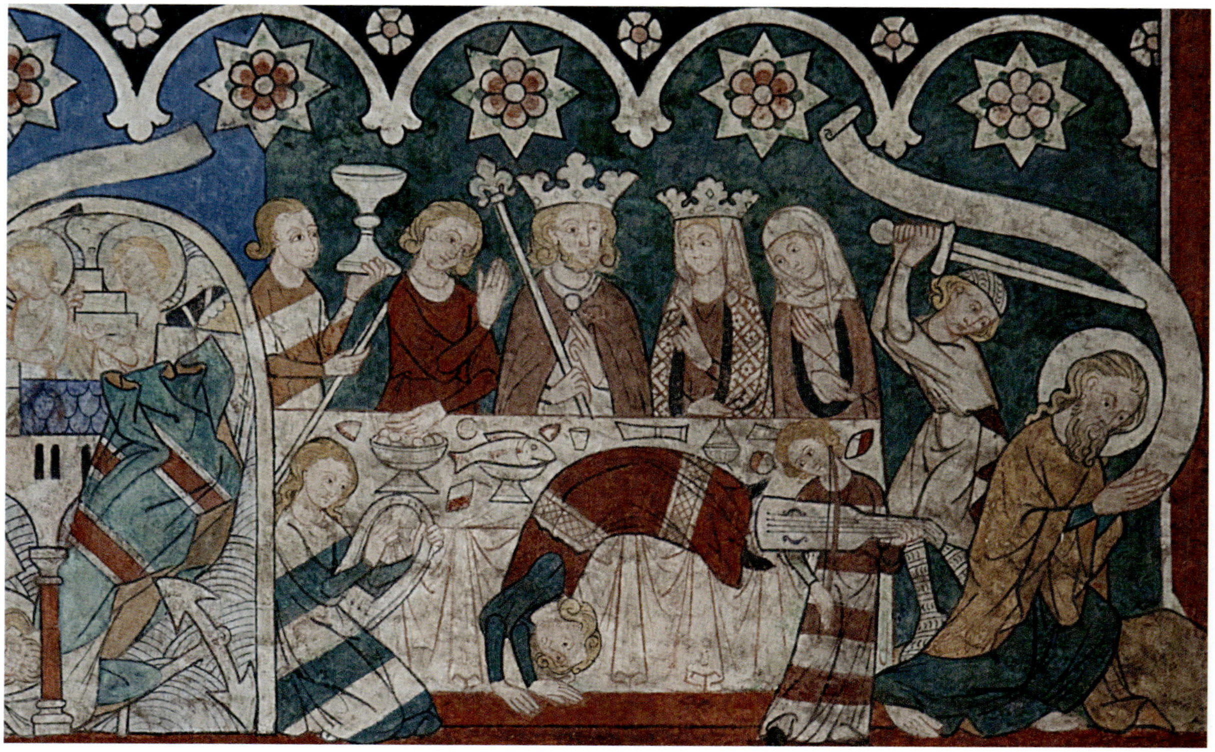

Abb. 51 ▶
Tanz der Salome und Enthauptung Johannes des Täufers, Bildteppich, um 1335, Kloster Wienhausen

angemessene Schritt einer jungen Dame und höchstens der mit maßvoller Bewegung einhergehende Tanz des biblischen König David fanden wirklich Gefallen.[77] Salome verliert bei dieser Darstellungsweise den festen Boden unter den Füßen und die Balance, durch ihre Kopfüberhaltung wirkt sie eher als Akteurin eines Höllen- oder Engelsturzes denn als Tänzerin.[78] Ihre hochflatternden Langärmel höfischen Zuschnitts gemahnen an Luxuria. Ihr Lachen mit geöffnetem Mund unterstützt die nach zeitgenössischen Maßstäben negativ zu deutende Haltung ihres Körpers, den sie den Gästen der Tafel als Augenschmaus darbietet. Gerade durch die Einbettung in Heiligen- und Märtyrerszenen wirkt sie umso mehr als sündhaftes Wesen.

Nicht nur bei der tanzenden Salome oder dem Fürst der Welt spielen die Vanitas, die Vergänglichkeit von äußerer Schönheit, Jugend und Zeit, die Luxuria bzw. Wollust und die Verführung eine große Rolle und führen dem Betrachter moraltheologische Aussagen in profan-weltlichem Gewand vor Augen. Auch der Hofnarr, die witzig-gebildete Gegenfigur zum natürlichen bzw. geistesschwachen Narren als Symbol der Gottferne und Dummheit (vgl. Ps 52),[79] konnte an der Schwelle zur Neuzeit im Bild zunehmend als Medium zur Vergegenwärtigung solcher Normen dienen – und zwar nicht erst seit 1494, als Sebastian Brant seine mit zahlreichen Holzschnitten illustrierte Moralsatire des *Narrenschiffs* veröffentlichte (Kat.-Nr. 49). In einem dem Themenkreis der Liebesnarrheit zugehörigen Kupferstich des Meisters E. S. (Abb. 52) greift ein Narr – seines höfischen Ursprungs und des Narrenzepters bzw. der Marotte in auffälliger Weise entledigt – einer jungen halbnackten Frau beherzt an die Brust. Seine Augen sind fast geschlossen, der Mund ist angesichts des sinnlichen Genusses gierig lächelnd verzückt, sein Gesicht im Spiegel der venushaften Personifikation der Wollust zu sehen. Der Spiegel gilt als Zeichen der gottfernen Selbstbezogenheit und ist traditionell ein Attribut der Luxuria.[80] Dass dieser Narr fast die Beinkleider verliert – der Stoff ist verräterisch in Falten gelegt, das nackte Hinterteil schon zu erahnen – und durch die ungeschickte Beinhaltung

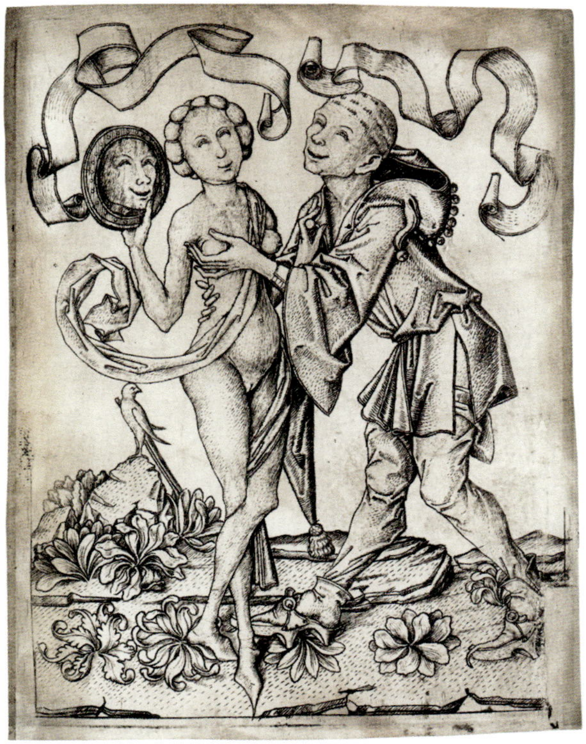

Abb. 52 ◀
Meister E. S., Luxuria und Narr, Kupferstich, um 1467, Dresden, Staatliche Kunstsammlungen, Kupferstichkabinett, Inv.-Nr. A 1926-27

aus dem Gleichgewicht zu geraten droht, verstärkt seine negative Bewertung im Bild. Frau *Luxuria* spiegelt seine Handlungen wider, indem sie mit der linken Hand eine Narrenschelle greift. Keiner von beiden, nur der Betrachter vermag das Spiegelbild und idealiter sich selbst zu erkennen. Der Meister E. S. stellte den Narren hier außerhalb seiner angestammten höfischen Umgebung dar, der Narr wurde durch die Parallelisierung mit *Luxuria* auf innovative Weise selbst zum Symbol der Wollust und konnte somit der Kritik am traditionellen höfischen Liebesideal dienen.[81] Das Lächeln des Hofnarren ist hier auch Reflex seiner persönlichen Befindlichkeit. Es passt zwar zum negativen Bildsinn, allerdings wird dieser vor allem durch Haltung und Gestik, Handlung und Körperlichkeit der Figuren zum Ausdruck gebracht. Das Lachen der Schurken, der zwielichtigen Gesellen und der Randgruppen muss demnach nicht immer das einzige moralisch und sozial differenzierende Merkmal sein. Wie aber sehen die Spielarten des Lachens der unangefochten „Guten" aus?

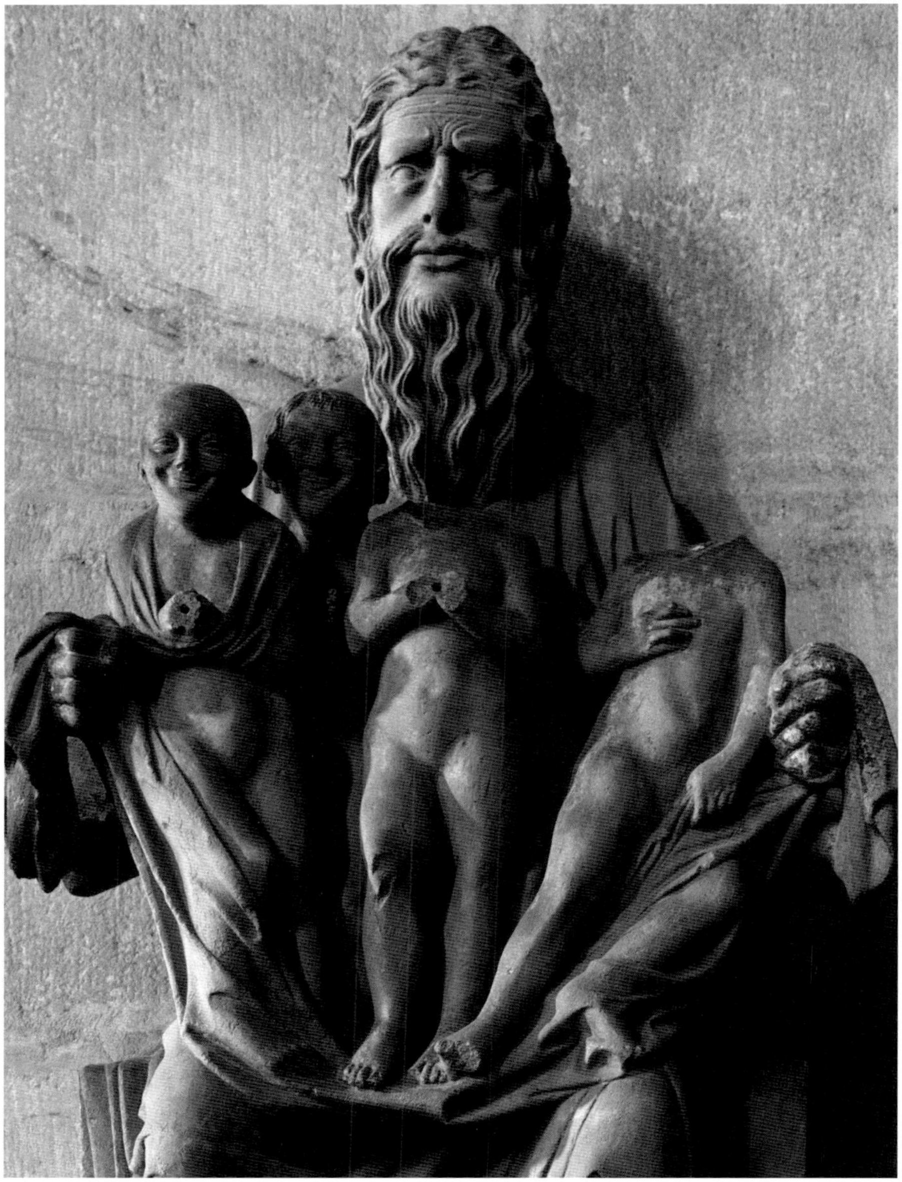

Abb. 53 ▲
Selige in Abrahams Schoß, Bamberg, Dom St. Peter und Georg, Fürstenportal, um 1230

DAS LACHEN DER GUTEN IM ANGESICHT DES PARADIESES

Das Paradies wurde in Gesellschaft und Kirche uneingeschränkt positiv bewertet. So verwundert es nicht, dass im Zuge der im 12./13. Jahrhundert zunehmenden Emotionalisierung der sakralen Kunst die Figuren aus diesem Themenkreis lächeln. Am Fürstenportal des Bamberger Doms hat sich mit „Abrahams Schoß“ eine Figurengruppe erhalten (Abb. 53), die als Bildthema im ikonographischen Programm vor allem seit dem 12. Jahrhundert häufiger dargestellt wurde. Vorbild für Bamberg könnte die Figur am Weltgerichtstympanon des Beau-Dieu-Portals von Reims (zwischen 1220 und 1241) gewesen sein, in dem Abraham mit den Seelen im Schoß in leicht variierter Form den paradiesischen Gegenpol zur Hölle bildet.

Die Darstellung an sich wurzelt im biblischen Gleichnis von Lazarus und dem Reichen (Lk 16,20-31). Der reiche Prasser weigert sich, dem armen Lazarus einen Bissen von seiner Festtafel abzugeben. Nach dem Tod gelangt Lazarus ins Paradies, während der Reiche in der Hölle dursten und schmoren muss. Lazarus wird bei diesem Bildtypus nur sehr selten als Einzelfigur dargestellt.[82] Vielmehr hält Abraham, Patriarch des Alten Testaments, meist mehrere Seelen von Verstorbenen in einem Tuch im Schoß. Diese Vorstellung vom Verweilen der Seelen in einem paradiesischen Zwischenzustand vor dem Weltgericht war seit frühchristlicher Zeit und bis zur Etablierung der Fegefeuer-Theologie im späten 13. Jahrhundert etabliert.[83] Doch auch bei diesem Bildthema lachen die Seelen der Verstorbenen, die traditionell in Gestalt von kinderähnlich kleinen Figuren wiedergegeben wurden, generell erst im 13. Jahrhundert. Die Bamberger Figuren zeigen das gleiche verschmitzte Grinsen wie die auferstandenen Seligen im Bogenfeld des Fürstenportals – in beiden Fällen lächeln sie im Dienst einer seit frühchristlicher Zeit formulierten und während des ganzen Mittelalters zentralen theologischen Aussage: Sie bringen die Glückseligkeit derer zum Ausdruck, die nach dem Tod ihres Körpers das Paradies vor Augen haben bzw. der direkten Gottesschau als höchstem Ziel eines Gläubigen teilhaftig werden. Ihr Strahlen scheint nicht nur mit den traditionellen theologischen Vorstellungen, sondern auch mit den aktuellen philosophischen Diskussionen über das Wesen und Vermögen der Seele im Verhältnis zum Körper und im Zustand der Trennung vom Körper nach dem Tod übereinzustimmen. Albertus Magnus vertrat in diesem Zusammenhang die Auffassung, dass die Seele nach der Trennung vom Körper bis in ihr Innerstes erfüllt sei. In diesem Zustand des Glücks und der Wonne verbleibe sie und ströme über vor Entzücken. Auch Engel und Apostel werden in diesem Kontext jetzt lächelnd dargestellt. Am Weltgerichtstympanon des Bamberger Fürstenportals lächeln nicht nur die Engel, welche die Leidenswerkzeuge Christi tragen wie die auferstandenen Glückseligen, sondern auch büchertragende Engel und eine der Apostelfiguren am westlichen Gewände des Fürstenportals, dessen Blickachse auf die Glückseligen im Bogenfeld gerichtet ist. Im Dom hat sich an der nördlichen Chorschranke auch ein Engel erhalten, der in seiner rechten Hand eine Krone trägt (Abb. 54). Ursprünglich war er zusammen mit dem hl. Dionysius als Teil einer Märtyrergruppe geplant, doch wurde er wohl bereits zur Bauzeit einer Marienstatue neben dem Georgenchor des Doms zur Seite gestellt und damit zu einer Verkündigungsgruppe kombiniert.[84] Dass Engel lächeln, verwundert zunächst nicht, zumal Pseudo-Dionysius Areopagita, der zu Beginn des 6. Jahrhunderts in seiner Schrift über die himmlische Hierarchie (*De hierarchia caelesti*), über die Glückseligkeit und die Gottesnähe der Engel Maßgebliches gesagt hatte, gerade im 12. und 13. Jahrhundert häufig gelesen wurde.[85] Dargestellt wurde das Lächeln der Engel jedoch erst jetzt und zwar meist in der geziemenden, von höfischen Ausdrucksformen und Ästhetik geprägten Weise,[86] mit maßvoll zurückhaltender Mimik. Wie beim Bamberger Kronenengel zu sehen, ist dies sogar bei dem zum himmlischen Hofstaat gehörigen Engelspersonal nicht ausnahmslos der Fall – zuweilen hatten offensichtlich künstlerische Interessen bzw. die Wahl der Vorlage Vorrang vor theologischen und moralethischen Grundsätzen. Ungeachtet einer gewissen Zurückhaltung ist das Lächeln des Kronenengels so ausgeprägt, dass sogar die Zähne zu erkennen sind. Der Bildhauer scheint sich für die Schöpfung dieses Lächelns weniger an den Gesichtszügen eines sanften Engels inspiriert zu haben als eher an einem profanen Bildmotiv wie einer der breit grinsenden Reimser Masken (Abb. 47 und 58).

Das vor Augen stehende Paradies und die durch die direkte Gottesschau in Reichweite gerückte Glückseligkeit sind auch der Grund, weshalb nun Heilige sogar beim Erleiden ihrer Märtyrerqualen lächelnd dargestellt werden. In der damals weithin bekannten *Legenda aurea* des Jacobus de Voragine (um 1230–1298), einer umfangreichen Sammlungen von Heiligenviten und -legenden, wurden manche zu Tode gemarterten Heiligen mit einem erstaunlichen Humor ausgestattet: Der Apostel und Evangelist Johannes stieg nicht nur unversehrt, sondern erfrischt aus dem siedend heißen Öl,

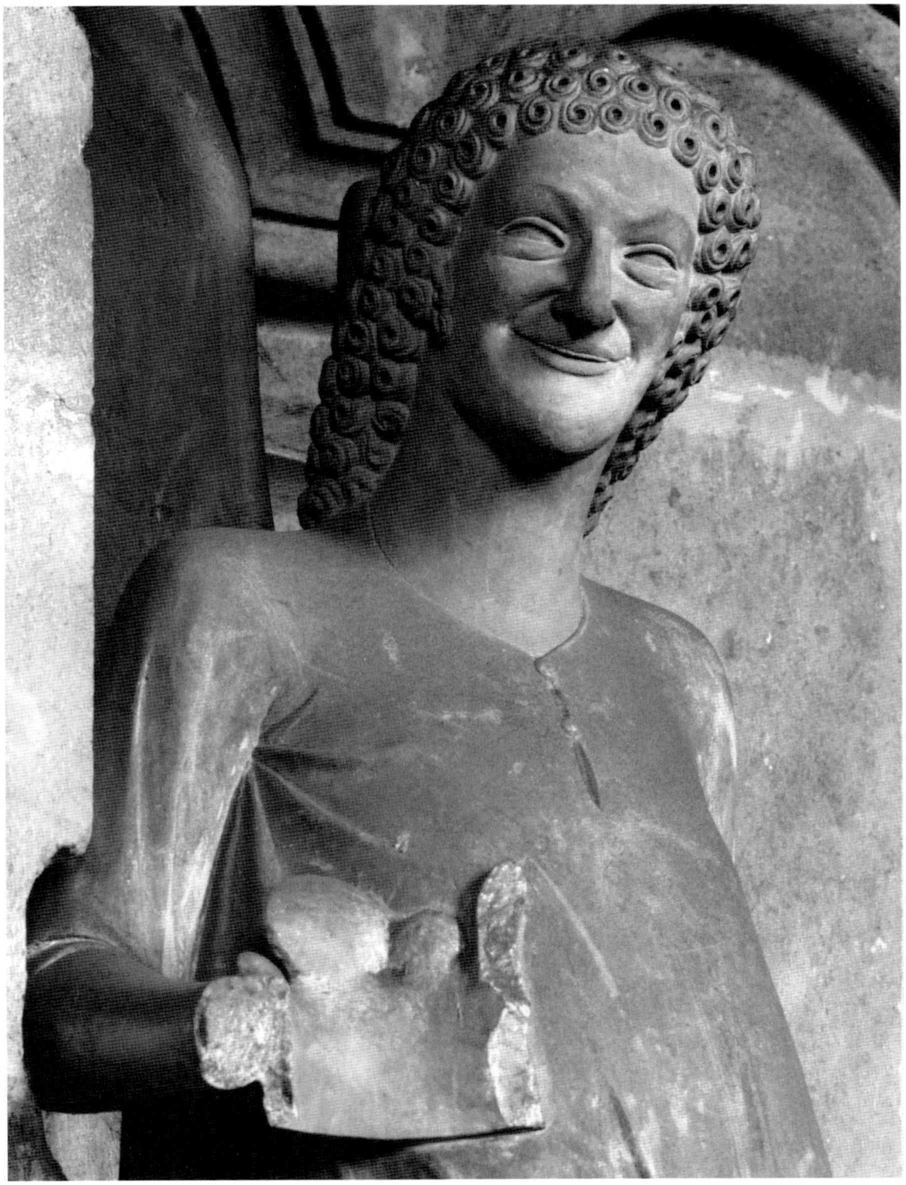

Abb. 54 ▲
Kronenengel, Bamberg, Dom St. Peter und Georg, nördliches Seitenschiff, um 1230

Abb. 55 ▶
Auferstehender Christus, um 1290, Kloster Wienhausen

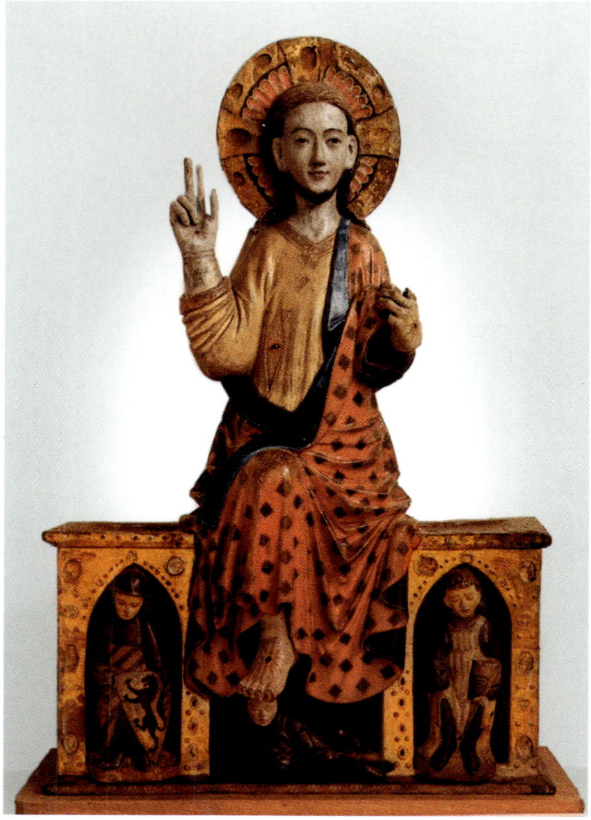

in dem er gekocht werden sollte (Kat.-Nr. 35),[87] der hl. Laurentius ließ Kaiser Decius *„mit fröhlichem Angesicht“ (hilari vultu)* wissen, dass die eine Seite seines Körpers gebraten sei, er möge auch die andere braten und davon essen.[88] In den Darstellungen ist es jeweils das Lächeln eines bereits aller irdischer Qualen Entrückten, das den Heiligen ins Gesicht geschrieben und im Dienst der höheren theologischen Aussage steht (Abb. 92, 93). Keineswegs handelt es sich um ein Lachen, das dem Ausdruck der komisch-ironischen oder gar siegesgewiss-triumphierenden Note der Heiligenlegende dient. Ganz ähnlich liegen die Dinge bei einer Figur des lächelnden Oster-Christus, die sich vom Ende des 13. Jahrhunderts aus dem Zisterzienserinnenkloster Wienhausen erhalten hat (Abb. 55). Christus ist dargestellt, wie er siegreich aus dem Grab steigt, vor dem die Wächter eingeschlafen sind. Die rechte Hand hat er segnend erhoben, die Wundmale sind deutlich zu erkennen. Auf seinem Gesicht, das wahrscheinlich in ursprünglicher Farbfassung zu sehen ist, lässt er ein stilles Lächeln des Triumphes über den Tod erkennen. Einem späten Eintrag in der Klosterchronik zufolge wurde das Bildwerk ehemals auf dem Altar des Nonnenchors aufgestellt, nach einem Inventar von 1723 *„sonsten aufm Chor, itzo aber im sogenannten armario bewahret“*.[89] Wahrscheinlich war er wohl ursprünglich als Trage- oder Prozessionsfigur gedacht. Für Wienhausen muss insgesamt von einem bedeutenden Kult um das Heilige Grab ausgegangen werden, der in der Spiritualität und Passionsfrömmigkeit des Zisterzienserordens wurzelt.[90] Gut vorstellbar ist auch, dass dieser Auferstehungschristus Bestandteil eines Osterspiels war oder zumindest seine einzigartige Gestaltung als lächelnd triumphierender Christus davon beeinflusst wurde. Das Fragment eines solchen geistlichen Spiels hat sich dort aus dem 14. Jahrhundert erhalten.[91] Darin beschreibt Maria Magdalena ganz trefflich den Kampf zwischen Leben und Tod sowie den Triumph und die Herrschaft des lebendigen Christus. Geistliche Spiele sollten auf jeden Fall eine didaktische bzw. moralisierende Wirkung auf den Betrachter haben. Auch bei der in Stein und Spiel wiedergegebenen Parabel der Klugen und der Törichten Jungfrauen fällt auf, dass Emotionen wie Freude und Verzweiflung besonders deutlich dargestellt wurden – wahrscheinlich, um den Betrachter durch die emotionale Beteiligung zum inneren Miterleben oder gar zur Besserung seiner selbst anzuregen.[92]

DAS LÄCHELN DER GOTTESMUTTER

Paradiesische Glückseligkeit ist nur ein Grund, weshalb die Gottesmutter Maria mit dem Kind auf dem Arm lächelnd dargestellt wird, und zwar nicht nur in den miniaturhaft kleinen Elfenbeinskulpturen für die private Andacht, sondern auch in der Monumentalkunst jener Zeit. Die *Vierge dorée* von Amiens, die einst vergoldete Marienskulptur am Südportal der Kathedrale, wurde in der zweiten Hälfte der 1230er Jahre ausgeführt (Abb. 88).[93] Überlebensgroße Marienstatuen dieser Art – sogenannte Trumeau-Madonnen, die den Mittelpfeiler eines Kirchenportals zieren – haben sich auch an anderen französischen Kathedralen wie Chartres, Reims und Paris erhalten.[94] In Amiens stützen zudem lächelnde Engel den Heiligenschein der Gottesmutter und sind damit den Engeln sehr ähnlich, die sonst den auferstandenen Christus in der Mandorla gen Himmel tragen. Maria trägt bereits die Krone der Himmelskönigin, die sie von ihrem eigenen Sohn eigentlich erst nach ihrem Tod im Himmel erhält. Dargestellt sind jedoch nicht nur Maria und der Christusknabe mit der Weltenkugel als zukünftige Herrscher des Himmels und der Erde oder das Lächeln Marias, das zunächst als ein Vorausschauen dieser himmlischen Glückseligkeit zu deuten ist. Vielmehr fällt die Zartheit der Zuwendung zu ihrem Kind auf, eine sanfte Mütterlichkeit, die in den Jahrhunderten zuvor nicht im Zentrum künstlerischer Ausdrucksformen stand. Mutter und Kind sind hier in Blickkontakt und ungeachtet ihrer Würdezeichen in inniger Beziehung zueinander dargestellt. Es handelt sich um einen Darstellungstypus, der von der byzantinischen Kunst beeinflusst ist und mit der in der religiösen Literatur, in Hymnen sowie der Mystik der Bettelorden zunehmend formulierten Heiterkeit der Gottesmutter über die Geburt ihres Kindes übereinstimmt.[95]

Noch inniger durch den direkten Austausch der Blicke und doch von ehrfürchtiger Distanz geprägt, wurde die betende Maria in einem Graduale des Mainzer Karmeliterklosters im zweiten Viertel des 15. Jahrhunderts gemalt, das den Chorgesang der Mönche für die Heilige Messe enthält.[96] Sie kniet zusammen mit Joseph vor dem Neugeborenen (Abb. 89). Geburt Christi und Anbetung der Hirten wurden in eine Schmuckinitiale zur Auszeichnung der Weihnachtsmesse (Introitus: *Puer natus est*) integriert.[97] Die Bildinitiale ist wie die meisten Mariendarstellungen jener Zeit von der Weihnachtsvision der hl. Birgitta von Schweden geprägt, die diese 1372 in Bethlehem erlebte. Marias Anbetung im Knien und ihre Kleidung, ihr blondes Haar, das nackte, vom Strahlenkranz umgebene Kind und der gleichfalls kniende Joseph sind darauf zurückzuführen.[98] Sehr viel verhaltener als die Schilderung im Visionsbericht, demzufolge Maria von großer Freude erfüllt war und sogar vor Freude weinte, fällt allerdings ihr zartes Lächeln in der Miniatur aus. Sicher zeigt Maria das Lächeln, das man für die Gottesmutter angemessen hielt.[99] Insgesamt eignet den Bildnissen Mariens mit Kind im 15. Jahrhundert eher ein ruhig-versunkener, meditativ anmutender Zug,[100] der auch mit den spirituellen Bewegungen der damaligen Zeit wie der *Devotio moderna*, ihrer Förderung der Meditation und ihrer Ablehnung des Lachens zusammenhängen dürfte.[101]

RÜCK- UND AUSBLICK

Ob lachende Kamele, grinsende Teufel oder lächelnde Engel, Madonnen und höfische Damen – den hier gezeigten, so unterschiedlichen Beispielen aus der Kunst des 12.–15. Jahrhunderts ist eines gemeinsam: Ihr Lachen diente kaum dem Ausdruck einer dem Bildthema vielleicht sogar tatsächlich innewohnenden Heiterkeit. Eine erzählerische Funktion des Lachens und seine Darstellung zum Selbstzweck oder aus rein künstlerischem Interesse sind für diesen Zeitraum bis auf wenige Ausnahmen wie einige der Reimser Masken meist nicht gegeben.

Das Lachen und die Emotionen überhaupt mussten erst einmal darstellungswürdig werden. Eine lineare Entwicklung im Sinne einer Veranschaulichung des Lachens, die einer graduellen Steigerung von „unmäßig" in Richtung auf „angemessen" gleichkommt, fand allerdings nicht statt.[102] Vielmehr kam dem Lachen von Beginn seiner Bildwürdigkeit an vor allem die Funktion einer Ausdrucksmöglichkeit für theologische, moralische und sozialgeschichtliche Aussagen und Normen zu. Bösewichte und Angehörige unterer Schichten der Gesellschaft bzw. gar Randgruppen sind meist mit einem gröberen, die zeitgenössischen Normen verletzenden „lauten" oder „schallenden" Lachen dargestellt. Bestimmten biblischen und säkularen Figuren wie Maria oder den Damen des Hofes war immer ein verhaltenes Lächeln beschieden, wenn es denn dargestellt wurde. Das Lachen war in der Kunst Möglichkeit und Mittel zur sozial und moralisch differenzierenden Kennzeichnung der Figuren. Das Gesicht war ähnlich wie der Körper im 13. Jahrhundert zum Medium geworden, durch das sich Gottnähe oder -ferne bzw. die Verbindung zu Paradiesischem oder Infernalem veranschaulichen ließ. Es fällt zudem auf, dass dargestellte Figuren durch zeitgenössische Kleidung und Frisuren häufig für den Betrachter als Akteure des eigenen alltäglichen Erfahrungshorizonts erkennbar waren. Ihrem Lachen war zudem eine Zeichenhaftigkeit eigen, für die man sich nicht nur an höfischen Normen orientierte, sondern sich auch sehr deutlicher Darstellungsformen wie dem weithin sichtbaren breiten Schmunzeln der Auserwählten in Mainz oder Bamberg bediente. So ist für die Kunst des 13. Jahrhunderts nicht nur von einem Spannungsverhältnis von Natürlichkeit und Courtoisie,[103] sondern auch von Natürlichkeit und theologischer bzw. übergeordneter Aussage auszugehen. Erst Künstlergelehrte des 15. Jahrhunderts wie Leon Battista Alberti (1404–1472)[104] und Leonardo da Vinci (1452–1519)[105] sollten in ihren Malerei-Traktaten ohne moralische Wertung die Darstellung der Freude und des Lachens mittels Gebärden und Mimik im Hinblick auf ihre erzählerische und beim Betrachter Emotionen auslösende Funktion beschreiben. Auch von Albrecht Dürer hat sich in einem seiner Briefe (8. September 1506) die Skizze eines „Strichmännchens“ erhalten, das bar jeder übergeordneten Funktion lacht.[106]

Unbestritten sind lachende oder lächelnde Menschen im 15. und 16. Jahrhundert häufiger in der Kunst vorzufinden. Nicht nur Kinder, Narren, Alte und Arme, sondern auch mythologische Figuren durften nun im Bild lächeln.[107] Sogar das Lachen Angehöriger niederer sozialer Schichten mit deutlich geöffnetem Mund wurde „hoffähig“ und nicht mehr nur an die Randzonen von Kirchen, Chorgestühlen und Pergamentseiten verbannt. Einzelne graphische Blätter wurden als genreartige, ästhetisch anspruchsvolle Werke gestaltet und lassen nicht mehr ausschließlich moral-didaktische Untertöne oder sozial- oder ständegeschichtliche Nuancen erkennen. Man denke etwa an Dürers epochemachenden Kupferstich des tanzenden Bauernpaares von 1514, bei dem der in zerrissener Kleidung tanzende Bauer derb lacht (Abb. 83). Gerade bei dieser zum Einzelblatt nobilitierten Graphik sticht nun vor allem das künstlerische Interesse an der Wiedergabe komplexer Bewegungsabläufe und Figurengruppen ins Auge. Distanz oder Reserviertheit gegenüber dem Lachen und seiner Wiedergabe in der Kunst waren jedoch nicht nur für das Mittelalter typisch. In humanistischen Kreisen wurden neue Verhaltensmaßregeln und Benimmbücher geschrieben, die, wie der italienische Hofmann Baldassare Castiglione (1478–1529) in seinem *Libro del Cortegiano,* zahlreiche Anweisungen für das richtige Lachen gaben. Über die Legitimität des Lachens reflektierte Castiglione zwar nicht mehr, doch waren ihm immer noch die Wahrung des rechten Maßes und der angemessenen Situation ein unbedingtes Anliegen.[108] Auch kirchliche Kreise ließen die Vorbehalte gegenüber dem Lachen nicht so einfach fahren, diskreditierte doch in nachtridentinischer Zeit der Bildertheologe Gabriele Paleotti in seinem Traktat von 1592 ausdrücklich lachhafte Bilder nach wie vor mit dem Argument, dass Christus nicht gelacht habe.[109] Dem Ausspruch des russischen Literatur- und Kulturwissenschaftlers Michail Bachtin (1885–1975), dass das 16. Jahrhundert das Jahrhundert des Lachens war,[110] ist also nur bedingt zuzustimmen – d.h. dann, wenn darunter kontrastiv der erweiterte Status des Lachens verstanden wird, das nun auch in seinem Eigenwert, als Gefühlsausdruck ohne moralische Limitationen künstlerisches Interesse finden konnte. Und dennoch sollte das Eis für das offene Lachen in der Kunst noch nicht ganz gebrochen, der Makel des moralisch Verwerflichen oder der Unangemessenheit noch nicht ausgeräumt sein. Der französische Hofmaler Charles Le Brun (1619–1690) widmete sich zwar dem Lachen in seinem Vortrag an der Akademie in Paris über die *Expressions des passions de l'âme* im Jahre 1668, aber nunmehr relativ mechanisch-seelenlos.[111] Gotthold Ephraim Lessing (1729–1781) riet noch am Beispiel der eingangs zitierten Laokoon-Gruppe (Abb. 37) von der Illustration emotionaler Höhepunkte wie Freud oder Leid ab – nun allerdings aus Gründen der Ästhetik sowie der Grenzen der künstlerischen Darstellbarkeit und der Bildwahrnehmung.[112] Doch dies wäre ein anderes faszinierendes Thema.

1 Tripps 2003, S. 53–75. **2** Curtius 1948, S. 423; Ueding 1996, S. 23. **3** Laktanz, *De ira Dei*, cap. 7, 8, in: Brandt/Laubmann 1893, S. 79. **4** Tripps 2003, S. 11–18, 53–58. **5** Vgl. etwa das Stammheimer Missale, das Evangeliar Heinrichs des Löwen oder den Albani-Psalter. **6** Steinke 1996; Sauerländer 2003; Seiler 2003. **7** Begrifflichkeiten wie „Gefühl" oder „Emotion(en)" geben historisch-philosophische Bezeichnungen wie „affectiones", „passiones animae" oder „perturbationes" nur unzulänglich und zum Teil irreführend wieder. Das Wort „Emotion" war z.B. Thomas von Aquin unbekannt, vgl. Knuuttila 2004, S. 155f.; Brungs 2005; Lombardo 2011, S. 15–48. **8** Andreae 2001, S. 188–194. **9** Gerlach 2000, S. 12; Sauerländer 2006, S. 4. **10** AK Bamberg 2000/01, S. 95; Klein 2003. **11** Garniers 1982, S. 168, 201. **12** Nicoll 1951, S. 40; Barash 1991, S. 51f. **13** Barash 1976, S. 19–29; Schmitt 1991, S. 65–68; Graf 1991. **14** Werckmeister 1982; Rupprecht 1984, S. 113. **15** Rupprecht 1984, S. 98–100. Dass römische Masken – und seien es solche in provinzialrömischen Formen – in der romanischen Skulptur Frankreichs bekannt waren, wies Hamann Mac-Lean am Beispiel eines davon kopierten Maskenreliefs an der Kirche in Champagne (Ardèche, Rhônetal; 2. Viertel 12. Jh.) nach. Vgl. Hamann Mac-Lean 1949/50, S. 212. **16** Vgl. etwa die Miniatur mit der Ermordung der unschuldigen Kinder im Codex Egberti (um 980) oder auch die von Kummerfalten durchzogenen Gesichter in der Trierer Apokalypse (nach 800). **17** Le Goff 2004, S. 38, 58; vgl. Beitrag Wilhelmy, S. 40f. **18** Schmitz 1980; Le Goff 2004, S. 54. **19** Werckmeister 1982, S. 216–218; Gregor der Große 1902, cap. 27 (PL 76, Sp. 378–379). **20** Schmitt 1992, S. 164–179. **21** Suckale 1987, S. 41f., 65. **22** Suckale 1987, S. 41; Hubel 2003, S. 332–338. **23** Sauerländer/Hirmer 1970. **24** Hamann-MacLean 1949/50, S. 159, 184. **25** Hamann-MacLean 1949/50, S. 182; Schmengler 2011, S. 191; Heinrichs 2011, S. 363. **26** Suckale 1987; Suckale 2007, mit weiterer Literatur. **27** Krohm 2011, mit weiterer Literatur; Hörsch 2011, S. 1310. **28** Sauerländer 1979; vgl. die Beiträge von Schmengler, Büchsel und Wolter-von dem Knesebeck im AK Naumburg 2011. **29** Müller 2012. **30** Paris, Bibliothèque nationale de France, ms. fr. 19093, fol. 18v, in: Barnes 2009, S. 34–39. **31** Boehm 1985; Jacobi 1996; Wald 1996, S. 371. **32** Geese 2009, S. 318. **33** Vgl. Literatur in Anm. 6; Jaeger 1994, S. 331. **34** Knuuttila 2004; Brungs 2005. **35** Schneider 1903; Bynum 1995, S. 117–155. **36** Bynum 1995, S. 229–278; Knuuttila 2004, S. 239–254. **37** Kemper 2005, S. 25. **38** Jung 2006, S. 150–154. **39** Le Goff 2004, S. 52–55. **40** Vgl. Beitrag Reiser, Bibel, S. 27. **41** Vgl. Beitrag Wilhelmy, S. 44. **42** *De ente et essentia*, cap. 6, in: Thomas von Aquin 1976, S. 380, Z. 87. **43** *Quaestiones disputatae de malo*, qu. 7, a. 3, ar. 8, in: Bazzi/Calcaterra 1965, S. 572. **44** *Summa theologiae* I/II, qu. 38, a. 2, ar. 2, in: Caramello 1986, S. 178. **45** *Summa theologiae* II, qu. 72, a. 5, ar. 2, in: Caramello 1986, S. 325. **46** Mellinkoff 1993, S. 122. **47** Block 2003, S. 243, A2; S. 254, B2; S. 285, B1; S. 306, C2 und generell. **48** Schilling 1973, Sp. 567f. **49** Für Masken dieser Art: Kröll 1994, S. 34f.; Wirth 2008, Abb. auf S. 94, 108, 135, 143. **50** Verdun, Bibliothèque municipale, Ms. 107, fol. 3r, 6r, 7r. **51** Mellinkoff 1993; Higgs Strickland 2003, Pl. 3, 8; fig. 6, 80. **52** Steinke 1996, S. 526; Higgs Strickland 2003, S. 77f. **53** Higgs Strickland 2003, S. 11, 61, Pl. 3. **54** Vgl. Kröll 1994, S. 35, 65–70. **55** Schmengler 2011; Krohm 2011, S. 484–486; vgl. Beitrag Widmaier. **56** Hamann Mc-Lean 1981, S. 35; Schmengler 2011; Büchsel 2011. **57** Bumke 2005, S. 471, 477–483; Rösener 2008, S. 156–167. **58** Allgemein für die Randbilderthematik: Camille 1992; Münkler/Röcke 1998; Klein 2007; Müller 2010. **59** Im Rutland-Psalter (London, British Library, Ms. Add. 62925, fol. 87v) von 1260 findet sich eine Figur mit ähnlicher Physiognomie: Higgs Strickland 2003, S. 58, 79–87. **60** Brown 2006, S. 43. **61** Camille 1992, S. 176f. **62** Oxford, Bodleian Library, Ms. Douce 134, fol. 95v, in: Higgs Strickland 2003, S. 63. **63** Kröll 1994, S. 70–92. **64** Kanz 2007a, S. 38. **65** *Apologia ad Guillelmum abbatem* XII, 28f., in: Winkler 1992, S. 105–109. **66** Für diese Quellensammlung: Kröll 1994, S. 73–79. **67** Ueding 1996, S. 26–32; Bachtin 1995, S. 98. **68** Bumke 2005, S. 471, 478. – Vincenz von Beauvais, *De eruditione filiorum nobilium*: *„Sed quarundam puellarum urbanitas siue curialitas facit eas plerumque procaces atque lasciuas et dissolutas. unde ambrosius in libro de uirginitate iii°: ‚Teritur', inquit, ‚officiis pudor, audacia emicat, risus subrepit, modestia solvitur dum urbanitas affectatur [...]'"*, zit. nach Steiner 1938, S. 194. **69** Asmus 1912; Fliedner 1941–43. **70** Körkel-Hinkfoth 1994, S. 13–35. **71** Jung 2006; Brandl 2009, S. 100–118. **72** Körkel-Hinkfoth 1994, S. 78, 101, 113–115; Jaeger 1994, S. 331–342. **73** Michler 2003, S. 11, 57f. **74** Kröll 1994, S. 55f.; Hergemöller 2001b, S. 1, 4, 21. **75** Steger 1994, S. 139, 156–162. **76** *„Ille uero in plateis inverecundos etiam sine uiris sub conspectu adolescentulorum intemperancium choros ducunt, iactantes chomas, trahentes thunicas, plaudentes manibus, saltantes pedibus, uocibus personantes, irritantes in se iuuenum libidines, motu hystrionico, petulanti oculo, dedecoroso ludibrio. Spectat corona adolescencium et fit miserabile theatrum inter saltancium ruinas et lapsus spectancium. Celum inpuro aspectu contaminatur et terra turpi saltatione polluitur, que pro obscenis saltatibus uerberatur. Hec ambrosius"*, zit. nach Steiner 1938, S. 186. **77** Ambrosius von Mailand deutete die Tänzerin Salome allegorisch-typologisch als Synagoge und beschuldigte sie der unzüchtigen Bewegungen, durch die sie die Glieder ihres Körpers enthülle: Steger 1994, S. 153, 158–163. Vgl. die Darstellung der Tanzenden in den Fresken des Camposanto von Pisa (um 1335; Poeschke 2003, S. 320–337), die auch dem Ausdruck des Vergänglichen und der irdisch wertlosen Freuden dient. Zum positiv bewerteten Tanz Davids: Müller 2005, S. 183. **78** Steger 1994, S. 167. **79** Mellinkoff 1993, S. 186–188; Barwig/Schmitz 2001, S. 220–249. **80** Moxey 1980, S. 131f. **81** Moxey 1980, S. 131f., 144; Barwig/Schmitz 1994, S. 225f. **82** Wolf 1989, S. 162, 180f. **83** Koch 1983, S. 72f. **84** Zerbes 2003, S. 348–350. **85** Binski 1997, S. 361. **86** Allgemein: Hahn 2010, S. 79, 101f. **87** Jacobus de Voragine 1993, S. 66. **88** Jacobus de Voragine 1993, S. 569; Maggioni 2007, S. 846, Nr. 130. **89** Appuhn 1955, S. 48, Nr. 36, 39, 40. **90** Allgemein: Tripps 1998, S. 133–143. **91** Lipphardt 1972, S. 120–127. **92** Jung 2006, S. 150–154. **93** Suckale 1971, S. 64–70. **94** Suckale 1971, S. 39–100. **95** Schreiner 2006, S. 80–88. **96** König 2011, S. 157–162, 223, 226. **97** König 2011, S. 186f. **98** Buch VII, Kap. 21–22: Bergh 1967, S. 187–191. **99** Literatur in Anm. 96. **100** Man vergleiche etwa die Marienbildnisse Schongauers. **101** Vgl. Hascher-Burger 2010; Staubach 2011 und Beitrag Wilhelmy. **102** Im Kontrast hierzu geht Norbert Elias (1997, Bd. 1, S. 18; Bd. 2, S. 323f., 332–341; vgl. Althoff 2000) im Hinblick auf Emotionen und Verhaltensnormen in Mittelalter und Neuzeit auf eine inzwischen zu Recht angefochtene Weise von einer linearen Entwicklung der Affektkontrolle aus. **103** Sauerländer 1990, S. 149, 154. **104** Vgl. den 1436 vollendeten Trakat *De pictura* II, 41f., in: Bätschmann/Schäublin/Patz 2000, S. 268–272; Kanz 2007a, S. 35. **105** Ludwig 1970, Nr. 380, 385, 395–398, S. 190–197. **106** Kanz 2007a, S. 37, 40f. **107** Vgl. die fast schon wissend-schadenfroh lächelnde Venus von Lucas Cranach d. Ä. (Kopenhagen, um 1530), in: Spielmann 2003, S. 68. **108** Vgl. die Kapitel I, 4; 14; II, 45–50, in: Castiglione 1965, S. 14f., 28f., 151; Grewe 2004, S. 150–153. **109** Kanz 2007a, S. 48. **110** Bachtin 1995, S. 149. **111** Philipe 1994, S. 37, 94f. **112** Lessing 1958, c. III, S. 24; von Graevenitz 2007, S. 234.

VULTUS HILARIS ET RISUS DAEMONUM – DIE MASKEN VON REIMS ALS ZEICHENSYSTEM DES MITTELALTERS[1]

„Die Geschöpfe dieser Erde sind ein Buch und ein Gemälde und ein Spiegel unsres Seins. Unserm Leben, unserm Sterben, unsrer Lage, unserm Lose können sie ein Zeichen sein" [2] (Alanus ab Insulis, Sequenz der Rose, um 1200)

EINLEITUNG

In seiner Untersuchung zu *Zeichenkonzeptionen in der Architektur und bildenden Kunst des lateinischen Mittelalters* vergleicht Hans Holländer das Zeichensystem eines christlichen Weltdiagramms mit der berühmten Naumburger Stifterfigur der Uta. Jene Skulptur stehe wegen ihrer lebensnahen Darstellungsweise einem heutigen Betrachter viel näher als das kosmologische Diagramm des 13. Jahrhunderts. Dennoch schließt Holländer: *„Nicht das Diagramm, dessen Schema wie ein Brettspiel funktioniert, wenn man die Spielregeln kennt, ist schwieriger, sondern die Uta […]"*.[3]

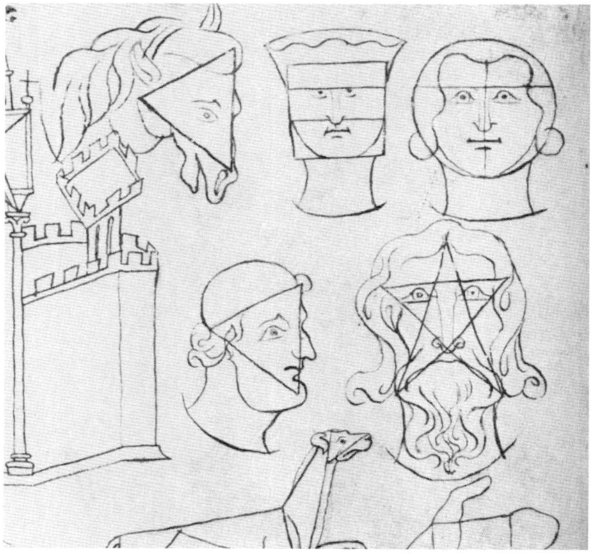

Abb. 56 ► Villard de Honnecourt, Geometrisch konstruierte Köpfe, Villard de Honnecourt, Bauhüttenbuch, um 1230, Paris, Bibliothèque Nationale de France, ms. fr 19093, fol. 18v

Der Vergleich zwischen einem schematischen Zeichenkonzept und einer scheinbar aus dem Leben gemeißelten Skulptur des 13. Jahrhunderts vermag zunächst überraschen. Doch betrachtet man in diesem Zusammenhang die geometrisch konstruierten menschlichen Gesichter im Skizzenbuch des Villard de Honnecourt (um 1230) (Abb. 56), so scheint die Frage nach der Zeichenhaftigkeit des Gesichts, und im Folgenden einer bestimmten Gruppe von Bildwerken des 13. Jahrhunderts, durchaus berechtigt.[4] Gemeint sind dabei jene hochmittelalterlichen Skulpturen, die sich durch die Anwendung einer geradezu modern zu nennenden Darstellungsweise auszeichnen: Es ist hier das Wiederentdecken einer physiognomischen Darstellungsvariation zu bemerken.[5] Am Beginn jenes Auffassungswandels stehen die sogenannten Masken, eine auf ursprünglich rund 125 Skulpturen rekonstruierbare Ansammlung von Köpfen, am Oberbau der Kathedrale von Reims.[6]

Ihre Prominenz verdanken diese Köpfe der großen Bandbreite an dargestellten Physiognomien, mimischen Äußerungen und Typen, die sich in ihren Gesichtern finden lässt (Abb. 57 a–h, 58, 59). Ihre übersteigerte Mimik wird geprägt von einem breiten Grinsen, verzerrtem Lachen, von aufgerissenen Mündern und gespannt emporgezogenen Augenbrauen. Geschult an „smileys" oder an anderen affektiven Signets ist der moderne Betrachter möglicherweise geneigt, jenen Masken eine ganz bestimmte und scheinbar eindeutige Lesart, zum Beispiel eine Emotion, zuzusprechen. Der Betrachter verbindet die Gesichter dabei mit heutigen Bildvorlagen, zu denen er oder sie eigene Assoziationen findet. Es bleibt jedoch fraglich, ob diese Übertragung des heutigen visuellen Beurteilungssystems auf das Mittelalter tatsächlich historisch gesicherte und belastbare Ergebnisse liefert. Denn der Aspekt der assoziativen Übertragung setzt eine anthropologische Konstante in der Wahrnehmung und Bewertung von Zeichen voraus. Menschliche Äußerungen, wie beispielsweise das Lachen, sind jedoch kulturelle Phänomene;[7] somit sind die Wahrnehmungen, Bewertungen und vor allem Visualisierungen derselbigen vom gesellschaftlichen, kulturellen und historischen Kontext abhängig (vgl. Beitrag Müller, S. 75f.).[8] Will man sich also der Bedeutung der Masken von Reims als komplexes Zeichensystem des Mittelalters annähern, müssen die physiognomischen Merkmale – das äußere Erscheinungsbild – und die pathognomischen Äußerungen – die mimischen Zeichen – der Gesichter im kulturellen Kontext des 13. Jahrhunderts verortet werden.[9]

DAS GESICHT ALS ZEICHEN

Stellvertretend für den Komplex der Masken soll hier eines der lachenden Gesichter zur Deutung herangezogen werden (Abb. 58).[10] Willibald Sauerländer stellt diese Maske an den Beginn einer Entwicklung, die erst die Herausbildung der Gesichter der Seligen am Bamberger Fürstenportal ermöglichte (Abb. 53 und 74).[11] Während er in dem Gesicht formal ein Urbild des Lachens sieht und die Maske als *„verlockend lächelnden Frauenkopf"*[12] charakterisiert, ist dieselbe Konsole für Hans Weigert ein *„feister, seelenloser Kopf, aus dem eine Verdumpfung der geistigen Kräfte spricht"*.[13] Trotz der Tatsache, dass Weigerts Seelendeutung der Masken fragwürdig bleibt – denn immer wieder taucht in seinem Werk die ideologische Rassendeutung des Nationalsozialismus auf – wird klar, dass sich physiognomische Deutungsmodelle erheblich voneinander unterscheiden können, wenn weder der narrative noch der historische Kontext beachtet wird. Beides ist bei der Dechiffrierung der Reimser Maske zwingend notwendig.[14] Ihre Deutung muss daher kontextualisiert werden. Im Folgenden geschieht dies durch den Abgleich mit einem narrativen Zeichensystem. Der Vergleich mit den lachenden Gesichtern der Seligen von Bamberg (Abb. 53 und 74) oder dem Seligen des Mainzer Westlettners (Abb. 76) kann den Betrachter dazu verleiten, das Gesicht in Reims als positiv lachend zu bewerten, scheint es doch beinahe dem Lachen jener Seligen zu gleichen (vgl. Abb. 58). Es zeigt sich aber ein entscheidender Unterschied: Die Seligen haben den Mund geschlossen, die Maske von Reims dagegen zeigt mit geöffnetem Mund die Zähne. Eine der wichtigsten Mönchsregeln, die *Regula Magistri*, beschreibt im 6. Jahrhundert den menschlichen Körper als Bauwerk, in dem die Seele wohnt. Ebenso wie die Seele nach außen, kann auch das Böse nach innen gelangen, wenn das Tor und die Riegel – gemeint sind der Mund und die Zähne – beim Lachen geöffnet sind (Kat.-Nr. 46).[15] Ähnlich bewertet noch Hugo von St. Viktor († 1141) um 1140 das Zeigen

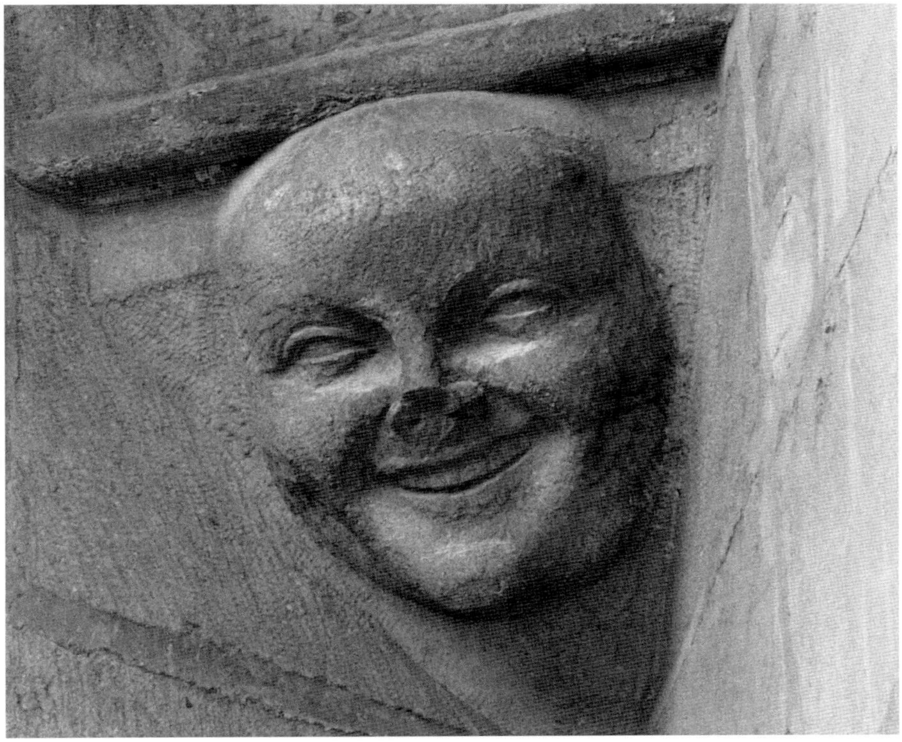

Abb. 58 ▲
Kopf eines lachenden Mannes (Gesimsmaske), Reims, Kathedrale Notre-Dame, südliches Querhaus, Südwestturm, Südseite, vor 1241

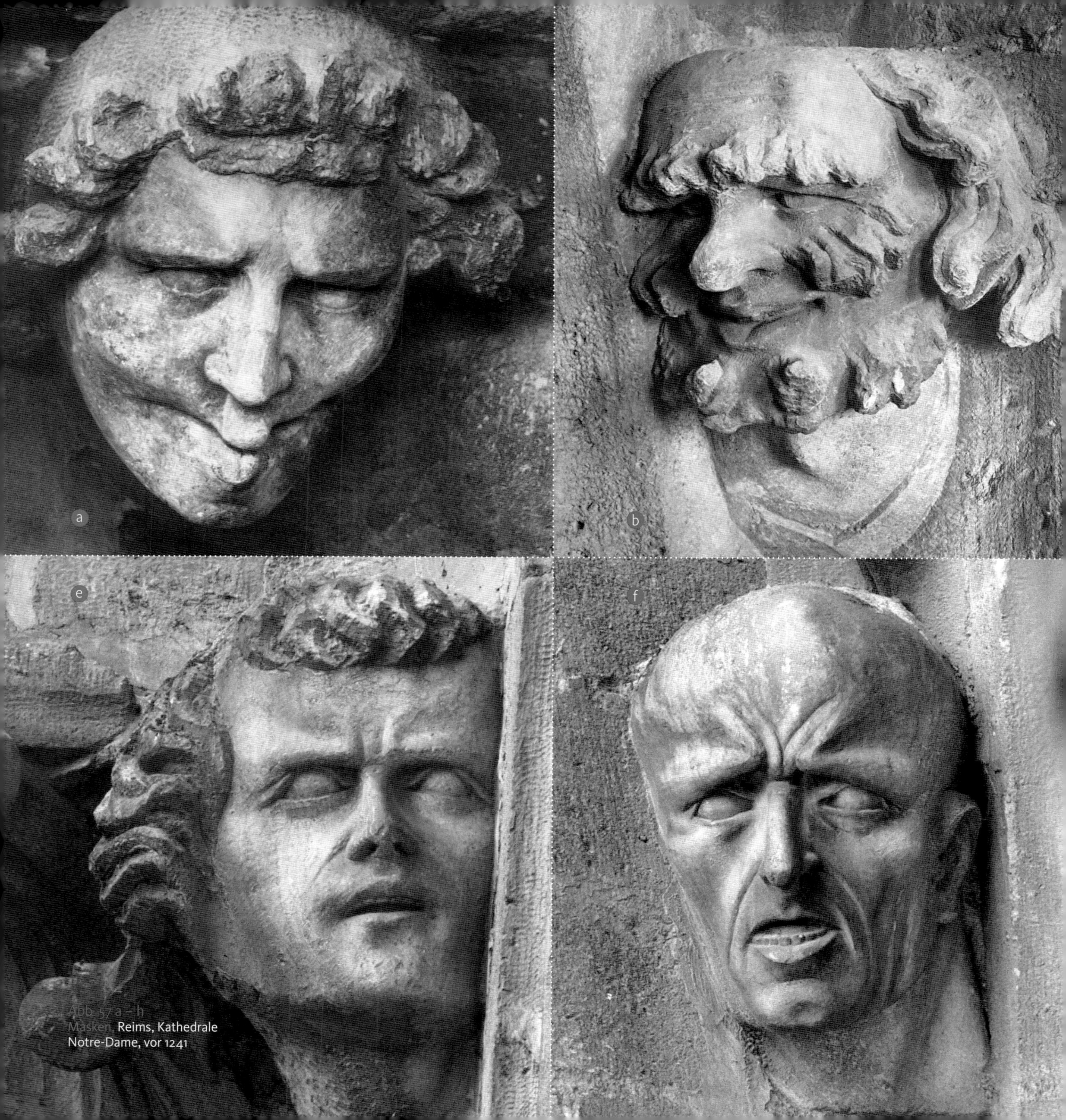

Abb. 57 a – h
Masken, Reims, Kathedrale Notre-Dame, vor 1241

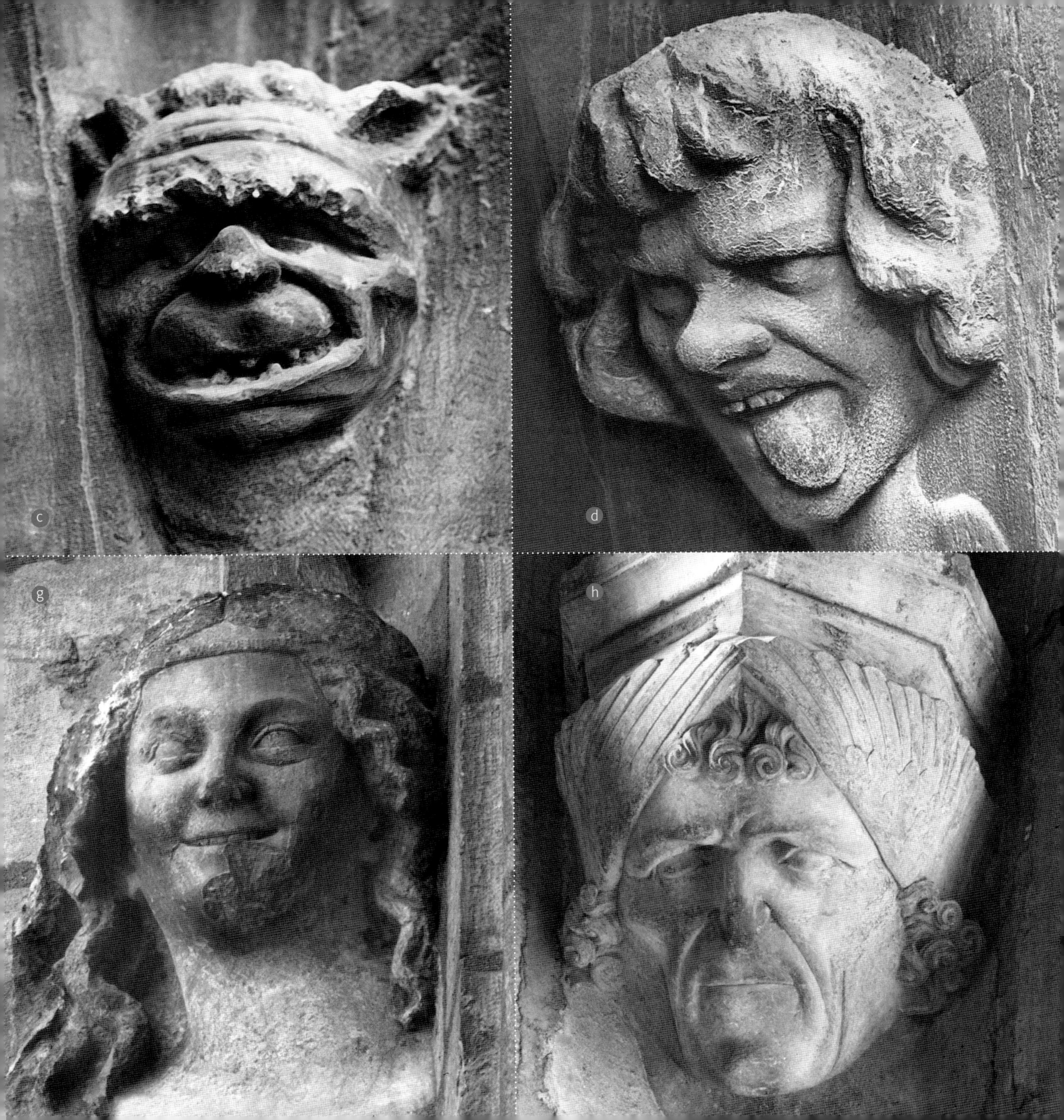
c
d
g
h

der Zähne als negativ.[16] Doch nicht nur für das Leben der Männer im Kloster lässt sich eine solche Bewertung feststellen. So beschreibt selbst der mittelfranzösische *Roman de la Rose* das Lachen der höfischen Dame als schön und sittsam und stellt dazu fest, dass auch die Dame des Hofes mit geschlossenem Mund lacht.[17] Hier wird deutlich, dass man es mit der Trennung des guten und erlaubten vom schlechten und verbotenen Lachen zu tun hat. Diese Trennung ist vor allem ein integraler Bestandteil der scholastischen Lehre über das Lachen. An den Beispielen der Maske von Reims und der Seligen findet man das schlechte Lachen (*cachinnus* oder *risus daemonum*) und das gute Lächeln (*vultus hilaris*) gegenübergestellt. Wichtig scheint dabei der Kontext des Ortes. Die Reimser Maske lacht auf Erden, die Seligen dagegen befinden sich bereits im Jenseits oder besitzen die Heilsgewissheit. Schon in der Bibel steht: *„Selig seid ihr, die ihr hier weint; denn ihr werdet lachen"* (Lk 6,21). Auch Thomas von Aquin (1224/25–1274) bewertet das *gaudium*, das Lachen der Seligen im Himmel, positiv (vgl. Kat-Nr. 9).[18] Dieser Seelenfreude steht das unkontrollierte Lachen des Reimser Gesichts gegenüber. Die maßüberschreitende Mimik offenbart den negativen Gehalt der Kopfkonsole. Es lässt sich also auch für die Maske von Reims ein Deutungsrahmen finden, in dem sie erklärbar wird.

Die grundlegendste Deutung entsteht durch die Lokalisierung am Kirchenbau in den Randbereichen der Bildzonen. Die Masken werden dort zu Randbildern.[19] Aufgrund ihrer Anbringung in der Peripherie des Kirchenbaus werden die Kopfkonsolen in ein Verhältnis zum Darstellungszentrum gestellt, in dem die Heiligen platziert sind. Diese Heiligen repräsentieren einen geregelten Figurentypus, der zum Maß der gotischen Skulptur wird und sich am Christusbild orientiert.[20] Dieses überindividuelle Stereotyp wird zum Maß der Schönheit.[21] Es entspricht der physiognomischen Vereinheitlichung auf der Suche nach dem vollkommenen Menschen, der nach Gottes Abbild geschaffen wird. Den Heiligen gegenübergestellt ist ein auf Wiedererkennbarkeit abzielender Typus, welcher von heilsgeschichtlichen Negativgestalten, wie beispielsweise Herodes, vertreten wird.[22] Die negative Physiognomie des Königs – das wulstige und haarige Gesicht – findet dabei eine Analogie in den Masken von Reims (Abb. 57 b). Die übersteigerten Merkmale der Mimik und der Physiognomie einzelner Masken bezeichnen ihren Charakter folglich ebenso als nieder und maßlos wie die Ausgestaltung zur teuflischen Fratze (Abb. 57 a, b, c, d, f, g). Die Ausführungen zur Zeichenhaftigkeit des lachenden Gesichtes wären jedoch zu einseitig präsentiert, reduzierte man ihren Gehalt rein auf moraltheologische Aussagen zu mimischen Ausdrucksformen und physiognomischen Merkmalen. Denn gerade das 13. Jahrhundert zeichnet sich durch eine Hinwendung zum antiken Gedankengut der Physiognomik aus, die nicht allein in der Funktion als Mittel einer gesellschaftlichen Diffamierung gesehen werden kann. Denn es lässt sich auch ein gesteigertes empirisches Interesse feststellen. Es sind Theologen wie Albertus Magnus (um 1200–1280) oder Thomas von Aquin, welche die Affekte und die Physiognomie aus der vorrangigen Zeichenhaftigkeit des Lasters herauslösen (vgl. Beitrag Müller, S. 86f.).[23] In diesem Kontext lässt sich in den Gesichtern der Masken eine physiognomische Konkretisierung feststellen.[24] Die negative Deformierung ist dabei nicht neu, die Art des Einsetzens des physiognomischen Formulars jedoch schon. Hier lässt sich der Darstellungsinhalt, die Visualisierung des Negativen, von der Darstellungsweise, in der Art physiognomischer Ausdrucksstudien differenzieren. Es ist diese Experimentierfreude, die sich, vor dem Hintergrund von Antikenrezeption und vor physiognomischem Interesse der Entstehungszeit, in die Gesichter eingeprägt hat und die forschungsgeschichtlich als beginnendes Naturstudium verstanden worden ist.[25] Die Masken von Reims sind Zeichen, die physiognomisch als Ausdrucksstudien gelesen werden können, vor dem Hintergrund einer Bildtradition jedoch ihre negative Signalwirkung behalten.

DIE MASKEN VON REIMS ALS ZEICHENSYSTEM

Aus der formalen Gestaltung der Kopfkonsolen lassen sich Erkenntnisse gewinnen, die zur Deutung der Masken als Zeichensystem herangezogen werden können.

Die Blickrichtung mancher Köpfe steht im Kontrast zur formengerechten Darstellung des Gesichts. Eine Maske, welche ein bestimmtes Blickziel zu verfolgen scheint, ist vom Mauerwerk begrenzt (Abb.57 e). Ein Teil des Gesichts verschwindet dadurch in der Wand. Es bleibt die Frage, wieso die Bildhauer der Masken die Gesichter in Richtungen ausgerichtet haben, durch die sie in ihrer Lage am Kirchenbau beschnitten werden müssen. Hat die Ausrichtung, beispielsweise des Blicks, Vorrang vor der formengerechten, also ganzheitlichen Darstellung des Gesichts?[26] Bereits hier zeigt sich, dass allein schon aus der Anordnung der Masken am Kirchenbau und der Ansprache eines verbindenden Blickes Fragen zur inhaltlichen Funktion entwickelt werden können. Das Herausarbeiten eines Systems inhaltlicher Bezüge einzelner Masken zueinander (Abb. 59) oder der Blickverbindung einzelner Masken zur restlichen Bauskulptur oder sogar zu weiteren Blickzielen – zu denken wäre beispielsweise an die Einbindung in die mittelalterliche Stadttopographie von Reims – scheitert (noch) am unzureichenden Dokumentationsstand der Masken.[27]

Bemerkenswert bleibt zudem, dass die Masken von Reims als die wohl berühmtesten Vertreter eines solchen Phänomens anzusehen sind, das sich über ganz Europa ausgebreitet hat: An zahllosen Kirchenbauten des 13. Jahrhunderts finden sich Kopfkonsolen an den Randzonen.[28] Ähnliche Skulpturen an romanischen Bauten – wie Moissac oder Aulnay-de-Saintonge – verweisen zudem auf eine ältere Tradition.[29] Es ließe sich hier schließen, dass in diesem regelhaften Auftreten der Randerscheinungen an Kirchenbauten bereits ein Hinweis auf die Systematisierung jener Zeichen und somit ein Argument für das Vorhandensein eines Zeichensystems zu finden ist.

Neben den bisher angeführten Masken von Reims, die anhand ihrer herabgewerteten Chrarakterisierung zu deuten sind, finden sich auch solche, bei denen eine direkte Deutung – auf Grund mimischer und physiognomischer Formeln – nicht so leicht möglich ist. Zudem werden neben Vertretern der unteren gesellschaftlichen Schichten auch Kleriker, Könige, Ritter und höfische Damen in den Masken repräsentiert. Zusammen-

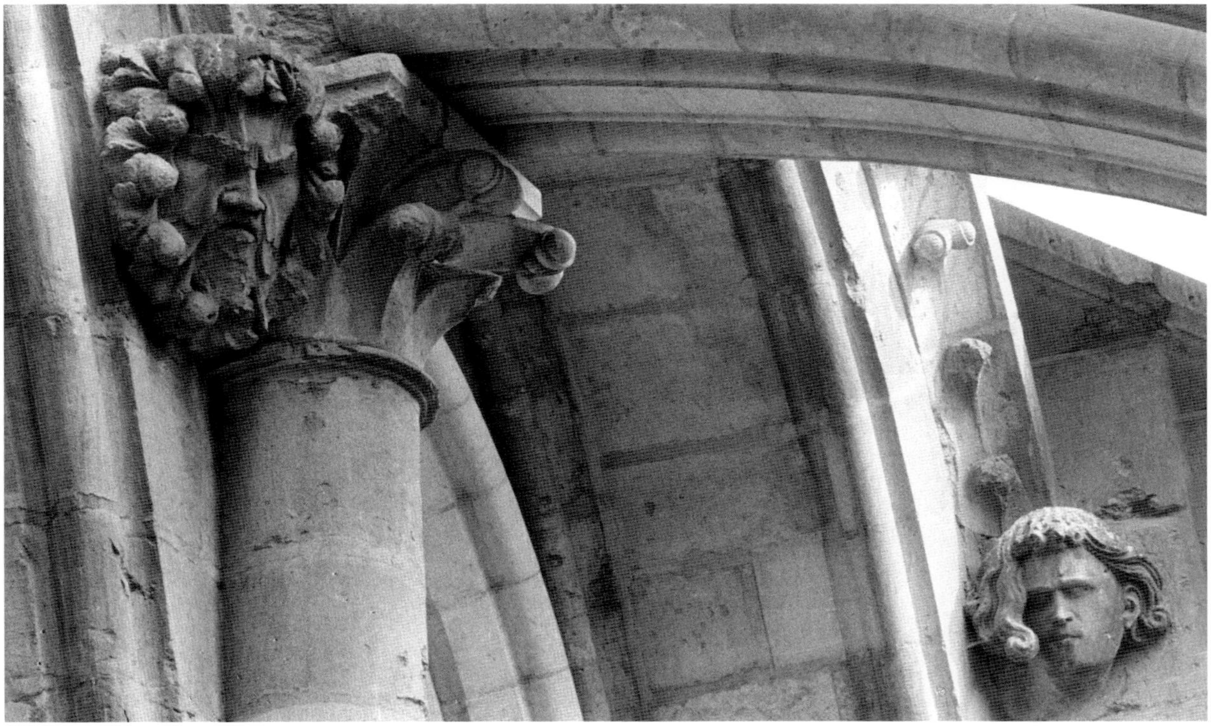

Abb. 59 ◄
Blattmaske und Kopfkonsole mit Blickverbindung, Reims, Kathedrale Notre-Dame, Obergaden des Hochchors, vor 1241

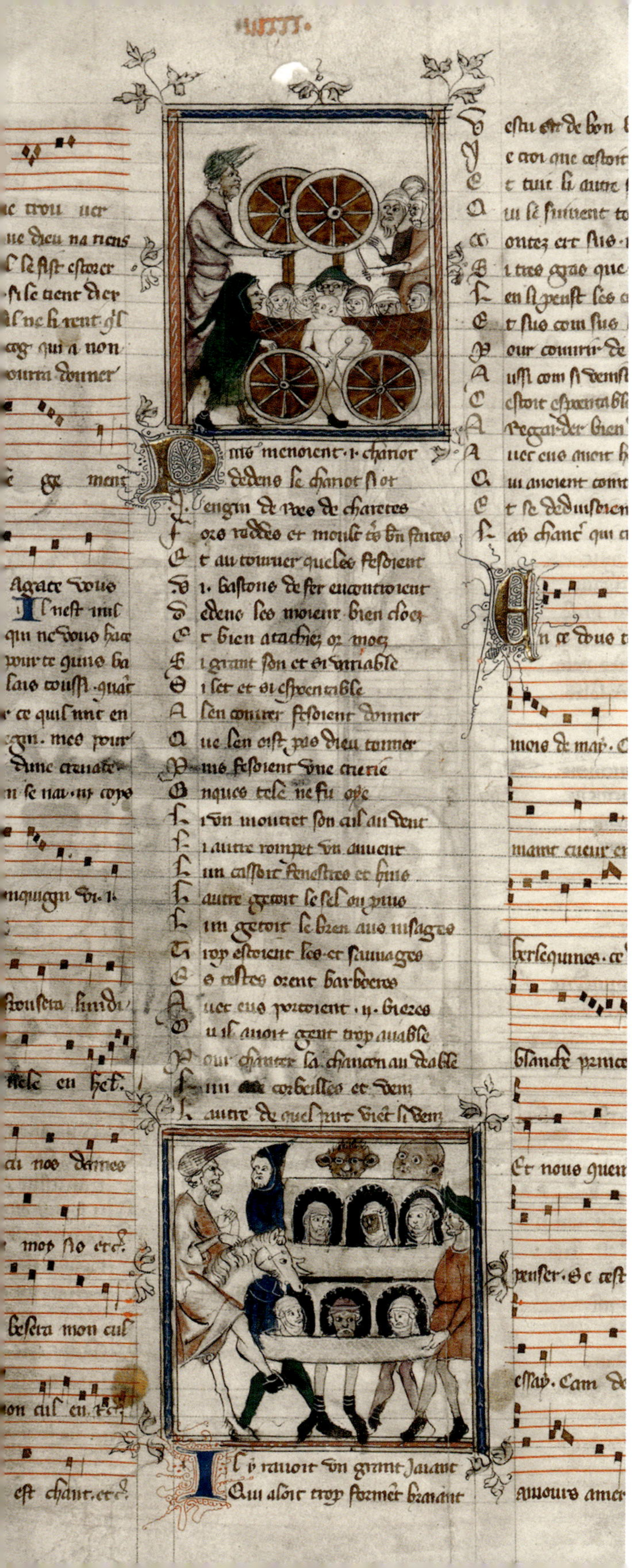

Abb. 60 ◄
Herlekin und „Wildes Heer" transportieren die Toten, Roman de Fauvel, 1. Viertel 14. Jh., Paris, Bibliothèque Nationale de France, ms. fr. 146 fol. 36v

fassend lässt sich hier also eine Randerscheinung am Kirchenbau ausmachen, die durch eine Bandbreite von affektivem Ausdruckspotential und Physiognomien sowie gesellschaftlichen Typen charakterisiert ist.
In der Literatur der Epoche (vgl. Beitrag Köhnen, S. 62f.) findet sich Vergleichbares, so z. B. Darstellungen des Charivari, eine Art Volksumzug, wie er im *Roman de Fauvel* aus dem frühen 14. Jahrhundert beschrieben wird (Abb. 60) (Abb. 61).[30] In den drei Darstellungen der Handschrift findet sich jeweils, als prominenter Teilnehmer des Zuges, ein Mann mit einem Flügelhut, der so auch von einer Reimser Maske getragen wird (Abb.57 h).[31] Die Kopfbedeckung ist im *Roman de Fauvel* einer bestimmten Figur, dem *Herlekin*, zugeordnet, der im Zuge mit weiteren Akteuren auftritt. Die Komposition aus Flügelhut und Begleitcharakteren zusammen mit grotesken Teufelsfratzen sowie verzerrten Physiognomien und mimischen Deformierungen könnte den *Roman de Fauvel* – im Sinne einer kulturellen oder visuellen Tradition – mit den Masken von Reims verbinden. Es wäre also möglich, dass zumindest ein Teil der Kopfkonsolen von einer älteren Vorstellung vom Charivari beeinflusst worden ist. Denn die in der Darstellung des *Roman de Fauvel* verbildlichte Geschichte des Charivari entspringt der Vorstellung vom *Herlekin* wie sie bereits in zwei Quellen des 12. Jahrhunderts zu finden ist.[32] Zwischen 1180 und 1186 erzählt Walter Map († 1209/1210) in seinem Werk *De nugis curialium* die Geschichte von König Herla (*Herla cyning*) und wie dieser zum Anführer des wilden Heeres (*familia Herllequini*) wird.[33] So bedeutet der Begriff *Herlequin* oder *Herlekin* zunächst wohl nur *König des Heeres*. Zuvor berichtet Ordericus Vitalis († 1140) in seiner *Historia ecclesiastica* von dem König und seinem Heer.[34] Der Mönch gibt dort den Augenzeugenbericht eines Priesters wieder, der das wilde Heer Anfang Januar 1091 gesehen haben will. Die Beschreibung selbst ist letztlich ein christliches Exemplum.[35] Die Toten sind Sünder, die – für ihre Taten bestraft – wehklagend und entsetzliche Schreie ausstoßend vom wilden Heer gejagt werden oder diesem selbst beiwohnen müssen. Interessant ist, dass hier sowohl von Männern und Frauen als auch von Klerikern, Rit-

tern und Teufeln die Rede ist, also einem außergewöhnlich breiten Spektrum an Typen, das sich ebenso in den Kopfkonsolen der Masken von Reims auffinden lässt.
Die Darstellungen des *Roman de Fauvel* zeigen ein aus dem Volksglauben entstandenes Brauchtum, in dem der *Herlekin* mit dem wilden Heer die Toten auf Bahren oder Wagen transportiert (vgl. Abb. 60, 61).[36] Im Roman selbst heißt es: *„Wild sehen sie aus und so hässlich. Mit den Haaren und dem Bart ist der Kopf maskiert. Zwei Bahren haben sie mit sich geführt. Darauf sitzen Leute, die sind ganz von Sinnen, dem Teufel jetzt ein Lied zu bringen. Da ist ein großer Riesenmann, der brüllte furchtbar, als er kam. Ein guter Rock aus Broissequin – ich glaube, das ist Hellequin."*[37]
Aus dem Jahre 1235 findet sich die Bezeichnung *Herlekinleute* im *Turnier des Antichristen (Li tornoiemenz antecrit)* von Huon de Méry (um 1200 – um 1255). Der Autor fühlt sich bei eitlem Treiben mit seltsamer Musik, dem Geläut von Glöckchen und dem Geplapper von Papageien an die Herlekinleute erinnert.[38] Bereits hier erscheint das wilde Heer nicht mehr so furchterregend wie in den Beschreibungen des 12. Jahrhunderts. So verwundert es dann auch nicht, dass man den *Herlekin* 1262 als komische Figur im weltlichen Stück *Das Spiel unter dem Laubdach (Jus du Pèlerin)* von Adam de le Hale (um 1237–1288) wiederfinden kann.[39] Für jenen *Herlekin* des 13. Jahrhunderts stellt Otto Driesen das grimassenhaft verzerrte Gesicht als Charakteristikum heraus.[40] Und so ist es auch eben diese Figur, die sich von der Bühne herab an ihr Publikum wendet und fragt: *„Steht sie mir gut, die Struwelfratze?" („Me sied-il bien, li hurepiaus?")*.[41] Driesen schließt daher, dass *„der Kopf […] charakteristisch für jeden zu dem Typus Herlekin gehörenden Dämon"* ist.[42] Der *Herlekin* des Mittelalters ist laut Driesen zudem keine Einzelfigur, sondern gehört in eine Gruppe von *Herlekins*, an deren Spitze der anführende *Herlekin* steht.[43] Aus kirchlicher Sicht des 13. Jahrhunderts sind diese aber Dämonen, und so muss selbst im weltlichen Spiel der Schrein der Geistlichkeit (gemeint sind hier die Reliquien des heiligen Acarius) vom *Herlekin* getrennt werden.[44] In diesem Zusammenhang sei noch einmal auf die oben bereits erwähnte klare Trennung der Kopfkonsolen von den Heiligen am Kirchenbau von Reims verwiesen. Und dennoch scheint gerade im kirchlichen Kontext der Charivari eine nicht unwichtige Rolle gespielt zu haben, denn 1404 verbietet die Synode von Langres Priestern und Laien unter Androhung der Exkommunikation und einer Geldstrafe von drei Silbermünzen die Teilnahme am Charivari-Brauch, bei dem – wie berichtet wird – *larvis in figura daemonum*, also *Masken mit teuflischen Zügen* Verwendung fanden.[45] Aus der Regierungszeit des französischen Königs Philipp-August (1165–1223) erfahren wir darüber hinaus von einem *„alljährlich unter dem Präsi-*

Abb. 61 ▼
Herlekin im Charivari-Umzug, Roman de Fauvel, 1. Viertel 14. Jh., Paris, Bibliothèque Nationale de France, ms. fr. 146, fol. 34v

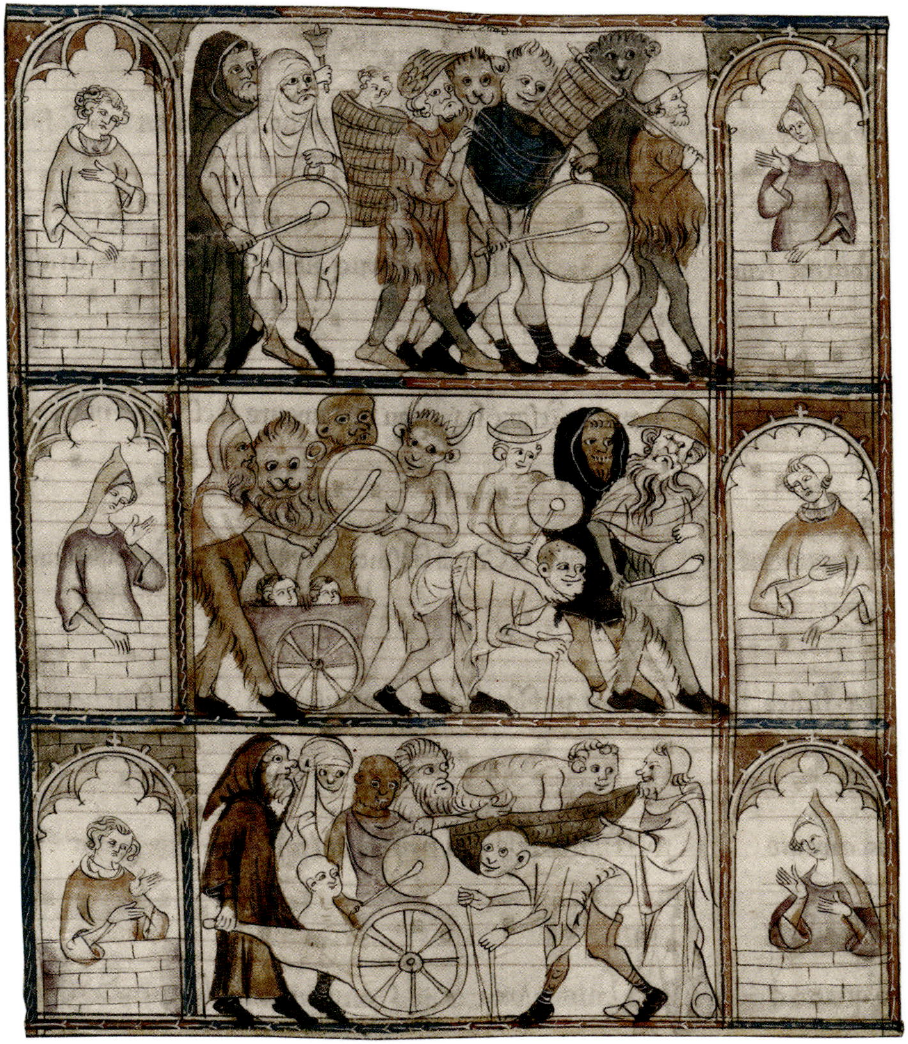

dium dreier Kanoniker der Kathedrale von Soissons stattfindenden Wettbewerb in dem Ort Villemoritoire, bei dem die schönste Grimasse prämiert wurde [...]. Die Kanoniker ließen es sich auch nicht nehmen, am Faschingsdienstag im Hôtel de la grosse tête die schönste Maske auszuwählen". [46]

Möglicherweise finden diese beiden Aspekte auch ihre Ausprägung in den Masken von Reims: zum Einen die Anziehungskraft einer Kultur der ‚verkehrten Welt'[47] – die Narrenfeste des Klerus gemäß einer Lachkultur nach Bachtin[48] – und zum Anderen die christlich-ideologische Wertung eines Brauchtums, das den Feiernden an den Randbereich der kirchlichen Gemeinschaft und zu den Sündern drängt, während die Masken von Reims als dämonische Gesichter im Randbereich des Kirchenbaus unter Teufeln und Wasserspeiern verortet sind.
Die hier vorgeschlagene Deutung, den Komplex der Masken von Reims mit einer Vorstellungswelt des Charivaris zu verknüpfen, ist letztlich nicht eindeutig zu beweisen. Gründe sind, neben der generellen Uneindeutigkeit zeichenhafter Systeme, die ungenügende Schriftquellenlage zur Randkunst und die lückenhafte Erhaltung des Skulpturenkomplexes am Kirchenbau. Dennoch ist anzunehmen, dass auch Gehalte des Volksglaubens und des mittelalterlichen Brauchtums in die Randbilder von Reims mit eingeflossen sind.
Als wichtiger abschließender Aspekt muss noch die Uneinsehbarkeit der Masken von Reims in die Diskussion eingebracht werden. Die Kopfkonsolen sind in der oberen Randzone des Kirchenbaus lokalisiert und scheinen so dem Blick des Betrachters entzogen gewesen zu sein. Die Gesichter sollten daher nicht in einem funktionalen Zusammenhang mit einem Betrachter verstanden werden. Viel eher ist ihre Funktion im Bezug auf einen sakralen Bedeutungszusammenhang zu vermuten. Sie versinnbildlichen die Exklusion einer, von der sakralen Normalität abweichenden Kultur. In diesem Sinne könnten die Randbilder – wie bereits von Monika E. Müller angeführt – durch eine Thematisierung von Gegensätzlichkeit die eigene kulturelle und kollektive Identität der christlichen Gemeinschaft bekräftigt haben.[49] Eine ähnliche sozialregulierende Funktion wird im Übrigen auch für die mittelalterlichen Narrenfeste angenommen (vgl. Beitrag Köhnen, S. 65f.).[50] Obwohl der moderne Betrachter die Reimser Masken weitgehend als „lachend" empfindet, bezeichnen ihre mimischen Deformierungen und ihre physiognomischen Merkmale ein – im mittelalterlichen Wertesystem – negatives Charakteristikum. Die Reflexion von Maß und Ordnung im 12. und 13. Jahrhundert setzt die Charakterköpfe der Masken inhaltlich als randständiges Phänomen der Gegenbildlichkeit zu den Heiligen. Die kontrastive Anordnung von Heiligenfiguren und Konsolköpfen am Kirchenbau spiegelt dabei die – von Peter K. Klein angeführte – metaphorische Symbolik des Raumes wieder.[51] Das Zeichensystem bezieht sich hier auf normative Wertvorstellungen innerhalb der mittelalterlichen Gesellschaft und dient dieser als kulturelles, soziales und religiös-ideologisches Mittel der Ausdifferenzierung und Selbstbestätigung. Dem heutigen, völlig anders sozialisierten Betrachter hingegen ist dieser Kontext weitgehend verschlossen und unverständlich.

Gleichzeitig lässt sich in der Darstellungsweise der Masken eine Hinwendung zum physiognomischen Interesse erkennen, das zwar in den Gesichtern selbst noch unter dem Aspekt einer Negativformel gelesen werden sollte, im Folgenden jedoch einen Ausgangspunkt für das Formenrepertoire des fortschreitenden 13. Jahrhunderts liefert. Die Seligen von Bamberg und Mainz und auch jene Naumburger Stifterfiguren wie Uta (Abb. 62) oder Reglindis (Kat.-Nr. 22) sind Folgen dieser Entwicklung.

1 *„Das heitere Gesicht und das dämonische Lachen"*, vgl. S. 97. Mein herzlicher Dank für fachliche Hinweise, Kritik und Diskussion gilt Monika E. Müller, Sonja Liebendörfer, Manuela Litterst und Barbara Otto. 2 *„Omnis mundi creatura / quasi liber et picture / nobis est, et speculum. / Nostrae vitae, nostrae mortis, / nostri status, nostrae sortis/fidele signaculum"*, zit. nach Assunto 1987, S. 167. 3 Holländer 1997, S. 1068. 4 Den Hinweis auf die Gesichter im Skizzenbuch des Villard de Honnecourt verdanke ich Monika E. Müller. 5 Vgl. Büchsel 2011; Schmengler 2011. 6 Im Folgenden werden die Begriffe Maske, Kopfkonsole und Gesicht als Synonyma verwendet. Die Bezeichnung als *Masken*

hat sich mittlerweile forschungsgeschichtlich durchgesetzt. Sie geht auf Paul Vitry zurück, der 1906 in seinen Beobachtungen einzelne Stücke als *masques* bezeichnete, vgl. Vitry 1906, S. 241–247. **7** Vgl. Darwin 1966, S. 231–243. **8** Mehr noch, es müssten idealiter modernere erkenntnistheoretische Assoziationen – beispielsweise der Gelehrtenstreit zwischen Lavater und Lichtenberg im 18. Jahrhundert bezüglich der Deutung des menschlichen Gesichts – aus dem Blickfeld der Betrachtung getilgt werden, vgl. Gurisatti/Huizing 1989, S. 273–276. Zugleich beinhaltet das intuitive Lesen des Gesichts, seiner Physiognomie und seiner Mimik die Vorstellungen der Physiognomik, einer seit der Antike angewandten Wissenschaft, welche das Gesicht als Zeichen für das Wesen des Menschen versteht. **9** Unter Physiognomik versteht man die wissenschaftliche Auseinandersetzung mit der Physiognomie, also dem äußeren Erscheinungsbild des Menschen. Unter Pathognomik ist dagegen die wissenschaftliche Auseinandersetzung mit der Pathognomie, also der Gemütsbewegung im menschlichen Gesicht zu verstehen. **10** Für einen Gesamtüberblick zum Konsolenbestand vgl. Wadley 1984. **11** Vgl. Sauerländer 1976, S. 178. **12** Sauerländer 1976, S. 183–185; Sauerländer 1999, S. 44–46. **13** Weigert 1934, S. 246. **14** So bleibt auch – um ein Beispiel aus einer völlig anderen Zeit anzuführen – die Büste eines Charakterkopfes von Franz Xaver Messerschmidt († 1783) ohne Titel nur schwerlich zu deuten. Der heutige Betrachter wird sich daher, einmal ein Deutungsmodell zurechtgelegt, wohl in den häufigsten Fällen von der zeitgleichen Betitelung als *Gähner* überrascht sehen, denn das Gesicht könnte doch auch einen schmerzerfüllten Ausdruck oder gar einen Schrei zeigen. Der Kopf wurde erst 1793 im Zuge einer Ausstellung von einem unbekannten Autor mit dem Titel *Gähner* versehen, vgl. hierzu Pötzl-Malikova 1982, S. 68, 247. Zudem macht die Benennung des späten 18. Jahrhunderts deutlich, wie sehr sich eine zeitgenössische Rezeption von der heutigen Wahrnehmung unterscheiden kann. **15** Vgl. Le Goff 2004, S. 56–58; Fraenger 1922, S. 8. **16** Vgl. Schmitt 1992, S. 172. **17** Vgl. Schultz 1880, S. 199. **18** Thomas von Aquin, *Summa contra gentiles* III (48:8); *Summa theologica* II, Teil I, 59,2; II, Teil I, 31, 4, *ad tertiam*, zit. nach Büchsel 2003, S. 137. **19** Vgl. die Definition der Randbilder bei Müller 2010, S. 65–68 sowie das grundlegende Deutungsmodell von Klein 2007, S. 166–187; vgl. auch Camille 1992. **20** Vgl. Schlink 1997, S. 433. **21** Vgl. Schlink 1997, S. 437. **22** Vgl. Schlink 1997, S. 444. **23** Vgl. Sauerländer 2003; Sauerländer 2006. **24** Vgl. Sauerländer 2003, S. 104. **25** Vgl. Büchsel 2003, S. 136. **26** Vgl. hierzu Düring 2010, S. 60. **27** Vgl. Kunst/Schenkluhn 1987, S. 9–11. **28** Vgl. Klein 2007. **29** Zur Abtei Saint-Pierre in Moissac im Département Tarn-et-Garonne und zur Kirche Saint-Pierre d'Aulnay im Département Charente-Maritime vgl. Kenaan-Kedar 1995; Camille 1992. **30** Vgl. Dillon 2002, S. 11–16. **31** Wie Ruth Mellinkoff bereits 1985 aufgezeigt hat, findet sich dieser Flügelhut auch auf den Köpfen von Negativfiguren im Kontext von Märtyrerviten oder der Passion Christi, vgl. Mellinkoff 1985. **32** Zur Verbindung von *Herlekin, Wildem Heer* und *Charivari* vgl. Lecouteux 2001, S. 191–197. **33** Map 1983, S. 26–31, 370–375. **34** Vitalis 1973, S. 236–250. **35** Vgl. Lecouteux 2001, S. 117. **36** Driesen 1904, S. 86–102 unterscheidet eine Art *Oberherlekin* von den übrigen *Herlekins*. **37** Zit. nach Johannsmeier 1984, S. 33. **38** Mery 1888, S. 48f., Vers 646–695. **39** Bahlsen 1884; vgl. Driesen 1904, S. 38–66. **40** Vgl. Driesen 1904, S. 62–66. **41** Rambeau 1886, Vers 590. **42** Driesen 1904, S. 65. **43** Vgl. Driesen 1904, S. 86. **44** Driesen 1904, S. 62–66. **45** Vgl. Bouchel 1609, S. 1025. **46** Zit. nach Kimpel/Suckale 1985, S. 260. **47** Zur Verbindung der Masken von Reims zum Narrenfest vgl. Steiner 1991. **48** Vgl. Bachtin 1987. **49** Vgl. Müller 2010, S. 79. **50** Vgl. Steiner 1991, S. 103. **51** Vgl. Klein 2007, S. 179.

Abb. 62 ▶
Uta (Detail), Naumburger Meister, Naumburg, Dom, Westchor, um 1250

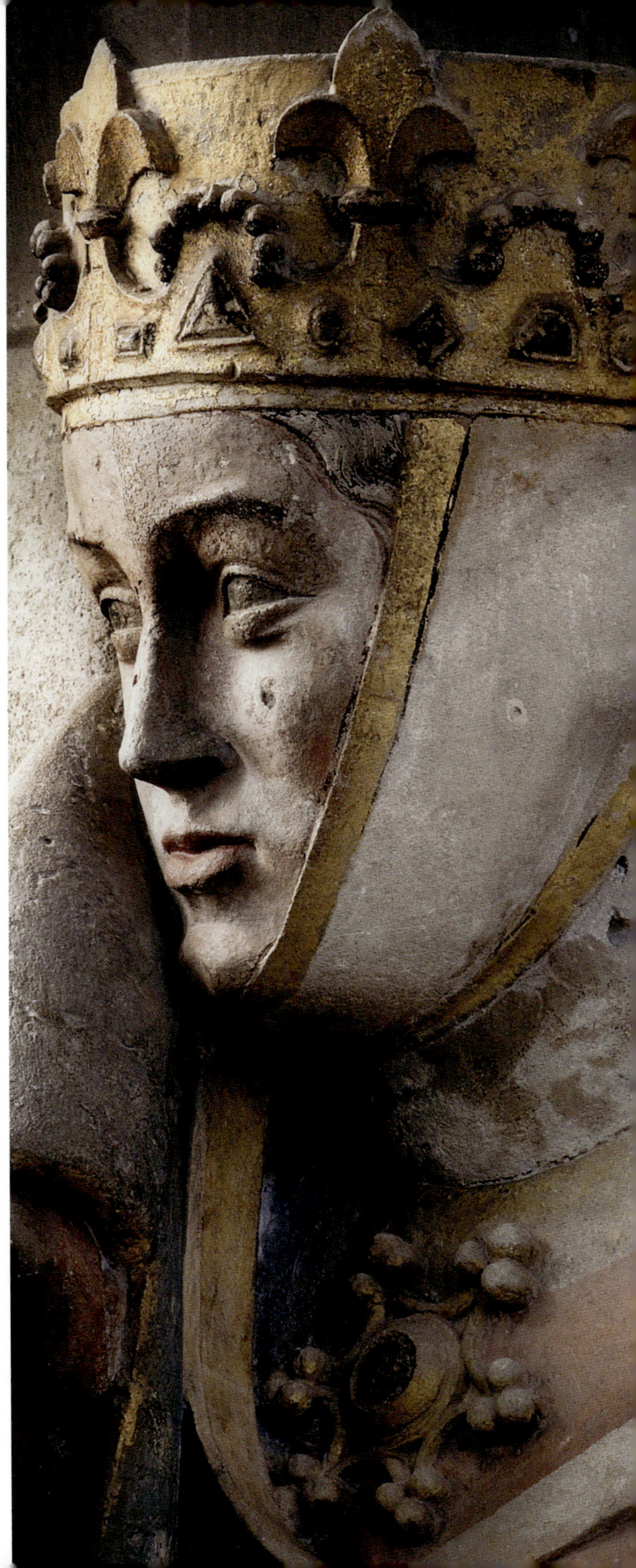

WEITERLACHEN – EIN **AUSBLICK IN DIE NEUZEIT**

Am Beginn der frühen Neuzeit befasste sich das Konzil von Trient (1545–1563) intensiv mit dem Gebrauch und dem Nutzen christlicher (Altar-) Bilder. In der Folge entstanden zahlreiche Schriften vor allem geistlicher Gelehrter, in denen genehme, aber auch weniger geduldete oder gar zu verbietende Bildinhalte definiert und für die katholisch verbliebenen Staaten verbindlich wurden. Einer der wichtigsten Traktate stammt aus der Feder des römischen Kurienkardinals Gabriele Paleotti (1522–1597). In seinen *Fünf Büchern über profane und sakrale Bilder* (*De sacris et profanis imaginibus libri quinque*) von 1582 widmete er sich u.a. den *pitture ridicole*, also jenen *lachhaften* [= zum Lachen reizenden] *Bildern*, deren Verwendung es zu reglementieren galt. Während Paleotti das Lachen aus Bildgegenständen mit christlicher Thematik verbannt sehen wollte, erlaubte er durchaus den Genuss profan-komischer Bilder, ja, er sprach sich sogar dezidiert für deren Darstellung aus, da er an eine heilende Wirkung des Lachens glaubte. Diese gegenüber der kirchlichen Lehrmeinung des Mittelalters (vgl. Beitrag Wilhelmy, S. 40f.) durchaus erstaunliche Haltung resultiert auf der konzisen humanistischen Bildung des Kardinals, der die heilende Wirkung des Lachens aus der in der Antike entwickelten medizinischen Lehre der Körpersäfte ableitet. Blut, Schleim, gelbe und schwarze Galle galten als jene vier *humores*, die den Säftehaushalt des Menschen regulieren und, sofern im harmonischen Gleichgewicht, das Wohlbefinden des Individuums garantieren. Ein Überschuss an schwarzer Galle, so die antike Lehre, konnte zur krankhaften, den Menschen lähmenden Melancholie führen; wer hingegen herzhaft – zum Beispiel über Bilder – lachte, entspannte und erholte sich und brachte seine Säfte wieder in ein harmonisches Mischungsverhältnis. Kurz: Lachen ist gesund. Was als komisch empfunden werde, sei aber, so Paleotti, sehr unterschiedlicher Natur; entscheidend seien die gesellschaftlichen Milieus und die sozialen Rangsysteme. Bereits im Mittelalter lachte „man" (dies sind in der Regel die gehobenen Schichten) über tölpelhafte Bauern und tumbe Toren, über hintergangene Gatten und naiv-verführte Ehefrauen (vgl. Beitrag Köhnen, S. 64f.). Roland Kanz bringt dies in einer der neuesten Publikationen zum Lachen in der Neuzeit auf den Punkt: *„Derbe Späße, unkontrolliertes Lachen, Komik aus Dummheit sind Erscheinungen des niederen Standes, der Bauern zumal. Vereinfacht gesagt hieße dies, dass die Alltagswirklichkeit des niederen Standes den feudalen Stand amüsiert und Anlass zum Lachen bietet. Zudem seien in der akademischen Kunstlehre das Hässliche und Lächerliche ausgegrenzt, da sie mit dem Schönen nicht vereinbar seien; somit ist das Komische in die niederen Sujets verwiesen"*.[1] Zwangsläufig muss dem Komischen auch die Darstellung des Lachens an sich folgen: Sie bleibt, wie im Folgenden gezeigt wird, in der frühen Neuzeit eng mit jener niederen Sphäre der Bauern, Tölpel und Kupplerinnen verknüpft, erhebt dabei aber stets den ‚moralischen Zeigefinger'.

Bis ins 16. Jahrhundert war das Lachen vor allem im Zusammenhang mit Narrenfesten und Karneval ein fest verankerter Bestandteil der Volkskultur, und entsprechend wurde es dort ohne große Reglementierung gehandhabt. Doch im repressiven 17. Jahrhundert sollte sich dies ändern. Die ehemals machtvolle Volkskultur verlor ihre befreiende Kraft. Das Lachen wurde als autonome, unkontrollierbare Expression des Körpers wahrgenommen und als beängstigend und gefährlich empfunden. Vor allem Narren, Bauern, Kinder und Frauen konnten sich nach damaliger Auffassung nicht genügend beherrschen und verfielen daher besonders leicht dem Lachen, ein Diktum, das noch ganz der mittelalterlichen Auffassung des Lachens verpflichtet war (Kat.-Nr. 19, 22). Laurant Joubert, ein französischer Arzt, ging sogar so weit, bereits in seinem *Traité du Ris*, also einer Abhandlung über das Lachen, aus dem Jahr 1579 zu behaupten, dass weise Frauen, die lediglich lächeln, länger schön blieben.

Während sich in den katholischen Ländern Europas eine vergleichsweise tolerante Haltung gegenüber dem Lachen – z. B. als „Therapeutikum" – entwickelte, entfaltete sich in den reformierten Staaten des 17. Jahrhunderts eine streng reglementierte Kultur des sozial gestaffelten (Nicht-) Lachens.[2] Überlieferte Verhaltenskodizes aus jener Zeit schreiben z. B. vor, dass eine anständige Frau beim Lachen niemals die Zähne zeigen sollte (Kat.-Nr. 22, 31) und calvinistische Schriften verurteilten das Lachen bei jeder Gelegenheit massiv. Vor allem in der Kunst der protestantischen Niederlande schlug sich dies nieder: Noch heute legt die dort entstandene Porträt- und Genremalerei des 17. Jahrhunderts hiervon ein beredtes Zeugnis ab. Bürgerliche Vertreter der Gesellschaft, etwa reiche Händler, gaben vermehrt Gemälde in Auftrag, denen fast immer eine mehr oder weniger ausgeprägte moralische und erzieherische Botschaft zugrunde lag, die auf der christlich-reformierten Gesinnung basierte und vorwiegend auf die Endlichkeit des irdischen Daseins verwies. So beherrscht die *vanitas* – die Vergänglichkeit alles Irdischen – weite Bereiche der niederländischen Ikonographie des 17. Jahrhunderts. Innerhalb dieses *vanitas*-Gedankens spielte das Lachen eine zentrale Rolle, denn es sind der Tor, der Hochmütige oder der Dumme, die – leichtsinnigerweise – den Tod nicht fürchten und seine Allgewalt verlachen. Kinder, unanständige Frauen, Bauern und Fischer, Narren oder Trunkenbolde werden deshalb lachend dargestellt, denn sie meinten entweder aufgrund ihrer jugendlichen Unschuld oder aber aufgrund der ihnen zugeschriebenen Unbeherrschtheit und Dummheit, dass sie eine Zukunft besitzen und sie der allgegenwärtige Tod nicht schrecken könne.[3] Ein Beispiel hierfür bilden zahlreiche Porträts des berühmten Malers Frans Hals (ca. 1583–1666), der das Lachen auf etlichen Gesichtern seiner Figuren in moralisierender Weise einsetzte. Hierzu zählt etwa der *Peeckelhaering*, die *Malle Babbe* oder der *Rummelpottspieler*. Adriaen Brower (1605–1638) ließ seine *Karten spielenden Bauern in einer Schänke* streiten und lachen und selbst Rembrandt (1606–1669) stellte sich lachend mit seiner Frau Saskia dar – hier aber verkleidet in der Rolle des betrunkenen Offiziers und somit losgelöst von seiner tatsächlichen Position als angesehener Bürger und Maler. Jan Vermeer (1632–1675) ließ *Das Mädchen mit dem Weinglas* lachen und in seinem Gemälde *Der Soldat und das lachende Mädchen* taucht das Lachen sogar im Titel

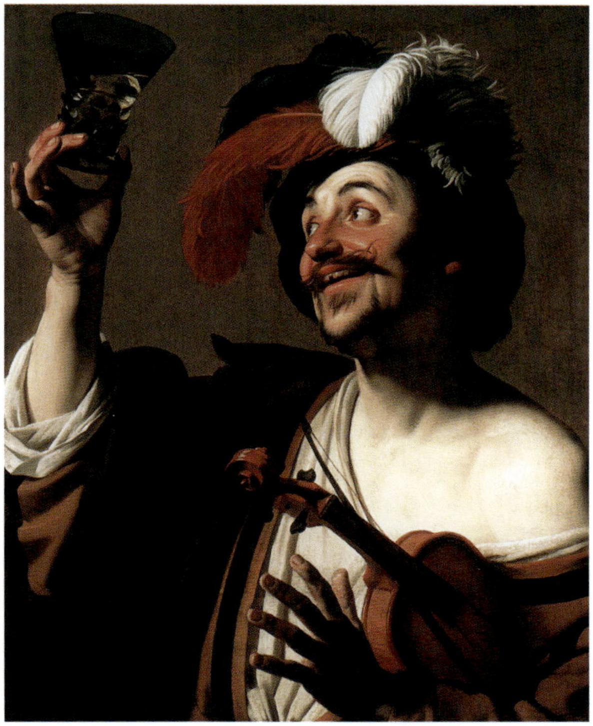

Abb. 63 ◀
Gerrit van Honthorst, Der fröhliche Violinist, 1624, Madrid, Museo Thyssen-Bornemisza, Inv. Nr. 194 (1986.21)

Abb. 64 ▶
Gerrit van Honthorst, Die Kupplerin, 1625, Utrecht, Centraal Museum, Inv.-Nr. 10-786

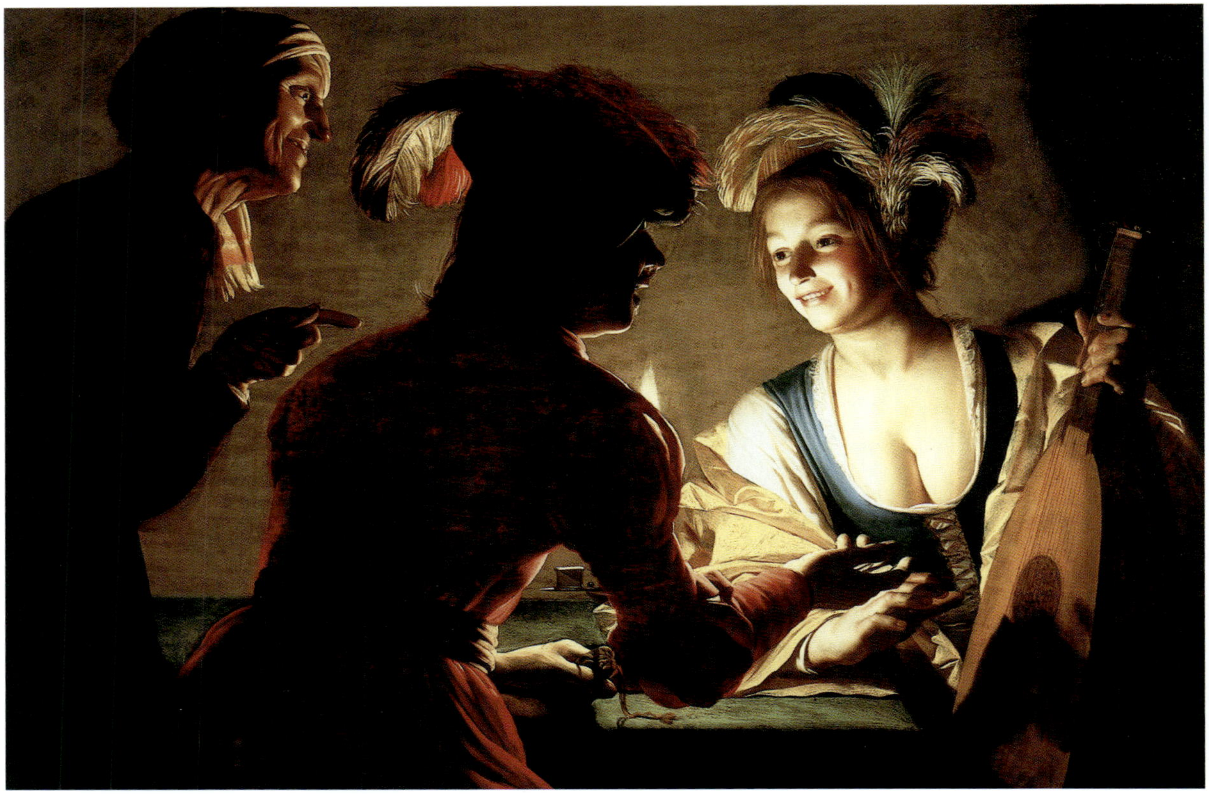

auf.[4] Als besonders prägnantes Beispiel sei im Folgenden *Der fröhliche Violinist* des Utrechter Malers Gerrit van Honthorst (1590–1656) vorgestellt, ein Gemälde, das um 1624 entstand (Abb. 63). Die rote Nase und die geröteten Wangen des Musikers verweisen darauf, dass dies nicht sein erstes Glas an diesem Abend ist. Der offene, lachende Mund gibt den Blick auf eine breite Zahnlücke frei. Der Mann liebt offensichtlich sowohl die Musik als auch den Alkohol und ist ein bekennender Anhänger der irdischen Genüsse. Gerade aber die sinnlichen Wahrnehmungen galten als besonders vergängliche Freuden des Lebens. Ein Glas ist schnell getrunken, und allzu rasch vertreibt der Kater am nächsten Morgen die Hochstimmung der Trunkenheit. Auch die Geige repräsentiert den *vanitas*-Gedanken, denn ihre Töne verklingen und hinterlassen keine Spur.

Selbst bei diesem recht trivial und harmlos erscheinenden Bild des fröhlich lachenden Violinisten gilt das zentrale, das Bildthema dominierende Lachen nicht als positive Eigenschaft. Darstellungswürdig wird es nur als moralisches Exempel, da es zu jenen Eigenschaften gehört, die von einem gesitteten und reformierten Bildungsbürgertum im 17. Jahrhundert abgelehnt werden sollten. Es steht hier als Mahnung, nicht in diese unreflektierte Haltung des offensichtlich betrunkenen Musikers abzurutschen, der den Ernst des Lebens und seine Vergänglichkeit vergessen hat. Antje von Graevenitz fasste dies markant zusammen: *„Der Moment des Lachens, den das Bild dauerhaft festhält, weist den Betrachter auf die Flüchtigkeit des Lebens [hin], das der Trinker verspielen könnte. Ein rechtschaffener Calvinist soll sich daran erinnern und sein Leben sinnvoll nutzen"*.[5] Auf diese Weise konnte die eigene christliche und moralisch korrekte Gesinnung und die Erhabenheit über den gesellschaftlich niederen Stand umso mehr betont werden.

Neben dem Alkohol wurden – auch dies ein Erbe des Mittelalters (Kat.-Nr. 22) – vor allem erotische Anzüglichkeiten mit dem Lachen verbunden.

Ebenfalls von Gerrit van Honthorst stammt das 1625 entstandene Gemälde *Die Kupplerin* (Abb. 64). Die ganze Erscheinung der jungen Frau weist auf ihre Tätigkeit als Kurtisane hin. Klar zeichnen sich das rosige Gesicht und die Haut ihrer Brust über dem tiefen Ausschnitt im Schein der Kerze ab. Bis zum käuflichen Angebot des Jünglings hat sie auf der Laute gespielt, einem Vagina-Symbol und damit einem alten Motiv der irdischen Liebe. Nun legt sie angesichts des Geldes in der Hand des Freiers lachend das Instrument zur Seite. Die dritte Figur im Bild steht am linken Rand: eine alte Frau, deren Haar von einem Tuch bedeckt wird. Auch ihre Augen leuchten, und ihr zahnloser Mund hat sich zu einem Lachen geöffnet, denn sie hat ein gutes Geschäft gemacht. Diese Frau ist die Kupplerin und versinnbildlicht zugleich die Zukunft des Freudenmädchens. Die Zähne der jungen Frau werden ausfallen, ihre Schönheit wird welken und eine ehrbare Zukunft bleibt ihr verwehrt. Das Lachen wird vergehen und symbolisiert zusammen mit dem gesamten Bildinhalt die Gedankenlosigkeit der gezeigten Figuren und somit die Verwerflichkeit der Szene. Dass die Genrebilder unter dem Deckmäntelchen der moralischen Belehrung sicher auch der Belustigung und gewissen ästhetischen Ansprüchen dienten, ist kaum zu übersehen. Vor allem erotische Bilder wie *Die Kupplerin* befriedigten zudem den eigenen Voyeurismus.

Auch im 18. Jahrhundert blieben ‚moralisierende' Genrebilder mit Lachenden in ganz Europa beliebt. Daneben entwickelte sich aber unter dem Einfluss der Aufklärung die Gattung des enzyklopädisch-forschenden Porträts, das die im Gesicht des Menschen ablesbaren Emotionen zu erfassen und, in Form eines Bild-‚Kataloges', festzuhalten versuchte. Analog zur Entstehung der zunehmend empirisch arbeitenden Naturwissenschaften und ihrer wachsenden realienkundlichen Sammlungen stellten nun auch die bildenden Künstler dieser der ‚Vernunft' verpflichteten Epoche die ganze Bandbreite der menschlichen Mimik und der damit verbundenen Gefühle dar. Hierzu gehörte selbstverständlich auch das Lachen.

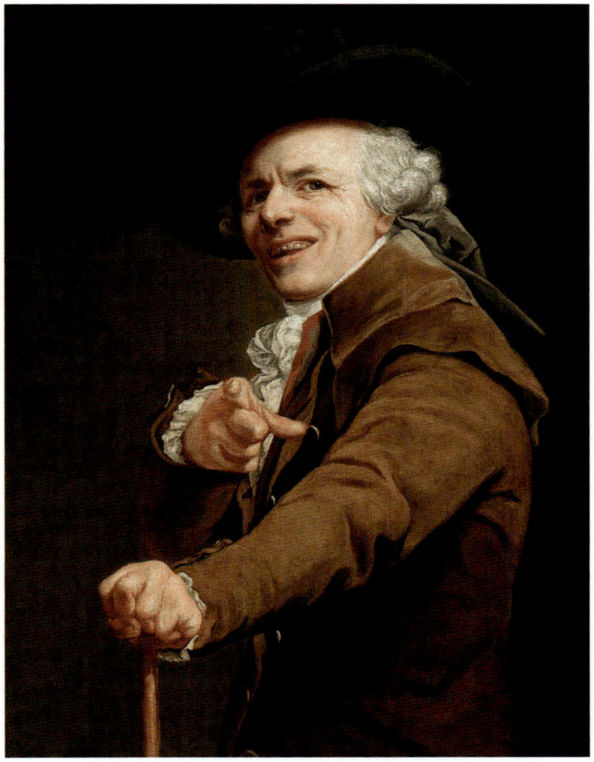

Abb. 65 ◄
Joseph Ducreux, Selbstporträt als Spötter, um 1793, Paris, Musée du Louvre, Département des Peintures, Inv.-Nr. R.F. 2261

Vor allem der französische Porträtmaler Joseph Ducreux (1735–1802) beschäftigte sich verstärkt mit den verschiedenen Expressionen des menschlichen Gesichtes. Um 1793 entstand sein *Selbstporträt als Spötter* (Abb. 65). Hierbei deutet er lachend und mit frontal ausgestrecktem Zeigefinger auf den Betrachter. Dieser schaut aus einer leichten Untersicht zu Ducreux auf und wird zudem durch die zur Faust geballten Hand über dem Gehstock auf Abstand gehalten. Dass das Lachen keinesfalls freundlich gemeint ist, wird auch durch die steile Falte zwischen den Augenbrauen betont, die dem Gesicht etwas Strenges, Wertendes verleiht. Die Mundwinkel zeigen nicht nach oben, und auch die Lachfältchen an den Augenwinkeln verhindern kaum, dass der Blick abschätzig und kalt wirkt. Es ist klar, der Künstler verspottet sein jeweiliges Gegenüber und dies dauerhaft, egal wer dort steht. Diese Anmaßung war natürlich nur möglich innerhalb der „Forschungszwecke" und der dabei im Hintergrund stehenden quasi wissenschaftlichen Fragen: Wie sieht ein

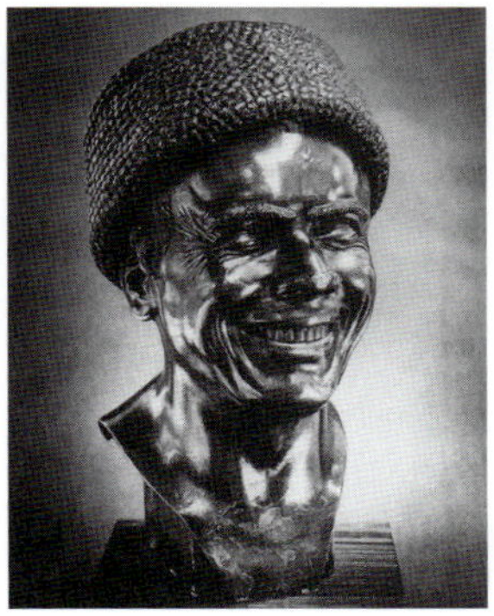

Abb. 66 ▲
Franz Xaver Messerschmidt, „Wie der Künstler sich selbst lachend vorstellt", um 1780, Privatbesitz

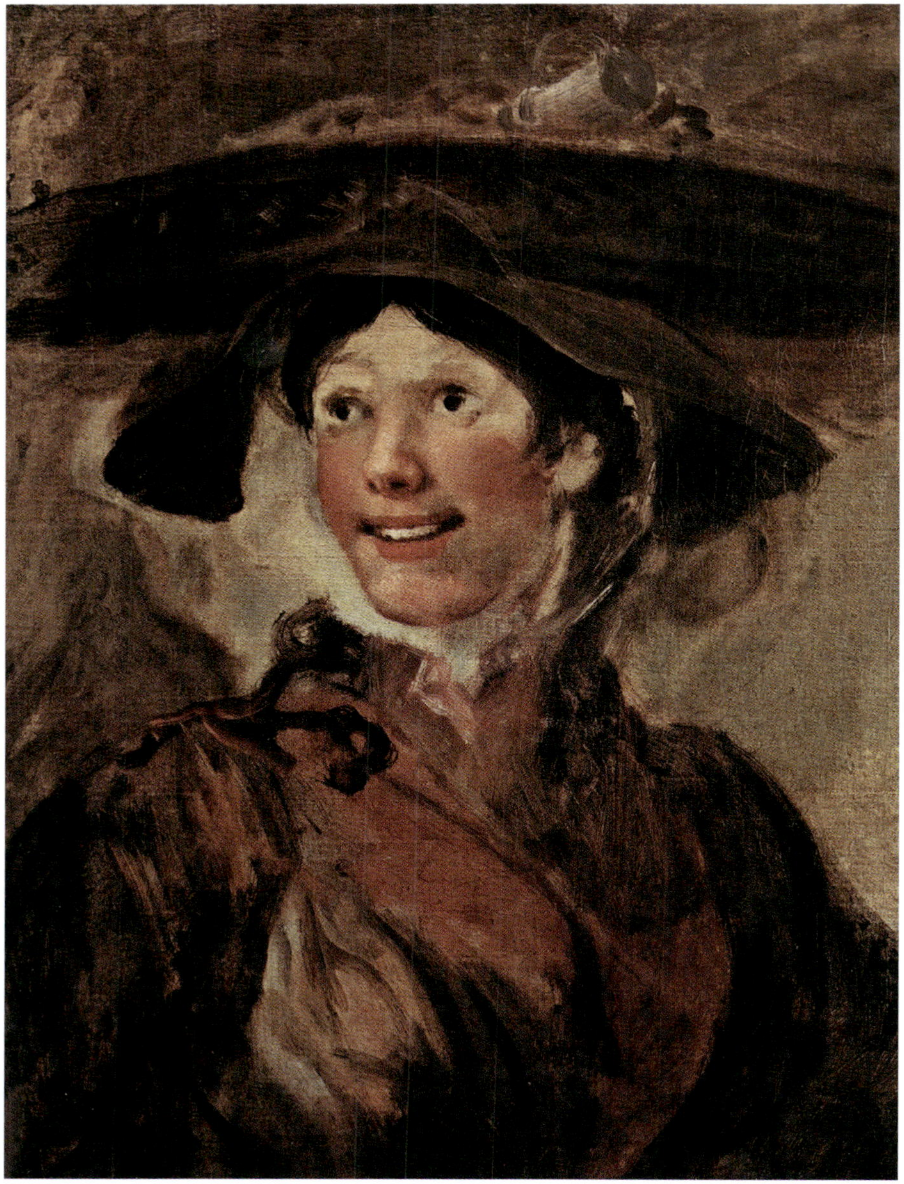

Abb. 67 ▲
William Hogarth,
Die Krabbenverkäuferin,
um 1740/45, London, National
Gallery, Inv.-Nr. NG1162

Spötter aus? Welche Gestik und Mimik besitzt er? Das Lachen verbindet sich wiederum mit einer eher negativen Assoziation, dem Spott, der stets verletzt.

Wie Ducreux beschäftigten sich im 18. Jahrhundert auch andere Künstler mit den menschlichen Emotionen und entsprechenden Ausdrucksformen der Mimik. Der Bildhauer Franz Xaver Messerschmidt (1736–1783) schuf in seiner späten Schaffenszeit nach 1770 eine Serie von 48 ‚Charakterköpfen', die Gefühlszustände wie Wut, Neid oder Wehleidigkeit, aber auch Mimiken in bestimmten Situationen, etwa beim Ertrinken oder Gähnen thematisieren. Bei manchen dieser Büsten porträtierte Messerschmidt sich selbst, interessanterweise entweder äußerst ernst oder aber offen lachend. Die Büste *Wie der Künstler sich selbst lachend vorstellt* (Abb. 66) zeigt Messerschmidt mit einer detailliert ausgearbeiteten Lammfellkappe auf dem Kopf. Die Augen sind eng zusammengekniffen, an den Augenwinkeln sammeln sich ganze Faltenbündel. Auch den Mund, der eine Reihe perfekter, glänzender Zähne offenbart, rahmen tiefe Lachfalten. Lediglich die Stirn bleibt weitgehend glatt und erinnert so an die Mimik der – allerdings lediglich lächelnden – Erlösten am Bamberger Dom (vgl. Abb. 74). Bei aller Natürlichkeit, die die Büste ausstrahlt, erweisen sich die einzelnen Elemente der Skulptur bei näherer Betrachtung doch als etwas artifiziell. Die leicht geschwungenen Augenbrauen gleichen ornamental verzierten, aufgesetzten Balken, und insbesondere die einzelnen Lachfalten um die Augen scheinen doch allzu regelmäßig. Vom Künstler selbst wurde hierzu keine Erklärung geliefert. Dementsprechend ambivalent wurde das Porträt gewertet, mal als Bildnis eines herzlich lachenden, sympathischen Zeitgenossen und erstaunlich lebensecht gestaltet, mal als eigenartig, geradezu krampfhaft, höhnisch und verzerrt.[6] Das Lachen hat viele Gesichter, und oftmals liegt seine Deutung in der Betrachtungsweise des jeweiligen Gegenübers.

Das leider unvollendet gebliebene Gemälde *Die Krabbenverkäuferin* (um 1740/45) (Abb. 67) des englischen Malers und Radierers William Hogarth (1697–1764) nimmt innerhalb der in ihrer Funktion bislang entweder moralisch erziehenden oder schlicht enzyklopädisch forschenden Kunstwerke lachender Gesichter eine Sonderstellung ein. Hier zeigt sich der häufig so bissige und sozialkritische Maler in einem Spätwerk von seiner freundlichen Seite. Jegliches Pathos oder gar ein moralischer Anspruch scheinen zu fehlen. Nahezu im Zentrum des Gemäldes öffnet sich der Mund des Mädchens mit den strahlend weißen Zähnen. Sie stehen im harten Kontrast zu den ansonsten düster und gedeckt gehaltenen Farben. Das Gemälde sticht durch seine heitere Gesamtwirkung hervor, aber das Lachen erscheint auch hier, durch die Tradition vorgegeben, auf dem Gesicht einer einfachen Arbeiterin aus dem Volk und steht damit letztendlich noch in der Tradition der von Paleotti formulierten Sozialhierarchie des Lachens.

Erst im 19. Jahrhundert erlebte das Lachen als Ausdruck reiner Lebensfreude, der Unschuld und Naturverbundenheit auf Bildern des Realismus eine ganz neue, mit dem modernen Verständnis des Lachens kompatible Bedeutung. Wie bei der Krabbenverkäuferin wird das Lachen nun mit dem gesunden, freien und glücklichen, wenn auch naiven Landvolk oder dem kraftstrotzenden Arbeiter verbunden, also mit Klischees, wie sie den idealisierten Vorstellungen und Phantasien der städtischen Maler und dem Zeitalter der beginnenden Industrialisierung entsprangen. Von moralischen Aspekten, wie sie noch im 17. Jahrhundert vorherrschten, sind diese Bilder nun gänzlich befreit. Als Beispiel sei hier das Gemälde *Spanische Schmiedegesellen* (1881) (Abb. 68) des schwedischen Malers Ernst Abraham Josephson (1851–1906) vorgestellt. Selbstbewusst präsentieren die Gesellen ihre männliche Kraft. Sie sind stolz auf ihre harte und mühsame Arbeit. Die Gesichter der Männer sind zwar schmal und von Furchen durchzogen, dennoch lachen sie den Betrachter an. Nicht zuletzt verweist das Weiß der Zähne auf ihre körperliche Gesundheit. Die Ausstrahlung von Macht und Überlegenheit wird zudem durch die leichte Untersicht gefördert. Hier stehen einfache Schmiedegesellen wie zwei Könige im Rampenlicht. Die Realität sah natürlich anders aus, und unverändert blieb dieses Lachen den gesellschaftlich wenig anerkannten und weitgehend anonymen Figuren aus dem Volk vorbehalten. Offiziellen, auf Repräsentation bedachten und damit ‚ernsthaften' Porträts bekannter Persönlichkeiten blieb lediglich – wenn überhaupt – das erhabene Lächeln, wie schon Jahrhunderte zuvor (Kat.-Nr. 23, 24).

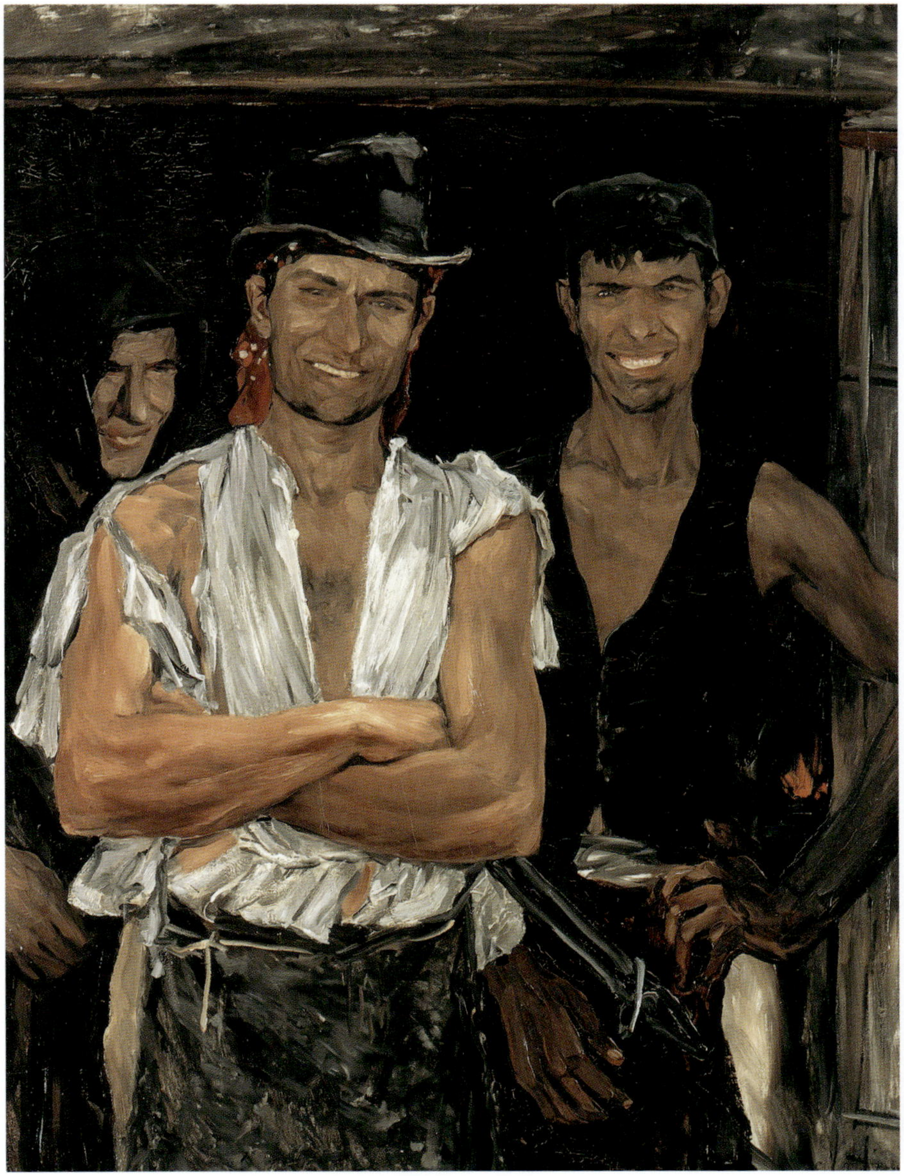

Abb. 68 ▲
Ernst Abraham Josephson, Spanische Schmiedegesellen, 1881, Stockholm, Nationalmuseum, Inv.-Nr. NM 2398

1 Kanz 2007a, S. 49. 2 „Mit der Durchsetzung des Ideals einer nicht lachenden Öffentlichkeit wurde das Lachen beherrscht und entmachtet, indem es unter strengen Bedingungen auf das Theater beschränkt oder in die Literatur und die Bildenden Künste verdrängt wurde", so von Zitzewitz 2001, S. 11. 3 Von Graevenitz 1997, S. 149. 4 Bis auf Frans Hals Rummelpottspieler werden alle Bilder in Ostarhild 2002 erläutert. 5 Von Graevenitz 2007, S. 240. 6 AK Wien 2002/03, S. 106f.

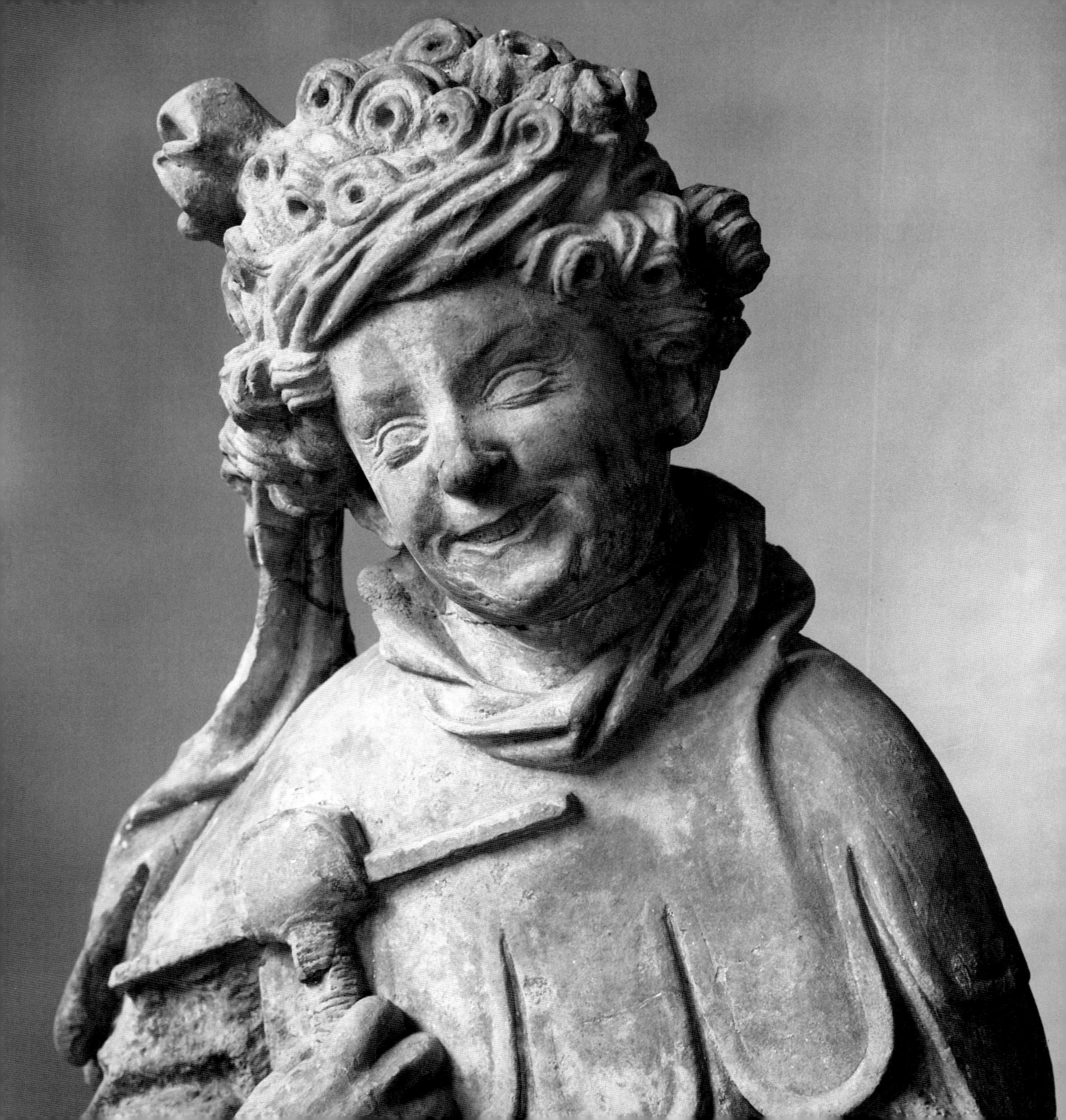

KNAPPE (Detail),
Ulm, Rathaus, 15. Jh.

KATALOG

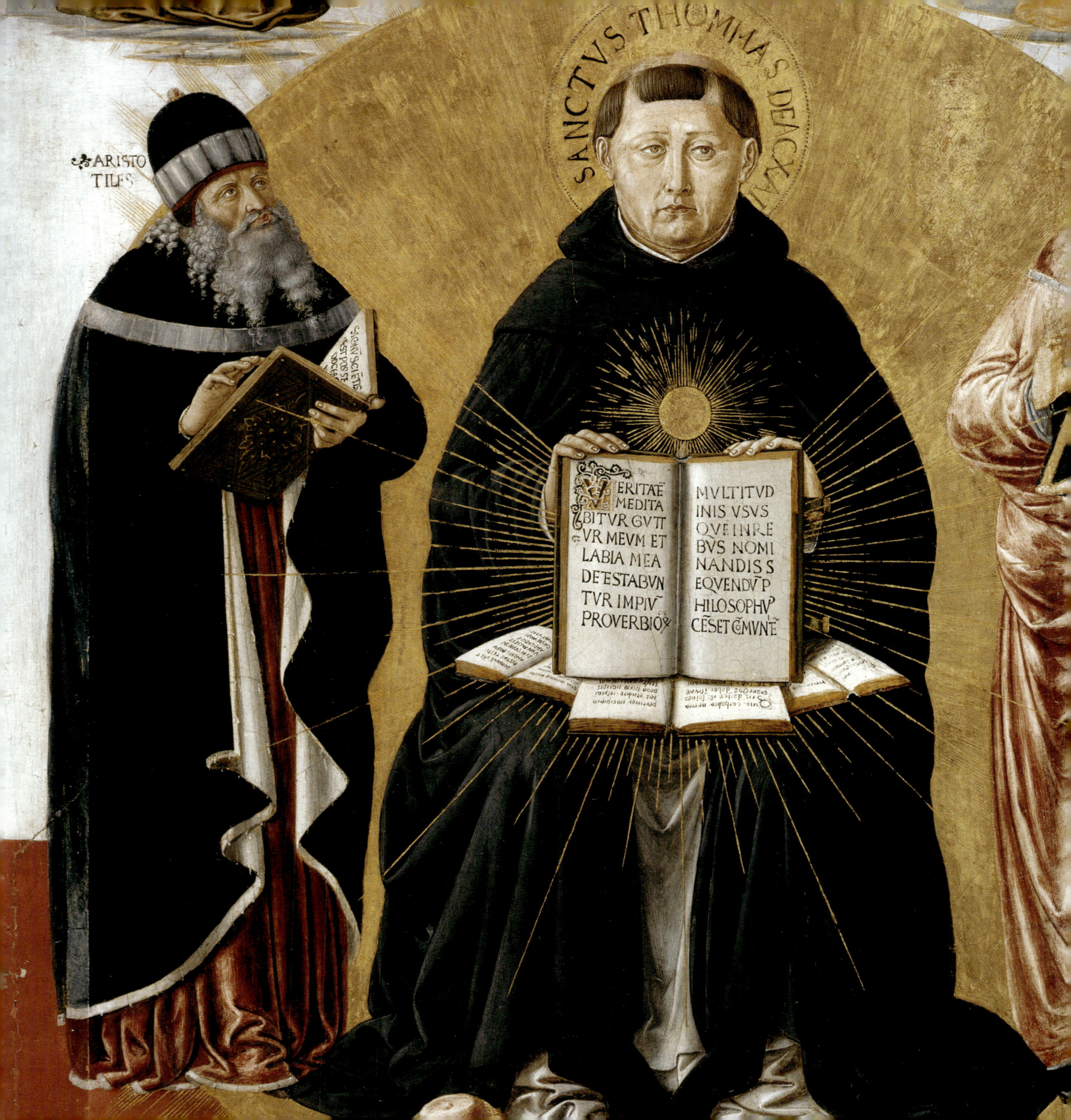

SANCTVS THOMMAS DEACXVI
ARISTO
TILES
VERITATE MEDITA BITVR GVTT VR MEVM ET LABIA MEA DETESTABVN TVR IMPIV PROVERBIO
MVLTITVD INIS VSVS QVE IN RE BVS NOMI NANDIS S EQVENDV P HILOSOPHV CESET CMVNE

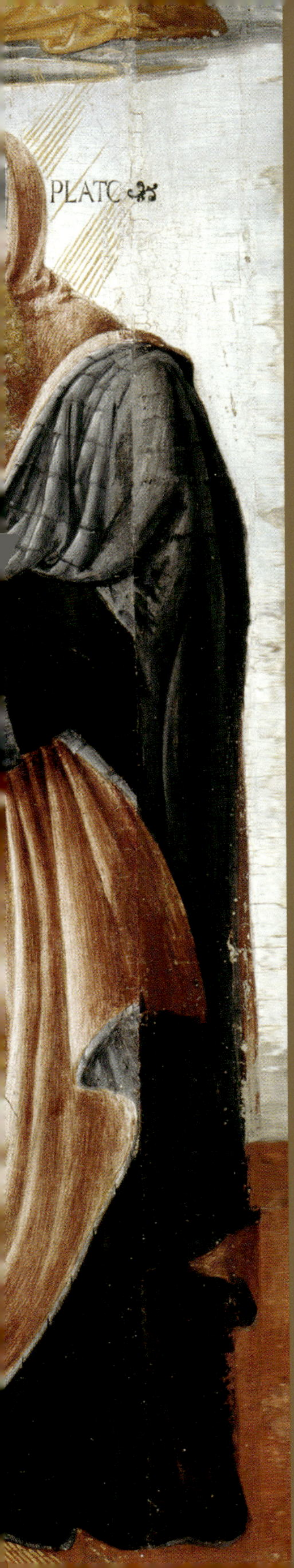

ABBILDUNG | 69
Aristoteles, Thomas von Aquin und Platon, Benozzo Gozzoli, *Triumph des hl. Thomas von Aquin* (Detail), um 1470/75, Paris, Musée du Louvre, Inv.-Nr. 104

VON ALLEN LEBEWESEN LACHT NUR DER MENSCH: DIE ANTIKE UND DAS LACHEN

Die Einstellung des Mittelalters zum Lachen ist nicht ohne jene Gedanken zu verstehen, die aus dem Altertum zu diesem Thema überliefert sind.

In der Frühzeit der griechischen Antike sind es die Götter, die in Homers *Ilias* in Konfliktsituationen ein gewaltiges und zugleich befreiendes Lachen anstimmen – das berühmte „homerische Gelächter“. Der erste große Theoretiker des Lachens ist Platon (427–347 v. Chr.). In seinen frühen Schriften steht er dem Phänomen eher reserviert gegenüber, da er das Lachen der Sphäre der Unvernunft zurechnet. Denn das Gelächter basiere auf Spott und Herablassung und verhindere so die Selbsterkenntnis. In seiner Dialogschrift über den *Staat* hingegen sieht er den Lerneffekt, den das Komische auslösen kann: Wer sittlich-vernünftig leben und nicht als Possenreißer dastehen möchte, der muss das Lächerliche kennenlernen, um es für die eigene Person zu vermeiden.

Aristoteles (384–322 v. Chr.) hat sich immer wieder mit dem Komischen und dem ethischen Gebrauch des Lachens auseinandergesetzt. Er hält das Lachen für eine **der** Eigenschaften, die den Menschen vom Tier unterscheiden und bricht eine Lanze für ein maßvoll-heiteres Lachen in geselliger Runde. Seine wohl bedeutendste Abhandlung zu diesem Thema war Teil seiner Bücher zur *Poetik*, einer Schrift, die sich mit dem Wesen von Tragödie und Komödie auseinandersetzt. Dieses, die Komödie abhandelnde zweite Buch der *Poetik*, ist nicht erhalten.

In der römischen Zeit sind es vor allem die Rhetoren Cicero (106–43 v. Chr.) und Quintilian (30–96 n. Chr.), die sich mit dem Lachen als Stilmittel des Redners beschäftigen. Sie kategorisieren die verschiedenen Arten des Lachens und erörtern seine unterschiedlichen Funktionen. Wenn dabei die Gefahr auftrete, ins Lächerliche abzugleiten, gelte es, Maß zu halten und die ethischen Grenzen, die dem Lachen gesetzt sind, zu beachten. Intelligenter Witz und feine Ironie werden aber gut geheißen. Philosophen wie Seneca d.J. (4 v. Chr. – 65. n Chr.) oder Epiktet (ca. 55 – ca. 135 n. Chr.), die vom stoischen Gedankengut der griechischen Philosophen beeinflusst sind, lehnen das Lachen ab und brechen eine Lanze für ein asketisch-selbstbeherrschtes Leben. Seneca schreibt bewundernd von verschiedenen Stoikern: *„Einige haben es fertiggebracht, dass sie niemals lächeln“*. Es ist vor allem diese Geisteshaltung, die im monastisch geprägten ersten nachchristlichen Jahrtausend auf fruchtbaren Boden fallen wird.

WW

KATALOG-NR. 01
Gipsabguss eines Marmorporträts der römischen Kaiserzeit (1.–2. Jh. n. Chr.) nach griechischem Original des 4. Jh. v. Chr., Kunsthistorisches Museum Wien, Inv.-Nr. ANSA_I_246, H. 46 cm, B. 24 cm

Bonn, Akademisches Kunstmuseum der Rheinischen Friedrich-Wilhelms-Universität, Inv.-Nr. 2003

PORTRÄTKOPF DES ARISTOTELES

Kein anderer antiker Schriftsteller beeinflusste die Einstellung des Mittelalters zum Lachen so sehr wie Aristoteles (384–322 v. Chr.). Der wohl bedeutendste Philosoph der Antike beschäftigte sich im Rahmen seiner universellen Studien wiederholt und unter den unterschiedlichsten Gesichtspunkten mit dem Lachen. In seiner *Rhetorik* bejaht er den Scherz als Stilmittel der Rede, da er *„den Ernst der Gegner durch Gelächter [...] zunichte macht“.*[1] In seiner *Poetik* setzt er sich neben der Ironie und der Possenreißerei vor allem mit dem Wesen und der Wirkung der Komödie auseinander. Leider ist aber, wie spätestens seit dem dramatischen Geschehen im *Namen der Rose* bekannt, gerade jener Teil nicht überliefert. Indirekt lässt sich aber aus beiläufigen Bemerkungen in den übrigen Teilen der *Rhetorik* und in Analogie zum Wesen der Tragödie schließen, dass Aristoteles in der Komödie Lächerliches anhand von abnormen Dingen behandelt sehen möchte, die dem Menschen das Unvollkommene des Seins verdeutlichen. Durch diese Erkenntnis soll der Betrachter zu einem reflektierend-überlegenen Lachen angeregt und zur Selbsterkenntnis geführt werden.

Einflussreicher, vor allem für die hochmittelalterliche Einstellung zum Lachen, waren aber Aristoteles' Bemerkungen in der *Nikomachischen Ethik*, einer moralisch-didaktischen Schrift, die er seinem Sohn Nikomachos widmete. Hier entwickelt er die Lehre der *Eutrapelie* (= wohlanständige Gewandtheit), in der er zur Entspannung des Geistes des gebildeten Menschen ein gemäßigtes, das Gegenüber nicht verletzende Lachen in heiterer Gesellschaft befürwortet: *„Da es im Leben auch eine Erholung gibt und bei dieser eine mit heiterem Scherz verbundene Unterhaltung, so scheint es auch hier eine angemessene Art des Verkehrs zu geben [...]. Die nun im Scherzen zu viel tun, erweisen sich als Possenreißer [...], indem sie sich mehr Mühe geben, Lachen hervorzurufen, als etwas Anständiges zu sagen und die aufgezogene Person nicht zu verletzen. Die aber selbst niemals scherzen [...] erscheinen als steif und trocken. Die aber angemessen zu scherzen wissen, heißen artig und gewandt, als wüssten sie sich wohl zu wenden. Denn solche Scherze sind gleichsam Bewegungen des Charakters des inneren Menschen, und wie man die Körper nach ihren Bewegungen beurteilt, so auch des Menschen sittliche Eigenart“.*[2] Nahezu wortwörtlich wird das 13. Jahrhundert diese Lehre als eines der bedeutendsten Argumente für eine positive Bewertung des Lachens anführen (vgl. Beitrag Wilhelmy, S. 46).

Besonders wichtig für die mittelalterliche Haltung zum Lachen wurde aber eine Randbemerkung, die Aristoteles in einer seiner zoologischen Schriften mit dem Titel *Über die Glieder der Geschöpfe* machte. Er bestimmt hier das Zwerchfell als jenes Organ, dem das Lachen, das er als **das** Wesensmerkmal des Menschen (*proprium*) definiert, entspringe: *„Dass das Zwerchfell bei der Erwärmung schnell die Empfindung anzeigt, beweisen auch die Vorgänge beim Lachen. Wenn man nämlich gekitzelt wird, lacht man sofort, weil die Bewegung schnell an diese Stelle gelangt [...]. Dass nur der Mensch kitzlig ist, liegt an der Feinheit seiner Haut und an dem Umstand, dass nur er von allen Geschöpfen lachen kann“.*[3] Bei der Debatte, ob Christus, der ja auch wahrer Mensch war, gelacht habe, wird dieser Satz im Mittelpunkt der Auseinandersetzung stehen (Kat.-Nr. 8).

WW

LITERATUR
Zum Objekt:
Fittschen 1988, S. 163f.

Zum Lachen bei Aristoteles:
Ueding 1996.

ANMERKUNGEN
1 Zit. nach Richert 2009, S. 32.
2 Zit. nach Richert 2009, S. 33.
3 Zit. nach Kuschel 1998, S. 43.

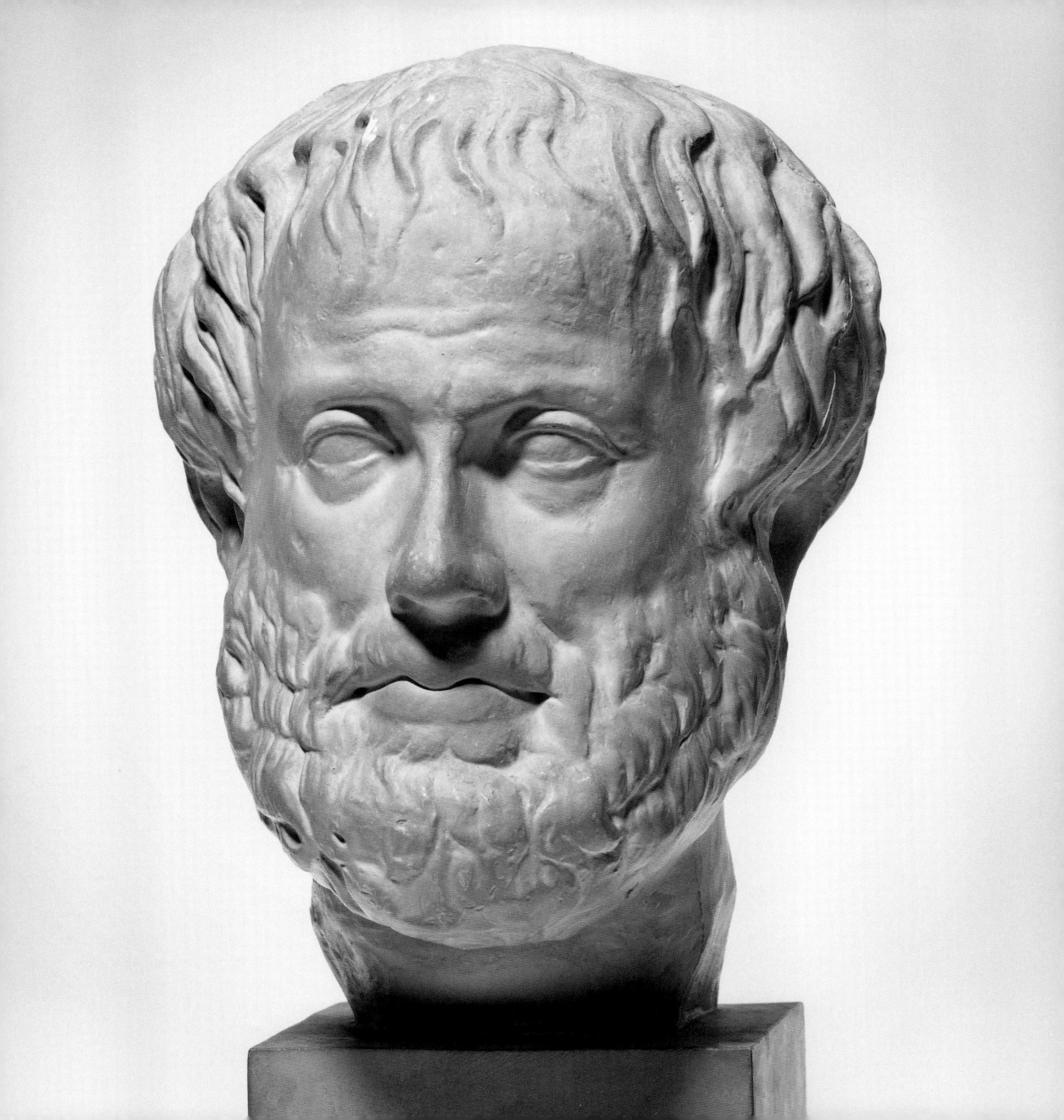

KATALOG-NR. 02
Gipsabguss eines Marmororiginals der spätarchaischen Zeit (um 490 v. Chr.) im Museum von Olympia (ohne Inv.-Nr.)
H. 21 cm, B. 16 cm

Mainz, Johannes Gutenberg-Universität, Institut für Klassische Archäologie, Inv. G 88

BÄRTIGER KRIEGERKOPF AUS OLYMPIA
(SOGENANNTER KRIEGERKOPF A)

Der marmorne, in der Altis, dem Heiligen Hain von Olympia, gefundene Kopf gehörte einst zu einer leicht unterlebensgroßen Kriegerfigur, deren Interpretation allerdings offen bleiben muss. Eventuell handelt es sich bei diesem Fragment um den Rest einer Statue, die gegen 490 v. Chr. ein Sieger nach dem Waffenlauf dem Göttervater Zeus und Herrn von Olympia zur ewigen Erinnerung des errungenen sportlichen Erfolges gestiftet hat. Denkbar wäre aber auch eine Rekonstruktion als Giebelfigur eines Schatzhauses, was in diesem Fall eine Deutung als mythischer Krieger nahelegen würde.

Das sich im Gesicht des Mannes abzeichnende sogenannte „archaische Lächeln" ist zeittypisch. Da es sowohl bei Kämpfenden als auch Sterbenden vorkommt, kann diese Form der Mimik keinesfalls situationsgebunden motiviert, sondern muss stets attributiv gemeint gewesen sein. Grundsätzlich setzen die archaischen Bildhauer das Lächeln als mimetisches Ausdrucksmittel ein, um ihre Figuren nach damaligen Maßstäben lebendig und vor allem auch strahlend schön erscheinen zu lassen. Darüber hinaus konnte das Lächeln zusätzlich diverse zeichenhafte Bedeutungsebenen haben. Im Fall der Götter charakterisierte das berühmte homerische Gelächter diese als allen irdischen Sorgen und Nöten enthobene Unsterbliche, deren dröhnendes Lachen Ausweis ihrer Überlegenheit und ihrer Macht war (vgl. Beitrag Reiser, Antike, S. 19f.). Bei Gesichtern nichtgöttlicher Personen, zu denen neben den Normalsterblichen auch die mythischen Heroinnen und Heroen zu rechnen sind, visualisierte das Lächeln dagegen in erster Linie ein über den jeweiligen konkreten Handlungsrahmen hinausweisendes ethisches Ideal edlen Verhaltens in der Öffentlichkeit. Es darf daher den modernen Betrachter nicht verwundern, dass der olympische Kriegerkopf trotz der Anstrengungen eines Waffenlaufes respektive den Gefahren einer Schlacht real die im Heiligtum anwesenden Besucher und ideell Zeus als den eigentlichen Empfänger der Votivgabe anlächelte. Vielmehr verstanden die zeitgenössischen Betrachter seine lächelnde Mimik als zeichenhafte Chiffre einer der äußeren Wohlgestaltetheit adäquaten ethischen Vollkommenheit. Die antiken Griechen haben hierfür den Begriff der *Kalokagathia* (von gr. *kalos kai agathos*, was wörtlich übersetzt „schön und gut" bedeutet) geprägt. Das Lächeln drückte in diesem Sinn auf augenfällige Weise die von allen Sterblichen grundsätzlich anzustrebende innere sittliche Schönheit aus und charakterisierte den so Dargestellten als ebenso beherrscht wie frei von schädlichen Gefühlsregungen und damit den Menschen wie Göttern wohlgefällig agierenden aristokratischen Helden.

PS

LITERATUR
Zum Objekt:
Mallwitz/Herrmann 1980, Nr. 96 auf S. 138f.; Strenz 2001, Nr. 77 auf S. 113.

Zum archaischen Lächeln:
Kenner 1960; Yalouris 1986; Schneider 2009.

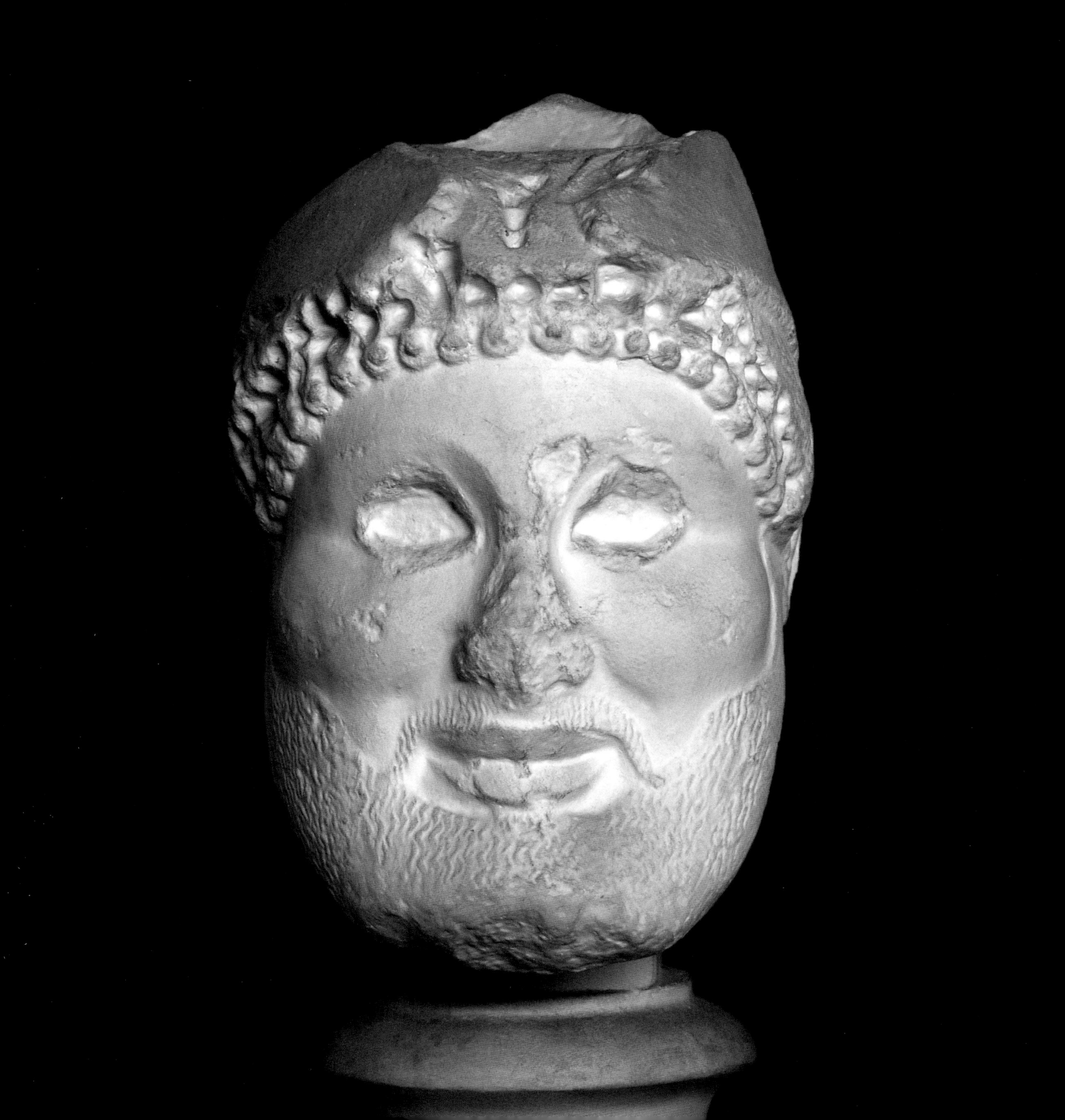

KATALOG-NR. 03
Gipsabguss einer Marmorbüste der römischen Kaiserzeit (1.–2. Jh. n. Chr.) nach griechischem Original des 4. Jh. v. Chr., Staatliche Museen zu Berlin-Preußischer Kulturbesitz, Antikensammlung, Inv.-Nr. Sk 270, H. 29 cm, B. 22 cm

Mainz, Bischöfliches Dom- und Diözesanmuseum, Inv.-Nr. PS 15100

LACHENDER SATYR

Nach Aristoteles zeichnet sich der Weise durch ein gesittet-gemäßigtes Lachen aus; ungebildete und niedere Wesen hingegen lachen zügellos und ohne jedes Maß. Auch der hier gezeigte Satyr, erkennbar an der Tatze des über die Schulter gelegten Panthers, lacht laut schallend heraus.

Aristoteles zufolge entstand die Komödie aus einem zunächst fröhlichen, dann orgiastischen Umzug *(komos)* zu Ehren des Gottes Dionysos, zu dessen Gefolge ebenfalls Satyrn gehören. „*Das Lächerliche*", so Aristoteles, „*ist nämlich ein mit Häßlichkeit verbundener Fehler*"; und tatsächlich zeigt eine weitere, in römischer Zeit besonders häufig kopierte Satyrfigur ein solches Mischwesen, das sein Gewand hochgehoben hat und in grotesker Drehung mehr oder weniger erfolglos versucht, sein Schwänzlein am Steiß zu betrachten. Durch diese Vergeblichkeit des Tuns wie auch durch seine Missgestalt gibt sich der Satyr der Lächerlichkeit preis. Das Mittelalter wird dieses törichte Lachen der niederen Kreatur wieder aufgreifen (Kat.-Nr. 46).

Die römischen Autoren, allen voran Cicero (106–43 v. Chr.), greifen diese Entstehung des Lachens aus der grotesken Gestalt auf: „*Der Ort und gleichsam das Gebiet des Lächerlichen ist wesentlich bestimmt von einer gewissen Hässlichkeit und Missgestalt. Denn man lacht ja ausschließlich oder ganz besonders über das, was etwas Hässliches auf eine Weise, die nicht hässlich ist, bezeichnet und beschreibt*". Cicero unterwirft das Lachen fünf Grundsatzfragen und unterscheidet dabei streng das eigentliche Lachen (*risus*) vom Lächerlichen (*ridiculum*): „*Was das Lachen betrifft, so gibt es fünf Fragen, die zu untersuchen sind: Einmal, was es ist; zum anderen, woher es kommt; drittens, ob der Redner den Wunsch haben soll, Heiterkeit zu erregen; viertens, wie weit er gehen soll; fünftens, welche Arten des Lächerlichen es gibt*". Der berühmte römische Rhetoriker Quintilian (30–96 n. Chr.) unterscheidet in seiner *Institutio Oratoria* sogar sieben Arten des Lachens: das geistreiche Lachen des Gebildeten (*urbanitas*), das einfache und törichte Lachen der Satyrn und Bauern (*rusticitas*), das anmutige Lachen (*venustum*), das Lächerliche der einfachen Rede (*salsum*), das elegant-gepflegte Lachen (*facetum*), das Lachen über einen täuschenden oder erschreckenden Scherz (*iocus*) und den feinen Witz (*dicacitas*). Dem Mittelalter waren die rhetorischen Schriften Quintilians bekannt. Während einige Arten des Lachens nicht weiter verfolgt werden, halten die mittelalterlichen Denker die Differenzierung zwischen dem Lachen der Gebildeten und dem der Bauern ebenso aufrecht (Kat.-Nr. 22–23) wie das höfisch-gepflegte Lachen eines *rex facetus* (Kat.-Nr. 24). Besonders wirkmächtig für das Mittelalter wurde aber Quintilians Sentenz von der „*vielleicht gebieterischsten und unwiderstehlichsten Gewalt [des Lachens]. Denn oft platzt es heraus, so wenig wir es wollen, und es erzwingt sich eine Anerkennung nicht nur unserer Miene und Stimme, sondern schüttelt mit aller Kraft den ganzen Körper*".[1] Dieses ungezügelte und entstellende Lachen wird im 13. Jahrhundert eine zentrale Rolle zur Kennzeichnung niederer und heidnischer Wesen sowie der zur Hölle Verdammten spielen (Kat.-Nr. 9).

WW

LITERATUR
Zum Objekt:
Schneider 2000.

Zum Lachen in römischer Zeit:
Richert 2009, S. 34–43.

ANMERKUNGEN
1 Alle Zitate nach Richert 2009, S. 30, 35, 39.

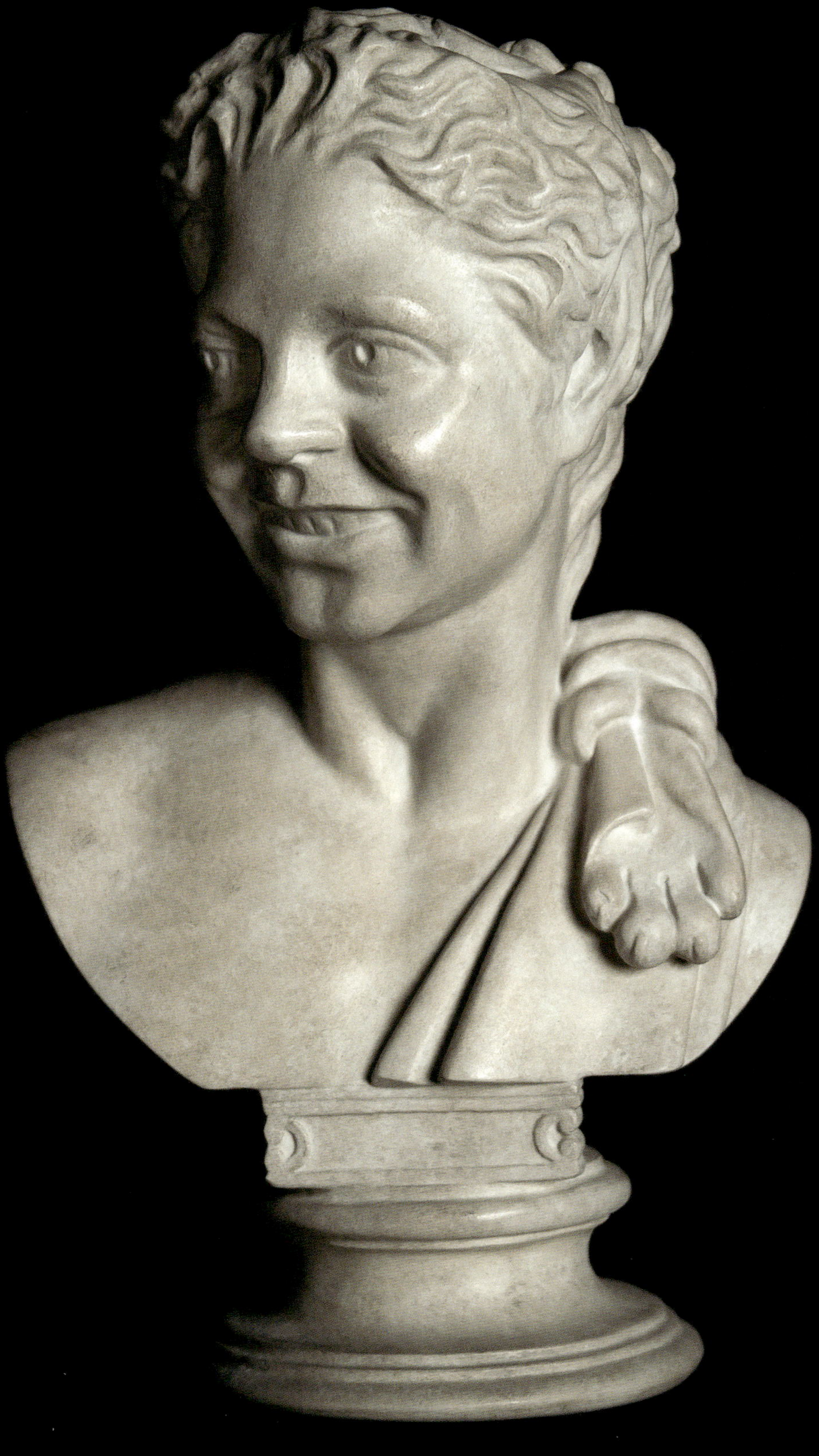

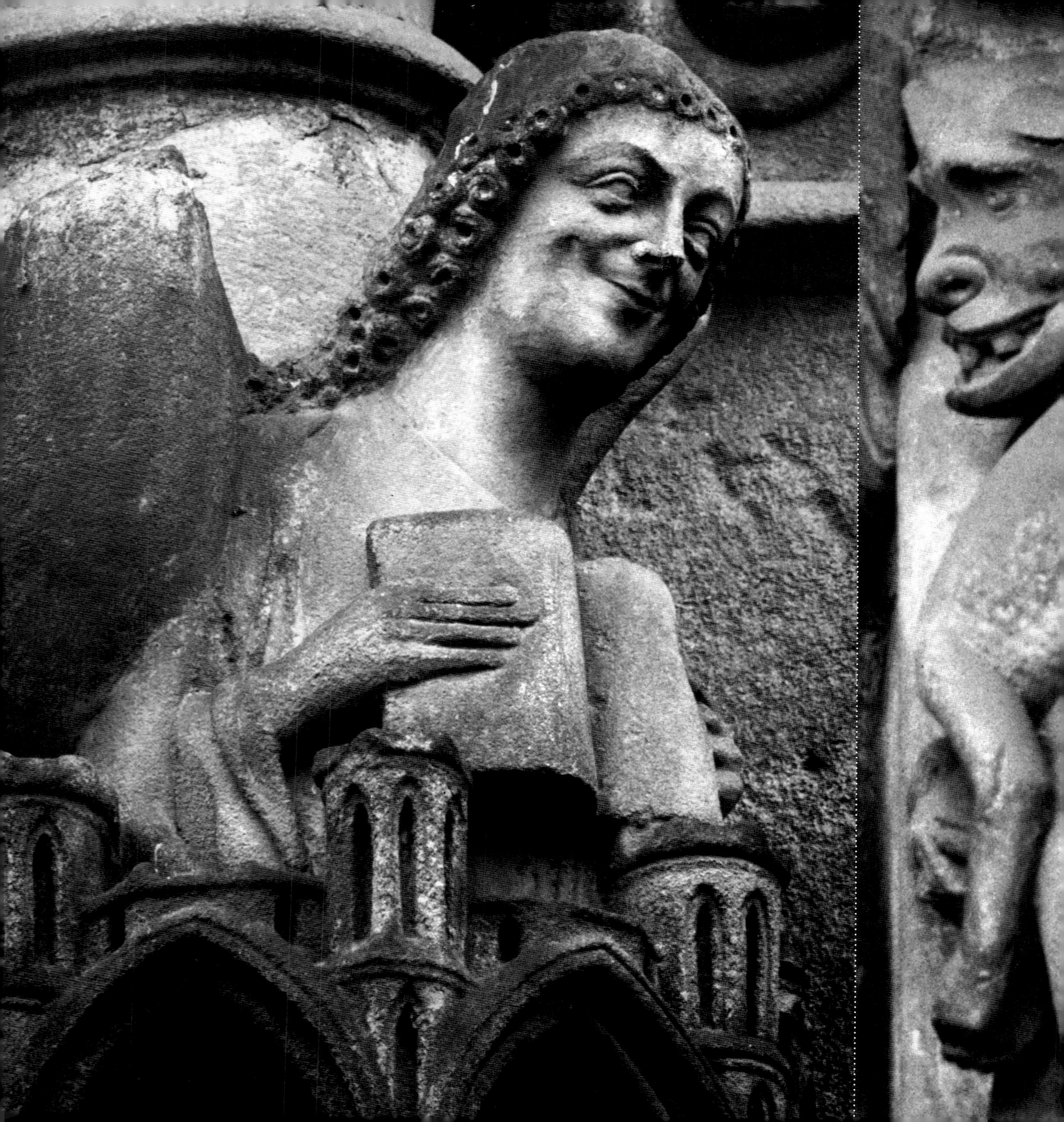

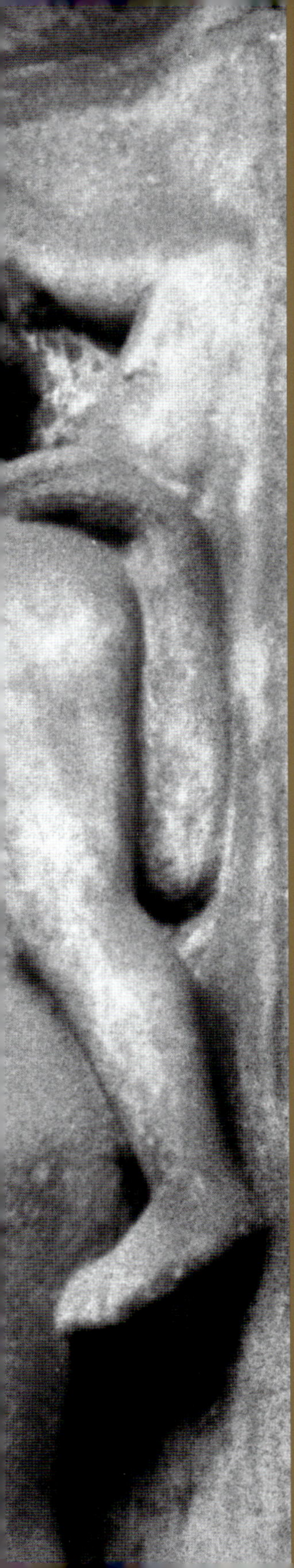

ABBILDUNG | 70
Engel mit Buch, Bamberg, Dom St. Peter und Georg, um 1230 (links) sowie

Hönisch lachender Teufel mit Seele, Chartres, Kathedrale Notre-Dame, Mittelportal, südliche Vorhalle, (Detail), nach 1204 (rechts)

SMIELENDE ENGEL UND KACHEZENDE TIUVEL: SELIGES LÄCHELN VERSUS HÖLLISCHES GELÄCHTER

Zahllose theologische und profane Autoren des Mittelalters setzen sich mit dem Lachen auseinander. Dabei wissen sie zwischen einem „guten" und einem „schlechten" Lachen subtil zu differenzieren. Es geht zunächst um **die Art** des Lachens: Handelt es sich um eine Äußerung der geselligen Heiterkeit oder um ein höhnisches Verlachen? Wie ist seine **Qualität** beschaffen: zügellos und lauthals heraus, dabei den ganzen Körper schüttelnd und die Gesichtszüge entstellend? Oder eher sanft und still in sich hinein lachend? Handelt es sich um ein ausgrenzendes Lachen oder um ein gemeinschaftliches Gelächter? Oder doch nur um ein Lächeln? **Von wem** wird das Lachen ausgestoßen? Dem Mönch z.B. ist es nicht strikt verboten, aber doch nur in sehr engen Grenzen erlaubt, da es das Schweigegebot unterläuft und die nötige Demut vermissen läßt. Aber auch hier gilt es zu differenzieren zwischen Benediktinern und den jungen Orden des hohen und späten Mittelalters, insbesondere den Franziskanern und Dominikanern.

Argumente für oder gegen das Lachen werden den mittelalterlichen Autoren in einer Vielzahl von Quellen an die Hand gegeben. Man orientiert sich bei weitem nicht nur an den einschlägigen Stellen des Alten und Neuen Testaments, in denen explizit vom törichten, triumphierenden, seligen oder jubilierenden Lachen die Rede ist; man zog auch die ethischen und zoologischen Schriften des Aristoteles und die rhetorischen Lehrwerke von Cicero und Quintilian zur Argumentation heran. Für die Epoche entscheidend aber bleibt die Frage, ob Christus gelacht oder nicht gelacht habe. Doch ließ sich darüber, mangels biblischer Belege, ebenso wenig Maßgebliches sagen wie zur Frage, ob, und wenn ja, welche Art von Gelächter in der Hölle ertönt...

WW

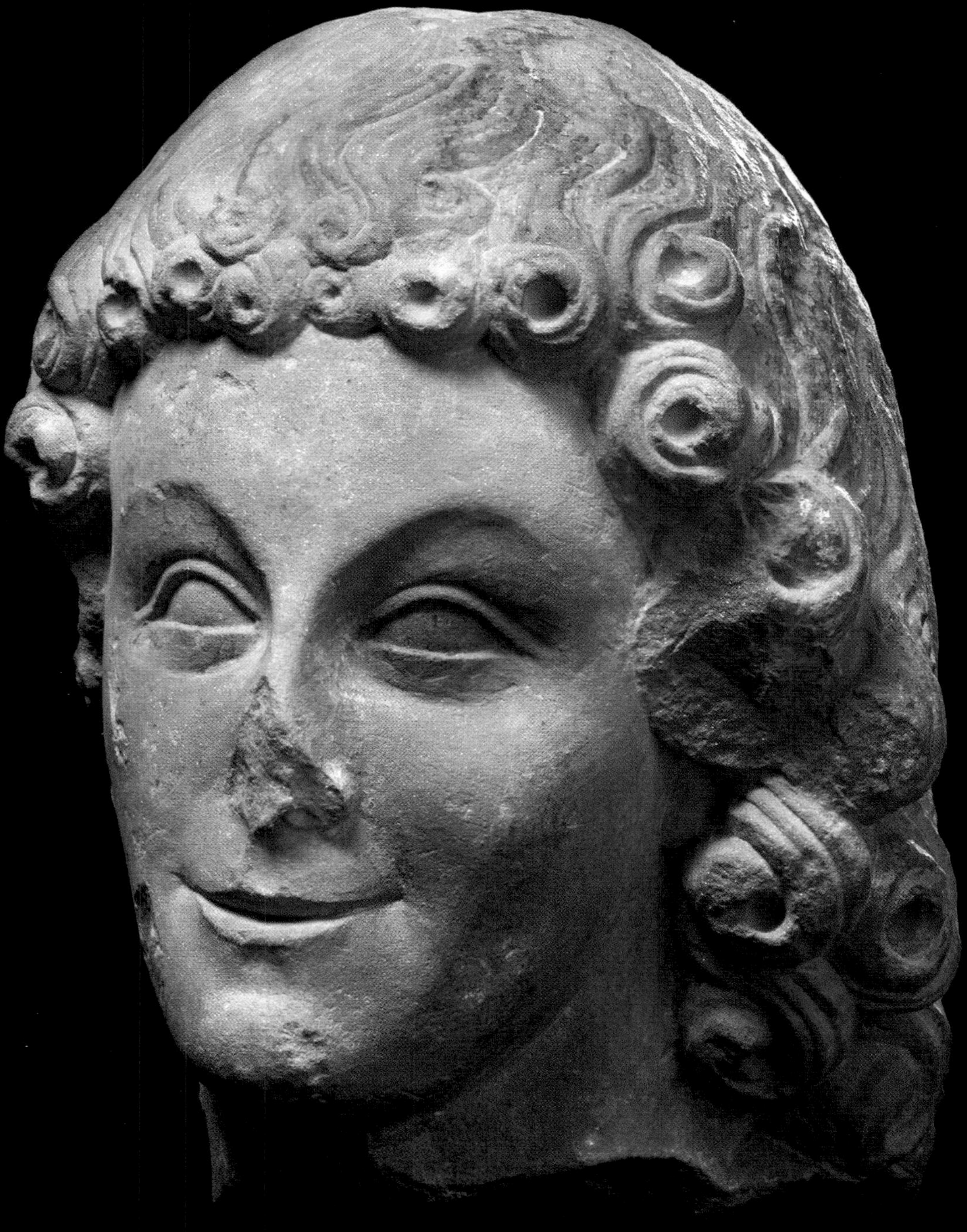

KATALOG-NR. 04

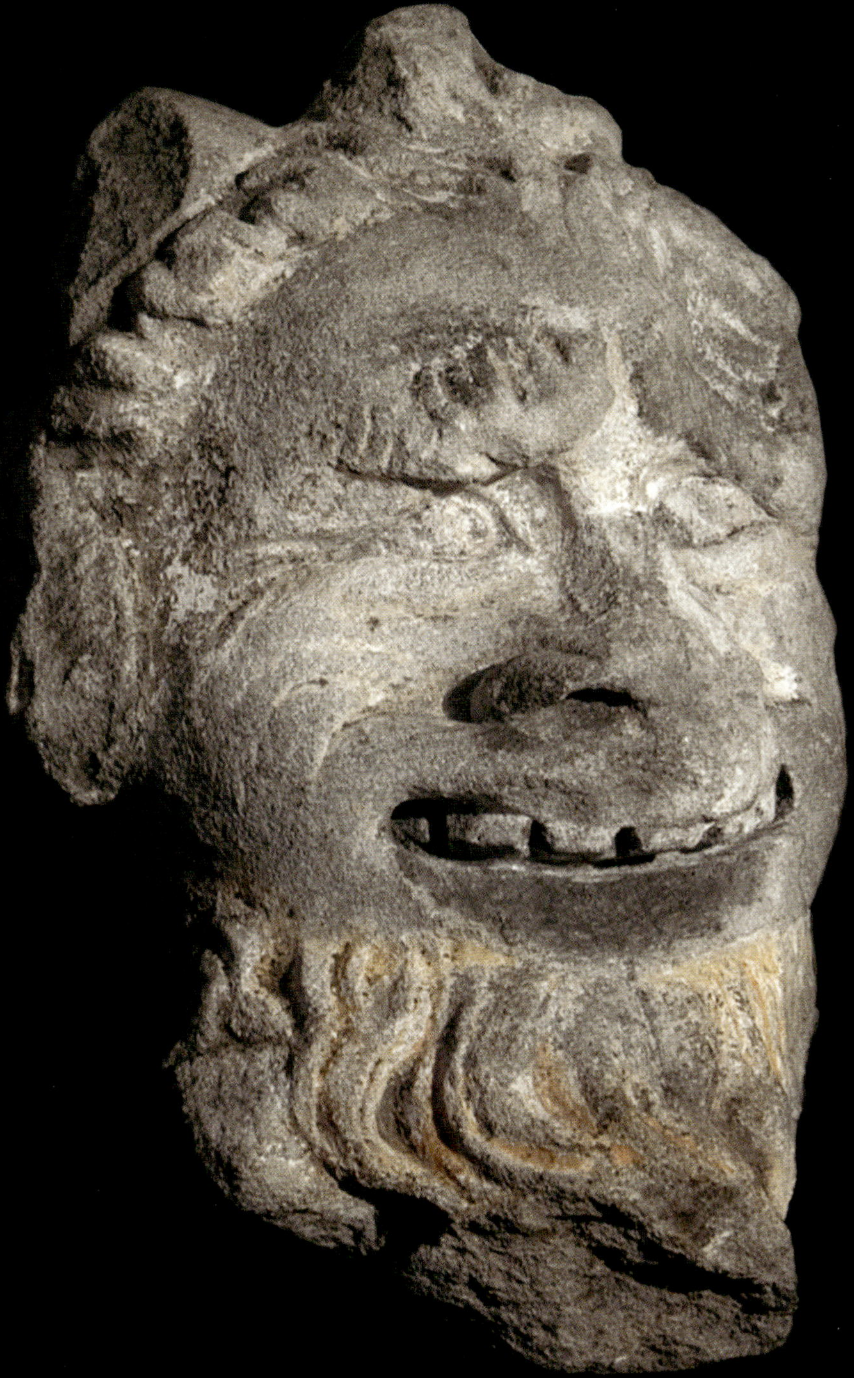

KATALOG-NR. 05

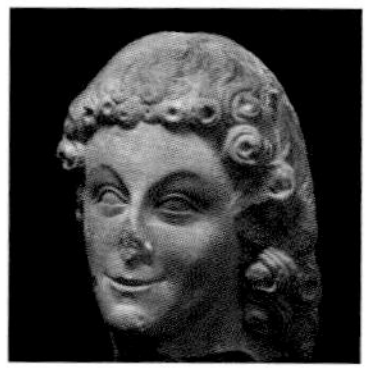

KATALOG-NR. 04
DOPPELSEITE LINKS
Ehemals Trier, Abtei St. Maximin
Um 1245, Sandstein
H. 32 cm, B. 24 cm

Trier, Rheinisches Landesmuseum – Generaldirektion Kulturelles Erbe Rheinland-Pfalz, Inv.-Nr. 1914, 1093

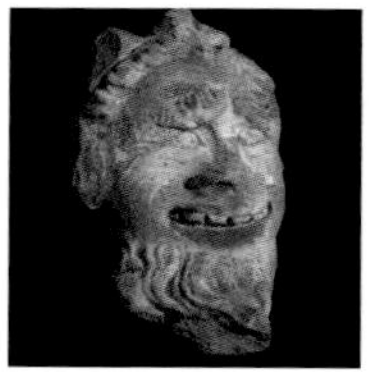

KATALOG-NR. 05
DOPPELSEITE RECHTS
Ehemals Mainz, Dom, Westlettner
Naumburger Meister, um 1239
Sandstein, farbig gefasst
H. 28 cm, B. 18 cm

Mainz, Bischöfliches Dom- und Diözesanmuseum, Inv.-Nr. PS 00172

KOPF EINES LÄCHELNDEN ENGELS KOPF EINES GRINSENDEN TEUFELS

LITERATUR
Zum lächelnden Engel:
AK Naumburg 2011, Bd. 1, S. 463f., Kat.-Nr. IV.25.

Zum grinsenden Teufel:
AK Mainz 2011, S. 455f., Kat.-Nr. 42.

Zu den Begrifflichkeiten:
Kremer 1961, S. 28–43; Derron 2008, S. 125f.

Unter dem Einfluss der Schriften des Aristoteles entstand in der französischen und deutschen Skulptur des 13. Jahrhunderts eine Vielzahl von Figuren, die die unterschiedlichen Arten des Lachens äußerst differenziert wiedergeben. Neben den Masken der Kathedrale von Reims (vgl. Beitrag Widmaier) sind dies beispielsweise der Kopf eines lächelnden Engels, der als Spolie in einer Mauer bei der Trierer Abtei St. Maximin aufgefunden wurde, sowie die Fratze eines Teufels, die 1926–28 bei der Neufundamentierung des Westchores des Mainzer Domes zum Vorschein kam. Wie keine anderen Bildwerke der Epoche stehen sie für die „guten" wie die „schlechten" Arten des Lachens, zwischen denen das Mittelalter zu unterscheiden wusste. Dabei war die mittelalterliche lateinische Philologie, im Unterschied etwa zur griechischen, sprachlich nicht direkt in der Lage, die verschiedenen Färbungen des „guten" wie des „schlechten" Lachens zu differenzieren.

Anders als im (Mittel-)Hochdeutschen oder im Lateinischen werden im Griechischen zwei Wörter desselben Stammes für zwei sehr unterschiedliche Arten des Lachens verwendet. So steht das griechische *gélān* für ein positiv-natürliches Lachen, während *katagélān* das bösartig-spöttische Lachen bezeichnet. Hinzu kommt der Ausdruck *meidiama*, der ein freundliches Lächeln bezeichnet. Das lateinische Verb *ridere* hingegen besitzt gleichzeitig eine positive wie eine negative Konnotation, die von „anlachen" über „verlachen" und „lächeln" bis zu „lächerlich machen" reichen kann. Für das explizit negative Lachen wurden daher andere Ausdrücke gewählt: Es wurde als *subsannatio* bezeichnet oder z. B. mit *sonanter et insultatorie ridere* (dröhnend und höhnisch lachen) umschrieben. Im Laufe des Mittelalters setzte sich aber immer mehr der Ausdruck *cachinnatio* durch, der ein vor allem dem Teufel eigenes, schadenfrohes Gelächter in ohrenbetäubender Lautstärke oder aber ein spöttisch-maßloses Gekicher (!) meinte. Lächeln wurde mit *subrisus* umschrieben, ein höhnisches Grinsen, dessen negative Bedeutungsebene sich erst ab dem 12. Jahrhundert allmählich verlor. Das freundliche Lächeln wurde unter dem Begriff der *hilaritas* (Heiterkeit) eingeordnet und adjektivisch dem Gesichtsausdruck zugeordnet: So zeichnete sich z. B. Franz von Assisi auch im Leiden stets durch ein „heiter lächelndes Gesicht" (*hilaris vultus*) aus (Kat.-Nr. 39).

Das mittelhochdeutsche *lachen* hingegen besaß keine moralische Konnotation, sondern war semantisch neutral; es schloss zunächst auch unser modernes „lächeln" mit ein, das seinerseits durch das positiv besetzte mittelhochdeutsche *smielen* bzw. *smieren* ausgedrückt wurde. Das mittelhochdeutsche *lecheln* hingegen ist sehr stark negativ besetzt und meint das honigsüße Lächeln des Schmeichlers. Für das negative Lachen wird entweder der vergleichsweise seltene Ausdruck *kachezen* (von *cachinnatio*) verwendet oder aber es wird als *schant-* oder *spottelachen* umschrieben. Der im korrekten mittelhochdeutschen Begriff als *smielender engel* zu bezeichnende himmlische Bote aus Trier und der *kachezende tiuvel* aus Mainz bilden, selig lächelnd bzw. ein höllisches Gelächter ausstoßend, die beiden Extreme der Welt des mittelalterlichen Lachens.

WW

KATALOG-NR. 06
Dante Alighieri
Divina Commedia (Göttliche Komödie)
Kommentiert von Cristoforo Landino
Venedig 1507, H. 29 cm, B. 20 cm

Mainz, Martinus-Bibliothek, Inc. 57

GÖTTLICHE KOMÖDIE

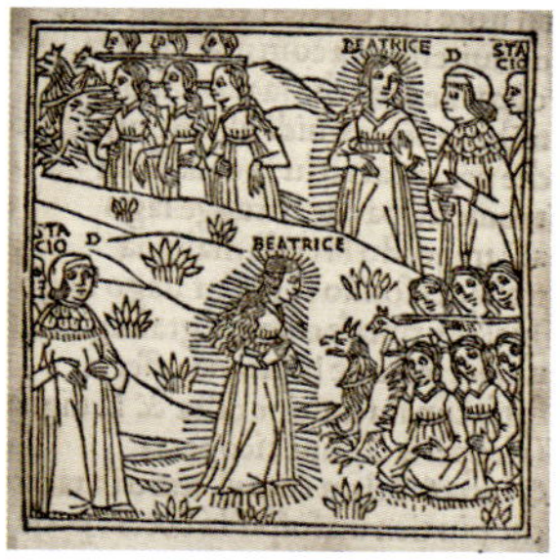

ABBILDUNG | 71
Beatrice (Fegefeuer, XXXIII. Gesang, Dante, Divina Commedia (Kat.-Nr. 6)

Viele mittelalterliche Schriften bewerten das menschliche Lachen als ein überaus positives Phänomen. Ausgehend von der Philosophie der Antike findet vor allem die aristotelische Sentenz, dass das Lachen **die** wesentliche Eigenschaft sei, die den Menschen vom Tier unterscheide, Eingang in die spätantik-frühchristlichen Lehrschriften eines Porphyrios, Boethius oder Martinanus Capella (vgl. Beitrag Wilhelmy, S. 40). Über die im Mittelalter gepflegten *artes liberales* wird dieser antike Gedanke seinen unmittelbaren Eingang in den Bildungskanon vor allem des hohen Mittelalters finden. In den frühmittelalterlichen Mönchsregeln wird Gelächter zwar grundsätzlich verurteilt, aber als heiteres und „gutes" Lachen in gewissem Maße gestattet. So betont Basilius d. Gr. (um 330–379) in seiner *Längeren Regel* ausdrücklich: *„Durch ein mildes und heiteres Lachen seine gelöste Stimmung auszudrücken, das ist nicht unanständig"*. [1]

Um 1200 beginnt eine bis dahin nicht gekannte Wertschätzung des Lachens; in den profanen, aber auch in den theologischen Schriften des späten 12. und vor allem des 13. Jahrhunderts wird es, wie nie zuvor seit der Antike, positiv bewertet (vgl. Beitrag Wilhelmy, S. 44–49). Den unbestrittenen Höhepunkt dieser positiven Einschätzung bildet Dantes *Göttliche Komödie:* Hier wird gelächelt (oder gar gelacht?), was das Zeug hält – wobei sich die Sprachforscher uneins sind, ob die von Dante verwendeten Ausdrücke *ridere* und *riso*, ähnlich wie im Lateinischen (Kat.-Nr. 4–5), nun mit Lachen oder Lächeln zu übersetzen sind.[2] Dante selbst unterhält sich auf seiner Wanderung von der Hölle durchs Fegefeuer zum Paradies lange mit seinem Führer Vergil über den Ursprung und die Funktion des Lächelns (Fegefeuer XXI, 108–129) und bemerkt, dass *„Lächeln sowie Weinen der Regung der sie zeugenden Natur [unterliegen]; drum kann, wer falsch nicht ist, sie schwer besiegen"*, worauf Vergil ebenso lächelt (Fegefeuer XII, 136) wie Mathilde (Fegefeuer XXVIII, 77), Cacciaguida (Paradies XVII, 122) und andere Personen, denen Dante begegnet. Seine geliebte Beatrice, *„in Lächeln hold umfangen"* (Paradies XX, 13), führt ihn durch das Paradies; dabei *„ihn mit eines Lächelns Lichte besiegend"* (XVIII, 19f.), so dass er zusätzliche Kraft braucht ihr *„Lächeln zu ertragen"* (XXIII, 48). *„Solch ein selig Lächeln überglitt ihr Antlitz"* (XXVII, 104), und sie hat darüber hinaus *„im Aug' ein Lächeln"* (XXIX, 7), dass die *„Erinnerung an das holde Licht des Lächelns meinen [Dantes] Geist in blinde Öde"* rückt (XXX, 26f.). Am Ende seiner Reise durch Hölle, Fegefeuer und Paradies erblickt Dante *„all des Himmels Scharen in heiligem Lächeln schön und klar zu sehen"* (XXVIII, 83f.) und die Seligen mit *„Antlitzen […], die zur Liebe"* laden, *„von eignem Lächeln schön und fremdem Scheine"* (XXXI, 49f.). Dieser Schein ist das göttliche Licht von Vater, Sohn und Heiligem Geist, von denen, so mutet es Dante an, ein *„Weltall-Lachen" (riso dell'universo)* das ganze Universum durchdringt (XXVII, 5).

WW

LITERATUR
Zum Objekt:
Dante 2011.

Zum Lachen bei Dante:
Föcking 2010.

ANMERKUNGEN
1 Zit. nach Richert 2009, S. 82.
2 Zum Lachen bei Dante vgl. Föcking 2010.

CANTO .XXVII. DELA TERTIA CANTICA DI DANTHE.

Inuecti ua di San pie ro cótro a suo suc cessori

HAuea el nro poeta ne tre di ꝓxio scripti capi
toli itrodocto tre apostoli eq̄li loxamiaron
dele tre uirtu teologiche. Hora ī q̄sto.xxvii.
Piero apostolo acerbaméte ripréde esoi suc
cessori:ꝑterea dimostra cõe daloctaua spera
fu rapto al prio mobile:póe adõq; pria la i/
uectiua di Pietro cõtro a ꝑlati. Dipoi descriue lascésione di
tucto el triõphãte exercito al cielo épireo & la reflexiõe di
se a terra. Póe nela terza pte lētrata sua cõ Beatrice alla no
na spera: pone nela q̃rta una uehemētissima exclamatiõe
cõtro ala ceca cupidita dele cose terrene:ma tornãdo al prī
cipio narra lauctoř che dopo labsolutiõe de gia scripti dub/
bii tucti ebeati cãtorono. Gloria patri & filio & spiritui san/
cto si dolceméte che el cãto lo iebriaua.i.ne ueniua i extasi:
& parea gli cħ q̄lle fussi leticia deluńiuerso & di tucta la crea
tura. Ne po fare che i tãto gaudio nõ usi exclamatiõe chia/
mãdo q̄sta beatitudīe gioia. ET riso deluniuerso:pche qui
erono ragunati tucti gleffecti di tucte le speř & di tucti epia
neti:& allegreza ieffabile.i.idicibile:ad differētia di q̄sta del
nro mõdo laq̄le e brieue & mixta cõ amaritudīe. LA uita
celeste itera damor di pace:itera pcħ niēte gli mãca. O Sã
za brama sicura richeza:Due cose sanza leq̄li nessuna riche
za e pfecta pria cħ sia sanza brama.i.cħ niēte piu si desideri
dipoi la sia sicura.i.sãza alcũ timor di pderla o di diminu/
irla. DInãzi a glochi miei:posta la exclamatiõe ritorna ala
sua narratiõe o dīostra cħ ãchora hauea dinãzi a glocchi le
q̃tro cħ erono e tre apostoli & adã. Ma q̄lla luce cħ era uéu
ta pria.i.Pietro comicio adiuētare piu uiua & accesa & era
tale q̄le sarebe Ioue se piglassi el color di marte póe Pietro
simil a ioue secõdo linfluētia di ioue pche fu optīo pactore
& doctoř giustissimo administratoř:& dali el color di mar/
te p due rispecti pria pcħ eẽndo lui stato martyre di Chri/
sto ragioneuolméte pigla el color di q̄l pianeto nelq̄l pose
e martyri di Christo. Dipoi uolendo riprendere esoi suc/
cessori era conueniente che piglassi uehementia: ardore &
iusta iracundia nel riprendere:il che uien da marte.

Iusta ira condia La ꝓui/ dentia diuina

DImostra che la ꝓuidētia diuīa laq̄le si distēde da
le sõme isino ale minime cose & distribuisce nel
diuīo choro. VIce:cioe uicissitudie & officio p/
che cõmette a ciascũo lofficio scãbiãdo auicéda.
Hauea posto silétio al cãto & alhor comīcio Pietro cõ q̄ste
pole nõ ti marauiglare se io mi trãscoloro .i.muto colore
dal mio dargéto al focoso di marte.ipocħ q̄do io mi trãsco
loro tucti q̄sti altri sarãno el simile. Et lallegoria di q̄sto po
nemo di sopra. Ma potrebbesi marauiglař alcũo cõe Piero
pigli colore focoso di marte. Ilche e accédersi ad ira:cõcio/
sia che ne laio beato nõ cagia pturbatiõe:pcħ non uuole el
poeta dīostrare ira ma q̄lla uehemētia di seuerita cħ e pte
di iustitia laq̄l tra mortali radeuolte e sanza giusta idegna/
& ira. QVegli:collui cħ e el papa elq̄l usurpa: cioe igiusta
méte tiene el põteficato in luogo di me:& nota cħ dixe tre
uolte mio o p dimostrare extrema idegnatiõe p tale repe/
titiõe o ueraméte puose el numero ternario p dīostrare cħ
tale officio fu ꝯceduto a pietro:cioe alordīe sacerdotale dal
trino & uero idio. Che uaca nela ꝑsētia del figluolo di dio:
nõ dice absolutaméte cħ uachi ipocħ seguirebbe cħ nõ fus/
si uero & legitimo papa & p cõsequés nõ ualerebbe cosa che facessi:ma uaca nel cõspecto del figlolo di dio p
che ha puertito lofficio suo & p cõsequés xp̄o lo riproua cõe apostata:nõ uaca adõq; tra glhoī pcħ el suo de/
creto uale. Ma q̃to adio ñ tiene tal grado di ragiõe ma lo usurpa. HA facto cloaca del mio cymiterio: Cloa
ca significa fogna che riceue le puze & le bructure & le corruptiõi:cymiterio che i greco significa giaccitorio

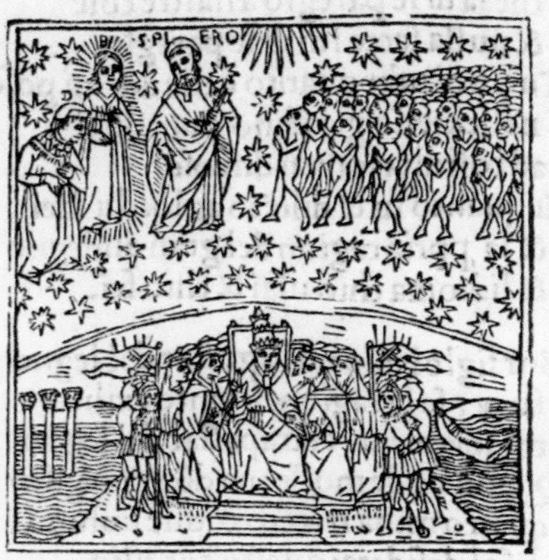

AL padre al figlo allo spirito sancto
comincio gloria tuctol paradiso
siche minebriaua el dolcie canto.
Ciochio udia mi sembiaua un riso
delluniuerso perche mia ebreza
mentraua per ludito & per lo uiso
O gioia o ineffabile allegreza
o uita intera damore & di pace
o senza brama sicura richeza.
Dinanzi aglocchi miei le quattro face
stauono accese:& q̄lla che pria uenne
incomincio afarsi piu uiuace
Et tal nella sembianza sua diuenne
qual diuerrebbe ioue segli & marte
fussero uccegli & cambiasserси penne

La prouidentia che quiui comparte
uice & officio nel beato choro
silētio posto hauea da ogni parte.
Quãdo io udi se io mi trascoloro
non ti marauiglar che dicēdo io
uedrai trascolorar tucti costoro
Quegli che usurpa interra elloco mio
elloco mio ello mio che uaca
nella presentia del figluol di dio
Facta del cymiterio mio cloaca
del sangue & della puza ondel puerso
che cadde di quassu laggiu si placa.

KATALOG-NR. 07
Gratianus de Clusio, Decretum
Kommentiert von Bartholomaeus Brixiensis und Johannes Teutonicus, herausgegeben von Sebastian Brant, Basel, 1500, H. 22 cm, B. 15,5 cm, GW 11389

Mainz, Martinus-Bibliothek, Inc. 330

DECRETUM GRATIANI, KAP V
PFLICHTEN VON BISCHÖFEN UND PRIESTERN

Viele mittelalterliche Schriften verurteilen das Lachen. Ohne Ausnahme finden sich durch alle Jahrhunderte der Epoche hindurch Stimmen, die *„zum Lachen reizende Worte“*[1] verbieten.

In der theologischen Literatur von Spätantike und Frühmittelalter sind dies zunächst die Mönchsregeln. Im östlich-byzantinischen Mönchtum betont Basilius d. Gr. (um 330–379) in seiner *Längeren Regel*, dass es verboten sei für *„diejenigen, die asketisch leben [...], sich unbeherrschtem und zügellosem Lachen hinzugeben“*.[2] Im Abendland lehren die *Magister-* oder die *Benediktsregel* den rechten Umgang mit dem Lachen für den der Demut verpflichteten und dem Schweigegebot unterworfenen Ordensbruder. Das Lachen wird den Mönchen in diesen Regeln nicht grundsätzlich verboten, aber in Inhalt, Umfang und Tonlage streng reglementiert: Nur hin und wieder ist ein maßvolles, freudiges, nicht allzu lautes Lachen gestattet. Auch die hochmittelalterlichen Traktate übernehmen diese Einschätzung. Laut Bernhard von Clairvaux z. B. führt das viele und laute Lachen seine zisterziensischen Mitbrüder direkt auf den Pfad der Lasterhaftigkeit.

Nicht nur den Mönchen, auch dem Weltklerus war das Lachen kirchenrechtlich grundsätzlich verboten. Bereits die frühen Canones-Sammlungen verurteilen das Lachen, ein Verbot, das im sogenannten *Decretum Gratiani*, einer um 1140 von Gratian, dem „Vater der Kanonistik“, angelegten Sammlung des Kirchenrechts, ebenfalls ausdrücklich vermerkt ist. In diesen für das ganze Mittelalter rechtsverbindlichen Vorschriften wird es z. B., wie auf der hier gezeigten Seite rechts oben zu lesen, Geistlichen ausdrücklich untersagt, an Gastmählern anlässlich einer Totenfeier bis zum Schluss teilzunehmen. Dies nicht nur, weil dort immer wieder heidnische Gebräuche praktiziert werden, sondern auch, um nicht durch anwesende Gaukler zum Lachen und zur Ausgelassenheit verführt zu werden: *„Keiner der Priester [...] soll sich erdreisten, sich zu betrinken [...] oder grundlosen Beifall und Gelächter und eitle Geschichten dort [beim Totengedächtnis] vorzutragen oder zu singen“*.[3] Und

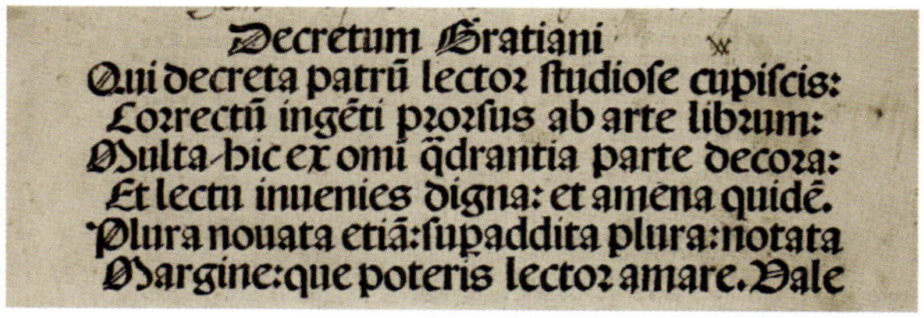
Decretum Gratiani
Qui decreta patrū lector studiose cupiscis:
Correctū ingēti prorsus ab arte librum:
Multa hic ex omi q̄drantia parte decora:
Et lectu inuenies digna: et amena quidē.
Plura nouata etiā: supaddita plura: notata
Margine: que poteris lector amare. Vale

weiter heißt es: *„Hast du dort getrunken und mit lautem Gelächter dein Gesicht verzerrt und schienst du, nachdem du alle Frömmigkeit und jedes Gefühl der Nächstenliebe abgelegt hattest, gleichsam über den Tod deines Bruders zu jubeln? Wenn du das getan hast, sollst du dreißig Tage bei Brot und Wasser büßen“*.[4] Heidentum und Lachen werden im *Decretum Gratiani* in eins gesetzt; der pflichtbewusste Priester hat daher beides unter allen Umständen zu verbieten: *„Teuflische Lieder, die über den Toten zu nächtlicher Stunde der Pöbel zu machen pflegt, und berstendes Gelächter, das sie ausüben – verbietet es unter der Warnung des allmächtigen Gottes!“*[5]

Anders als die theologische steht die profane Literatur des Mittelalters dem Lachen sehr viel positiver gegenüber. Doch auch hier gibt es durchaus Stimmen, die das Lachen ablehnen. Vor allem in Epen wie z. B. dem *Parzival* ist gerade das Nicht-Lachen des Königs eines der Schlüsselelemente zum Verständnis des Werkes (Kat.-Nr. 25).

WW

► ABBILDUNG | 72
Decretum Gratiani (Kat.-Nr. 7), Titelblatt (Detail)

LITERATUR
Zum Objekt:
Zapp 1999.

Zum Lachverbot im Kirchenrecht:
Suchomski 1975, S. 24–28.

ANMERKUNGEN
1 *„Verba vana aut risui apta“*, zit. nach Suchomski 1975, S. 23.
2 Zit. nach Richert 2009, S. 82.
3 Der lateinische Originaltext zit. bei Suchomski 1975, S. 25.
4 Der lateinische Originaltext zit. bei Suchomski 1975, S. 262, Anm. 74.
5 Der lateinische Originaltext zit. bei Suchomski 1975, S. 262, Anm. 74.

a ¶ Nō spnūt. Peccāt tñ ꝛ epi thymio tradidi st.ⷭ.xxj.q.iiij.c.j
In oībus. de mode/ stia clericoꝝ ꝛ so
Ezech.16. brietate.i.iij.c.cō tinuat.
c ¶ Ut canoni/ ci. Regl'ares.nā
Canon canō nūcupaꝶ re gl'a.di.iiij.canō.
d ¶ Incōposite Marie qm̄ ꝛ si bonū agat:penā mereꝶ.ff.ꝺ re mi li.l.iij.§.i bello.
e ¶ In vnoq̄q; .i.epali sede.
f ¶ Et dormiāt ꝰ.di.xxxij.si q̄ ꝯ. j.q.ij. sacerdos. s; h̄ ꝺ regl'aribꝰ. vl' ē derogatum. di.iiij .leges.
g ¶ Audiāt. q2 ꝯuiuiū eoꝝ non debet esse sine le ctiōe.ꝰ.xliiij.di. p reuerentia.
h ¶ Suis.al's eēnt acephali.xc iij.di.nulla.
i ¶ Ministri.i. plati:q2 sbditis mistrant.
Nullus.
k ¶ Ad ānluer/ sariū.ꝰ.xiij.q.ij. quia aliȷ.
l ¶ Cogere.Ar.
Contra anglicos ꝯ anglicos:vt ex de vi.ꝛ ho.cleri. a crapula.
m ¶ Vl' torna/ tricibꝰ.q̄ voluūt vt torni.
n ¶ Nec laruas. ex ꝺ vi.ꝛ ho.cle.
Non (qm̄. oportet.
o ¶ Iussionem. Nec epꝫ p̄ter ius sionē p̄riarche.
p ¶ Ad pegri/ nādū:vt.C.ꝺ epi siq̄ p calūniā i fl.
Quis possit ire vltra mare q ¶ Lris.h̄ de cruce sigt' q̄ dn̄t ire vltra mare vl' penitētibꝰ B.
q ¶ Lris.i aut. ꝺ san.epi.§.iter/ dicimꝰ. ex ꝺ vo/ to.magne.nec ēt p̄uatꝰ aliq̄s p̄n/ cipē adire pot si

ociosus. Egyptiorum mona/
steria hunc morem tenent: vt
nullū absq; ope ꝛ labore su/
scipiāt: nō tā p̄pter victꝰ ne/
cessaria: q̄ꝫ p̄pter aīe salutēz:
ne vagenꝶ p̄niciosis cogita/
tionibꝰ: ꝛ ad instar fornican/
tis israel oīni trāseūti diuari
cent pedes suos. Et in seq̄nti
bus: q̄d ꝑ peribūt oēs q̄ in
vrbibꝰ habitāt: Ecce illi fru/
unꝶ suis rebꝰ: ministrāt eccle
siȷs: adeūt balnea: vnguenta
a nō spernūt: ꝛ oīm flore vestiūn
tur. Ad q̄ꝺ etiā ante respōdi
ꝛ nūc breuiꝶ r̄ndeo: me in p̄n
ti opusculo non de clericꝭ dis
putare s; monachū institue/
re. Itē in li.v. capitulorūz.
Absq; p̄lati sui licētia: cano
nicis nihil agere licet.
b. In oībꝰ igiꝶ (q̄ntū hu/
mana fragilitas p̄mittit) de/
c cernimꝰ vt canonici clerici ca
nonice viuāt: obseruātes di/
uine doctrinam scripture: et
documēta sanctorū patrum:
ꝛ nihil sine licentia epi sui vl'
d mgr̄i eorum incōposite gere/
e re p̄sumāt. In vnoquoq; epi
f scopatu siꝶ mādūcēt ꝛ dormi
ant: vbi his facultas id faci/
endi suppetit. Qui de rebus
eccl'iasticꝭ stipēdia accipiūt: i
vno claustro maneāt ꝛ singu
lis diebus mane prima hora
g ad lectionē veniant ꝛ audiāt
q̄d eis impereꝶ. ad mensam
vero siꝶ lectionē audiāt: ꝛ obe
h i dientiā ꝑm canones suis mi/
nistris faciāt. Itē ex ꝯcilio
manetensi. Presbri q̄ simul
conueniunt: ebrietatem ꝛ co/
messationes summopere vitent.
k. Nullus presbyterorum
quādo ad anniuersari
um diem.xxx.vel.vij.vel ter/
tium alicuius defuncti: aut
quacunq; vocatione ad col/
lectam p̄sbyteri conuenerint:
se inebriare nullatenus p̄su/
māt. nec p̄cati in amore san/
ctorum vel alicuiꝰ anime bi/
bere vel alios ad bibendum
l cogere: vel se aliena precatio
ne ingurgitare: nec planctus
vel plausus ꝛ risus incondi/
tos: ꝛ fabulas inanes ibi re/
ferre: aut cantare p̄sumāt: vl'
m turpia loca vel vrso vl' torna
tricibꝰ an̄ se fieri patiantur:
n nec laruas demonū an̄ se fie/
ri ꝯsentiāt: q2 h̄ diabolicū est
ꝛ a sacris canonibꝰ p̄hibitū.
Item ex concilio laodicēsi.
Clericus vel laicus sine iussi
one episcopi nō peregrineꝶ.
Non oportet ministros
altariꝭ vel quoslibet cle
o ricos p̄ter iussionem episcopi
p ad peregrinādum proficisci.
q laicū etiā sine canonicis litte
ris.i. formata similiꝶ nō opor
r tet alicubi p̄ficisci. Itēz ex
eodem. Quibus spectaculis
clericus interesse non debet.
Non oportet ministros
altaris vel q̄slibet cle/
s ricos spectaculis aliquibus:
t que aut ī nuptijs aut scenis
exhibentur interesse: sed an/
v teq̄ꝫ thimelici ingrediantur:
surgere eos de cōuiuio ꝛ ab/
ire debere. Item Augusti/
nus ad Passidoniū ꝛ q̄ cum
eo sunt fratres. Colorum fu/
cis mulieres vti non debent.
x. Fucare figmentis quo
vel rubicundior vel
candidior vel verecundior
appareat: adulterina falla/
cia est: qua non dubito etiaꝫ
ipsos maritos se nolle deci/
pi: quibus solis permitten/
de sunt femine ornari ꝑm ve/
niam nō ꝑm imperium. Nā
verus ornatus maxime chri/
stianorum et christianarum:
non tm̄ non est vllus fucus
mendax: verum nec auri qui
dem vestisq; pompa: sed mo
res boni sunt. Execranda au
tem supersticio ligaturarum
z in quibus etiam inaures vi/
rorūz in summis ex vna par
te articulis suspense deputā/
tur: non ad placendum ho/
minibus: sed ad seruiendum
demonibus adhibentur.
Item ex symbolo ephesi/
ni concilij ducētorum episco
porum: quod habitum est

ne aucte iudicis. C.de decur.siq̄s decurio.li.x.ꝛ q dicꝶ iussionē:ītel/ lige petitā ꝛ ob/ tētā. Nā epo ꝯ/ dicēte nec clericꝰ nec laicꝰ ire debꝫ xj.q.iij.q̄d ꝑ.nec ad iudiciū alteri us epi.iij.q.vj.n̄ licet.de pe.di.vj placuit. q̄ꝺ est ꝯ grānū.q̄ dixit p l.ff.ꝺ iu.l.ij.ꝛ.ff. ꝺ iurisdi.o.iu .si ꝯuenerit ꝯriū.q2 leges n̄ dedignā
Questio tur sacros cano/ nes imitari.i aut vt cl'ici apo p̄he. male enīz de sui epi iudicio presu mit ꝛc.xj.q.j.pla cuit.ꝛ ꝯtumeliā fac iudici q̄ eum omittit ꝛ ad aliū vadit.ff.ꝺ recep. litigatores.
r ¶ Proficisci. Si āt cl'icꝰ rādiu absit q dubiteꝶ an viuat an mor tuꝰ sit: ꝺsinit ha bere liberā admi nistratōz.insti.ꝺ vsu.§.q aūt.
Non opret.
s ¶ Spe ctacul'.ꝰ.di.xxx/ iiij. presbyteri.
t ¶ Aut scenis. q̄d sit scena: La/ beo diffiniuit.ff. Scena
ꝺ his q̄ no.infa. l.ij.§.vlti.
v ¶ Thimelici. Thimelici
A thimelo q̄d ē publicū.imo thi melici dicūꝶ qui mistrāt luderibꝰ ff.ꝺ his q̄ no.ifa.
Fathletas.
x Fucare.i.ti gere.C.q̄ res vē. nō pos.l.j.§.Si Versus ꝺ fucare
vitiū frōtꝭ alienꝰ fucꝰ iauret Sl'la frōtꝭ obit:cū co/ lor hospes abit.
y ¶ In q̄bꝰ.i.in
z ¶ Vi (ter q̄s. roꝝ.i.av rꝭ dare s; videꝶ q nec i talibꝰ teneat do/ natio: quia di/ xit lex. q si vir dat vxori mar/

KATALOG-NR. 08
Um 1250
Sandstein, mit farbiger Fassung des 19. Jh.
H. 170 cm, B. 73 cm

Mainz, Bischöfliches Dom- und Diözesanmuseum,
Inv.-Nr. PS 00169

MADONNA MIT KIND
(SOGENANNTE „FUSTSTRASSENMADONNA")

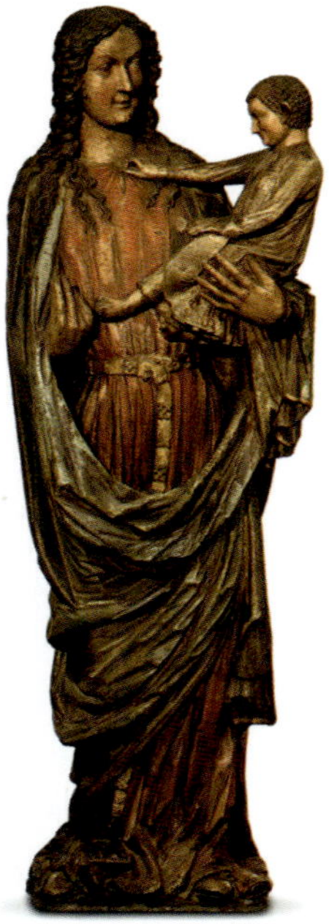

ABBILDUNG | 73
Fuststraßenmadonna,
Gesamtansicht (Kat.-Nr. 8)

Die Diskussion, ob Christus gelacht habe oder nicht, durchzieht das ganze Mittelalter. Die Antwort auf diese Frage beeinflusst die Einstellung der Epoche zum Lachen grundlegend. In Phasen, in denen dem Erlöser ein Lachen (oder zumindest ein Lächeln) zugebilligt wurde, war man eher geneigt, Lachen als etwas Gutes anzusehen.

Die Fuststraßenmadonna – benannt nach ihrem letzten Aufstellungsort in der Mainzer Fuststraße – zeichnet sich durch eine ganz besondere Emotionalität aus. Maria ist hier als junge Frau mit offenem Haar dargestellt, deren eng anliegendes Gewand ihre Brüste durchscheinen lässt und damit nicht nur ihre Schönheit, sondern auch ihre Mütterlichkeit betont. Die liebevolle Beziehung zu ihrem Sohn drückt sich in einem innigen Blick und dem zarten Heben der Mundwinkel aus; dem antwortet der Knabe mit einem breiten Lächeln, das über beide Pausbacken reicht.

Dass Christus nie gelacht habe, ist im Mittelalter die vorherrschende Meinung. Daneben gibt es aber bereits seit dem Frühchristentum auch abweichende Ansichten. Zunächst sind es gnostische Schriften, die mit dem lachenden Christus dessen ausschließliche Göttlichkeit beweisen wollen (vgl. Beitrag Wilhelmy, S. 38f.). Auch im 13. und frühen 14. Jahrhundert wird zumindest dem Jesus**knaben** häufig die menschliche Fähigkeit des Lachens und dessen natürlicher Gebrauch zugeschrieben: Da Christus wahrer Mensch war, habe er sich auch in seinen jungen Jahren ganz wie ein Menschenkind verhalten. So schreibt der Schweizer Wernher in seinem in der 1. Hälfte des 14. Jahrhunderts verfassten *Marienleben*, dass der Mund des Jesusknaben so gestaltet sei, *„als sam er welte lachen / lieplich ze allen sachen"*.[1] Erst als Jesus zum Jüngling herangereift ist, so heißt es in dieser Dichtung ausdrücklich: *„Selten er och iemant sprach / Und niemer man in lachen sach"*. Dieser Ansicht widerspricht Philipp der Karthäuser in der deutschen Fassung seines im frühen 14. Jahrhundert verfaßten *Marienlebens* nachdrücklich. Ihm zufolge irren alle Gelehrten, die den Jesusknaben nur ernst und auf die kommende Passion fixiert wähnen: *„si sint esel unde affen / die daz wellent widerklaffen / die sprechent daz er [Jesus] nie erlachte / noch kindes kurzweil nie gemachte"*. Gemäß seiner menschlichen Natur folgte Jesus allen Bedürfnissen eines Kindes und als solches aß, trank, spielte und lachte er. So fährt Philipp fort: *„welhiu diu sin, daz will ich sagen / daz ist weinen unde lachen / ezzen, trinken, slafen wachen / daz ist kintlich gebaren"*. Andernfalls wäre der Jesusknabe als ein *„ungehuire"* zu bezeichnen, denn, so schreibt Philipp ausdrücklich, dann wäre er *„an [ohne] menschen natuire"* gewesen.[2] Damit geht Philipp noch über Aristoteles hinaus: Nicht nur die *risibilitas*, also die **Fähigkeit** zu lachen, ist eine der Kerneigenschaften des Menschen, sondern deren aktiver **Gebrauch**. In kaum einer anderen Skulptur des Mittelalters wird die menschliche Seite Christi derart aussagekräftig und eindeutig wiedergegeben und das Lachen als solches so positiv bewertet wie im lachenden Knaben der Fuststraßenmadonna.

WW

LITERATUR
Zum Objekt:
Boeck 1966.

Zum Lachen Christi:
Kemper 2005.

ANMERKUNGEN
1 Zit. nach Päpke 1920, S. 95 bzw. S. 92.
2 Alle Zitate nach Kemper 2005, S. 23, 29f.

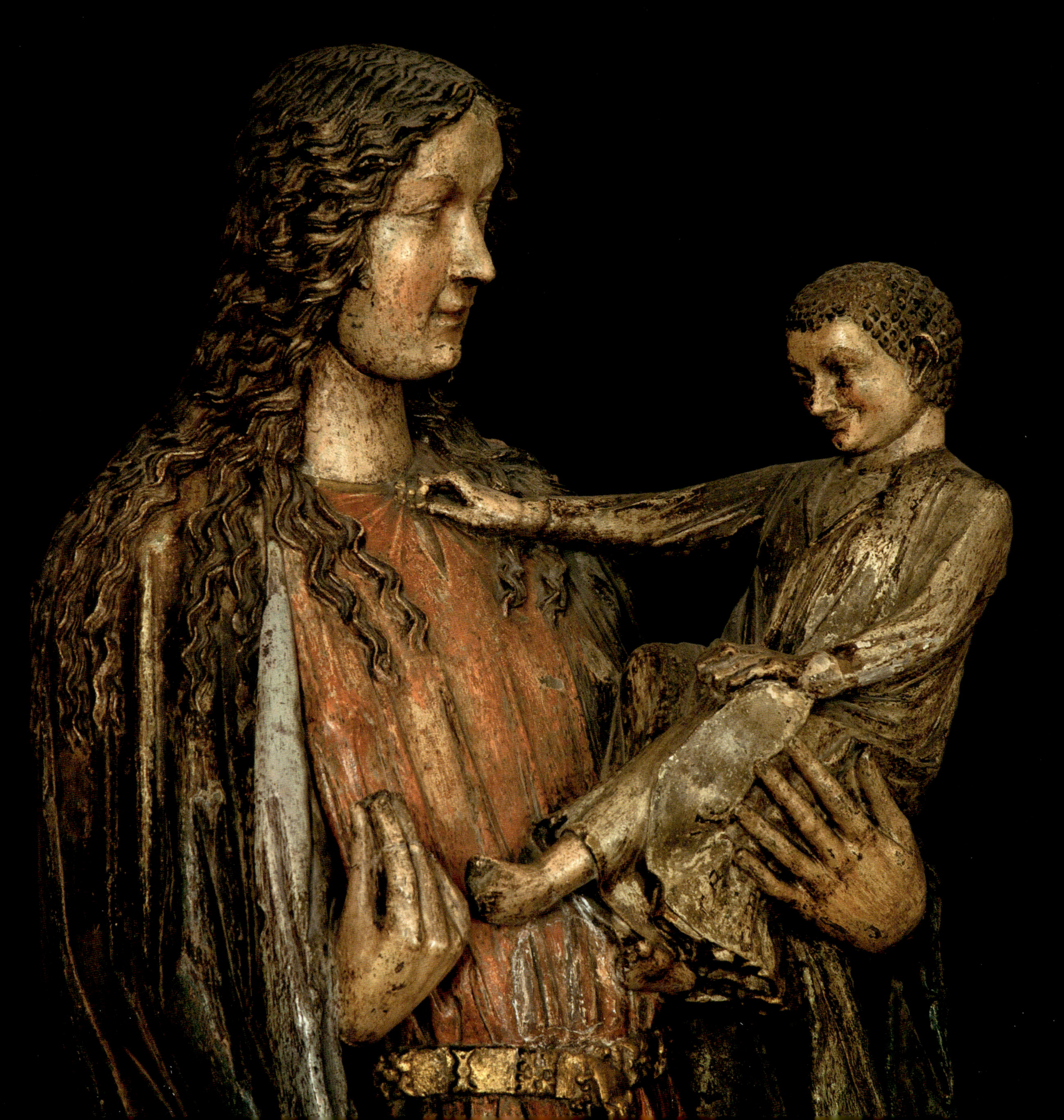

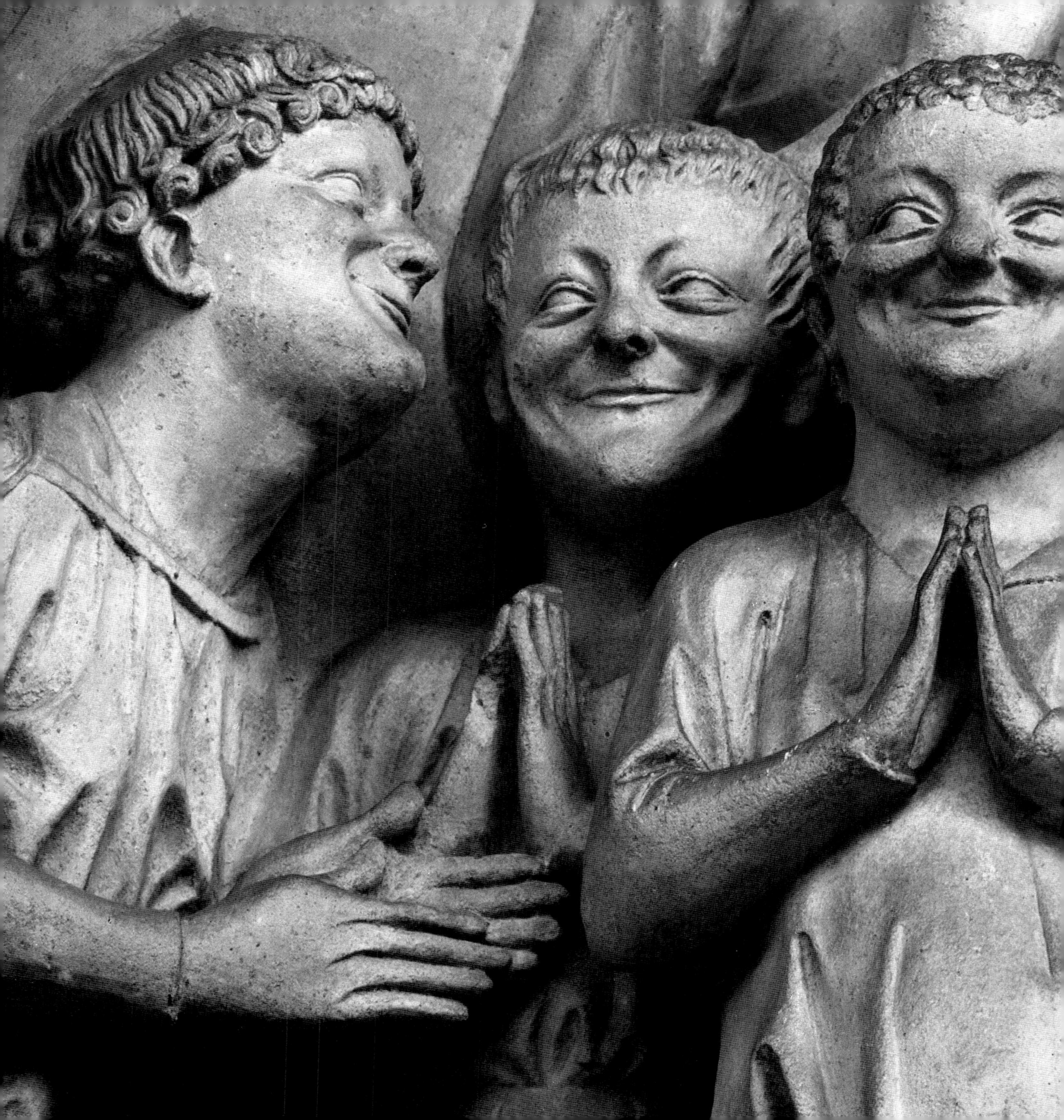

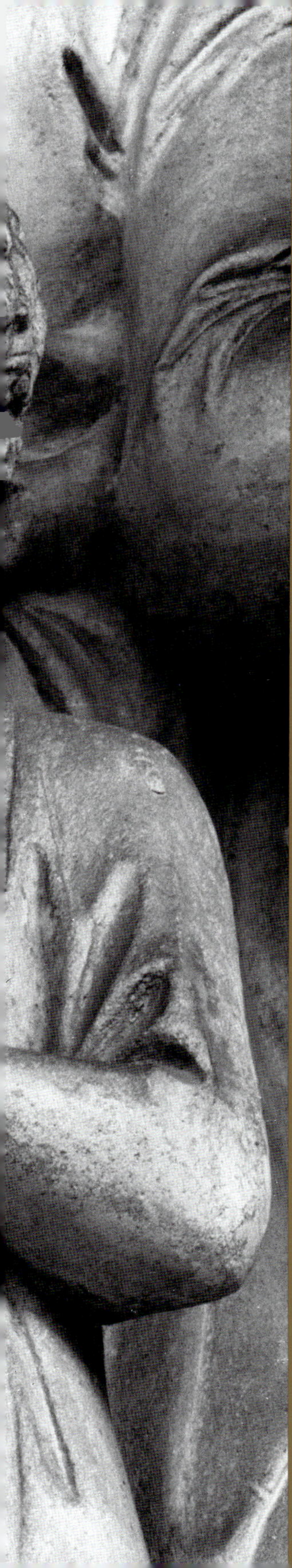

ABBILDUNG | 74
Selige beim Jüngsten Gericht, Bamberg, Dom St. Peter und Georg, Fürstenportal, Tympanon (Detail), um 1230

DA WARD VON LACHEN ERFÜLLT UNSER MUND: DAS LÄCHELN DER SELIGEN

Im Himmel wird gelacht! Unmissverständlich sind Jesu Worte in der Bergpredigt: *„Selig die, die nun weinen, denn sie werden lachen […]. Freut euch an jenem Tage und springt vor Freude, denn siehe, euer Lohn ist groß im Himmel“* (Lk 6,20-23).
Hier wird das künftige Reich beschrieben als ein Ort der himmlischen, sich auch im Lachen frei machenden Seligkeit. Basierend auf der Bibel, die voll ist von Verweisen auf eine himmlische Freude im Jenseits, scheint *risus*, das Lachen, geradezu **das** Merkmal der für die paradiesische Seligkeit Bestimmten zu sein. In welcher äußeren Form sich dieses Lachen aber ausdrückt, war umstritten.

Da sowohl das Hebräische als auch das Griechische mehrere Begriffe für das höhnische oder fröhliche Lachen kennen, wurde vor allem im frühen Christentum noch sehr unterschiedlich über Art, Ausdruck und Inhalt des endzeitlichen Lachens geurteilt. Für Tertullian (ca. 160/70 – nach 220) war das Jenseits noch vom schadenfrohen Lachen des Triumphs der siegreichen Christen über die sie verfolgenden Heiden erfüllt. Im konsolidierten Christentum der kommenden Jahrhunderte weicht dieses Hohn-Lachen einem transzendenten Jubel-Lachen, das den Sieg des Guten über das Böse schlechthin charakterisiert. Für die Kirchenväter war die Sache daher eindeutig: Im Diesseits kann und darf nur geweint werden; das Lachen hingegen ist, sofern man zu den Auserwählten gehört, ganz in das Zukünftige, ins Paradies, verlegt. Der Kirchenvater Hieronymus (347/48–419/20) fasst dies, unter Berufung auf die einschlägigen Stellen des Neuen Testaments (Lk 6,21-25), kurz und prägnant zusammen: *„Ich habe geweint, damit ich lache. Ich habe getrauert, damit ich mich ewig freue. Wer in dieser Welt nicht weint, er wird in der zukünftigen weinen. Selig nämlich sind, die trauern, denn sie werden getröstet werden. Und im Gegensatz dazu sagen wir: weh euch, die ihr lacht, denn ihr werdet trauern“.*

WW

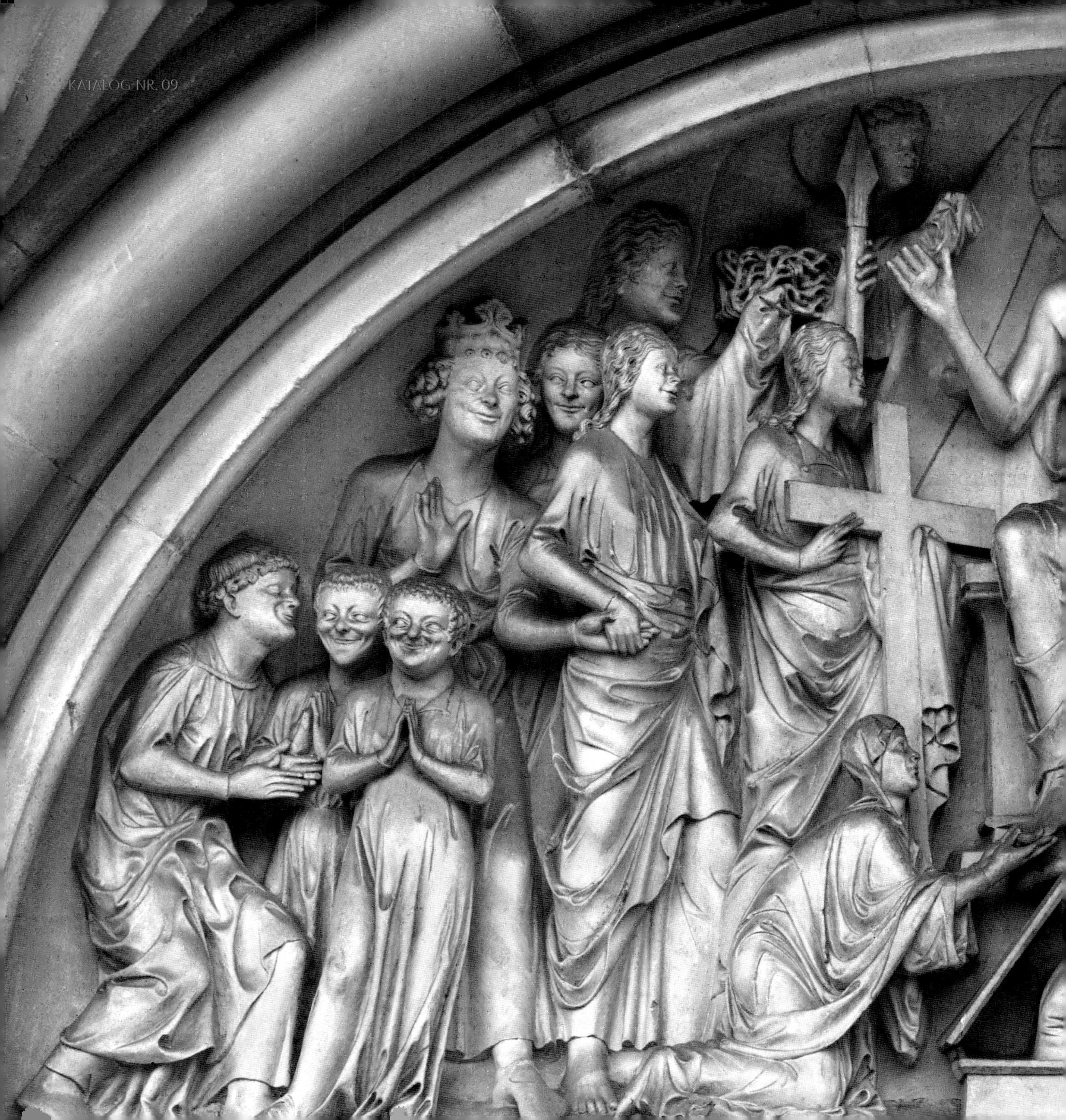
KATALOG NR. 09

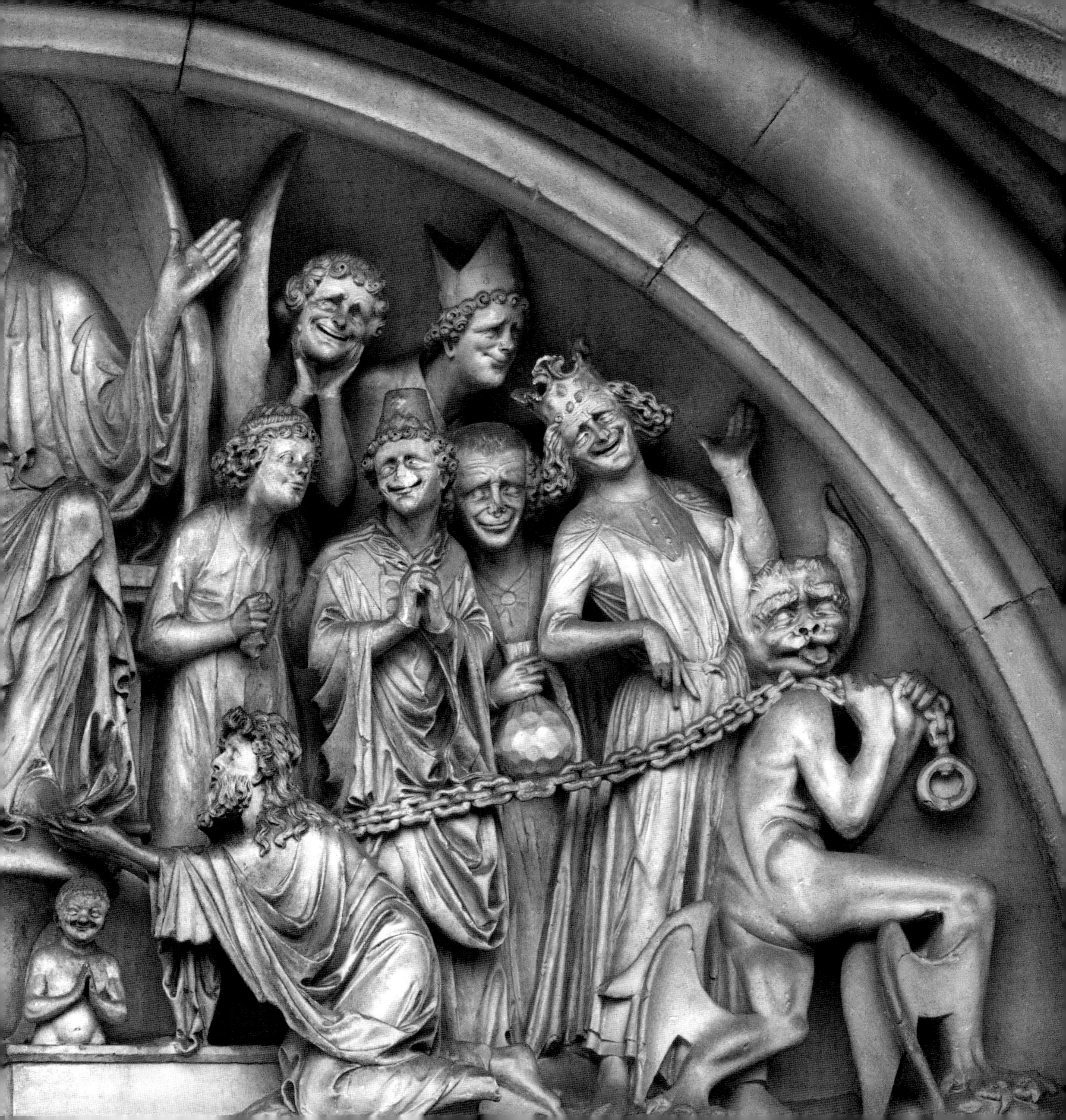

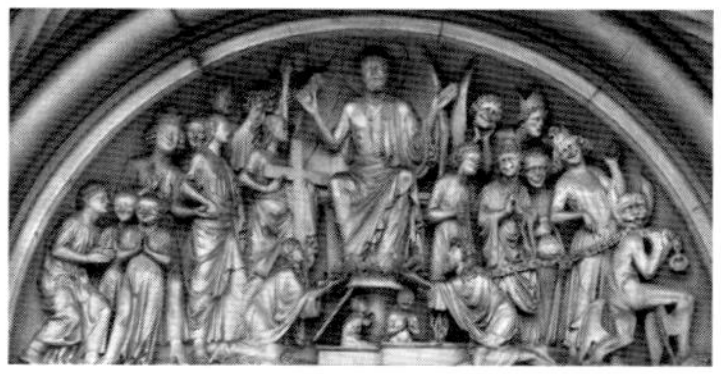

KATALOG-NR. 09
DOPPELSEITE
Gipsabguss des um 1230 entstandenen Tympanons des sogenannten Fürstenportals des Bamberger Domes
H. 158 cm, B. 300 cm

Bonn, Kunstsammlungen des Kunsthistorischen Instituts der Rheinischen Friedrich-Wilhelms-Universität, Inv.-Nr. 139

RICHTENDER CHRISTUS MIT SELIGEN UND VERDAMMTEN

Das sogenannte Fürstenportal des Bamberger Domes mit seiner Darstellung des Jüngsten Gerichtes ist nicht nur eine der bedeutendsten frühgotischen Bildhauerarbeiten der deutschen Kunst. Wie kein anderes Werk der Epoche spiegelt es in der Körpersprache seiner Figuren und im Gesichtsausdruck der zum Paradies Erwählten oder der zur Hölle Verurteilten sowohl das „gute" Lächeln der Seligen als auch das „schlechte" Lachen der Sünder und deren Verzweiflung wider. Damit verdeutlicht das Relief in einzigartiger Weise, wie differenziert man im 13. Jahrhundert das Phänomen des Lachens zu beurteilen wusste.

Zu Füßen des richtenden Christus erheben sich mit gefalteten Händen zwei Knäblein aus ihren Särgen (Abb. 13). Ihr geschlossener Mund lässt auf kein lautes Lachen schließen, stattdessen breitet sich ein strahlendes Lächeln über die Wangen der beiden ganz offensichtlich für das Paradies Bestimmten aus. Links führt ein Engel andere Auferstandene Christus zu; auch auf ihren (geschlossenen) Lippen liegt ein seliges Lächeln voller Freude. Ganz anders bei denjenigen, die in Richtung Hölle gezogen werden! Wie einst im Leben, so haben die Sünder auch in der Stunde des Gerichtes jedes Maß und jede Zucht verloren: Ihre Gesichtszüge sind verzerrt, die Gesichter zu Grimassen verzogen. Der Jüngling links oben (Abb. 14) wiegt voller Entsetzen den Kopf in den Händen und in einem Lachen der Verzweiflung entblößt er seine Zähne. Den vor ihm taumelnden König schüttelt ein hysterisch wirkendes Lachen, das nicht nur an dem weit geöffneten Mund mit den blanken Zähnen (Abb. 75), sondern auch an dem widerstrebend gebogenen Körper ablesbar ist (Abb. 19).

Das Mittelalter kennt für Freude zwei unterschiedliche Begriffe: die eher maßlose und daher weltliche *laetitia* (oft um Adjektive wie *temporalis*, also „irdisch", „vergänglich", ergänzt) und ein eher transzendentes *gaudium* (oft erweitert um die Adjektive *spiritualis* oder *caelestis*, also „vom Geist erfüllt" bzw. „himmlisch").

LITERATUR
Zum Objekt:
Schuller 1993;
AK Naumburg 2011, Bd. 2, Kat.-Nr. XIII.5, S. 1194–1197.

Zum gaudium spirituale und zur laetitia temporalis:
Suchomski 1975, S. 13–23.

Beide Begriffe erläutert der Kirchenvater Hieronymus wie folgt: *„Gaudium allerdings ist, sagen sie (die Stoiker), eine Erhebung des Geistes über das hinaus, was eines Jubelnden würdig ist; laetitia aber ist eine entfesselte Erhebung des Geistes, die kein Maß kennt und sich auch an dem erheitert, was mit dem Laster vermischt ist“.*[1] Diesen unterschiedlichen Arten der Freude lassen sich auch die unterschiedlichen Arten des Lachens zuordnen: das dem *gaudium* entspringende selig-paradiesische Lächeln der Geretteten und das der *laetitia* entwachsene höhnisch-höllische Lachen, das die Sünder einst in ihrem weltlich-lasterhaften Leben von sich gaben und das sie nun, an der Pforte der Hölle, einholt. Dieses äußert sich „lauthals“ und verzerrt den Körper in unkontrollierten Bewegungen; jenes hingegen entspringt im Herzen und zeigt sich als himmlischer Abglanz still im Gesicht. In einem Kommentar zu Hiob 8,20f. beschreibt Gregor d. Gr. dieses himmlische Lächeln der Geprüften im Jenseits: *„Dann aber wird es nicht ein Lachen des Körpers sein, sondern des Herzens. Jetzt nämlich entsteht das Lachen des Körpers aus dem Leichtsinn unserer Gebrechlichkeit, dann aber wird das Lachen des Herzens entstehen aus der Freude über das Gerettetsein“.*[2] Das Jubel-Lachen der Seligen entspringt also im Grunde des Herzens; auf seinem langen Weg zum Gesicht wird es abgemildert und erscheint dort als Abglanz der Seligkeit.

Das sichtbare, körperliche Lachen aber, wie es hier die Verdammten zeigen, ist das Lachen der Hölle, da die Freude an Gott, so z. B. Hugo von St. Viktor (um 1097–1141), niemals ein lautes Lachen beim Menschen auslöse. Es ist als eine „Bewegung des Fleisches“ (*motus carnis*) in seiner Maßlosigkeit ausschließlich der *laetitia inepta*, also der lächerlichen Freude (Possenreißerei) zuzuordnen und mithin Zeichen des Sünders: *„Denn es bricht der ungehemmte Spaß also zuerst beim Angriff auf den Verstand die Bollwerke der Selbstbeherrschung: Auf demselben Weg, auf dem er hineingeglitten ist, wenn er erst drinnen zu wachsen begonnen hat, bricht er auch ohne Hemmung leicht wieder hervor. Ein schlüpfriger Geist ist nämlich ein verdorbener Samen, weil er zuerst ohne Hemmung empfängt und später, gleichsam wie bei einer Geburt, sich ergießt; und derjenige kann sich nicht beherrschen, ohne dass er seine innerlich gewachsene Freude hinausschleudert, dessen Bollwerke seiner Reinheit schon gebrochen waren, als er sie empfing. Zuerst also wird er getäuscht, wenn er die Verlockungen der schmeichelnden Welt zum Vergnügen innerlich aufnimmt; später irrt er, wenn er den innerlich empfangenen Spaß in die Zügellosigkeit der Welt durch das Lachen nach außen strömen lässt“.*[3] Die Bamberger Verdammten haben in ihrem weltlichen Leben ganz offensichtlich zügellos das *„Lachen nach außen strömen“* lassen – nun begleitet sie dieses Lachen auf dem Weg in die Hölle. Mit seiner differenzierten Darstellung wirkt das Bamberger Portalrelief wie ein steingewordenes Manifest der Diskussionen des 12. und frühen 13. Jahrhunderts über Wesen und Wirkung von seligem Lächeln und höllischem Gelächter.

WW

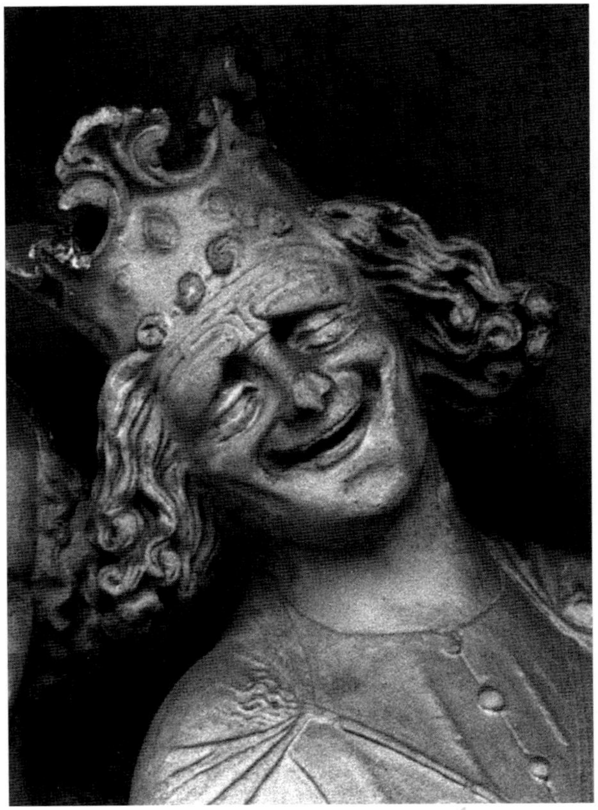

ABBILDUNG | 75
Verzweifelt lachender König beim Jüngsten Gericht, Bamberg, Dom St. Peter und Georg, Fürstenportal, Tympanon (Detail), um 1230

ANMERKUNGEN

1 *„Gaudium quippe, est aiunt (sc.: Stoici) elationem animi super his quae digna sunt exultantis: laetitiam vero effrenatam animi elationem, quae modum nesciat, et in his quoque quae vito sint mista laetatur“*, zit. nach Schmitz 1980, S. 12, Anm. 46.

2 *„Non autem tunc risus erit corporis, sed risus cordis. Risus enim nunc corporis de lascivia dissolutionis, nam risus cordis tunc de laetitia nascetur securitatis“*, zit. nach Suchomski 1975, S. 259, Anm. 40.

3 *„Nam quia primum ad animum agrediendo inordinatum gaudium claustra continentiae rupit: eadem postmodum via qua illapsum est, cum introrsum excrescere coeperit, sine modestia facile erumpit. Lubrica enim mens semen perversum, quod primum sine modestia concipit, quasi parturiens postmodum sine pudicitia, effundit; nec se continere potest, quin excrescentem intus laetitiam ejiciat, cujus integritatis claustra rupta sunt, quando eam concipiebat. Primum ergo decipitur, quando blandientis mundi illecebras intro ad gaudium suscipit; postea errat, quando conceptum introrsum gaudium ad lasciviam mundi per risum foras effundit“*, zit. nach Suchomski 1975, S. 260, Anm. 52.

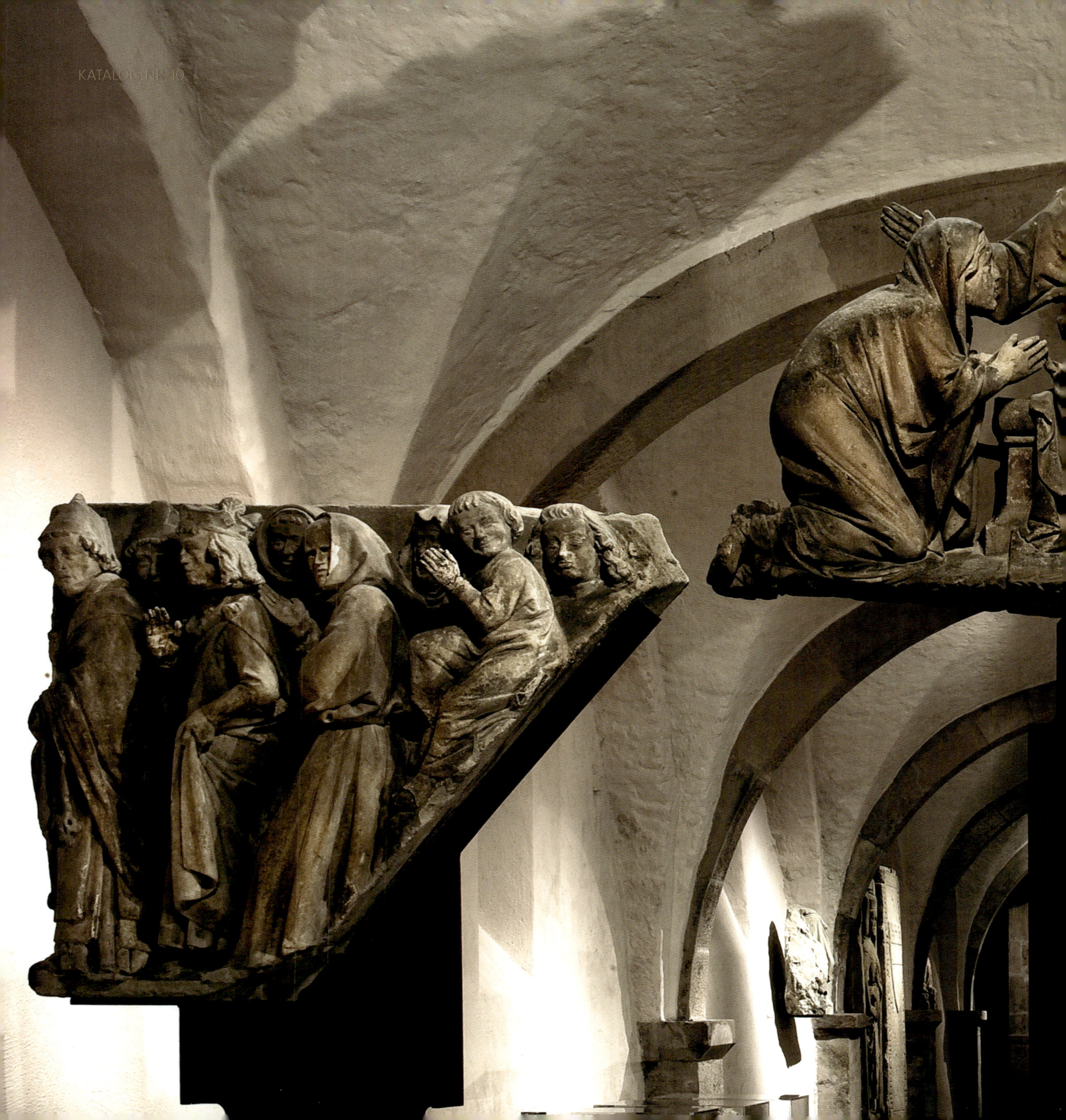

KATALOG NR. 10

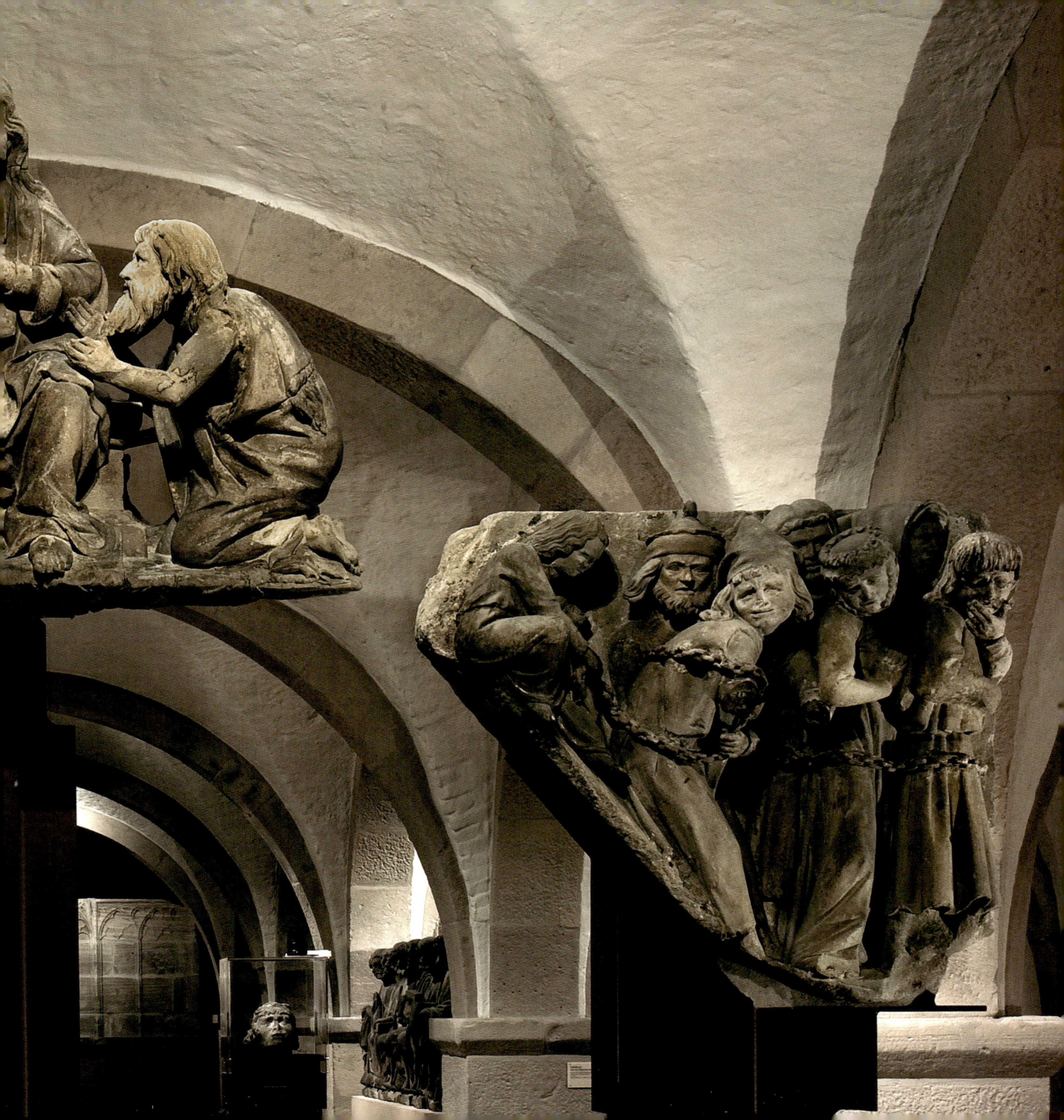

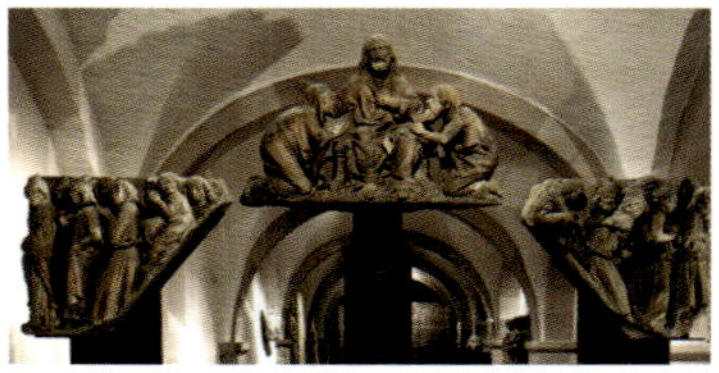

KATALOG-NR. 10
Naumburger Meister, um 1239
Sandstein, farbig gefasst
Deesis: H. 90 cm, B. 114 cm
Selige: H. 90 cm, B. 108 cm
Verdammte: H. 90 cm, B. 98 cm

Mainz, Bischöfliches Dom- und Diözesanmuseum, Inv.-Nr. PS 00090 und 00091

DEESIS UND ZUG DER SELIGEN UND VERDAMMTEN VOM EHEMALIGEN WESTLETTNER DES MAINZER DOMS

Um 1239 wurde vom sogenannten Naumburger Meister im Mainzer Dom eine Chorschrankenanlage (Lettner) errichtet, die den Westchor vom Langhaus abtrennte. Die zentralen Bildteile des im späten 17. Jahrhundert abgerissenen Lettners zeigen eine *Deesis*: In Begleitung von Maria und Johannes dem Täufer scheidet der richtende Christus am Weltende die Verdammten von den Seligen. Unter diesen befindet sich neben der Büste eines jungen Mannes mit langen Locken (ein Selbstbildnis des Künstlers?) die Figur eines vielleicht sieben oder acht Jahre alten Knaben. Als ob er gerade hinaufgeklettert sei, hockt er auf der Giebelschräge, die Hände zum Gebet erhoben. Ein strahlendes Lächeln zieht sich breit über sein Gesicht (Abb. 1, 76), und es scheint, als wolle der Knabe im nächsten Moment vor Freude in die Hände klatschen.

Zwar wurde den Kindern des Mittelalters nicht nur ein Lächeln, sondern durchaus ein fröhliches Lachen zugebilligt (Kat.-Nr. 19); zudem, so die Bibel, gehört den unschuldigen Kindlein *per se* das Himmelreich (Mt 18,3-5). Das Lächeln dieses Knaben ist aber von anderer Qualität. Es drückt zunächst sichtlich das *gaudium spirituale,* die himmlische Freude der Auserwählten, aus (Kat.-Nr. 9), doch in Anbetracht der formalen und inhaltlichen Modernität des Lettners geht seine Botschaft vermutlich darüber hinaus.

Der Lettner entstand in einer Epoche in der man das Jüngste Gericht als unmittelbar bevorstehend wähnte. Der kalabrische Abt Joachim von Fiore (um 1135–1202) hatte in seinen vielbeachteten Schriften anhand bestimmter „Daten" der Bibel „berechnet", dass der Tag des Gerichtes im Jahre 1260, also nur wenige Dezennien nach Errichtung des Lettners, stattfinden würde.[1] Ferner galt als gesichert, dass von allen jemals Lebenden nur wenige Tausend gerettet würden – eine für den Laien also denkbar ungünstige und Furcht einflößende Ausgangslage. Tatsächlich sind die Auserwählten des Lettners der Anzahl nach nicht nur sehr „überschaubar"; unter ihnen befinden sich darüber hinaus, dem *ordo* der Epoche entsprechend, fast ausschließlich privilegierte Stände, allen voran (von links nach rechts) ein Papst, ein Bischof und ein König. Besonderer Aufmerksamkeit bedürfen auch die dargestellten Mönche: Wie ihre nackten Füße deutlich machen, handelt es sich um Angehörige der Bettelorden, vermutlich des zum Zeitpunkt der Errichtung des Lettners noch jungen Franziskanerordens.

LITERATUR
Zum Objekt:
AK Mainz 2011, Kat.-Nr. 40, S. 452f.

Zur Ikonographie:
Fath 1965/66.

ANMERKUNGEN
1 Vgl. Angenendt 1997, S. 721.

So wie Papst, Bischof und König nicht als Individuen, sondern als überzeitliche Vertreter ihres Standes zu verstehen sind, so ist auch der Lächelnde der Inbegriff des aufgrund seiner Jugend noch rechtschaffenen, von der Sünde unberührten Menschen, der durch die *risibilitas* sein lauteres Menschsein dokumentiert. Damit korrespondiert er mit dem richtenden Christus, der hier erstmals in der Geschichte der christlichen Ikonographie demonstrativ dem Betrachter seine Seitenwunde vorweist, indem er das Obergewand öffnet. Dies ist gleichfalls als ein besonderer Hinweis auf die menschliche Natur, in diesem Falle des Richters, zu verstehen, an die im stattfindenden Jüngsten Gericht in besonderer Weise appelliert werden darf: Gerade dem Menschen Christus dürften unsere menschlichen Schwächen durchaus bewusst gewesen sein. Die Entdeckung der Schriften des Aristoteles leitete nicht nur eine Neubewertung des Lachens ein. Sie stellte auch die Natur des Menschen und damit zugleich des Gottessohnes erneut zur Diskussion. Knabe und Gott-Sohn stehen für die beiden äußersten Seinsmöglichkeiten des Menschen: Auf der einen Seite unschuldig-kindlich und auf der anderen Seite göttlich-menschlich. Für die mittelalterlichen Besucher des Mainzer Domes dürften daher gerade diese beiden Figuren des Lettners eine besondere Identifikationsmöglichkeit und ein Zeichen der Hoffnung dargestellt haben. Der „menschliche" Christus signalisierte richterliches Verständnis gegenüber der Sündhaftigkeit des Menschen und damit das Versprechen großzügiger Gnade. Im Weg des lächelnden Knaben ins Paradies verwirklicht sich diese Gnade. Als überaus liebenswerter Vertreter seines Geschlechtes symbolisiert er die berechtigte Hoffnung auf Erlösung aller einem „guten" Lachen verpflichteten Menschen reinen Herzens.

WW

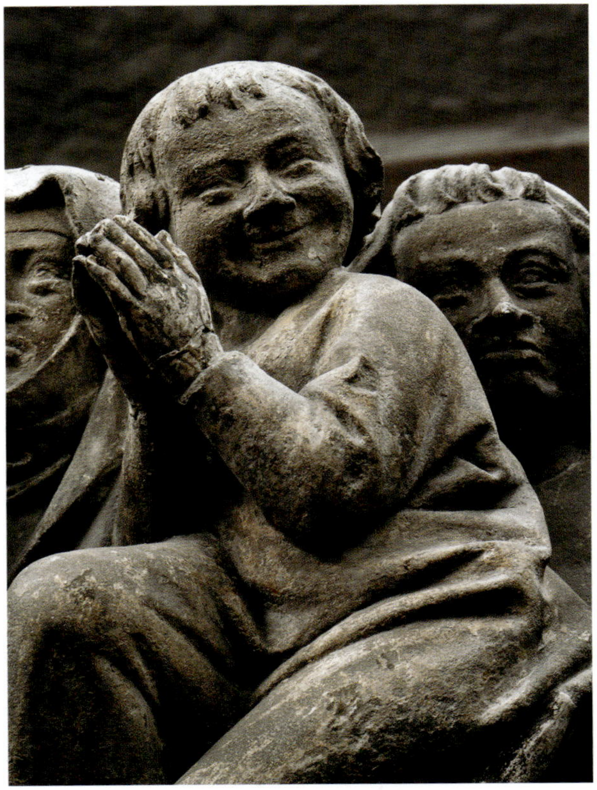

ABBILDUNG | 76
Lächelnder Knabe aus dem Zug der Seligen (Kat.-Nr. 10, Detail)

KATALOG-NR. 11
Um 1300/10, Sandstein
H. 76 cm, B. 24 cm
Kopf des Bischofs ergänzt

Mainz, Landesmuseum – Generaldirektion Kulturelles Erbe Rheinland-Pfalz, Inv.-Nr. S 3111b

BISCHOF UND MÖNCH VOM EHEMALIGEN PORTAL DER MAINZER LIEBFRAUENKIRCHE

Das im frühen 14. Jahrhundert errichtete und kurz nach 1800 abgerissene Portal der Mainzer Liebfrauenkirche steht stilistisch und motivisch in Abhängigkeit vom Westlettner des Mainzer Domes (Kat.-Nr. 10). So ist z. B. im Liebfrauenportal die Auswahl der Erlösten weitgehend identisch mit denjenigen des Vorbildes, doch fehlt bezeichnenderweise der selig lächelnde Knabe (Abb. 1). Seine freudige Erregung wurde auf den hier gezeigten Mönch, der einen Bischof begleitet, übertragen. Dieser Mönch trägt Schuhe, so dass es sich nicht um den Angehörigen eines Bettelordens handeln kann, sondern vermutlich um einen Benediktiner - ein weiterer Unterschied zum Domlettner.

Die Beherrschung des maßvollen Lächelns wird im Falle der Liebfrauenfiguren also ganz konservativ allein dem benediktinischen Mönch und weder einem Kind noch einem Franziskaner zugetraut. Den Angehörigen dieses Ordens wurde gerne ein exzessives Lachen unterstellt, das selbst in der Kirche unziemlich ertöne.
In welche Abgründe das Lachen bei den Bettelorden führen kann, zeigt eine Vision, von der ein Franziskaner (!), Thomas von Eccleston, Mitte des 13. Jahrhunderts berichtet. So erlebten wohl stets „allzu heitere" Franziskanermönche aus Oxford, wie Christus ob ihres unwürdigen Treibens im Angesicht des Kruzifixus vom Kreuz herabzusteigen versuchte, um dem schändlichen Gelächter der Brüder ein Ende zu bereiten: *„Der ganze Konvent stand […] im Chor, und die Brüder wurden nach gewohnter Sitte in Versuchung gebracht zu lachen; und siehe: der Gekreuzigte, der am Eingang des Chores stand, wandte sich ihnen zu, gleichsam lebendig, und sagte: ‚Söhne Korachs sind diejenigen, die in der Stunde des Kreuzes lachen und schlafen'. Es schien ihm auch, dass der Gekreuzigte versuchte, seine Hände zurückzuziehen vom Kreuz, als ob er hinabsteigen und zurückweichen wolle; und siehe, der Küster stieg sofort hinauf und sicherte die Nägel, so dass er nicht hinabsteigen konnte"*.[1]

Die Franziskaner standen oft in starker Konkurrenz zum Weltklerus; die leutseligen Angehörigen des in den Städten vertretenen Ordens predigten meist besser und erhielten mehr Zulauf (und Spenden) als die Kirche vor Ort. Wenn daher an dem Portal einer Pfarrkirche (dem öffentlichen Raum schlechthin) das Loblied der auch im Lachen maßvollen Benediktiner gesungen wird – diese klausurierten Mönche stellten in ihren autarken und meist vor den Stadttoren gelegenen Abteien keine Konkurrenz dar –, so kann dies durchaus auch als Kritik an den „modischen" Franziskanern verstanden werden. Das akzentuierte Bildprogramm des Liebfrauenportals erweist sich in solchen Details als überaus zeitkritisch: Es formuliert das Unbehagen des Weltklerus an den neuen Frömmigkeitsstrukturen der Epoche und nimmt, mentalitätsgeschichtlich gesehen, die neuerliche Grundsatzkritik am Lachen vorweg, die in den Jahrzehnten nach der Pest formuliert werden wird (vgl. Beitrag Wilhelmy, S. 49–53).

WW

LITERATUR
Zum Objekt:
Dengel-Wink 1990, S. 246–276;
Arens 1997, S. 20–25.

Zum Lachen der Franziskaner:
Kranz 1970, S. 53–55.

ANMERKUNGEN
1 Das lateinische Original zit. bei Kemper 2005, S. 25.

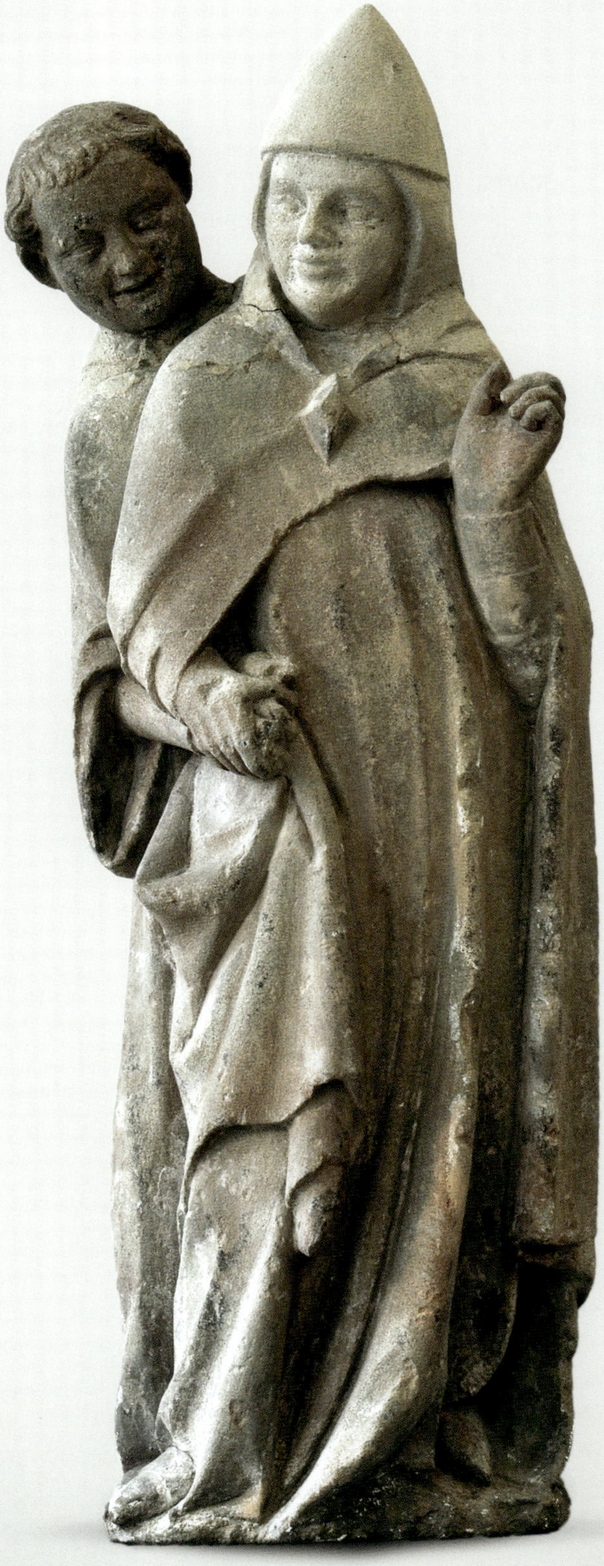

KATALOG-NR. 12
Fragment einer Pergamenthandschrift
Allegorisch-geistliches Gedicht (Gespräch zwischen Christus und der Seele), 4 Blätter (8 Seiten), Konstanz (?), vor 1497
H. 22 cm, B. 16 cm

Mainz, Martinus-Bibliothek, Hs 46

MINNENDE SEELE

Im 4. nachchristlichen Jahrhundert verdammt der syrische Mönch Ephraim, wie in seiner Epoche üblich, das Lachen und beschreibt dessen zerstörerische Wirkung auf die Seele des Menschen (in diesem Fall des Mönches): *„Der Anfang der Zerstörung der Seele ist das Lachen. O Mönch, wenn du an dir etwas Derartiges bemerkst, so wisse, dass du in die Tiefen des Bösen gelangt bist. Dann höre nicht auf, Gott zu bitten, dass er dich von diesem Tode befreie [...]. Lachen betrübt den Heiligen Geist und richtet Seele und Körper zugrunde"*. Tausend Jahre später ist es in der hier gezeigten Miniatur Christus selbst, der mit seinem werbenden Saitenspiel der Seele, personifiziert durch eine schöne junge Frau, ein hinreißendes Lächeln entlockt. In mehreren Illustrationen einer einst reich geschmückten Handschrift erfreut Christus die Jungfrau durch das Spiel auf immer neuen Instrumenten, bis die erfreute Seele ihn am Ende umarmt und mit einem heiteren Lächeln folgt.

Im Frühmittelalter wäre eine solche Darstellung noch undenkbar gewesen. In dieser Epoche ist das Lachen der Seele fest an das Wehklagen über die Sündhaftigkeit der Welt gebunden und ins Jenseits verlegt: *„Wer sich mit der seligen, gnadenvollen Trauer wie mit einem Hochzeitskleid geschmückt hat"*, so der Mönch Johannes Klimakos († 649), *„der kennt das geistige Lachen der Seele. Aber"*, so fährt Johannes fort, und hier nun lässt sich die Brükke zur spätmittelalterlichen Weltsicht schlagen, aus der heraus die „minnende Seele" entstand: *„Gott will nicht, dass der Mensch traurig ist aus dem Schmerz der Seele, er will vielmehr, dass er aus Liebe zu ihm in seiner Seele lache und fröhlich sei"*. So kommt es, dass *„die Seele nach Art eines kleinen Kindes innerlich zwar wehklagt, und doch zugleich heiter lächelt"*.[1] Johannes' Sentenz liest sich wie eine Vorwegnahme der spätgotischen Darstellung. Folgt die Seele vertrauensvoll dem zart um sie werbenden Christus, so wird sie heil. Sie empfängt die volle paradiesische Freude, und ihr Lächeln wird sich am Ende der Tage in das heiter-jubilierende Lachen der Erlösten verwandeln (Kat.-Nr. 9).

Die mystische Literatur der Spätgotik (und damit der Entstehungszeit der Handschrift) betrachtet immer wieder die himmlische Lust und Freude, die aus der Vermählung von Seele und Gott hervorgehen wird. Ursache dieser Freude, so der bedeutende spätmittelalterliche Mystiker Meister Eckhart (um 1260–1328), ist das gegenseitige Anlachen der Trinität, d.h. der göttlichen Personen: *„Die Seele vermag die [göttlichen] Personen zu gebären, wenn Gott in sie hineinlacht und sie wiederum in ihn lacht. Um im Gleichnis zu reden: Wenn der Vater hineinlacht in den Sohn und der Sohn wieder in den Vater und das Lachen Lust gebiert und Lust Freude gebiert und die Freude Minne gebiert und die Minne Person gebiert und die Person den heiligen Geist gebiert – so gebiert er [der Sohn] zusammen mit dem Vater"*.[2] Das freudige Lächeln der hübschen Jungfrau ist damit als der Abglanz des Lachens zwischen Gottvater, Sohn und Hl. Geist definiert, die einander so lange anlachen, bis, so beschreibt es Dante, das ganze Universum vom Lachen Gottes erfüllt ist (Kat.-Nr. 6). Dieses Lachen ist nicht mehr das triumphierend-überlegene Lachen des alttestamentlichen Gottes, sondern das werbende Lachen des Neuen Bundes und der Liebe, mit dem Gott auf die Seele des Menschen zugeht.

WW

LITERATUR
Zum Objekt:
Banz 1908; Gebauer 2010, S. 18f., 45–56.

Zum Lachen der Seele:
Steidle 1938, S. 277–280.

ANMERKUNGEN
1 Alle Zitate in diesem Abschnitt nach Steidle 1938, S. 277, 280.
2 Deutsche Übersetzung zit. nach Kranz 1970, S. 59. Im mittelhochdeutschen Original heißt es: *„Diu sele mac persone gebern, so got lachet in si und si wider lachet in in. Bi eime gelichnisse: als der vater lachet in den sun unde der sun wider in den vater unde daz lachen birt lust unde der lust birt fröide unde diu fröide birt minne und diu minne birt persone unde persone birt den heiligen geist: also birt er mit dem vater"*, zit. nach Pfeiffer 1857, S. 79.

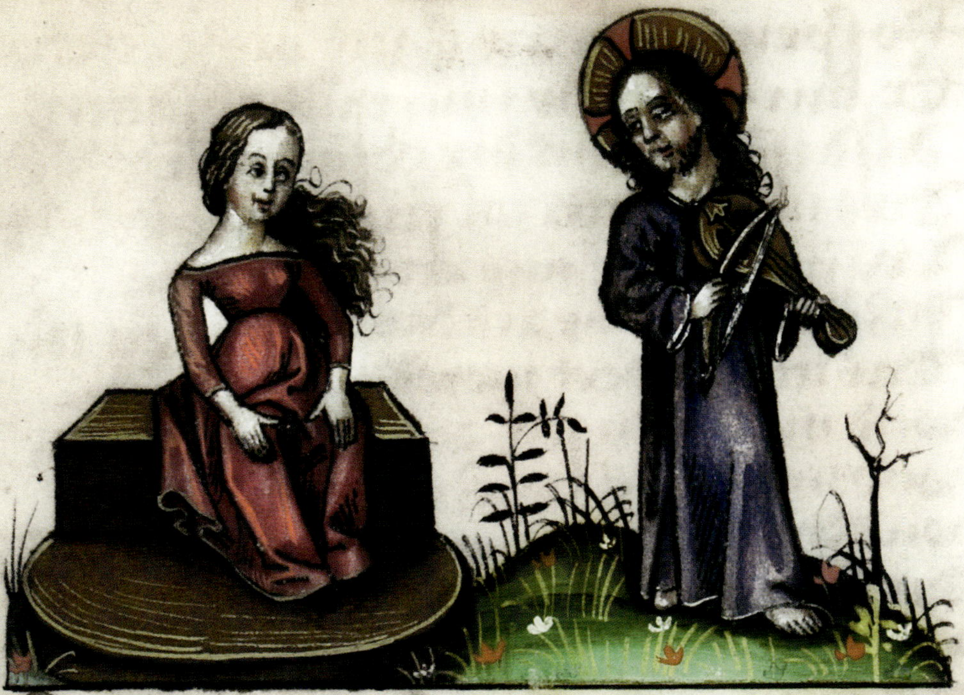

Vnn war wie min süsses saitenspil
Dich lieplich zu mir ziechen wil
Oder wiltu mir also süss vorgigen
So wil ich vff dich sitzen
Ich sich wol das din süss saitenspil
Mir vsser tonet was es wil
Oder du tust als ain varend man
Wenn der ain gaub von ainem herren wil han
So erzaigt er all sin kunst
Das er erwerb des herren gunst
Vnd machet in so wolgemůt
Das er im tailt gewand vnd gůt
Vnd wann die fröd dem zergat

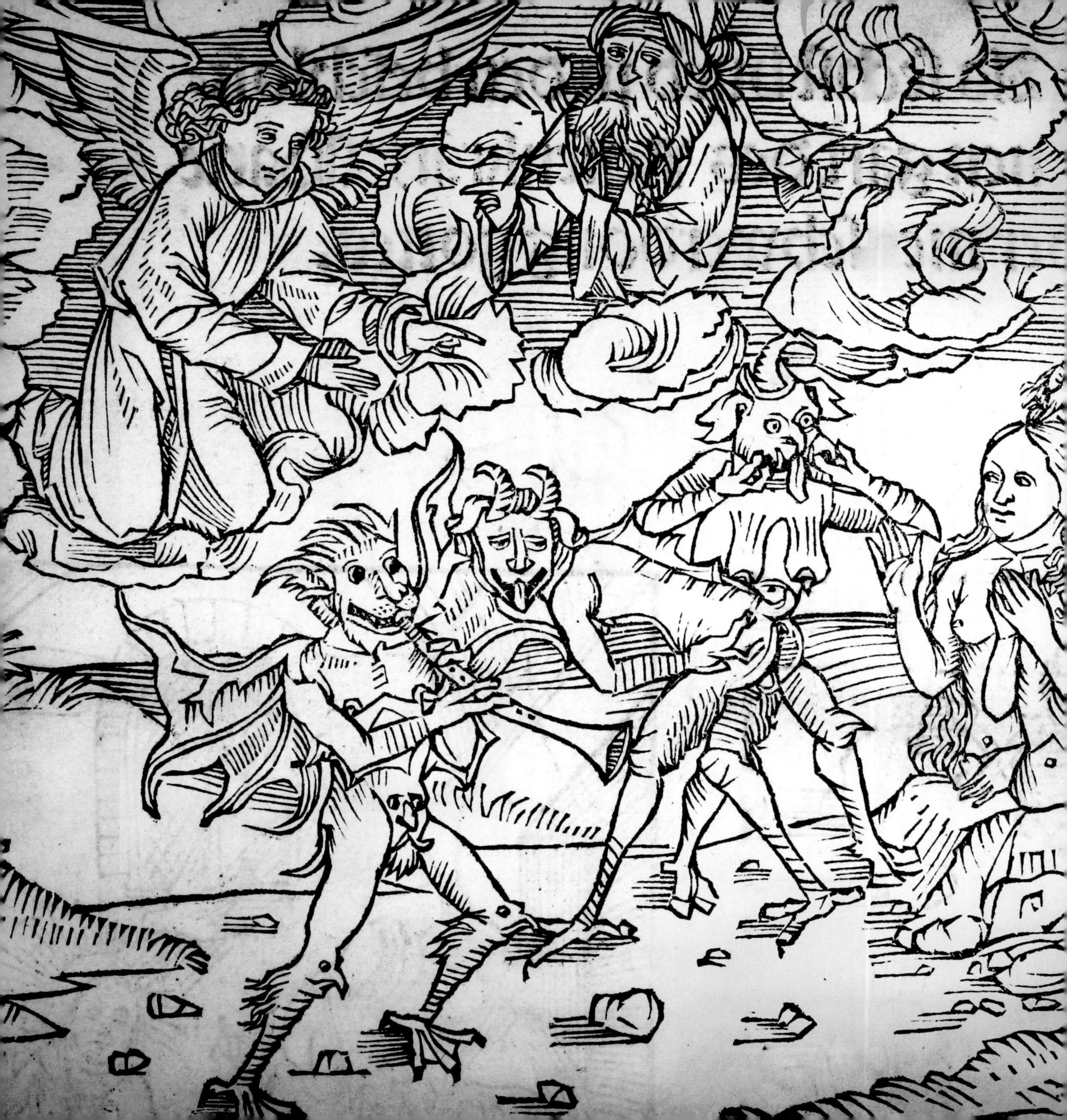

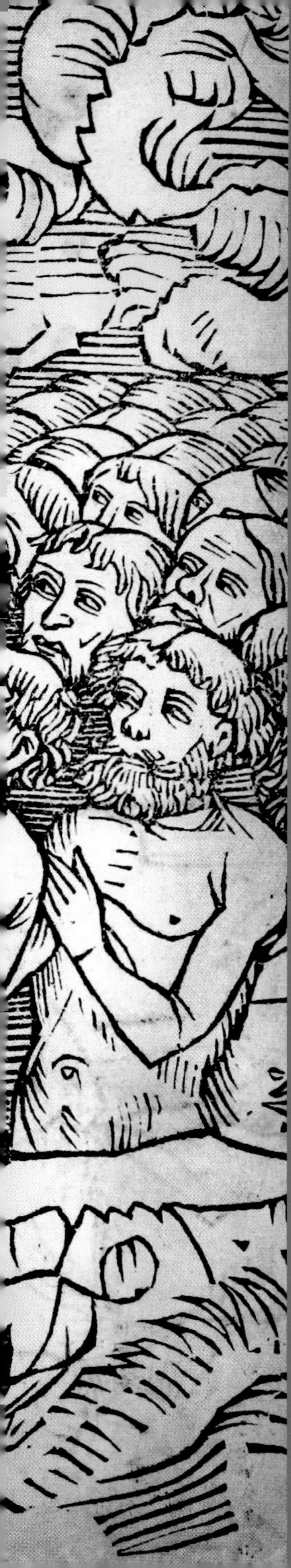

ABBILDUNG | 77
Grimassierende Teufel vor Auferstehenden (Kat.-Nr. 16)

NOCH GRAUT VOR DEM GEFRORNEN LACHEN MIR : DAS HÖLLISCHE GELÄCHTER

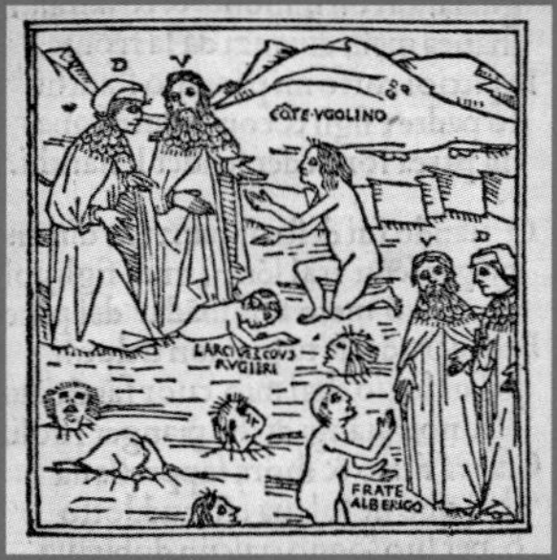

ABBILDUNG | 78
Das gefrorene Lachen der Hölle (Hölle, XXXII. Gesang), Dante, Divina Commedia (Kat.-Nr. 6)

Kaum vorstellbar, aber in der Hölle wird gelacht. Viele mittelalterliche Schriftsteller berichten hierüber. Dabei gehen die mittelalterlichen Theologen davon aus, dass dieses Lachen eine unmittelbare Folge des Hochmutes des gefallenen Engels Luzifer ist. Engelssturz und Sündenfall sind Ursache der Todsünden und anderer Laster des Menschen, wie Habgier, Meineid oder Verrat, über die, so schreibt der Dichter Hugo von Montfort (1357–1423), *„der tievel möchte lachen"*.

Folgt man den zahllosen Darstellungen der mittelalterlichen Kunst, so ist die ganze Hölle anscheinend von einem brausenden Gelächter erfüllt, das die ganze Palette der negativen Spielarten des – maßlosen, höhnischen oder sadistischen – Lachens umfasst. Teufel besitzen ganz offensichtlich auch einen Sinn für (sehr derben) Humor; gerade in Auferstehungsszenen setzen sie alle nur denkbaren Tricks ein, um die Seligen zu einem maßlosen Lachen zu verleiten und damit zu diskreditieren. Während die einen Grimassen schneiden und die Zunge herausstrecken, bläst ein anderer lachend eine Flöte, wohl darauf hoffend, dass ihm doch der eine oder andere Auserwählte nachfolgen möge. Ein dritter bückt sich und streckt den Auserwählten seinen Hintern entgegen, dem wohl ein „Wind" entweicht, dabei grinst er über beide Backen und streckt gleichfalls seine Zunge heraus.

Dieser drastischen Komik, die die Hölle im teuflischen Gelächter erbeben läßt, setzt Dante in seiner *Göttlichen Komödie* ein lebloses und völlig erstarrtes Jenseits entgegen, in dem jedes Lachen gefriert (Abb. 78). So erblickt er auf seinem Weg durch die verschiedenen Stationen der Unterwelt im letzten Höllenkreis *„einen See, mit Eis bezogen [...] und tausend Fratzen sah ich, fletschend schier / wie Hunde, durch den Frost empor sich heben; noch graut vor dem gefrornen Lachen mir"* (Hölle XXXII, 22f., 70–72).

WW

KATALOG-NR. 13
Teil einer Kreuzigungsgruppe, 1519 gestiftet von Hans Backoffen
Ehemals Mainz, St. Ignaz
Grauer Sandstein, farbig gefasst
H. 45 cm, B. 33,5 cm

Mainz, Bischöfliches Dom- und Diözesanmuseum,
Inv.-Nr. PS 06061

GRINSENDER TEUFEL MIT SEELE

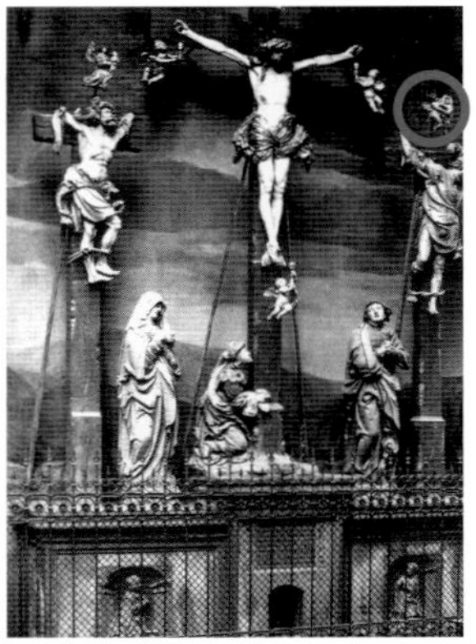

ABBILDUNG | 79
Kreuzigungsgruppe,
Gesamtansicht, Zustand um 1886 (Kat.-Nr. 13)

LITERATUR
Zum Objekt:
Wilhelmy 2001.

Zum teuflischen Lachen:
Röcke 2000.

In eiligem Flug nach rechts trägt ein untersetzter, mit Knubbeln übersäter Teufel eine in kindlicher Gestalt wiedergegebene Seele in die Hölle. Sein Mund ist weit aufgerissen, sei es zu einem triumphierenden Lachen oder einem krächzenden Jubelschrei. Dabei werden die Zähne sichtbar, ein in der mittelalterlichen Bildkunst stets negativ zu wertendes Zeichen (Kat.-Nr. 46). Etwas zurückhaltender, aber dafür grimmig, „jubelt" das zweite Gesicht, das seinen Bauch ziert; auch dessen Mund ist unstatthaft weit geöffnet.

Teufel und Seele gehören zu einer monumentalen Kreuzigungsgruppe (Abb. 79), die 1519 der Bildhauer Hans Backoffen für seine Pfarrei St. Ignaz stiftete. Ehemals stand das Bildwerk auf dem Friedhof der Pfarrei, heute gehört es zur Dauerausstellung des Dommuseums im Kreuzgangobergeschoss. Der hier gezeigte Teufel schwebt über dem Kreuz des bösen Schächers Gestas. Auf der anderen Seite des gekreuzigten Christus befindet sich Dismas, der gute Schächer, dessen Seele von einem Engel ins Paradies getragen wird. Damit erfüllt sich das Christuswort: *„Amen, ich sage dir: Heute noch wirst du mit mir im Paradies sein."* (Lk 23,43) Der böse Schächer hingegen *„verhöhnte ihn: Bist du denn nicht der Messias? Dann hilf dir selbst und auch uns!"* (Lk 23,39)

In Mainz und Umgebung gab es im Spätmittelalter ein überdurchschnittlich gebildetes Publikum. Der Mainzer Erzbischof Berthold von Henneberg (reg. 1484–1504) und der Wormser Bischof Johann von Dalberg (reg. 1482–1503) waren hochgelehrte Persönlichkeiten und Förderer von Literatur, Jurisprudenz und Kunst; Mainzer Domkapitulare wie Johann von Hattstein oder Salantin von Isenburg standen ihnen in nichts nach. Auch die Laien erwarben Bildung. So zoge es aus dem Rheingau, wo noch heute viele Kreuzigungsgruppen aus der Werkstatt des Hans Backoffen zu finden sind, viele Studenten an die Universitäten von Mainz, Heidelberg und Köln. In diesen Kreisen wird die Ambivalenz des Lachens und die Forderung der Kirche nach dessen maßvollem Einsatz sicherlich bekannt gewesen sein. Der weniger Gebildete dürfte sein Wissen aus den Oster- und Passionsspielen der Epoche ebenso gezogen haben wie aus den zur Abschreckung vorgeführten höhnisch lachenden Teufeln der Kathedralplastik oder, wie hier, den Kreuzigungsgruppen der Zeit.

WW

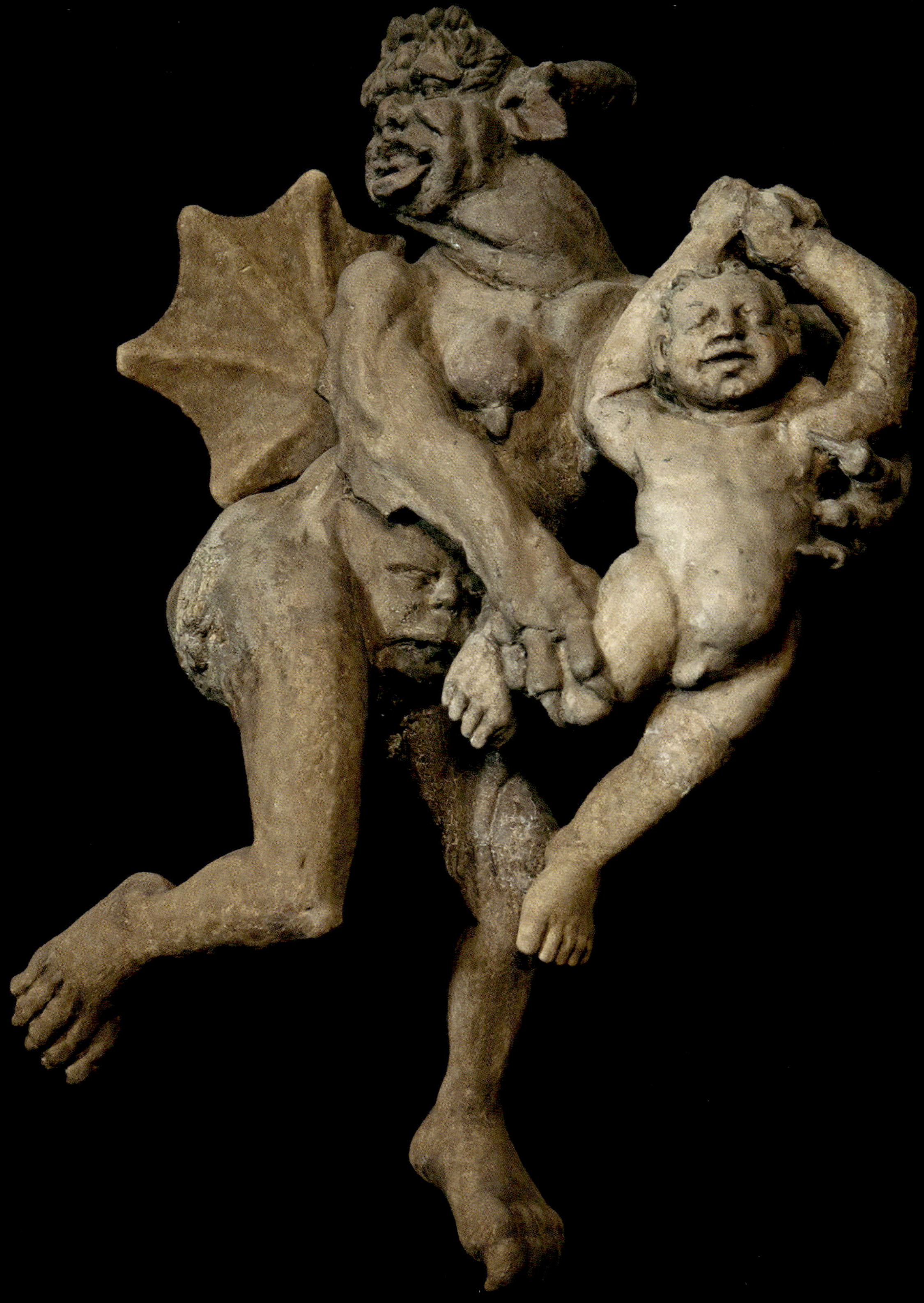

KATALOG-NR. 14
Weltchronik von Hartmann Schedel, lateinische Ausgabe
Mit Holzschnitten von Michael Wolgemut und Wilhelm Pleydenwurf, Nürnberg 1493, H. 20 cm, B. 23 cm, GW M40784

Mainz, Gutenberg-Museum, Inv.-Nr. Ink. 2084, fol. 264r

TANZ DER SKELETTE

Eine ausgelassene Stimmung herrscht in diesem berühmten Holzschnitt der tanzenden Skelette, der als Illustration des Siebten Zeitalters in Hartmann Schedels Weltchronik eingefügt ist. Am linken Bildrand lehnt der Schalmeibläser und spielt zum Tanz. Sein Spiel begleitet nicht nur die ekstatischen Sprünge der beiden Skelette in der Mitte, die von einem dritten, weiblichen Gerippe geführt werden. Es weckt auch einen weiteren Toten, der sich fröhlich winkend unter seinem Leichentuch herauswindet, um sich im nächsten Moment aus dem Grab zu erheben und in den Reigen einzureihen. Die Komposition der fünf Figuren lässt die wirbelnde Bewegung spürbar werden. Schalmeibläser, Aufgeweckter und Tänzerin, alle mit Draperien versehen, bilden den Rahmen um die beiden wie Strichmännchen erscheinenden hüpfenden Gerippe. Leichtes Grauen erfasst den Betrachter angesichts dieser Verlebendigung; man meint außer der Musik auch Gelächter und Rufen der Tänzer zu vernehmen, deren Kiefer locker wackeln.

In der im Juli 1493 erschienenen lateinischen Ausgabe der Weltchronik trägt das Bild die Überschrift *imago mortis*, Bild des Todes. Nur in der lateinischen Ausgabe ist darunter eine Passage aus einem Gedicht Francesco Petrarcas abgedruckt, welche die Erlösungen preist, die der Tod bringt – von Krankheit und Gebrechlichkeit, aus Gefangenschaft und Verbannung – kurz, der Tod sei es, der den ewigen Kerker des Lebens endlich öffne.[1] Diese Anschauung ist in ihrer Zuspitzung typisch für Petrarca. J. Tomaschek weist in seiner Deutung der *imago mortis* nachdrücklich auf die gemeinsame Komposition von Bild und Text hin.[2] Er gelangt nach einer semantischen Analyse des gemeinhin als *ruhen* übersetzten Wortes *requiescere* zu dem Ergebnis, dass die Vokabel vielmehr die Erquickung im Tod umschreibe und fröhlicher Tanz und Musizieren durchaus Teil dieser Erquickungsphase in Erwartung des Zeitenendes, des achten und letzten Zeitalters, sein können. Das Bild zeige also das *„Reich der Toten als froh gestimmtes Ende des irdischen Jammertals“*.[3] Wenngleich diese Deutung schlüssig ist, blendet sie doch einen Aspekt des Bildes aus: das Lachen. Das Lachen der Skelette (die gar nicht anders können als Lachen – das Lachen ist der Mimik des Schädels sozusagen fest eingeschrieben) spiegelt das ungläubige Lachen des Betrachters, der sich in die Details vertieft: die beiden Schlangen, die eben noch den aufwachenden Leichnam benagten, die Tänzerin, die ihre Gedärme „salopp über das linke Handgelenk geworfen“ hat,[4] die letzten Reste Kopfhaut samt spärlichen Strähnen an den Schädeln der beiden Tänzer. Kaum vorstellbar, dass das Grausig-Absurde der Darstellung von den Zeitgenossen nicht gesehen und diese als ungebrochen fröhliche Ermutigung, zuversichtlich in den Tod zu gehen, gelesen wurde. Auch wenn mit der Darstellung kein Totentanz gemeint ist – tatsächlich sind tanzende Tote dargestellt und nicht der Tod, der die Lebenden in seinen Reigen einreiht – ist sie diesem ikonographisch doch verwandt und greift seine Elemente auf, etwa das zum Tanz aufspielende Skelett oder das Skelett, das einen Partner zum Tanz führt. Das Absurde, Erschreckende des Totentanzes wird hier aber seinerseits ad absurdum geführt. Der Lauf der Dinge ist in dieser verkehrten Welt außer Kraft gesetzt. Der Tote bleibt nicht ruhig in seinem Grab liegen und lässt die Vergänglichkeit ihr Werk tun; die recht verweste Tänzerin (die hier diejenige ist, die die Männer führt) erinnert sich ihrer einstigen Grazie und drapiert Schleppe wie Innereien höfisch über Handgelenk und Schlüsselbein. Am Ende des Mittelalters wird mit den Versatzstücken des allgegenwärtigen *memento mori* ein Spiel getrieben, das hier einen wirkungsvollen Kontrast zum Text herzustellen vermag.

BS

LITERATUR
Zum Objekt:
Schedel 2004.

Zum Lachen am Ende der Zeiten:
Tomaschek 2002;
Tomaschek 2007.

ANMERKUNGEN
1 Petrarca 2004, S. 194. An einer Stelle gibt es eine Abweichung von Petrarcas Text: Statt *„bonorum“* steht bei Schedel *„laborum“*, vgl. Tomaschek 2007.
2 Tomaschek 2002, S. 244f., Tomaschek 2007. Für die großzügige Überlassung des Vortragsmanuskripts sei dem Autor ganz herzlich gedankt.
3 Tomaschek 2007.
4 AK Zürich 1994, S. 323.

Jmago mortis

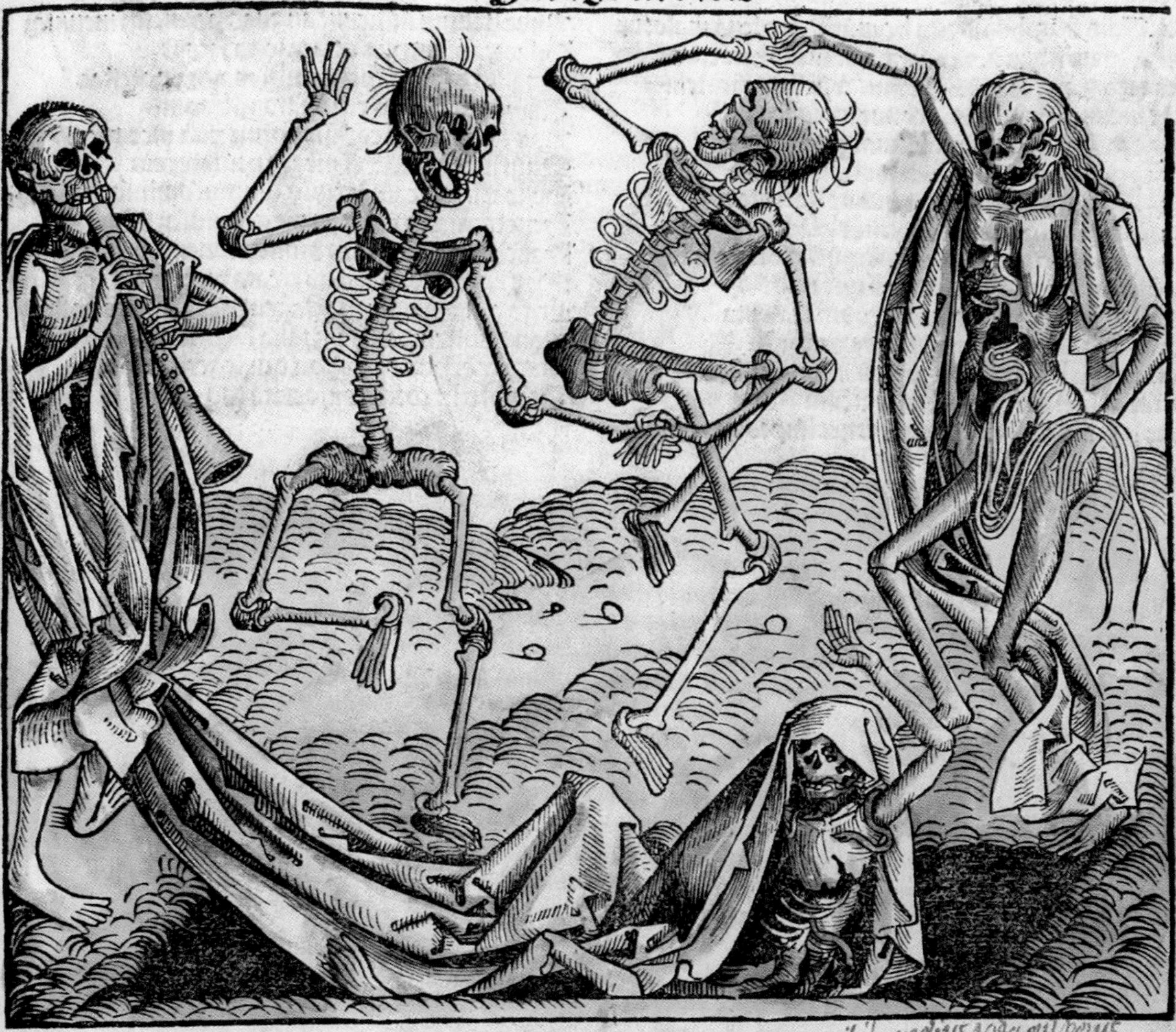

MOrte nihil melius. vita nil peius iniqua
O p̄ma mors hoīm. reqes eterna laborū
Tu senile iugum domino volente relaxas
Vinctorūqʒ graues adimis ceruice cathenas
Exiliumqʒ leuas. ⁊ carceris hostia frangis
Eripis indignis. iusti bona p̄tibus equans
Atqʒ immota manes. nulla exorabilis arte
A primo prefixa die. tu cuncta quieto
Ferre iubes animo. promisso fine laborum
Te sine supplicium. vita est carcer perennis

morte nihil melius vita nil peius

KATALOG-NR. 15
Heinrich Seuse, Das Buch, das der Seuse heißt
Augsburg, 1482
H. 27,5 cm, B. 20,5 cm, GW M44616

Mainz, Martinus-Bibliothek, Inc. 50, fol. 75r

HEINRICH SEUSE, VON TEUFELN GEQUÄLT

Nach der großen Pest 1348/49 wandte man sich vor allem in der Volksfrömmigkeit dem Leiden Christi zu und versuchte, dessen Passion mit allen Sinnen am „eigenen Leib" zu erfahren. Theologen wie Johannes Tauler (um 1300–1361) oder Thomas a Kempis (um 1379/80–1471), besonders aber der Dominikanermönch Heinrich Seuse (um 1295/97–1366), entwickelten hierzu die entsprechende theologische Literatur (vgl. Beitrag Wilhelmy, S. 51f.). In seiner Vita erzählt Seuse, wie sein ganzes Leben auf den Nachvollzug des Leidens Christi gerichtet ist. Dazu begibt er sich bewusst immer wieder in gefährliche oder kompromittierende Situationen, so auch mit dem Versuch eine Sünderin zu retten. Diese wird aber rückfällig und droht ihm mit Verleumdung. Seuse erschrickt hierüber und erzählt (in der dritten Person) wie *„er mit erschrockenem Herzen* [wartete], *was Gott dem Teufel über ihn verstatten wolle"*. Das Unheil nimmt seinen Lauf, und das nun folgende Leid – Anklage, Verleugnung, Verspottung – überfällt ihn mit Macht. Es erscheint ihm als eine derartige Qual, als würde eine Vielzahl von Teufeln über ihn herfallen.
Diese Szene ist hier wiedergegeben: Seuse wird von mehreren Teufeln gemartert, die seinen Kopf umkreisen. Zwei von ihnen schütten Flammenvasen über ihm aus; ein Teufel mit großen Segelohren spannt den Bogen und wird im nächsten Moment einen Pfeil auf ihn abschießen; ein anderer Teufel dreht mit brutaler Gewalt einen Bohrer in Seuses rechtes Auge. Dieser Teufel mit dem schütteren Haupthaar hat seinen Mund weit geöffnet: Er stößt ganz offensichtlich ein im wahrsten Sinne des Wortes diabolisches Lachen aus. Auch die anderen fliegenden Quälgeister sind eindeutig mit Freude am Werk; ihre Mimik reicht von einem sardonischen Lächeln bis hin zu einem ziemlich „schmutzigen", um nicht zu sagen „dreckigen" Grinsen.

Ganz dem regelrechten Gebrauch des Lachens verpflichtet, ist auf den Gesichtern der Mönche kein Lachen zu erkennen. Seine dominikanischen Mitbrüder glauben den Verleumdungen der Sünderin und quälen Seuse damit nicht weniger als die Teufel – im Bild legen sie ihm, so wie die Schergen der Passion, einen Essigschwamm an den Mund. Hoffnung gibt es für Seuse allein durch Christus; er wendet den Kopf vom Schwamm weg und blickt auf das Kreuz. Als Zeichen der Passion Christi verspricht es jenen Heil und Hoffnung auf Erlösung, die dem Herrn selbst im Leiden nachfolgen. Die zahlreichen beigegebenen Inschriften betonen die Notwendigkeit des Leidens: *„Leibliche Übung, die tut weh, aber eines gelassenen Menschen voller Untergang tausendmal mehr"* steht als Einleitung zu dieser Illustration links oben. Ohne dieses Leid bleibt die rechts oben dargestellte Himmelstür verschlossen, neben der zu lesen ist: *„Wer in seinem bitteren Leiden auch ohne himmlischen Trost muss sein, das ist großer Jammer ob aller Pein"*.[1] Noch lachen die Teufel, doch nur wer ihre Qualen erträgt, wird, getreu dem Motto „wer zuletzt lacht, lacht am besten", durch die Himmelspforte ins Paradies eingehen.

WW

LITERATUR
Zum Objekt:
Keller 1926, S. 109–120.

Zum teuflischen Lachen:
Röcke 2000.

ANMERKUNGEN
1 Alle Zitate nach Keller 1926, S. 111, 120; dort auch weitere Informationen zum gezeigten Holzschnitt.

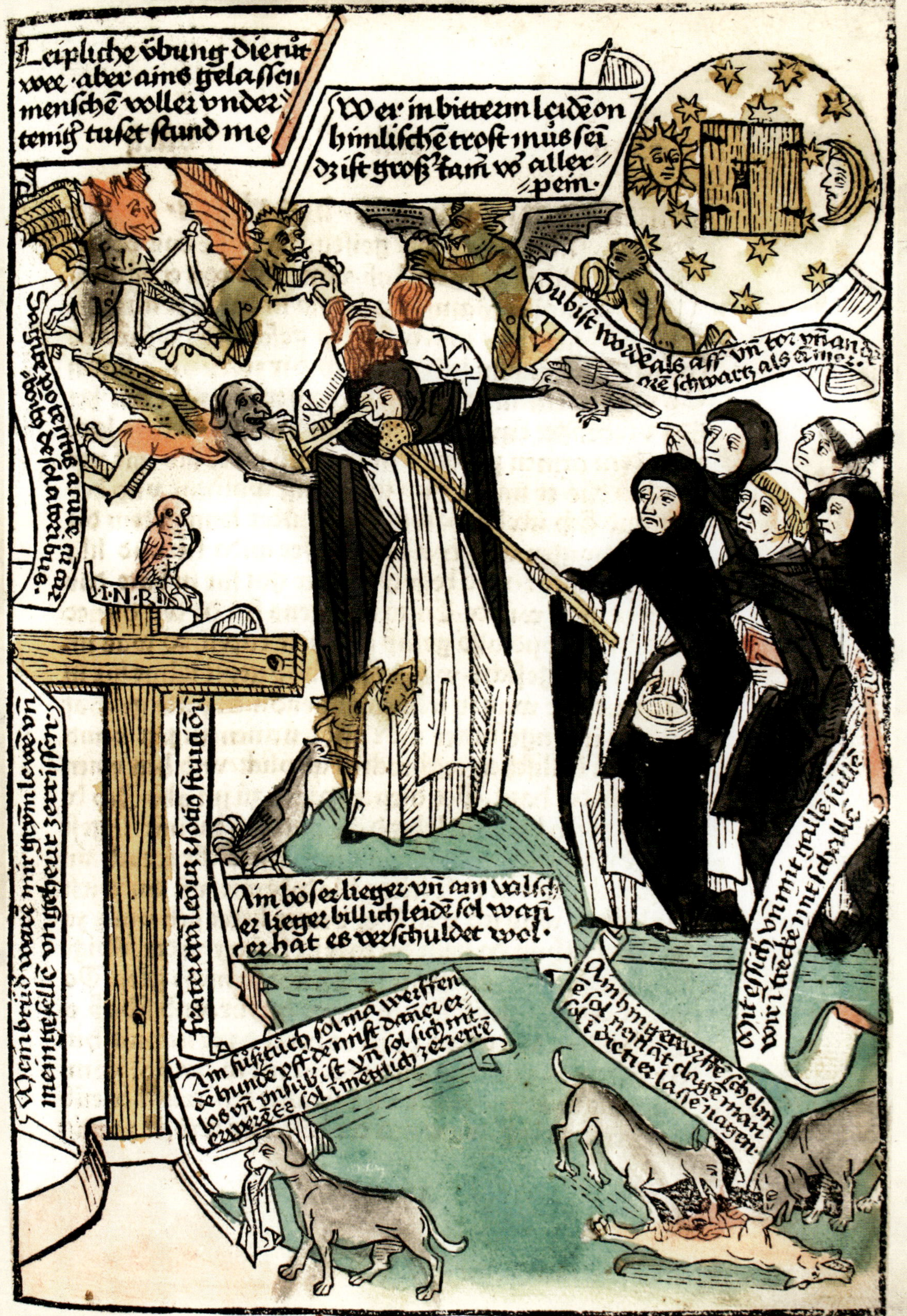
Leipliche übung die nit
wee · aber ains gelassen
menschē vollei vnder
temig tuset stund me
Wer in bitterm leidē on
himlischē trost müs sei
dz ist groß kam wo aller
pein.
Am bösē liegeř vñ ain valsch
er lieger billich leidē sol wañ
er hat es verschuldet wol.

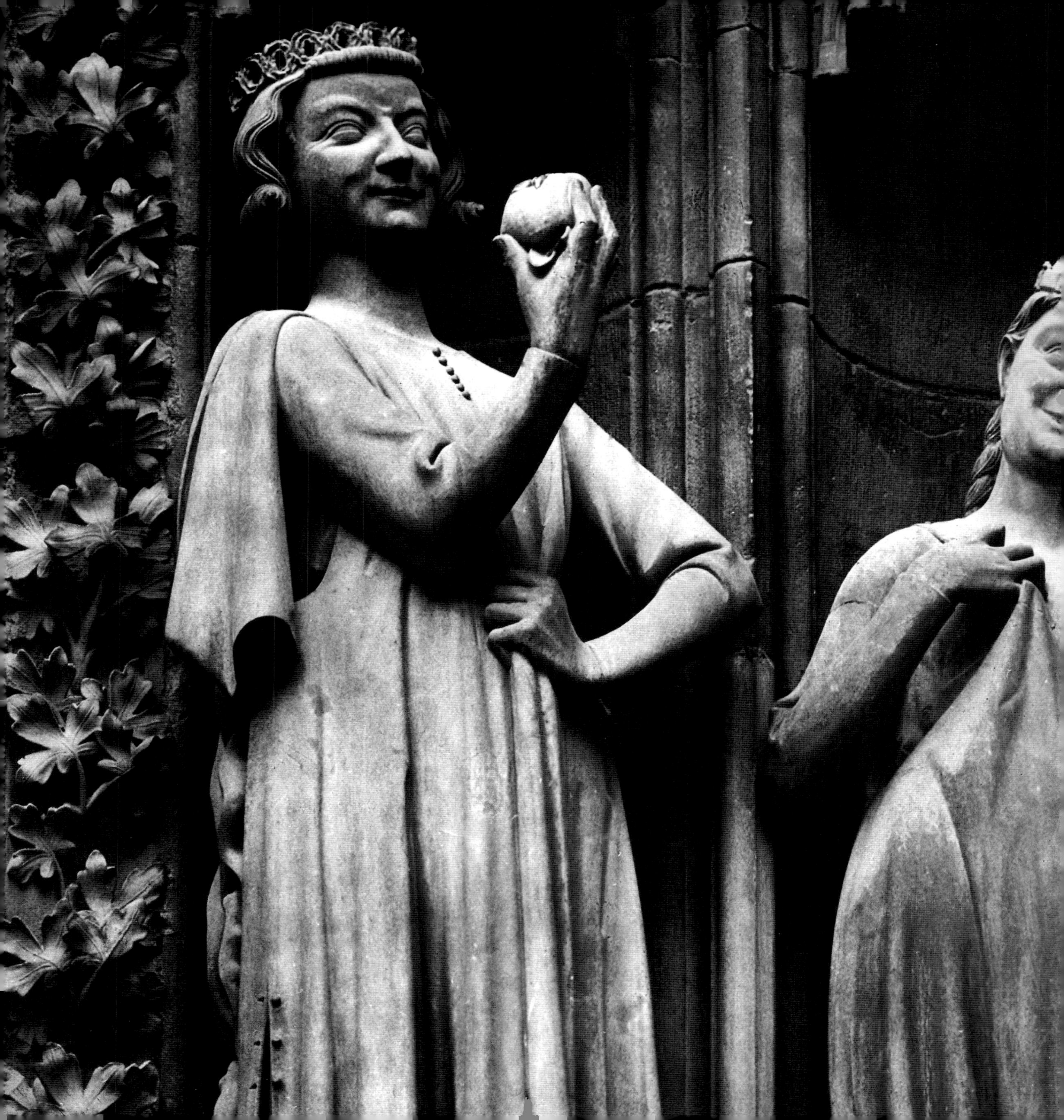

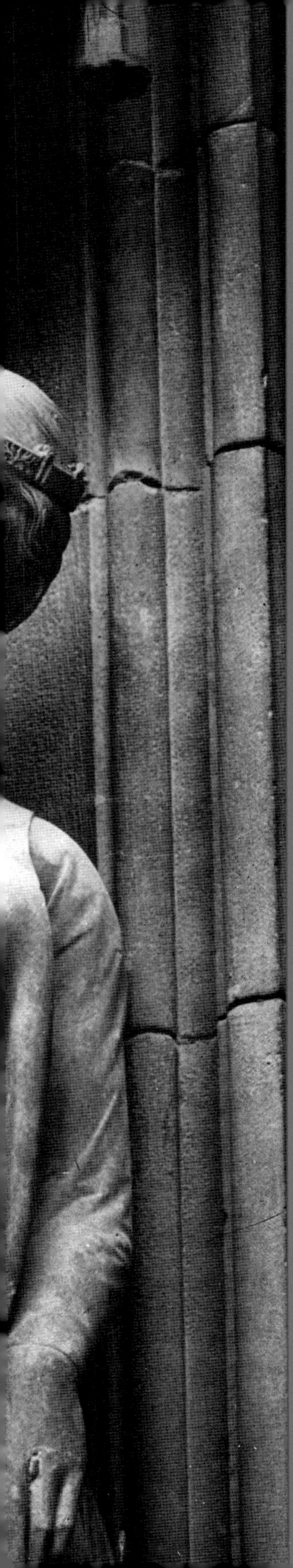

ABBILDUNG | 80
Fürst der Welt und Törichte Jungfrau, Straßburg, Münster, südliches Westportal, um 1280

DENN LACHEN MACHT EINEN WEISEN ZUM NARREN: DAS LACHEN DER TÖRICHTEN

Mitte des 12. Jahrhunderts unterscheidet der Abt Burchard von Bellevaux zwei verschiedene Arten des Lachens. Da ist das fröhliche Lachen des Weisen, motiviert durch gewonnene Erkenntnis, heiter, und ohne die Intention, ein Gegenüber zu verletzen. Und es gibt das dreist-höhnische Auslachen, das den *stultus*, den Törichten, kennzeichnet. Burchard greift mit dieser Unterscheidung auf das Buch Jesus Sirach des Alten Testaments zurück, das sich umfassend zu Weisheit und Torheit äußert. Demnach ist das deutlichste Zeichen eines Toren sein Lachen, das leichtfertig und unbedacht bei jeder Gelegenheit ertönt. Der Weise hingegen lächelt still in sich hinein. Das biblische Buch Kohelet wiederum gibt ganz klar dem Trauern den Vorzug gegenüber dem Lachen. Es fordert, stets das Ende zu bedenken – alles andere sei töricht. *„Besser der Gang in ein Haus, wo man trauert, / als der Gang in ein Haus, wo man trinkt. Weil dies das Ende jedes Menschen ist, / macht, wer noch lebt, sich Gedanken. Besser sich ärgern als lachen; / denn bei einem vergrämten Gesicht wird das Herz heiter. […] Denn wie das Prasseln der Dornen unter dem Kessel, / so ist das Lachen des Ungebildeten“* (Koh 7,2-6).

Aber nicht nur in Kirchenkreisen, auch „in der Welt“ galt der (übermäßige) Gebrauch des Lachens – vor allem zur falschen Zeit und am falschen Ort – als Kennzeichen eines Toren, wie z. B. der junge Parzival, dem es an Bildung und damit auch an der Beherrschung der höfischen Umgangsformen mangelte. Der Dichter Thomasin von Zirklaere (um 1186-1238), fasst dies in seinem *Welschem Gast,* einem moralphilosophischen Lehrbuch für Fürsten und Ritter lapidar zusammen: *„Ein ander lêre suln diu kint / behalten die dâ edel sint: / si suln lachen niht ze vil, / wan lachen ist der tôren spil.“*

WW

KATALOG-NR. 16
Der beschlossen gart des rosenkrantz marie
Nürnberg, 1505, H. 32,5 cm, B. 22,5 cm, VD 16 P 2806

Mainz, Martinus-Bibliothek, Inc. 464, fol. 229v

SÜNDENFALL MIT TÖRICHT LÄCHELNDER EVA, CHRISTUS AM KREUZ UND MESSFEIER

Das durch das Kreuz Christi zweigeteilte Blatt zeigt links den Sündenfall im Paradies. Die töricht lächelnde Eva hat bereits vom Apfel gegessen und klagt nun mit dem weisenden Gestus ihrer linken Hand die um den Baum der Erkenntnis geringelte Schlange als Verführerin an. Der links stehende Adam gibt sich nach außen hin unbeteiligt, aber er scheint sich bereits, wie der seine Blöße verdeckende Arm deutlich macht, seiner Nacktheit bewusst zu sein. In der rechten Bildhälfte ist ein Priester zu sehen, der in Anwesenheit eines Diakons die Hl. Messe feiert. Durch die Übertretung von Gottes Gebot, nicht vom Baum der Erkenntnis zu essen, kam die Sünde in die Welt; durch Christi Opfer am Kreuz, das in der Messe vergegenwärtigt wird, ist die Sünde überwunden, so die Botschaft dieses am Vorabend der Reformation entstandenen graphischen Blattes.

Folgt man den mittelalterlichen Theologen, so war die erste törichte Tat der Menschheitsgeschichte Evas Griff nach dem Apfel: die Torheit schlechthin – mit allen bekannten Folgen. Der biblische Bericht äußert sich nicht darüber, ob Eva beim Ergreifen der Frucht oder während der darauffolgenden Anklage Gottes laut und töricht lachte. Für den Künstler der hier gezeigten Buchillustration stellte sich daher die Frage, wie er diesen dramatischen Moment gestalten könnte. Die eine Möglichkeit hätte darin bestanden, Eva mit weit geöffnetem Mund und entblößten Zähnen, dem Merkmal der Schlechtigkeit und der Bösartigkeit, darzustellen. Stattdessen wählte er jedoch ein fast debil wirkendes törichtes Lächeln, das sowohl Evas Dummheit als auch ihre Verzweiflung ablesbar macht, als sie mit ihrem neu gewonnen Wissen erkennen muss, was sie getan hat. Wie ein ertapptes Kind lächelt sie unbeholfen vor sich hin, in der Hoffnung, dass die Folgen ihrer Tat an ihr vorübergehen mögen.

Tatsächlich ist ein solches Kichern die direkte Folge des Sündenfalls, wie der berühmten Seherin Hildegard von Bingen (1098–1179) in einer ihrer Visionen vermittelt wurde. Sie beschreibt am Beispiel von Adam ausführlich, wie die süße Stimme des paradiesischen Menschen durch den Sündenfall in das törichte Kichern der fleischlichen Begierde umgewandelt wurde: *„So wurde die Stimme der höheren Freude, die Adam zuvor besessen hatte, in die entgegengesetzte Art und Weise des Lachens und Kicherns verwandelt. Solch unpassende Fröhlichkeit und dieses Lachen haben nämlich eine gewisse Beziehung zur fleischlichen Begierde. [...] Dieselbe Begierlichkeit erregt das Lachen und erschüttert die Lenden. So wird im rohen Gewieher jene schöne Musik nun der Stimme des Viehs ähnlich"*.[1]

WW

LITERATUR
Zum Objekt:
Vollmer 1908.

Zum törichten Lachen beim Sündenfall:
Kremer 1961, S. 91f.

ANMERKUNGEN
1 Zit. nach Kranz 1970, S. 53.

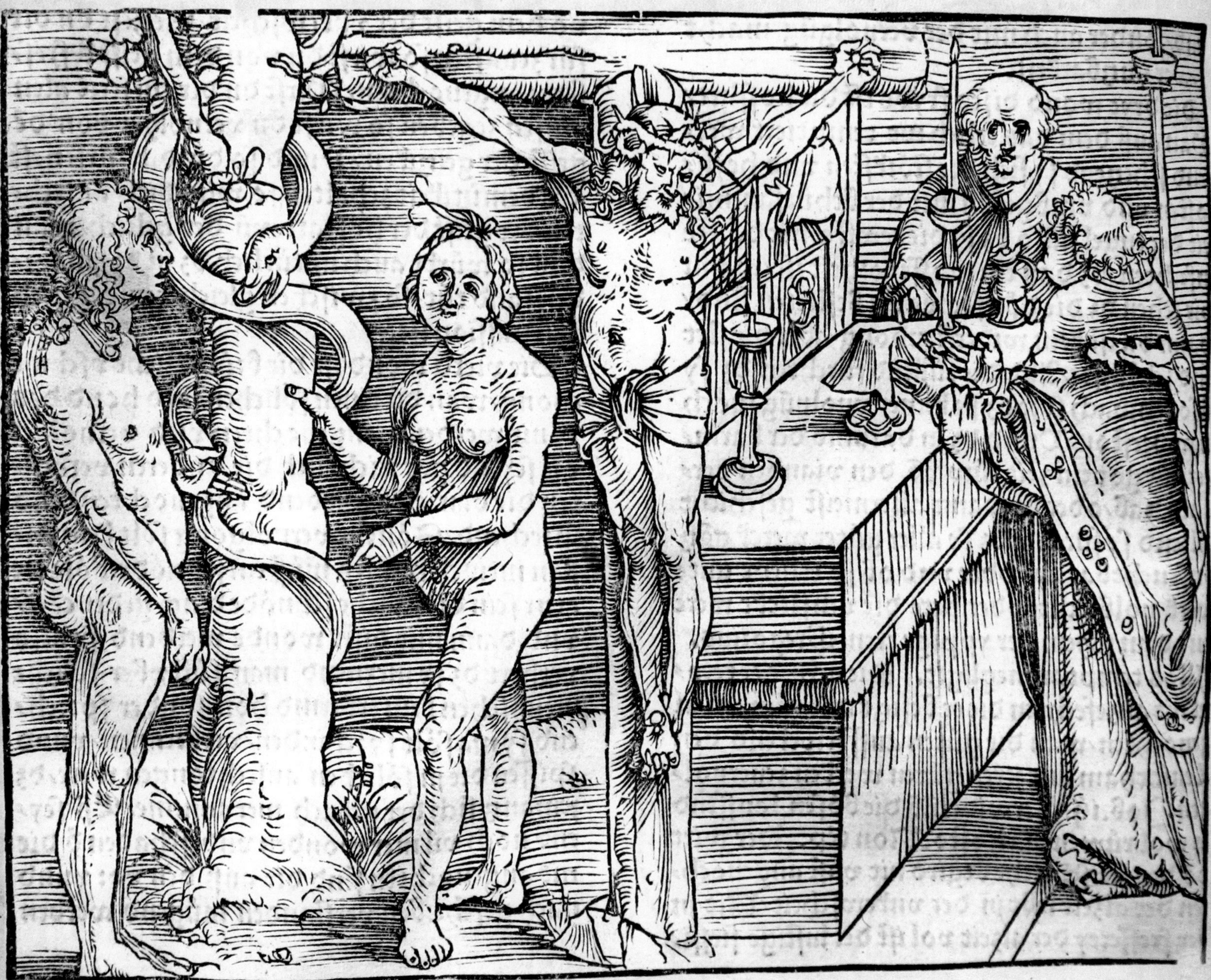

KATALOG-NR. 17
Bildteppich, Mittelrhein, 1450/75
Kette: Leinen; Schuss: Wolle, Gold- und Silberfäden;
5 Kettfäden/cm, H. 59 cm, B. 265 cm

Mainz, Bischöfliches Dom- und Diözesanmuseum, Inv.-Nr. T 00517b

GLEICHNIS DER TÖRICHTEN JUNGFRAUEN

LITERATUR
Zum Objekt:
Wilhelmy 2000a, S. 52–56.

Zum Lachen der Törichten:
Richert 2009, S. 83f.

ANMERKUNGEN
1 Vgl. Wilhelmy 2000a, Abb. 44; zu den Lampen als zeitweise fehlendem Attribut sowie zum Thema grundsätzlich Körkel-Hinkfoth 1994, bes. S. 120.

Christi Gleichnis von den Klugen und Törichten Jungfrauen ist in der bildenden Kunst des Mittelalters wohl das wichtigste Beispiel, um das Weinen und Lachen der Törichten darzustellen. Dabei werden im Gleichnis selbst diese Gemütszustände überhaupt nicht angesprochen: „*Dann wird es mit dem Himmelreich sein wie mit zehn Jungfrauen, die ihre Lampen nahmen und dem Bräutigam entgegengingen. Fünf von ihnen waren töricht und fünf waren klug. Die törichten nahmen ihre Lampen mit, aber kein Öl, die klugen aber nahmen außer den Lampen noch Öl in Krügen mit. Als nun der Bräutigam lange nicht kam, wurden sie alle müde und schliefen ein. Mitten in der Nacht aber hörte man plötzlich laute Rufe: Der Bräutigam kommt! Geht ihm entgegen! Da standen die Jungfrauen alle auf und machten ihre Lampen zurecht. Die törichten aber sagten zu den klugen: Gebt uns von eurem Öl, sonst gehen unsere Lampen aus. Die klugen erwiderten ihnen: Dann reicht es weder für uns noch für euch; geht doch zu den Händlern und kauft, was ihr braucht. Während sie noch unterwegs waren, um das Öl zu kaufen, kam der Bräutigam; die Jungfrauen, die bereit waren, gingen mit ihm in den Hochzeitssaal und die Tür wurde zugeschlossen*“ (Mt 25,1-10).

Sowohl die Klugen als auch die Törichten Jungfrauen können lachend dargestellt sein. Im Fall der Klugen Jungfrauen handelt es sich dabei um das Lachen derer, die bereits des Himmelreiches sicher sind und am göttlichen Lachen partizipieren. Das verzweifelte Lachen der Törichten hingegen resultiert aus der Erkenntnis, eine einmalige Chance gehabt, sie aber nicht ergriffen zu haben. Die Reaktion hierauf kann exaltiertes Weinen (Abb. 14), aber auch ein schmerzlich-verzweifeltes Lächeln sein, wie im Fall des hier gezeigten Bildteppichs. Er zeigt fünf reich gekleidete Damen, deren unbedecktes, mit Blüten geschmücktes Haar sie als Jungfrauen charakterisiert. Bereits die Fünfzahl weist auf das biblische Gleichnis hin; vor allem aber sind in dem erhaltenen Pendant, der Tapisserie mit den Klugen Jungfrauen, jene mit brennenden Öllampen ausgestattet, während bei den Törichten auf die Lämpchen ganz verzichtet wird.[1] Stattdessen bekennen sie: „*Der welt ere liebt mir sere*“, worauf halbfigurig dargestellte Wilde Kinder – von der „Zivilisation“ unberührte und daher unverdorbene Naturwesen – hellsichtig antworten: „*sie ist falß*“. Zu sehr dieser Welt zugewandt bleibt den Törichten Jungfrauen nur ein wehmütiges Lächeln im Diesseits – das Himmelreich hingegen ist für sie unwiderruflich verloren.

WW

ABBILDUNG | 81
Bildteppich mit Darstellung des Gleichnisses der Törichten Jungfrauen, Gesamtansicht (Kat.-Nr. 17)

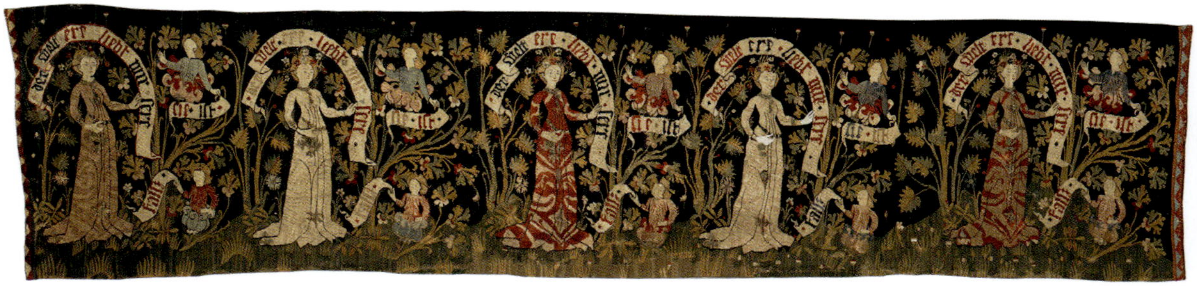

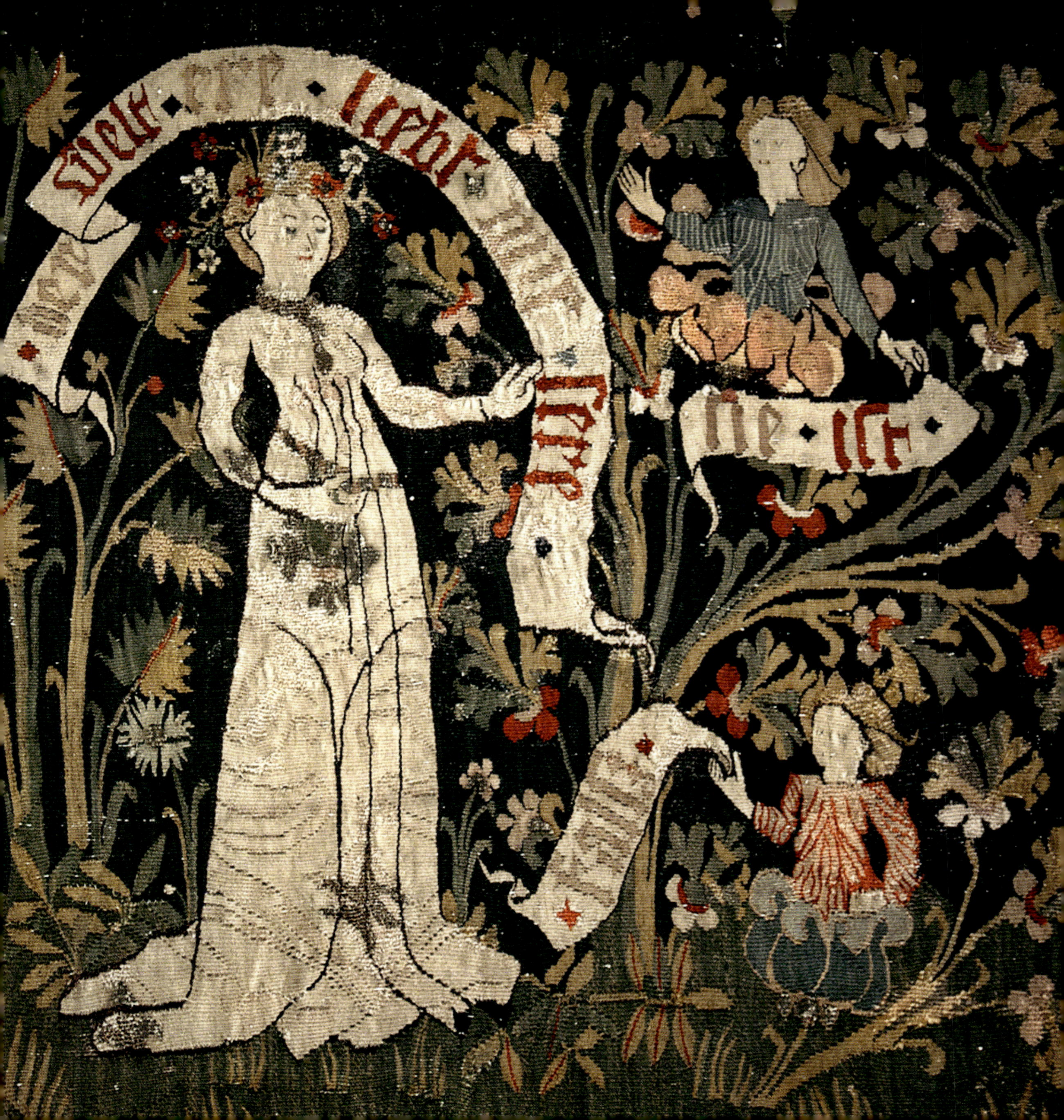

KATALOG-NR. 18
Weltchronik von Hartmann Schedel, lateinische Ausgabe
Mit Holzschnitten von Michael Wolgemut und Wilhelm Pleydenwurf, Nürnberg, 1493, H. 47 cm, B. 34 cm, GW M40784

Mainz, Martinus-Bibliothek, Inc. 12, fol. 21r

LOTS FRAU, ZUR SALZSÄULE ERSTARRT

LITERATUR
Zum Objekt:
Schedel 2004.

Zum Lachen im Alten Testament:
Richert 2009, S. 45–54.

ANMERKUNGEN
1 *„Risus levitatis indicium; et quo patentior, eo impudentior et reprehensibilior est. Ait enim: Stultus in risu exaltat vocem suam; et Salvator flevit, qui utique risisse non legitur"*, zit. nach Salisbury 1987, S. 400.

Wie die Genesis berichtet, war Lot, der Neffe Abrahams, der einzige Gerechte in der sündhaften Stadt Sodom. Als Gott beschloss, Sodom und die ebenso sündige Stadt Gomorra zu vernichten, schickte er Engel um Lot zu retten: *„Als die Morgenröte aufstieg, drängten die Engel Lot zur Eile: Auf, nimm deine Frau und deine beiden Töchter, die hier sind, damit du nicht wegen der Schuld der Stadt hinweggerafft wirst. Da er noch zögerte, fassten die Männer ihn, seine Frau und seine beiden Töchter an der Hand [...], führten ihn hinaus und ließen ihn erst draußen vor der Stadt los"* (Gen 19,15-16). Genau dieser Moment ist in der Illustration wiedergegeben: Eilends entfernen sich Lot und seine Töchter, die beide in der hochmodischen burgundischen Tracht des späten 15. Jahrhunderts gekleidet sind, von Sodom, das just in diesem Moment von Erdbeben, Feuer und Meteoriten zerstört wird. Alle drei folgen dem himmlischen Gebot, sich nicht umzuwenden und die Zerstörung zu betrachten, nur eine kann ihre Neugier nicht zügeln, Lots Frau: *„Als Lots Frau zurückblickte, wurde sie zu einer Salzsäule"*, heißt es lapidar in der Bibel (Gen 19,26).

Lots Frau handelt wider Gottes Gebot; aus törichter Neugier schaut sie zurück, um – heute würde man sagen „sensationslüstern" – der Zerstörung der Stadt zuzuschauen. Johannes von Salisbury (ca. 1115/20–1180), Bischof von Chartres, verurteilt eine solche Leichtfertigkeit, deren äußeres Kennzeichen das törichte Lachen sei: *„Das Lachen ist ein Zeichen der Leichtfertigkeit; und je offener es ist, desto schamloser und tadelnswerter ist es. Es heißt nämlich: ‚Der Törichte erhebt im Lachen seine Stimme'; und unser Erlöser weinte, von dem man nicht liest, dass er jemals gelacht hätte"*.[1] Das törichte Zuwiderhandeln wird vom strafenden Gott des Alten Testaments sofort geahndet: Verwandelt zur Salzsäule, gefriert Frau Lot das sich an der Katastrophe weidende Lächeln auf den Lippen. *„Das Geschwätz der Toren ist abscheulich, und ihr Lachen erschallt bei sündhafter Freude"*, heißt es bei Jesus Sirach (Sir 27,12). Über ein Geschwätz von Lots Frau weiß die Bibel nichts zu berichten. Sündhafte Schadenfreude, aus der ihr Lächeln entsprang, empfand sie aber ganz sicher beim Anblick der Stadt, bevor sie erstarrte. In der reduzierten Form ihrer kubischen Körperlichkeit lenkt der Illustrator den Blick des Betrachters auf dieses Lächeln, das in eigenwilligem Kontrast zu den besonders grimmig dreinblickenden übrigen Familienmitgliedern steht. Darüber hinaus regt die sicherlich nicht zufällig gewählte Körperform den Betrachter unwillkürlich zum Mit-Lächeln an; in diesem Fall aber nicht aus Torheit, sondern belehrt in dem Bewusstsein, die „Moral" der biblischen Erzählung verstanden zu haben.

WW

▶ ABBILDUNG | 82
Lots Frau, zur Salzsäule erstarrt, Gesamtansicht (Kat.-Nr. 18)

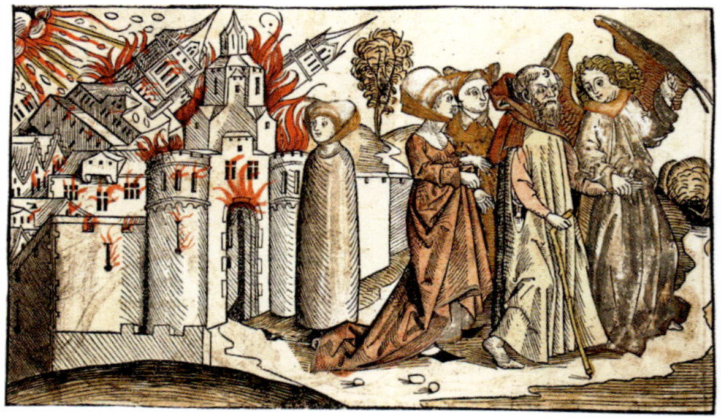

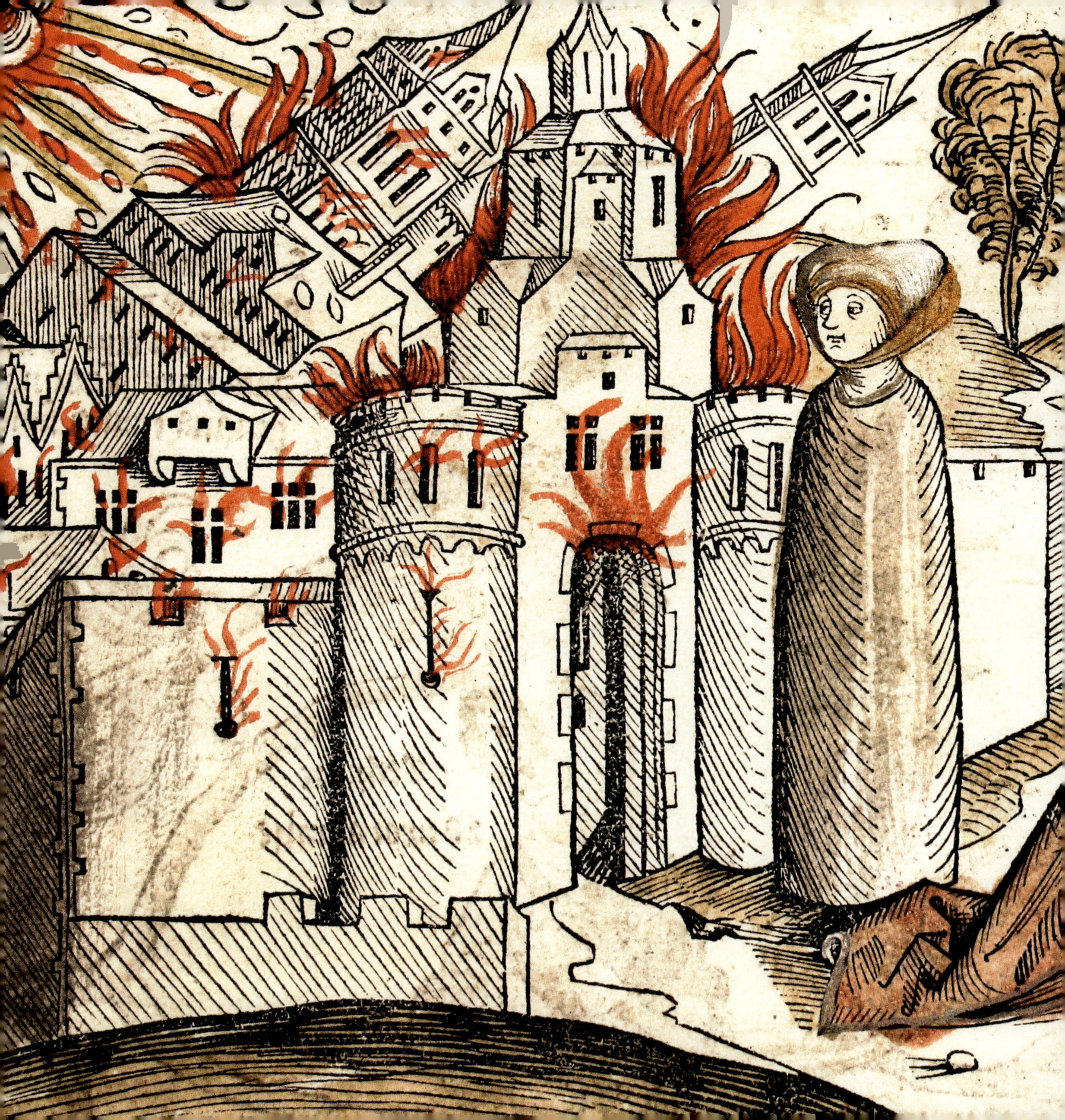

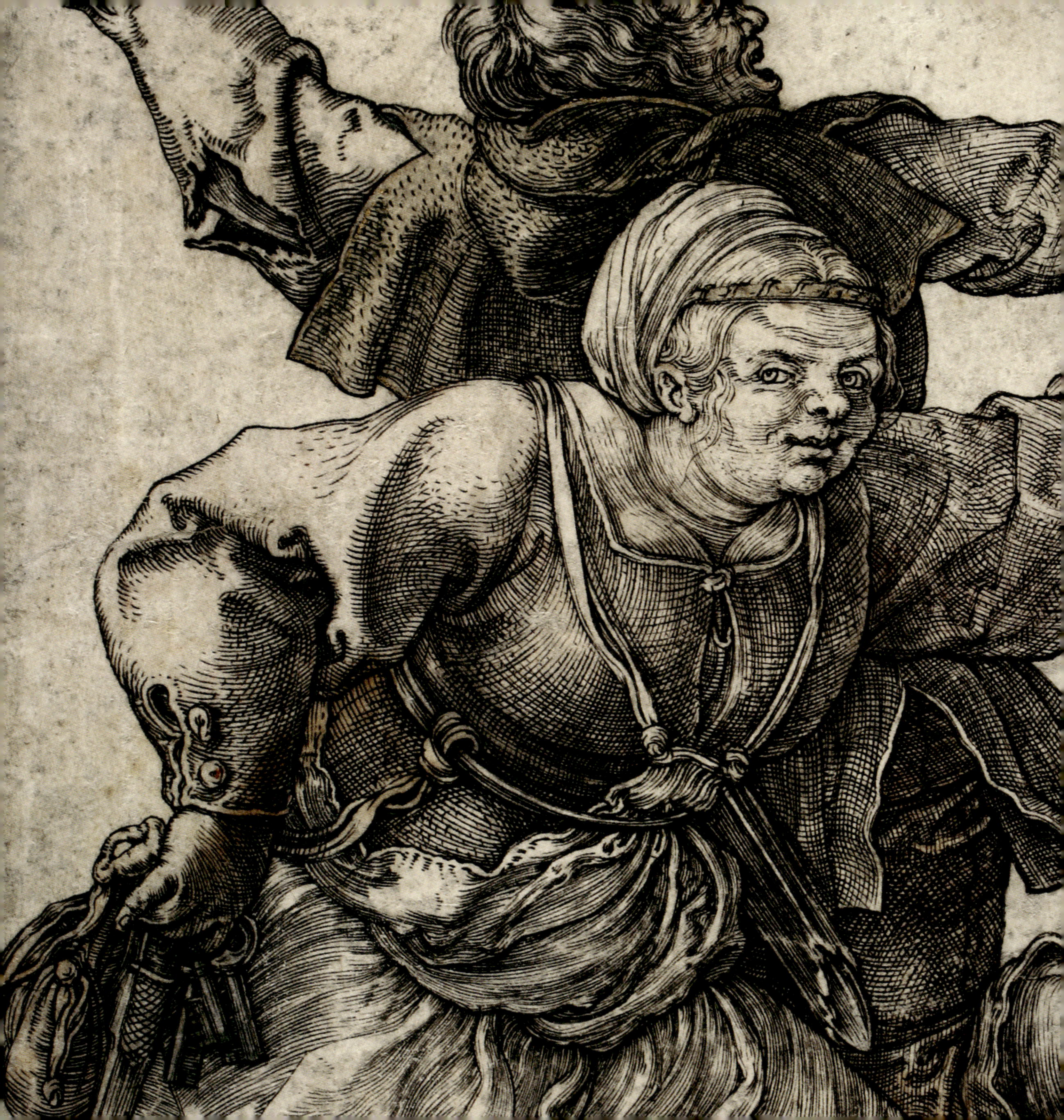

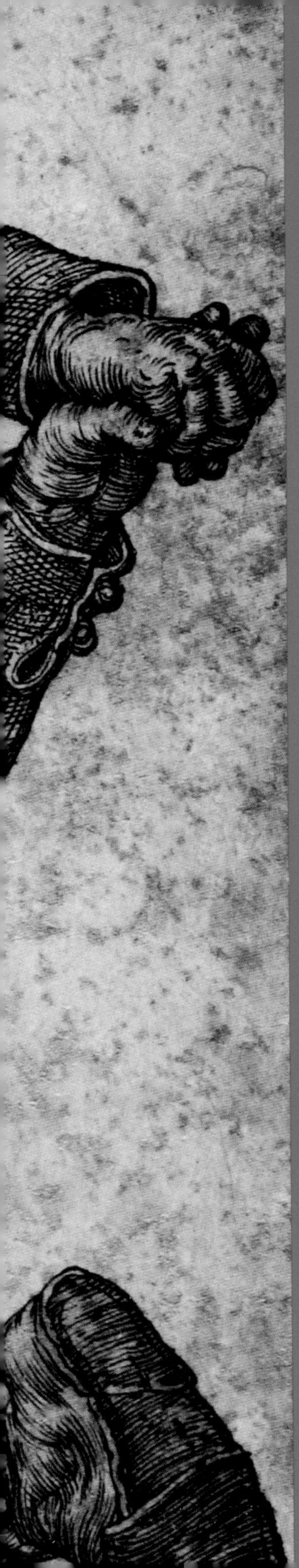

ABBILDUNG | 83
Albrecht Dürer, *Tanzendes Bauernpaar*, 1514, Erlangen-Nürnberg, Universitätsbibliothek

JENER ABER ZEIGTE NIEMALS BEIM LACHEN AUCH NUR SEINE LEUCHTENDEN ZÄHNE: NORMEN DES LACHENS IN DER MITTELALTERLICHEN GESELLSCHAFT

Das Mittelalter ist eine Zeit genau festgelegter Symbolik und Rituale, deren Beherrschung für die Angehörigen derselben sozialen Schicht zwingend notwendig ist. (Körper-)Sprache, Gestik und ein genau abzuwägender emotionaler Ausdruck verbinden die Angehörigen einer sozialen Gruppe ebenso miteinander wie sie gegenüber anderen abgrenzend wirken. Der richtige Gebrauch des Lachens spielt hierbei eine herausragende Rolle. Eine Ausnahme bilden die Kinder. Bis zu einem bestimmten Lebensalter wird ihnen im Mittelalter kaum Verstand zugebilligt und ihr Lachen gilt als Kennzeichen ihrer Torheit; sie genießen sozusagen „Narrenfreiheit".

Bauern, Diener oder gar die sündigen Spielleute und Dirnen lachen, so der Tenor, triebhaft, maßlos und ungezügelt. Ähnliches gilt für die mittelalterliche Frau: Da der richtige Gebrauch des Lachens Bildung und Weisheit voraussetzt – ersteres wurde ihr verwehrt, letzteres sei ihr von Natur aus nicht gegeben, so die Lehrmeinung – ließ auch sie grundsätzlich ein sündhaftes Gelächter erschallen. Nur die adelige *vrouwe* war hinreichend erzogen und dadurch in der Lage, im Rahmen der ihr auferlegten Pflichten mild zu lächeln. Sollte sie dennoch laut auflachen, so muss dieses Lachen von Zucht und Maß bestimmt sein und den genau festgelegten Regeln der französischen *courtoisie* oder der deutschen *hövescheit* folgen. Für Ritter, Grafen, Kurfürsten und selbst Könige gilt ähnliches – je höher der Rang, umso wichtiger der korrekte Gebrauch und (sparsame) Einsatz eines in seinen Abstufungen genau zu kontrollierenden Lachens. Selbst der bewusste Verzicht auf das Lachen folgt ganz bestimmten Regeln: Zahlreiche hochmittelalterliche Traktate erörtern intensiv das zu vermeidende Gelächter und die damit verbundenen moralischen Grundsätze.

WW

KATALOG-NR. 19
Desiderio da Settignano, um 1460/64
Gipsabguss einer Marmorbüste in Wien,
Kunsthistorisches Museum, Kunstkammer,
Inv.-Nr. KK 9104, H. 32 cm, B. 29 cm

Mainz, Bischöfliches Dom- und Diözesanmuseum,
Inv.-Nr. PS 15101

LACHENDER KNABE

Ein etwa drei oder vier Jahre alter Knabe blickt leicht nach links; ganz offensichtlich ist dort etwas passiert, das seine Neugier weckt. Halb ungläubig, halb überrascht stößt er ein heiteres Lachen aus; im geöffneten Mund sind Zähne und Zunge deutlich zu erkennen.

Desiderio da Settignano (um 1430–1464) war berühmt für seine Darstellungen von Kindern; das Vorbild hierfür fand er in den antikisierenden Putten Donatellos. In ihrer Form ganz der Frührenaissance verpflichtet, sind diese Werke dennoch in die Mentalitätsgeschichte des Mittelalters einzuordnen, da auch im Italien des 15. Jahrhunderts Kinder bis zum Alter von sechs oder sieben Jahren noch traditionell als wenig verständig und lediglich von ihren Instinkten geleitet galten. Hierzu zählt auch das Lachen, das kleine Kinder in den epischen Dichtungen der Zeit – allerdings durchaus zielgerichtet und von beachtlichem Erfolg gekrönt – einzusetzen verstehen.
Im *Gregorius*, einem Versepos des Hartman von Aue (um 1190), lacht das ausgesetzte Kind den Abt, der es auffindet *„mit rotsüezem munde“* an und weckt damit dessen Sympathie, so dass es errettet wird. Ähnliches gilt für den als Baby ausgesetzten trojanischen Prinzen Paris, der im mittelalterlichen Epos die Häscher, die ihn töten sollen, derart entwaffnend anlacht, dass sie ihn verschonen.[1] Und selbst der dem Lachen so abgeneigte Mystiker Heinrich Seuse (Kat.-Nr. 15) muss sich dem Lachen eines ihm in böser Absicht untergeschobenen Kindes beugen und nimmt lieber die üblen Folgen auf sich, als es zu töten: *„Als er [Seuse] das Kindlein auf seinen Schoss nahm und es ansah, lachte es ihn an. Da seufzte er von Grund seines Herzens und sprach: ‚Sollte ich ein mich anlachendes, hübsches Kindlein töten? Wahrlich nein! Lieber will ich alles leiden, was kommen wird‘“.*[2]

Kindlich-jugendliches Lachen gilt als Zeichen der Unschuld; so lachen in der um 1220 von Konrad Fleck niedergeschriebenen Mär von Flore und Blanscheflur sowohl die Münder als auch die Augen der beiden Protagonisten, die eine kindliche Liebe füreinander empfinden.[3] Und bei dem Dichter Neidhart heißt es in der ersten Hälfte des 13. Jahrhunderts lapidar: *„Tanzet, lachet, weset vor! Daz zimt wol den jungen“*.[4] So sind es gerade die Kinder, die prädestiniert sind, Gott selbst unmittelbar anzulachen, wie es Meister Eckhart (um 1260–1328) in seinem wohl im zweiten Jahrzehnt des 14. Jahrhunderts für die Königin Agnes von Ungarn verfassten *Buch von dem edlen Menschen* beschreibt. Im Innern des neuen, leidgeprüften Menschen entfaltet sich der Same Gottes gleich einem Kinde, das zunächst nur Muttermilch zu sich nehmen kann und, um zu gehen, des Haltes von Stühlen und Wänden bedarf. Orientiert sich dieser neue Mensch zunächst noch am Vorbild *„guoter und heiliger liute“*, so lernt er in einem zweiten Stadium laufen, das heißt, er folgt dem *„râte gotes und götlîcher wîsheit“*. Er verlässt nun die Mutter und wendet sich Gott zu, mit dem er, auf unbefangene und kindgerechte Weise, lachend Kontakt aufnimmt: Er *„kêret den rücke der menscheit und daz anlitze ze gote, kriuchet der muoter ûz der schôz und lachet den himelschen vater ane“*.[5]

WW

LITERATUR
Zum Objekt:
AK Berlin 2011, Kat.-Nr. 41, S. 156f.

Zum Lachen der Kinder:
Loffl-Haag 1991.

ANMERKUNGEN
1 Vgl. Kremer 1961, S. 32f. mit Nachweisen.
2 Seuse 1966, S. 129.
3 Vgl. Kremer 1961, S. 52.
4 Zit. nach Kremer 1961, S. 108.
5 Zit. nach Quint 1952, S. 71.

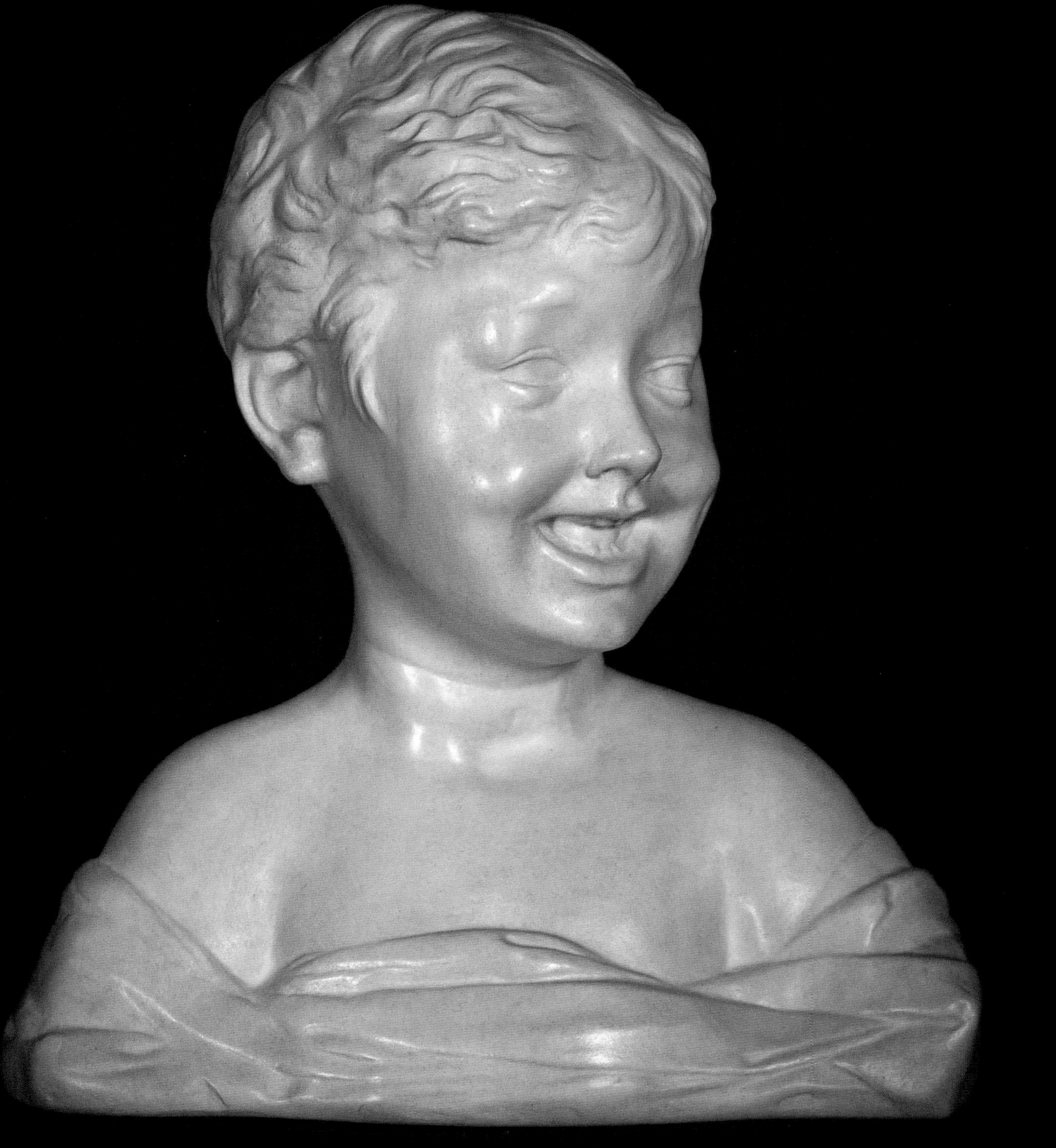

KATALOG-NR. 20
Gipsabguss, gefasst
Stützbrett N 17 des Chorgestühls im Kölner Dom
Um 1320, H. 31 cm, B. 33 cm

Mainz, Bischöfliches Dom- und Diözesanmuseum,
Inv.-Nr. PS 15102

LACHENDE ZITHERSPIELERIN

Die Halbfigur der jungen Frau mit einer Zither in Händen gehört zu einer Misericordie (Stützbrett) am Gestühl der Domherrn im Hohen Chor des Kölner Domes. Das faltenreiche Gewand der Musikerin bauscht sich um die Hüften; Schultern und Büste hingegen wirken fast ebenso unverhüllt wie das deutlich zu erkennende Kopfhaar. Sie hat das Haupt schräg zur Seite geneigt und ein vermutlich ob des Spieles vergnügtes Lachen ziert ihr Gesicht.

Joculatores (Gaukler), *scurrae* (Possenreisser) und *histriones* (Spielleute, Schauspieler) werden im Mittelalter samt und sonders von der Kirche verdammt. Sie stehen als „unehrliche Berufe" am untersten Ende der sozialen Werteskala. Dass die Spielleute ihr Publikum zerstreuten und zum Lachen reizten, war einer der gewichtigsten der gegen sie gerichteten Vorwürfe. Lachen verleite zur Ausgelassenheit und zum Missachten der göttlichen Gebote. Kurzum: Im Zusammenspiel mit Musik und Tanz führe es geradewegs zu Unzucht und Gottvergessenheit. Aber auch die Zahl der übrigen Vorwürfe war groß: Schauspiel sei ein Erbe der heidnischen Antike; die räumliche *instabilitas* der fahrenden Gaukler sei als Zeichen ihrer moralischen Unbeständigkeit zu werten, und für ihre unnützen Darbietungen würden sie den armen Zuschauern auch noch das Geld aus der Tasche ziehen. Auf die Frage eines Schülers an seinen Lehrmeister, ob es Hoffnung für die Gaukler gebe, konnte die Antwort, selbst im eigentlich dem Lachen so zugewandten 13. Jahrhundert, nur nein lauten, denn sie seien als Diener des Satans (*ministri Satanae*) allesamt verdammt.[1] Tatsächlich waren Spielleute bis weit in die Neuzeit hinein generell exkommuniziert und ohne Hoffnung auf das Seelenheil, denn, so Honorius Augustodunensis (1. Hälfte des 12. Jahrhunderts), nicht einmal im Fegefeuer würde ihnen eine Buße gestattet, sondern nach ihrem Tod führen sie sofort zu ihrem teuflischen Meister in die Hölle.[2]

Nur wenige Stimmen der Epoche beurteilen die Gaukler milder. So unterscheidet der englische Kleriker Thomas Chobham zu Beginn des 13. Jahrhunderts in seiner *Summa confessorum* zwischen Gauklern, die ihre Körper entblößen und damit die Menschen zu unsittlichem Tun verleiten, und solchen, vor allem dezent musizierenden Spielleuten, die die Taten der Fürsten und Heiligen besingen und den Menschen Trost geben. Nur wenige Jahre später differenziert der Franziskaner Alexander von Hales (ca. 1185–1245) in seiner *Summa theologica* zwischen *risus*, einem Lachen, das er als eine Bewegung des Mundes bestimmte und der *joculatio*, die er als eine durch Komik verursachte Bewegung des ganzen Körpers definierte. Im Anschluss daran befand er die *joculatores* für nur wenig sündhaft, schuldiger seien vielmehr die Organisatoren und Besteller des Vergnügens, die *ministrantes*. Dennoch blieben Spielleute und Narren durch alle Jahrhunderte des Mittelalters – zumindest inoffiziell – gern gesehene Gäste an den Fürstenhöfen.

WW

LITERATUR
Zum Objekt:
Bergmann 1987, Bd. 2, S. 18; Tammen 1992.

Zum Lachen der Spielleute:
Suchomski 1975, S. 24–28.

ANMERKUNGEN
1 Suchomski 1975, S. 28.
2 Derron 2008, S. 137.

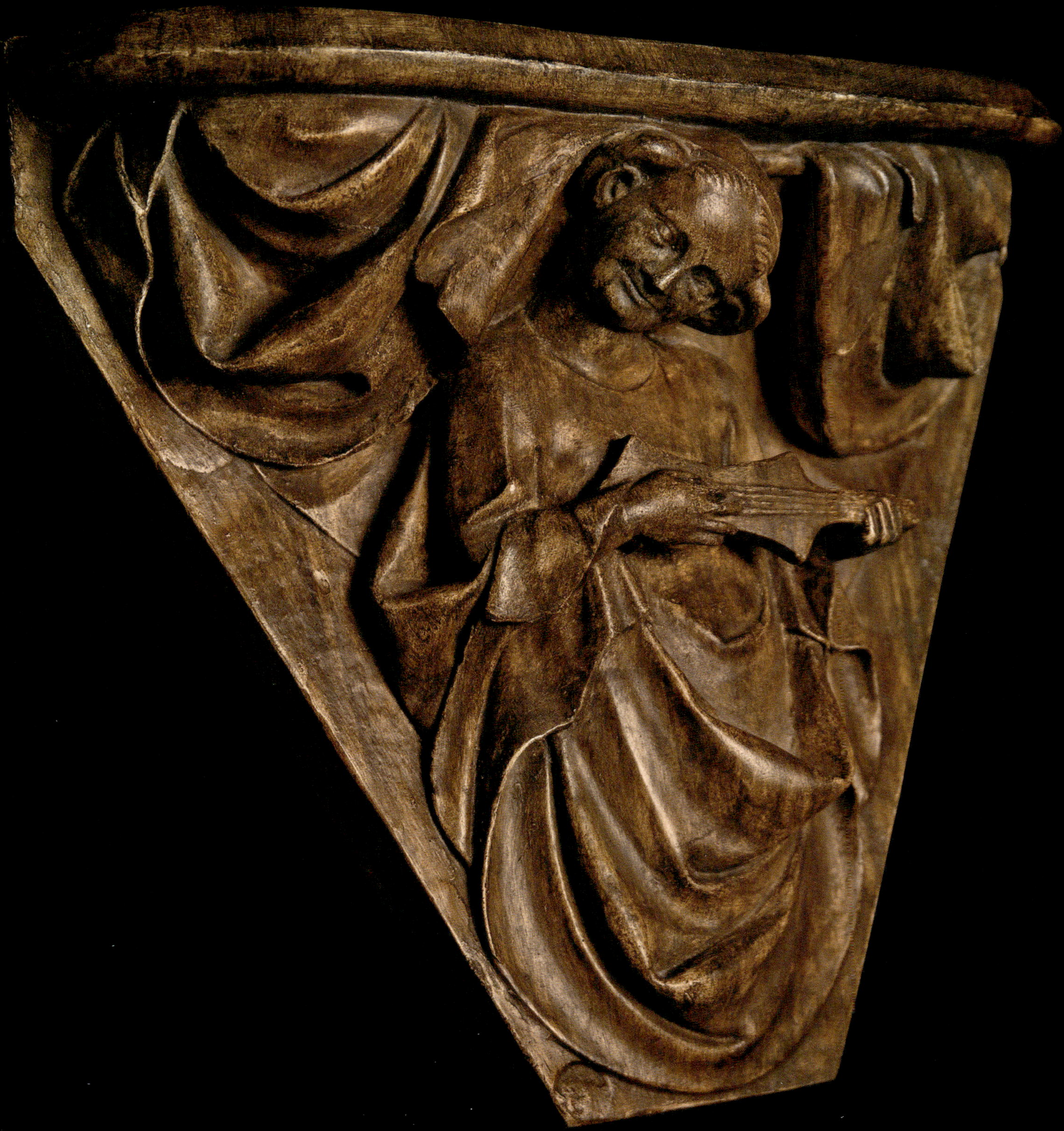

KATALOG-NR. 21
Stephan Fridolin, Schatzbehalter
Nürnberg, 1491, H. 32 cm, B. 32 cm, GW 10329

Mainz, Martinus-Bibliothek, Inc. 62, Fig. 53

LACHENDE TANTE BEI DER AUFFINDUNG DES MOSE

Kaum einem Lachen räumen die theologischen und profanen Schriften des Mittelalters mehr Raum ein als dem Lachen der *vrouwe*. Das Spektrum reicht vom törichten Lachen der Eva beim Sündenfall bis hin zum zuchtvollen Lächeln der höfischen Herrin (Kat.-Nr. 16, 22). Im Gegensatz dazu stehen die Werke der bildenden Kunst des Mittelalters: Hier werden höchst selten lachende Frauen dargestellt. Selbst dort, wo es das Thema ausdrücklich verlangt, z. B. wenn Sara mit ungläubigem Lachen auf die Weissagung der Geburt ihres Sohnes reagiert, wird die Protagonistin im Bild mit ernster Miene wiedergegeben (Abb. 8). Dennoch kommt es in einigen wenigen Fällen auch zur Darstellung von sich herzhaft freuenden Frauen, paradoxerweise gerade dort, wo in der zugrunde liegenden Erzählung von einem Lächeln oder gar Lachen überhaupt nicht die Rede ist. Ein solcher Fall liegt in der Illustration der Auffindung des Mose vor, die 1491 in Stephan Fridolins *Schatzbehalter* veröffentlicht wurde.

Das biblische Buch Exodus (Ex 2,1-10) berichtet ausführlich über die Aussetzung und Auffindung des neugeborenen Mose. Der Pharao hatte befohlen, dass alle Knaben israelitischer Abstammung getötet werden sollten. Eine der Israelitinnen aber *„gebar einen Sohn. [Sie nahm] ein Binsenkästchen, dichtete es mit Pech und Teer ab, legte den Knaben hinein und setzte ihn am Nilufer im Schilf aus. [Ihres Mannes] Schwester blieb in der Nähe stehen, um zu sehen, was mit ihm geschehen würde. Die Tochter des Pharao kam herab, um im Nil zu baden. […] Auf einmal sah sie im Schilf das Kästchen und ließ es durch ihre Magd holen. Als sie es öffnete und hineinsah, lag ein weinendes Kind darin. Sie bekam Mitleid mit ihm“* (Ex 2,2-6). Pharaos Tochter wendet sich sodann an die Schwester der Kindsmutter und diese vermittelt die leibliche Mutter als Amme – der „Betrug“ ist aufgegangen und der zukünftige Anführer des israelitischen Volkes gerettet.

In der Darstellung des *Schatzbehalters* kniet die Tante des Moseknaben im Bildmittelgrund links. Jubelnd reißt sie die Arme hoch, als die Tochter des Pharao und ihr Gefolge das Kind im Schilf entdecken. Ein freudiges Lächeln ziert ihr Gesicht. Im biblischen Text wird sehr stark mit Emotionen gearbeitet: Das Mitleid von Pharaos Tochter wird ebenso betont wie das Weinen des Kindes. Diesem Weinen antwortet das glückliche Lachen der Tante, die der Tochter des Pharao im nächsten Moment ihre eigene Schwägerin, die Mutter des Kindes, als Amme „unterjubeln“ wird.

Immer wieder ist in der mittelhochdeutschen Literatur des Mittelalters vom „falschen“ und betrügerischen Lächeln die Rede. Generell, so der Dichter Hartmann von der Aue (um 1180 – um 1220), ist es die Welt an sich, die *„triegend anlacht und winkt“*. Seinen Zeitgenossen Walther von der Vogelweide graust es vor einem Lächeln von Honig und Galle, egal ob von Mann oder Frau: *„Mir gruset, so mich lachent an die lechelaere, den diu zunge honegt und daz herze gallen hat“* und warnt, dass *„wolkenlosez lachen bringet scharpfen hagel“*. Viele andere Schriftsteller der Zeit verbinden das falsche Lächeln explizit mit den betrügerischen Herzen der Frauen, die, so Hugo von Trimberg (um 1235 – um 1313) *„lecheln unde liegen [lügen]“*. Sie allesamt seien *„lecheler mit falschem munde“*.[1]

WW

LITERATUR
Zum Objekt:
Bartl 2010.

Zum trügerischen Lächeln:
Kremer 1961, S. 38f.

ANMERKUNGEN
1 Die Zitate in diesem Abschnitt alle nach Kremer 1961, S. 34, 38, 87f.

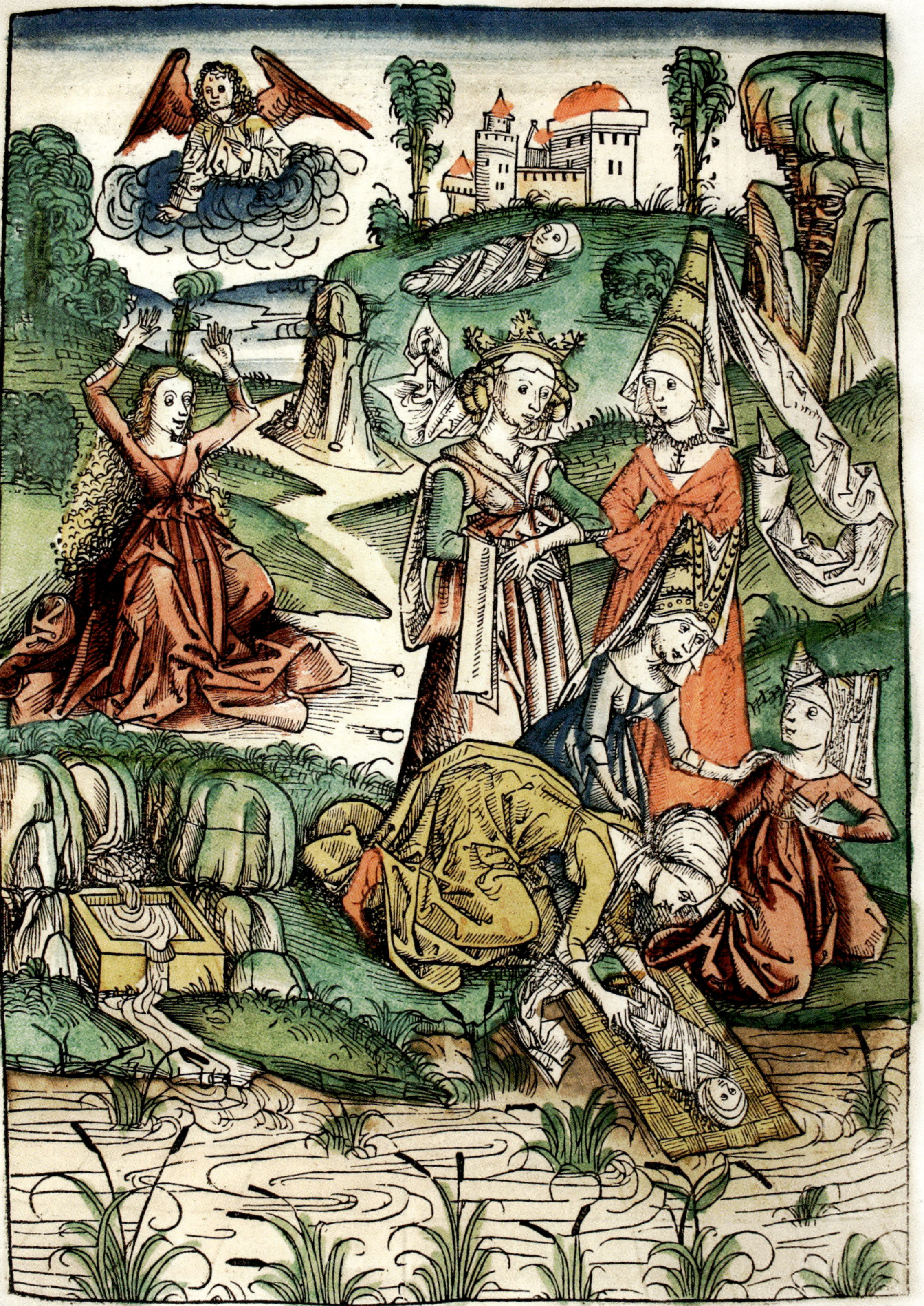

KATALOG-NR. 22
Naumburger Meister, um 1240/50
Teilabguss der Stifterfigur in Naumburg, Dom St. Peter und Paul, Westchor
H. 42 cm, B. 44 cm

Mainz, Bischöfliches Dom- und Diözesanmuseum, Inv.-Nr. PS 15103

MARKGRÄFIN REGLINDIS

Die hier ausgestellte Büste der Markgräfin Reglindis gehört zu den weiblichen Stifterdarstellungen im Chor des Naumburger Domes (Abb. 43). Unter den dort dargestellten Frauen sticht die Figur besonders hervor, ist sie doch die einzige, die lächelt: Der Mund ist zwar züchtig geschlossen, doch die Grübchen sind stark ausgeprägt und die Wangen wie „aufgeblasen" gerundet. Damit steht die Reglindis gerade noch an der Grenze dessen, wie eine adelige *vrouwe* ihrer Freude Ausdruck geben darf.

Während es für Damen von Stand verpflichtend ist, einem gleichrangigen Gegenüber im gegebenen Fall freundlich zuzulächeln, gilt weibliches Lachen im Mittelalter grundsätzlich als unmoralisch. Die adelige Dame hat ihr Lachen den Maßstäben von *zu[c]ht* und *e[h]re* zu unterwerfen; nur dann gereicht es ihr zur Zierde. Übermäßiges Lachen hingegen, wie das der gleichnamigen Protagonistin des mittelhochdeutschen Heldenepos *Kudrun*, gilt als unschicklich. Zwar wird im Minnewerben das Lachen vom Manne stets als besonderes Geschenk der Umworbenen empfunden: Ganze Generationen von Dichtern beschreiben *„ir mundes roter schin, der wold in min herze lieplich lachen"* (Neifen), und finden *„Rosen rot ist ir daz lachen, der vil lieben frouwen min"* (von Buochein). Wenn auch nur die Möglichkeit eines Lächelns besteht, so gerät der Werbende – in diesem Fall Heinrich von Meißen, genannt Frauenlob – in Ekstase: *„Ah! wie wolgemuot ein man muoz sin, swenn si in lachet an!"* Verweigert die Angebetete hingegen ein solches Zeichen des Einverständnisses, so Konrad von Landegge, dann flieht ihn der Schlaf: *„sunder lachen muoz ich wachen"*. Erfolgt es aber, so öffnen sich für den Dichter Steinmar förmlich alle Himmelspforten: *„Ich wand, uz dem himelriche mich ein engel lachet an, do ich si sach so minneclich"*. Die adelige Dame aber hat sich vor solchen Gunstbeweisen zu hüten und Distanz zu wahren. Allzu schnell wird das (An-)Lachen sexuell interpretiert und als Einverständnis zu einem lockeren Abenteuer aufgefasst. Nur Dirnen, so Oswald von Wolkenstein, *„kuttern"* (girren).[1] Männer hingegen dürfen ungeniert und lauthals über Erfolge bei ihren Liebesabenteuern lachen.

Das Lächeln der Reglindis erscheint gegenüber der strengen Zucht, die die bekannte Figur der Uta (Abb. 62) ausstrahlt, ambivalent. Es besitzt etwas verspielt Zweideutiges und weist damit, zumindest indirekt, auf das falsche Lächeln hin, das so viele Dichter des Mittelalters mit den Frauen zu verbinden pflegten (Kat.-Nr. 21).

WW

LITERATUR

Zum Objekt:
Büchsel 2011, S. 182f.

Zum Lachen der Frauen:
Dartmann 2011.

ANMERKUNGEN

1 Alle Zitate in diesem Abschnitt nach Kremer 1961, S. 90, S. 81f., 105.

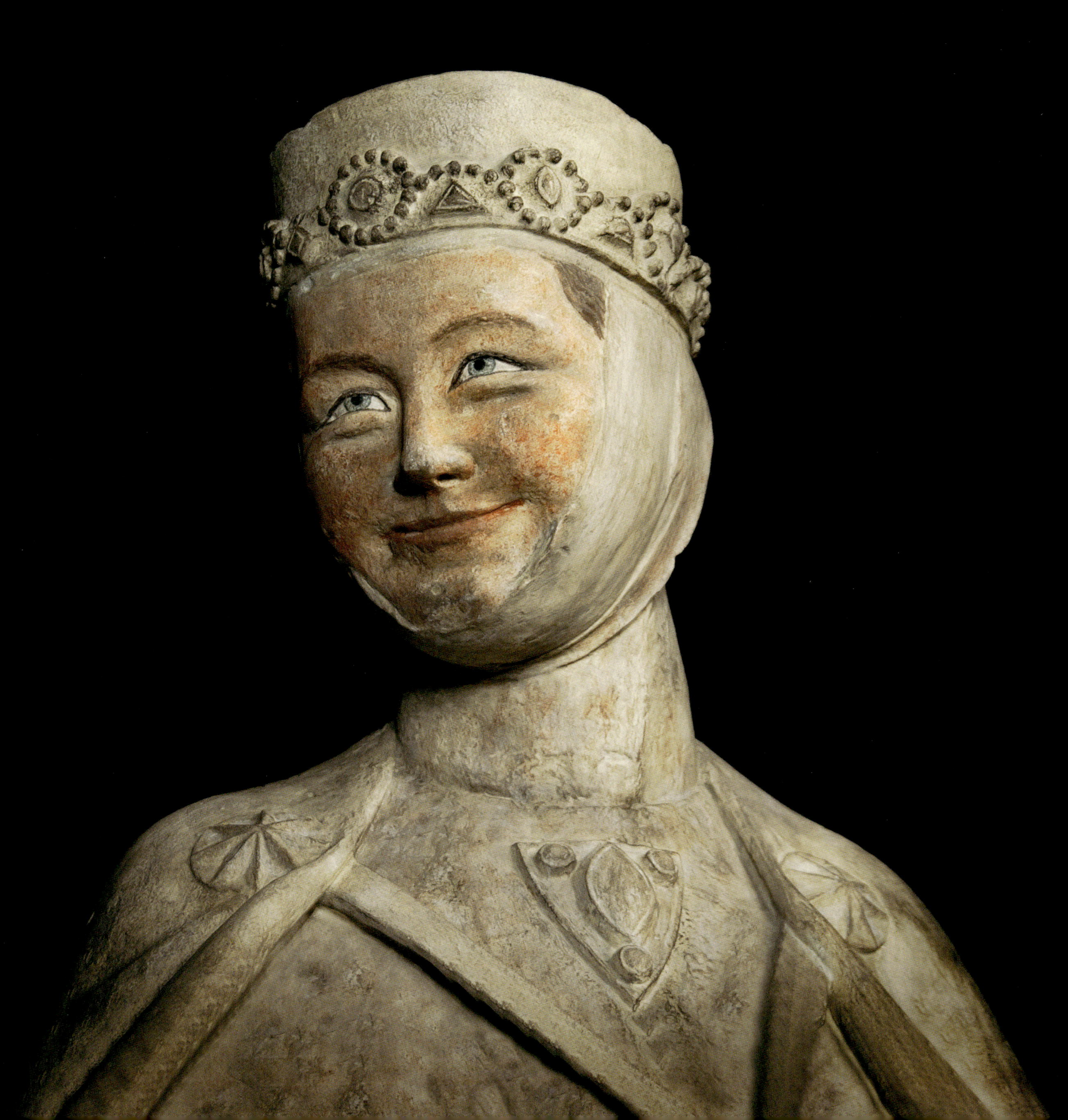

KATALOG-NR. 23
Ehemals Mainz, Dom, Ostchor
Um 1305, gelber Sandstein, H. 36 cm, B. 25 cm

Mainz, Bischöfliches Dom- und Diözesanmuseum, Inv.-Nr. PS 00173

KOPF VOM GRABMAL DES MAINZER ERZBISCHOFS GERHARD II. VON EPPSTEIN (REG. 1289–1305)

Ein maßvolles Lächeln kennzeichnet den Fürsten. Es ist Ausdruck von Zucht und Disziplin und verweist damit auf zwei unverzichtbare Eigenschaften eines jeden gerechten Herrschers. Die sieben Kurfürsten des Heiligen Römischen Reiches hatten zahlreiche politische Funktionen zu erfüllen. Vor allem war dies die Wahl des deutschen Königs, bei der im Rahmen einer feierlichen Heiligen Messe die Hilfe des Heiligen Geistes erfleht wurde. Bei diesem heiligen Akt des „Königmachens", in dessen Kontext der hier gezeigte erzbischöfliche Kopf gehört, wären sowohl ein übermütiges Lachen als auch eine „sauertöpfische" Miene des Koronators völlig unangebracht. Das feine Lächeln, das die Lippen des Erzbischofs umspielt, ist daher bewusst vom Bildhauer als einer Königskrönung allein gerecht werdender Gesichtsausdruck gewählt. Umgekehrt verhält es sich ebenso: Walther von der Vogelweide schreibt in seinem berühmten Kronenspruch von 1198, dass der deutsche König Philipp von Schwaben sich lachend seiner neuen Stellung als frisch erwählter Herrscher erfreue; parallel dazu ist die Krone selbst froh, dass die Kurfürsten den Würdigsten erwählt haben, *„und so lachent beide ein ander an"*.[1]

Die rechte Einstellung zum Lachen wurde Kurfürsten und Königen durch sogenannte *Fürstenspiegel* vermittelt, Lehrbücher, die seit der Spätantike zur Erziehung hochgestellter Persönlichkeiten verwandt und ab dem 13. Jahrhundert in immer neuen Zusammensetzungen herausgegeben wurden. Darin geht es zunächst, ganz im Sinne von Aristoteles und Thomas von Aquin (vgl. Beitrag Wilhelmy, S. 46f.) um die Entspannung von Körper und Geist durch Spiel und Scherz. So heißt es im *Secretum secretorum*, einem angeblichen Brief von Aristoteles an Alexander d. Gr., den die Nonne Hiltgart von Nürnheim 1282 aus dem Lateinischen ins Deutsche übertrug: *„Es zimpt wol kaiserlicher kraft, das er pei im habe die im haimlich sein und getreu, mit den er sein kurtzweile hab mit manigerlai saitten spil, wann in verdriesse, wann die sele hat von natur wolgelust in so gatenenn dingen"*. Das Lachen wird hier nur am Rande erwähnt, es wird vor dessen übermäßigem Gebrauch gewarnt, allerdings weniger aus moralischen Gründen, sondern weil es den Menschen zu sehr altern lasse: *„Dem künig zimt wol daz er hab weschaidenheit und enthebde unnd sich enthebe von vil lachens, wann emsigk lachen wenimt erwirdigkait und gepirt das allter"*. Ein bairischer Fürstenspiegel aus dem 15. Jahrhundert wird deutlicher. Hier heißt es dezidiert, der Fürst *„soll nicht laut oder vil lachen, wann vil lachen zaigt waichen müt. Er sol auch nit trawren, wann edler mut peweist sich frölich und kain laid mag im herrschen. […] Er sol kainen groben schympf treyben aller seiner hanndel, sol frölich sein […]"*.[2] Hier setzt sich die *vröude*, für die die Fürsten an ihren Höfen zu sorgen haben, gegenüber jener Einstellung durch, bei der ein Herrscher aus persönlicher Frömmigkeit und aus seinem semi-sakralen Amtsverständnis heraus das Lachen ablehnt (Kat.-Nr. 24). Vom Trierer Erzbischof Albero (um 1080–1152) ist überliefert, dass er *„mit seinen scherzhaften Reden und seinen höchst amüsant eingeworfenen Sprichwörtern […] den König und die Fürsten zu ergötzen"* pflegte.[3] Wie es Gerhard von Eppstein an seinem erzbischöflichen Hof hielt ist nicht bekannt; vermutlich wird man aber bereits damals auch in Mainz *jocus* und *risus* nicht ganz abgeneigt gewesen sein.

WW

LITERATUR
Zum Objekt:
AK Mainz 2011, Kat.-Nr. 47, S. 462f.

Zum Lachen der Fürsten:
Derron 2008, S. 111–126, 142–154.

ANMERKUNGEN
1 Zit. nach Derron 2008, S. 117.
2 Die letztgenannten Zitate alle nach Derron 2008, S. 140f.
3 *„Ioconda loquutione et hylarissima proverbiorum suorum interpositione tam regem quam principes letificare solebat"*, zit. nach Althoff 2005, S. 12.

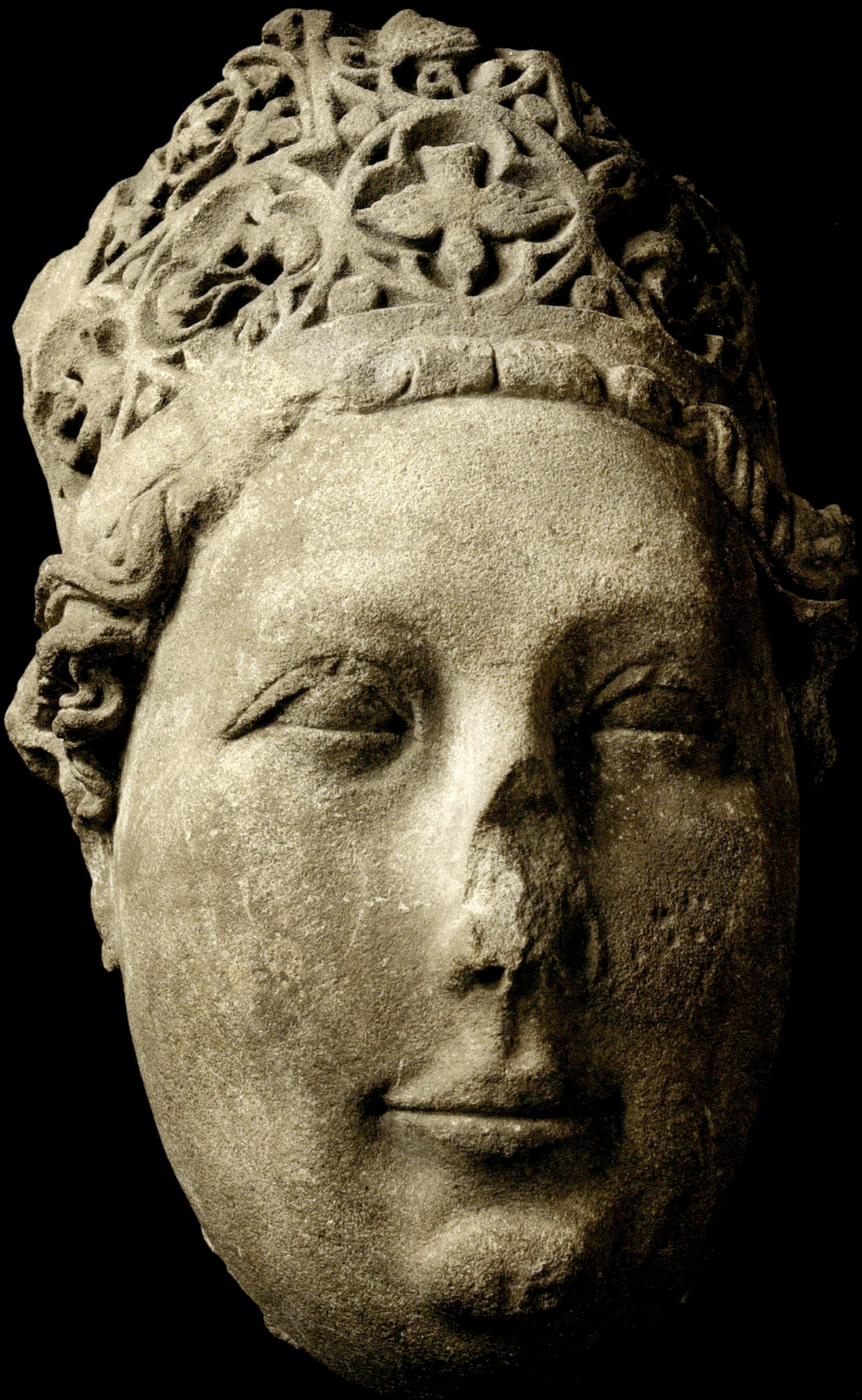

KATALOG-NR. 24
Sebastian Brant, Der richterlich Clagspiegel, Widmungsblatt
3. revidierte Auflage, Straßburg, 1521, Erstausgabe 1506
H. 31 cm, B. 23 cm, VD 16 B 7088

Mainz, Martinus-Bibliothek, Inc. 182

BESCHENKTE KURFÜRSTEN

Zu den Kernaufgaben eines jeden Fürsten gehören das Annehmen und das Verteilen von Geschenken. Beides ist, so der Sittencodex der Zeit, von einem maßvollen Lächeln zu begleiten. So halten es in der hier gezeigten Widmungsseite auch der deutsche König und die ihn begleitenden sieben Kurfürsten, denen Sebastian Brant, der Straßburger Kämmerer und Rechtsgelehrte, eines seiner juristischen Werke überreicht (Kat.-Nr. 49). Die Bildseite belegt, wie sehr die sozialen Konventionen der Epoche selbst für Könige weitestgehend bindend waren. Zwar hatten sie an ihrem Hof für eine gewisse gesellige Fröhlichkeit, für *vreude* und für *hohen muot* zu sorgen. Doch die Würde ihres Amtes verbot ihnen für ihre eigene Person ein lautes, auf Unmäßigkeit schließen lassendes Lachen.

Wenn ein Herrscher lacht, wird er dadurch als negativ charakterisiert, so wie der heidnische Kaiser *„Decius lachent sprach"*, als er zum Martyrium des hl. Hippolytus schritt.[1] Im *Rolandslied* oder im sogenannten *Biterolf* wird berichtet, dass die Fürsten nur *smielen* (lächeln, vgl. Kat.-Nr. 23), denn nur der ernste König ist der ideale und gerechte Herrscher.[2]
Die spätmittelhochdeutsche Wendung für unterdrücktes Lachen heißt *smutzen*, daher kommt das Wort schmunzeln. In der Literatur des Mittelalters sind es vor allem höfische Gesellschaften, die in bestimmten Situationen *smutzen*, allen voran der König. Von Kaiser Karl d. Gr. wird mehrmals berichtet, dass er ein *smutzlachen* von sich gab und auch der biblische König Salomon *smutzerlachende* in den mittelalterlichen Schriften.[3] In der *bispelrede* vom *Ernsthaften König*, einem besonders rigorosen Traktat des Strickers (nachgewiesen um 1220–1250), eines Dichters, der, ganz gegen den Trend des 13. Jahrhunderts (oder dezidiert in Opposition zu diesem Trend) das Lachen grundsätzlich untersagt sehen will, wird selbst ein solches *smutzen* abgelehnt. Um dem Volk begreiflich zu machen, warum er nicht lacht und an seinem Hof auch keine Fröhlichkeit duldet, lässt ein König seinen Bruder in einer Scheinhinrichtung von vier Speeren bedrohen. Vor dem versammelten Hof gibt er dann die Erklärung: Auch er fühle sich – wenn auch „nur" mental – von vier Speeren bedroht. Diese sind: die Ungewissheit der eigenen Todesstunde, die Frage nach dem Schicksal der Seele nach dem Tod und das Jüngste Gericht. Vor allem aber sind es die Leiden Christi und sein Tod, die ihm als Vertreter eines christomimetischen Königtums und damit semi-sakraler Amtsperson besondere Pein bereiten: *„Er [Jesus] het vor angest die not / uf die marter und uf den tot / daz man in sach gelachen nie"*.[4]

Christus soll gemäß der vorherrschenden theologischen Ansicht des Mittelalters, nicht zuletzt im Hinblick auf die ihm bekannten zukünftigen Leiden der Passion, nicht gelacht haben, und der König des Strickers folgt qua Amtsverständnis diesem Vorbild. Und doch gibt es, vor allem im 12. und im 13. Jahrhundert Könige, die lachen. Der englische Herrscher Heinrich II. Plantagenet (1133–1189), so die Überlieferung, lachte gern und oft. Er gilt als der *rex facetus* schlechthin. Und noch von Kaiser Karl IV. überliefert Heinrich von Mügeln, tätig im dritten Viertel des 14. Jahrhunderts, dass die *„milde [...] sines louwen mut stet lachen tut"*.[5]

WW

LITERATUR
Zum Objekt:
AK Wetzlar 2002, S. 276.

Zum (Nicht-)Lachen der Herrscher:
Derron 2008, S. 146–162.

ANMERKUNGEN
1 Zit. nach Schwob 1994, S. 60.
2 Vgl. Kremer 1961, S. 83f.
3 Vgl. Kremer 1961, S. 42 mit Nachweisen.
4 Zit. nach Derron 2008, S. 122.
5 Zit. nach Derron 2008, S. 142. Zum Lachen Heinrichs II. vgl. Aurell 2009, S. 100f.

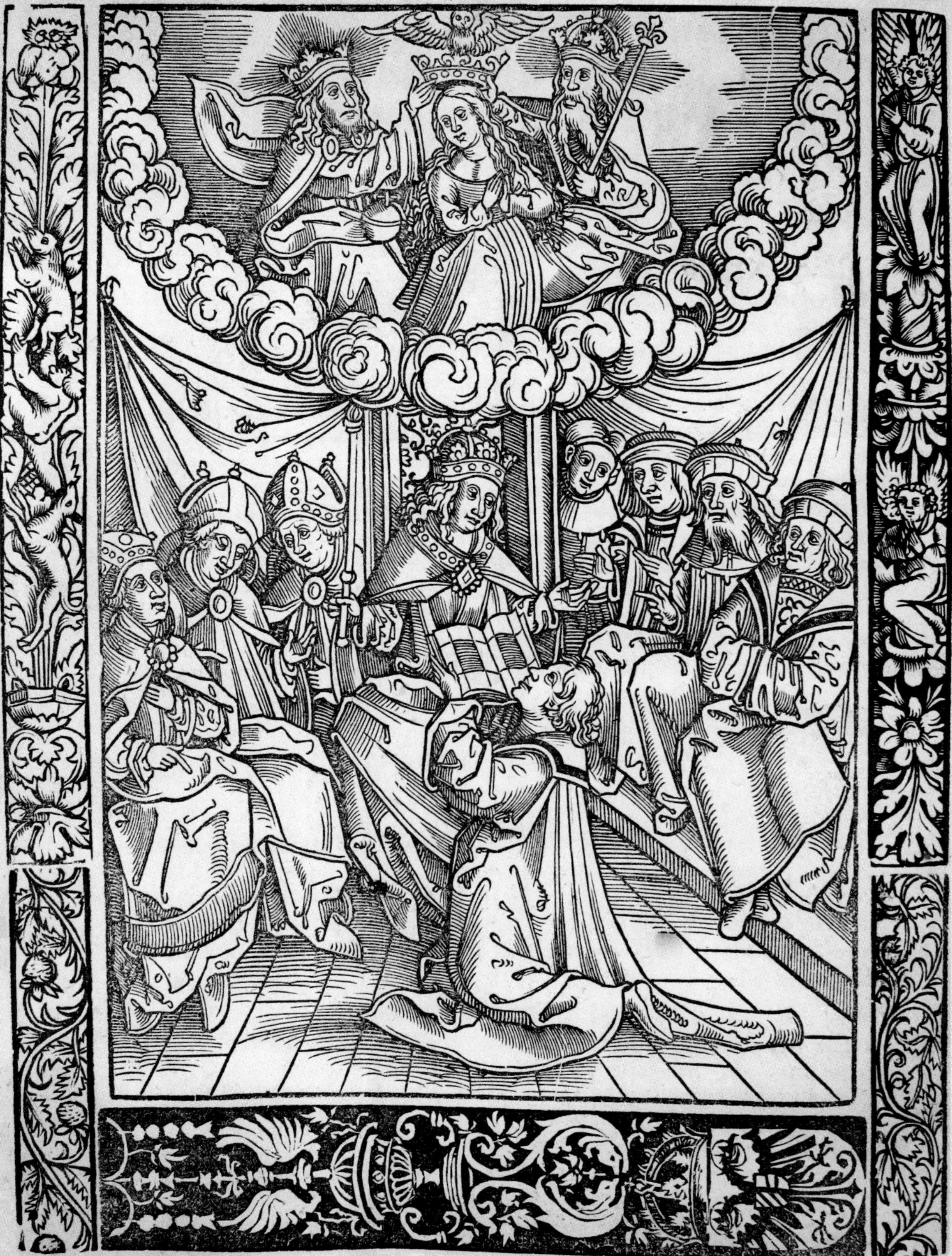

KATALOG-NR. 25
Ehemals Mainz, Dom, Barbarakapelle
Um 1280, Gelber Sandstein
H. 197 cm, B. 80 cm

Mainz, Bischöfliches Dom- und Diözesanmuseum,
Inv.-Nr. PS 00100

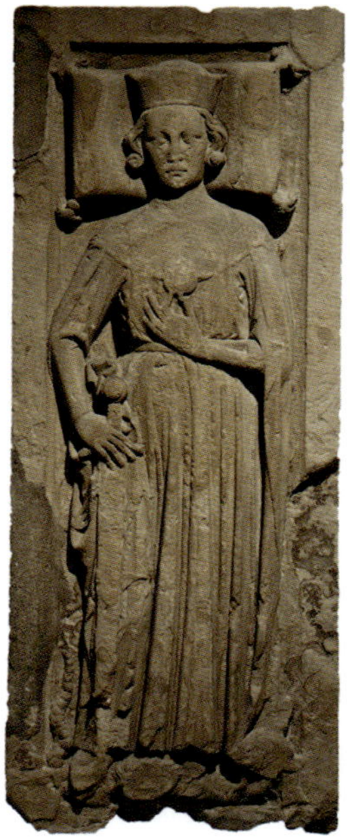

ABBILDUNG | 84
Grabplatte des Stadtkämmerers Arnold von Turri, Gesamtansicht (Kat.-Nr. 25)

GRABPLATTE DES STADTKÄMMERERS ARNOLD VON TURRI

Wie das Schwert an der Seite des dargestellten Mannes kenntlich macht, handelt es sich bei dem Verstorbenen der hier gezeigten Grabplatte um einen ritterlich Gebürtigen. Dass sie tatsächlich den Mainzer Stadtkämmerer Arnold von Turri zeigt, ist nicht gesichert, aufgrund älterer Dombeschreibungen aber wahrscheinlich, da in diesen Quellen eine Grabplatte derer von Turri vor der Barbarakapelle des Domes noch *in situ* beschrieben wird. Wie im späten 13. Jahrhundert üblich, ist der Verstorbene liegend gedacht, wie das Kissen unter seinem Kopf verdeutlicht. In Erwartung der Auferstehung, aber auch im Hinblick auf seinen gesellschaftlichen Stand, und vielleicht auch auf sein hohes politisches Amt als Stadtkämmerer ist seine Miene ernst; kein Lächeln umspielt seine Lippen.

Dem Nicht-Lachen kommt im Mittelalter eine mindestens ebenso hohe, wenn nicht gar höhere Bedeutung zu wie dem Lachen. Beides muss jeweils zur rechten Zeit im rechten Maß in der rechten gesellschaftlichen Konstellation erfolgen. Im niederen und hohen Adel und bei Hofe war die korrekte Beherrschung des (Nicht-)Lachens Pflicht und ein Kennzeichen der gehobenen sozialen Position. Insbesondere Frauen mussten die fein austarierten Abstufungen des gesellschaftlichen Lachens bzw. Lächelns beherrschen (Kat.-Nr. 22), da sie andernfalls auf eine Stufe mit Dirnen gestellt wurden, als deren Kennzeichen das laute, unbeherrschte Lachen galt. Selbst Könige haben angesichts der Bitte eines Untertanen nicht zu lachen, sondern bestenfalls mild und huldvoll zu lächeln (Kat.-Nr. 23). Der ideale König ist aber der, der überhaupt nicht lacht. Dieses Ideal wird bereits in karolingischer Zeit vertreten. Beispielgebend ist hier der deutsche Kaiser Ludwig der Fromme (reg. 813–840). In seiner von Thegan verfassten Vita heißt es, dass er *„niemals zum Gelächter seine Stimme erhob, und wenn an hohen Festtagen zur Freude des Volkes Gaukler, Possenreißer und Schauspieler mit Pfeifen und Saitenspieler bei Tisch vor ihm aufzogen, dann lachte das Volk vor ihm, bis sein Maß voll war; jener aber zeigte niemals beim Lachen auch nur seine leuchtenden Zähne"*.[1] Aus der Quelle gehen die sozialen Abstufungen des Lachens klar hervor. Lauthals und lange anhaltend lachen ist das Kennzeichen des gemeinen Mannes, der König hingegen – und mit ihm sein adeliges Gefolge – bleiben ernst und verziehen angesichts der derben Lustbarkeiten keine Miene. Dieses Ideal des hohen Ernstes wird in den gehobenen und gebildeten Schichten bis zum Ende des Mittelalters Bestand haben, wovon die hier gezeigte Grabplatte ein beredtes Zeugnis ablegt.

WW

LITERATUR
Zum Objekt:
Kautzsch/Neeb 1919, S. 465–467.

Zum Nicht-Lachen:
Kemper 2005, S. 19f.

ANMERKUNGEN
1 *„Nunquam in risum exaltavit vocem suam, nec quando in summis festivitatibus ad laetitiam populi procedebant themilici, scurri et mimi cum coraulis et citharistis ad mensam coram eo, tunc ad mensuram ridebat populus coram eo, ille nunquam nec dentes candidos suos in risu ostendit"*, zit. nach Suchomski 1975, S. 63.

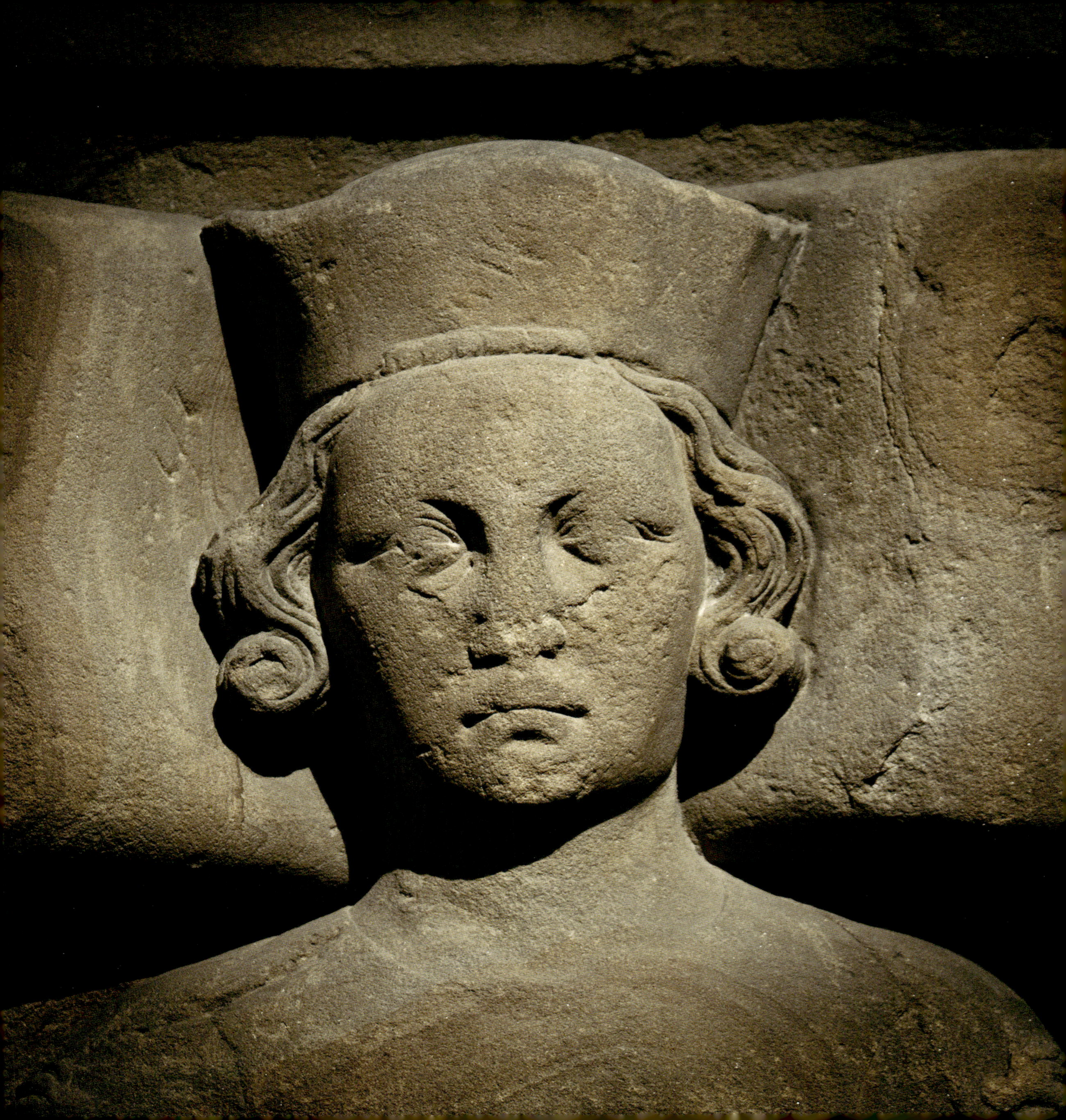

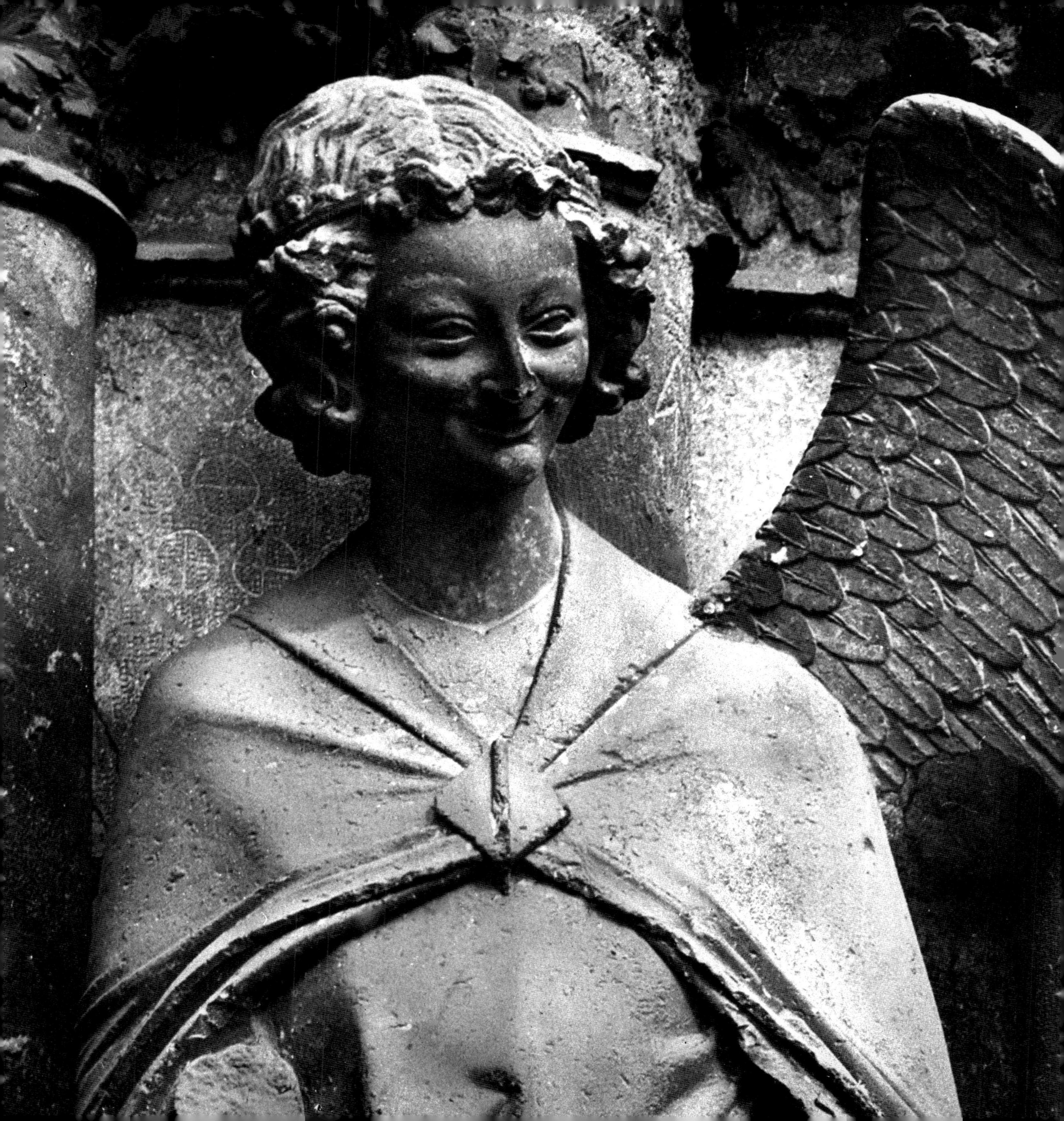

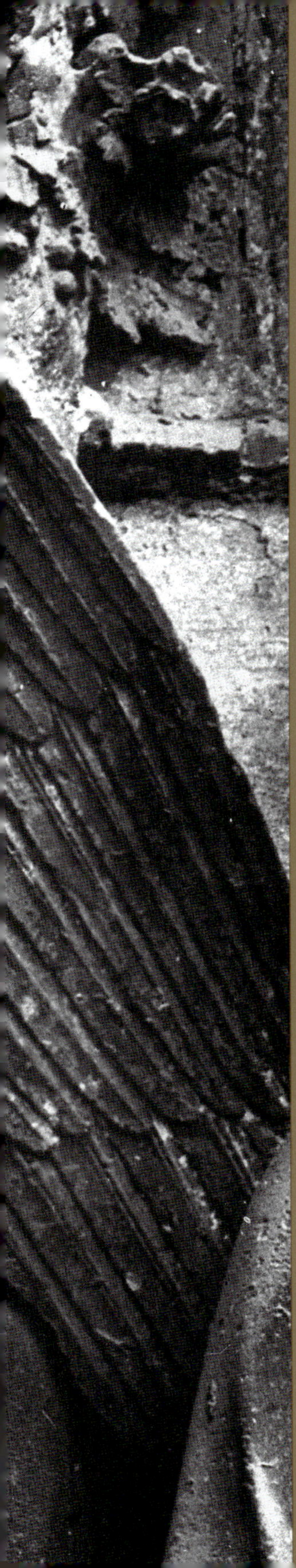

ABBILDUNG | 85
„Ange au sourire"
(Lächelnder Engel) aus einer Verkündigungsgruppe (Detail), Reims, Kathedrale Notre-Dame, mittleres Westportal, 2. Viertel 13. Jh.

DIES IST DAS LACHEN DES VERSTÄNDIGEN: DAS LÄCHELN DER ENGEL

„Wenn man die Spannung des Gesichtes wie die eines Instrumentes zu harmonischer Wirkung ein wenig nachlässt", so der Theologe Clemens von Alexandria (um 200 n. Chr.), *„so heißt das Lächeln, und so breitet sich Erheiterung über das Gesicht aus; dies ist das Lachen des Verständigen"*. Um wie viel mehr gilt dies für die allumfassend Verständigen, die Engel. Lächeln ist ein Zeichen dafür, das sittlich Richtige maßvoll zum rechten Zeitpunkt durchzuführen – eine selbstverständliche Verhaltensweise für einen auf göttliches Geheiß hin wirkenden Engel. Es ist das feine Lächeln des Verstehens und des Wissens, das zurückhaltend bleibt und nicht lauthals die Mängel der Welt und der Menschen höhnisch verlacht.

Während Engelsdarstellungen dies bis um 1200 beherzigen und eine demonstrative Gelassenheit zeigen, zaubert das 13. Jahrhundert ihnen hin und wieder ein Lächeln auf die Lippen. Vor allem in der Verkündigung an Maria kommt dies zum Tragen, wie im Falle des hier gezeigten *Ange au sourire*, des lächelnden Engels, am Mittelportal der Westfassade der Kathedrale von Reims. Der Grund für diese Art der Darstellung dürfte in der überaus positiven Neubewertung des Lachens liegen, die unter dem Einfluss der neuentdeckten Schriften des Aristoteles in der Epoche der Hochgotik stattfindet. Auch am Bamberger Dom finden sich mehrere heiter lächelnde Engel. So weist ein mit geschlossenen Lippen lächelnder Konsolengel (Abb. 70) demonstrativ das geöffnete Evangelium vor, damit der Betrachter die Frohe Botschaft empfange – wahrlich ein Grund zum Lächeln! Bei diesem Lächeln bleiben die Zähne der Himmelsboten stets unsichtbar und das zuchtvolle Maß damit gewahrt. Denn hell lachende Engel mit geöffneten Lippen oder gar deutlich erkennbaren Zähnen sind in der bildenden Kunst des Mittelalters verpönt. Um so bedeutender sind die wenigen überlieferten Ausnahmen (Abb. 54, Kat.-Nr. 27).

WW

KATALOG-NR. 26
Ehemals Mainz, Dom, Giebel des nördlichen Westquerhauses, um 1220/30
Roter Sandstein, H. 129 cm, B. 38 cm

Mainz, Bischöfliches Dom- und Diözesanmuseum, Inv.-Nr. PS 07706

ENGEL

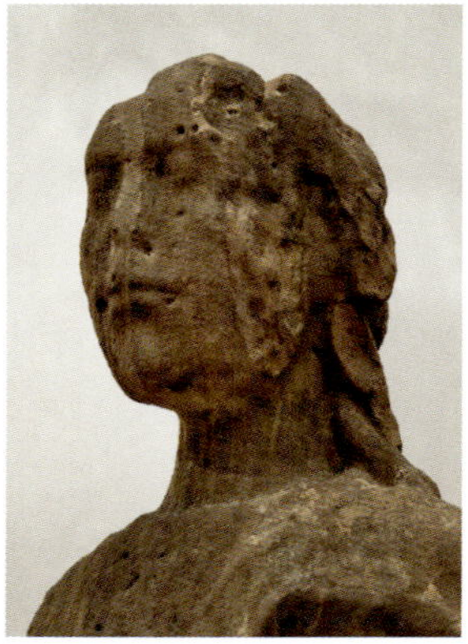

ABBILDUNG | 86
Engel (Detail), Mainz, Dom, nördliches Westquerhaus (Kat.-Nr. 26)

Engel lachen nicht. Als Geistwesen sind sie Teil der himmlischen Sphären und der Harmonie. Wie auch die Seligen äußern sie ihre himmlische Freude, das *gaudium spirituale* (Kat.-Nr. 9), bestenfalls in einem gemäßigten Lächeln. Lautes Lachen hingegen, das den Körper in unkontrollierte Zuckungen versetzen und die Gesichtszüge verzerren würde, ist ihnen grundsätzlich fremd. Gleiches gilt für die in der Bibel agierenden Engel: Von ihnen ist kein Lachen überliefert. So wird z. B. der Engel, der in der Weihnachtsgeschichte die Frohe Botschaft bringt, weder als lachend beschrieben noch im Mittelalter lachend dargestellt. Dasselbe gilt für den Erzengel Gabriel, der Maria die Empfängnis ihres Sohnes verkündet: Auch er gibt diese doch so freudige Nachricht emotionslos weiter. Zwar wird er in der Kathedralplastik der Hochgotik (Abb. 85) hin und wieder strahlend lächelnd dargestellt, aber weder die Bibel noch die mystische Literatur des Mittelalters wissen von einer solchen Gefühlsregung zu berichten.

Der hier gezeigte Engel ist Teil dieser Tradition. Hoch aufgerichtet, die Flügel entfaltet, steht er ruhig da, in der einen Hand das Evangelium, in der anderen ehemals einen Kreuzstab tragend. Nahezu 600 Jahre stand dieser Engel auf dem Dach des nördlichen Westquerhauses des Mainzer Domes, wovon die starken Verwitterungsspuren zeugen. Dennoch scheinen bei aller Strenge der Körpersprache die Mundwinkel ganz leicht nach oben gezogen zu sein, und je nach Standpunkt des Betrachters und der Beleuchtung glaubt man, ein winziges Lächeln seinen Mund umspielen zu sehen.

Dienende Personen wie Musikanten oder Pferdeknechte (Kat.-Nr. 20, Abb. S. 108) werden in der Kunst des Mittelalters häufig lächelnd dargestellt. Auch dieser Engel übte einst eine dienende Funktion aus: Ähnlich einem Diakon trug er, bildlich gesprochen, dem Mainzer Erzbischof Buch und Stab voraus, denn dessen Weg führte vom erzbischöflichen Palast entlang einer erhöht errichteten Galerie über die Gotthardkapelle zum Dom. Unmittelbar darüber wachte der Engel. So konnte er nicht nur als himmlischer Liturge, sondern auch als Beschützer des Erzbischofs wirken, in einer Zeit, in der gerade die rheinischen Oberhirten häufig das Ziel von Angriffen aus der eigenen Stadtbevölkerung wurden. Im Jahr 1160, also nur wenige Jahrzehnte vor der Aufstellung des Engels, wurde der Mainzer Erzbischof Arnold von Selenhofen von den Bürgern der Stadt erschlagen. Einer seiner Nachfolger im Amt ließ die freiplastische Figur des himmlischen Boten wohl auch zu seinem persönlichen Dienst und Schutz auf dem Dach des Domes errichten. Die Strenge des Engels und sein kaum wahrnehmbares entrücktes und heilsgewisses Lächeln, das oft die Darstellungen von Heiligen auszeichnet (Kat.-Nr. 34, 35), zeugen von der ehemaligen Schutzfunktion dieser bedeutenden spätromanischen Bauplastik.

AL

LITERATUR
Zum Objekt:
Lempges 2011.

Zum Lachen der Engel:
Kratzke (in Vorbereitung).

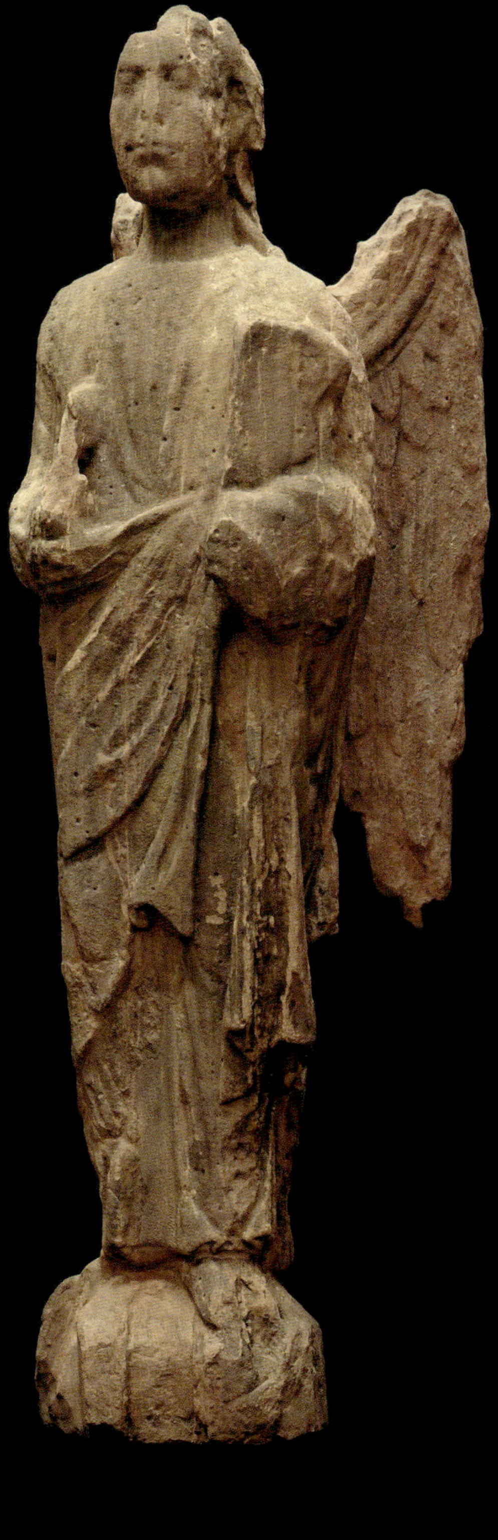

KATALOG-NR. 27
Nachgeschnitztes Detail aus dem Kefermarkter Altar
Kefermarkt, Pfarrkirche, Retabel des Hochaltars, um 1500
Ausführung Andrea Wörner, Schiltach, 2012;
Fassung Juliane M. Reinhardt, Rüdesheim
Lindenholz, H. 31 cm, B. 35 cm

Mainz, Bischöfliches Dom- und Diözesanmuseum,
Inv.-Nr. PS 15104

LACHENDER ENGEL MIT ORGEL

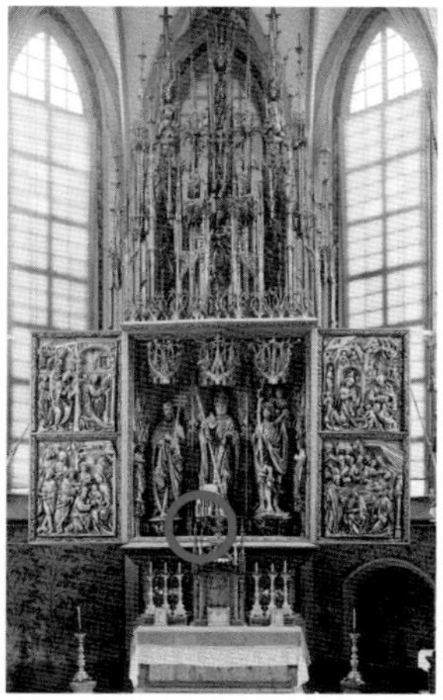

ABBILDUNG | 87
Kefermarkter Altar,
Gesamtansicht (Kat.-Nr. 27)

LITERATUR
Zum Objekt:
Krone-Balcke 1999.

Zum Lächeln der Engel:
Kratzke (in Vorbereitung).

ANMERKUNGEN
1 Erfens 1994, S. 76.
2 Beide Zitate nach Giesel 1978, S. 169f. mit S. 288 (Nr. 20), S. 285 (Nr. 32).

Ein keck dreinschauender kindlich wirkender Engel mit einer kleinen Orgel in Händen beugt sich nach vorn. Seine Lippen sind weit geöffnet und geben eine Reihe gleichmäßig geformter Zähne frei; dabei scheint er ein perlendes Lachen von sich zu geben. Der liebliche Engelskopf ist Teil einer Konsole, die den hl. Wolfgang, die Hauptfigur des Kefermarkter Altarschreines trägt (Abb. 87). Hier findet sich der kleine Himmelsbote zusammen mit drei weiteren musizierenden Engeln wieder. Für den Betrachter waren sie eigentlich nicht sichtbar: Die Laien, die den Chor der Kirche nicht betreten durften, waren zu weit von ihnen entfernt, und selbst ein im Chor Dienst tuender Kleriker musste schon tief in die Knie gehen, um das breite Lächeln des Engels überhaupt zu bemerken. Diese versteckte Anbringung korrespondiert mit dem für einen Engel eigentlich unerhörten Gesichtsausdruck: Zähne zu zeigen ist normalerweise ein Zeichen tiefsten Lasters[1] (Kat.-Nr. 46) und somit für einen Engel eigentlich nicht statthaft. Im Falle des Kefermarkter Altares gibt es dafür jedoch einen ganz besonderen Grund.

Jedem der vier Konsolträger sind unterschiedliche Instrumente beigegeben. Der hier ausgestellte Engel trägt in seiner Rechten eine Orgel. Die Wahl gerade dieses Instrumentes ist nicht zufällig.

In den theologischen Schriften des Mittelalters wird die Orgel mit ihren durch Luft bespielten Pfeifen immer wieder als ein Sinnbild des Heiligen Geistes verstanden. Hin und wieder, so z. B. beim dem karolingischen Gelehrten Hrabanus Maurus, ist sie auch Signum des Evangeliums, das wie eine Orgel über die ganze Erde tönt. Im Kefermarkter Altar korrespondiert die Orgel inhaltlich vor allem mit dem Gesichtsausdruck des Engels, genauer: mit dem Zeigen seiner Zähne. So vergleicht Gregor d. Gr. die Orgelpfeifen explizit mit dem Mund eines Predigers, wenn er schreibt: *„Durch die Orgelpfeifen empfangen wir die Rede der Prediger“.* Bereits zwei Jahrhunderte zuvor hatte Bischof Theodoretos von Kyrrhos die Orgel mit dem menschlichen Sprachorgan verglichen: *„Die Orgel gleicht der Zunge“.*[2] Es ist die Stimmgewalt der Orgel, sicherlich aber auch die zahnartige parataktische Reihung ihrer Pfeifen, die beide Theologen den Vergleich von Mund und Orgel ziehen lässt. Dem ausführenden Bildschnitzer des Kefermarkter Altares und dem Auftraggeber als *spiritus rector* des Bildprogrammes dürften solche Vergleiche durchaus bekannt gewesen sein. Das strahlende, die ebenmäßigen Zähne vorweisende Lachen des Engels ist daher als einzigartiger Spiegel der stimmgewaltigen „Königin der Instrumente“ zu interpretieren.

WW

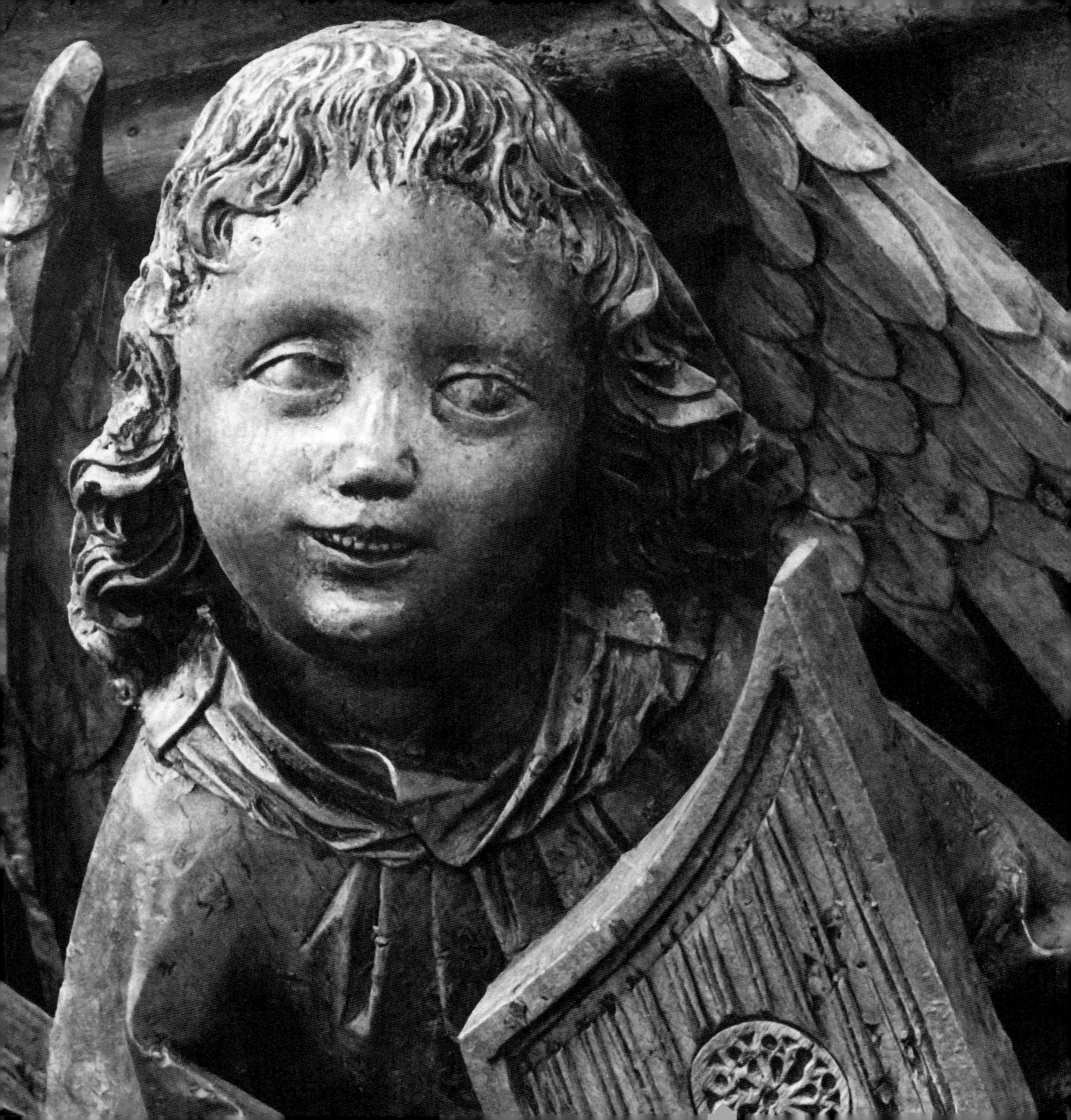

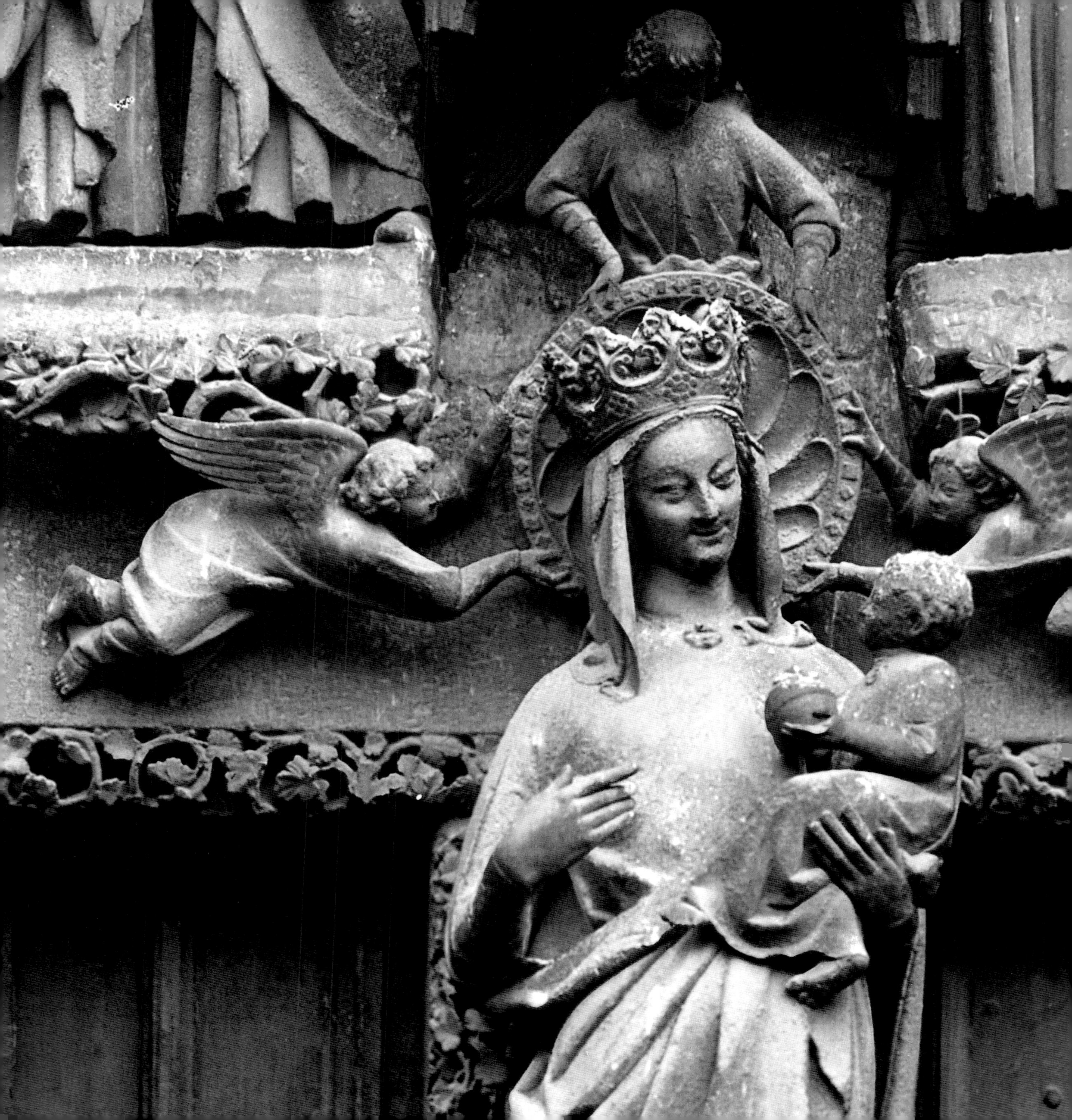

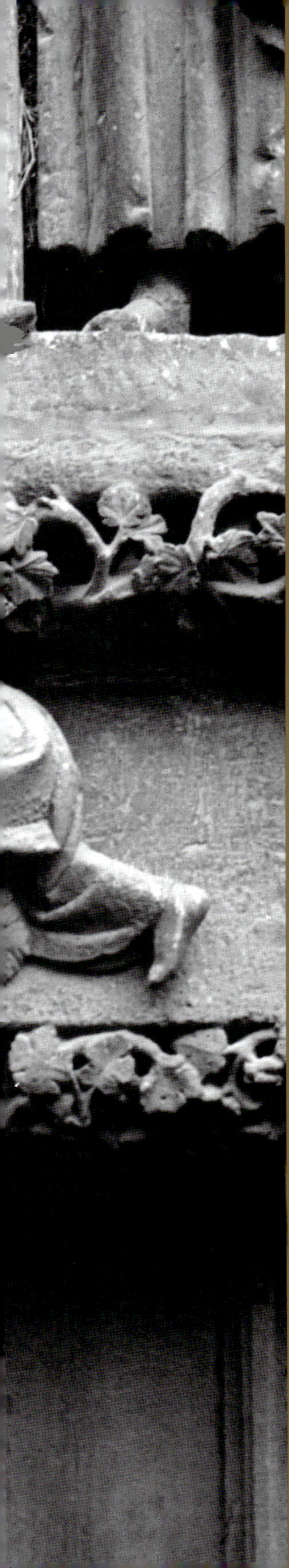

ABBILDUNG | 88
„Vierge Dorée"
Madonna mit Kind, Amiens, Kathedrale Notre-Dame, südliches Querhausportal, um 1235

MIT ZUCHT UND MIT BESCHAIDENHEIT: DAS LÄCHELN DER MADONNA

Maria lacht nicht. Im Neuen Testament wird zwar beschrieben, dass sie bei der Verkündigung *„große Freude"* empfunden und jubelnd das *Magnificat* angestimmt habe. Dass sie aber darüber oder bei einer anderen Gelegenheit glücklich gelächelt hätte, wird in der Bibel nicht erwähnt. In der Kunst des ersten Jahrtausends und weit darüber hinaus ist die lächelnde oder gar lachende Maria daher ebenso wenig bekannt wie die weinende.

Mit Beginn des 13. Jahrhunderts ändert sich dies. Maria wird nun häufig zwar nicht lachend, aber immerhin lächelnd dargestellt; parallel dazu erscheint eine Fülle von Traktaten, die sich ausführlich mit dem äußeren Erscheinungsbild und den Gemütszuständen Mariens beschäftigen. Die Gläubigen der Epoche wollen wissen: Wer oder was könnte Maria ein Lächeln entlockt haben? Wie oft und wie lange hat sie gelacht oder gelächelt? Auf diese Fragen geben die mariologischen Schriften des 13. und 14. Jahrhunderts, teils in Prosa, teils in Versen, erschöpfend Auskunft. Maria lächelt demnach *„süez"*, *„güetlich"* und vor allem *„minneclich"*: So verschmelzen in der mittelhochdeutschen Lyrik Maria und die *„minnecliche vrouwe"*, die verehrte Geliebte. Beide bleiben aber unerreichbar, denn ihr Lächeln ist kein zügelloses Lachen, das ein sinnliches Einvernehmen mit dem Gegenüber signalisiert, sondern stets der *„zucht"* und dem rechten *„maze"* unterworfen.

Die zunächst fünf und später sieben Freuden, die die zeitgenössische Literatur im Leben Mariens beschreibt, resultieren alle aus dem Umgang mit ihrem göttlichen Sohn. Nur bei seinem Anblick kann es passieren, dass Maria die Beherrschung verliert und vor Freude derart außer sich ist, dass sie nicht anders kann, als ihn hell *„anzulachen"*.

WW

KATALOG-NR. 28
Mittelrhein (?), um 1260
Holz mit Resten alter Fassung
H. 63 cm, B. 24 cm

Unkel, St. Sebastianus-Bürgerverein Heister e. V., Leihgabe des Roentgen-Museums, Neuwied, Inv.-Nr. 284

THRONENDE MADONNA MIT KIND

Seit dem 4. Jahrhundert beschäftigte sich die christliche Kunst immer wieder mit der Darstellung der Jungfrau Maria. Doch weder in Szenen aus ihrem Leben noch in der Wiedergabe mit dem Jesusknaben auf dem Schoß wird sie über Jahrhunderte hinweg von einem wie auch immer gearteten Gefühl berührt. Der Kirchenvater Ambrosius fasst das Bild der emotionslosen Maria kurz und bündig zusammen, wenn er, unter Berufung auf das biblische Zeugnis des Evangelisten Johannes zur Kreuzigung Christi schreibt: *„Ich lese, dass jene [Maria unter dem Kreuz] stand, ich lese nicht, dass sie weinte"*.[1] In der Skulptur des ersten Jahrtausends dominiert dementsprechend eine thronende Madonna, die starr sitzend dem Betrachter ihren frontal platzierten Sohn präsentiert. Es handelt sich dabei um eine *sedes sapientiae* (Sitz der Weisheit), einen Bildtypus, der auf das biblische Buch der Könige (1 Kön 10,18f.) zurückgeht. Maria wird mit dem Thron Salomos gleichsetzt, auf dem die Weisheit des Vaters, also Christus, Platz genommen hat.

Da das Lachen in der frühmittelalterlichen Epoche vorzugsweise das Kennzeichen des Törichten ist (Kat.-Nr. 16–18), werden in dieser Zeit selbstverständlich weder Christus noch seine Mutter lächelnd oder gar lachend dargestellt. Erst ab dem 12. Jahrhundert wird Maria, ausgehend vom Mitgefühl über das Leiden ihres Sohnes, allmählich eine breitere Palette von Emotionen zugestanden. Theologen wie Anselm von Canterbury (1033–1109), Gottfried von Admont († 1165) oder Gottfried von St. Viktor († 1194) entwikkeln das Bild einer weinenden Maria, die, so Anselm, *„wegen des mütterlichen Mitgefühls"* Tränen über das Sterben ihres Sohnes am Kreuz vergoss, obwohl sie um die Notwendigkeit des Leidens Christi wusste. Den Höhepunkt dieser Mariologie des Weinens bildet das um 1300 verfasste *Stabat mater dolorosa* des Jacopo da Todi; das eindringliche Bild der sitzenden Maria mit dem toten Christus im Schoß (Pietà, Abb. 24) entwickelt sich nur wenige Jahre später.

Es ist diese weinende und damit emotionalisierte Madonna, die der Freude zeigenden Maria den Weg bereitet. In der Mitte des 13. Jahrhunderts und damit in der Hochphase der positiven Bewertung des Lachens (vgl. Beitrag Wilhelmy, S. 44f.) tauchen die ersten Traktate auf, die eine – immerhin! – lächelnde Maria beschreiben. Zeitgleich entstehen erste Mariendarstellungen, in denen Maria, so wie hier, zart zu lächeln scheint. Zwar handelt es sich bei der Neuwieder Madonna immer noch um eine, wenn auch in der Form leicht abgewandelte, *sedes sapientiae*, doch um die Lippen Mariens spielt ein leichtes Lächeln, dem ganz und gar nichts Törichtes anhaftet. Vielmehr handelt es sich, dem weiblichen Sittencodex der Zeit entsprechend, um ein der *maze* (dem rechten Maß) unterworfenes stilles Lächeln, das den Körper nicht bewegt und keine Zähne erkennen lässt. Die Weisheit der hl. Jungfrau wird mit dieser Art der Darstellung ebenso wenig in Frage gestellt wie ihre – den höfischen Umgangsformen entlehnte – Züchtigkeit.

WW

LITERATUR
Zum Objekt:
Bergmann 1989, S. 180.

Zum Lächeln Mariens:
Schreiner 2003, S. 45–48.

ANMERKUNGEN
1 Zit. Schreiner 2003, S. 38.

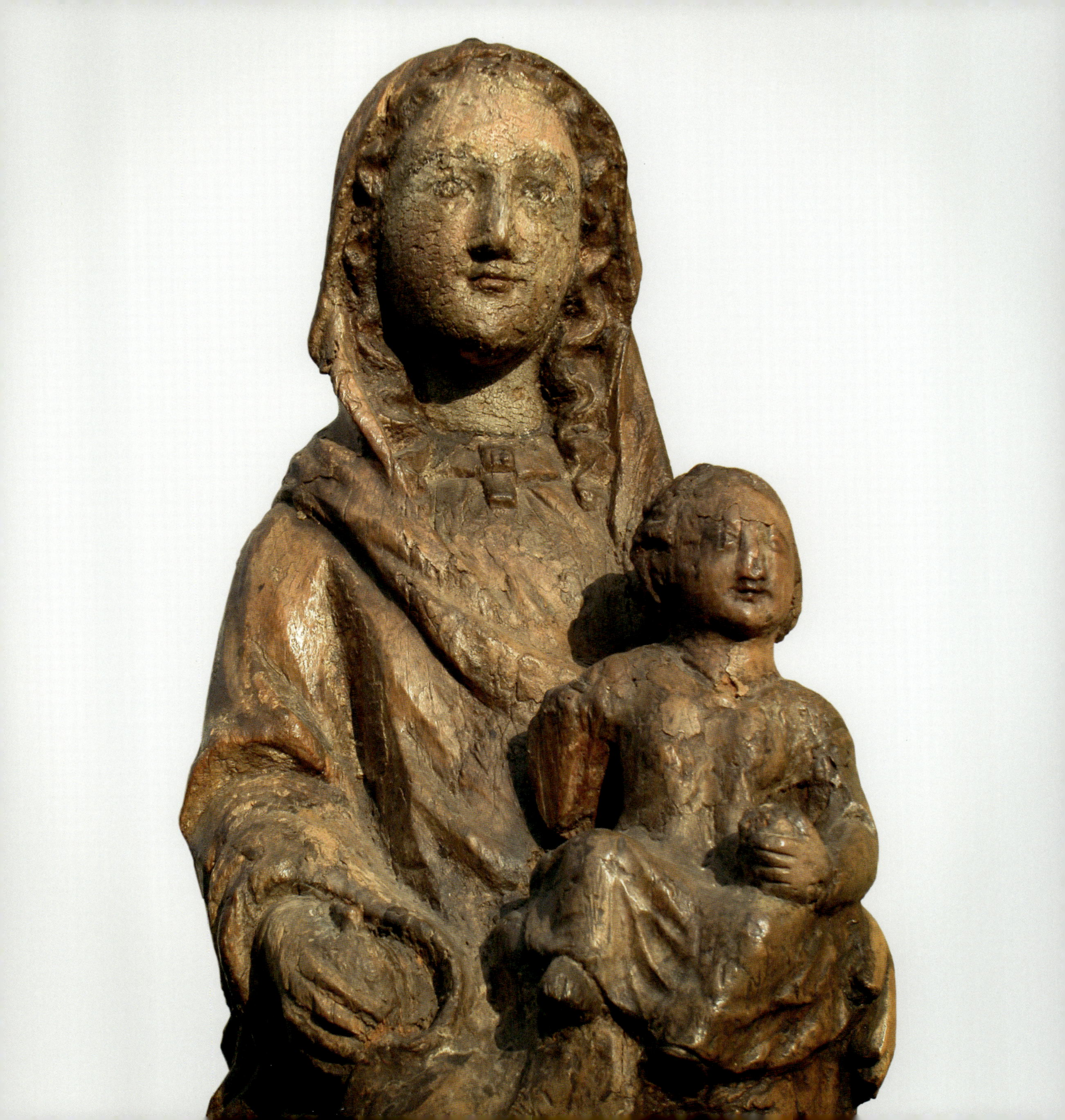

KATALOG-NR. 29
Köln (?), um 1320 (?)
Holz, ehemalige Fassung zu unbekanntem Zeitpunkt abgelaugt, H. 73 cm, B. 32 cm

Mainz, Bischöfliches Dom- und Diözesanmuseum, Inv.-Nr. PH 00030

THRONENDE MADONNA MIT KIND

Die reich gekleidete Madonna hält in ihrer ergänzten rechten Hand einen Apfel, den sie spielerisch dem Jesusknaben anbietet, der seinen rechten Fuß auf ihren Oberschenkel setzt und mit dem linken auf der Thronlehne steht. Das Motiv verweist auf die paradiesische Urszene: So wie durch den Griff Evas nach dem Apfel die Sünde in die Welt kam, so wird durch eine andere Frau, nämlich Maria, die „neue Eva", der Sohn geboren werden, der durch sein Opfer am Kreuz die Sünde überwindet. Wahrlich ein Grund zur Freude, doch Maria lacht nicht.

Anders als wenige Jahrzehnte zuvor (Kat.-Nr. 28) liegt bei dieser thronenden Madonna allerdings ein strahlendes Lächeln auf den Lippen. Damit spiegelt die Figur den Inhalt jener Traktate wider, die seit dem 13. Jahrhundert das Loblied einer „lächelnden Madonna" sangen. Vor allem im *Marienleben* des Schweizers Wernher, einer in der ersten Hälfte des 14. Jahrhunderts entstandenen mittelhochdeutschen Versdichtung, wird ausführlich nicht nur auf das Leben und die äußere Erscheinung der hl. Jungfrau eingegangen; auch ihre Stimme, die Art ihres Sprechens und ihre Wortwahl werden ausführlich wiedergegeben:

„Ir stim och süsse, milte, hel / Vil minneklichen von ir kel. / Ir aten süss und saenftelich, / Dem aller besten smak gelich. / Ir zung reddelich gnůg, / ierú wort beschaiden, wis und klůg".

Selbstverständlich, so fährt der Dichter fort, sprach sie nie überheblich oder rühmte sich gar selbst; ja, sie sprach überhaupt wenig und nur selten einen anderen Menschen an. Sie folgte damit dem lobenswerten Gebot des Schweigens: *„Ir swigen hielt sy flisseklich / Und antwurt gar wiseklich / Mit zucht und mit beschaidenheit"*. Genau so züchtig und bescheiden war auch das Lachen Mariens, dem sich der Dichter ausführlich in den folgenden sechzehn Zeilen widmet. Einleitend hält er ausdrücklich fest: *„Vil selten man si lachen sach"*, und wenn sie es doch einmal tat, dann stieß sie kein höhnisches Gelächter aus, sondern lachte nur züchtig über gute und fröhliche Dinge: *„Dú guter sache lachet: das tett sy ane kachtel"* (lautes höhnisches Gelächter, wohl auf das lat. *cachinnatio* zurückzuführen). Wernher ist dieser Punkt besonders wichtig, denn im Anschluss wiederholt er ausdrücklich, dass *„Schimpf und lachter si vermaid / Gar erlich und alle uppekait"* (Eitelkeit, Leichtfertigkeit). Das mittelhochdeutsche Wort *lachen* ist im Sprachgebrauch nicht so eindeutig wie heute; es kann sowohl unser „lachen" als auch „lächeln" bedeuten (Kat.-Nr. 4–5). Aus dem Kontext der Stelle ergibt sich jedoch eindeutig, dass das *„wis und klůge"* Lachen der Maria, das von ihr mit *„zucht und mit beschaidenheit"* ausgeübt wird, nur ein Lächeln sein kann.[1] Lediglich „normalen" Menschen wie ihrem Gatten Josef ist es gestattet, laut und herzhaft – auch und gerade in Gegenwart des Jesusknaben – zu lachen (Kat.-Nr. 33).

WW

LITERATUR
Zum Objekt:
Schuchert 1941, S. 87.

Zum Lächeln der Madonna:
Schreiner 2003, S. 45–48.

ANMERKUNGEN
1 Alle Zitate nach Päpke 1920, S. 19.

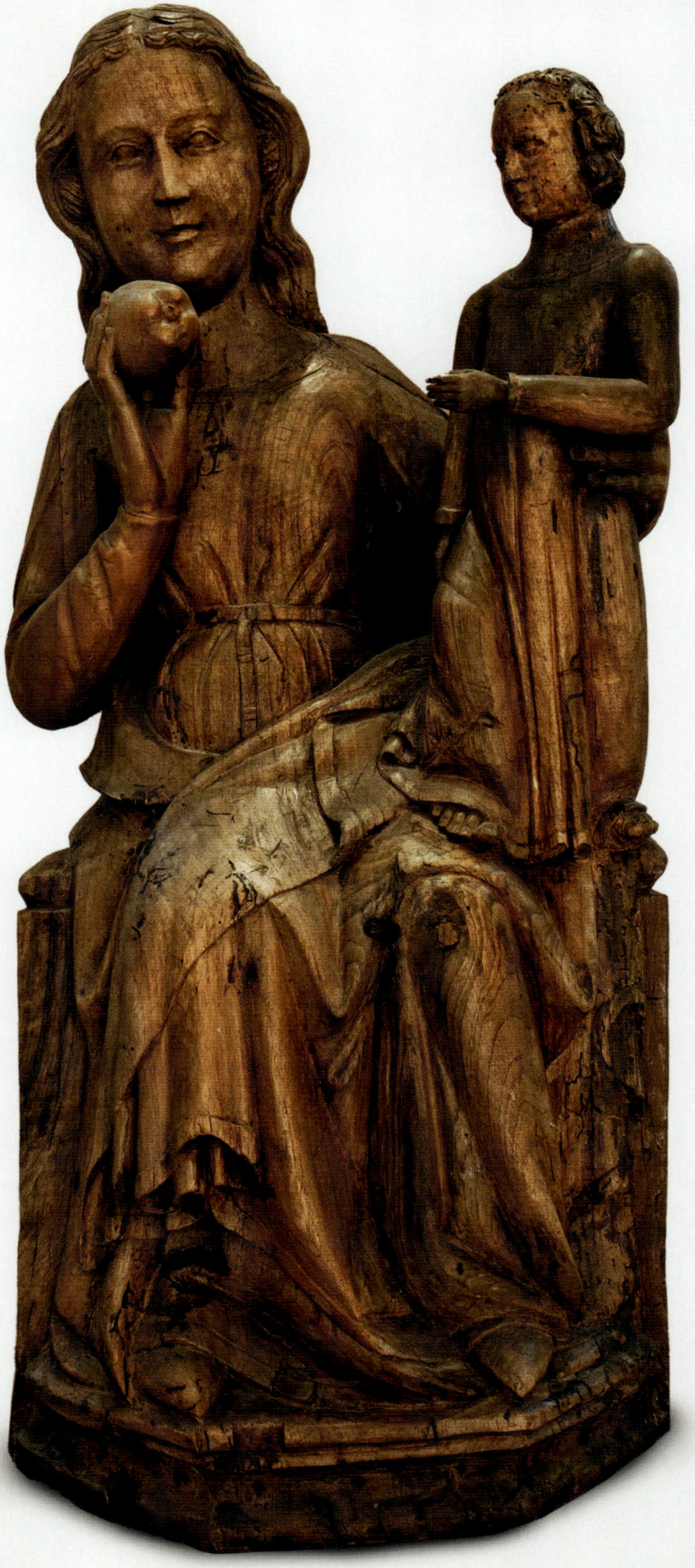

KATALOG-NR. 30
Maria und Elisabeth
Stundenbuch, Köln, um 1430/40
Pergament, Deckfarben, Gold
H. 10,5 cm, B. 8,7 cm

Mainz, Martinus-Bibliothek, Hs 8, fol. 36v

MARIA UND ELISABETH

Zwei Handschriften (Kat.-Nr. 30, 31) zeigen in jeweils herausragender Qualität zwei der sieben Freuden, die sich mit dem Leben der Jungfrau Maria verbinden. Im Antiphonar aus dem Mainzer Karmeliterkloster (Kat.-Nr. 31) ist die erste dieser Freuden, die Verkündigung, dargestellt. Im Stundenbuch wiederum (Kat.-Nr. 30), das in einer Kölner Werkstatt der Lochner-Zeit gearbeitet wurde, umfängt Maria in der Szene der sogenannten Heimsuchung, der zweiten Freude, zart die hochbetagte Elisabeth. Während Maria mit dem Jesuskind schwanger geht, trägt Elisabeth den Johannesknaben (den späteren „Täufer") in ihrem Leib.

In den Evangelien wird Marias Funktion zwar innerhalb der christlichen Heilsgeschichte erläutert, „harte Fakten" über die Gottesmutter findet man dort jedoch wenige. Wer waren die Verwandten Marias, wie sah sie aus, welche Empfindungen bewegten sie als Frau und Mutter? Zur Klärung dieser Fragen entwickelte sich seit dem 12. Jahrhundert eine umfangreiche mariologische Literatur. Konzentrierte man sich zunächst auf das Weinen der hl. Jungfrau und deren Schmerzen ob des Leidens ihres Sohnes, so entwickelte sich parallel dazu rasch eine Betrachtung der Freuden, die ihr zuteil wurden. Zunächst wechselten die Ereignisse und waren meist auf fünf beschränkt. Seit dem 15. Jahrhundert wurde sowohl für die Schmerzen als auch für die Freuden Mariens eine Siebener-Zahl festgelegt. Besonderen Schmerz, der, so die Bibel, *„ihre Brust durchbohrte wie ein Schwert"* (Lk 2,35), verursachten ihr die Beschneidung Jesu, die Flucht nach Ägypten, die Suche nach dem zwölfjährigen Jesus im Tempel, seine Gefangennahme, Kreuzigung und Kreuzabnahme sowie seine Grablegung. Große Freude empfand sie neben der hier gezeigten Verkündigung und der Heimsuchung bei der

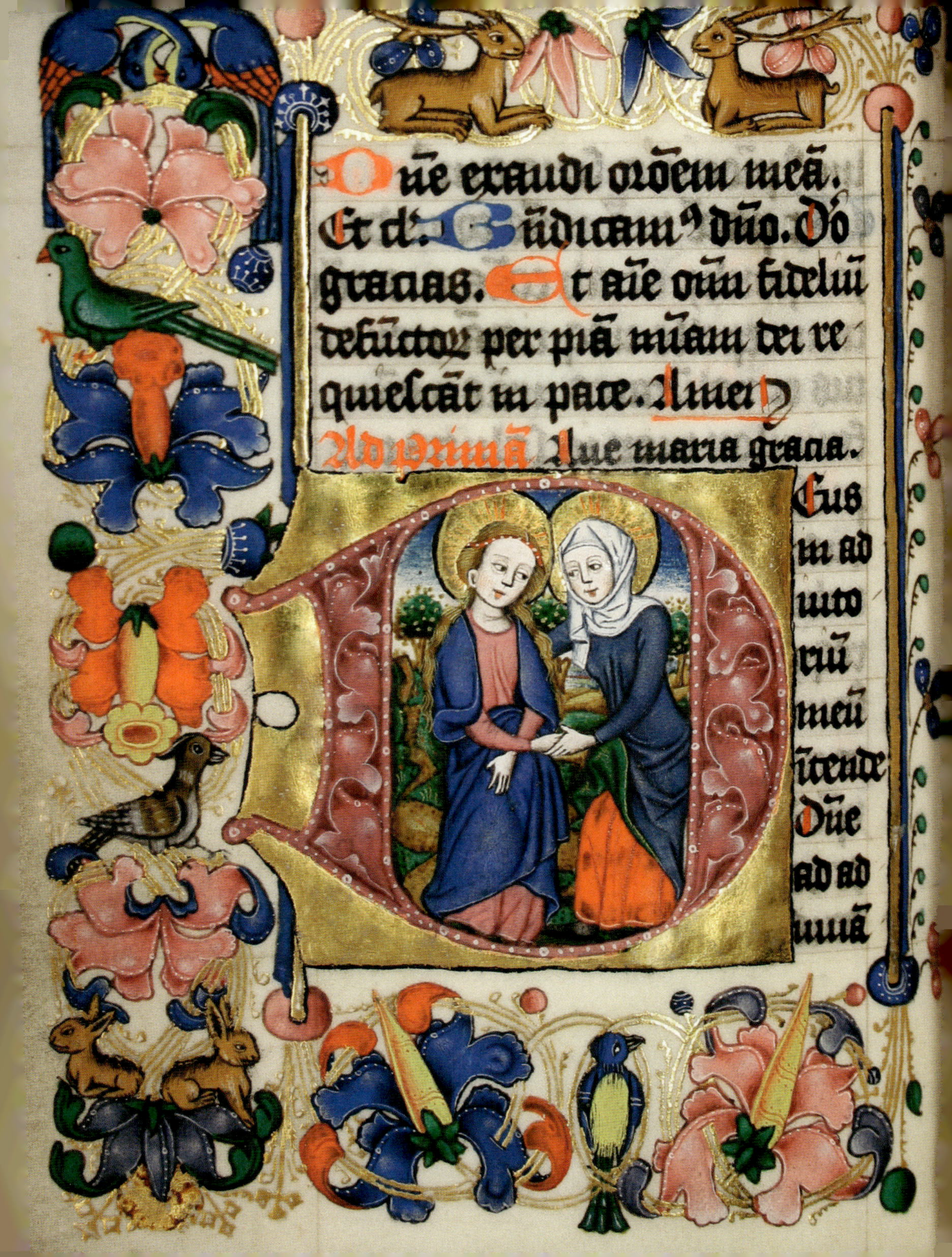
Dne exaudi orōem meā.
Et cl. Bn̄dicam9 dn̄o. Deo
gracias. Et aīe oīm fideliū
defūctor per piā mīam dei re
quiescāt in pace. Amen
Ad primā Aue maria gracia.
Deus
in ad
iuto
riū
meū
intende
Dne
ad ad
iuuā

KATALOG-NR. 31
Verkündigung an Maria
Antiphonar, ehemals Mainz, Karmeliterkloster
Mainz, um 1430/35
Pergament, Deckfarben, Gold
H. 57 cm, B. 45 cm

Mainz, Bischöfliches Dom- und Diözesanmuseum,
Inv.-Nr. B 00330, fol. 428v

Geburt Christi und seiner Anbetung durch die Hl. Drei Könige, der Begegnung mit Simeon, dem Wiedersehen mit dem zwölfjährigen Jesus im Tempel sowie bei ihrer eigenen Krönung.

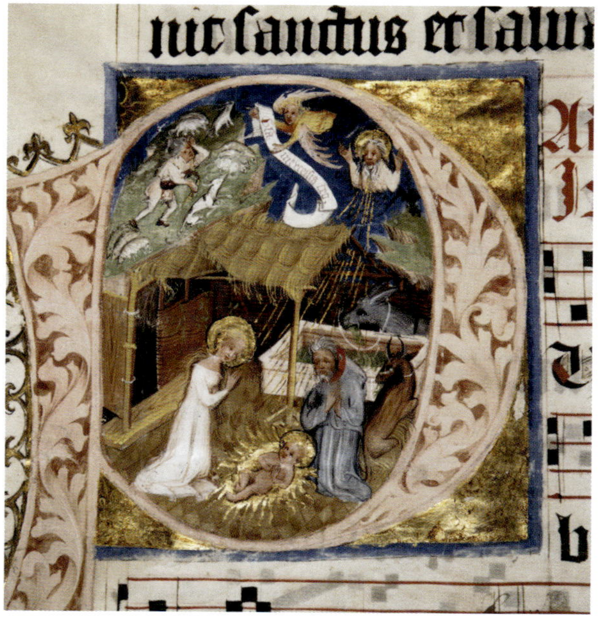

ABBILDUNG | 89
Geburt Christi, Karmeliter-Chorbuch, Mainz 1436, Mainz, Bischöfliches Dom- und Diözesanmuseum, Inv.-Nr. B 331, S. 38

Bei all diesen Freuden wird die ganz von Zucht und Mäßigung bestimmte Jungfrau Maria selbstverständlich niemals lachend wiedergegeben (Kat.-Nr. 28). Auch in der Kölner Miniatur der Begegnung von Maria und Elisabeth lächeln beide Frauen einander lediglich zart an. Die *Legenda aurea*, eine von Bischof Jacobus de Voragine gesammelte umfangreiche Legendensammlung des 13. Jahrhunderts, schreibt bezeichnenderweise die der Begegnung eigentlich innewohnende Seligkeit nicht den beiden Frauen zu, sondern spricht von einem Freudenausbruch des noch ungeborenen Johannesknaben: *„Mit der Zunge konnte er seine Freude nicht kund tun, so tat er es mit dem Herzen und grüßte also den Herrn und begann an diesem Tag das Amt des Vorläufers“*.[1] Papst Gregor d. Gr. spricht in seiner *Moralia in Job* ausdrücklich vom Lachen des Herzens (*risus cordis*),[2] das die angemessene Freudenäußerung der Seligen und der heiligen Freude sei. Dieses im Gesicht nicht ablesbare innere Lachen, das eben nicht von der als Instrument des Bösen angesehenen Zunge gebildet wird und nicht das „Gehege der Zähne“ verlässt (Kat.-Nr. 46) ist das eigentliche Lächeln von Maria und Elisabeth.

WW

LITERATUR
Zum Kölner Stundenbuch: Colsman 1946/47.

Zum Antiphonar: König 2011, S. 132–141.

Zu den Sieben Freuden Mariens: Gier 1999.

ANMERKUNGEN
1 Jacobus de Voragine 1979, S. 255.
2 Suchomski 1975, S. 259, Anm. 40.

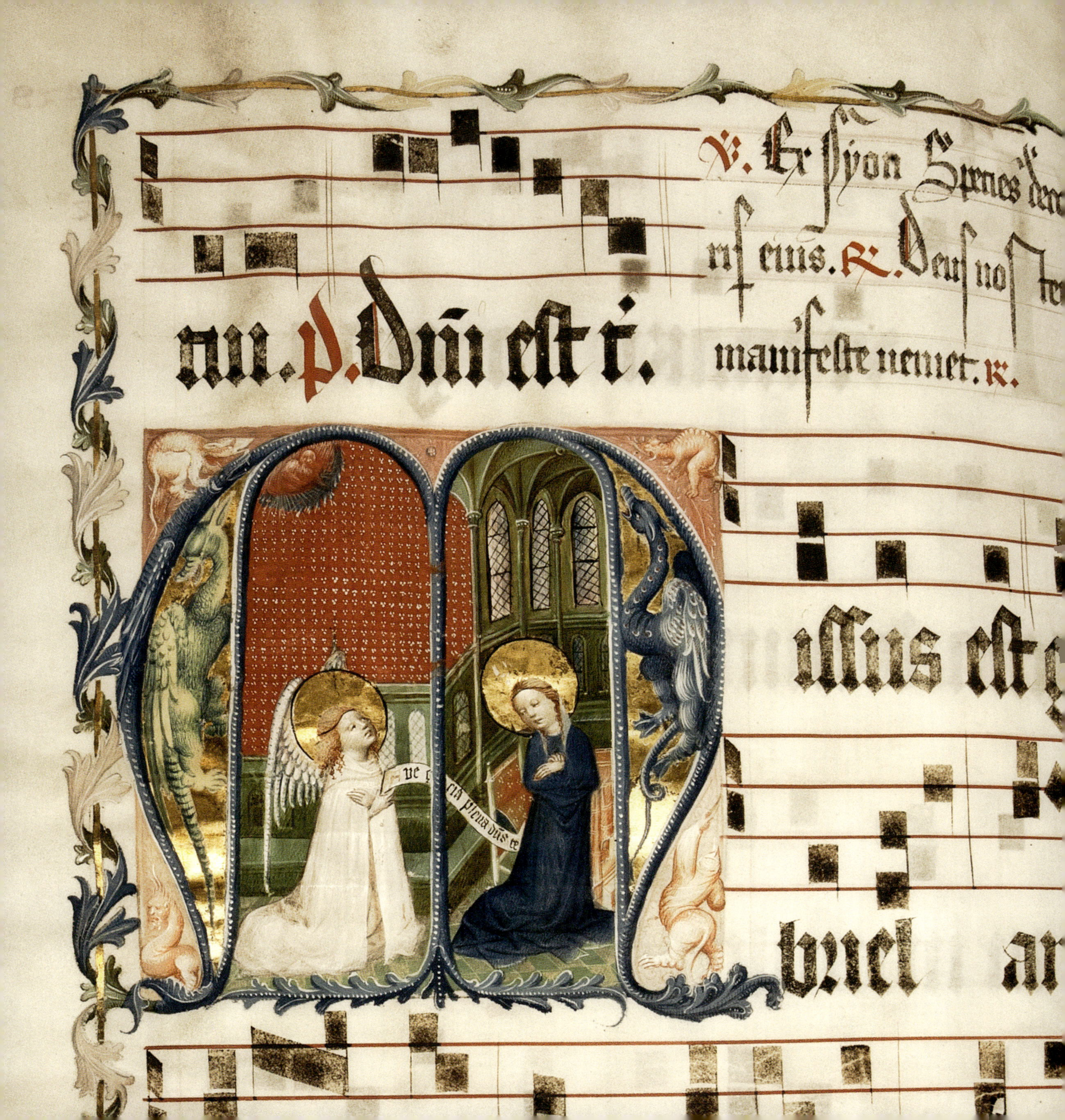

V. Ex syon species dec
ris eius. R. Deus nos ter
manifeste veniet. R.
au. P. Dni est t.
issus est
briel ar
ve gracia plena dns te

KATALOG-NR. 32
Prunkdeckel eines Epistolars
Ehemals Mainz, Liebfrauenkirche
Maasländisch (?), 1. Drittel 14. Jahrhundert
Silber, gegossen, getrieben, vergoldet
H. 39 cm, B. 32 cm

Mainz, Bischöfliches Dom- und Diözesanmuseum,
Inv.-Nr. S 00296

LÄCHELNDE MADONNA MIT KIND ZWISCHEN ENGELN

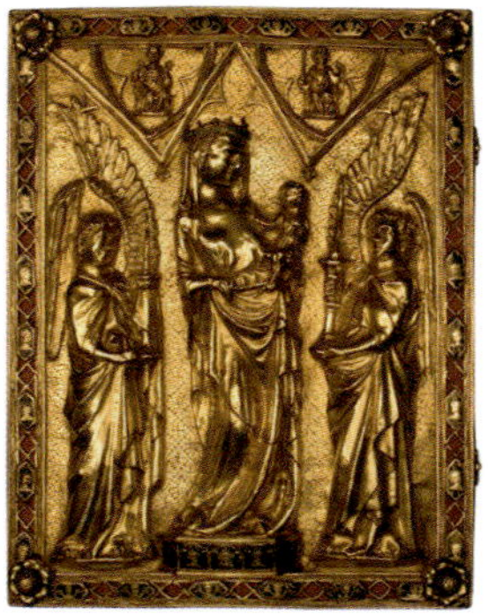

ABBILDUNG | 90
Lächelnde Madonna mit Kind zwischen Engeln, Gesamtansicht (Kat.-Nr. 32)

Vor einem Hintergrund mit Teppichmuster steht die Madonna erhöht auf einem Sockel. Der elegante Schwung der Figur und die prunkvolle Kleidung entsprechen ganz dem Ideal der adeligen *vrouwe* der Epoche (Kat.-Nr. 22); die Krone auf ihrem Haupt trägt ein Übriges zur hoheitsvollen Haltung Mariens bei. Im Kontrast dazu steht das Jesuskind, das sie auf ihrem linken Arm hält: Beide blicken einander inniglich an und lächeln sich herzlich zu.

Die adeligen Frauen des Mittelalters übergaben ihre Säuglinge normalerweise einer Amme, da das Stillen und die Pflege des Kleinkindes als nicht standesgemäß galten und in der Regel auch nicht mit den repräsentativen Pflichten einer Fürstin oder gar einer Königin verbunden werden konnten. Um wie viel mehr müsste dies für Maria, die Königin aller Königinnen gelten, doch, überwältigt von der Lieblichkeit ihres Sohnes, übernimmt sie bei ihm als „Magd des Herrn" lächelnd alle mütterlichen Pflichten (Kat.-Nr. 33).
In der Darstellung des Lächelns orientiert sich der Goldschmied, der diesen Prunkdeckel einst für die Liebfrauenkirche in Mainz ausführte, an der Minnelyrik seiner Zeit. Das Gesicht Mariens wirkt, ganz dem Schönheitsideal der Epoche entsprechend, ebenmäßig und großflächig; große, ovale Augen schauen auf das Kind. Nicht nur der Mund, auch die Augen mit einer solchen Form sind in den Gedichten der Zeit die Träger des Lachens. Die *vrouwe* schaut den Geliebten *„güetlich"* an mit *„lieplich blicken und spilenden ougen"*; dabei sind diese Augen groß und *„lieht"* (hell, strahlend), als ob sie *„dicke"* lachen wollten. Diese großen strahlenden Augen kontrastieren mit schmalen Lippen, die zart geschlossen, aber in den Mundwinkeln deutlich nach oben gezogen sind und im Anlachen ihres Kindes eine herzlich-heitere Freude ausdrücken.
Heinrich Hetzbolt von Wissense (nachgewiesen 1310–1345) beschreibt in einem seiner Liebesgedichte ein solches Lächeln seiner Angebeteten. Deren Lippen heben sich im Lächeln ein wenig voneinander ab, die Mundwinkel werden nach oben gezogen und der ganze Mund scheint sich zu verbreitern. „*Cheese*" sagen wir heute vor der Kamera, im Mittelalter hingegen, so Heinrich, zaubert der Ausdruck *„viunviu"* dieses strahlende Lächeln auf das Antlitz der Geliebten:
„Wî nu min vrouwe, wî mag man schouwe der Schoene Glanz? wî nu ir lachen, wi kann szî machen vil vreude ganz? […]Wol mich der stunde, von rôtem munde mir liep geschach.den sach ich machen, ein zartes lachen, des ich dô jach. ir mündel vreche, daz gestellet sich, alsz viunviu spreche, gar durchsiuverlich".[1]

Ob Maria in all ihrer Lieblichkeit auf solche Hilfsmittel zurückgreifen musste, sei dahingestellt. Dem Goldschmied des Prunkdeckels hingegen dürften solche Kniffe nicht unbekannt gewesen sein.

WW

LITERATUR
Zum Objekt:
Kautzsch/Neeb 1919, S. 309.

Zum Lachen der vrouwe und zum viunviu-Lächeln:
Kremer 1961, S. 76–78, dort auch die angeführten Zitate.

ANMERKUNGEN
1 Zit. nach Von Kraus 1952, S. 151.

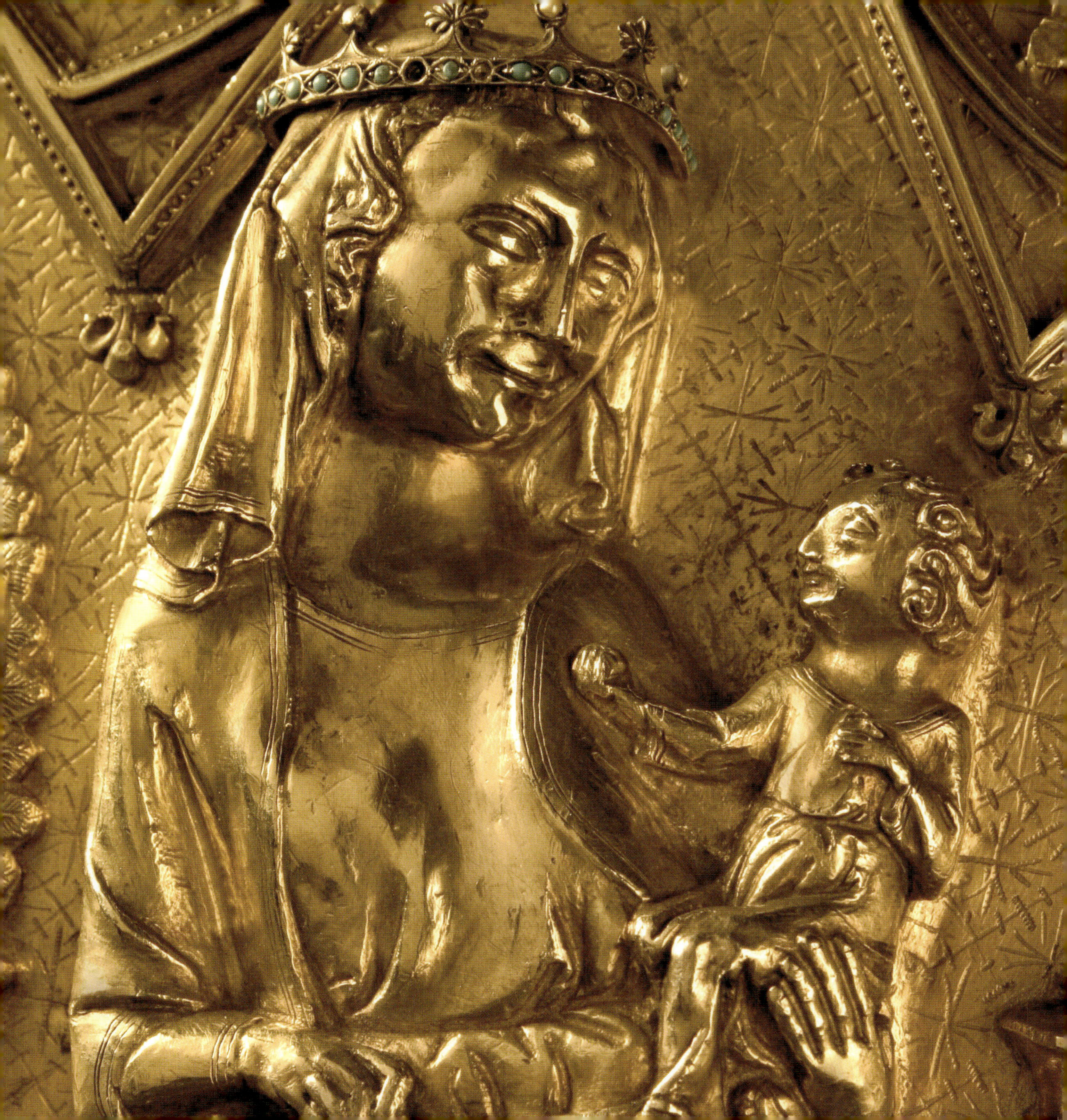

KATALOG-NR. 33
Original: Mittelrhein, um 1420
Kopie: Adam Winter, 1936
Ton, gebrannt, H. 109 cm, B. 34 cm

Mainz, Bischöfliches Dom- und Diözesanmuseum,
Inv.-Nr. PS 15105

MADONNA MIT KIND
(SOG. HALLGARTENER MADONNA)

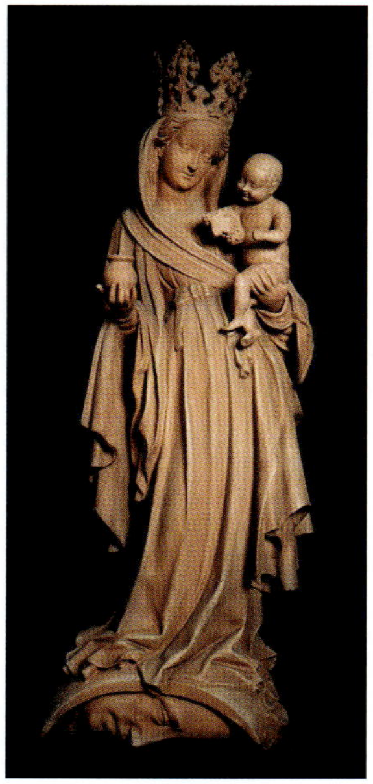

ABBILDUNG | 91
Madonna mit Kind (sogenannte Hallgartener Madonna), Gesamtansicht (Kat.-Nr. 33)

Die lieblich lächelnde Madonna trägt auf dem linken Arm das Jesuskind, dem sie mit ihrer rechten Hand ein Tintenfass zeigt. Dieses Tintenfass steht auf der einen Seite für die niedergeschriebenen Sünden der Menschheit, die mit dem Opfertod Christi getilgt werden; auf der anderen Seite deutet es auf jene Unterweisungen hin, die Maria, ihrerseits von ihrer Mutter Anna belehrt, an ihren Sohn weitergab. Denn Maria war, gemäß dem Vorbild des Alten Testaments, kluge Lehrerin, fürsorgliche Mutter und vortreffliche Hausfrau. So heißt es in den Sprüchen Salomos (Weish 31,10ff.): *„Wem eine tugendhafte Frau beschert ist, die ist viel edler als köstliche Perlen.[...] Sie macht sich selbst Decken; feine Leinwand und Purpur ist ihr Kleid. [...] Kraft und Würde sind ihr Gewand, und sie lacht des kommenden Tages. Sie tut ihren Mund auf mit Weisheit und auf ihrer Zunge ist gütige Weisung"*. Diese mit königlichem Purpur Bekleidete ist Maria, die Weiseste aller Frauen, die in Gottesfurcht zuversichtlich, aber gelassen lächelt. Denn das Lachen der Weisen ist das Lächeln, das weder griesgrämig noch töricht-albern ist. Es ist ein verständiges Lächeln, das die Sympathie der Gottesmutter für die zwar sündhafte, aber dennoch erlösenswerte Menschheit widerspiegelt. Zu dieser verständnisvollen Maria pilgern die Gläubigen des 14. und 15. Jahrhunderts in der Hoffnung, dass sie sich, wie im *Rheinischen Marienlob* aus dem 13. Jahrhundert geschildert, am Tage der Auferstehung lächelnd für sie verwenden möge: *„Vrouw, wir kumen zu dinen vuezen, / dat wir der vröude smachen muezen, / der din sueze herz duo smachde, / du t´zuchtliche van vröuden erlachde / va dins sunes uperstendnisse / na sines krüzs bedruefnisse"*.[1]

Gemäß dem Vorbild der Salomonischen Sprüche ist Maria aber nicht nur verständnisvolle Trösterin und fürsorgende Lehrerin, sondern auch die sich rührend um ihren Sohn kümmernde Mutter.

Anders als es den meisten Frauen des Mittelalters möglich war, windelte sie den Jesusknaben, so die mittelalterlichen Quellen, nicht nur selbst und bekochte ihn, sondern küsste ihn inniglich und lachte ihn derart an, dass es selbst die Engel verwunderte: *„Si wundert, dat din vleischlich hant / godes sun in ´n windeln bewant, dat du den rueres alle zit / den ´t himelsch her bit vorten anesiet / den du küsses, den du anelaches / dem du spis ind klieder maches"*.[2]

Die Lieblichkeit des Christkindes ist derart groß, dass selbst die stets nur lächelnde Maria es anlachen muss – sofern „lachen" hier in unserem neudeutschen Wortsinne gemeint ist. Folgt man den (spät-)mittelalterlichen Quellen, so ist diese häusliche Intimität die einzige Gelegenheit, bei der Maria lachte. Denn normalerweise fällt in der Heiligen Familie eher Nährvater Jesu, dem hl. Josef, die Rolle des Anlachenden zu, wie seit dem frühen 14. Jahrhundert von Ludolf von Sachsen, Johannes de Caulibus oder Michael de Massa immer wieder kolportiert wird. Angeblich, so diese spätmittelalterlichen Schriftsteller, soll ausgerechnet der dem Lachen doch eher abgeneigte Bernhard von Clairvaux in einer seiner Visionen Zeuge des väterlichen Gelächters gewesen sein, während Josef das Kind auf seinen Knien wiegte:

„Ende die leraer Sinte Bernaert vertelt vanden heilighen ouden Joseph, dat hi dat kint plach te setten op sine knien ende hem dicwijl plach toe te lachen".[3]

WW

LITERATUR
Zum Objekt:
Buczynski/Woelk 2000.

Zum Thema:
Kemper 2005, S. 29–31.

ANMERKUNGEN
1 Zit. nach Kemper 2005, S. 31.
2 Zit. nach Kemper 2005, S. 30.
3 Michael de Massa, Tleven ons Heren Ihesu Cristi, zit. nach Kemper 2005, S. 30.

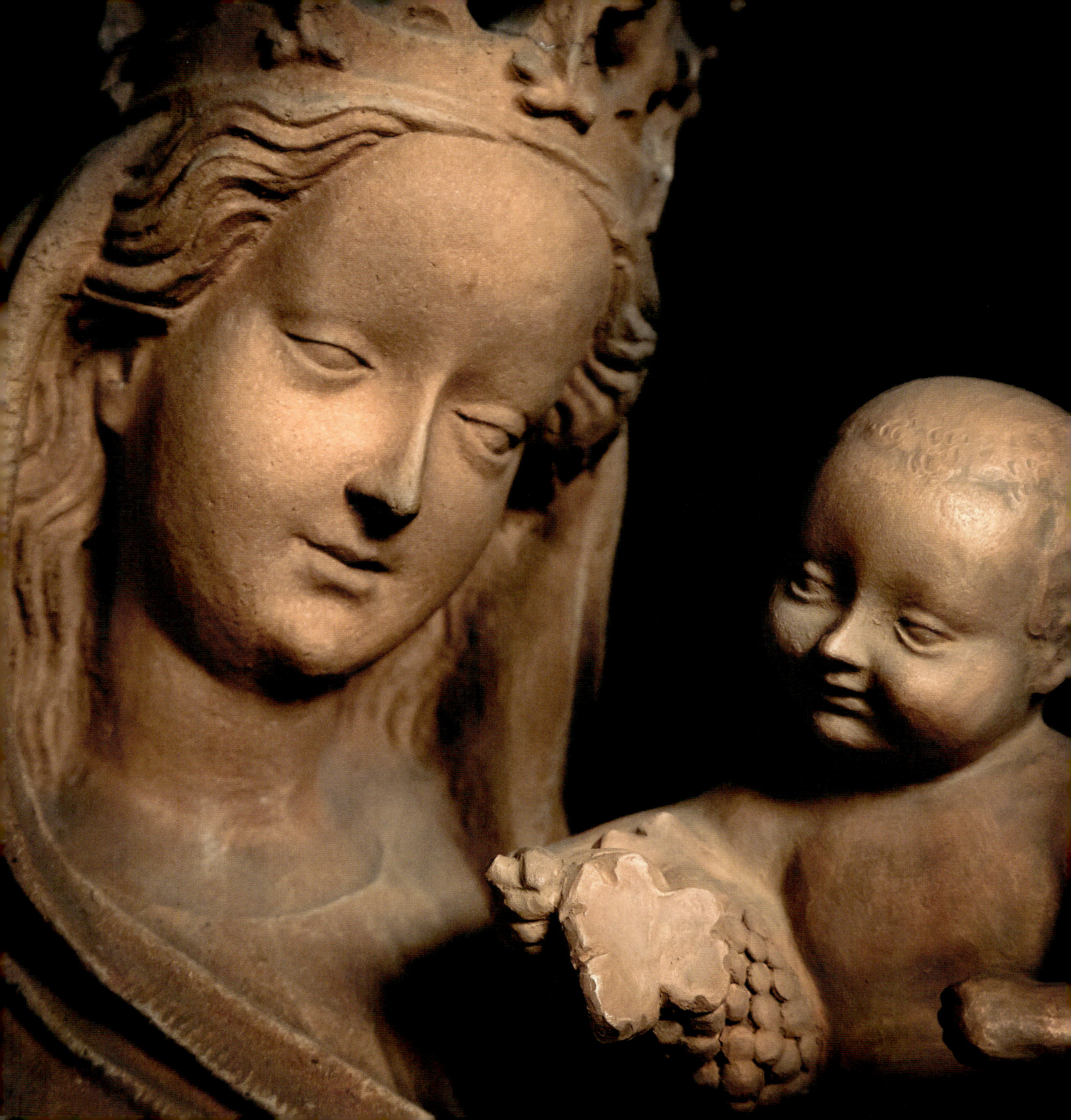

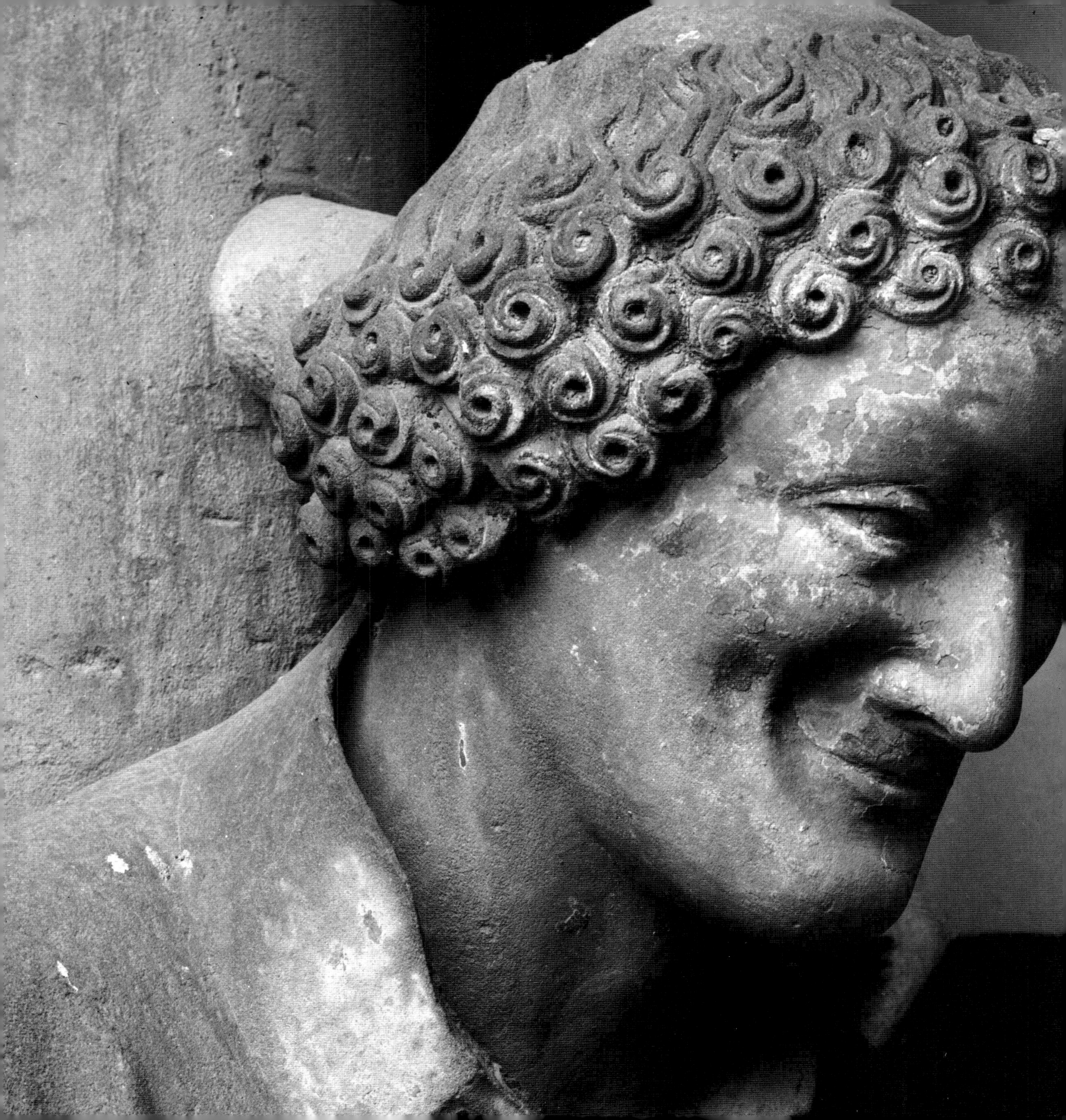

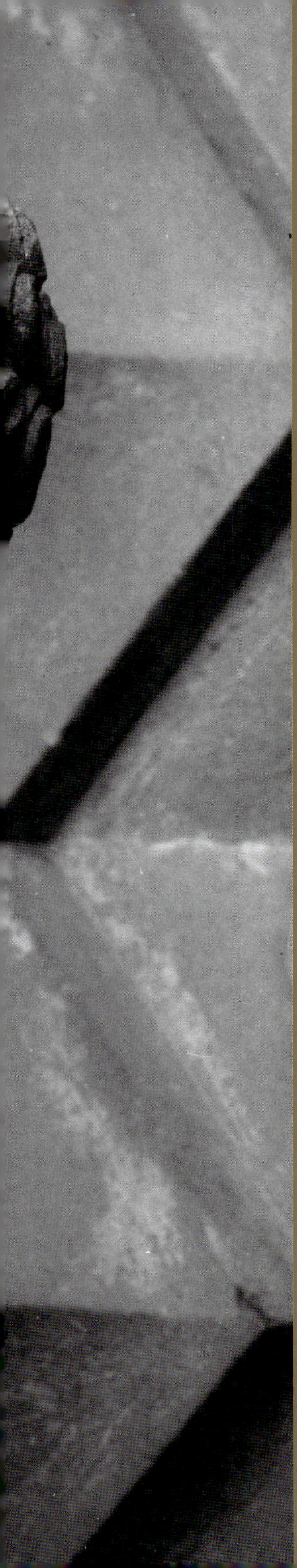

ABBILDUNG | 92
Hl. Stephanus (Detail), Bamberg,
Dom St. Peter und Georg,
Adamspforte, um 1230

WIE VON HIMMLISCHER FREUDE ERSTRAHLTE SEIN ANGESICHT: DAS LÄCHELN DER HEILIGEN

Heilige haben nichts zu lachen! So jedenfalls stellt es der dem Lachen grundsätzlich abgeneigte frühchristliche Mönch Johannes Chrysostomos (344/54–407) apodiktisch fest: „*Deshalb sagt auch der hl. Paulus selbst von sich, dass er geweint habe, drei Nächte und drei Tage lang geweint; dass er aber gelacht hätte, das hat er nirgends gesagt, aber auch kein anderer Heiliger hat dies weder von sich noch von einem anderen Heiligen erzählt*". Tatsächlich ist für keinen Heiligen des Frühmittelalters ein herzhaft-fröhliches Lachen überliefert, ganz im Gegenteil: So berichtet z. B. der Kirchenlehrer Athanasius (um 295–373) lobend über den hl. Antonius, dass dieser, gemäß dem christlich-monastischen Leitbild der *temperantia* (Mäßigung), in seiner Ausgeglichenheit niemals mit dem Lachen zu kämpfen gehabt habe.

Im Martyrium hingegen weichen die frühmittelalterlichen Heiligen von diesem Imperativ des Nicht-Lachens ab. Dabei gibt es zwei Arten des Lachens. Da ist zunächst das Lächeln, in dem sich die Hoffnung auf den unmittelbar bevorstehenden Eintritt in die himmlischen Herrlichkeiten ausdrückt. Und es gibt das triumphierende Lachen der Stärke, mit dem der Märtyrer seine letztendlich ohnmächtigen Peiniger verhöhnt. In diesem Fall ist das Lachen nicht nur gestattet, sondern sogar gefordert, denn hier ist es das spöttisch-triumphierende Verlachen des heidnischen oder gar satanischen Gegners.

Im dem Lachen so zugeneigten 13. Jahrhundert wiederum tritt eine Vielzahl neuer Heiliger auf, die aus einer inneren Fröhlichkeit heraus lachen. In den Heiligen des Franziskanerordens kulminiert diese Entwicklung: Ausgehend von der Person des Franz von Assisi, dem sein Biograph ein auch im Leiden stets „*lächelndes Gesicht*" (*hilaris vultus*) nachsagt, wird Fröhlichkeit zum konstituierenden Wesensmerkmal dieser Gruppe von Heiligen.

WW

KATALOG-NR. 34
Mainz, St. Stephan, um 1270
Sandstein, farbig gefasst, H. 108 cm, B. 143 cm

Mainz, Bischöfliches Dom- und Diözesanmuseum,
Inv.-Nr. PS 00023

STEINIGUNG DES HL. STEPHANUS

LITERATUR
Zum Objekt:
Glatz 1990, S. 57f.

Zum seligen Lächeln des Märtyrers:
Kranz 1970, S. 61–65.

ANMERKUNGEN
1 Beide Zitate nach Jacobus de Voragine 1979, S. 62.
2 S. Blaicher 1970, S. 519.
3 Zit. nach Thiede 1986, S. 117.
4 Kranz 1970, S. 61

Der hl. Stephanus, einer der sieben von den Aposteln eingesetzten Diakone, wurde, als er in Jerusalem das Christentum predigte, von den Juden gesteinigt. Hierfür, so berichtet die *Legenda aurea* in ähnlichem Wortlaut wie die Apostelgeschichte (Apg 7,55-60): *„taten sie ihre Kleider ab [...] und legten sie nieder zu den Füßen eines Jünglings, der hieß Saulus; und hieß darnach Paulus. [...] Stephanus betete für sich, dass seine Marter nicht länger währe [...]; darnach kniete er nieder und schrie mit lauter Stimme und sprach: ‚Herr, behalt ihnen die Sünde nicht; denn sie wissen nicht, was sie tun'"*.

Das hier gezeigte Relief setzt den Bericht der Legende recht genau um: Rechts beginnen zwei Juden mit der Steinigung, in der Mitte kniet der Märtyrer, links nimmt Saulus die abgelegten Kleider in Empfang. Und doch gibt es einen kleinen, aber deutlichen Unterschied zum Text: Dort steht Stephanus zunächst und betet, danach kniet er nieder und *„schreit"* – eine Reihenfolge, die der Legende offenbar so wichtig ist, dass sie ausdrücklich nur wenige Zeilen später wiederholt wird: *„da er für sich betete, stund er aufrecht; da er für seine Steiniger bat, beugte er die Knie"*.[1] Im Relief kniet Stephanus und betet; von einem „Schreien" ist nichts zu erkennen. Stattdessen hat er den Mund geschlossen und ein zartes Lächeln umspielt seine Lippen. Die Münder der Steiniger hingegen sind geöffnet; sie scheinen offensichtlich Genugtuung oder gar Lust an ihrem Tun zu empfinden. Schreien und ein weit geöffneter Mund, der das Gesicht verzerrt oder die Zähne sehen lässt, sind in einer Heiligendarstellung des 13. Jahrhunderts undenkbar (Kat.-Nr. 46). Für das Lächeln eines Märtyrers hingegen gibt es viele Gründe. Der erste und wichtigste ist der Wunsch nach der Vereinigung mit Gott im Jenseits, den der Kirchenvater Gregor d. Gr. als *compunctio* umschreibt, das sehnsüchtige Verlangen des Christen nach der Vereinigung mit Gott.[2] Für den Märtyrer geht damit die Gewissheit einher, für den rechten Glauben zu sterben und des Paradieses teilhaftig zu werden. Gerade die Gemarterten in der Zeit der Christenverfolgungen lächeln in dieser Erwartung, wie die frühchristliche Passio der unter Kaiser Decius verfolgten Jungfrau Sabina ausdrücklich festhält. Auf die Frage, warum sie so fröhlich sei, gab sie zur Antwort: *„Durch Gottes Gnade. Wir sind Christen, und die an Christus glauben, werden ohne Zweifel in ewiger Freude lachen"*.[3] Selbst am Ende des Mittelalters wird diese Hoffnung des Märtyrers auf das Paradies ganz ähnlich kommentiert, wenn der englische Lordkanzler Thomas Morus im Kerker noch kurz vor seiner Hinrichtung im Jahr 1535 durch König Heinrich VIII. betont, dass den Christen (erst) im jenseitigen Leben *„die Fülle immerwährenden Lachens geschenkt wird"*.[4] Ganz im Gegensatz dazu steht das höhnisch-triumphierende Lachen anderer Märtyrer (Kat.-Nr. 35).

WW

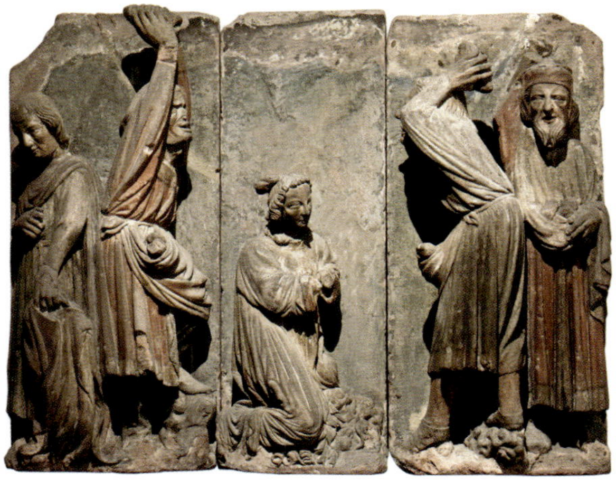

ABBILDUNG | 93
Steinigung des hl. Stephanus, Gesamtansicht (Kat.-Nr. 34)

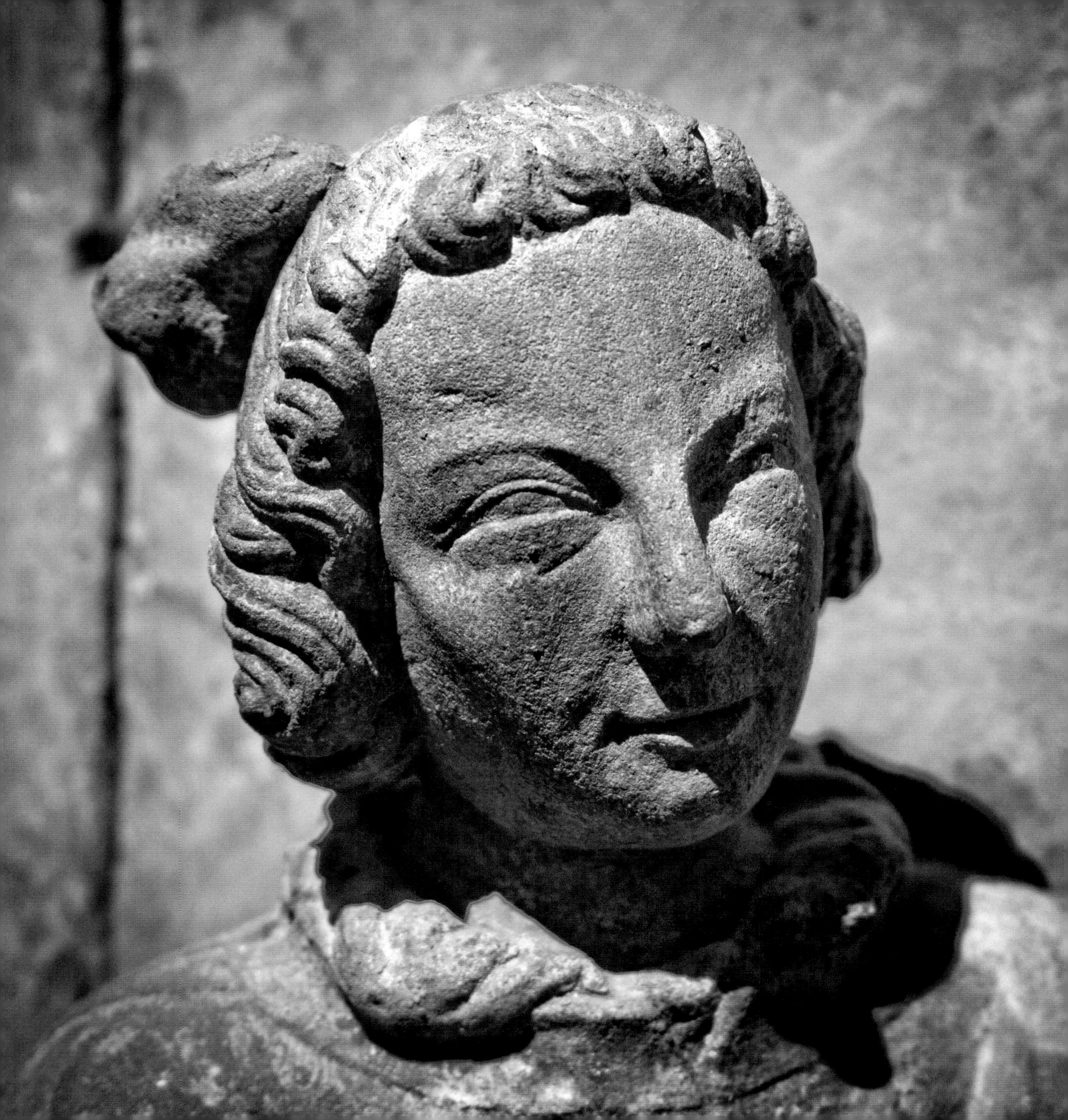

KATALOG-NR. 35
Bibel, gedruckt von Anton Koberger (sogenannte Koberger Bibel)
Nürnberg, 1483, H. 40 cm, B. 29 cm, GW 04303

Mainz, Martinus-Bibliothek, Inc. 100, fol. 575r

MARTYRIUM DES EVANGELISTEN JOHANNES

LITERATUR
Zum Objekt:
AK Hamburg 2002, S. 24f.

Zum Lachen der Märtyrer:
Ernst 2002, S. 293–295.

ANMERKUNGEN
1 Nachweis bei Curtius 1948, S. 428.
2 *„Versate me, rex, manduca iam coctum est"*, zit. nach Wehrli 1982, S. 20.
3 Blaicher 1970, S. 520.
4 Blaicher 1970, S. 519f.; Curtius 1948, S. 520.

Die hier gezeigte Seite (Abb. 94) aus einer von Anton Koberger in Nürnberg gedruckten Bibel gibt drei Szenen aus dem Leben des Evangelisten Johannes wieder: ganz rechts seine Vision der Apokalypse, die er in der mittleren Szene auf der Insel Patmos niederschreibt. Links ist die Ölmarter zu sehen, die der Evangelist, so die Legende, vor der Porta Latina in Rom erlitten, aber unverletzt und verjüngt überstanden haben soll. Das triumphierende Lächeln auf seinen Lippen zeugt nicht zuletzt von dieser überraschenden Rettung und der Niederlage seiner Verfolger.

Das triumphierende Lachen der Märtyrer ist eine zweischneidige Sache. Es verstößt gegen das Gebot der christlichen Nächstenliebe, und es zeugt von einer Überlegenheit, die mit mangelnder Demut einhergeht. Vielleicht ist dies der Grund, warum es in den schriftlichen Quellen meist nicht explizit genannt und in der bildenden Kunst nicht dargestellt wird; oft findet sich, wie im hier abgebildeten Beispiel, nur ein zart angedeutetes Lächeln. Dennoch ist das triumphierende Lachen über den Umweg eines sehr spezifischen Humors immer dann in den Legenden enthalten, wenn der heilige Märtyrer mit „Wortwitz" seine Folterknechte „hereinlegt". So äußerte die antike Märtyrerin Maura, so der Autor ihrer Passio, dass das kochende Wasser, in das sie geworfen wurde, ein wenig kühl sei – worauf der das Martyrium überwachende römische Kommandant seinen Finger in den Bottich steckte und sich prompt verbrannte; ein Topos, der sich ohne Weiteres auch auf den im Öl siedenden Johannes übertragen ließe.[1] Der im Mittelalter hochverehrte hl. Laurentius beliebte der Legende nach ebenso zu scherzen. Bereits seit einiger Zeit auf einem glühenden Rost liegend, rief er dem seinem Martyrium zuschauenden König zu: *„Wende mich auf die andere Seite, König, diese hier ist bereits gar"*.[2]

Die Laurentiuslegende wurde im Mittelalter immer wieder neu bearbeitet. Dabei lässt sich eine interessante inhaltliche Verschiebung beobachten. Wird in den älteren Fassungen des Stoffes der Leser durch den Witz des Heiligen zum – befreiten – Lachen animiert, so ist es in den in England verfassten hoch- und spätmittelalterlichen Fassungen des Stoffes Laurentius selbst, der *„smyland"*, also mit einem höhnischen Lächeln, seine ironische „Bitte" vorträgt.[3] Auch für Märtyrer wie Eulalia, Vinzenz und Amandus, ja selbst für den hl. Christophorus, der ebenfalls in der englischen Legende *„smyland"* den Folterknecht auf seine Schmerzunempfindlichkeit hinweist, läßt sich in den Quellen jenes überlegene Gelächter des Triumphes belegen.[4]

WW

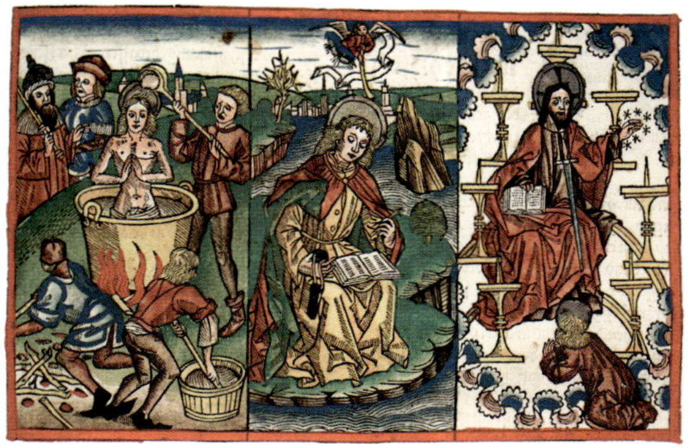

► ABBILDUNG | 94
Szenen aus dem Leben des Evangelisten Johannes,
Gesamtansicht (Kat.-Nr. 35)

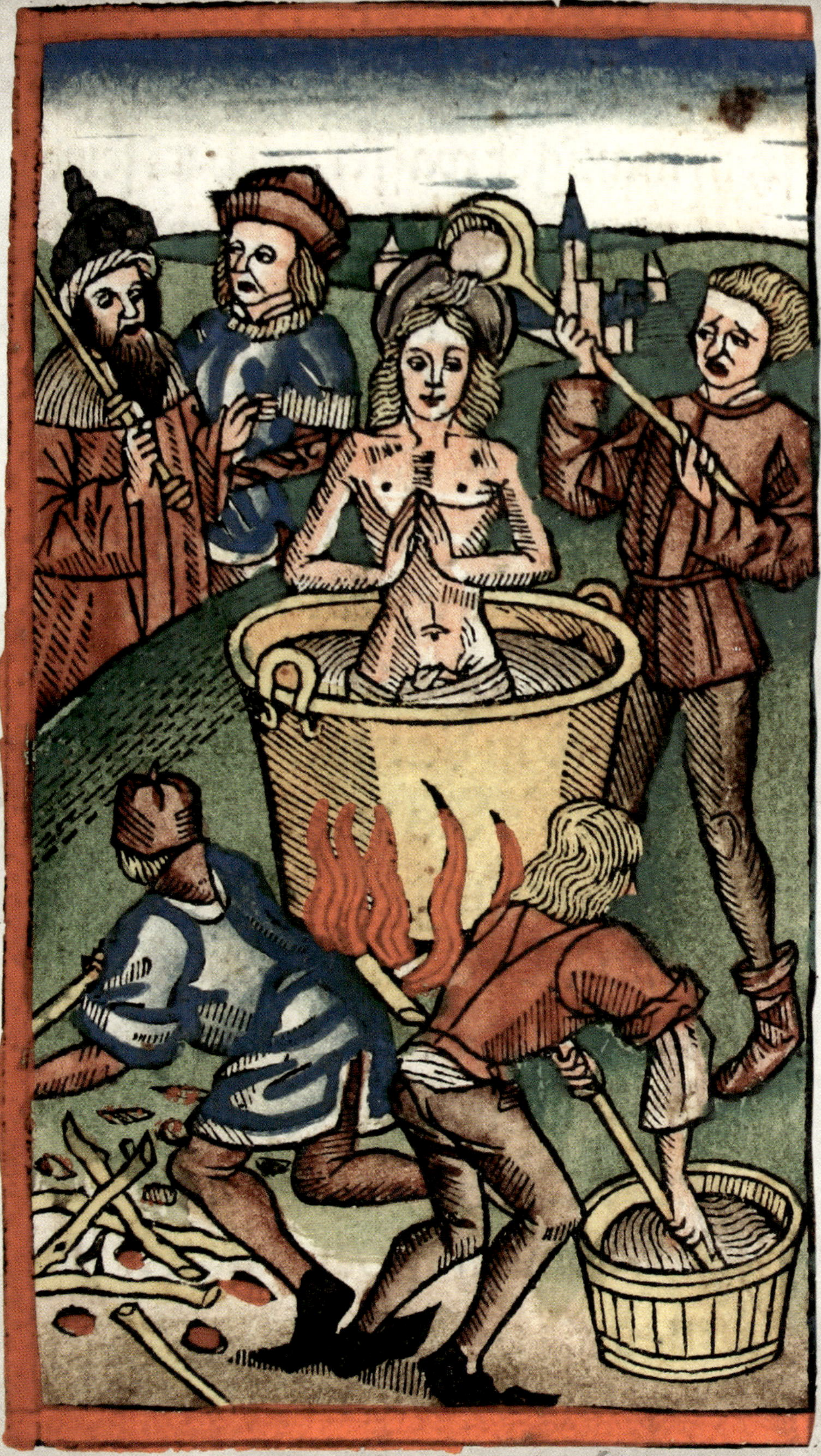

KATALOG-NR. 36
Missale Moguntinum, Mainz, 1507
Gedruckt von Johann Schöffer
H. 33 cm, B. 23 cm

Mainz, Martinus-Bibliothek, Inc. 882, Titelblatt

HEILIGER MARTIN MIT BETTLER (MANTELTEILUNG)

Mit dem Erlass des Mailänder Toleranzediktes im Jahr 313 endet die Epoche der Christenverfolgungen. Danach etabliert sich neben dem Märtyrer ein neuer Typus des Heiligen, dem nicht nur das Lächeln in Vorfreude auf das Paradies oder das Lachen des Triumphes, sondern jegliches Lachen fremd ist. Der Prototyp dieses Heiligen ist der hl. Martin, Bischof von Tours (ca. 336?–397) und Schutzpatron des Frankenreiches. Der zeitgenössische Verfasser seiner Vita, Sulpicius Severus († nach 406), hält ausdrücklich fest, dass *„niemand ihn je zornig gesehen [hat], niemand aufgeregt, niemand betrübt, niemand lachend: er blieb sich stets gleich, wie von himmlischer Freude erstrahlte sein Angesicht; es schien, als ob er außerhalb der Natur des Menschen stehend sei"*.[1] Wer sich so wenig bewegt zeigt und damit außerhalb der menschlichen Natur zu stehen scheint, auf dessen Lippen kann als Abglanz einer jenseitig-himmlischen Freude bestenfalls ein Lächeln liegen, keinesfalls jedoch ein Lachen.

Auch in der hier gezeigten Illustration eines spätmittelalterlichen Mainzer Missales verzieht Martin keine Miene. Die Mantelteilung, die der Heilige vollzieht, ist das zentrale Ereignis im Leben des ehemaligen Soldaten und späteren Bischofs von Tours. Dieser selbstlose Akt wird in der spätantiken Umwelt mit Sicherheit verständnislos verlacht worden sein. Tatsächlich lässt sich belegen, dass die frühchristlichen Heiligen oft das Opfer des Gelächters ihrer noch heidnischen Umwelt wurden, so auch Martin selbst. Sein von Sulpicius Severus geschildertes äußeres Erscheinungsbild – schmutzige Kleidung, wirres Haar – rief die Spottlust seiner heidnischen Zeitgenossen hervor, worauf Martin selbst jedoch nicht reagierte. Nicht-Lachen bedeutet daher auch, sich nicht mit einer nach weltlichen Vergnügungen strebenden und vom Gelächter geprägten paganen Umwelt gemein zu machen. Dennoch wäre es menschlich, wenn die Spende an den unter ihm kauernden Bettler eine innere Freude in ihm ausgelöst hätte. Auf seinem Gesicht ist jedoch nichts dergleichen ablesbar, so dass auch auf diese Weise sein *„außerhalb der Natur des Menschen stehendes"* Wesen erkennbar wird.

Der hl. Martin entspricht damit ganz dem monastischen Ideal des Frühmittelalters. Das im frühen Mönchtum propagierte asketische Lachverbot wird noch über Jahrhunderte hinweg anhalten. Der letzte große monastische Heilige, der einem fröhlichen Lachen völlig verständnislos und ablehnend gegenübersteht, ist Bernhard von Clairvaux (um 1090–1153). Er forderte nicht nur von seinen Mitbrüdern, das Lachen zu unterlassen (vgl. Beitrag Wilhelmy, S. 43), sondern machte, wie Gottfried von Auxerre (um 1114/20–1188) berichtet, auch selbst keinerlei Gebrauch davon, seitdem er ins Kloster eingetreten war: *„Über sein Lachen berichten wir nur, was wir oft aus seinem Mund gehört haben, wenn schallendes Gelächter von Ordensleuten ihn befremdete. Er erinnerte sich nicht, seit den ersten Jahren seines Ordenslebens je gelacht zu haben und dass ihn das Lachen mehr Mühe koste als das Unterdrücken des Lachens; zum Lachen müsse er sich mehr anspornen als zügeln"*.[2]

WW

LITERATUR
Zum Objekt:
Wilhelmy 2000b.

Zum Lachen des hl. Martin:
Schmitz 1980, S. 6f.

ANMERKUNGEN
1 *„Nemo umquam illum vidit iratum, nemo commotum, nemo maerentem, nemo ridentem: unusidemque fuit semper, caelestem quodammodo laetitiam vultu praeferens extra naturam hominis videbatur"*, zit. nach Schmitz 1980, S. 6, Anm. 16.
2 Zit. nach Kranz 1970, S. 53.

Missale Maguntin̄· denuo exac-
tissima cura recognitū et a pri
oribz quibusdam mendis
operose ac solerter
emaculatū

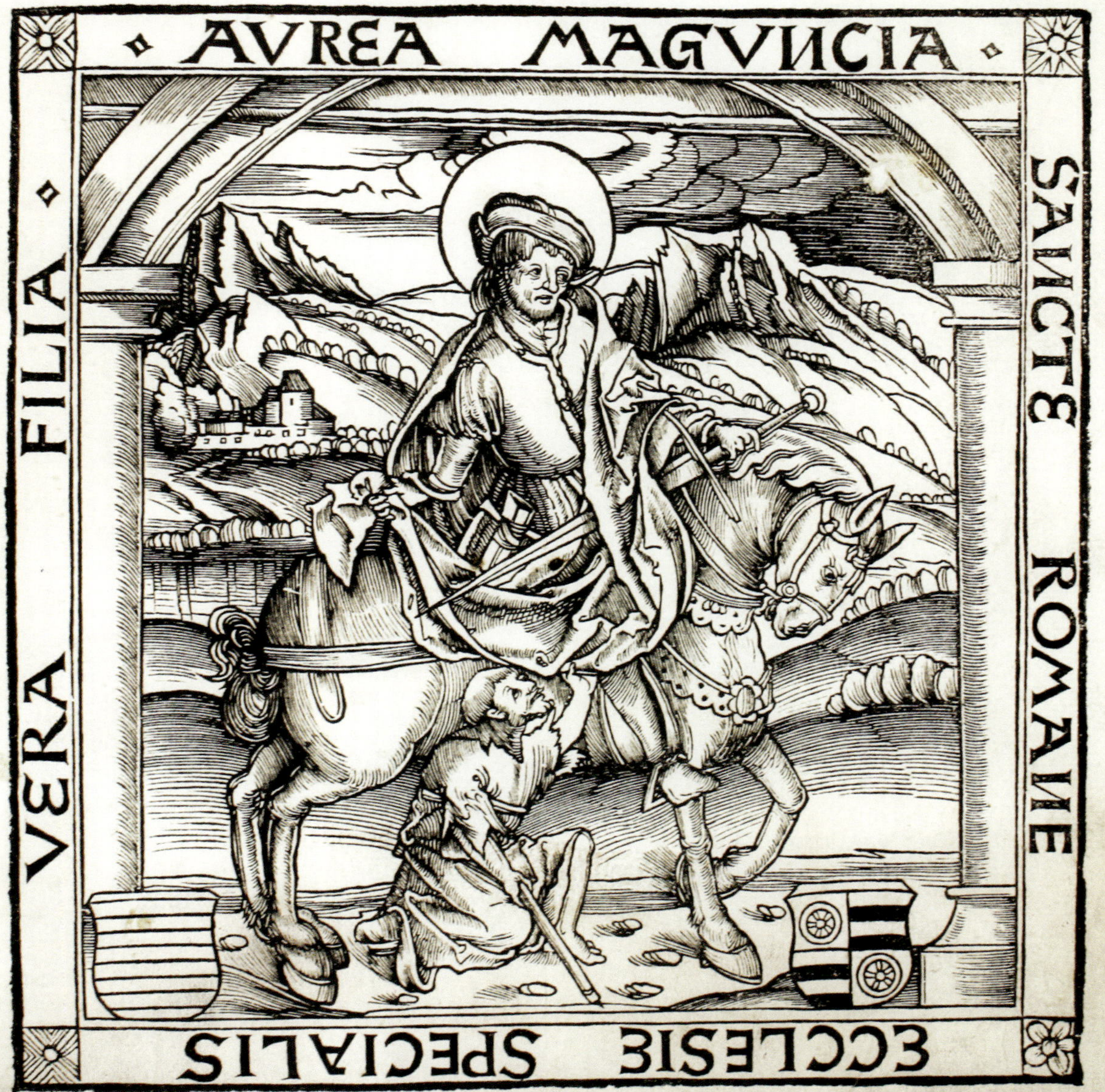

KATALOG-NR. 37
Weltchronik von Hartmann Schedel, lateinische Ausgabe
Holzschnitte von Michael Wolgemut und Wilhelm Pleydenwurf, Nürnberg, 1493, H. 49 cm, B. 35 cm (Blattmaße), GW M40784

Mainz, Martinus-Bibliothek, Inc. 12, fol. 200v

KREUZIGUNG DES HL. WILHELM VON NORWICH

Sanft lächelnd wird ein Jüngling von seinen Peinigern an einem Kreuz festgezurrt. Bei dem dargestellten Knaben handelt es sich um den zwölfjährigen Wilhelm von Norwich, der, so die Legende, in der Mitte des 12. Jahrhunderts einem von Juden begangenen Ritualmord zum Opfer gefallen sein soll. Motivisch orientiert sich die Art des dargestellten Lächelns zunächst an der frühchristlichen Tradition des triumphierenden Märtyrers. Als Knabe gehört Wilhelm darüber hinaus zu einer Personengruppe, den Kindern, die, dem Vorbild des literarisch-theologisch akzeptierten lachenden Jesuskindes folgend, durchaus in ein fröhliches Gelächter ausbrechen dürfen (Kat.-Nr. 19). Selbstverständlich ist dies auch dem zwölfjährigen Wilhelm gestattet, um so mehr, als er im Martyrium lächelnd die ihn erwartende himmlische Seligkeit antizipiert.

Seit dem 13. Jahrhundert wird bestimmten Gruppen von Heiligen das Lachen jenseits des Triumphes nicht nur als Möglichkeit zugestanden; es wird vielmehr geradezu zum Kennzeichen ihrer potentiellen Heiligkeit. Dabei handelt es sich durchweg um ein fröhliches, der Schöpfung zugewandtes Lachen, für das die Heiligen des Franziskanerordens das beste Beispiel sind (Kat.-Nr. 39). Es kann aber auch ein geselliges, höfisch-gewandtes Lachen sein, das letztendlich dem aristotelischen Merkmal der *Eutrapelie* folgt (vgl. Reiser, Antike, S. 22). Ein solches, auf Heiligkeit hinweisendes Lachen wird im 14. Jahrhundert ausgerechnet mit Bernardo Gui verbunden, dem berühmt-berüchtigten Inquisitor aus dem *Namen der Rose*. Bernardo (1261/62–1331), bei dem es sich tatsächlich um eine historische Person handelt, war nicht nur Inquisitor von Toulouse und Inhaber zweier Bischofsstühle, sondern auch Prokurator des Dominikanerordens am päpstlichen Hof in Avignon, gelehrter Chronist und Verfasser zahlreicher Schriften, darunter auch ein „Praxishandbuch" für Inquisitoren.[1] Vermutlich sein Neffe, Pierre Gui, verfaßte eine Vita seines Onkels, die dem Ziel der Kanonisation dienen sollte. Bernardo habe bereits zu Lebzeiten einen *odor suavissimus* (lieblichen Duft, d.h. Ruch der Heiligkeit) verströmt und mehrere Heilungswunder bewirkt. Vor allem aber sei er ein geselliger Mensch gewesen, der seine Hofgesellschaft (*familiares*) allabendlich um sich versammelt und zu Scherz und heiterer Rede ermuntert habe. Denn nur der sei ein rechtschaffener Mann (*probus vir*), der wenigstens einmal am Tag sich der Heiterkeit – und damit wohl auch einem fröhlichen Lachen in den Grenzen des gesittet-gemäßigten Anstandes – hingegeben habe.[2] Vielleicht hat Bernardo nicht genug – oder doch zuviel? – gelacht; vielleicht liegt es auch daran, dass er nach seinem Tod keine Wunder bewirkte. Seine Kanonisation jedenfalls schlug – anders als bei dem Knaben Wilhelm – fehl. Das jenseits des Triumphes ertönende Lachen aber ist ein nicht zu unterschätzendes Signum der spätmittelalterlichen Heiligen.

WW

LITERATUR
Zum Objekt:
Schedel 2004.

Zum hl. Wilhelm von Norwich:
Lotter 1993.

Zu Bernardo Gui und dem Lachen der Inquisitoren:
Schimmelpfennig 2000; Scharff 2005.

ANMERKUNGEN
1 Schimmelpfennig 2000, S. 257f.
2 Vgl. Scharff 2005, S. 18f.

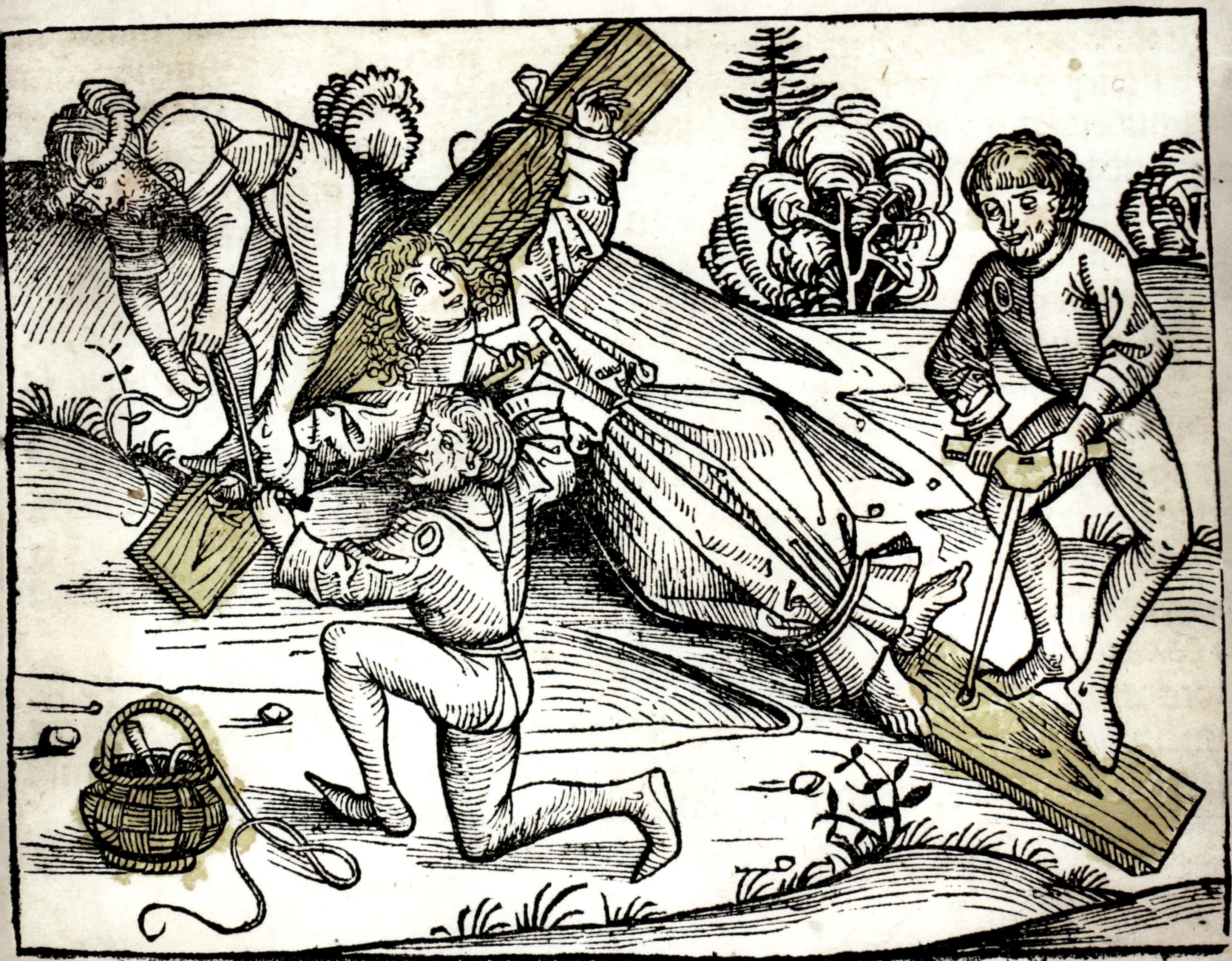

KATALOG-NR. 38
Mittelrhein, Mitte 14. Jahrhundert
Grauer Sandstein
H. 100 cm, B. 36 cm

Mainz, Bischöfliches Dom- und Diözesanmuseum,
Inv.-Nr. PS 00131

HL. KATHARINA VON ALEXANDRIA

Bei der hier vorgestellten Skulptur handelt es sich, wie der Rest eines Schwertknaufes in ihrer rechten Hand deutlich macht, um die Darstellung der hl. Katharina von Alexandria. Die einst sehr qualitätvolle Statue muss über Jahrhunderte, vielleicht als Teil eines Portalgewändes, am Außenbau einer Kirche gestanden haben; der stark verwitterte Zustand legt davon beredtes Zeugnis ab. Dennoch ziert auch heute noch ein ausgeprägtes Lächeln das Gesicht der hl. Jungfrau.

Die Vita der Katharina von Alexandria liefert mehrere gute Gründe für dieses Lächeln, das sich inhaltlich zwanglos aus der überlieferten Legende heraus erklärt. Denn sicherlich verlachte auch Katharina, ganz wie bereits die Heiligen Simon und Judas Thaddäus, die Aufforderung des Herrschers, heidnische Götzenbilder anzubeten. Damit dürfte ihr Lächeln vor allem als irdisches Signum der göttlichen Weisheit zu verstehen sein, mit deren Hilfe sie als unwissende Jungfrau über alle heidnischen Gelehrten triumphierte. Die *Legenda aurea*, die wichtigste Legendensammlung des Mittelalters, berichtet, wie Katharina in der Diskussion mit dem Kaiser so überzeugend die Machtlosigkeit der heidnischen Götter *„durch unterschiedliche Schlüsse der Syllogismen allegorisch und metaphorisch, dialectisch und mystisch“* belegt, dass der Kaiser *„alle Meister der Grammatik und Rhetorik“* nach Alexandria ruft, um Katharina in ihrer Rede zu widerlegen. Doch am Ende sitzen diese weisen Männer *„in großem Staunen [...] als die Stummen und keiner wußte mehr, was er sprechen sollte“*. Die Belesenheit der heidnischen Schriftgelehrten ist bloße Torheit im Angesicht göttlicher Weisheit, und in dieser Weisheit huldigt Katharina, anders als noch der hl. Martin, gerade nicht einem „tierischen“ Ernst (Lachen als *proprium* des Menschen!), sondern betont: *„Es steht geschrieben: du sollst dich selber weder loben noch schelten, solches tun allein die Toren, die von eitlem Ruhm werden bewegt“*. Damit entgeht sie der Gefahr, sich der Todsünde der *superbia*, des Hochmuts, schuldig zu machen. Denn der Weise – und um wie viel mehr gilt dies für eine Frau und noch dazu für eine Heilige! – soll und darf sich auf seine gottgegebene Weisheit keinesfalls etwas einbilden.

Die *Legenda aurea* übersetzt den Namen „Katharina“ mit *„gänzlicher Sturz“* und leitet daraus ab, dass *„in ihr der Bau der Hoffart durch die Demut“* fiel.[1] Mit dieser bereits im Namen immanenten Demut entgeht die hl. Jungfrau der Gefahr, sich in ihrer vermeintlichen Einzigartigkeit ungesellig zurückzuziehen oder einem rigorosen Stoizismus zu huldigen. Dadurch wird sie nicht abgehoben-elitär, sondern bleibt, ganz wie Aristoteles in seiner *Nikomachischen Ethik* fordert (vgl. Beitrag Reiser, Antike, S. 21f.), menschlich und ein geselliger Teil eines größeren Ganzen. Das Lächeln der Weisen ist somit zugleich Teil ihrer Heiligkeit und ihrer (Mit-) Menschlichkeit.

WW

LITERATUR
Zum Objekt:
unpubliziert.

Zum Lachen der Weisen:
Kranz 1970, S. 63–65.

ANMERKUNGEN
1 Alle Zitate nach Jacobus de Voragine 1979, S. 917–921.

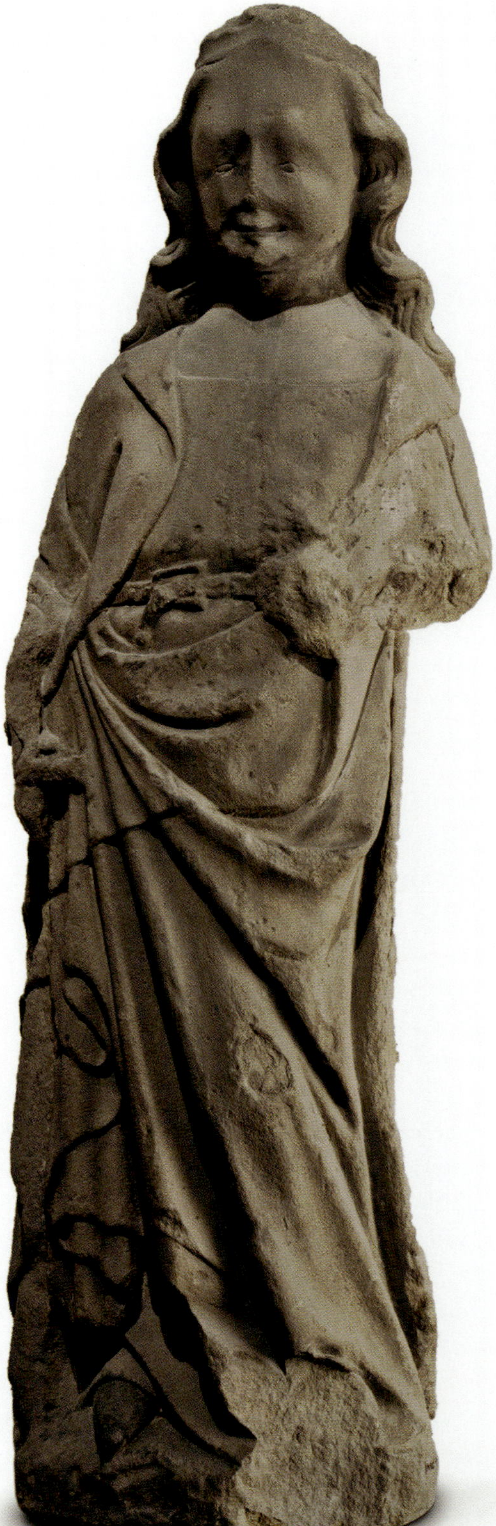

KATALOG-NR. 39
Mainz (?), um 1720/30
Holz, farbig gefasst, teilvergoldet
H. 86 cm, B. 57 cm

Mainz, Bischöfliches Dom- und Diözesanmuseum,
Inv.-Nr. PH 15106

ABBILDUNG | 95
Hl. Antonius von Padua (?),
Gesamtansicht (Kat.-Nr. 39)

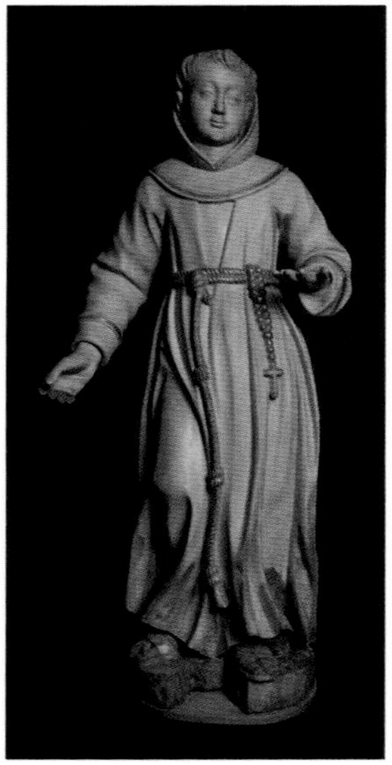

HL. ANTONIUS VON PADUA (?)

Der mittelalterliche Heilige lacht entweder gar nicht (Kat.-Nr. 36) oder aber bestenfalls triumphierend-abwertend. Nur den Heiligen des Franziskanerordens, wie dem hier gezeigten Antonius von Padua, wird eine heitere, Gott und der Welt zugeneigte Fröhlichkeit zugesprochen.[1] Dies liegt am Gründer des Ordens, dem hl. Franz von Assisi (1181–1226), dessen wichtigster Leitsatz lautete: *„Zeigt in allen Leiden und denen gegenüber, die euch quälen, ein lächelndes Gesicht (hilaris vultus)“*.[2]

Im *Spiegel der Vollkommenheit*, einer Vita des hl. Franziskus, die sein Biograph Leo von Assisi verfasste, ist es vor allem die Gott zugewandte Fröhlichkeit, die das Kennzeichen des wahren Christen sei. Die im ersten christlichen Jahrtausend noch so hoch gehaltene Trauer hingegen wird aufs schärfste verurteilt: *„Die Trauer ist der Teufel Anteil; uns aber steht es zu, immerdar fröhlich zu sein und uns im Herrn zu freuen“*. Diese Fröhlichkeit resultiert aus der Gewissheit der Allmacht und Güte Gottes, die den Gläubigen umfängt und behütet. Sie ist zugleich ein Ausfluss der *„vollkommenen Freude“* im Jenseits, dem *gaudium spirituale* der mittelalterlichen Schriften, die die für das Paradies Erwählten dereinst empfinden werden (Kat.-Nr. 9). Ein Abglanz dieser himmlischen Freude ist für den, der darin zu lesen versteht, bereits im Diesseits zu erfahren: in der Schönheit der Schöpfung, die *per se* gut ist, im Schein der Sonne, die Körper und Seele des Menschen erwärmt, oder im sorglosen Umherschwirren der Vögel, die sich nicht um das Morgen sorgen, aber dennoch vom himmlischen Vater mit Nahrung versorgt werden. In seinem *Sonnengesang* hat Franziskus diese Herrlichkeit des Diesseits gepriesen. Er überwindet damit die tausendjährige monastische Sicht auf die Erde als Jammertal, von der es sich um des Paradieses willen bis dahin abzuwenden galt.

Dennoch kann sich auch Franziskus nicht ganz dieser Tradition verschließen. Bruder Leo teilt mit, dass der Heilige von Assisi das ungezügelte oder höhnische monastische Lachen genauso energisch verurteilte wie die Mönche des Frühmittelalters: *„Man denke aber nicht, dass man nach dem Willen unseres Vaters, der in allem reife Weisheit und ehrfürchtige Zucht liebte, diese Heiterkeit durch Lachen oder gar durch müßige Worte zeigen könne; denn dadurch offenbart man nicht die Heiterkeit des Geistes, sondern Eitelkeit und Albernheit. Ja, er verabscheute an einem Knecht Gottes ganz besonders das Lachen und müßige Reden, und er wollte nicht nur selber nicht lachen, sondern auch anderen möglichst wenig Gelegenheit zum Lachen geben“*.[3] Dementsprechend wurde das Lachen auch in franziskanischen Kreisen verurteilt. Vielleicht ist dies der Grund, warum die Kunst des Mittelalters den lächelnden oder lachenden Franziskus nicht kennt. Dies ändert sich erst mit dem Beginn der Neuzeit: Ganz allmählich entstehen im 17. und 18. Jahrhundert Darstellungen des Heiligen, die seine in den mittelalterlichen Quellen dokumentierte Fröhlichkeit widerspiegeln. Erst jetzt wird es möglich, das über die Lippen von Franziskanerheiligen wie Antonius von Padua ein zartes, aber dennoch fröhliches Lächeln spielt.

WW

LITERATUR
Zum Objekt:
unpubliziert.

Zur Fröhlichkeit der Angehörigen des Minoritenordens:
Kranz 1970, S. 53–55;

Zur gleichzeitigen Verurteilung des Lachens in den Reihen derselben:
Blaicher 1970, S. 527f.

ANMERKUNGEN
1 Ich danke herzlich Herrn Dr. Gabriel Hefele (Limburg) für die Benennung und zeitliche Einordnung der Skulptur.
2 Zit. nach Le Goff 2004, S. 40.
3 Alle Zitate nach Kranz 1970, S. 53–55.

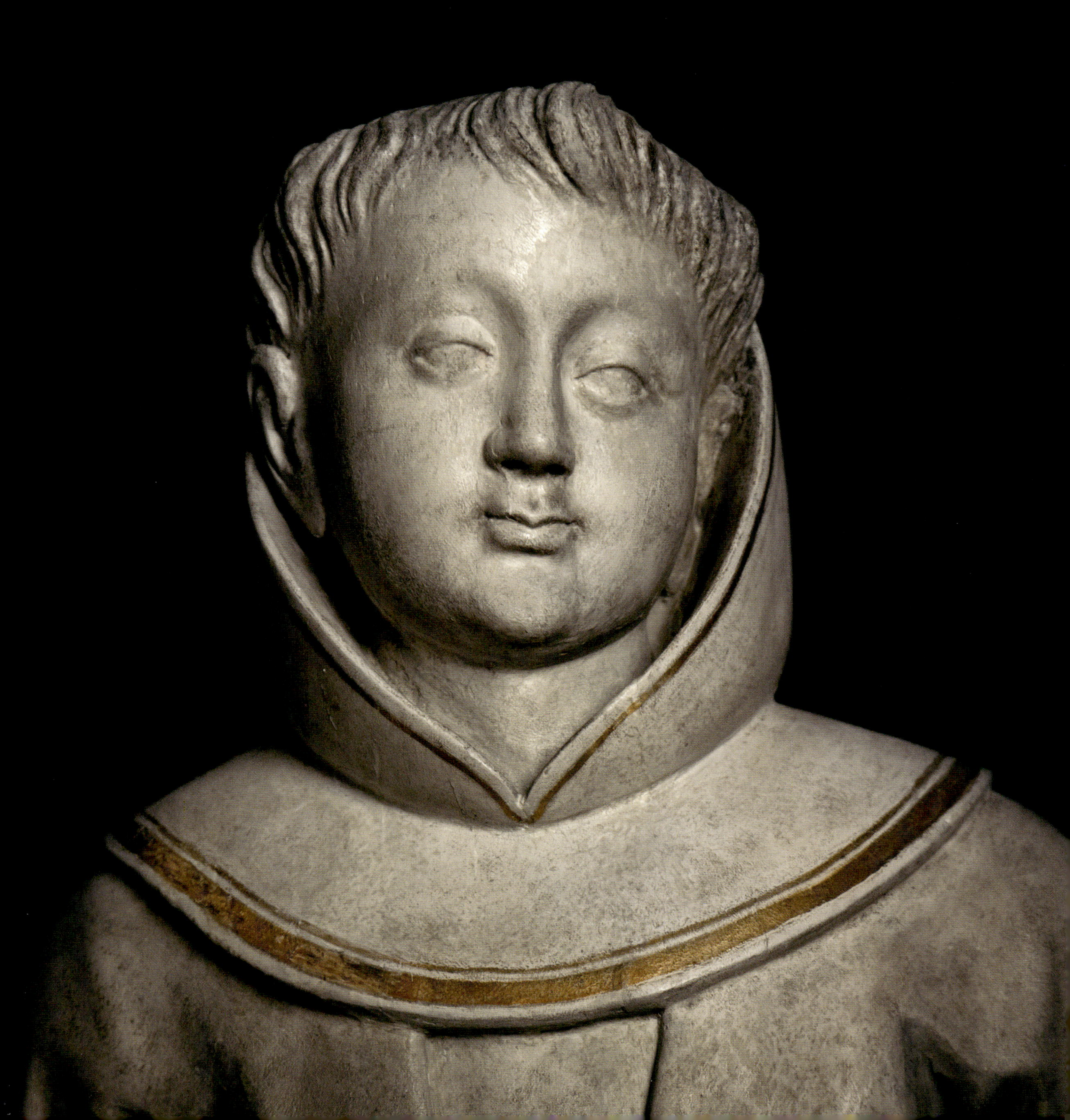

KATALOG-NR. 40
Köln, um 1340/50
Holz, versilbert, vergoldet
H. 63 cm, B. 30 cm

Mainz, Bischöfliches Dom- und Diözesanmuseum,
Inv.-Nr. PH 00051

BÜSTENRELIQUIAR

Seit dem hohen Mittelalter gibt es sogenannte „redende Reliquiare", also Gefäße aus Holz oder Edelmetall, deren Form auf die hl. Gebeine hinweist, die sie in ihrem Inneren aufbewahren. Vor allem im späten 13. und in der ersten Hälfte des 14. Jahrhunderts wird in Kölner Werkstätten eine Fülle von Reliquienbüsten produziert, die zur Aufnahme von Gebeinen der hl. Ursula und ihrer 11.000 Gefährtinnen dienten, die man auf spätantiken Gräberfeldern vor den Toren der Stadt gefunden zu haben glaubte. Wie viele Skulpturen aus diesen Kölner Werkstätten zeigt auch dieses Büstenreliquiar ein strahlendes Lächeln. Dies jedoch allein als „stilistisches" Merkmal begreifen zu wollen, ist das Konstrukt einer stilgeschichtlichen Kunstgeschichtsschreibung der ersten Hälfte des 20. Jahrhunderts und greift, mentalitätsgeschichtlich gesehen, zu kurz. Denn gerade Reliquienbüsten sind wie kein anderes Objekt geeignet, das Bild einer neuen Generation von Heiligen zu reflektieren, die, dem Ideal des 13. und 14. Jahrhunderts folgend, dem Lachen äußerst wohlwollend gegenübersteht.

Allen voran in dieser Gruppe geht der die Heiterkeit so hochschätzende Gründer des Franziskanerordens, Franz von Assisi. Er konkurriert darin mit dem hl. Dominikus, dem Gründer des nach ihm benannten Ordens: *„Wenn Dominikus lachte, dann lachte er in wahrer Seligkeit des heiligen Geistes"*, so berichtet Mechthild von Magdeburg (um 1207 – um 1282).[1] Katharina von Siena (1347–1380) wiederum war, wie in den Akten ihrer Kanonisation ausdrücklich festgehalten wird, trotz all ihrer Krankheiten stets *„voll von Lachen im Herzen, jubelnd und frohlockend"* und wurde trotzdem (oder gerade deswegen?) heiliggesprochen.[2] Ähnliches gilt für den 1297 kanonisierten König Ludwig IX. von Frankreich, der sich zwar an jedem Freitag im Gedenken an die Kreuzigung Christi des Lachens (und des Beischlafs) enthielt, um stattdessen in mitfühlender *compassio* den Leidensweg des Herrn zu kommemorieren.[3] An den anderen Tagen aber pflegte er kräftig und gerne zu scherzen und zu lachen. Sein Biograph Jean de Joinville berichtet häufig über dieses Lachen (*rire*), das in den unterschiedlichsten Situationen erschallen kann.[4] So lacht Ludwig etwa über Scherze, die mit seiner eigenen Person verbunden sind, oder er lacht, wenn er Bitten erhört und Dienste belohnt. Damit entspricht er nicht dem Bild des im Akt des Schenkens lediglich huldvoll lächelnden Königs und schon gar nicht dem noch im ersten Jahrtausend üblichen Verhalten der Heiligen. Doch das im 13. Jahrhundert entwickelte Idealbild des heiter-scherzenden Königs (*rex facetus*) erfüllt er mit diesem Verhalten ebenso wie der englische König Heinrich II. von England (Kat.-Nr. 24). Selbst von der hl. Elisabeth, die sich ganz dem Ideal der Armut und der Askese verschrieben hatte, berichtet ein Passionale, dass sie abwechselnd weinte und lachte: *„so quam ein weinen darnach sit und darnach aber ein lachenzit. sulch wechsel si dicke trei, idoch si vil lenger bleib an lachene, dan an weinen"*.[5] In einer Epoche, in der, wie der Schweizer Wernher in seinem *Marienleben* festhält, *„got ir selbst lacht"*[6] und das *„Weltall-Lachen"* Dantes (Kat.-Nr. 6) das ganze Universum durchströmt, können auch die Heiligen nicht anders als mit einzustimmen.

WW

LITERATUR
Zum Objekt:
Vgl. Bergmann 1989, Nr. 77, S. 287–291.

Zum Lachen der Heiligen des 13. und 14. Jahrhunderts:
Kranz 1970, S. 61–66.

ANMERKUNGEN
1 Zit. nach Kranz 1970, S. 65.
2 Zit. nach Kranz 1970, S. 61.
3 Vgl. Le Goff 2004, S. 20–22, 85f.
4 Vgl. Le Goff 2000, S. 429–431.
5 Zit. nach Kremer 1961, S. 38.
6 Zit. nach Suchomski 1975, S. 259, Anm. 43a.

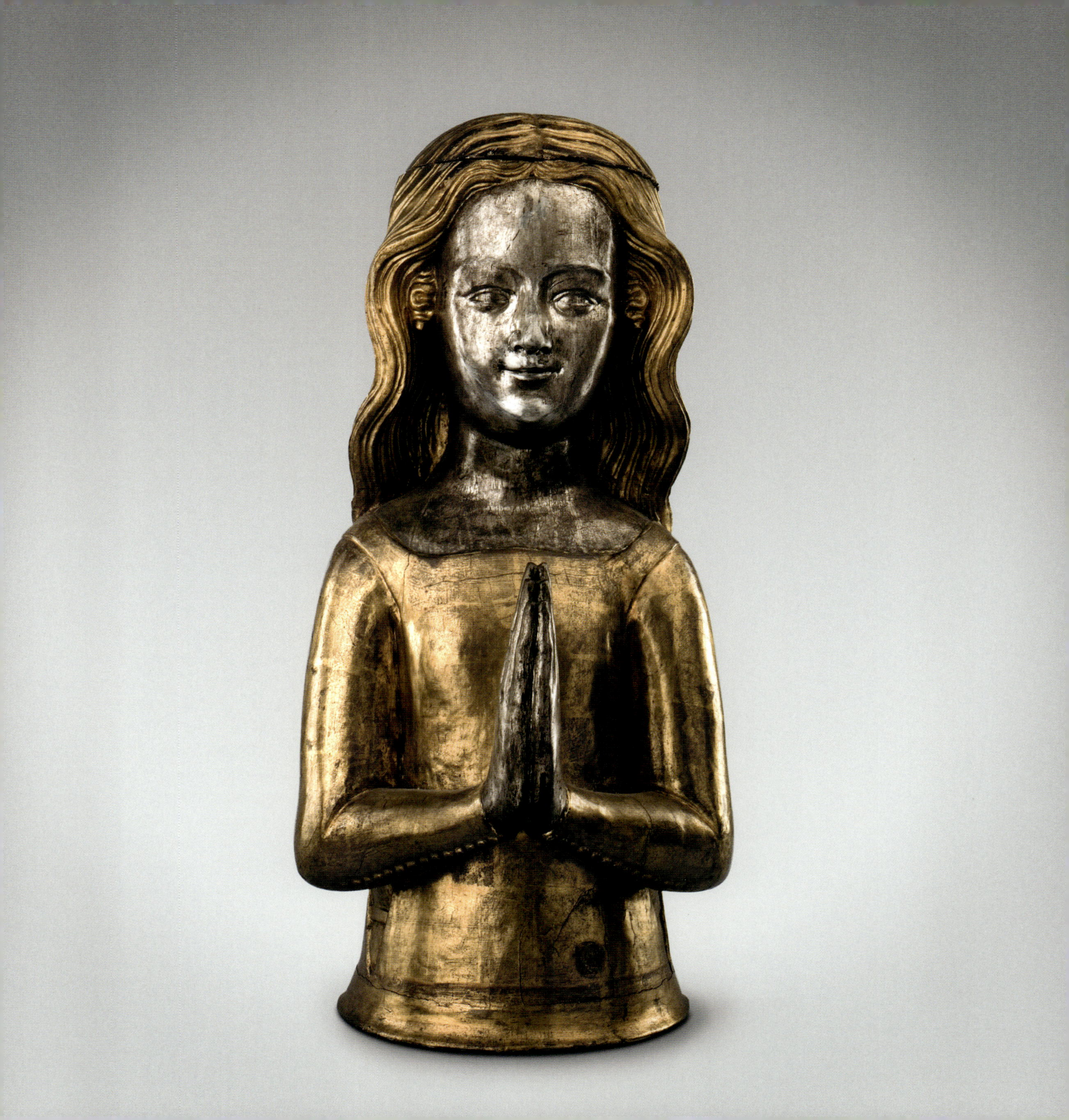

KATALOG-NR. 41
Mainz, ehemals St. Christoph
Um 1370/80
Grauer Sandstein
H. 64 cm, B. 119 cm

Mainz, Bischöfliches Dom- und Diözesanmuseum,
Inv.-Nr. PS 00135

GRABLEGUNGSGRUPPE

Die verschiedenen Gelegenheiten, bei denen Heilige in Lachen ausbrechen oder auch nur lächeln, sind verschwindend gering im Vergleich zu jenen Situationen, in denen sie weinen. In der hier gezeigten Grablegungsgruppe sind Johannes der Evangelist (links) sowie Maria Magdalena und zwei weitere Frauen mit Namen Maria, in Tränen ausgebrochen; in einem rituellen Trauergestus legt Johannes seine Hand an die Wange. Diese Trauer gilt einer heute nicht mehr erhaltenen Christusfigur, die einst wohl in Form eines Heiligen Grabes vor ihnen angebracht war.

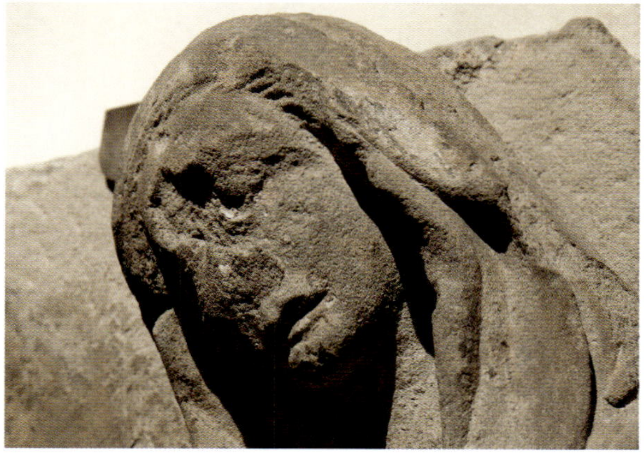

ABBILDUNG | 96
Grablegungsgruppe, Detail (Kat.-Nr. 41)

Im Neuen Testament wird zwar von den Umständen der Grablegung Christi und den teilnehmenden Personen berichtet; dass diese aber geweint hätten, davon wissen weder Matthäus (Mt 27,57-61), der das Ereignis am ausführlichsten darstellt, noch die übrigen Evangelisten etwas. Zum Zeitpunkt der Entstehung des Reliefs stand das mystische Versenken in die Leiden Christi und das hieraus resultierende Weinen bei Theologen wie Meister Eckart, Johannes Tauler oder Thomas a Kempis ungleich höher im Kurs als das Lachen (vgl. Beitrag Wilhelmy, S. 50f.). Dieses Phänomen ist aber nicht auf das späte Mittelalter beschränkt: Mit Ausnahme des 13. Jahrhunderts genießt das Weinen im gesamten Mittelalter eine höhere Wertschätzung als das Lachen. Grundlage hierfür sind die einschlägigen Stellen der Bibel, in denen immer wieder auf das irdische Jammertal hingewiesen wird, in dem das Lachen unangemessen sei. So heißt es im Brief des Jakobus (Jak 4,9): *„Klagt, und trauert und weint! Euer Lachen verwandle sich in Trauer, eure Freude in Betrübnis“*. Für den Mönch des Frühmittelalters waren Trauer und Weinen die Grundlage überhaupt, um in den Kreis derer, die für das Paradies bestimmt waren, aufgenommen zu werden. Zur Untermauerung dessen wurde häufig die Seligpreisung des Lukas herangezogen, in der es heißt: *„Selig, die ihr jetzt weint, denn ihr werdet lachen“* (Lk 6,21). Und in seinen Wehrufen betont der Evangelist ausdrücklich: *„Wehe euch, die ihr jetzt lacht, denn ihr werdet klagen und weinen“* (Lk 6,25). Aber genauso, wie das Lachen in der Welt endlich ist, so ist, im Vergleich zur ewigen Seligkeit, auch das Weinen endlich, wie der syrische Mönch Ephraim (4. Jh.) schreibt: *„Weinen wir jetzt in dieser Zeitlichkeit ein wenig, um in der Vollendung lachen zu können“*.[1] Auch die Trauer, die Johannes und die drei Marien in diesem Grablegungsrelief zeigen, wird endlich sein; aber nicht zuletzt durch ihr Weinen haben sich diese Heiligen einen Platz im Himmelreich verdient. Sie lehren so den spätgotischen Betrachter, das Lachen zu verwerfen und es ihnen im Weinen nachzutun.

WW

LITERATUR
Zum Objekt:
Arens 1961, S. 157.

Zum Weinen:
Schmitz 1980, S. 4–6.

ANMERKUNGEN
1 Zit. nach Steidle 1938, S. 277.

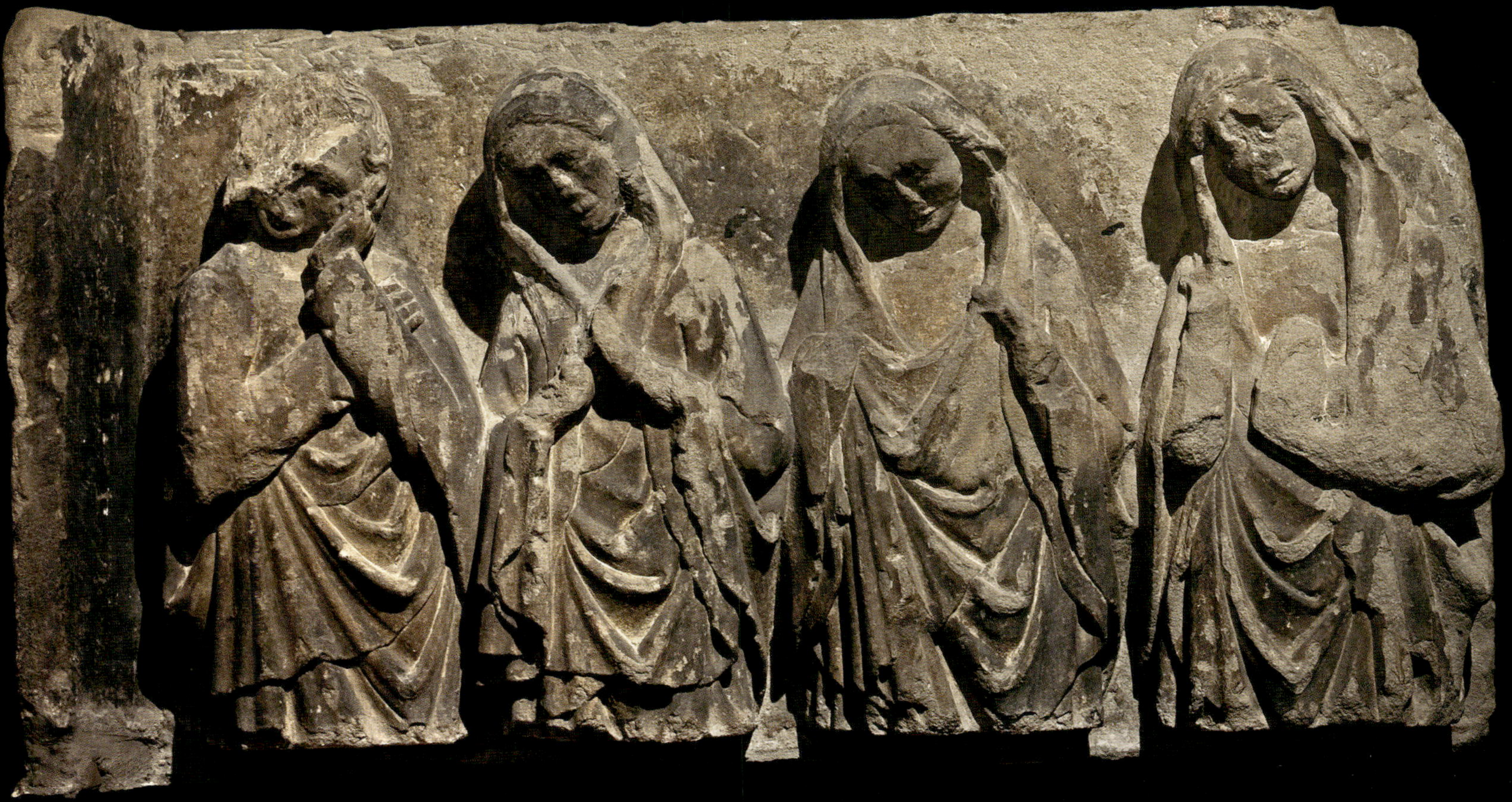

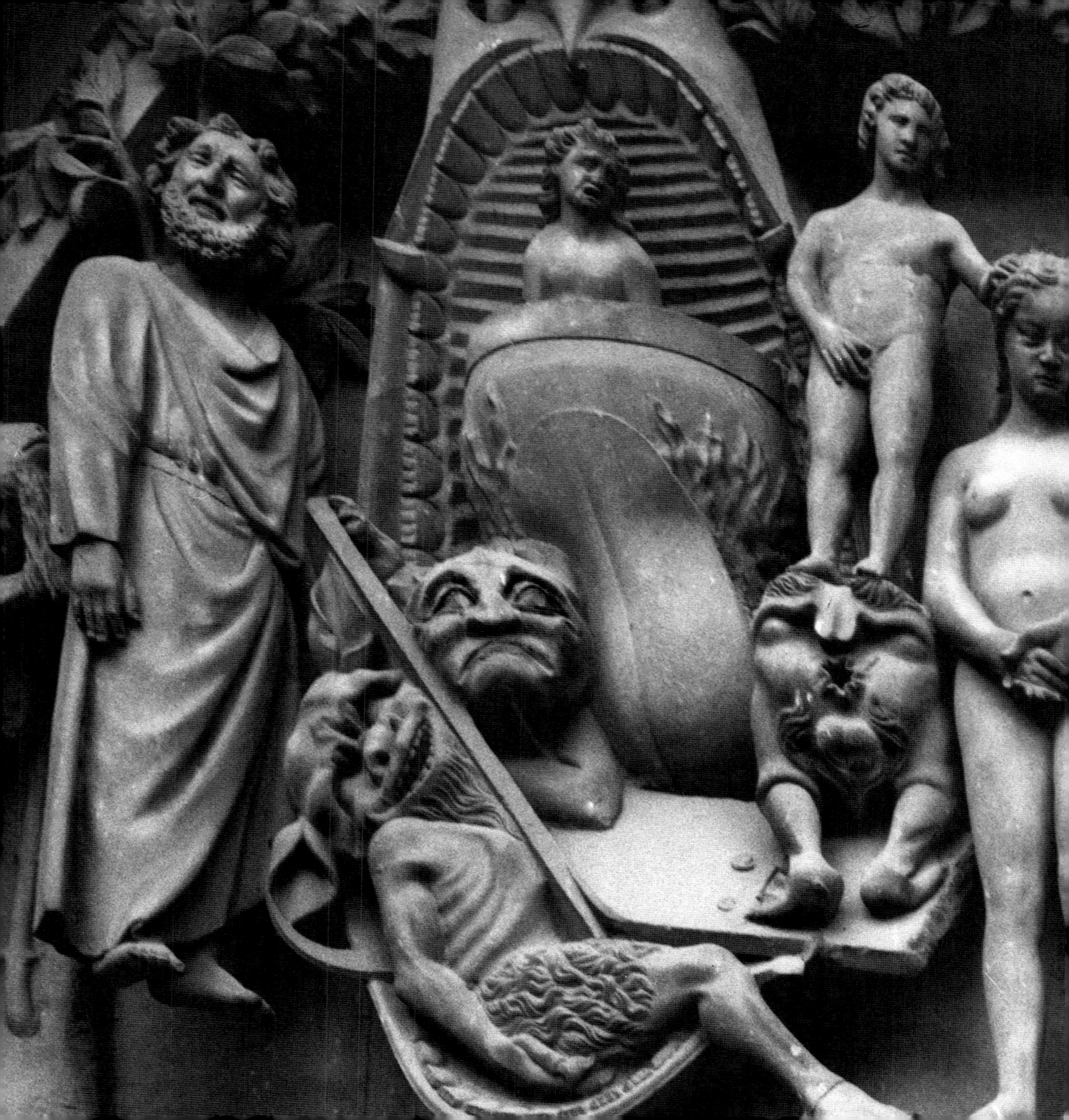

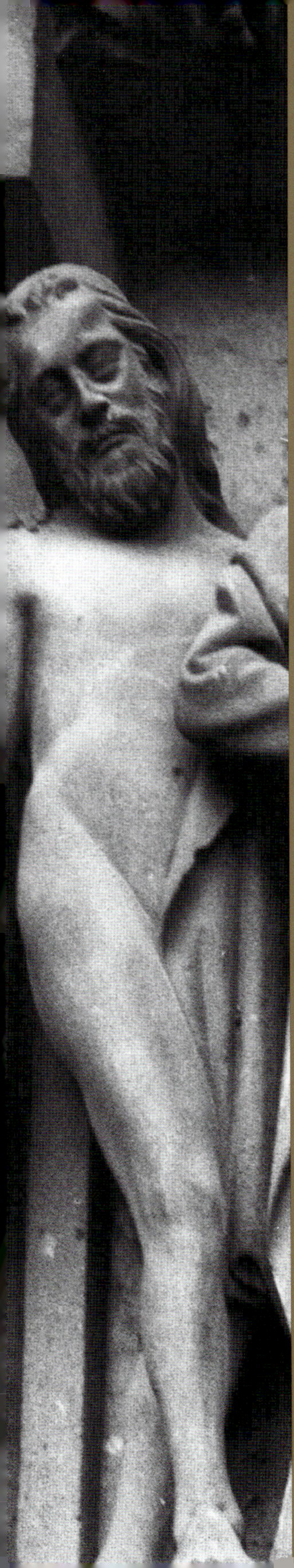

ABBILDUNG | 97
Lachender Teufel,
Straßburg, Münster,
mittleres Westportal
(Detail), um 1280

JENE LÄCHERLICHE MONSTROSITÄT: WORÜBER LACHTE DER MENSCH DES MITTELALTERS?

Ob maßvoll oder nicht – im Mittelalter wird, wie zu allen Zeiten, gelacht. Man delektierte sich schadenfroh am Missgeschick des Nachbarn oder brach angesichts komischer Situationen in schallendes Gelächter aus. Man lachte mit einem geliebten Menschen; es wurde gekichert, gescherzt und verspottet. Literatur und Kunst trugen zu diesem Lachen bei. Einiges an heiterer Literatur war aus der Antike herübergerettet worden, so die Komödien des Terenz, die allerdings aufgrund ihres gleichermaßen heidnischen wie unzüchtigen Inhaltes vor allem kirchlichen Kreisen suspekt waren. Auch Texte der Bibel wurden umgearbeitet und, wie z.B. in der Bibel-Parodie der *Cena Cypriani*, in einen neuen Kontext gestellt. Dem theologisch Gebildeten erschlossenen sich so neue Sinnbezüge, im Vordergrund stand aber mit Sicherheit das humoristische Element.

Der Humor der Epoche ist vergleichsweise derb. Unter humoristischen Vorzeichen wird betrogen und gemordet, gefressen und gerülpst, bis es am Schluss zu einer natürlichen Körperreaktion kommt, die im Frühmittelalter als *„schreckliches Lied"* umschrieben und noch in Dantes *Göttlicher Komödie* aufgegriffen wird, wenn es dort vom Anführer einer Rotte von Teufeln heißt: *„Noch seine Zähne darauf setzend, wies / Die Zunge jeder erst dem General, / Der auf dem Hintern die Trompete blies"* (Hölle, XXI, 139). Auch die bildende Kunst kennt dieses Motiv (Abb. 77, 97) und trägt damit zum Lachen im Mittelalter bei.

In der Buchmalerei entwickeln sich im Lauf der Jahrhunderte aus Initialen und Randverzierungen kunstvolle Rankenwerke, sogenannte „Drolerien", die von allerlei Fabelwesen, Grimassenschneidern und grotesk verrenkten Körpern belebt werden. Auch in die Bauplastik oder die Bildteppiche der Zeit ziehen, teils unter scharfer, vor allem monastischer Kritik, diese Mischwesen ein. Als Teil einer widernatürlichen Ordnung stellen sie die Welt, ganz wie in der Fastnacht, auf den Kopf. Selbst den heutigen Betrachter verleiten sie unwillkürlich auch nach 800 Jahren noch zum Mit-Lachen.

WW

KATALOG-NR. 42
Mischwesen mit weiblichem Oberkörper und Löwenpranken
Gipsabguss
Stützbrett NI 17N des Chorgestühls im Kölner Dom
Um 1320, H. 20 cm, B. 32 cm

Bonn, Kunstsammlungen des Kunsthistorischen Institutes der Rheinischen Friedrich-Wilhelms-Universität Bonn, Inv.-Nr. 316

KATALOG-NR. 43
Fabeltier-Teppich

Mittelrhein, um 1450/75
Kette: Leinen; Schuss: Wolle; 5 Kettfäden/cm
H. 66 cm, B. 305 cm

Mainz, Bischöfliches Dom- und Diözesanmuseum, Inv.-Nr. T 00497b

MISCHWESEN UND FABELTIERE

Seit dem 11. Jahrhundert bevölkerten Mischwesen aller Art die Chorgestühle der Kleriker und eroberten in Form von Bauplastik die Portale der Kirchen oder die Kapitelle der Kreuzgänge. Sie zierten, wie hier zu sehen, Wandteppiche (Kat.-Nr. 43), aber auch Buchdeckel, Trinkgefäße oder die Seiten der Codices. So entwickelte sich eine bunte Welt teils morbider, teils in ihrer Abnormität zum Lachen reizende Figuren, die Zeugnis ablegten von der unergründlichen Schöpferkraft Gottes. Das Mischwesen vom Kölner Domchorgestühl (Kat.-Nr. 42) ist prototypisch. Es zeigt den Kopf einer Frau auf einem Tierkörper. Fröhlich lächelnd kontrastiert seine durchaus erotische Erscheinung mit der ernsten Würde des kirchlichen Ambientes.

In der Mitte des 12. Jahrhunderts verurteilt Bernhard von Clairvaux solche Mischwesen aufs Schärfste, nicht zuletzt, weil sie den Mönch zu leerem Lachen anregen könnten. So schreibt er in einem Brief an Abt Wilhelm von St. Thierry: „*Was soll in den Kreuzgängen, vor den Augen der lesenden Brüder, jene lächerliche Monstrosität, diese ungestaltete Schönheit und die schöne Ungestalt? Was sollen dort all die unreinen Affen, wilden Löwen, monströsen Kentauren, Halbmenschen, die gefleckten Tiger, kämpfenden Krieger und die hörnerblasenden Jäger? Man sieht unter einem Kopf viele Leiber und an einem Leib viele Köpfe. Da hat ein Vierfüßler den Schwanz einer Schlange, oder ein Fisch den Kopf eines Säugetiers. Dort hängt am Vorderteil eines Pferdes eine halbe Ziege, hier trägt ein gehörntes Tier Pferdefüße am Hinterteil. Eine solche Vielfalt von Merkwürdigkeiten bietet sich dar, dass man lieber im Marmor liest als in den Büchern und den ganzen Tag anstaunt, statt über Gottes Gesetz nachzusinnen. Bei Gott! Wenn man sich schon nicht der Unschicklichkeit schämt, warum scheut man nicht wenigstens die Kosten?*“[1] Jene „*lächerlichen Monstrositäten*“ treten als Gegenbeispiele zur ebenmäßigen Schönheit der körperkontrollierten Heiligen auf und besitzen somit eine positiv-didaktische Funktion. Im nichtöffentlichen Bereich des Klosters mag eine solche Didaktik durchaus erfolgreich gewesen sein. In Pfarrkirchen hingegen verpuffte der Lerneffekt *ex negativo* vermutlich, und der einfache Mensch des Mittelalters kam nicht über ein unreflektiertes Lachen hinaus. Hierauf lassen jedenfalls Klagen schließen, wie sie noch in der Mitte des 15. Jahrhunderts Antonin, der später heiliggesprochene Erzbischof von Florenz, äußerte: „*Es erscheint auch überflüssig und eitel, in den Heiligenlegenden und in Kirchen Merkwürdigkeiten darzustellen, die nicht fromme Andacht fördern, sondern Lachen und Eitelkeit*“.[2]

WW

LITERATUR

Zum Mischwesen des Kölner Domchorgestühls:
Bergmann 1987, S. 26.

Zum Fabeltier-Teppich:
Wilhelmy 2000a, S. 35–44.

Zum Lachen über Mischwesen:
Kröll 1994.

ANMERKUNGEN

1 Zit. nach Kröll 1994, S. 74f., dort auch das lateinische Originalzitat.
2 Zit. nach Kröll 1994, S. 78, dort auch das lateinische Originalzitat.

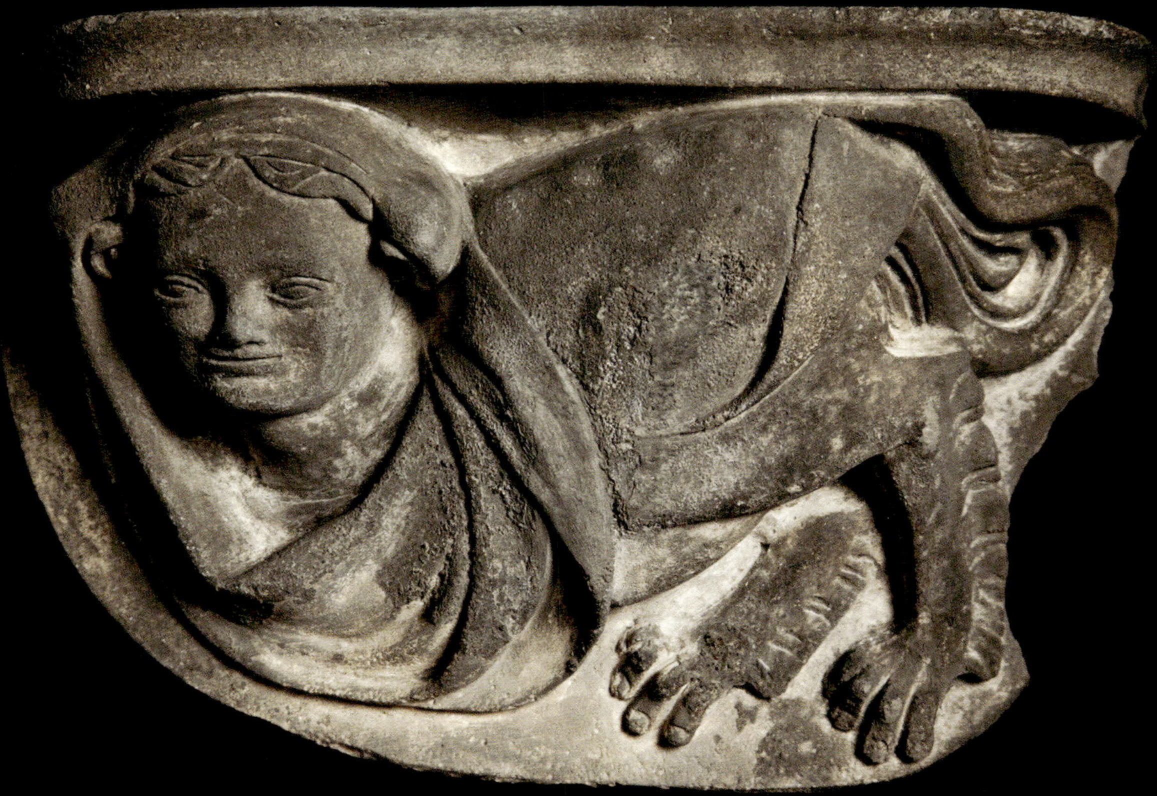

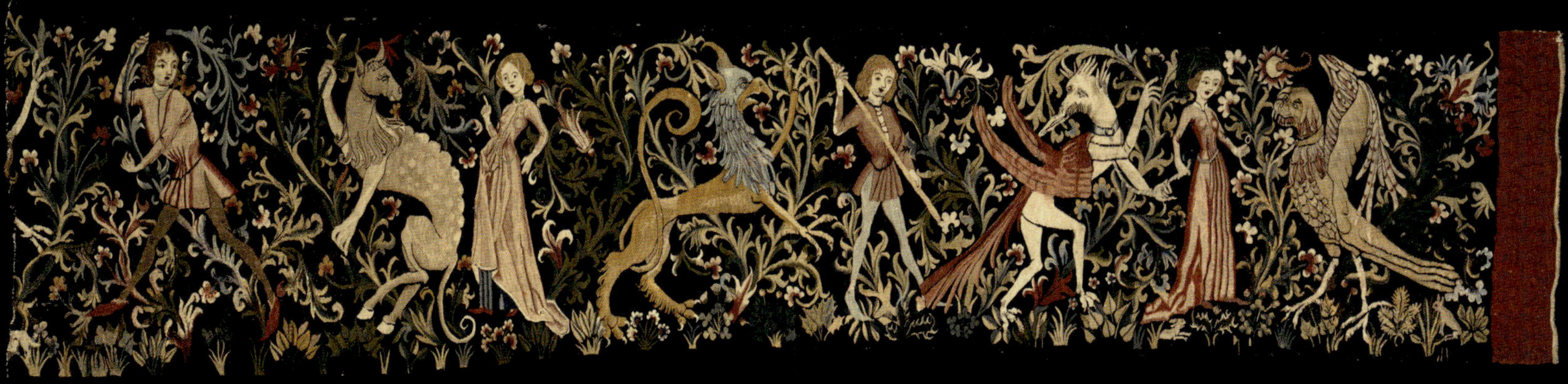

KATALOG-NR. 44
Antiphonar, ehemals Mainz, Karmeliterkloster Mainz, um 1430/35
Pergament, Deckfarben, Gold, H. 65 cm, B. 45 cm

Mainz, Bischöfliches Dom- und Diözesanmuseum, Inv.-Nr. B 00330c

DROLERIE MIT AFFE

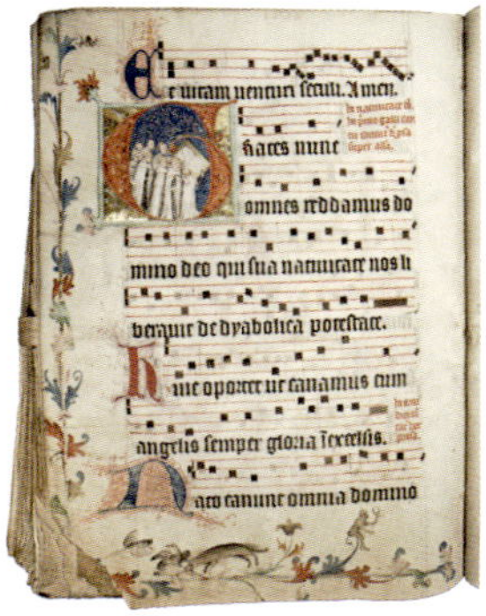

ABBILDUNG | 98
Drolerie mit Affe sowie *Singende Mönche*, Gesamtansicht (Kat.-Nr. 44)

Drolerien (frz. *drôle* = komisch) sind dekorative Zierformen, die spielerisch-scherzhaft Tiere, Monstrositäten oder abnorm verformte Lebewesen darstellen. Oft sind sie, wie auch hier, in die Rankenwerke mittelalterlicher Buchmalereien integriert. Hier jagt am Fuß der Seite ein Fuchs verschiedene Vögel, rechts hält ein labil auf einer Ranke thronender Affe einen Spiegel (?) empor.

In den Drolerien entfaltet sich eine verkehrte Welt, die zum Lachen reizt. Da predigt der Esel dem Papst, der Affe wird zum Klostervorsteher (s. u.) und der Bauer zieht den Karren, auf dem der Ochse Platz genommen hat. In der Literatur des 13. und 14. Jahrhunderts gibt es mit den sogenannten *Fastrasien* (vielleicht von lat. *farsura* = Füllung oder Verballhornung des griech./lat. *phantasma/phantasia*) ein vergleichbares Phänomen (vgl. Beitrag Köhnen, S. 61). Hier werden nach strenger Formvorgabe völlig skurrile Beziehungen zwischen eigentlich nicht zusammengehörenden Dingen hergestellt. Worte und Satzteile reihen sich scheinbar ohne innere Bezüge aneinander und entfalten eine in sich schlüssige verkehrte Welt, in der die kausalen Zusammenhänge aufgehoben sind. Es mischen sich Elemente der Minnedichtung mit mittelalterlicher Theologie; naturwissenschaftliches Wissen wird mit den Zoten der Posse und des Fastnachtspiels kombiniert. Erst im Surrealismus des 20. Jahrhunderts wird sich wieder eine vergleichbare Fülle von Sprachbildern entwickeln, und tatsächlich stehen die kunstvollen Sprachgebilde der *Fastrasien* den Bild- und Texterzeugnissen der französischen Surrealisten derart nah, dass man kaum an eine mittelalterliche Entstehung glauben mag. Doch in den französischen Bibliotheken[1] haben sich auch heute noch die Originalhandschriften erhalten, die in teils derber Vulgärsprache die ganze Welt der von der mittelalterlichen Kirche so kritisierten *scurrilitates* entfalten:

„‚Meine Dame, Euer Anblick‘,
sagt eine zweischneidige Streitaxt,
‚fand gestern in seinen Schriften,
dass eine gehörnte Äffin
zur Äbtissin wurde
von Sankt Anton in Paris.
Doch Gott ließ ein Lachen fallen,
denn er hatte seine ganze Freude verloren,
weil ein Ei von einem Rebhuhn
zu mir sagte: Ein Kothaufen vom Kranich
hat in mir die Liebe angefacht‘“.[2]

Das Gedicht stammt von Watriquet Brassenel de Couvin, der in der ersten Hälfte des 14. Jahrhunderts zumindest zeitweise mit einem Spielmannskollegen namens Raimmondin tätig war. Ein mittelalterliches Manuskript, das Watriquets Gedichte überliefert, spricht – selten genug und damit wohl auch voller Stolz – von deren Aufführungspraxis und den Zuhörern: *„Hier beginnen die Fatras, mit denen Raimmondin und Watriquet einen Wettstreit aufführten am Ostertag vor König Philipp von Frankreich“.*[3]
Bei diesem König handelt es sich vermutlich um Philipp VI. (reg. 1328–1350). Der Eintrag belegt, dass Philipp, wie es königliche Pflicht war, an seinem Hof für Spiel und Scherz zu sorgen wusste. Den Erfolg der Fastrasienkomik vorausgesetzt, zeigt er außerdem, dass Philipp wie sein heiliger Vorgänger Ludwig IX. (Kat.-Nr. 40), sicherlich ebenfalls herzhaft zu lachen vermochte. Dem Ideal des ernsthaften Königs (Kat.-Nr. 25) konnte er wohl nichts abgewinnen. Darüber hinaus wird deutlich, wie gerade an hohen kirchlichen Festtagen der heilige Ernst durch befreiend wirkende, heitere Aufführungen wie das institutionalisierte Osterlachen oder durch profane Lesungen, z. B. von Fastrasien, durchbrochen werden konnte.

WW

LITERATUR
Zum Objekt:
König 2011, S. 214f.

Zu den Drolerien:
Schilling 1958.

Zu den Fastrasien:
Dutli 2010.

ANMERKUNGEN
1 Z. B. Paris, Bibliothèque de l'Arsenal, ms. 3114 oder in Paris, Bibliothèque Nationale de France, F. fr. No. 1588, vgl. Dutli 2010, S. 135, Anm. 2.
2 *„Ma dame, vostre veüe, / Ce dist une besagüe, / Trouva hier en ses escris / C'une singesse cornue / Est abesse devenue / De Saint Antoine a Paris. / Mais Diex en geta un ris, / Car toute joie ot perdue, / Pour ce c'uns eus de pertris / Me dist c'uns estrons de grue / M'a de bien amer espris“*, zit. nach Dutli 2010, S. 87.
3 Zit. nach Dutli 2010, S. 125.

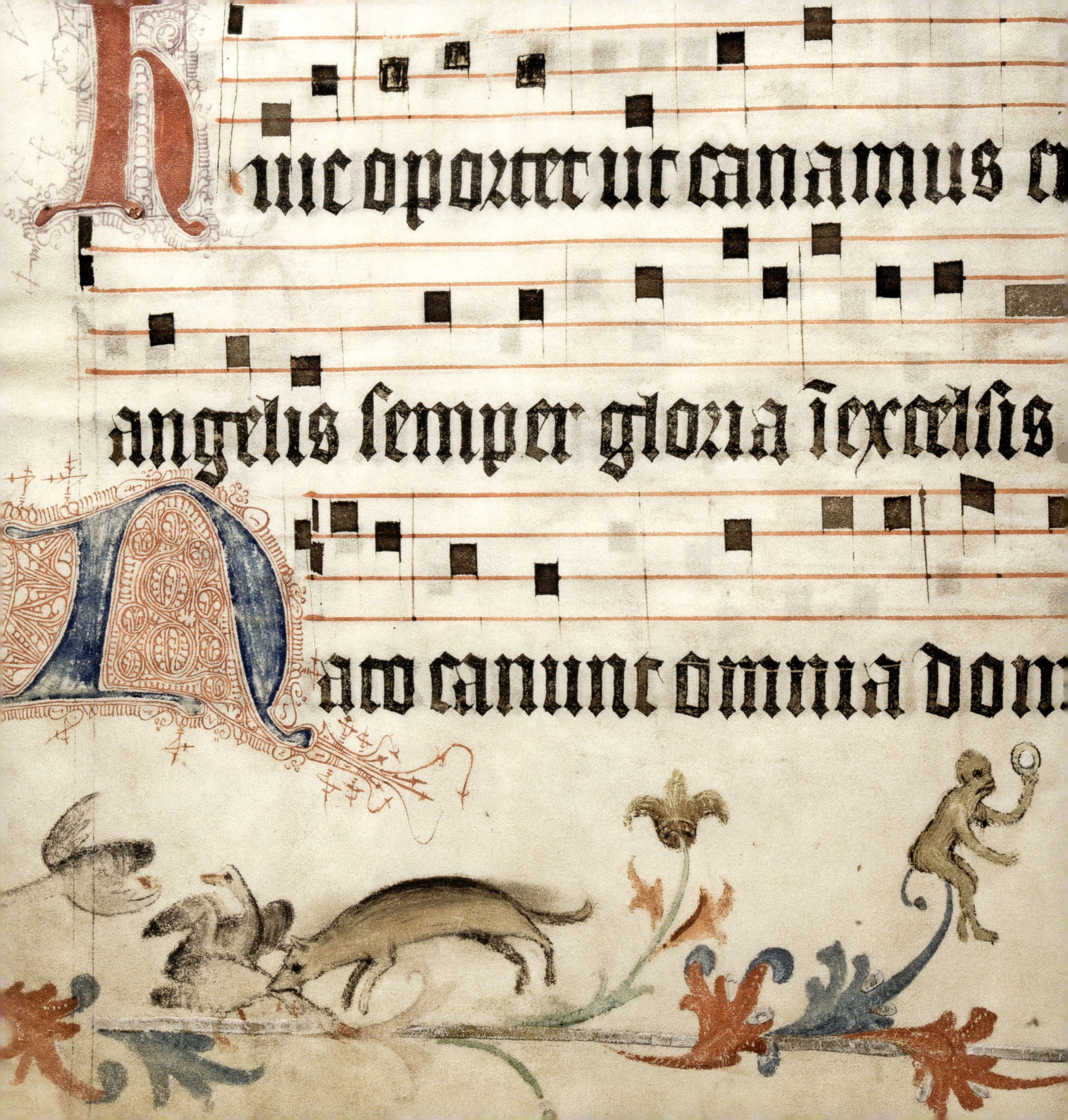
Hunc oportet ut canamus c
angelis semper gloria ĩ excelsis
Nam canunt omnia dom

KATALOG-NR. 45
Evangeliar, ehemals Mainz, St. Viktor
Um 1400, Pergament, Deckfarben, Gold
H. 32 cm, B. 24 cm

Mainz, Bischöfliches Dom- und Diözesanmuseum,
Inv.-Nr. S 00261

DROLERIE MIT EULE UND GEBURT JOHANNES D. T.

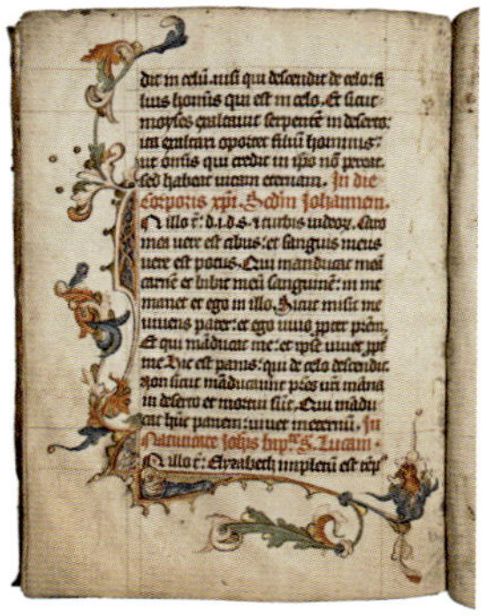

ABBILDUNG | 99
Drolerie mit Eule und Geburt Johannes d. T., Gesamtansicht (Kat.-Nr. 45)

Zum Lachen reizende Bauplastik oder Buchmalerei wurde während des gesamten Hoch- und Spätmittelalters geschaffen, zugleich aber immer wieder, vor allem in monastischen Kreisen, streng verurteilt. Während in Frankreich Bernhard von Clairvaux ihr schärfster Kritiker war (Kat.-Nr. 42, 43), ist es in England ein anonymer Autor, vermutlich der Zisterzienserabt Adam von Dore, der im frühen 13. Jahrhundert gegen Drolerien und Mischwesen aller Art polemisiert: *„Schmerzlich berührt davon, in Gottes Tempel närrische Bilder und Monstrositäten zu finden, die eher Mißgeburten als Schmuck darstellen, habe ich mich bemüht, die Sinne und Augen der Gläubigen, wenn dies möglich ist, auf ehrbarere und nützlichere Weise zu beschäftigen. Da unsere Zeitgenossen ihre Augen von eitler und schändlicher Wollust betören lassen, und es – besonders in den Münster- und Pfarrkirchen, wo der Gottesdienst öffentlich ist – nicht leicht sein wird, die unnützen Bilder gleich und gänzlich abzutun, halte ich es für ein entschuldbares Zugeständnis, wenn man wenigstens solche Bilder genießt, die als Buch der Laien imstande sind, einfachen Leuten das Göttliche nahezubringen und bei Gebildeten eine Liebe zu den Schriften zu fördern. Denn […] was nimmt sich wohl in der Nähe des göttlichen Altars schicklicher und ersprießlicher aus: die doppelköpfigen Adler, einen Löwen mit vier Leibern, Kentauren mit ihren Köchern, wiehernde Bauchgesichter, die angeblich logische Chimäre, erdichtete Fabeln von Wolf und Fuchs, flötende Affen und den harfespielenden Esel des Boethius zu begaffen, oder [Aufzählung biblischer Themen] die Werke des Herrn und Erlösers und die enthüllten Geheimnisse des Evangeliums in ihrem Glanze zu schauen?“*[1]

Der Maler der hier gezeigten Drolerie hat die oben zitierte Passage vermutlich nicht gekannt, doch sein Werk hätte dem Zisterzienserabt sicherlich gefallen. In einer überaus kunstvoll verschlungenen Ranke, die reich koloriert und mit goldenen Glanzlichtern besetzt ist, tummelt sich zwar, wie üblich, anmutig anzusehendes Getier: So sitzt in der Mitte der Randleiste eine Eule und am unteren Zierrahmen rechts lauert in einer Blüte ein Bär (?). Doch an der Biegung der Ranke in der unteren linken Ecke hat der Illustrator, ganz nach dem Ansinnen des englischen Abtes, ein frommes Geschehen eingebunden: Hier liegt Elisabeth, der Maria in der Heimsuchung die Geburt ihres Sohnes vorausgesagt hatte (Kat.-Nr. 30–31), mit Johannes dem Täufer im Arm. Darüber ist Zacharias, der Vater des Johannes, zu sehen, der den Namen des Neugeborenen aufschreibt (Lk 1,63). Das in die Drolerie integrierte biblische Thema ist durch den Text des Evangeliars, das nach der Zerstörung des Klosters St. Viktor 1522 in das Johannisstift und schließlich in den Domschatz gelangte, vorgegeben: Groß wird hier in roter Schrift die Geburt des Täufers hervorgehoben.

WW

LITERATUR
Zum Objekt:
Kautzsch/Neeb 1919, S. 369f.

Zur Drolerie:
Schilling 1958.

ANMERKUNGEN
1 Zit. nach Kröll 1994, S. 77, dort auch das lateinische Originalzitat.

manet et ego in illo. Sicut m
uiuens pater: et ego uiuo p
Et qui mãducat me: et ipse u
me. Hic est panis: qui de celo d
Non sicut mãducauerunt p̄res u
in deserto et mortui sunt. Qui
cat hunc panem: uiuet in eter
Natiuitate Iohis bapte. Eg. L
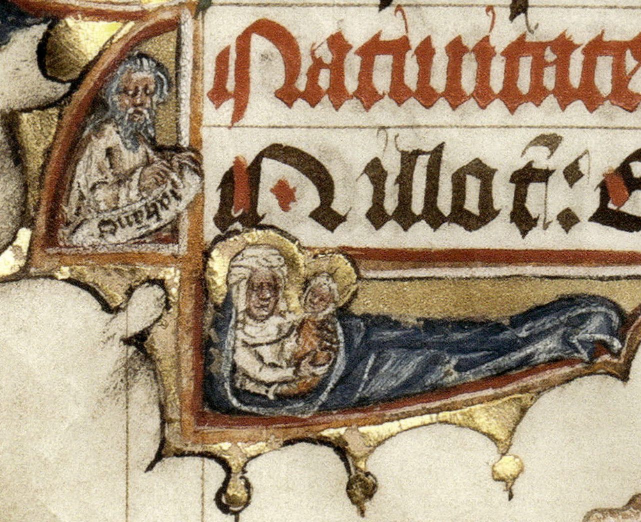
In illo t: Elyzabeth impletu

KATALOG-NR. 46
Ehemals Mainz, Dom, Ostlettner
Um 1430/40
Grauer Sandstein
H. 21 cm, B. 27 cm

Mainz, Bischöfliches Dom- und Diözesanmuseum,
Inv.-Nr. PS 08136

GRINSENDES MISCHWESEN

Der einstige Gewölbeschlussstein des in der Mitte des 15. Jahrhunderts errichteten Ostlettners des Mainzer Domes zeigt ein rundes, halb tierisch, halb menschlich wirkendes Gesicht. Die dicken Wülste oberhalb der Augen und die breite gedrückte Stirn wirken wie die Züge eines Hominiden der Frühzeit; die Ohren hingegen scheinen, ebenso wie der überbreite Mund, dem Tierreich entlehnt. Ein kehliges Lachen entsteigt dem Mund des Mischwesens: Die wulstigen Lippen sind weit geöffnet und geben eine Reihe breiter Zähne frei. Eine Analogie zu den zwei Jahrhunderte älteren Masken in den Obergeschossen der Kathedrale von Reims (Abb. 58) ist unverkennbar; allerdings sind die eindeutig menschlichen Züge jener Gesichter hier stark vergröbert.

Entblößte Zähne stehen in der mittelalterlichen Ikonographie, ähnlich wie offen getragene Haare, für das Lasterhafte an sich. Denn Zähne zeigen ist nach mittelalterlicher Sittenlehre die direkte Einladung zur Unzucht und damit vor allem – aber nicht nur – den Dirnen eigen. In den Fastnachtsspielen des Spätmittelalters ist es ein gängiger Topos; in diesen wilden Tagen bedeutet es die ungeschminkte Einladung der Frau an den begehrten Mann, wenn, so der Dichter Otto zem Turne I., *„ir mundlein stets zu lachen stat, darauß ir zenlein weiß her glitzen und grublein auf iren wangen sitzen“*.[1] Zähne zeigen verbindet sich mit einem lauten ungezügelten Lachen, das im mittelalterlichen Latein mit *cachinnatio* umschrieben und in der Bibel als *risus dentium* verurteilt wird.[2] Der lachende Mund öffnet den „Zaun“ der Zähne und ermöglicht es so der Sünde, vom Körper Besitz zu ergreifen bzw. sich aktiv am Gegenüber zu versündigen. Denn, so die mittelalterliche Physiologie, Augen und Mund sind die Endpunkte zweier im Herzen, dem Sitz der Seele, wurzelnder Äste.

Um die Seele zu schützen, so beschreibt es die für den frühmittelalterlichen Mönch verbindliche *Magisterregel* im 6. Jahrhundert, versperrt der *„Riegel der Zähne das Tor des Mundes“*. Dieser Riegel dient dazu, lediglich das Gute aus dem Körper herauszulassen und dem Bösen (z. B. dem Neid) den Ein- und Austritt zu verwehren. Spöttisches, böses oder gar schmutziges Lachen dürfen die Zähne daher nicht freigeben, sondern ihr Riegel muss den Mund so versperren, dass es im Körper zurückgehalten wird und das Gegenüber nicht verletzt. Gleichzeitig dient er dazu, die Zunge im Zaum zu halten, denn diese ist als ausführendes Organ Vehikel aller Schlechtigkeit. Von ihr, so vermerkt Meister Freidank in seinen um 1228/29 unter dem Titel *Bescheidenheit* veröffentlichten moralischen Sentenzen, geht fast ausschließlich Schlechtes aus, sie ist verantwortlich für Missverständnisse, Zank und Krieg.[3]

Die Mainzer Maske war einst im Inneren des Ostlettners am Übergang vom Hauptschiff zum Pfarrchor angebracht. Die Besucher der dort zelebrierten Hl. Messe schritten unter der Maske hindurch und wurden von ihr auf den *per se* zwiespältigen Charakter des Lachens hingewiesen und zu dessen Zügelung und rechtem Gebrauch angehalten.

WW

LITERATUR
Zum Objekt:
AK Mainz 2011, Kat.-Nr. 56a, S. 473f.

Zum zähnezeigenden Lachen:
Le Goff 2004, S. 26f., dort auch die angeführten Zitate.

ANMERKUNGEN
1 Zit. nach Kremer 1961, S. 79.
2 Wehrli 1982, S. 18.
3 Vgl. Derron 2008, S. 135.

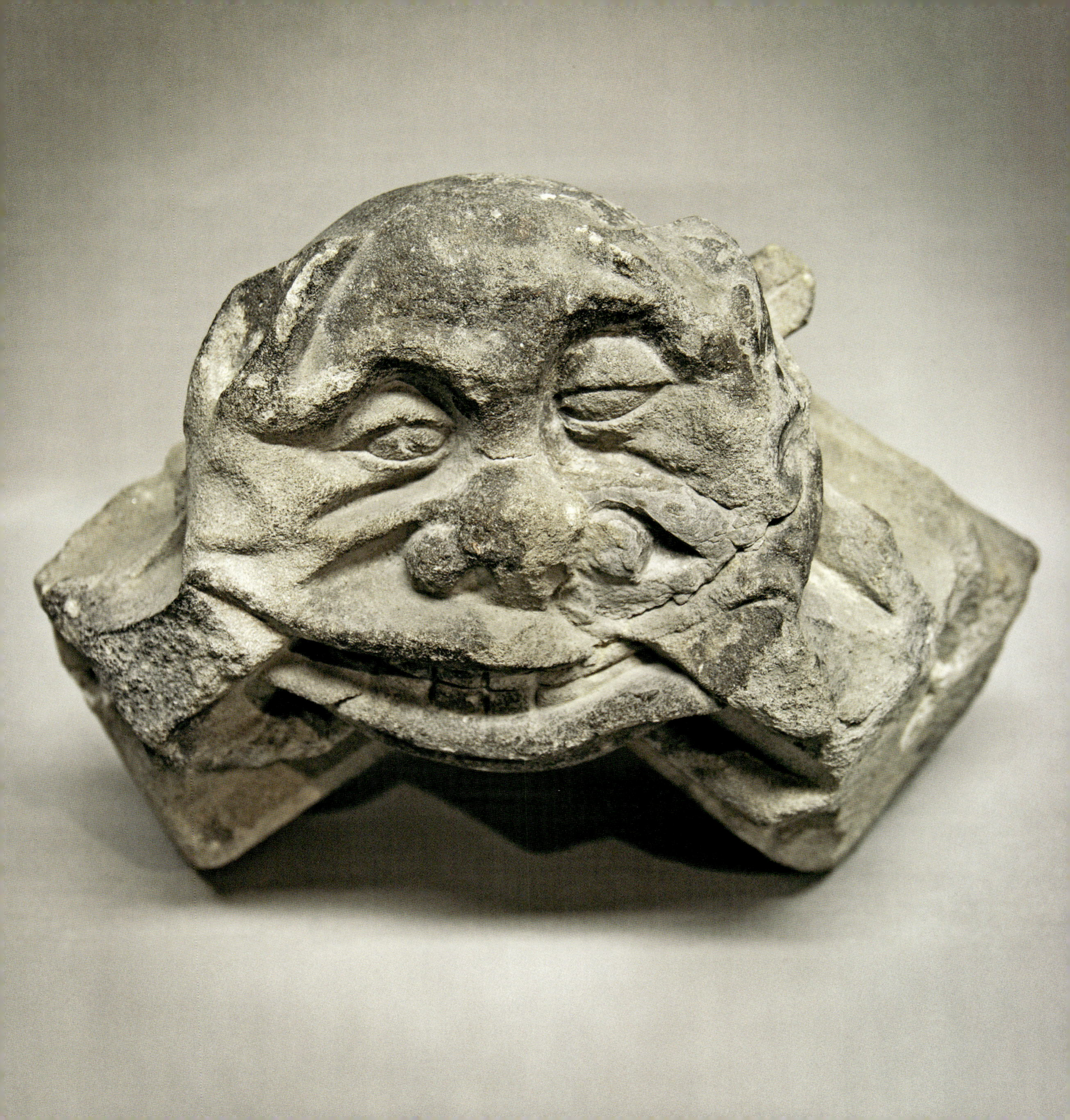

KATALOG-NR. 47
Sancti Caecilii Cypriani Opera
Bremen, 1690, H. 37 cm, B. 23 cm
VD 17 3:311307R

Mainz, Martinus-Bibliothek, B 382, S. 50f.

CENA CYPRIANI

Im *Namen der Rose* träumt der Novize Adson von Melk einen seltsamen Traum. Ein König namens Joel lädt anlässlich einer Hochzeit für eine Vielzahl von biblischen Gestalten zum Gastmahl ein, angefangen bei Adam und Eva über Judas und Jesus bis hin zu verschiedenen frühchristlichen Märtyrern. Dem Traum liegt die sogenannte *C(o)ena Cypriani* zugrunde. Der Inhalt dieses Werkes ist derart skurril, das viele Leser es sicherlich für ein Phantasieprodukt Ecos halten. Doch die *Cena* gibt es wirklich. Im Frühmittelalter fälschlich dem Bischof Cyprian von Karthago († 258) zugeschrieben, ist sie das Werk eines wohl im späten 4. Jahrhundert tätigen anonymen Autors unbekannter Herkunft. Der Text erfreute sich im Mittelalter größter Beliebtheit. Noch heute hat er sich in über fünfzig Handschriften erhalten, und prominente Gelehrte wie Hrabanus Maurus oder Johannes Diakonus hielten es in karolingischer Zeit nicht für unter ihrer Würde, das Werk zu bearbeiten. Erst in der Neuzeit mit ihrem veränderten Verständnis von Humor empfand man das Werk als blasphemisch. Der Witz der Schrift ergibt sich aus der Beschreibung der handelnden biblischen Personen, die in knappen Worten durch ihre Eigenschaften und Taten charakterisiert werden. Zunächst setzen sich die Gäste zum Mahl, und zwar: *„Susanna in den Garten, Absalon in eine Laubbaumkrone, Judas auf eine Geldschatulle, Petrus auf einen Stuhl, [nur] Hiob schmerzte es, daß er alleine im Mist saß"*. Man kocht zusammen, ißt und trinkt, danach unterhält man sich gegenseitig: *„Herodias tanzte, Asarja sprach Lob, Jambres machte Zauberkunststücke, Isaak lachte, Judas gab einen Kuß"*. Doch dann kommt es zum Eklat, denn es stellt sich heraus, dass einige Festteilnehmer Diebe sind: *„Achan hatte nämlich eine bunte Decke gestohlen, Rahel ein goldenes Bildchen, Thekla einen silbernen Spiegel, Benjamin einen Trinkbecher, Tamar einen Siegelring, Judit eine zum Teil seidene Dekke, David eine Königslanze"*. Nun werden alle verhört oder gefoltert, wobei sich herausstellt, dass *„Achan, der Sohn des Karmi, allein des Diebstahls schuldig war"*. Deswegen wird er grausam hingerichtet: *„David traf ihn mit einem Stein, Aaron schlug ihn mit einem Stab, Jesus mit einer Geißel, Judas schlitzte ihm den Bauch auf"*. Doch auf Geheiß des Königs wird Achan würdig bestattet: *„Josef schuf ein Grabmal, Nahor errichtete es, Maria legte Spezereien auf, Noah verschloß das Grab, Pilatus besorgte die Inschrift, Judas empfing den Lohn. Danach schrie Zacharias voll Freude, Elisabeth war außer Fassung, Maria war verblüfft und Sarah lachte über die Tat"*.[1]

Im Mittelalter hat man keine Hemmungen, sich über Grausames zu amüsieren oder über Sakrales zu lachen; der neuzeitliche Blasphemieverdacht lag jener Epoche noch fern. Nachweislich wurde die *Cena* im Mittelalter an den Ostertagen verlesen, und die karolingischen Bearbeiter des Werkes fordern ihre illustren Zuhörer ausdrücklich zu Freude und herzhaftem Lachen auf. So wünscht Hrabanus Maurus einem König (vermutlich Lothar II.) viel Vergnügen und Johannes Diakonus hofft in seinem Epilog, dass sein Werk selbst den hier direkt angesprochenen Papst (Johannes VIII., reg. 872–882) zum Lachen bringen möge: *„Es beliebte mir zu spielen; nimm den Spielenden an, Papst Johannes; wenn es gefällt, kannst du auch selbst lachen"*.[2]

WW

LITERATUR
Zum Objekt: unpubliziert.

Zur Cena Cypriani: Modesto 1992.

ANMERKUNGEN
1 Zit. nach Modesto 1992, S. 17, 27, 31, 35.
2 Zit. nach Modesto 1992, S. 201.

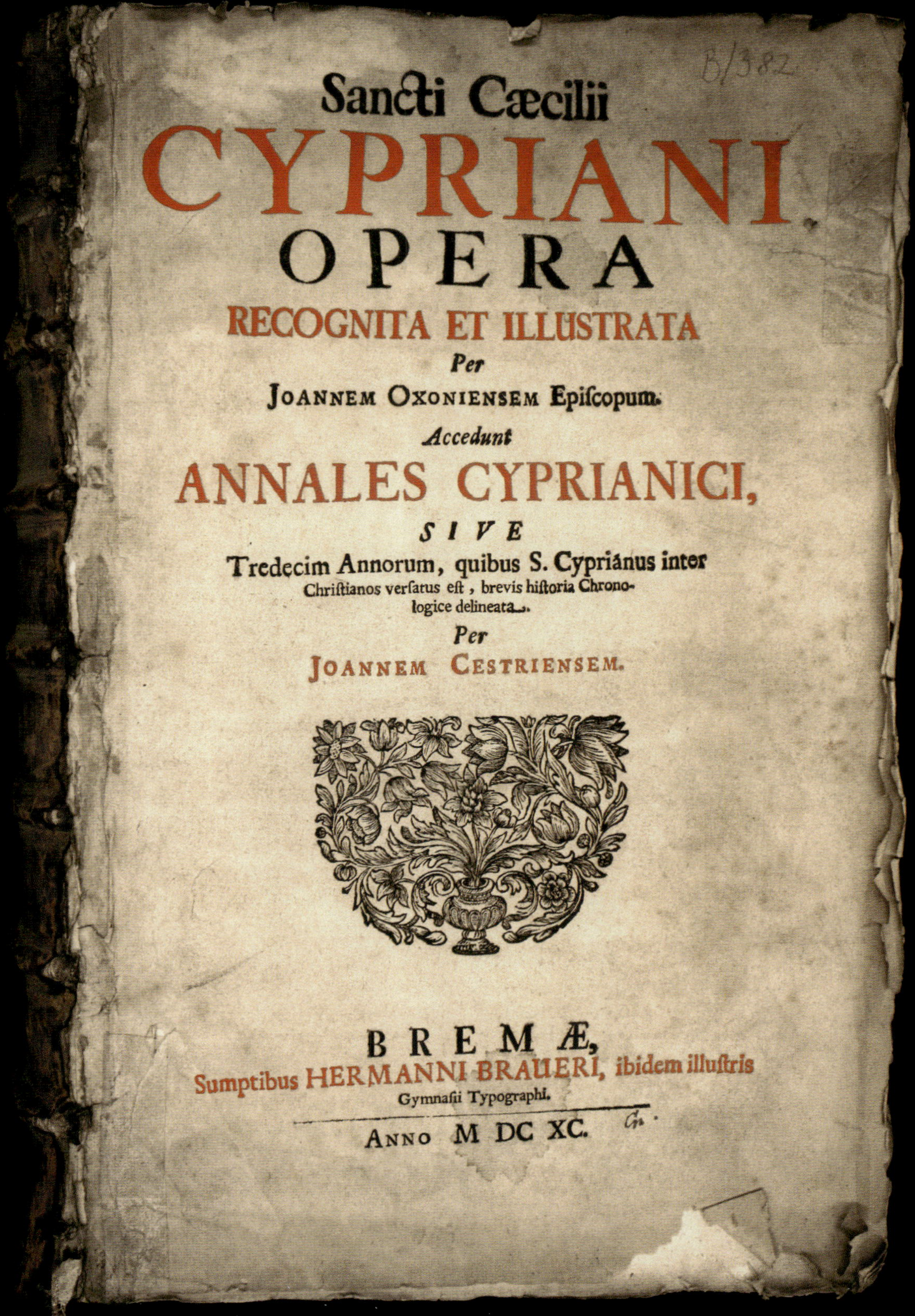

Sancti Cæcilii

CYPRIANI

OPERA

RECOGNITA ET ILLUSTRATA

Per

JOANNEM OXONIENSEM Episcopum.

Accedunt

ANNALES CYPRIANICI,

SIVE

Tredecim Annorum, quibus S. Cyprianus inter Christianos versatus est, brevis historia Chronologice delineata.

Per

JOANNEM CESTRIENSEM.

BREMÆ,

Sumptibus HERMANNI BRAUERI, ibidem illustris Gymnasii Typographi.

ANNO M DC XC.

KATALOG-NR. 48
Publius Terentius Afer
Comoediae (Terenzkomödien)
Straßburg, 1496
H. 31 cm, B. 22 cm, GW M45481

Mainz, Martinus-Bibliothek, Inc. 69, Titelblatt

THEATRUM

Auch im Mittelalter dienten Komödien der Belustigung. Selbst wenn es keine durchgängige Aufführungspraxis gab – hiervon kam man bestenfalls am Ende der Epoche sprechen – wurden Komödien doch gelesen, wenn auch meist „nur" als didaktische Stilübung. Am bekanntesten waren die Komödien des römischen Dichters Publius Terentius Afer (um 195/190 – um 159 v. Chr.). In der Spätantike stark rezipiert, fanden sie Eingang in die Literatur der Karolingerzeit und wurden seitdem stetig kopiert.
Noch heute überliefern ca. 750 mittelalterliche Handschriften die Komödien des Terenz; nur die Werke von Vergil und Horaz waren seinerzeit noch weiter verbreitet. Neben dem humoristischen Aspekt schätzte man vor allem die moralischen Sentenzen, die sich den Stücken entnehmen ließen; nicht zuletzt deshalb blieben die Komödien des Terenz das ganze Mittelalter hindurch fester Bestandteil der Schullektüre. Weniger angetan war man selbstverständlich von der Darstellung der heidnischen Götter, die oftmals in das Geschehen eingriffen, sowie von den teils drastisch geschilderten sexuellen Handlungen. Auch Protagonisten wie die einer Komödie den Titel gebenden Eunuchen oder die ungeniert ihrem Gewerbe nachgehenden Prostituierten fanden kaum die Billigung der oftmals monastischen Rezipienten.

Im 10. Jahrhundert entschloss sich daher die Nonne Hrotsvit von Gandersheim (um 935 – um 975) den in den Klöstern allzu beliebten terentischen Komödien eigene Werke entgegenzusetzen. Sie verfasste sechs (Lese-)Dramen, die ausdrücklich als Imitation des Terenz eingeführt werden. Hrotsvits eigentliches Ziel war es aber, dessen derben Humor und seine *„Unzucht üppiger Frauen"* durch die *„löbliche Reinheit heiliger Jungfrauen"* zu ersetzen. Es handelt sich bei Hrotsvits Werken zwar eher um „ernste Dramen", aber die gewählten Stoffe erinnern stark an die „klassische" Komödie: Da geht es gleichfalls um Verführung, Unkeuschheit und käufliche Liebe. Verführer wie Prostituierte werden jedoch im Lauf des Geschehens bekehrt und lassen am Ende von ihrem unzüchtigen Tun ab. Einer Komödie am nächsten kommt Hrotsvits Drama *Dulcitius*, in dem ein Statthalter drei heiligen Jungfrauen nachstellt und in seiner (gottgewollten) Verblendung drei rußige Kessel umarmt, worauf er schwarz wie der Teufel vor seine Soldaten tritt – was die versteckt zuschauenden Jungfrauen als *„lächerlich"* (*ridiculum*) kommentieren. Und selbst vor dem zu allen Zeiten beliebten Fäkalhumor schreckt die Nonne nicht zurück, wenn sie in der moralischen Legende *Gangolphus* eine Ehebrecherin mit der lebenslangen Strafe dröhnenden Furzens belegt – ein Motiv übrigens, das spätestens seit der Karolingerzeit fest mit der Legende des strafenden hl. Gangolph verbunden war und in der bildlichen Darstellung des höllischen Gelächters beständig wiederkehrt (Abb. 77, 97).

Jenseits der geistlichen Spiele gibt es seit dem 12. Jahrhundert die profane Gattung der sogenannten „Elegienkomödie", die ebenfalls in derb-drastischer Komik erotische und schwankhafte Motive verarbeitet. Dabei entfaltet sich die ganze Palette des Humors, die von feiner Ironie bis hin zur drastischen Verspottung reichen kann.

WW

LITERATUR
Zum Objekt:
Villa 1999.

Zur mittelalterlichen Terenzrezeption:
Wehrli 1982, S. 20–22.

Terentiꝰ cū

Directorio — Vocabulorū / Sententiarū / artis Comice

Glosa iterlineali

Comẽtarijs — Donato / Guidone / Ascensio

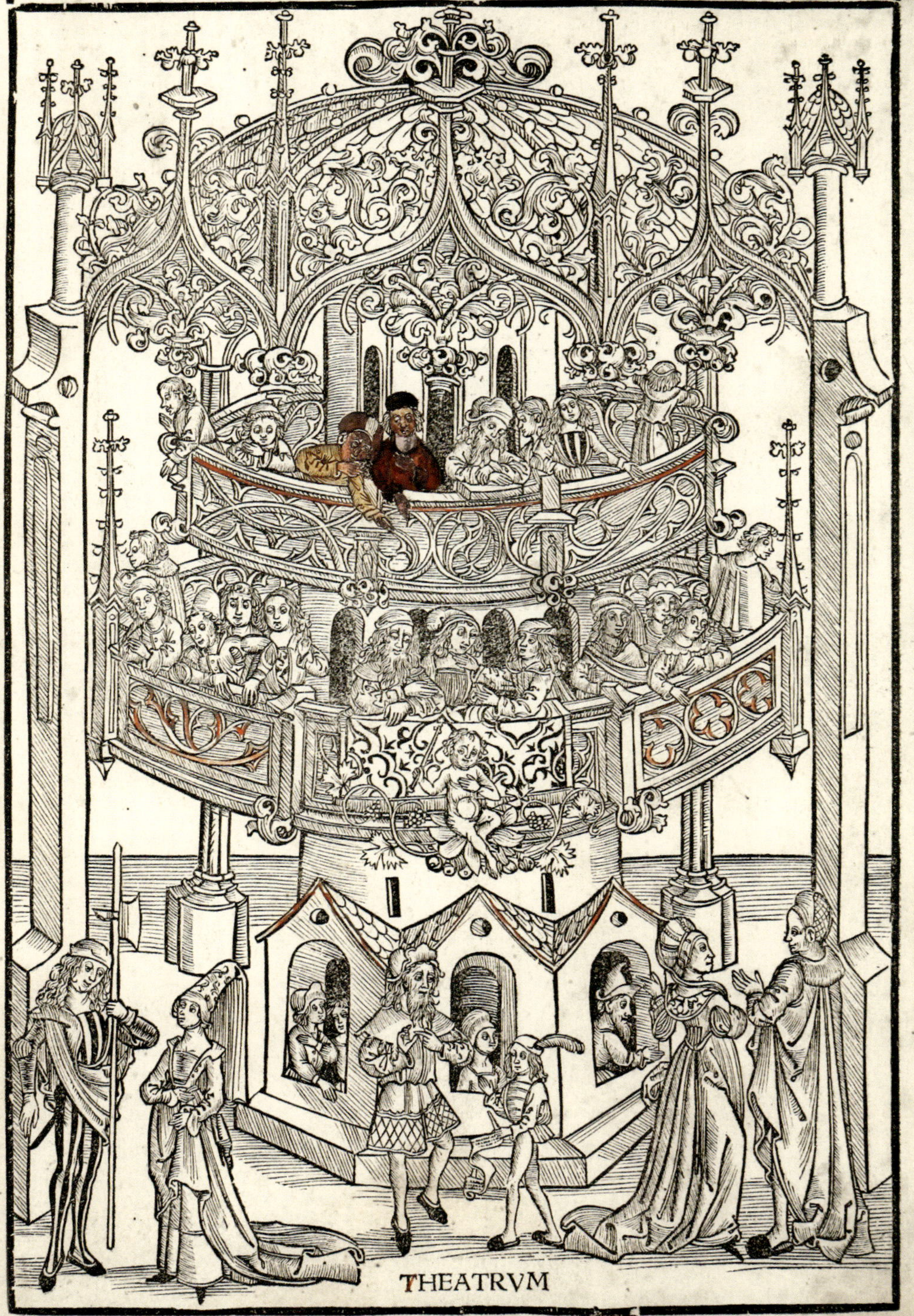

KATALOG-NR. 49
Sebastian Brant, Doctor Brants Narrenschiff (Erstausgabe 1494)
Basel 1509, H. 21 cm, B. 15 cm (Holzschnitt), VD 16 B 7066

Mainz, Martinus-Bibliothek, Inc. 484–486, Titelblatt

NARRENSCHIFF

Sebastian Brant (1457–1521), Jurist und Stadtschreiber in Straßburg, veröffentliche an Fastnacht (!) 1494 die deutsche Ausgabe seines *Narrenschiffes* (lat. Ausgabe 1497). Dabei handelt es sich um einen religionsdidaktischen Gedicht- und Bildzyklus, in dem moraltheologische Gedanken strikt auf den Alltag bezogen werden. Die in Satireform vorgetragenen Tadelssprüche beziehen sich gleichermaßen auf den Einzelnen wie auf Vertreter der unterschiedlichsten Berufsstände. Gesellschaftliches Fehlverhalten wird ebenso kritisiert wie Haltungen, Sitten und Gebräuche der Epoche – gleich ob es sich um religiösen Ungehorsam handelt, alltägliche justiziable Dinge wie Betrug und Unterschlagung oder Hochmut, Spielsucht, körperliche Liebe im Übermaß, Völlerei und Prasserei. Der Katalog der mittelalterlichen Todsünden wird mitzitiert und mit Blick auf das zeitgenössische Leben aktualisiert. Ziel der Satire ist die Einsicht des Einzelnen in seine Fehler, die ihm gleichsam wie in einem Spiegel zur *„erfolgung der wyßheit / vernunfft / und gueter sytten“* vorgehalten werden.[1] Durch die dadurch erzielte Selbsterkenntnis sollen „staatstragende“ altrömisch-christliche Tugenden zurückgewonnen und im Dienste des Gemeinwesens konstruktiv einsetzt werden.

Das Lachen ist dabei das Kennzeichnen des Törichten und sollte daher bestenfalls maßvoll ausgeübt, oder, noch besser, überwunden werden. Denn wenn die Menschen (töricht) lachend versuchen, die Welt zu verbessern, dann vergessen sie darüber Gott oder verfallen auf das, wie es im 28. Kapitel des *Narrenschiffs* heißt, *„wider gott reden“* (Abb. 17). Und ginge alles nach dem menschlichen Willen statt nach der göttlichen Vorsehung, dann, so Brant, verginge uns schon das Lachen und ein großes Weinen erhöbe sich: *„Solt gott noch vnserm willen machen / Vbel ging es jn allen Sachen / Wir wurden weynen me dann lachen“.*[2] Sebastian Brant nähert sich mit dieser Sichtweise scheinbar der monastischen Auffassung des Frühmittelalters an; doch sein primäres Ziel ist nicht die Verurteilung des Lachens, sondern der didaktisch intendierte „Blick in den (Narren-)Spiegel“. Verhält sich der Einzelne in der Gesellschaft weiterhin „närrisch“ und versucht nicht, die „Unordnung“ der Welt gemeinschaftlich zu beseitigen, so wird das Narrenschiff, das im Titelholzschnitt zu sehen ist, nicht nur nach und nach von seinen herabstürzenden Insassen entvölkert. Wie im 108. Kapitel unter dem Titel *„Das Schlaraffenschiff“* drastisch geschildert ist, steht der gesamten Gesellschaft ein kläglicher Schiffbruch bevor:

Glaub nicht, wir seien Narrn allein:
Wir haben Brüder groß und klein;
In allen Landen, überall,
Ist endlos unsre Narrenzahl;
Wir fahren um durch jedes Land
Von Narrbon ins Schlaraffenland [...].

Der Klügste ist, wer selber wohl
Weiß, was man tun und lassen soll,
Den man nicht braucht zu unterweisen,
Der Weisheit tut von selber preisen;
Der ist auch klug, wer andre hört,
Wenn man ihn Zucht und Weisheit lehrt;
Wer aber davon allzumal
Nichts weiß, gehört zur Narrenzahl.
Ward er nicht in dies Schiff genommen,
So wird gar bald ein andres kommen,
Wo er Gesellschaft viel trifft an
Und Gaudeamus singen kann
Viel Brüder müssen noch draußen stehn,
Auch das Schiff wird zu Grunde gehn.[3]

RK

LITERATUR
Zum Objekt:
Brant 2004.

Zum Narrenbegriff bei Sebastian Brant:
Haberkamm 2009.

ANMERKUNGEN
1 Zit. nach Brant 2004, S. 3.
2 Zit. nach Kremer 1961, S. 117.
3 Zit. nach Brant 1998, S. 409, 414.

Doctoꝛ Brants Narrenschiff

M.ccccc.viiij.

Nüt on vrsach

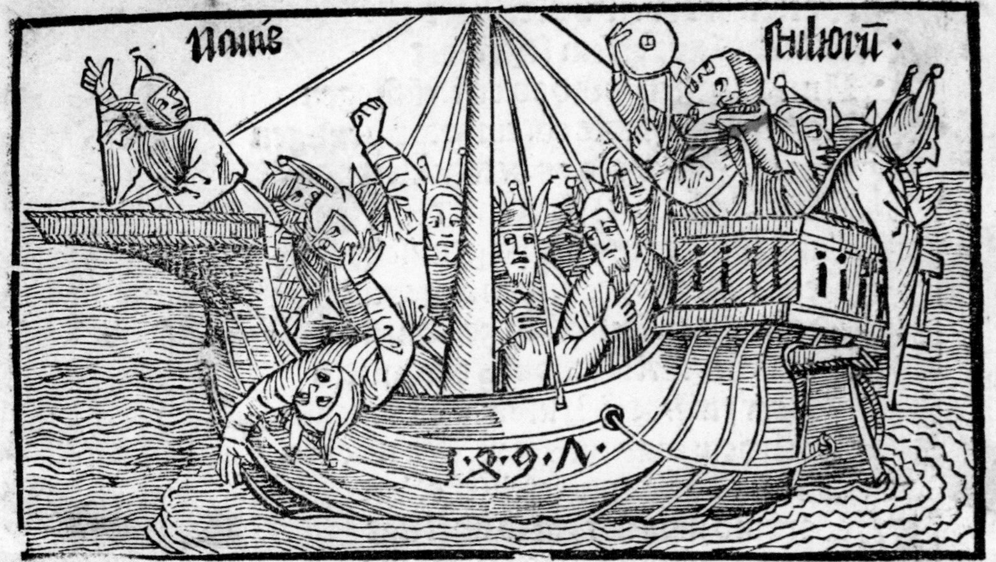

Voꝛ hab ichs narren schiff gedicht
Mit grosser arbeyt vff gericht
Und das mit doꝛen also geladen
Das man sie nit durfft anders baden
Ein yeder hat sich selbs geriben
Aber es ist dar by nit bliben
Vil mancher hat noch sym gedunckẽ
Noch dem villicht er hat getruncken
Nuw rymen wellen dar an hencken
Die selben soltten wol gedencken

KATALOG-NR. 50
Johannes Geiler von Kaysersberg
Straßburg, 1510
Holzschnitt
H. 21,5 cm, B. 15,2 cm
VD 16 ZV 6437

Mainz, Martinus-Bibliothek, Inc. 509

NAVICULA, SIVE SPECULUM FATUORUM
(WELTSPIEGEL ODER NARRENSCHIFF)[1]

Die *Navicula, sive speculum fatuorum* stellt eine direkte Replik auf Sebastian Brants 1494 erschienenes *Narrenschiff* (Kat.-Nr. 49) dar. Nur vier Jahre später hielt Johannes Geiler von Kaysersberg (1445–1510) in Straßburg 110 Predigten, die 1510 von Jakob Otther im lateinischen Erstdruck herausgegeben wurden. Jedes Kapitel beginnt mit einem von Brant entlehnten, thematisch einführenden Holzschnitt und den Versen Brants auf das jeweilige Laster. Es wird dann mit eigenen ausführlichen Beispielen sowie konzisen Systematisierungen und Untergliederungen der Laster in Form einer Betrachtung deutlich erweitert. Auf Geilers Schiff sind die Narren, begleitet von einem fröhlichen „*Gaudeamus omnes*", das rechts oben in Notenschrift zu sehen ist, unterwegs nach „*Narragoniam*" (Abb. 100). Offensichtlich erwartet sie ein Unheil, doch trotz des Fingerzeigs in diese Richtung sehen sie nicht die Gefahr, die auf sie zukommen wird.

► ABBILDUNG | 100
Auf dem Weg nach Narragonien
(Kat.-Nr. 50)

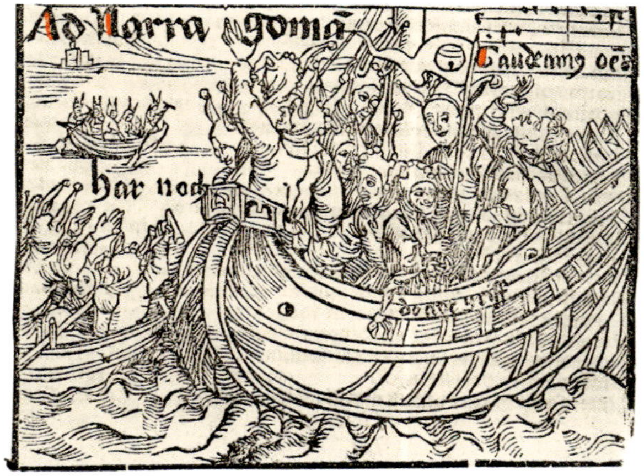

Sehen, auch im Sinne der Erkenntnis von Tugenden und Laster, ist für Geiler von Kaysersberg der wichtigste Sinn des Menschen, denn er führt zur Selbsterkenntnis. So soll der Leser seines Buches nicht in einen gewöhnlichen, sondern in einen Narrenspiegel blicken, „*in welchem Du alle Flecken deiner armen Seele schauest*".[2] Dies soll durch jene Berücksichtigung von Figuren aus allen Ständen (Reiche und Arme, Gelehrte und Ungelehrte usw.) und Berufen (Ärzte, Künstler, Dichter usw.) sowie Alltagssituationen geschehen, die schon bei Brant vorgegeben sind. Geiler erweitert indessen das System, indem er den geschilderten Figuren je nach Fall eine bestimmte Zahl von Schellen einer Narrenkappe anhängt, die auch noch an unterschiedlichen Teilen des Kopfes und in verschiedenen Himmelsrichtungen symbolisch platziert werden, um damit sehr feine Facetten des jeweiligen Lasters darzustellen. Dabei wird durch Alltagsbeispiele die Tugendlehre illustriert, ebenso durch Vergleiche von Großem und Kleinem, die durchaus zum Schmunzeln anregen. Angesichts der neuen Buchgelehrsamkeit erteilt Geiler von Kaysersberg beispielsweise sechs Schellen für den Sammlerehrgeiz des Bücherwurms, die pure Befriedung von Neugierde, die prachtvolle Ausstattung, die allzu reichhaltige Bindung, das überhaupt schlechte Schreiben sowie die Prahlerei mit den Büchern: „*Wem soll ich diese Thoren vergleichen? Einem Esel, der mit Harfen behangen ist, aber in keine ihrer Saiten greift; den Habichten, denen man eine Haube aufsetzt und über die Augen zieht, damit sie nichts sehen. So sind auch sie mit ihrem Doktorhut blind und Führer der Blinden*".[3]

RK

LITERATUR
Zum Objekt:
Manger 1983.

Zum lesenden Narren:
Schilling 2009

ANMERKUNGEN
1 Titel der 1574 in Basel erschienen deutschen Ausgabe.
2 Zit. nach De Lorenzi 1881, S. 4.
3 Zit. nach De Lorenzi 1881, S. 9.

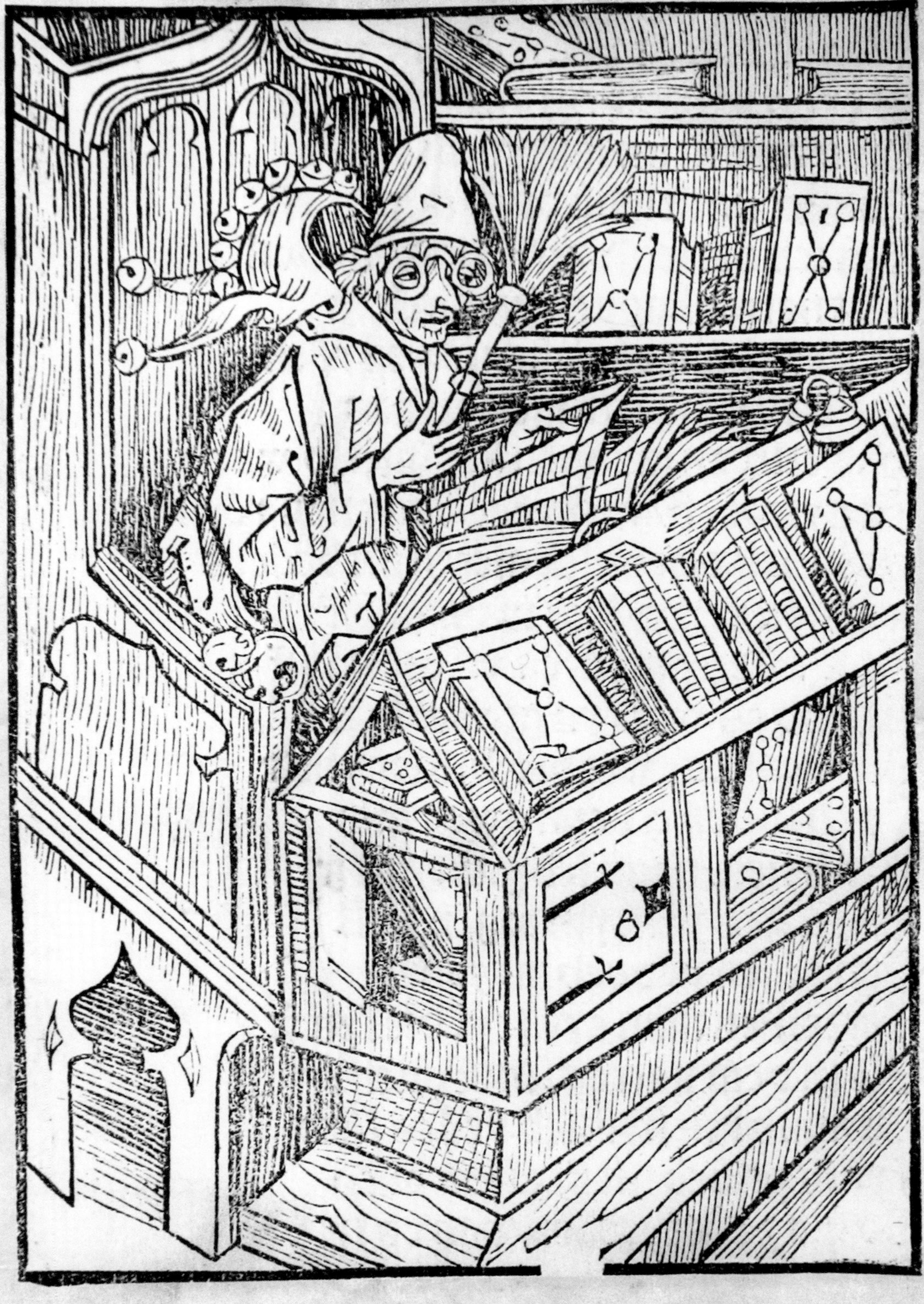

KATALOG-NR. 51
Erasmus von Rotterdam
Straßburg, 1517
H. 19 cm, B. 14 cm

Mainz, Martinus-Bibliothek, Inc. 632, Titelblatt

STULTITIAE LAUS
(LOB DER TORHEIT)

Gegenüber den zeitgenössischen theologisch-moralischen Schriften und den lehrhaften Ansätzen, etwa der Werke von Sebastian Brant oder Geiler von Kaysersberg (Kat.-Nr. 49–50), markiert *Das Lob der Torheit* geradezu eine Epochenwende. Sein Verfasser, Erasmus von Rotterdam (um 1466/69–1536), der wohl einflussreichste Philosoph des Humanismus, beklagt darin zwar an manchen Beispielen das Narrentum an sich; gleichzeitig erhebt er es aber auch zum positiven anthropologischen Merkmal und wählt das Spiel als Gleichnis für das menschliche Dasein: *„Was ist denn das menschliche Leben schon anderes als ein Schauspiel, in dem die einen vor den anderen in Masken auftreten und ihre Rollen spielen, bis der Regisseur sie von den Brettern ruft?“*[1]

Lachen kann dabei eine dezidiert zeitkritische Funktion annehmen, etwa wenn die Unredlichkeit bestimmter kirchlicher Praktiken, Verfehlungen des Alltags oder in der Kriegsführung angeprangert werden – all dies in klarer Botschaft, aber auch im Gewand des Humors. So werden negative Haltungen wie Verblendung, Selbstliebe, Schmeichelei, Trägheit, Vergnügen, Wahnsinn, Ergötzen oder Ausgelassenheit auf gewisse Weise angenehm gemacht und darüber hinaus mit theologischer Beweisführung belegt: Jesus selbst habe sich den Narren – Menschen auch sie – gleichgemacht, seine Menschwerdung sei selbst eine Art Torheit. Diese Behauptung wäre zweifellos untragbar gewesen, wenn Erasmus sie nicht durch einen entscheidenden Kunstgriff relativiert hätte. Der Text selbst wird nämlich närrisch inszeniert: Die personifizierte Torheit (*Stultitia/Moria*) tritt als Ich-Erzählerin auf die Bühne, und damit kann Erasmus die theatrale Maskierung zum Aufbau gedanklicher Freiräume nutzen, ohne eine Anklage fürchten zu müssen.

Anlass zum Lachen geben nicht nur die skurrilen Beispielreihen und die offensichtlichen aktuellen Bezüge des Textes, sondern auch seine Selbstironie. So lautet ein hübscher Kommentar über die Schriftsteller (den Erasmus womöglich auch auf sich selbst bezogen wissen wollte): *„Wenn auch alle in meinem Solde stehen, dann doch ganz besonders die, die baren Unsinn aufs Papier kritzeln“*, womit auch derjenige gemeint ist, der sich in selbstquälerischer Akribie plagt: *„Er macht Zusätze, ändert ab, streicht, ergänzt, erneuert, prägt um, erklärt und ist nach neunjährigem Brüten mit seinem Werk nicht zufrieden“*.[2] Zu den positiven Narren gehören also auch Dichter und Redner, insofern sie ins anthropologische Konzept des Verspielten passen. Erasmus' Traktat eröffnet damit einen Horizont für die Bild- und Wortkünste der (Spät-)Renaissance: Erfindungsreichtum, groteske Verdrehungen und Vermischungen der Welten werden fortan eine wichtige Rolle spielen. Phantasie und Humor werden dabei als Lebenshaltung empfohlen, sowohl im Sinne einer liebenswürdigen, entlastenden Selbsttäuschung, die zu den Lebenskünsten des Toren gehört, als auch als einen Aufruf zur Toleranz gegenüber den mannigfaltigen Erscheinungsformen des Lebens.

RK

LITERATUR
Zum Objekt:
Erasmus 2010.

Zur Narrheit, Torheit und Weisheit:
Schweppenhäuser 1987.

ANMERKUNGEN
1 Zit. nach Erasmus 2010, S. 34.
2 Zit. nach Erasmus 2010, S. 67.

ERASMI RO TERODAMI μωρίας ἐγκώμιον, id est Stultitiæ laus,

Libellus vere aureus, nec minus eruditus, & salutaris, q̄ festiuus, nuper ex ipsius autoris archetypis diligētissime restitutus.

Epistola Apologetica Erasmi Roterodami Ad Martinum Dorpiū Theologū

ἄνθρωπός ἐστι πνεῦμα καὶ σκιὰ μόνον

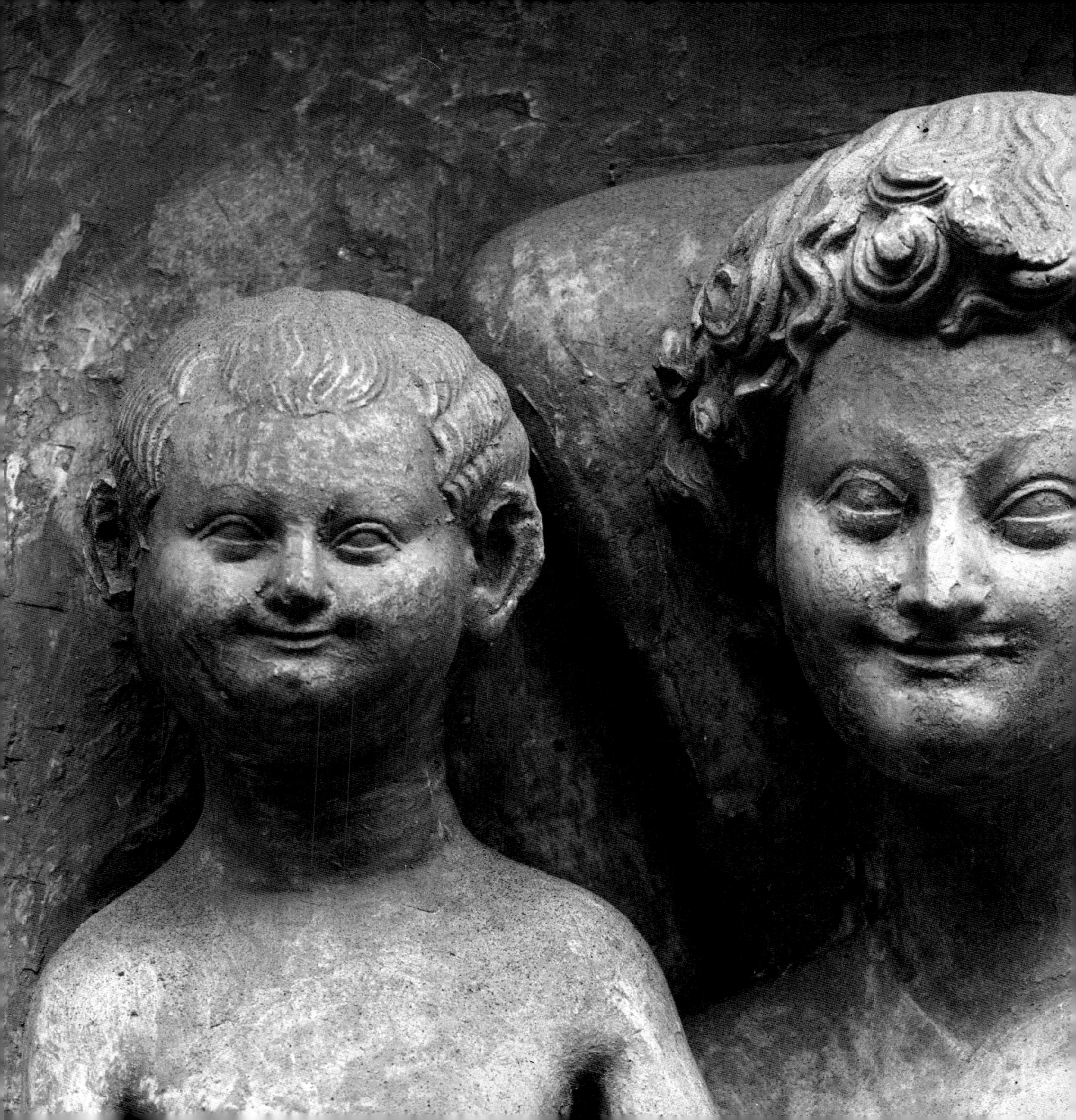

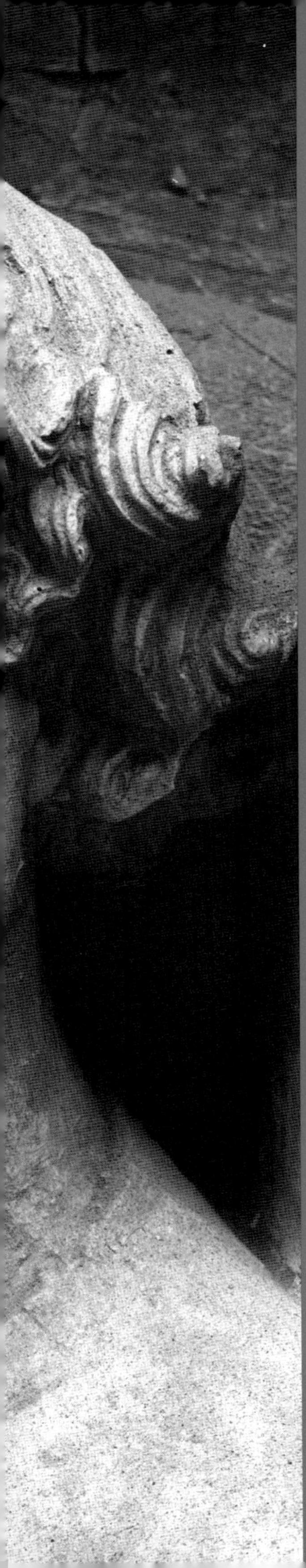

ABBILDUNG | 101
Engel, ein Kind tragend,
Bourges, Kathedrale Saint-Étienne, mittleres Westportal, Tympanon (Detail),
1. Hälfte 13. Jh.

NU LACHE DAZ MIR WERDE WOL: DAS LACHEN IN DER NEUZEIT

Im Laufe des 16. Jahrhunderts wird der Gebrauch des Lachens zunehmend liberaler gehandhabt. Katholische Geistliche, wie z. B. Kardinal Gabriele Paleotti (1522–1597), empfehlen nun ein herzhaftes Lachen zu therapeutischen Zwecken (vgl. Beitrag Frank-Ostarhild, S. 102f.). In den Gesellschaften des reformierten Glaubens hingegen bleibt das Lachen weiterhin verpönt: Seine flüchtige Erscheinung gilt als Zeichen der *vanitas*, also der Vergänglichkeit alles Irdischen. Im Zuge der Emotionsforschung des 18. Jahrhunderts wird das Lachen zum Gegenstand wissenschaftlich-medizinischer Untersuchungen und erreicht als Zeichen der Verbindlichkeit im Freundschaftskult der Aufklärung einen besonderen Stellenwert. Aber erst im Laufe des 19. Jahrhunderts und in der Moderne treten die negativen Konnotationen des Lachens endgültig in den Hintergrund. Es wird nun als **die** Äußerung von Freude, Glück und Liebe begriffen.

Und heute? Allenthalben wird gelacht – auf allen Fernsehkanälen, in der Fastnacht oder in der Werbung. Die Grenzen zwischen einem „guten“ und einem „schlechten“ Lachen sind zuweilen kaum mehr auszumachen. Hohn- und Spottlachen haben in der medialen Freizeitgesellschaft einen festen Platz erobert. Jene feinen Unterscheidungen, die das Mittelalter zwischen den verschiedenen Qualitäten des Lachens traf, spielen zwischen Comic und Comedy kaum mehr eine Rolle. Und dennoch lebt das Erbe der mittelalterlichen Lachkultur, zumindest in Randbereichen, noch immer fort. Auch heute noch lachen die verbliebenen Königinnen und Könige höchst selten und Geschenke nehmen wir weiterhin eher mit einem freundlichen Lächeln, als mit einem den Schenkenden verunsichernden Lachen entgegen. Und immer noch gefriert uns, ganz wie es Dante in seiner Vision der Hölle beschreibt, in peinlichen Situationen das Lächeln auf den Lippen.

Die moderne Verhaltensforschung geht mittlerweile auch der Frage nach, ob Tiere Humor haben; in manchen Äußerungen etwa von Affen oder Delphinen fühlt man sich an das menschliche Lachen erinnert. Lachen ist also kein Proprium des Menschen: Hier irrte Aristoteles. Und doch bleibt es wohl der menschlichste und vielfältigste Laut im Repertoire unserer non-verbalen Kommunikation.

WW

KATALOG-NR. 52
Mainz, ehem. Haus in der Korbgasse 8
Um 1320–40
Gelber Sandstein, Spuren alter Fassung (rot)
H. 34 cm, B. 34,5 cm

Mainz, Landesmuseum – Generaldirektion Kulturelles Erbe Rheinland-Pfalz, Inv.-Nr. 55/59b

LACHENDES LIEBESPAAR

Folgt man Umberto Ecos Roman *Der Name der Rose*, so hat die Kirche das Lachen im Mittelalter grundsätzlich verurteilt. Tatsächlich wurde eine solche Unterdrükkung des Lachens in den eigenen Reihen zumindest angestrebt: für die dem Schweigegebot unterworfenen Mönche mehr, für den Weltklerus weniger (Kat.-Nr. 7). Dies betraf vor allem negativ konnotierte Formen des Lachens wie das des Hohns, des Spotts oder das des Hochmuts. Freudiges sowie ein sozial normiertes Lachen blieb hingegen in Maßen erlaubt und war vor allem dem Laien keineswegs verboten. So wird in der Minnelyrik des hohen und späten Mittelalters das Lachen allgegenwärtig und in all seinen Spielarten beschrieben. Alle großen Dichter der Epoche haben – in durchaus erotischem Kontext – das ersehnte Lachen der *vrouwe* besungen. Auffällig dabei ist, dass die frühen Minnedichter das „Lachen“ als Wort zunächst meiden: Der noch dem 12. Jahrhundert angehörende Dichter Reimar verwendet es nur in einigen seiner 60 Lieder, spätere Dichter wie Heinrich von Morungen oder Walther von der Vogelweide hingegen bereits in gut einem Viertel. Höhepunkt des Lachens sind die Liebeslieder des schwäbischen Minnesängers Gottfried von Neifen (um 1200 – um 1255), dessen gesamtes Werk ein wahrer Hymnus an das Lachen der Liebe ist: In fast allen seinen Liebesliedern wird gelacht.[1] Dieses Lachen der umworbenen Dame ist das Ziel aller Wünsche des Dichters. Beinahe in jeder Zeile der dritten Strophe seines sechs Strophen umfassenden Liebesliedes wird es als ultimative Erfüllung beschworen: *„Nu lache daz ich frô besté / nu lache daz mir werde wol; / vil rôter munt, nu lache lachelîche; / nu lache daz min leit zergé; / sô wirde ich sender fröiden vol. / nu lache daz mir ungemüete entwîche; / nu lache daz min sendiu sorge swinde; / nu lache mich ein wénic an, / sît ich dir nicht entwenken kann, / ich sender man, unz ich dich lieplîch vinde*“. Und wenn das (positive) Lachen der Dame dann endlich erklungen ist und dem Werbenden die gemeinsame Liebe beschert hat, dann, so fährt Gottfried fort – und man glaubt beinahe, er gäbe eine Beschreibung des Liebespaares aus der Korbgasse: *„Wâ wart ie herzen mê sô wol / dan dâ zwei sendiu herzen sint / einmüetic nach der süezen Minne willen? / si sint sô tougen fröiden vol: / doch machet sie diu Minne blint, / si kann in beiden herzeleit wol stillen. / si fröiwent sich besamen und niht besunder […] dast âne strit, dâ tuot diu Minne ein wunder*“.[2]

Das wechselseitige Anlachen der Verliebten ist zu allen Zeiten das Kind dieses „Wunders der Minne“, im 14. Jahrhundert ebenso wie in unseren modernen Zeiten.

WW

LITERATUR
Zum Objekt:
Arens 1997, S. 170-173.

Zum Lachen der Liebenden:
Dartmann 2011.

ANMERKUNGEN
1 Vgl. Dartmann 2011, S. 64, 106f.
2 Zit. nach Dartmann 2011, S. 99f.

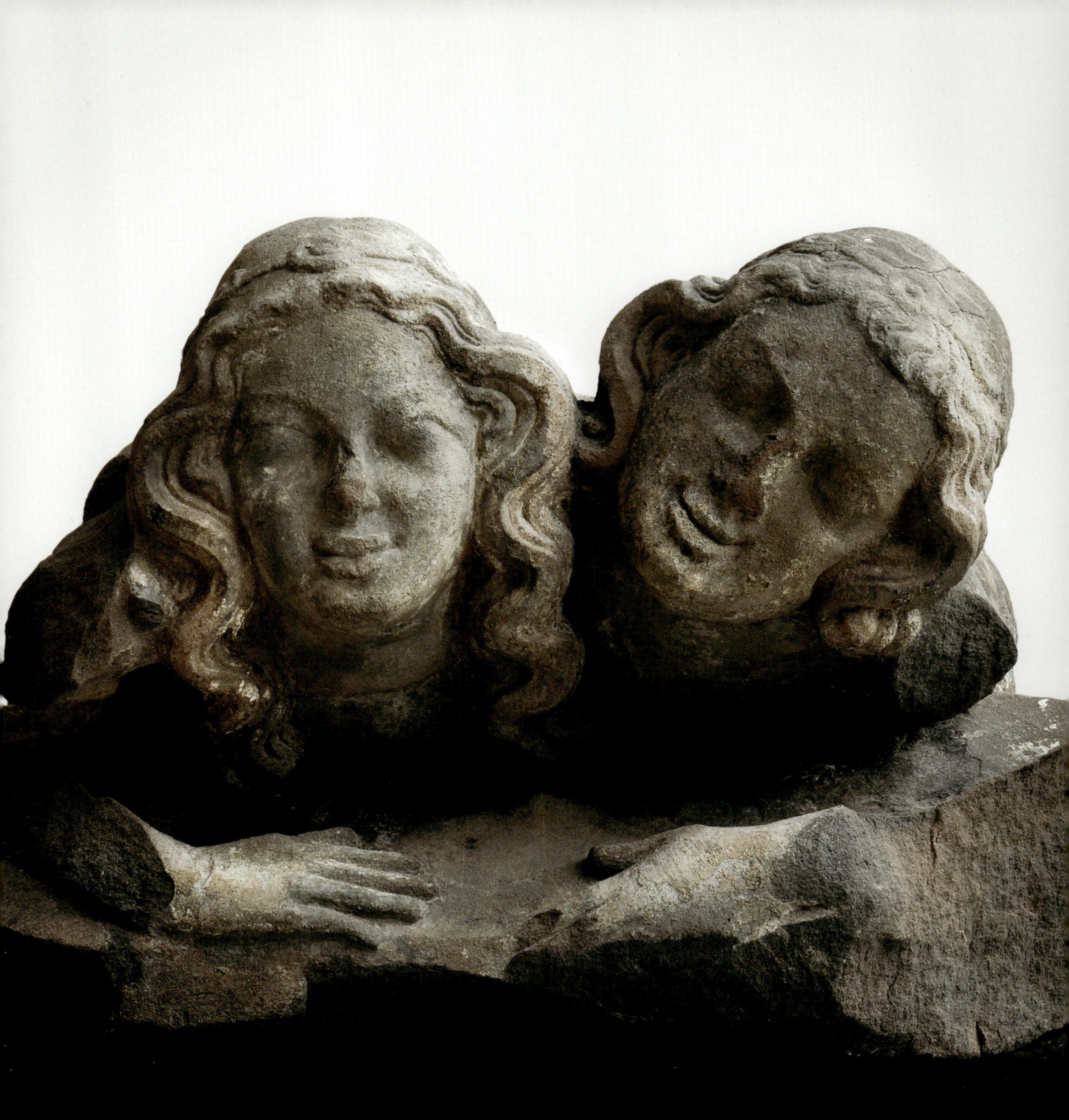

KATALOG-NR. 53
Italien, 17. Jahrhundert
Gipsabguss eines Originals in den Staatlichen Museen zu Berlin-Preußischer Kulturbesitz, Inv.-Nr. 5004, verschollen seit 1945
H. 27 cm, B. 20 cm

Mainz, Bischöfliches Dom- und Diözesanmuseum, Inv.-Nr. PS 15108

LACHENDER NARR

Im Mittelalter war das karnevalistische Lachen reglementiert und dadurch funktionalisiert: Indem die gesellschaftlichen Grenzen für wenige Tage überschritten wurden, konnten sie für den Rest des Jahres zementiert werden. Diese „Ventilfunktion" der Fastnacht wurde von der Theologischen Fakultät der Universität zu Paris im Jahre 1444 ausdrücklich bestätigt und vehement als probates Mittel zum Erhalt des *status quo* gegen Angriffe von außen verteidigt: *„Die Weinfässer würden platzen, wenn man nicht manchmal das Spundloch öffnete und ihnen Luft machte. Nun sind wir alle übel gebundene Fässer und Tonnen, welchen der Wein der Weisheit zerplatzen würde, ließen wir ihn durch immerwährende Andacht und Gottesfurcht fortgären; man muß ihm Luft machen, damit er nicht verdirbt. Wir treiben deswegen etliche Tage Possen, damit wir hernach mit desto größerem Eifer zum Gottesdienst kehren können"*.[1] Der Narr war der König dieser kurzlebigen Zeit. Er hielt der Gesellschaft lachend den Spiegel vor und wurde darüber selbst verlacht. Seine besondere Kleidung und vor allem seine typische Kopfbedeckung waren hierfür gleichermaßen Symbol der stolzen Wahrheit wie des ungezügelten Spotts.

Und hier? Keine Narrenkappe mehr, keine Schellen und keine Glöckchen – als „Attribut" zeigt der im Barock gearbeitete Kopf eines behäbigen Narren nur noch ein breites Lachen. Dieses Lachen ist nicht mehr theologisch gebunden und zwischen den Polen selig oder höllisch zu verorten. Es ist auch nicht mehr das höhnische Lachen des Eulenspiegel (vgl. Beitrag Köhnen, S. 63) oder das moralisierende Lachen, das noch am Ende des Spätmittelalters, z. B. von Sebastian Brant oder Erasmus von Rotterdam, in den Dienst einer staatstragenden „Moral" gestellt wurde (Kat.-Nr. 49–51). Es ist ein befreites, vergnügtes Lachen der reinen Freude im Antlitz eines vielleicht nicht sehr ansehnlichen, dabei aber sehr natürlichen Menschen. Anders als noch im Mittelalter ist dieses Lachen nicht mehr nur an die „tollen Tage" gebunden. Es ist das Lachen des neuzeitlichen, wenn nicht gar des modernen Menschen, das jederzeit und an jedem Ort erklingen kann. Das Diktum des Aristoteles, dass das Lachen, gleich welcher *couleur* – ob höhnisch, jubelnd, spöttisch oder aus reiner Freude – **das** Wesensmerkmal des Menschen sei, wird nach fast 2000 Jahren mit der Neuzeit zu einem gesellschaftlichen Konsens und hat seinen Niederschlag auch in der Kunst gefunden (vgl. Beitrag Frank-Ostarhild). Und doch war auch das Mittelalter durchaus keine „lachfeindliche" Epoche. Seine subtilen Differenzierungen der verschiedenen Kategorien des Lachens und seine hohen Regeln im Gebrauch dieser (allzu?) menschlichen Gefühlsäußerung sind auch heute noch bedenkenswert.

WW

LITERATUR
Zum Lachen des Narren: Schweppenhäuser 1987.

ANMERKUNGEN
1 Zit. nach Dreßen 1986, S. 150.

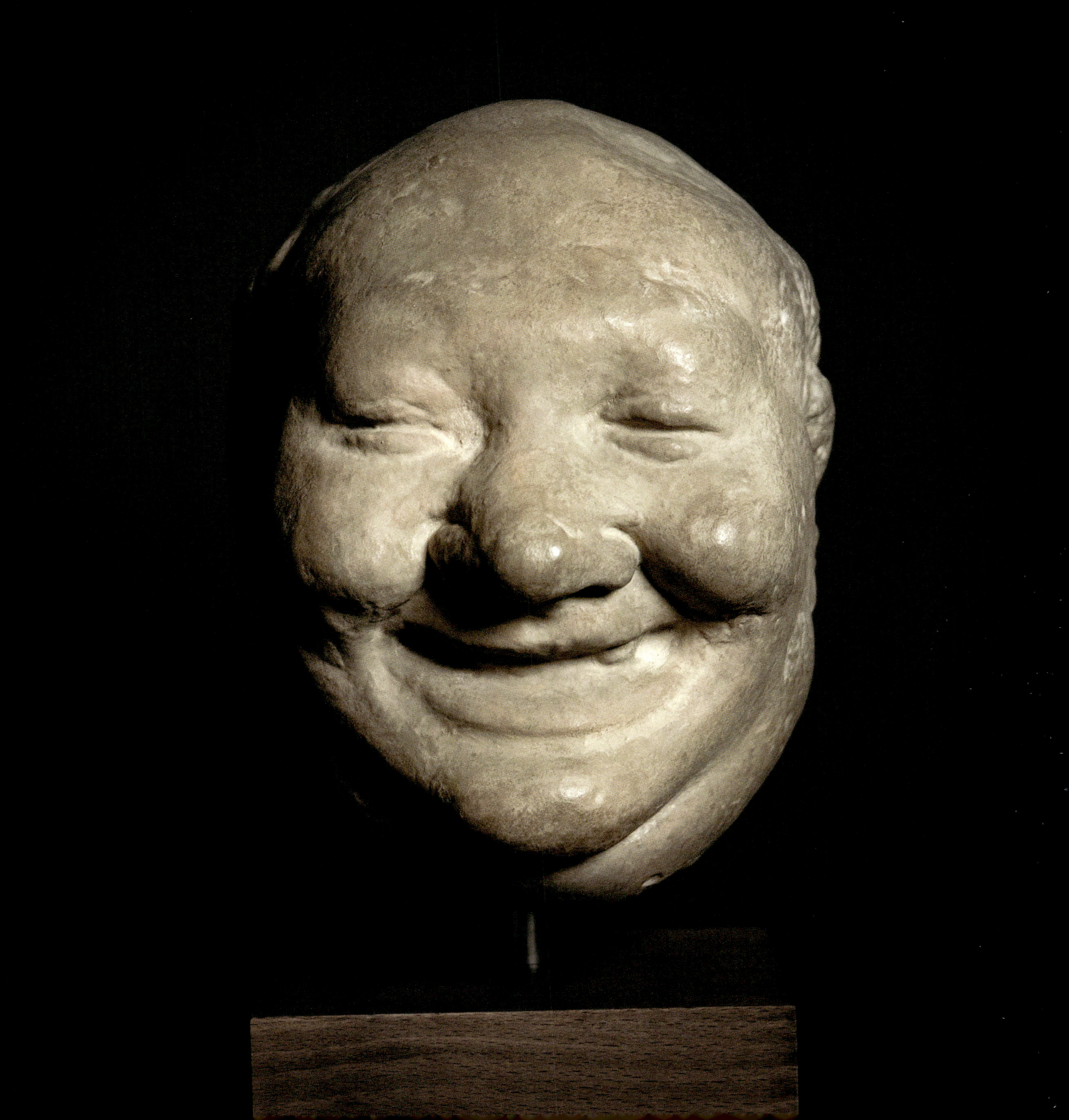

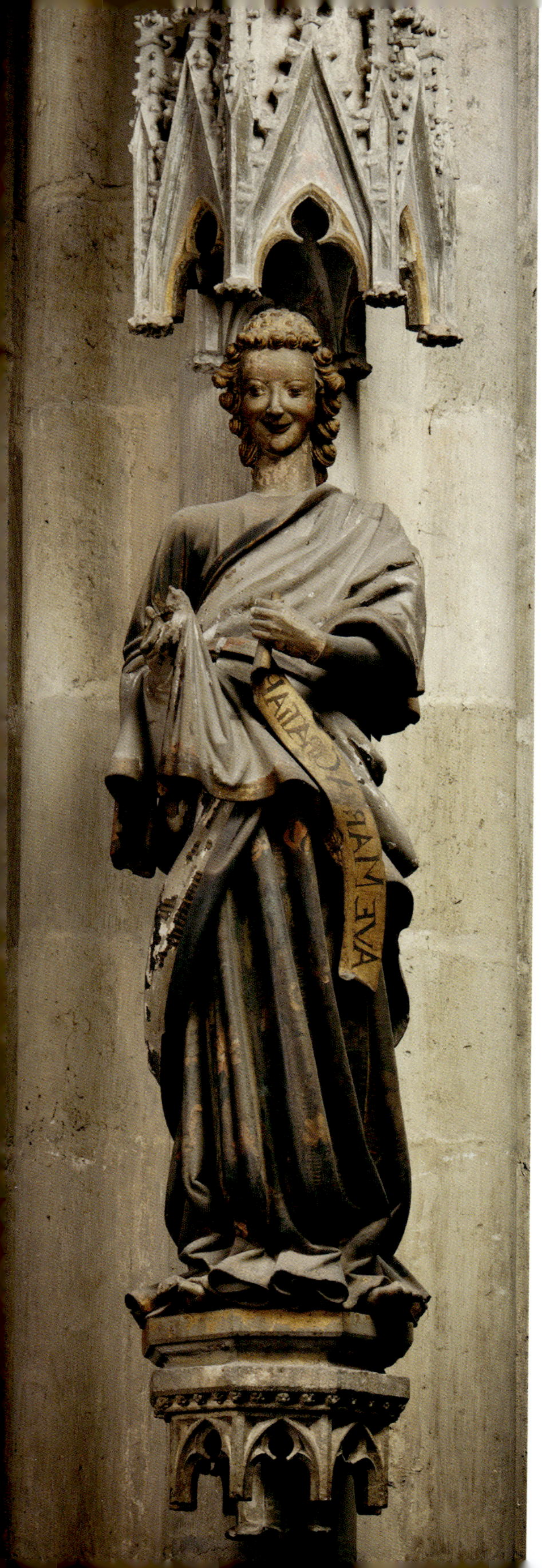

Abb. 102 ◀▶
Verkündigung,
Erminold-Meister,
Regensburg, Dom, um 1280

LITERATUR

ABKÜRZUNGEN

GW – Gesamtkatalog der Wiegendrucke

VD 16 – Verzeichnis der im deutschen Sprachbereich erschienenen Drucke des 16. Jahrhunderts

VD 17 – Verzeichnis der im deutschen Sprachbereich erschienenen Drucke des 17. Jahrhunderts

Aertsen/Speer 1996 – Jan A. Aertsen/Andreas Speer (Hrsg.): Individuum und Individualität im Mittelalter, Berlin/New York 1996.

AK Bamberg 2000 – Das Buch mit 7 Siegeln. Die Bamberger Apokalypse (Msc. Bibl. 140). Die Miniaturen der mittelalterlichen Prachthandschrift, hrsg. von Gude Suckale-Redlefsen/Bernhard Schemmel, Ausst. Bamberg, Staatsbibliothek, Wiesbaden 2000.

AK Berlin 2011 – Gesichter der Renaissance. Meisterwerke italienischer Portrait-Kunst, Ausst. Berlin, Gemäldegalerie Staatliche Museen zu Berlin, München 2011.

AK Hamburg 2002 – Von Rittern, Bürgern und von Gottes Wort. Volkssprachige Literatur in Handschriften und Drucken, hrsg. von Eva Horváth/Ute von Bloh, Ausst. Hamburg, Staats- und Universitätsbibliothek, Kiel 2002.

AK Mainz 2000 – Gutenberg. Aventur und Kunst, Ausst. Mainz, Gutenberg-Museum, Mainz 2000.

AK Mainz 2011 – Der verschwundene Dom. Wahrnehmung und Wandel der Mainzer Kathedrale im Lauf der Jahrhunderte, hrsg. von Hans-Jürgen Kotzur, Ausst. Mainz, Bischöfliches Dom- und Diözesanmuseum, Mainz 2011.

AK Naumburg 2011 – Der Naumburger Meister. Bildhauer und Architekt im Europa der Kathedralen, hrsg. von Hartmut Krohm/Holger Kunde, Ausst. Naumburg, 2 Bde., Petersberg 2011.

AK Wetzlar 2002 – Kaiser Maximilian I. Bewahrer und Reformer, hrsg. von Georg Schmidt-von Rhein, Ausst. Wetzlar, Reichskammergerichtsmuseum, Ramstein 2002.

AK Wien 2003 – Franz Xaver Messerschmidt 1736 – 1783, hrsg. von Michael Krapf, Ausst.-Kat. Wien, Galerie Belvedere 2002/03, Ostfildern-Ruit 2003.

AK Zürich 1994 – Himmel, Hölle, Fegefeuer. Das Jenseits im Mittelalter, hrsg. von Peter Jelzer, Ausst. Zürich, Schweizerisches Landesmuseum, 2. Aufl., München 1994.

Alberti 1993 – Leon Battista Alberti: Momus seu de principe, lat.-dt. Ausgabe, übers., kommentiert und eingeleitet von Michaela Boenke (Humanistische Bibliothek 2, 29), München 1993.

Albertus Magnus 1651 – Albertus Magnus: Ethicorum Libri X, Politicorum Libri VIII ex Vaticana Bibliotheca, Tomus Quartus, Lyon 1651.

Althoff 2000 – Gerd Althoff: Gefühle in der öffentlichen Kommunikation des Mittelalters, in: Claudia Benthien/Anne Fleig/Ingrid Kasten (Hrsg.): Emotionalität. Zur Geschichte der Gefühle (Literatur – Kultur – Geschlecht; Kleine Reihe 16), Köln/Weimar/Wien 2000, S. 82–99.

Althoff 2005 – Gerd Althoff: Vom Lächeln zum Verlachen, in: Werner Röcke/Hans Rudolf Velten (Hrsg.): Kulturelle Inszenierungen und soziale Wirkungen von Gelächter im Mittelalter und in der Frühen Neuzeit (Trends in Medieval Philology 4), Berlin/New York 2005, S. 3–16.

Andreae 2001 – Bernard Andreae: Skulptur des Hellenismus, München 2001.

Angenendt 1997 – Arnold Angenendt: Geschichte der Religiosität im Mittelalter, Darmstadt 1997.

Appuhn 1955 – Horst Appuhn: Kloster Wienhausen, Hamburg 1955.

Arend 2004 – Elisabeth Arend: Lachen und Komik in Giovanni Boccaccios Decameron (Analecta romanica 68), Frankfurt 2004.

Arens 1961 – Fritz Viktor Arens: Die Kunstdenkmäler der Stadt Mainz. Teil 1: Kirchen St. Agnes bis Hl. Kreuz (Die Kunstdenkmäler von Rheinland-Pfalz 4), München/Berlin 1961.

Arens 1997 – Andrea Arens: Skulpturen des 13. bis 15. Jahrhunderts im Landesmuseum Mainz (Museum im Taschenformat 2), Mainz 1997.

Asmus 1912 – Rudolf Asmus: Der „Fürst der Welt“ in der Vorhalle des Münsters von Freiburg i. Br., in: Repertorium für Kunstwissenschaft 35, 1912, S. 509–512.

Asserate 2003 – Asfa-Wossen Asserate: Manieren, Frankfurt 2003.

Assunto 1987 – Rosario Assunto: Die Theorie des Schönen im Mittelalter, Köln 1987.

Aurell 2009 – Martin Aurell: Die ersten Könige des Hauses Anjou (1154–1216), in: Hanna Vollrath/Natalie Fryde (Hrsg.): Die englischen Könige im Mittelalter. Von Wilhelm II. dem Eroberer bis Richard III., 2. Aufl., Stuttgart 2009.

Bach 1934 – Adolf Bach (Hrsg.): Das Rheinische Marienlob. Eine deutsche Dichtung des 13. Jahrhunderts (Bibliothek des Literarischen Vereins in Stuttgart 281), Leipzig 1934.

Bachtin 1985 – Michail Bachtin: Der Karneval und die Karnevalisierung der Literatur, in: Michail Bachtin: Literatur und Karneval. Zur Romantheorie und Lachkultur, übers. von Alexander Kämpfe, Frankfurt/Berlin/Wien 1985, S. 47–60.

Bachtin 1987 – Michail Bachtin: Rabelais und seine Welt. Volkskultur als Gegenkultur, hrsg. von Renate Lachmann, aus dem Russ. übers. von Gabriele Leupold, Frankfurt 1987.

Bachtin 1995 – Michail Bachtin: Rabelais und seine Welt. Volkskultur als Gegenkultur, Frankfurt a. M. 1995.

Bahlsen 1884 – Leopold Bahlsen: Adam de la Hale’s Dramen und das „Jus du pelerin“ (Ausgaben und Abhandlungen aus dem Gebiete der romanischen Philologie 27), Marburg 1884.

Banz 1908 – Romuald Banz: Christus und die minnende Seele. Zwei spätmittelalterliche mystische Gedichte, Nachdruck der Ausgabe Breslau 1908, Hildesheim/New York 1977.

Barash 1976 – Moshe Barash: Gestures of Despair in Medieval and Early Renaissance Art, New York 1976.

Barash 1991 – Moshe Barash: Imago Hominis. Studies in the Language of Art, Wien 1991.

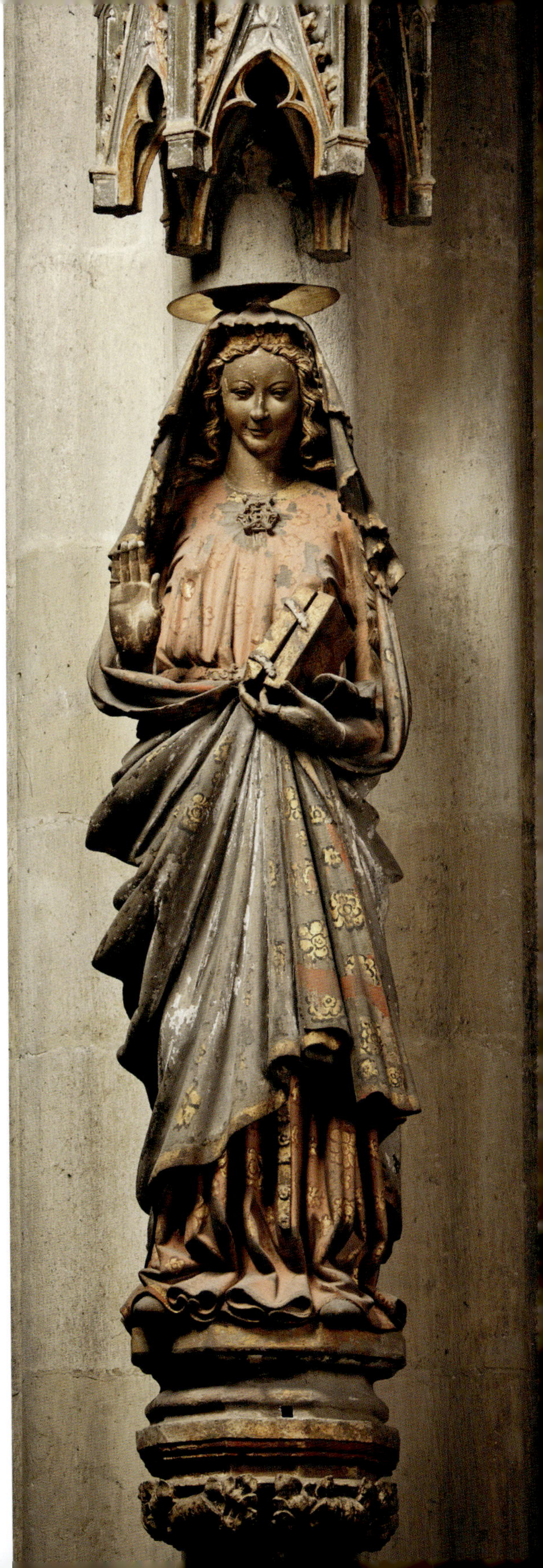

Barnes 2009 – Carl F. Barnes: The Portfolio of Villard de Honnecourt (Paris, Bibliothèque Nationale de France, MS Fr 19093). A new critical edition and color facsimile, Burlington u. a. 2009.

Bartl 2010 – Dominik Bartl: Der Schatzbehalter. Optionen der Bildrezeption, Diss. Heidelberg 2010.

Bartsch 1879 – Karl Bartsch (Hrsg.): Hugo von Montfort (Bibliothek des Literarischen Vereins in Stuttgart 143), Tübingen 1879.

Barwig/Schmitz 2001 – Edgar Barwig/Ralf Schmitz: Narren, Geisteskranke und Hofleute, in: Hergemöller 2001b, S. 238–269.

Bätschmann/Schäublin/Patz 2000 – Oskar Bätschmann/Christoph Schäublin (Hrsg.), unter Mitarbeit v. Kristine Patz: Leon Battista Alberti. Das Standbild. Die Malkunst. Grundlagen der Malerei, Darmstadt 2000.

Bazzi/Calcaterra 1965 – P. Bazzi/M. Calcaterra u. a. (Hrsg.): S. Thomae Aquinatis Quaestiones disputatae, Bd. 2, Turin/Rom 1965.

Bergh 1967 – Birger Bergh (Hrsg.): Revelaciones. Book 7, Stockholm 1967.

Bergmann 1987 – Ulrike Bergmann: Das Chorgestühl des Kölner Domes, 2 Bde., Neuss 1987.

Bergmann 1989 – Ulrike Bergmann: Schnütgen-Museum. Die Holzskulpturen des Mittelalters (1000–1400), Köln 1989.

Bexte 1986 – Peter Bexte: Orte des satanischen Lachens, in: Dietmar Kamper/Christoph Wulf (Hrsg.): Lachen – Gelächter – Lächeln. Reflexionen in drei Spiegeln, Frankfurt a. M. 1986, S. 276–288.

Binski 1997 – Paul Binski: The Angel Choir at Lincoln and the Poetics of the Gothic Smile, in: Art History 20/3, 1997, S. 350–374.

Blaicher 1970 – Günther Blaicher: Über das Lachen im englischen Mittelalter, in: Vierteljahrsschrift für Literaturwissenschaft und Geistesgeschichte 44, 1970, S. 508–529.

Block 2003 – Elaine Block: Corpus of medieval misericords in France: XIII–XVI century, Turnhout 2003.

Boccaccio 1999 – Giovanni Boccaccio: Das Dekameron, übers. von Albert Wesselski, Frankfurt a. M./Leipzig 1999.

Boeck 1966 – Wilhelm Boeck: Eine Muttergottes des 13. Jahrhunderts im Bamberger Dom und ihre Zusammenhänge mit Magdeburg und Mainz, in: Mainz und der Mittelrhein in der europäischen Geschichte. Studien für Wolfgang Fritz Volbach zu seinem 70. Geburtstag (Forschungen zur Kunstgeschichte und christlichen Archäologie 6), Mainz 1966, S. 273–288.

Boehm 1985 – Gottfried Boehm: Bildnis und Individuum. Über den Ursprung der Porträtmalerei in der italienischen Renaissance, München 1985.

Boehm 2003 – Gottfried Boehm: „Mit durchdringendem Blick“. Die Porträtkunst und Lavaters Physiognomik, in: Ulrich Stadler/Karl Pestalozzi: Im Lichte Lavaters (Johann Caspar Lavater 1), Zürich 2003, S. 21–40.

Bouchel 1609 – Laurent Bouchel: Decreta ecclesiae Gallicanae : ex conciliis ejusdem oecumenicis, statutis synodalibus collecta, Paris 1609.

Brandl 2009 – Heiko Brandl: Die Skulpturen des 13. Jahrhunderts im Magdeburger Dom. Zu den Bildwerken der älteren und jüngeren Werkstatt (Veröffentlichung des Landesamtes für Denkmalpflege und Archäologie Sachsen Anhalt), Halle 2009.

Brandt/Laubmann 1893 – Samuel Brandt/Georg Laubmann: L. Caeli Firmiani Lactanti Opera omnia, Ps. 2, Fasc. 1 (Corpus scriptorum ecclesiasticorum latinorum 27,1), Wien 1893.

Brant 1998 – Sebastian Brant: Das Narrenschiff, übertragen von Hermann August Junghans, neu hrsg. von Hans-Joachim Mähl (Universal-Bibliothek 899), Stuttgart 1998.

Brant 2004 – Sebastian Brant: Das Narrenschiff, hrsg. von Hans Henrik Krummacher (Neudrucke deutscher Literaturwerke 5), Tübingen 2004.

Bremmer/Roodenburg 1991 – Jan Bremmer/Herman Roodenburg (Hrsg.): A Cultural History of Gesture. From Antiquity to the Present Day, Cambridge 1991.

Brown 2006 – Michelle P. Brown: The Luttrell psalter. A facsimile, London 2006.

Brungs 2005 – Alexander Brungs: Die passiones animae (S. th. I–II, qq. 22–48), in: Andreas Speer (Hrsg.): Thomas von Aquin. Die Summa theologiae. Werkinterpretationen, Berlin 2005, S. 198–222.

Brunhölzl 1975 – Franz Brunhölzl: Geschichte der lateinischen Literatur des Mittelalters, Bd. 1, München 1975.

Büchsel 2003 – Martin Büchsel: Nur der Tyrann hat sein eigenes Gesicht. Königsbilder im 12. und 13. Jahrhundert in Frankreich und Deutschland, in: Büchsel/Schmidt 2003, S. 123–140.

Büchsel 2011 – Martin Büchsel: Affekt und Individuum, in: AK Naumburg 2011, Bd. 1, S. 177–186.

Büchsel/Schmidt 2003 – Martin Büchsel/Peter Schmidt (Hrsg.): Das Porträt vor der Erfindung des Porträts, Mainz 2003.

Buczynski/Woelk 2000 – Bodo Buczynski/Moritz Woelk: Beispiele der Tonplastik des 15. Jahrhunderts am Mittelrhein, in: AK Mainz 2000, S. 542–548.

Buechner 1992 – Frederick Buechner: Gottes Ebenbilder Galerie. 130 Biblische Persönlichkeiten und ein Wal, München 1992.

Bumke 1986 – Joachim Bumke: Höfische Kultur. Literatur und Gesellschaft im hohen Mittelalter, 2 Bde., München 1986.

Bumke 2005 – Joachim Bumke: Höfische Kultur. Literatur und Gesellschaft im hohen Mittelalter, 11. Aufl., München 2005.

Burnet 1900/1902/1907 – Platonis Opera, hrsg. von Ioannes Burnet, Bd. 1, 4, 5, Oxford 1900/1902/1907.

Bynum 1995 – Caroline Walter Bynum: The Resurrection of the Body in Western Christianity 200–1336, New York 1995.

Camille 1992 – Michael Camille: Image on the Edge. The Margins of Medieval Art, London 1992.

Caramello 1986 – Petro Caramello (Hrsg.): S. Thomae Aquinatis Summa Theologiae, Pars Prima et Prima Secundae, Torino 1986.

Castiglione 1965 – Baldesare Castiglione: Il Libro del Cortegiano, hrsg. von Giulio Preti, Turin 1965.

Colsman 1946/47 – Gudrun Colsman: Stundenbuch des Mainzer Priesterseminars, Maschinenschriftl. Semesterarbeit, o.O., Wintersemester 1946–47, Exemplar in Martinus-Bibliothek Mainz.

Curtius 1948 – Ernst Robert Curtius: Europäische Literatur und lateinisches Mittelalter, 2 Bde., Bern 1948.

Dante 1877 – Dante Alighieri: Die Göttliche Komödie, übers. von Karl Bartsch, Leipzig 1877 (Neudruck Wiesbaden 2010).

Dante 2011 – Dante Alighieri: La divina commedia, in dt. Prosa von Kurt Flasch, Frankfurt a. M. 2011.

Dartmann 2011 – Christine Dartmann: Das lachen der vrouwe. Untersuchungen zur Funktion von Lachen in mittelhochdeutscher Epik und im Minnesang (Wissenschaftliche Schriften der WWU Münster, Reihe 12, 3), Diss. Münster 2006, Münster 2011.

Darwin 1966 – Charles Darwin: Der Ausdruck der Gefühle bei Mensch und Tier, Tübingen 1966.

De Lorenzi 1881 – Philipp de Lorenzi (Bearb.): Geilers von Kaisersberg ausgewählte Schriften, Bd. 2, Trier 1881.

Dengel-Wink 1990 – Beate Dengel-Wink: Die ehemalige Liebfrauenkirche in Mainz. Ein Beitrag zur Baukunst und Skulptur der Hochgotik am Mittelrhein und in Hessen (Neues Jahrbuch für das Bistum Mainz 1990), Mainz 1990.

Derron 2008 – Marianne Derron: Des Strickers ernsthafter König. Ein poetischer Lachtraktat des Mittelalters. Eine motivgeschichtliche Studie zur ersten Barlaam-Parabel. Diss. Bern 2005, Frankfurt a. M./Berlin u. a. 2008.

Diemer 1862 – Joseph Diemer (Hrsg.): Genesis und Exodus nach der Milstäter Handschrift, Bd. 1, Wien 1862.

Dillon 2002 – Emma Dillon: Medieval Music-Making and the Roman de Fauvel, Cambridge 2002.

Drazin/Wagner 2006 – Israel Drazin/Stanley M. Wagner: Onkelos on the Torah. Genesis, Jerusalem 2006.

Dreßen 1986 – Wolfgang Dreßen: Possen und Zoten. Ausflüge unter die Gürtellinie, in: Dietmar Kamper/Christoph Wulf (Hrsg.): Lachen – Gelächter – Lächeln, Frankfurt a. M. 1986, S. 147–169.

Driesen 1904 – Otto Driesen: Der Ursprung des Harlekin. Ein kulturgeschichtliches Problem, Berlin 1904.

Düring 2010 – Andreas Düring u. a.: Neue Daten zur Sülchenkirche bei Rottenburg, in: Der Sülchgau 54/55, 2010, S. 38–71.

Dutli 2010 – Fatrasien. Absurde Poesie des Mittelalters, übertr. u. hrsg. von Ralph Dutli, Göttingen 2010.

Eco 1982 – Umberto Eco: Der Name der Rose, aus dem Italien. übers. von Burkhart Kroeber, München/Wien 1982.

Eco 1987 – Umberto Eco: Der Name der Rose, 12. Aufl., München 1987.

Eichendorff 1985 – Joseph von Eichendorff: Aus dem Leben eines Taugenichts 1826, in: Wolfgang Frühwald u. a. (Hrsg.): Joseph von Eichendorff. Werke, Bd. 2, Frankfurt a. M. 1985, S. 446–561.

Eichendorff 1987 – Joseph von Eichendorff: Gottes-Segen 1837, in: Wolfgang Frühwald u. a. (Hrsg.): Joseph von Eichendorff. Werke, Bd. 1, Frankfurt a. M. 1987, S. 339.

Erasmus 2010 – Erasmus von Rotterdam: Lob der Torheit/Encomium moriae, Paris/Straßburg 1511, übers. u. hrsg. von Anton Gail, Stuttgart 2010.

Erfen 1994 – Irene Erfen: Das Lachen der Cunnewâre. Bemerkungen zu Wagners Parsifal und Wolframs Parzivâl, in: Sprachspiel und Lachkultur. Beiträge zur Literatur- und Sprachgeschichte. Rolf Bräuer zum 60. Geburtstag (Stuttgarter Arbeiten zur Germanistik 300), Stuttgart 1994, S. 69–87.

Ernst 2002 – Ulrich Ernst: Der Körper des Asketen. Zur Theatralik von Heiligkeit in legendarischen Texten von der Spätantike bis zur Frühen Neuzeit, in: Klaus Ridder/Otto Langer (Hrsg.): Körperinszenierungen in mittelalterlicher Literatur (Körper – Zeichen – Kultur 11), Berlin 2002, S. 275–307.

Fath 1965/66 – Manfred Fath: Der Weltenrichter der Mainzer Westlettner-Deesis und seine Nachfolge, in: Mainzer Zeitschrift 60/61, 1965/66, S. 97–102.

Fittschen 1988 – Klaus Fittschen (Hrsg.): Griechische Porträts, Darmstadt 1988.

Flasch 2004 – Kurt Flasch: Vernunft und Vergnügen. Liebesgeschichten aus dem Decameron, München 2004.

Fliedner 1941/43 – Siegfried Fliedner: Studien über die ehemalige Brautpforte nebst einem Exkurs über das Südportal des Straßburgers Münsters, in: Sachsen und Anhalt 17, 1941–1943, S. 85–128.

Föcking 2010 – Marc Föcking: „Qui habitat in caelis irridebit eos“. Paradiesisches und irdisches Lachen in Dantes Divina Commedia, in: Claudia Benthien/Manuela Gerlof (Hrsg.): Paradies. Topografien der Sehnsucht, Köln/Weimar/Wien 2010, S. 77–96.

Fraenger 1922 – Wilhelm Fraenger: Die Masken von Reims, Leipzig 1922.

Fyfe 1932 – Aristotle: The Poetics, hrsg. von Hamilton Fyfe, Cambridge 1932.

Garniers 1982 – François Garniers: Le lange de l'image au moyen âge, Bd. 1, Paris 1982.

Gebauer 2010 – Amy Gebauer: „Christus und die minnende Seele“. An Analysis of Circulation, Text, and Iconography (Imagines Medii Aevi 26), Wiesbaden 2010.

Geese 2009 – Uwe Geese: Skulptur der Gotik in Frankreich, Italien, Deutschland und England, in: Rolf Toman (Hrsg.): Gotik. Architektur, Skulptur, Malerei, Potsdam 2009, S. 300–371.

Gerlach 2000 – Peter Gerlach: Ein Mensch mit Eigenschaften. Aber welchen?, in: Oliver Zybok (Hrsg.): Von Angesicht zu Angesicht. Mimik – Gebärden – Emotionen, Ausst. Leverkusen, Museum Morsbroich, Leverkusen 2000, S. 10–29.

Gier 1999 – A. Gier: Maria, Hl., in: LexMA 6, Sp. 266f.

Giesel 1978 – Helmut Giesel: Studien zur Symbolik der Musikinstrumente im Schrifttum der alten und mittelalterlichen Kirche von den Anfängen bis zum 13. Jahrhundert (Kölner Beiträge zur Musikforschung 94), Regensburg 1978.

Glatz 1990 – Joachim Glatz: Sankt Stephan in Mainz. Die historische Ausstattung (Neues Jahrbuch für das Bistum Mainz. Sonderband 1990), Mainz 1990.

Graf 1991 – Fritz Graf: The Gestures of Roman actors and orators, in: Jan Bremmer/Herman Roodenburg (Hrsg.): A Cultural History of Gesture. From Antiquity to the Present Day, Cambridge 1991, 36–59.

Grebe 2005 – Anja Grebe: Heilige Narren. Einleitende Überlegungen zur Ästhetik von Sakralität und Mittelalter, in: Grebe/Staubach 2005, S. 9–15.

Grebe/Staubach 2005 – Anja Grebe/Nikolaus Staubach (Hrsg.): Komik und Sakralität. Aspekte einer ästhetischen Paradoxie in Mittelalter und früher Neuzeit, Frankfurt 2005.

Gregor der Große 1902 – Gregor der Große: Moralia in Job, in: Jean-Paul Migne: Patrologia Latina 75, Paris 1902.

Grewe 2004 – Andrea Grewe: Un uomo senza donna è pur una mosca senza capo. Formen und Funktion weiblichen Lachens in Moderata Fontes Il merito delle donne, in: Anne-Marie Bonnet/Barbara Schellewald: Frauen in der frühen Neuzeit. Lebensentwürfe in Kunst und Literatur, Köln 2004, S. 149–164.

Grund 2005 – Leon Battista Alberti: Philodoxeos, in: Humanist Comedies, hrsg. von Gary Grund, Harvard/Cambridge/London 2005, S. 70–169.

Gunermann 1976 – Marcus Tullius Cicero: De officiis. Vom pflichtgemäßen Handeln, lat. u. dt., hrsg. von Heinz Gunermann, Stuttgart 1976.

Gurisatti/Huizing 1989 – Giovanni Gurisatti/Klaas Huizing: Die Schrift des Gesichtes. Zur Archäologie physiognomischer Wahrnehmungskultur, in: Neue Zeitschrift für Systematische Theologie und Religionsphilosophie 31, 1989, S. 271–287.

Haberkamm 2009 – Klaus Haberkamm: „vff rechtem weg“ oder „doren weg“? Eine Fallstudie zum Narrenbegriff in Sebastian Brants Narrenschiff, in: Schillinger 2009, S. 63–82.

Hahn 2010 – Sylvia Hahn: Die Entwicklung des Engelbildes bis zum Ende des Mittelalters, in: Marc-Aeilko Aris (Hrsg.): Engel. Mittler zwischen Himmel und Erde, Ausst. Freising, Dommuseum, Berlin u. a. 2010, S. 76–107.

Hahnloser 1972 – Hans R. Hahnloser: Villard de Honneocourt. Kritische Gesamtausgabe des Bauhüttenbuches ms. fr. 19093 der Pariser Nationalbibliothek, 2. Aufl., Graz 1972.

Halliwell 2008 – Stephen Halliwell: Greek Laughter. A Study of Cultural Psychology from Homer to Early Christianism, Cambridge 2008.

Hamann Mac-Lean 1949/50 – Richard Hamann-Mac Lean: Antikenstudium in der Kunst des Mittelalters, in: Marburger Jahrbuch 15, 1949/50, S. 157–251.

Hamann-Mac Lean 1981 – Richard Hamann-Mac Lean: Die Kathedrale von Reims – Bildwelt und Stilbildung, in: Marburger Jahrbuch für Kunstwissenschaft 20, 1981, S. 21–54.

Hascher-Burger 2010 – Ulrike Hascher-Burger: Notation, Devotion und Emotion in spätmittelalterlichen Andachtsbüchern aus dem Kloster Medingen, in: Musica disciplina 55, 2010, S. 33–73.

Haug 1996 – Werner Haug: Schwarzes Lachen: Überlegungen zum Lachen an der Grenze zwischen dem Komischen und dem Makabren, in: Lothar Fietz/Joerg O. Fichte/Hans-Werner Ludwig (Hrsg.): Semiotik, Rhetorik und Soziologie des Lachens. Vergleichende Studien zum Funktionswandel des Lachens vom Mittelalter zur Gegenwart, Tübingen 1996, S. 49–64.

Heinrichs 2011 – Ulrike Heinrichs: Die Skulpturenzyklen der hochgotischen Kathedrale von Reims und ihre Ausstrahlung im deutschsprachigen Raum. Überlegungen zur Chronologie und zu den Prozessen der Stilentwicklung, in: AK Naumburg 2011, Bd. 1, S. 359–381.

Heither/Reemts 2005 – Theresia Heither/Christiana Reemts: Biblische Gestalten bei den Kirchenvätern. Abraham, Münster 2005.

Hergemöller 2001a – Bernd-Ulrich Hergemöller: Randgruppen der spätmittelalterlichen Gesellschaft. Wege und Ziele der Forschung, in: Hergemöller 2001b, S. 1–57.

Hergemöller 2001b – Bernd-Ulrich Hergemöller (Hrsg.): Randgruppen der spätmittelalterlichen Gesellschaft, Warendorf 2001.

Higgs Strickland 2003 – Debra Higgs Strickland: Saracens, demons and jews. Making monsters in Medieval Art, Princeton 2003.

Holländer 1997 – Hans Holländer: Zeichenkonzeptionen in der Architektur und bildenden Kunst des lateinischen Mittelalters, in: Roland Posner u. a. (Hrsg.): Semiotik. Ein Handbuch zu den zeichentheoretischen Grundlagen von Natur und Kultur, Bd. 1, Berlin 1997, S.1065–1094.

Honnefelder 2005 – Ludger Honnefelder: Die Anfänge der Aristoteles-Rezeption im lateinischen Mittelalter. Zur Einführung in die Thematik, in: Albertus Magnus und die Anfänge der Aristoteles-Rezeption im lateinischen Mittelalter. Von Richardus Rufus bis zu Franciscus de Mayronis (Subsidia Albertina 1), Münster 2005, S. 11–23.

Hörsch 2011 – Markus Hörsch: Die Meißner Skulptur des Naumburger Meisters, in: AK Naumburg 2011, Bd. 2, S. 1301–1312.

Hubel 2003 – Achim Hubel: Die ältere Bildhauerwerkstatt des Bamberger Doms, in: Das Münster 56, 2003, S. 326–346.

Jacobi 1996 – Klaus Jacobi: Einzelnes – Individuum – Person. Gilbert von Poitiers' Philosophie des Individuellen, in: Aertsen/Speer 1996, S. 3–21.

Jacobus de Voragine 1979 – Jacobus de Voragine: Legenda aurea, aus dem Lat. übers. von Richard Benz, 9. Aufl., Heidelberg 1979.

Jacobus de Voragine 1993 – Jacobus de Voragine: Legenda aurea, aus dem Lat. übers. von Richard Benz, 11. Aufl., Gerlingen 1993.

Jaeger 1994 – C. Stephen Jaeger: The Envy of Angels. Cathedral Schools and Social Ideals in Medieval Europe 950–1200, Pennsylvania 1994.

Jäkel 1997 – Siegfried Jäkel/Asko Timonen/Veli-Matti Rissanen (Hrsg.): Laughter down the centuries, Bd. 3 (Annales Universitas Turkuensis 221), Turku 1997.

Johannsmeier 1984 – Rolf Johannsmeier: Spielmann, Schalk und Scharlatan. Die Welt als Karneval. Volkskultur im späten Mittelalter, Hamburg 1984.

Jung 2006 – Jacqueline E. Jung: Dynamic bodies and the Beholder's share. The Wise and Foolish Virgins of Magdeburg Cathedral, in: Kristin Marek/Raphaèle Preisinger/Marius Rimmele (Hrsg.): Bild und Körper im Mittelalter, Berlin 2006, S. 135–160.

Kamper/Wulf 1986 – Dietmar Kamper/Christoph Wulf (Hrsg.): Lachen – Gelächter – Lächeln. Reflexionen in drei Spiegeln, Frankfurt 1986.

Kanz 2007 – Roland Kanz (Hrsg.): Das Komische in der Kunst, Köln/Weimar/Wien 2007.

Kanz 2007a – Roland Kanz: Lachhafte Bilder. Sedimente des Komischen in der Kunst der frühen Neuzeit, in: Kanz 2007, S. 26–58.

Kautzsch/Neeb 1919 – Rudolf Kautzsch/Ernst Neeb: Der Dom zu Mainz (Die Kunstdenkmäler im Freistaat Hessen, Provinz Rheinhessen. Die Kunstdenkmäler der Stadt und des Kreises Mainz 2,1), Darmstadt 1919.

Kawan 1996 – Christine Shojaei Kawan: Lachen. Zum Lachen bringen, in: Enzyklopädie des Märchens 8, Göttingen 1996, Sp. 700–707.

Keller 1926 – Nikolaus Keller: Des Mystikers Heinrich Seuse. Deutsche Schriften, vollständige Ausgabe aufgrund der Handschriften, Regensburg 1926.

Kemper 2005 – Thomas A. Kemper: Iesus Christus risus noster. Bemerkungen zur Bewertung des Lachens im Mittelalter, in: Grebe/Staubach 2005, S. 16–31.

Kenaan-Kedar 1995 – Nurith Kenaan-Kedar: Marginal Sculpture in Medieval France. Towards the deciphering of an enigmatic pictorial language, Aldershot 1995.

Kenner 1960 – Hedwig Kenner: Weinen und Lachen in der griechischen Kunst, Wien 1960.

Kimpel/Suckale 1985 – Dieter Kimpel/Robert Suckale: Die gotische Architektur in Frankreich 1130–1270, München 1985.

Kitzinger 1963 – Ernst Kitzinger: The Hellenistic Heritage in Byzantine Art, in: Dumbarton Oaks Papers 17, 1963, S. 97–115.

Klein 2003 – Peter K. Klein: Otto III. oder Heinrich II., ein Streit um des Kaisers Bart? Zum Problem der historischen Einordnung der Bamberger Apokalypse, in: Zeitschrift des Deutschen Vereins für Kunstwissenschaft 53/54, 2000/2001 (2003), S. 34–61.

Klein 2007 – Peter K. Klein: Rand- oder Schwellenphänomen? Zur Deutung der Randbilder in der mittelalterlichen Kunst, in: Ulrich Knefelkamp/Kristian Bosselmann-Cyran (Hrsg.): Grenze und Grenzüberschreitung im Mittelalter, Berlin 2007, S. 166–187.

Knigge 1977 – Adolph Freiherr von Knigge: Über den Umgang mit Menschen, hrsg. von Gert Ueding, Frankfurt 1977.

Knuuttila 2004 – Simo Knuuttila: Emotions in Ancient and Medieval Philosophy, Oxford 2004.

Koch 1983 – Ernst Koch: Fegefeuer, in: Theologische Realenzyklopädie 11, Berlin 1983, S. 69–78.

König 2011 – Judith König: Die Mainzer Karmeliterchorbücher. Studien zur mittelrheinischen Buchmalerei des 15. Jahrhunderts, Diss. Mainz 2006, unter: http://ubm.opus.hbz-nrw.de/volltexte/2011/2828/pdf/doc.pdf (09.02.2012).

Körkel-Hinkfoth 1994 – Regine Körkel-Hinkfoth: Die Parabel von den klugen und törichten Jungfrauen (Mt 25,1-13) in der bildenden Kunst und im geistlichen Schauspiel (Europäische Hochschulschriften 28, 190), Frankfurt a. M. u. a. 1994.

Kranz 1970 – Gisbert Kranz: Das göttliche Lachen, Würzburg 1970.

Kratzke (in Vorbereitung) – Christine Kratzke: Engel zeigen Zähne? Zum himmlischen Lächeln der Engel im Mittelalter, in: Christine Kratzke/Monika Müller: Lachen und Weinen im Mittelalter. Darstellungen von Emotionen vom 12. bis zum 16. Jahrhundert aus kunsthistorischer Perspektive (Hallesche Beiträge zur Kunstgeschichte), Halle an der Saale (in Vorbereitung).

Kremer 1961 – Karl Richard Kremer: Das Lachen in der deutschen Sprache und Literatur des Mittelalters, Diss. Bonn 1961.

Kretz 1981 – Louis Kretz: Witz, Humor und Ironie bei Jesus, Olten/Freiburg 1981.

Krinetzki 1995 – Günter Krinetzki: Lachen, in: Neues Bibel-Lexikon 2, Solothurn/Düsseldorf 1995, Sp. 572.

Krohm 2011 – Hartmut Krohm: Werke des „Naumburger Meisters“ westlich des Rheins? Die Voraussetzungen der Bildwerke in Mainz, Naumburg und Meißen innerhalb der französischen Skulptur des 13. Jahrhunderts, in: AK Naumburg 2011, Bd. 1, S. 471–520.

Kröll 1994 – Katrin Kröll: Die Komik des grotesken Körpers in der christlichen Bildkunst des Mittelalters (Einführung), in: Kröll/Steger 1994, S. 11–93

Kröll/Steger 1994 – Katrin Kröll/Hugo Steger (Hrsg.): Mein ganzer Körper ist Gesicht. Groteske Darstellungen in der europäischen Kunst und Literatur des Mittelalters, Freiburg i. Br. 1994.

Krone-Balcke 1999 – Ulrike Krone-Balcke: Der Kefermarkter Altar – sein Meister und seine Werkstatt, Diss. München 1995, München 1999.

Kruckenhauser 1941 – Stefan Kruckenhauser: Das Meisterwerk von Kefermarkt, Salzburg/Leipzig 1941.

Kunst/Schenkluhn 1987 – Hans-Joachim Kunst/Wolfgang Schenkluhn: Die Kathedrale in Reims. Architektur als Schauplatz politischer Bedeutungen, Mainz 1987.

Kuschel 1992 – Karl-Josef Kuschel: Christus hat nie gelacht? Überlegungen zu einer Theologie des Lachens, in: Vogel 1992, S. 106–128.

Kuschel 1998 – Karl Josef Kuschel: Lachen Gottes und der Menschen Kunst, Tübingen 1998.

Le Brun 1997 – Jacques Le Brun: „Jésus-Christ n'a jamais ri“. Analyse d'un raisonnement théologique, in: Homo Religiosus (FS Jean Delumeau), hrsg. von Guiseppe Alberigo, Paris 1997, S. 431–437.

Le Goff 1990 – Jacques Le Goff: Le rire dans les règles monastiques du haut moyen-âge, in: Haut moyen-âge. Culture, éducation et société (FS Pierre Riché), La Garenne-Colombes 1990, S. 93–103.

Le Goff 2000 – Jacques Le Goff: Ludwig der Heilige, Stuttgart 2000.

Le Goff 2004 – Jacques Le Goff: Das Lachen im Mittelalter, aus dem Franz. von Jochen Grube, mit einem Nachwort von Rolf Michael Schneider, Stuttgart 2004.

Lecouteux 2001 – Claude Lecouteux: Das Reich der Nachtdämonen. Angst und Aberglaube im Mittelalter, aus dem Franz. von Harald Ehrhardt, Zürich 2001.

Lemmer 2004 – Sebastian Brant: Das Narren Schyff, hrsg. von Manfred Lemmer, Tübingen 2004.

Lempges 2011 – Anja Lemges: Der Atzmann. Form und Funktion eines mittelalterlichen Pultträgers, unveröffentl. Diss. Mainz 2011.

Lempp 1992 – Reinhard Lempp: Das Lachen des Kindes. Das Lachen in der psychischen Entwicklung, in: Vogel 1992, S. 79–92.

Lessing 1958 – Gotthold Ephraim Lessing: Laokoon. Über die Grenzen der Malerei und Poesie (1766), in: Gotthold Ephraim Lessing: Werke, Hamburg/Berlin 1958, S. 387–448.

Levine 1982 – Daniel B. Levine: Homeric Laughter and the Unsmiling Suitors, in: The Classical Journal 78, 1982, S. 97–104.

LCI – Lexikon der christlichen Ikonographie, 8 Bde., hrsg. von Engelbert Kirschbaum, Rom u. a. 1968–1976.

LexMA – Lexikon des Mittelalters, hrsg. von Norbert Angermann/Robert-Henri Bautier/Robert Auty, 10 Bde., München/Zürich 1980–1999.

Loffl-Haag 1991 – Elisabeth Loffl-Haag: Hört ihr die Kinder lachen? Zur Kindheit im Spätmittelalter (Forum Sozialgeschichte 3), Pfaffenweiler 1991.

Lombardo 2011 – Nicholas E. Lombardo: The Logic of Desire. Aquinas on Emotion, Washington 2011.

Lotter 1993 – Friedrich Lotter: Innocens virgo et martyr. Thomas von Monmouth und die Verbreitung der Ritualmordlegenden im Hochmittelalter, in: Rainer Erb (Hrsg.): Die Legende vom Ritualmord. Zur Geschichte der Blutbeschuldigung gegen Juden, Berlin 1993, S. 25–72.

Luck 1994 – Georg Luck: Humor, in: Reallexikon für Antike und Christentum 16, 1994, Sp. 753–773.

Maggioni 2007 – Giovanni Paolo Maggioni (Hrsg.): Iacopo da Varazze. Legenda aurea con le miniature dal codice ambrosiano C 240 inf. (Edizione nationale dei testi mediolatini 2, 9), Bd. 1, Florenz/Mailand 2007.

Mallwitz/Hermann 1980 – Alfred Mallwitz/Hans-Volkmar Herrmann (Hrsg.): Die Funde aus Olympia, Athen 1980.

Manger 1983 – Klaus Manger: Literarisches Leben in Straßburg während der Prädikatur Johann Geilers von Kaysersberg 1478–1510, Heidelberg 1983.

Map 1983 – Walter Map: De nugis curialium, hrsg. von Montague R. James, Oxford 1983.

Mellinkoff 1985 – Ruth Mellinkoff: Demonic Winged Headgear, in: Viator 16, 1985, S. 367–405.

Mellinkoff 1993 – Ruth Mellinkoff: Outcasts. Signs of otherness in Northern European Art of the Late Middle Ages, Bd. 1, Berkeley u. a. 1993.

Merklin 1976 – Marcus Tullius Cicero: De oratore. Über den Redner, lat. u. dt., hrsg. von Harald Merklin, Stuttgart 1976.

Mery 1888 – Huon de Mery: Li tornoiemenz antecrit, hrsg. von Georg Wimmer (Ausgaben und Abhandlungen aus dem Gebiete der romanischen Philologie 76), Marburg 1888.

Michler 2003 – Wiebke Michler: Kloster Wienhausen. Die Wandmalereien im Nonnenchor, 2. Aufl., Wienhausen 2003.

Modesto 1992 – Christine Modesto: Studien zur Cena Cypriani und zu deren Rezeption (Classica Monacensia 3), Diss. München 1991, Tübingen 1992.

Moxey 1980 – Keith Moxey: Meister E. S. and the folly of love, in: Simiolus 11, 1980, S. 125–148.

Müller 2005 – Markus Müller: Odisti observantes vanitates supervacuae. Überlegungen zu text-illustrativen Darstellungen von Gauklern und Akrobaten in illuminierten Handschriften, in: Grebe/Staubach 2005, S. 179–186.

Müller 2010 – Monika E. Müller: Sarazenen und andere Orientalen – Differenz und Gegen-Identität als Gestaltungsprinzipien in der apulischen Konsolplastik (12.–15. Jahrhundert), in: Peter Bell/Dirk Suckow/Gerhard Wolf (Hrsg.): Fremde in der Stadt. Ordnungen, Repräsentationen und soziale Praktiken (13.–15. Jahrhundert), Frankfurt a. M. u. a. 2010, S. 63–88.

Müller im Druck (2012) – Monika E. Müller: Das erste Buch der Schedula diversarum artium – Distanz zwischen Text und buchmalerischer Wirklichkeit, in: Andreas Speer (Hrsg.): Tagungsband „Die Schedula diversarum artium – ein Handbuch mittelalterlicher Kunst?".

Münkler/Röcke 1998 – Marina Münkler/Werker Röcke: Der Ordo-Gedanke und die Hermeneutik der Fremde im Mittelalter. Die Auseinandersetzung mit den monströsen Völkern des Erdrandes, in: Herfried Münkler (Hrsg.): Die Herausforderung durch das Fremde, Berlin 1998, S. 701–766.

Nicoll 1951 – Allardyce Nicoll: The Development of the Theatre, New York 1951.

Norlin 1928 – Isocrates: To Demonicus, hrsg. von George Norlin, Cambridge 1928.

Ostarhild 2002 – Heike Ostarhild: Wenn Meisterwerke Zähne zeigen. Über das Lachen in der Kunst, Tübingen 2002.

Pagnol 1970 – Marcel Pagnol: Le Schpountz, in: Œuvres complètes de Marcel Pagnol, Bd. 5, Paris 1970, S. 9–157.

Päpke 1920 – Das Marienleben des Schweizers Wernher, hrsg. von Max Päpke (Deutsche Texte des Mittelalters 27), Berlin 1920.

Perl 1979 – Aurelius Augustinus: Der Gottesstaat. De civitate Dei, hrsg. von Carl Johann Perl, 2 Bde., Paderborn u. a. 1979.

Petrarca 2004 – Francesco Petrarca, Epistulae Metricae. Briefe in Versen, hrsg. und übers. von Otto und Eva Schönberger, Würzburg 2004.

Pfeiffer 1857 – Franz Pfeiffer (Hrsg.): Deutsche Mystiker des vierzehnten Jahrhunderts. Meister Eckhart. Predigten. Traktate, Leipzig 1857 (Neudruck Aalen 1991).

PG – Patrologia Graeca, hrsg. von Jean-Paul Migne, 167 Bde., Paris 1857–1966.

Philipe 1994 – Julien Philipe (Hrsg.): Charles Le Brun. L'Expression des passions, autres conférences, correspondance, Paris 1994.

PL – Patrologia Latina, hrsg. von Jean-Paul Migne, 217 Bde. und 4. Reg.-Bde., Paris 1841–1964.

Poeschke 2003 – Joachim Poeschke: Wandmalerei der Giottozeit in Italien 1280 – 1400, München 2003.

Pötzl-Malikova 1982 – Maria Pötzl-Malikova: Franz Xaver Messerschmidt, Wien 1982.

Quarthal/Setzler 1980 – Franz Quarthal/Wilfried Setzler (Hrsg.): Stadtverfassung, Verfassungsstaat, Pressepolitik (FS Eberhard Naujoks), Sigmaringen 1980.

Quint 1952 – Josef Quint: Meister Eckharts Buch der göttlichen Tröstung und von dem edlen Menschen (Liber „Benedictus"), Berlin 1952.

Rackham 1934 – Aristotle: Nichomachean Ethics, hrsg. von Harris Rackham, Cambridge 1934.

Rahlfs 1935 – Septuaginta, hrsg. von Alfred Rahlfs, 2 Bde., Stuttgart 1935.

Rahner 1954 – Hugo Rahner: Eutrapelie, eine vergessene Tugend, in: Geist und Leben 27, 1954, S. 346–353.

Rahner 1960 – Hugo Rahner: Eutrapélie, in: Dictionnaire de Spiritualité 4, 1960, Sp. 1726–1729.

Rambeau 1886 – Adolf Rambeau: Die dem Trouvère Adam de la Hale zugeschriebenen Dramen: „Li jus du Pelerin", „Li gieus de Robin et de Marion", „Li jus Adan" (Ausgaben und Abhandlungen aus dem Gebiete der romanischen Philologie 58), Marburg 1886.

RDK – Reallexikon zur deutschen Kunstgeschichte, begr. von Otto Schmitt, hrsg. vom Deutschen Zentralinstitut für Kunstgeschichte München, München 1937ff.

Reiser 2009 – Marius Reiser: Witz, Komik und Satire im lukanischen Doppelwerk, in: Heike Grieser/Andreas Merkt (Hrsg.): Volksglaube im antiken Christentum, Darmstadt 2009, S. 71–86.

Resnick 1987 – Irven M. Resnick: „Risus monasticus". Laughter and Medieval Monastic Culture, in: Revue Bénédictine 97, 1987, S. 90–100.

Richert 2009 – Friedemann Richert: Kleine Geistesgeschichte des Lachens, Darmstadt 2009.

Rigollot 1870 – Ludovicus M. Rigollot: Ludolphus de Saxonia. Vita Jesu Christi, 4 Bde., Paris 1868/1870/1875.

Ritter 1974 – Joachim Ritter: Über das Lachen, in: Joachim Ritter: Subjektivität. Sechs Aufsätze, Frankfurt a. M. 1974, S. 62–92.

Röcke 1999 – Werner Röcke: Witz und Öffentlichkeit. Die Kunst der Fazetien, in: Werner Röcke/Helga Neumann (Hrsg.): Komische Gegenwelten. Lachen und Literatur in Mittelalter und Früher Neuzeit, Paderborn 1999, S. 79–101.

Röcke 2000 – Werner Röcke: Teufelsgelächter. Inszenie-rungen des Bösen und des Lachens in der „Historia von D. Johann Fausten" und in Thomas Manns „Doktor Faustus", in: Werner Röcke (Hrsg.): Thomas Mann. „Doktor Faustus" 1947–1997, Frankfurt a. M. 2001, S. 187–206.

Röcke 2002 – Werner Röcke: Das Lachen der Gelehrten. Reuchlin und die humanistische Lachkultur, in: Daniela Hacke/Bernd Roeck (Hrsg.): Die Welt im Augenspiegel. Johannes Reuchlin und seine Zeit, Stuttgart 2002, S. 147–159.

Röcke 2009 – Werner Röcke: Heiliger Spott. Lachende Überlegenheit und Glaubensgewissheit in der Literatur der Spätantike und des Mittelalters, in: Katja Gvozdeva/Werner Röcke (Hrsg.): „Risus sacer – sacrum risibile". Interaktionsfelder von Sakralität und Gelächter im kulturellen und historischen Wandel (Publikationen zur Zeitschrift für Germanistik N. F. 20), Bern/Berlin u. a. 2009, S. 31–46.

Röcke/Velten 2005 – Werner Röcke/Hans Rudolf Velten (Hrsg.): Lachgemeinschaften. Kulturelle Inszenierungen und soziale Wirkungen von Gelächter im Mittelalter und in der Frühen Neuzeit, Berlin/New York 2005.

Rösener 2008 – Werner Rösener: Leben am Hof. Königs- und Fürstenhöfe im Mittelalter, Ostfildern 2008.

Rupé 1961 – Homer: Ilias, griech. u. dt., übertr. von Hans Rupé, München 1961.

Rupprecht 1984 – Bernhard Rupprecht: Romanische Skulptur in Frankreich, 2. Aufl., Darmstadt 1984.

Salisbury 1987 – John of Salisbury: Entheticus maior and minor, hrsg. von Jan van Laarhoven (Studien und Texte zur Geistesgeschichte des Mittelalters 17), Leiden 1987.

Sauerländer 1976 – Willibald Sauerländer: Reims und Bamberg. Zu Art und Umfang der Übernahmen, in: Zeitschrift für Kunstgeschichte 39, 1976, S. 167–192.

Sauerländer 1979 – Willibald Sauerländer: Die Naumburger Stifterfiguren, in: Reiner Haussherr/Christian Väterlein (Hrsg.): Die Zeit der Staufer, Ausst. Stuttgart, Landesmuseum, Bd. 5 Supplement, Stuttgart 1979, S. 169–245.

Sauerländer 1999 – Willibald Sauerländer: Vom Gelächter des Teufels zur Ironie der Philosophen. Über das Lachen im Spiegel der Bilder (Jahrbuch der Bayerischen Akademie der Schönen Künste 13), München 1999, S. 30–79.

Sauerländer 2003 – Willibald Sauerländer: Phisionomia est doctrina salutis. Über Physiognomik und Porträt im Jahrhundert Ludwig des Heiligen, in: Büchsel/Schmidt 2003, S. 101–122.

Sauerländer 2006 – Willibald Sauerländer: The Fate of the Face in Medieval Art, in: Set in Stone. The Face in Medieval Sculpture, hrsg. von Charles T. Littler, Ausst. New York, New York 2006, S. 3–17.

Sauerländer/Hirmer 1970 – Willibald Sauerländer/Max Hirmer: Gotische Skulptur in Frankreich 1140–1270, München 1970.

Sayers 1959 – Dorothy L. Sayers: The Man Born to Be King. A Play-Cycle on the Life of our Lord and Saviour Jesus Christ, 22. Aufl., London 1959.

Sayers 1998 – Dorothy L. Sayers: The Letters of Dorothy L. Sayers, Bd. 3, hrsg. von Barbara Reynolds, Cambridge 1998.

Scharff 2005 – Thomas Scharff: Lachen über die Ketzer. Religiöse Devianz und Gelächter im Hochmittelalter, in: Werner Röcke/Hans Rudolf Velten (Hrsg.): Lachgemeinschaften. Kulturelle Inszenierungen und soziale Wirkungen von Gelächter im Mittelalter und in der Frühen Neuzeit, Berlin/New York 2005, S. 17–31.

Schedel 2004 – Hartmann Schedel: Weltchronik. Nachdruck der kolorierten Gesamtausgabe von 1493. Einleitung und Kommentar von Stephan Füssel, Augsburg 2004.

Schilling 1958 – Rosy Schilling: Drolerie, in: RDK 4, München 1958, Sp. 567–588.

Schilling 2007 – Der Stricker: Der Pfaffe Amis, übers. u. hrsg. von Michael Schilling, Stuttgart 2007.

Schilling 2009 – Michael Schilling: Närrische Erzähler, närrische Leser – der Narr als Geburtshelfer literarischer Autonomie, in: Schillinger 2009, S. 47-62.

Schillinger 2009 – Jean Schillinger (Hrsg.): Der Narr in der deutschen Literatur im Mittelalter und in der Frühen Neuzeit (Jahrbuch für internationale Germanistik, Reihe A, Kongressberichte 96), Bern u. a. 2009.

Schimmelpfennig 2000 – Bernhard Schimmelpfennig: Bernard Gui. Hagiograph und verhinderter Heiliger, in: Dieter R. Bauer/Klaus Herbers (Hrsg.): Hagiographie im Kontext. Wirkungsweisen und Möglichkeiten historischer Auswertung (Beiträge zur Hagiographie 1), Stuttgart 2000, S. 257–265.

Schlechta 1955 – Friedrich Nietzsche: Werke, hrsg. von Karl Schlechta, Bd. 2, München 1955.

Schlink 1997 – Wilhelm Schlink: „... in cuius facie deitatis imago splendet". Die Prägung des Physionomischen in der gotischen Skulptur Frankreichs, in: Perspektiven der Philosophie 23, 1997, S. 425–447.

Schmengler 2011 – Dagmar Schmengler: Überlegungen zu Übernahmen und Weiterentwicklung – Reimser „Ausdrucksmotive" im Wandel, in: AK Naumburg 2011, Bd. 1, S. 187–194.

Schmitt 1991 – Jean-Claude Schmitt: The rationale of gestures in the West: third to thirteenth centuries, in: Bremmer/Roodenburg 1991, S. 59–70.

Schmitt 1992 – Jean-Claude Schmitt: Die Logik der Gesten im europäischen Mittelalter, aus dem Franz. von Rolf Schubert u. Bodo Schulze, Stuttgart 1992.

Schmitz 1980 – Gerhard Schmitz: ... quod rident homines, plorandum est. Der „Unwert" des Lachens in monastisch geprägten Vorstellungen der Spätantike und des frühen Mittelalters, in: Quarthal/Setzler 1980, S. 3–15.

Schmitz 1992 – Gerhard Schmitz: Ein Narr, der da lacht ... Überlegungen zu einer mittelalterlichen Verhaltensnorm, in: Vogel 1992, S. 129–153.

Schneemelcher 1989 – Wilhelm Schneemelcher (Hrsg.): Neutestamentliche Apokryphen in deutscher Übersetzung, Bd. 2, Tübingen 1989.

Schneider 2000 – Rolf Michael Schneider: Lust und Loyalität. Satyrstatuen in hellenistischer Zeit, in: Tonio Hölscher (Hrsg.): Gegenwelten zu den Kulturen Griechenlands und Rom in der Antike, Leipzig/München 2000, S. 351–389.

Schneider 2009 – Rolf Michael Schneider: Gegen die Norm? Lachen im Medium antiker Bilder, in: August Nitschke (Hrsg.): Überraschendes Lachen, gefordertes Weinen. Gefühle und Prozesse, Kulturen und Epochen im Vergleich, Wien 2009, S. 539–587.

Schnell 2010 – Rüdiger Schnell: Verspotten und Verlachen. Grenzen und Lizenzen in Literatur und Gesellschaft des Spätmittelalters, in: Mitteilungen des Deutschen Germanistenverbandes, Heft 1, 2010, S. 35–52.

Schopenhauer 1988 – Arthur Schopenhauer: Die Welt als Wille und Vorstellung, hrsg. von Ludger Lütkehaus, Bd. 2, Zürich 1988.

Schreiner 2003 – Klaus Schreiner: Maria. Leben – Legenden – Symbole, München 2003.

Schreiner 2006 – Klaus Schreiner: Maria, Jungfrau, Mutter, Herrscherin, 2. Aufl., Köln 2006.

Schuchert 1941 – August Schuchert: Neuerwerbungen des Mainzer Dom- und Diözesanmuseums, in: Mainzer Zeitschrift 36, 1941, S. 81–91.

Schuller 1993 – Manfred Schuller: Das Fürstenportal des Bamberger Domes, Bamberg 1993.

Schultz 1880 – Alwin Schultz: Höfisches Leben zur Zeit der Minnesinger, Nachdruck der Ausgabe von 1880, Bd. 1, Kettwig 1991.

Schweppenhäuser 1987 – Gerhard Schweppenhäuser: Narrenschelte und Pathos der Vernunft. Zum Narrenmotiv bei Sebastian Brant und Erasmus von Rotterdam, in: Neophilologus 71, 1987, S. 559–574.

Schwob 1994 – Ute Schwob: Über das Lachen mittelalterlicher Legendenerzähler, in: Sprachspiel und Lachkultur. Beiträge zur Literatur- und Sprachgeschichte. Rolf Bräuer zum 60. Geburtstag (Stuttgarter Arbeiten zur Germanistik 300), Stuttgart 1994, S. 43–67.

Seeber 2010 – Stefan Seeber: Poetik des Lachens. Untersuchungen zum mittelhochdeutschen Roman um 1200 (Münchener Texte und Untersuchungen zur deutschen Literatur des Mittelalters 140), Berlin/New York 2010.

Seiler 2003 – Peter Seiler: Giotto als Erfinder des Porträts, in: Büchsel/Schmidt 2003, S. 153–172.

Seuse 1907 – Heinrich Seuse: Deutsche Schriften, hrsg. von Karl Bihlmeyer, Stuttgart 1907.

Seuse 1966 – Heinrich Seuse: Deutsche mystische Schriften. Aus dem Mittelhochdeutschen übertr. u. hrsg. von Georg Hofmann, Düsseldorf 1966.

Stammkötter 2001 – Franz-Bernhard Stammkötter: Die Entwicklung der Bestimmung der Prudentia in der Ethik des Albertus Magnus, in: Albertus Magnus. Zum Gedenken nach 800 Jahren: Neue Zugänge, Aspekte und Perspektiven (Quellen und Forschungen zur Geschichte des Dominikanerordens N. F. 10), Berlin 2001, S. 303–310.

Staubach 2011 – Nikolaus Staubach: Die Meditation im spirituellen Reformprogramm der Devotio moderna, in: Meditatio – refashioning the self, Leiden 2011, S. 181–207.

Steger 1994 – Hugo Steger: Der unheilige Tanz der Salome. Eine bildsemiotische Studie zum mehrfachen Schriftsinn im Hochmittelalter, in: Kröll/Steger 1994, S. 131–169.

Steidle 1938 – Basilius Steidle: Das Lachen im alten Mönchtum, in: Benediktinische Monatsschrift 20, 1938, S. 271–280.

Steidle 1986 – Basilius Steidle: Das Lachen im alten Mönchtum, in: Basilius Steidle: Beiträge zum alten Mönchtum und zur Benediktusregel, hrsg. von Ursmar Engelmann, Sigmaringen 1986, S. 30–39.

Steiner 1938 – Arpad Steiner (Hrsg.): Vincent of Beauvais: De eruditione filiorum nobilium, unter: http://www.medievalacademy.org/Digital_Editions/Steiner_1938/Steiner_0032.htm (20.12.2011).

Steiner 1991 – Reinhard Steiner: „Deposuit potentes de Sede“. Das „Narrenfest“ in der Plastik des Hoch- und Spätmittelalters, in: Karl Möseneder/Andreas Prater (Hrsg.): Aufsätze zur Kunstgeschichte (FS Hermann Bauer), Hildesheim 1991, S. 92–108.

Steinke 1996 – Hubert Steinke: Giotto und die Physiognomik, in: Zeitschrift für Kunstgeschichte 59, 1996, S. 523–547.

Steinmann 1992 – Epiktet: Handbüchlein der Moral, griech. u. dt., übers. u. hrsg. von Kurt Steinmann, Stuttgart 1992.

Stier 1981 – Fridolin Stier: Vielleicht ist irgendwo Tag. Aufzeichnungen, Freiburg/Heidelberg 1981.

Strenz 2001 – Jacky Strenz: Männerfrisuren in der Spätarchaik, Mainz 2001.

Suchomski 1975 – Joachim Suchomski: Delectatio und utilitas. Ein Beitrag zum Verständnis mittelalterlicher komischer Literatur (Bibliotheca Germanica 18), Bern/München 1975.

Suckale 1971 – Robert Suckale: Studien zu Stilbildung und Stilwandel der Madonnenstatuen der Île-de-France zwischen 1230 und 1300, München 1971.

Suckale 1987 – Robert Suckale: Die Bamberger Domskulpturen. Technik, Blockbehandlung, Ansichtigkeit und die Einbeziehung des Betrachters, in: Münchner Jahrbuch der Bildenden Kunst 38, 1987, S. 27–82.

Suckale 2007 – Robert Suckale: Die Bamberger Domskulpturen „revisited“, in: Berichte des Historischen Vereins Bamberg 143, 2007, S. 185–210.

Szymborska 1995 – Wisława Szymborska: Auf Wiedersehn. Bis morgen. Gedichte, ausgew. u. übertr. von Karl Dedecius, Frankfurt 1995.

Tammen 1992 – Björn R.Tammen: Das Chorgestühl des Kölner Domes. Eine Quelle zur Musikikonographie des 14. Jahrhunderts, in: Mitteilungen der Arbeitsgemeinschaft für rheinische Musikgeschichte 79, 1992, S. 151–159.

Tauler 1979 – Johannes Tauler: Predigten, Bd. 1, übertr. u. hrsg. von Georg Hofmann, Einsiedeln 1979.

Thiede 1986 – Werner Thiede: Das verheißene Lachen. Humor aus theologischer Sicht, Göttingen 1986.

Thiede 2011 – Werner Thiede: Humor in der Kirche. Eine theologische Besinnung, in: Geist und Leben. Zeitschrift für christliche Spiritualität, Heft 2, 2011, S. 111–128.

Thielicke 1974 – Helmut Thielicke: Das Lachen der Heiligen und Narren. Nachdenkliches über Witz und Humor, Freiburg 1974.

Thomas von Aquin 1976 – Sancti Thomae de Aquino: De principiis naturae, De aeternitate mundi, De motu cordis, De mixtione elementorum, De operationibus occultis naturae, De iudiciis astrorum, De sortibus, De unitate intellectus, De ente et essentia, De fallaciis, De propositionibus (Sancti Thomae de Aquino opera omnia 43), Rom 1976.

Tomaschek 2002 – Johann Tomaschek: Der Tod, die Welt(zeit)alter und die letzten Dinge. Bemerkungen zum „Tanz der Skelette" in Hartmann Schedels Weltchronik von 1493, in: Renate Hausner/Winfried Schwab (Hrsg.): Den Tod Tanzen?, Salzburg 2002, S. 229–249.

Tomaschek 2007 – Johann Tomaschek: Imago mortis. Zur Deutung des Holzschnittes „Tanz der Skelette" in Hartmann Schedels Weltchronik von 1493. Deutungsversuch eines rätselhaften Bildes. Unpublizierter Vortrag, gehalten auf der Tagung der Österreichischen Totentanz-Gesellschaft in Metnitz (Kärnten) am 27.10.2007.

Tovar 1953 – Aristoteles: Retorica, hrsg. von Antonio Tovar, Madrid 1953.

Trevisan 1941 – S. Giovanni Climaco: Scala Paradisi, hrsg. von Pietro Trevisan (Corona patrum Salesiana. Series graeca 8-9), 2 Bde., Turin 1941.

Tripps 1998 – Johannes Tripps: Das handelnde Bildwerk in der Gotik, Berlin 1998.

Tripps 2003 – Johannes Tripps: Giotto malt ein lachendes Kamel. Zur Rolle des Tieres in der toskanischen Malerei des Trecento, Freiburg i. Br. 2003.

Trueblood 1964 – Elton Trueblood: The Humor of Christ, New York 1964.

Ueding 1992 – Gert Ueding: Rhetorik des Lachens, in: Vogel 1992, S. 24–44.

Ueding 1996 – Gert Ueding: Rhetorik des Lächerlichen, in: Lothar Fietz/Jörg O. Fichte/Hans-Werner Ludwig (Hrsg.): Semiotik, Rhetorik und Soziologie des Lachens. Vergleichende Studien zum Funktionswandel des Lachens vom Mittelalter zur Gegenwart, Tübingen 1996, S. 21–36.

Villa 1999 – C. Villa: Terenz im Mittelalter und im Humanismus, in: LexMA 8, Sp. 549f.

Vitalis 1973 – Ordericus Vitalis. Historia ecclesiastica, hrsg. von Marjorie Chibnall, Oxford 1973.

Vitry 1906 – Paul Vitry: Deux têtes décoratives du XIIIe siècle, in: Monuments et mémoires de la Fondation Eugène Piot 13, 1906, S. 241–248.

Vogel 1992 – Thomas Vogel (Hrsg.): Vom Lachen. Einem Phänomen auf der Spur, Tübingen 1992.

Vollmer 1908- Hans Vollmer: Die Illustratoren des „Beschlossen gart des rosenkrantz mariae", in: Repertorium für Kunstwissenschaft 31, 1908, S. 18–36, 144–158.

Von Graevenitz 1997 – Antje von Graevenitz: Das Lachverbot in der bildenden Kunst, in: Jäkel 1997, S. 141–154.

Von Graevenitz 2007 – Antje von Graevenitz: Das breite Lachen – eine brüchige Ikonographie, in: Kanz 2007, S. 232–258.

Von Kraus 1952 – Carl von Kraus (Hrsg.): Deutsche Lieddichter des 13. Jahrhunderts, Bd. 1, Tübingen 1952.

Von Rad 1987 – Das 1. Buch Mose. Genesis, übers. u. erklärt von Gerhard von Rad (Das Alte Testament deutsch, Teilbd. 2/4), 12. Aufl., Göttingen 1987.

Von Zitzewitz 2001 – Jutta von Zitzewitz: Frans Hals. Malle Babbe (Der Berliner Kunstbrief), Berlin 2001.

Wadley 1984 – William Bert Wadley: The Reims Masks. A Reconstruction, Stylistic Analysis, and Chronology of the Corbel Sculptures on the Upper Stories of Reims Cathedral, Diss. Austin 1984.

Wald 1996 – Berthold Wald: „Rationalis naturae individua substantia". Aristoteles, Boethius und der Begriff der Person im Mittelalter, in: Aertsen/Speer 1996, S. 371–388.

Warning 1974 – Rainer Warning: Funktion und Struktur. Die Ambivalenzen des geistlichen Spiels, München 1974.

Webber Jones/Morey 1931 – Leslie Webber Jones/Charles Rufus Morey: The Miniatures of the Manuscripts of Terence prior to the thirteenth Century, 2 Bde., Princeton/London/Leipzig 1931.

Wehrli 1982 – Max Wehrli: Christliches Lachen, christliche Komik, in: From Wolfram and Petrach to Goethe and Grass. Studies in Literature in Honour of Leonard Forster (Saecula Spiritualia 5), Baden-Baden 1982, S. 17–31.

Weigert 1934 – Hans Weigert: Die Masken der Kathedrale zu Reims, in: Pantheon 14, 1934, S. 246–250.

Weiher 1967 – Homer: Odyssee, griech. u. dt., übertr. von Anton Weiher, 3. Aufl., München 1967.

Weinreich 1974 – Catull: Sämtliche Gedichte, lat. u. dt., hrsg. von Otto Weinreich, München 1974.

Werckmeister 1982 – Otto Karl Werckmeister: Die Auferstehung der Toten am Westportal von St. Lazare in Autun, in: Frühmittelalterliche Studien 16, 1982, S. 208–236.

Wienker-Piepho 1996 – Sabine Wienker-Piepho: Lachen, in: Enzyklopädie des Märchens 8, 1996, Sp. 695–707.

Wilhelmy 2000a – Winfried Wilhelmy (Bearb.): Drache, Greif und Liebesleut'. Mainzer Bildteppiche aus spätgotischer Zeit, Mainz 2000.

Wilhelmy 2000b – Winfried Wilhelmy: Martinus teilt den Mantel. Ein Missale aus der Zeit des Erzbischofs Jakob von Liebenstein in der Martinus-Bibliothek Mainz, in: Domblätter. Forum des Dombauvereins Mainz e.V. 2, 2000, S. 46–49.

Wilhelmy 2001 – Winfried Wilhelmy: Ein Künstler ohne Werk, ein Werk ohne Künstler. Hans Backoffen und der heilige Abt des Frankfurter Liebieghauses, in: Valentina Torri (Hrsg.): Der heilige Abt. Eine spätgotische Holzskulptur im Liebieghaus, Berlin 2001, S. 103–111.

Winkler 1992 – Bernhard von Clairvaux. Sämtliche Werke, hrsg. von Gerhard B. Winkler, lat. u. dt., Bd. 2, Innsbruck 1992.

Winterbottom 1970 – Quintilianus. Institutionis oratoriae libri duodecim, hrsg. von M. Winterbottom, Oxford 1970.

Wirth 2008 – Jean Wirth: Les marges à drôlleries des manuscrits gotiques (1250–1350), Genf 2008.

Wolf 1989 – Ursula Wolf : Die Parabel vom reichen Prasser und armen Lazarus in der mittelalterlichen Buchmalerei (Beiträge zur Kunstwissenschaft 26), München 1989.

Wright 1996 – David H. Wright: 8. Terenzio, Commedie, in: Vedere i Classici. L'illustrazione libraria dei testi antichi dall'età romana al tardo medioevo, Ausst. Rom, Rom 1996, S. 168–176.

Yalouris 1986 – Nikolaos Yalouris: Das archaische „Lächeln" und die Geleontes, in: Antike Kunst 29, 1986, S. 3–7.

Zapp 1999 – Hartmut Zapp: Decretum Gratiani, in: LexMA 3, Sp. 264–266 (sv. Corpus iuris canonici).

Zerbes 2003 – Maren Zerbes: Die „Jungfrau Maria" neben dem Georgenchor: ein erster Überblick über die Ergebnisse der Bauforschungen an den Skulpturen der Jüngeren Werkstatt im nördlichen Seitenschiff des Bamberger Domes, in: Das Münster 56, 2003 (Sonderheft), S. 347–365.

Zimmermann 1991 – Albert Zimmermann: Gedanken des Thomas von Aquin über Spiel und Scherz, in: Carola L. Gotzmann/Herbert Kolb (Hrsg.): Geist und Zeit. Wirkungen des Mittelalters in Literatur und Sprache (FS Roswitha Wisniewski), Frankfurt a. M. 1991, S. 201–209.

Lachender Teufel ▶
(Detail) Der beschlossen gart des rosenkrantz marie
Nürnberg, 1505,
Mainz, Martinus-Bibliothek,
Inc. 464

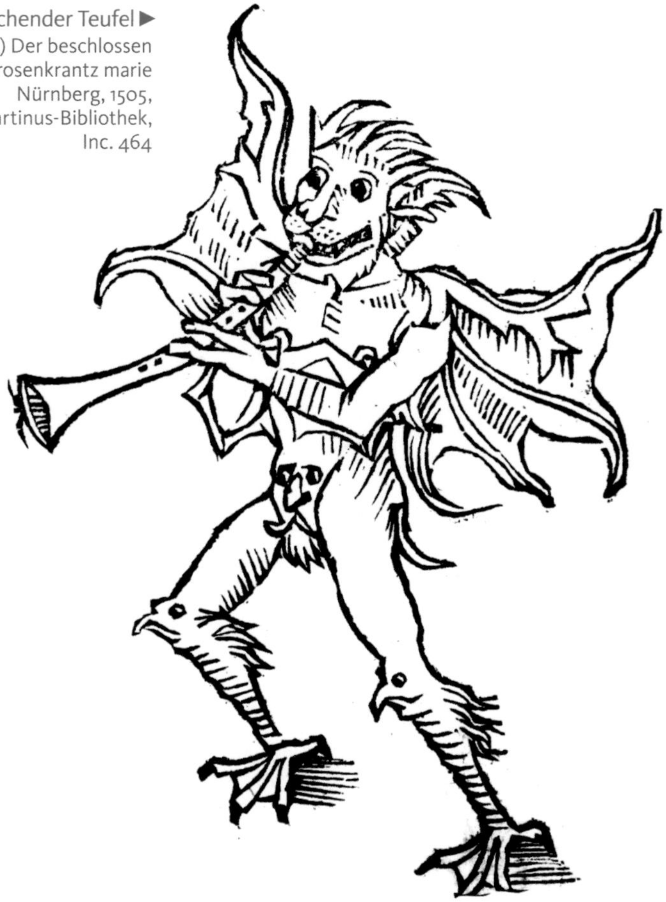

BILDNACHWEIS

ABBILDUNGEN
KATALOGNUMMERN

Aachen, Suermondt-Ludwig-Museum, Anne Gold: Abb. 26
Bamberg, Staatsbibliothek: Abb. 38
Berlin, bpk (Foto Hervé Lewandowski, RMN): Abb. 05, 23, 65, 69
Bodenheim, Margrit Hankel Studio: Kat. 40
Bonn, Rheinische Friedrich-Wilhelms-Universität, Akademisches Kunstmuseum: Kat. 01
Cambridge, Corpus Christi College, Parker Library: Abb. 49
Dresden, Staatliche Kunstsammlungen, Kupferstich-Kabinett, Herbert Boswank: Abb. 52
Erlangen, Graphische Sammlung der Universität: Abb. 83
Frankfurt, Anja Lempges: Abb. 20
Karlsruhe, Staatliche Kunsthalle, A. Fischer/H. Kohler: Abb. 45
Krefeld, Florian Monheim: Abb. 102
London, The British Library Board: Abb. 48
London, National Gallery: Abb. 67
Madrid, Museo Thyssen-Bornemisza: Abb. 63
Mainz, Bischöfliches Dom- und Diözesanmuseum: Abb. 1, 18 (privat), Abb. 21, 22, 79, 86, 89; Kat. 26, 44, 46
Mainz, Bischöfliches Dom- und Diözesanmuseum, Graphikbüro Sensum Bernd Schermuly: Abb. 24, 25, 73, 76, 81, 84, 90, 91, 93, 95, 96, 98, 99; Kat. 03, 05, 08, 10, 13, 17, 19, 20, 22, 23, 25, 26 Detail, 30, 31, 32, 33, 34, 38, 39, 41, 42, 43, 45, 53
Mainz, Johannes Gutenberg-Universität, Institut für Klassische Archäologie: Kat. 02
Mainz, Landesmuseum – GDKE, Ursula Rudischer: Kat. 11, 52
Mainz, Martinus-Bibliothek, Damian Emanuel Moisa: Abb. 02, 06, 08, 10, 12, 17, 28, 31, 33, 34, 35, 71, 72, 77, 78, 94, 100; Kat. 06, 07, 12, 14, 15, 16, 18, 21, 24, 29, 35, 36, 37, 47, 48, 49, 50, 51
Marburg, Bildarchiv Foto Marburg: Abb. 03, 04, 07, 09, 11, 13, 27, 29, 30, 37, 39, 40, 41, 42, 44, 47, 50, 53, 57, 58, 59, 70, 80, 85, 87, 88, 97, 101; S. 14, 108
Marburg, Bildarchiv Foto Marburg, Walter Hege: Abb. 14, 15, 16, 19, 32, 54, 74, 75, 92; Kat. 09
Naumburg, Vereinigte Domstifter zu Merseburg, Naumburg und des Kollegiatstifts Zeitz: Abb. 43, 62
Paris, Bibliothèque Nationale de France: Abb. 60, 61
Stockholm, Nationalmuseum, Erik Cornelius: Abb. 68
Trier, Rheinisches Landesmuseum – GDKE, Thomas Zühmer: Kat. 04
Unkel, Horst Kretschmer: Kat. 28
Utrecht, Centraal Museum: Abb. 64
Verdun, Bibliothèque-Discothèque de la CODECOM: Abb. 46
Wienhausen, Kloster Wienhausen: Abb. 51, 55

REPROS

Abb. 36 – Poeschke 2003, Abb. 110
Abb. 56 – Hahnloser 1972, Taf. 36 b-f
Abb. 66 – AK Wien 2003, S. 107, Kat.-Nr. 13
Kat. 27 – Kruckenhauser 1941, S. 94

DOM
MUSEUM
DOMSCHATZ
MAINZ

DOM
MUSEUM
DOMSCHATZ
MAINZ